VORLESUNGEN ÜBER DARSTELLENDE GEOMETRIE

VON

DR. F. v. DALWIGK
PRIVATDOZENT IN MARBURG

IN ZWEI BÄNDEN

ERSTER BAND
DIE METHODEN DER PARALLELPROJEKTION
MIT 184 FIGUREN IM TEXT UND AUF 12 TAFELN

LEIPZIG UND BERLIN
DRUCK UND VERLAG VON B. G. TEUBNER
1911

VORWORT

Das Buch behandelt die darstellende Geometrie in zwei Bänden. Der erste Band enthält die Orthogonalprojektion mit Grund- und Aufriß, außerdem besonders die schiefe Parallelperspektive, die Axonometrie und die kotierte Projektion. Die schiefe Parallelperspektive hat so große praktische Bedeutung, daß man sich recht früh mit ihr beschäftigen soll. Von der Vereinigung der schiefen Parallelperspektive, der Axonometrie und der Zentralperspektive in einem Band sah ich deshalb ab.

Die Axonometrie tritt im Buche ziemlich stark zurück. Nur das Wichtigste über die orthogonale axonometrische Projektion ist gebracht, und zwar mit entschieden vorherrschendem mathematischen Interesse. Das unmittelbare Konstruieren im axonometrischen Bild ist nicht behandelt. Gewandtheit in der schiefen Parallelperspektive erscheint mir viel wichtiger als die Beherrschung der orthogonalen Axonometrie in demselben Umfange. Wer sich dafür interessiert, findet bei Wiener, Rohn-Papperitz, Sturm und in Spezialwerken über Axonometrie alles nötige. Die schiefe Axonometrie und der Pohlkesche Satz sind nur erwähnt, und die wesentliche Literatur über diesen Satz ist gegeben.

Der zweite Band behandelt die Zentralprojektion, zuerst die Hauptmethoden der malerischen Perspektive, dann die freie Perspektive und die Zentralkollineation in der Ebene mit Anwendungen auf die Kegelschnitte. Auch auf die Reliefperspektive und Photogrammetrie wird eingegangen. Daß die freie Perspektive nicht am Anfang steht, scheint mir der pädagogisch richtigste Weg und entspricht auch den Bedürfnissen des Studiums nach der preußischen Prüfungsordnung.

Von einer systematischen Verquickung der darstellenden Geometrie mit der projektiven Geometrie habe ich ganz abgesehen. Projektive Beziehungen sind nur in mäßigem Umfang berührt, im ersten Band am wenigsten. Historische Angaben finden sich nur vereinzelt im ersten Band. Der zweite Band wird eine kurze Übersicht über die Entwicklung der darstellenden Geometrie bringen.

Das Buch ist aus Vorlesungen hervorgegangen, die ich in Marburg seit über 10 Jahren hielt. In der Zeitschrift der Mathematiker-Vereinigung habe ich mich über den Universitätsunterricht in angewandter Mathematik und speziell über meine Vorlesungen und Übungen aus der darstellenden

Geometrie ausgesprochen. XV. Bd., Seite 349—376. Das dort auf Seite 354—357 Gesagte ist indirekt auch eine Einführung in die Abgrenzung und Gruppierung des Stoffes für mein Buch, wenigstens in den Hauptzügen.

Für die Anforderungen des preußischen Examens in angewandter Mathematik ist der im Buch behandelte Stoff mehr als ausreichend, später folgen noch einige Angaben über die zu treffende Auswahl. Auch dem Oberlehrer, welcher darstellende Geometrie zu unterrichten hat, kann das Buch manche Anregung bieten, einige Kapitel werden seinen Interessen besonders entgegenkommen, andere werden ihm fern liegen. Ohne daß es gerade beabsichtigt ist, umfaßt das Buch ungefähr den Stoff, der im Unterricht an technischen Hochschulen geboten wird, in manchen Punkten geht es darüber hinaus.

Das ausführliche Inhaltsverzeichnis gibt einen Überblick über die Anordnung des ganzen Stoffes. Ich kann mich demnach hier auf kurze Angaben beschränken. Die perspektivische Affinität steht nicht an der Spitze, sondern sie ist erst da eingeführt, wo sie sich von selbst bietet (II. Abschnitt, § 20 ff.). Sie wird dann viel verwendet. Im IV. Abschnitt stehen weitere zusammenhängende Untersuchungen über die perspektivische Affinität, die für später sehr wichtig sind. Wer sich eingehend mit der hier nur kurz berührten allgemeinen Affinität beschäftigen will, sei auf Möbius und auf das Einleitungskapitel bei Rohn-Papperitz — nur in der ersten Auflage — verwiesen.

Die Behandlung der Ellipse im VIII. Abschnitt ist im wesentlichen auf die perspektivische Affinität gegründet. Es war nicht beachsichtigt, eine völlig abgeschlossene Theorie zu geben, sondern der Abschnitt bringt die wichtigsten Sätze und Konstruktionen für den späteren praktischen Gebrauch. Dieser Abschnitt über die Ellipse folgt nicht auf die zusammenhängenden Betrachtungen über Affinität, sondern ihm gehen schon zwei Abschnitte über die Darstellung von Körpern voraus. Mir ist es im Unterricht und in diesem Buche immer darum zu tun, nach den grundlegenden Abschnitten über Punkte, Geraden und Ebenen rasch zu Aufgaben über Körper zu kommen. Dadurch wird die Anschauung am besten geschult und bald eine gewisse Gewandtheit im Konstruieren erreicht. Eine scharfe Trennung der ebenflächigen und der krummflächigen Körper mache ich dabei nicht. Gerade die einfachsten krummflächigen Körper bieten so viel, daß sie früh kommen sollen. Der VII. Abschnitt, welcher u. a. die Darstellung von Körpern in allgemeiner Stellung bringt, kann freilich nur ebenflächige Körper betreffen, weil die Behandlung der Ellipse erst folgt.

Die Schattenkonstruktionen sind so einfacher Natur, und schließen sich so gut an die Aufgaben über die Darstellung von Körpern an, daß ich sie immer an geeigneten Stellen der betreffenden Kapitel bringe und nicht etwa alle in einen besonderen Abschnitt vereinige. Einige höhere Aufgaben über Schattenkonstruktionen stehen z. B. in den Kapiteln über ebene Schnitte, Durchdringungen und Rotationsflächen. Das Sachregister am Schlusse des Bandes gibt hierüber den besten Aufschluß.

Die grundlegenden Betrachtungen über ebene Schnitte stehen im XI. Abschnitt, auch die perspektivische Kollineation ist da schon berücksichtigt. Bei den Schnitten des geraden Kreiskegels im XII. Abschnitt sind auch minder bekannte Sätze der Krümmungstheorie herangezogen, ebenso finden sich später verschiedentlich krümmungstheoretische Betrachtungen. Übrigens treten Schnitte des Kegels nach dem XII. Abschnitt noch mehrfach auf, beim Kugelschatten für punktförmige Lichtquelle, bei den zentralperspektivischen Kartenprojektionen, bei der Herstellung der Rodenbergschen Kurvenschar in der Beleuchtungslehre. Es ist ganz lehrreich, diese Aufgaben einmal im Zusammenhang vorzunehmen. Weitere Betrachtungen über ebene Schnitte krummer Flächen enthält besonders der XVIII. und XIX. Abschnitt.

Die Durchdringungen sind ausführlich behandelt, im XIV. Abschnitt die ebenflächigen, im XV. die krummflächigen, näheres bietet das Inhaltsverzeichnis. Mehrfach sind Daten gegeben, damit Aufgaben vollständig gelöst werden können, die zu guten Figuren führen. Auch ist gelegentlich die Formänderung der Projektionen der Durchdringungskurve bei Änderung der gegebenen Stücke besprochen. Überhaupt ist besonders bei den Durchdringungen zweier Kegel zweiter Ordnung eine weitgehende Vollständigkeit erzielt worden, die sich mir im Laufe der Jahre im Unterricht als wertvoll ergab. Andrerseits wird man die algebraische Seite, die Fragen nach den einzelnen möglichen Formen der Projektionen und nach den Doppelpunkten in den Projektionen verhältnismäßig knapp behandelt finden.

Um rasch von den grundlegenden Betrachtungen zum Körperzeichnen zu kommen, mußte manches zurückgestellt werden. So stehen erst im X. Abschnitt die Konstruktionen, bei denen eine Ebene durch die Projektionen eines Dreiecks gegeben ist und bei denen die Ebenenspuren gar nicht verwendet werden. Ebenso kommen eine ganze Reihe stereometrischer Aufgaben, die man sonst oft früh bringt, erst im XVI. Abschnitt. Allerdings ließen sich hierdurch auch gleich einige schwerere Aufgaben anfügen. Es folgen Dreikantaufgaben, ausführlicher als gewöhnlich, dann — ohne daß eine systematische Vollständigkeit angestrebt wäre — die Behandlung von Rotationsflächen und Flächen zweiter Ordnung, von Schraubenlinien und Schraubenflächen. Z. T. ist der Stoff mit Absicht eng begrenzt, doch kommen in der Behandlung die mathematischen Interessen zur Geltung. Bei den zentralperspektivischen Kartenprojektionen habe ich mich nicht auf die einfachsten Betrachtungen beschränken mögen, sondern auch weniger bekanntes gebracht. Außerdem bot sich hier wieder einmal Gelegenheit, auf die Schwierigkeiten hinzuweisen, die sich beim rein graphischen Arbeiten durch spitze Schnitte ergeben. Die verschiedenen Hilfsmittel zur Erhöhung der Genauigkeit sind besprochen. Hier, wo sich rechtwinklige Dreiecke von selbst bieten, ist auch die Verwendung trigonometrischer Beziehungen, die Heranziehung der Rechnung durchaus berechtigt.[1])

Im zweiten Teil des Bandes folgen die schiefe Parallelperspektive und die Axonometrie, über die anfangs schon gesprochen wurde. Der Anhang enthält noch einige höhere Kapitel aus der Orthogonalprojektion, zunächst aber bringt er Angaben aus der Zeichentechnik, die besonders für das Selbststudium wichtig sind, und außerdem über die Rektifikation von Kreisen und Kreisbogen.

Bei den einleitenden Abschnitten und bei der Ellipsentheorie sind Textfiguren gegeben, was zur Übersichtlichkeit beiträgt, da man in diesen Kapiteln häufig etwas nachzuschlagen hat. Sonst sind fast alle Figuren auf Tafeln, dabei ist es möglich gewesen, Zusammengehöriges auf einer Tafel zu vereinigen. Auf die Figuren habe ich viel Sorgfalt verwendet. Doch mußte manchmal der Maßstab kleiner gewählt werden, als es eigentlich erwünscht wäre.

Bei der Durcharbeitung des Buches darf man sich nicht auf das Lesen beschränken. Man muß neben dem Lesen Figuren mit ähnlichen oder anderen Lageverhältnissen entwerfen und dabei die Aufgaben gründlich durchdenken. Für den Anfang empfiehlt es sich, kleine Zeichnungen mit Zirkel und Lineal aber ohne Reißbrett zu machen, bei größerer Übung genügen oft freihändige Skizzen. Daß es daneben nötig ist, Reißbrettzeichnungen vollständig auszuführen, sogar sorgfältig auszuziehen, braucht kaum erwähnt zu werden.

Schließlich mache ich noch einige Angaben zur Erleichterung des Studiums nach dem Buch in den Fällen, wo es sich nur um teilweises Durcharbeiten, um das Treffen einer Auswahl handelt. In den ersten drei Abschnitten darf man nur weniges auslassen, darüber ist auf Seite 18 eine Angabe gemacht. Der vierte Abschnitt kann zunächst zurückgestellt werden, soweit, bis man Sätze aus ihm wirklich braucht. Ganz auslassen soll man diese grundsätzlich wichtigen Dinge keinesfalls. Weniger wichtig ist der fünfte Abschnitt, Anwendungen findet er später kaum. Der sechste Abschnitt würde bei gründlicher zeichnerischer Durcharbeitung ziemlich lange aufhalten. Durchlesen muß man ihn wohl ganz, und man wird

1) Auch sonst ist in vereinzelten Fällen ein rechnendes Verfahren vorteilhaft.

öfter auf ihn zurückgreifen; für die konstruktive Arbeit aber wird man eine knappe Auswahl treffen können. Sehr wichtig ist der erste Teil des nächsten, VII. Abschnittes. Die Aufgaben, welche dort mit oder ohne ausgeführte Figur eingehend besprochen sind, bieten wichtigen Übungsstoff zu den Fundamentalkonstruktionen der ersten Kapitel. Man soll sie nicht übergehen, sie bilden eine Probe für das Verständnis der Fundamentalaufgaben, für die Raumanschauung und die Gewandtheit des Konstruierens. Erst nach gutem Ausfall dieser Probe soll man weiter gehen. Die Schattenkonstruktionen von Seite 72 bis 77 sind wichtig, man beachte auch besonders die in Figur 58 enthaltenen Proben. Der Anfänger unterschätzt die Wichtigkeit von Proben meist und er muß sich überhaupt erst darauf schulen, geeignete Proben zu finden und auszunutzen.

Die letzten Paragraphen des VII. Abschnittes, ebenso die letzten des VIII. Abschnittes kann man zurückstellen oder fortlassen. Der IX. Abschnitt bietet zum Lesen und zum Zeichnen wichtigen Stoff. Gleiches gilt von den späteren Kapiteln bis einschließlich der Durchdringungen, doch wird man in all diesen Abschnitten schon eine Auswahl treffen müssen, besonders für das Zeichnen größerer Figuren.

Damit ist im wesentlichen das genannt, was man in der Orthogonalprojektion unbedingt verstehen soll. Alles, was dann folgt, gehört zu den höheren Kapiteln, unter denen man je nach Zeit und Neigung eine Auswahl treffen soll. Der eine wird vielleicht mehr die stereometrischen Aufgaben, die Dreikantaufgaben, die Aufgaben aus der mathematischen Geographie und Astronomie und die Kartenprojektionen wählen, die sich aus dem Inhaltsverzeichnis und dem Sachregister zusammensuchen lassen. Andere werden z. T. sich andere Dinge aus dem XVII. bis XXI. Abschnitt und dem Anhang wählen.

Daß man sich früh mit der Parallelperspektive beschäftigen soll, ist anfangs schon gesagt. Man kann etwa mit den einfachsten Betrachtungen über sie beginnen, wenn man die grundlegenden Kapitel der Orthogonalprojektion kennen gelernt hat. Nach Erledigung geeigneter Abschnitte über Orthogonalprojektion lassen sich dann häufig ähnliche Aufgaben aus der schiefen Parallelperspektive vornehmen. Die Verwandtschaft in den Konstruktionsmethoden tritt dann gut hervor und kommt dem Arbeiten zu statten, auch erwirbt man dann früh die nötige Fertigkeit in der Anwendung der Parallelperspektive zur Herstellung der Skizzen von Raumfiguren, was für den Mathematiker überhaupt und für den künftigen Lehrer sehr wichtig ist.

Meine erste Beschäftigung mit darstellender Geometrie war das Studium des damals allein erschienenen ersten Bandes von Rohn-Papperitz, wobei mir die Hilfe meines Freundes Dr. Daunderer vielfach zu statten kam. Dann folgte meine Assistentenzeit bei Herrn Professor Burmester.

Als Marburger Privatdozent habe ich noch vor Erlaß der preußischen Prüfungsordnung (d. h. vor offizieller Einführung der angewandten Mathematik als Lehrgegenstand) den Hochschulunterricht von Herrn Professor Schur und besonders gründlich den von Herrn Geheimrat Guido Hauck kennen gelernt. Ich weiß, daß ich allen diesen Anregungen viel verdanke. Im Buche wäre es undurchführbar und unangemessen, darüber im einzelnen Angaben zu machen. Weiter bin ich Herrn Geheimrat Rodenberg sehr zu Dank verpflichtet für die Erlaubnis, seine Methode für Beleuchtungskonstruktionen in den Grundzügen wiederzugeben.

F. von DALWIGK.

INHALTSVERZEICHNIS

XVI. Abschnitt. **Vermischte stereometrische Aufgaben.** Figuren auf Tafel VII.

XVII. Abschnitt. **Aufgaben über das Dreikant.** Figuren auf Tafel VII.

XVIII. Abschnitt. **Rotationsflächen.** Figuren auf Tafel VIII.

Einleitung.

§ 1. Die allgemeinste, in der darstellenden Geometrie angewandte Methode zur Abbildung oder Projektion einer räumlichen Figur auf eine Ebene ist die Zentralprojektion oder Zentralperspektive. Sie besteht darin, daß man jedem Punkt P der Figur denjenigen Punkt P_c der Bildebene Π zuordnet, der mit ihm und einem festen Punkt C auf einer Geraden liegt. C heißt das Projektionszentrum, die Gerade durch C und P die projizierende Gerade oder der Projektionsstrahl des Punktes P, und der Punkt P_c heißt die Projektion oder das Bild des Punktes P.

Jeder Punkt P, der sich nicht in der durch C parallel zu Π gelegten Ebene befindet, hat einen eindeutig bestimmten Bildpunkt im Endlichen. Man darf sich vom mathematischen Standpunkt aus bei der Abbildung keineswegs darauf beschränken, nur die von C aus gesehen hinter Π oder auch noch zwischen Π und der Parallelebene liegenden Punkte abzubilden, wie dies die malerische Perspektive meistens tut. Die Projektionsstrahlen sind deshalb auch keine Halbstrahlen.

Das Bild einer Geraden g wird definiert als die Gesamtheit aller Bildpunkte der einzelnen Punkte von g. Falls g nicht durch C hindurchgeht, bilden die Projektionsstrahlen eine Ebene, die projizierende Ebene von g. Der Schnitt dieser Ebene mit Π ist das Bild von g, g_c. g_c ist im Endlichen gelegen und eindeutig bestimmt, wenn die Ebene von g und C nicht zu Π parallel ist. — Geht g durch C, dann fallen die Projektionsstrahlen aller einzelnen Punkte von g zusammen, das Bild von g reduziert sich auf einen einzigen Punkt, den Schnittpunkt von g und Π. Dieser liegt im Endlichen, wenn g nicht zu Π parallel ist.

§ 2. Läßt man das Projektionszentrum in einer bestimmten Richtung sehr weit fortrücken, so werden die zu einer Figur von endlicher Größe gehörigen Projektionsstrahlen mehr und mehr zu dieser Richtung parallel. Dadurch kommt man im Grenzfall zu einer Abbildung, bei welcher durch jeden Punkt des Gegenstandes ein Projektionsstrahl parallel zu einer festen Geraden gezogen und zum Schnitt mit Π gebracht ist. Dieses Abbildungsverfahren heißt Parallelprojektion.

Man unterscheidet schiefe und senkrechte Parallelprojektion, je nachdem die Projektionsstrahlen die Bildebene schief oder senkrecht treffen. Die senkrechte Parallelprojektion heißt kurz senkrechte Projektion oder Orthogonalprojektion.

Wie bei der Zentralprojektion gehört bei der Parallelprojektion zu jedem Punkt des Gegenstandes ein Bildpunkt und zu jeder Geraden (wenn sie nicht in die Projektionsrichtung fällt) eine Bildgerade. Parallele Geraden haben parallele Projektionen, und die Bilder von zwei Strecken, welche auf derselben Geraden oder auf parallelen Geraden liegen, haben dasselbe Längenverhältnis wie die Strecken selbst.

Das Wort Projektion wird übrigens im doppeltem Sinn verwendet: einmal zur Bezeichnung des Projizierens, d. h. des Projektionsverfahrens, dann auch für das Ergebnis des Projizierens, für das durch das Projizieren entstehende Bild. Verwechslungen entstehen dadurch nicht, weil immer der Zusammenhang leicht den richtigen Sinn ergibt.

§ 3. Bei der Zentralprojektion und ihren Grenzfällen reicht ein Bild nicht aus, um die Gestalt und Lage des Gegenstandes vollständig zu bestimmen. Denn jeder Punkt auf dem Projektionsstrahl eines Punktes P hat dieselbe Projektion wie P selbst. Man muß demnach noch weitere Bestimmungsstücke angeben, was auf verschiedene Arten möglich ist. Im Falle der Orthogonalprojektion benutzt man meist zwei solche Projektionen zugleich. Dazu nimmt man zwei Bildebenen Π_1 und Π_2, eine horizontale und eine vertikale, an und hat demnach einen Grundriß und einen Aufriß des abzubildenden Gegenstandes. Die Verwendung dieser beiden Projektionen ist in der Baukunst schon alt, aber erst Monge hat gegen Ende des 18. Jahrhunderts Grund- und Aufriß in einer Zeichnung systematisch miteinander vereinigt und in enge Beziehung zueinander gesetzt. Er ist dadurch zu einer besonders einfachen Methode gekommen und so zum eigentlichen Begründer der wissenschaftlichen darstellenden Geometrie geworden, soweit sie die orthogonale Projektion betrifft. Albrecht Dürer ist ihm darin vorausgegangen in einem mathematischen und einem künstlerischen Werk.[1]) Er hat dort mehrfach ganz in der Mongeschen Art Grund- und Aufriß aneinandergefügt und Konstruktionen in solchen Figuren durchgeführt, aber er hat dies nicht weiter mathematisch herausgearbeitet.

Die ausführliche Behandlung dieser Mongeschen Methode nimmt den größten Teil des ersten Bandes ein. Die Zentralprojektion wird erst im zweiten Band behandelt.

§ 4. Eine andere für den Mathematiker weniger wichtige Methode zur eindeutigen Festlegung eines Gegenstandes bei orthogonaler Projektion

1) Underweysung der messung mit dem zirckel un richtscheyt / in linien ebnen unnd gantzen corporen. Nürnberg 1525. — Vier bücher von menschlicher Proportion. Nürnberg 1528. Einige nähere Angaben folgen im VII. Abschnitt § 11 und im XII. Absch. § 11.

beruht darauf, daß man diese orthogonale Projektion durch die Angabe der senkrechten Abstände der einzelnen Punkte von der Bildebene ergänzt. Dabei nimmt man die Bildebene horizontal an. Das Bild ist dann ein Grundriß, und die senkrechten Abstände sind die Höhen. Die Höhenzahlen heißen Koten, und durch Eintragung dieser Koten in den Grundriß entsteht eine kotierte Projektion (vgl. den Anhang des ersten Bandes).

§ 5. Für viele Zwecke ist das Bedürfnis nach einer Abbildungsmethode vorhanden, welche den Gegenstand anschaulich, ähnlich wie im zentralperspektivischen Bild wiedergibt, aber konstruktiv einfacher ist und noch den Vorteil bietet, daß man Masse, u. a. wahre Längen, leichter aus der Figur entnehmen kann. Solche Abbildungsverfahren sind die schiefe Parallelperspektive (Kavalierperspektive) und die orthogonale axonometrische Projektion. Diese beiden Projektionsarten werden im XXII.—XXIV. und XXV. Abschnitt des ersten Bandes behandelt. Die allgemeine schiefe axonometrische Projektion wird nur ganz kurz besprochen. Bei dem geringen Umfang des ganzen Buches konnte die orthogonale axonometrische Projektion nicht ausführlich besprochen werden, obwohl sie in einigen Anwendungsgebieten entschieden wichtig ist. Dagegen war eine ausführliche Behandlung der schiefen Parallelperspektive notwendig. — Die Skizzen, welche im Buch von den ersten Seiten an zur Veranschaulichung räumlicher Figuren dienen, sind in schiefer Parallelperspektive entworfen.

Erster Teil.

Mongesche Methode mit Grund- und Aufriß.

I. Abschnitt.

Punkt und Gerade.

§ 1. Die Projektionen des Punktes. Man betrachtet eine horizontale und eine vertikale Projektionsebene, Π_1 und Π_2. Sie heißen Grundriß- und Aufrißebene, und ihre Schnittlinie heißt Projektionsachse oder kurz Achse. Die Figur 1a zeigt quadratisch begrenzte Stücke der Ebenen in parallelperspektivischem Bild.[1])

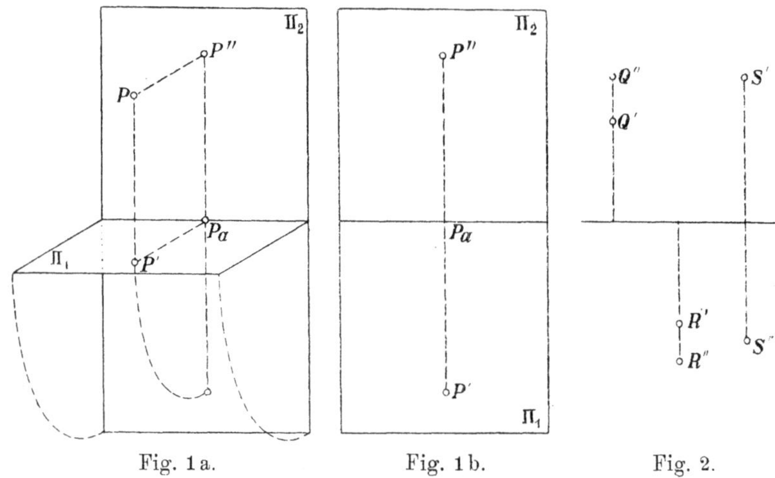

Fig. 1a. Fig. 1b. Fig. 2.

Von einem Punkt P werden die beiden Lote auf Π_1 und Π_2 gefällt; die Fußpunkte P' bzw. P'' sind die Projektionen von P auf Π_1 bzw. Π_2, die Grundrißprojektion und die Aufrißprojektion oder kurz Grundriß und Aufriß. Die beiden Lote PP' und PP'' sind das erste und zweite Projektionslot oder die erste und zweite projizierende Gerade

1) Über dieses Verfahren ist der Anfang des XXII. Abschnittes zu vergleichen.

des Punktes P. P ist der Anschaulichkeit wegen vor Π_2 und über Π_1 angenommen.

Nun wird die Ebene Π_1 so um die Achse gedreht, daß der vordere Teil sich senkt. Die Drehung erfolgt um 90^0, so daß schließlich der vordere Teil von Π_1 auf den unteren Teil von Π_2, der hintere Teil von Π_1 auf den oberen von Π_2 fällt. Dadurch sind beide Projektionen in dieselbe Ebene gebracht und P' hat einen Kreisbogen um die Achse beschrieben. Vor der Drehung bestimmen die beiden Projektionslote PP' und PP'' eine zu Π_1 und Π_2, d. h. zur Achse senkrechte Ebene. Diese Ebene schneidet die Achse in P_a[1]; $P'P_a$ und $P''P_a$ sind zur Achse senkrecht. Nachdem die Grund- und Aufrißprojektion in eine Ebene gebracht sind, haben die Lote, die man von P' und P'' aus auf die Achse fällt, gemeinsamen Fußpunkt. Daher steht in Figur 1b die Verbindungslinie von P' und P'' zur Achse senkrecht. Das Rechteck $PP'P_aP''$ im Raum (Fig. 1a) zeigt, daß die Entfernungen zwischen P und Π_1 bzw. Π_2 durch $P''P_a$ bzw. $P'P_a$ in Figur 1b gegeben werden.

Aus der angegebenen Art der Drehung folgt, daß für einen vor Π_2 und über Π_1 liegenden Punkt P der Grundriß P' unterhalb und der Aufriß P'' oberhalb der Achse liegt. Es ist wichtig, sich andere Lageverhältnisse anschaulich zu machen (Fig. 2), wozu das Entwerfen einer parallelperspektivischen Skizze neben der Mongeschen Darstellung für den Anfänger gut ist[2]): Liegt der Aufriß des Punktes oberhalb, auf oder unterhalb der Achse, so liegt der Punkt oberhalb, in oder unterhalb Π_1. Liegt der Grundriß des Punktes unterhalb, auf oder oberhalb der Achse, so liegt der Punkt vor, in oder hinter Π_2. Die Abstände des Aufrisses und Grundrisses von der Achse geben die Abstände des Punktes von Π_1 und Π_2 an.

Wenn ein Punkt P in Π_1 liegt, fällt P' mit P zusammen, und man schreibt dann statt P' einfach P; ebenso schreibt man P statt P'', wenn P selbst in Π_2 liegt.

Aus der Lage eines Punktes im Raum sind die beiden Projektionen, und aus den zwei Projektionen ist ein Raumpunkt eindeutig bestimmt. Der in Fig. 1a und 1b dargestellte Fall eines vor Π_1 und über Π_2 liegenden Punktes ist besonders anschaulich. Man wählt deshalb diese Lage häufig in den Figuren. Dann liegt P'' über P'. Eine Untersuchung, wann P'' über, wann es unter P' liegt und wann es mit P' zusammenfällt, erfolgt im V. Abschnitt, § 1.

§ 2. Die Projektionen der Geraden. Im Raum ist eine Gerade g gegeben. Die Gesamtheit der ersten oder zweiten Projektionen aller

1) Über die Vermeidung der Zeichens P_x vgl. § 16.
2) Siehe Anmerkung 1) auf voriger Seite.

Punkte von g ist die erste oder zweite Projektion von g, der Grundriß g' oder der Aufriß g''.

Zunächst werde nur der Fall betrachtet, daß g nicht in einer zur Achse senkrechten Ebene liegt (Fig. 3a). Dann ist g weder auf Π_1, noch auf Π_2 senkrecht. Die ersten Projektionslote aller Punkte von g erfüllen eine Ebene, die erste projizierende Ebene von g, und diese Ebene schneidet Π_1 in der ersten Projektion g' von g; g' ist eine Gerade und nicht senkrecht zur Projektionsachse. Entsprechendes gilt für die zweiten Projektionslote, man hat eine zweite projizierende Ebene, ihr Schnitt mit Π_2 ist g'', g'' ist nicht senkrecht zur Achse.

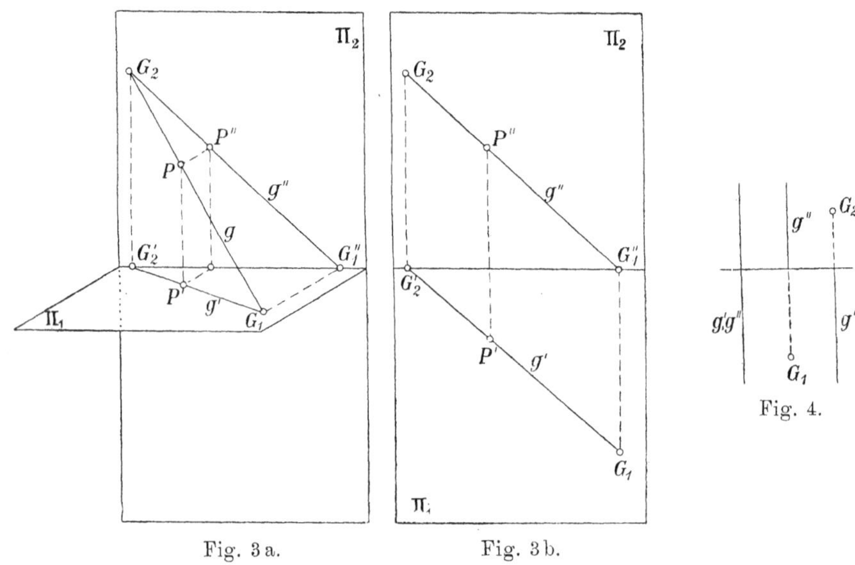

Fig. 3a. Fig. 3b. Fig. 4.

Dreht man wieder die Grundrißebene Π_1 um die Achse, bis sie in die Ebene von Π_2 fällt, so entsteht Figur 3b, die Darstellung der Geraden durch Grund- und Aufriß.

Umgekehrt überzeugt man sich leicht, daß aus gegebenem und zur Achse nicht senkrechtem g' und g'' die Lage der Geraden g im Raum gegen Π_1 und Π_2 sich eindeutig ergibt.

§ 3. **Besondere Fälle.** Liegt g in einer zur Achse senkrechten Ebene, ohne senkrecht zu Π_1 oder Π_2 zu sein, dann sind g' und g'' auch zur Achse senkrecht und fallen miteinander zusammen. Dabei gehört zu verschiedenen Geraden g, welche in derselben zur Achse senkrechten Ebene liegen, dasselbe Paar g', g''. Eine Gerade dieser Art ist also aus ihren Projektionen nicht eindeutig bestimmt (Fig. 4 links). Dieser Fall wird erst im § 14 näher betrachtet.

Steht endlich g senkrecht zu Π_1, so haben alle Punkte von g gemeinsamen Grundriß. Der Grundriß von g reduziert sich demnach auf einen Punkt, der Aufriß ist eine zur Achse senkrechte Gerade. Es gibt in diesem Falle keine erste projizierende Ebene für g.[1]) — Falls g senkrecht zu Π_2 steht, ist entsprechend g'' punktförmig und g' eine zur Achse senkrechte Gerade (Fig. 4). Über G_1 und G_2 ist § 7 zu vergleichen.

Zwei Geraden, deren eine zur Achse senkrecht ist, während die andere dazu schief verläuft, können nie Grund- und Aufriß einer Geraden des Raumes sein, ebenso wenig zwei zur Achse senkrechte Geraden, welche die Achse in verschiedenen Punkten treffen.

§ 4. Auf der Geraden liegende Punkte. g' enthält nach § 2 die Grundrißprojektionen, g'' die Aufrißprojektionen aller Punkte von g. Einige Folgerungen hieraus sind wichtig: Sind von g die beiden Projektionen g' und g'' gegeben und zwar im allgemeinen Fall, wo sie beide zur Achse schief stehen[2]), und ist der Grundriß P' eines Punktes P von g auf g' gegeben, so findet man P'' auf g'' als Schnitt mit der durch P' gelegten Senkrechten zur Achse. Ähnlich findet man P', wenn P'' auf g'' gegeben ist[3]). (Fig. 3b a. v. S.)

Sind von einer Geraden g zwei Punkte P und Q gegeben, jeder durch seine beiden Projektionen, so sind daraus die Projektionen g' und g'' von g in folgender Art bestimmt: g' geht durch P' und Q', g'' ebenso durch P'' und Q''. Die Bestimmung der Länge von PQ wird in §§ 8—10 behandelt.

§ 5. Zusatz. Wenn R auf g liegt und wenn g', g'' und R' gegeben sind, dann reicht zuweilen das im vorigen Paragraphen angegebene Verfahren zur Bestimmung des R'' nicht aus. Das tritt ein, wenn g'' einen großen Winkel mit der Achse bildet. Die Vertikale durch R' schneidet dann g'' ungünstig, „zu spitz". Falls aber auf g' und g'' die Projektionen zweier Punkte P und Q von g bekannt sind, kommt man auch

1) Die erste projizierende Ebene einer Geraden g wurde mittels der Gesamtheit der ersten Projektionslote definiert, nicht etwa als Ebene durch g senkrecht zu Π_1. Wollte man diese letzte Definition wählen, dann wäre im eben betrachteten Fall die erste projizierende Ebene unbestimmt, und bei Annahme einer ihrer Lagen hätte man die Schwierigkeit, daß nicht ihre Schnittlinie mit Π_1 der Grundriß von g wäre. Damit ist diese Definition als ungeeignet erkannt.

2) Der andere Fall wird erst in § 14 behandelt.

3) Wie schon in § 1 angegeben wurde, wählt man gern P über Π_1 und vor Π_2. Dann liegt in Figur 3b P'' über, P' unter der Achse, d. h. P'' liegt senkrecht über P'. Sind demnach in der ebenen Figur g', g'' und P' (auf g') gegeben, dann sagt man kurz: P'' folgt senkrecht über P' auf g'', oder P wird auf g'' hinaufgelotet (nicht etwa „P' wird auf g'' hinaufgelotet", denn man bestimmt die zweite Projektion von P, nicht von P'). Diese Ausdrücke sind so bequem, daß man sie gelegentlich da verwendet, wo sie nicht mehr wörtlich zutreffen.

bei steilem g'' zu sicherer Bestimmung des R''. Die Proportion $P''R'':R''Q'' = P'R' : R'Q'$ muß gelten. Man könnte wohl hieraus R'' auf $P''Q''$ nach dem Verfahren der Elementargeometrie bestimmen, aber dieser Weg wäre zu umständlich. Man verfährt besser folgendermaßen: man nimmt die kleinere von den Strecken $P'R'$ und $R'Q'$ in den Zirkel und trägt sie auf der anderen oder auf $P'Q'$ wiederholt ab, zählt die Anzahl der Abtragungen und schätzt den verbleibenden Rest. Erhält man im Aufriß durch entsprechendes Abmessen aus dem durch Einschneiden vorläufig bestimmten R'' dasselbe Teilungsverhältnis der Strecke $P''Q''$, dann war R'' richtig gefunden. Sonst muß es geeignet abgeändert und aufs neue geprüft werden.

Wer mit dem Rechenschieber rasch und genau zu arbeiten weiß, dem liegt es nahe, die Bestimmung des R'' auf Grund der Proportion mittels des Rechenschiebers durchzuführen. Dieses Verfahren ist aber umständlicher und bei kleinen Figuren weniger genau als das eben beschriebene.

§ 6. Windschiefe und einander schneidende Geraden; parallele Geraden. Figur 5 stellt zwei Geraden g und h dar, wobei die Schnittpunkte von g' mit h' und von g'' mit h'' an zugänglicher Stelle vorhanden sind und nicht senkrecht übereinander liegen. Der Schnittpunkt von g' und h' ist der Grundriß eines Punktes P von g und zugleich der Grundriß eines Punktes Q von h. P'' und Q'' ergeben sich hieraus auf g'' bzw. h'' nach § 4. Man sieht, daß P'' und Q'' verschiedene Abstände von der Achse haben, daß also die Punkte P und Q im Raum in verschiedener Höhe senkrecht übereinander liegen. Die Gerade g verläuft unterhalb h. Andererseits ist der Schnittpunkt von g'' und h'' Aufriß eines Punktes R von g und zugleich eines Punktes S von h. R' und S' liegen in verschiedenen Abständen von Π_2 und zwar liegt hier R' vor S', so daß die Gerade g vor h verläuft. (Häufig genügt eine bloße Abschätzung mit dem Auge oder das bloße Anlegen des Zeichenwinkels, um die Lage der Geraden gegeneinander zu beurteilen; man braucht nicht immer die Hilfslinien selbst zu ziehen.)

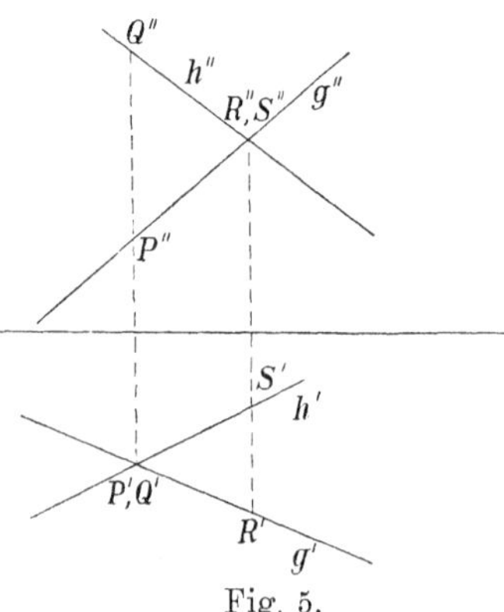

Fig. 5.

Damit ist als notwendige und hinreichende Bedingung dafür, daß zwei Geraden g und h sich schneiden, gefunden, daß die Schnittpunkte von g' und h' und von g'' und h'' senkrecht übereinander liegen.

Sind zwei Geraden g und h parallel, so ist $g' \| h'$ und $g'' \| h''$. Weiter sind diese beiden Bedingungen notwendig und hinreichend für den Parallelismus von g und h. Denn $g' \| h'$ bedeutet, daß im Raum g und h

in parallelen Vertikalebenen liegen, $g'' \| h''$ bedeutet, daß g und h in einem zweiten Paare von parallelen, zu Π_2 senkrechten Ebenen liegen.

§ 7. Die Spurpunkte einer Geraden. Die beiden Punkte, in denen eine Gerade g die Ebenen Π_1 und Π_2 trifft, heißen ihre Spurpunkte oder Spuren. Der Grundrißspurpunkt G_1 hat seinen Aufriß G_1'' auf der Achse, weil er die Höhe 0 über Π_1 hat (vgl. § 1). Der Grundriß von G_1 fällt mit G_1 selbst zusammen und wird deshalb nur mit G_1, nicht mit G_1' bezeichnet. Außerdem liegen G_1 auf g' und G_1'' auf g''. Darum findet man bei gegebenen g' und g'' die Projektionen des Grundrißspurpunktes G_1, indem man erst G_1'' als Schnitt von g'' mit der Achse und dann G_1 als Schnitt von g' mit dem in G_1'' auf der Achse errichteten Lot bestimmt. (Fig. 6.)[1])

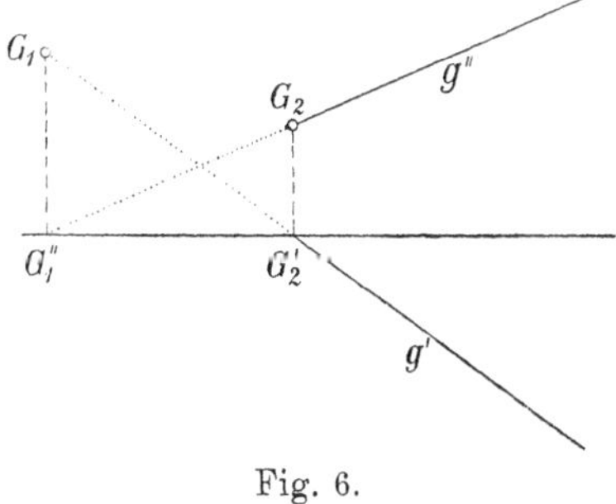

Fig. 6.

Für den Aufrißspurpunkt G_2 ist alles entsprechend, aus gegebenem g' und g'' findet man erst G_2' auf der Achse und daraus G_2, siehe Figur.

Sind von einer Geraden die zwei Spurpunkte gegeben, so folgen daraus g' und g'' leicht, ganz wie man verfährt, wenn zwei beliebige Punkte von g durch ihre Projektionen gegeben sind (§ 4). Wird eine Gerade parallel zu Π_1 oder Π_2, so rückt ihr erster oder zweiter Spurpunkt ins Unendliche, g'' oder g' wird parallel zur Achse (soweit es nicht punktförmig wird.)

§ 8. Länge und Neigungswinkel einer Strecke. Eine Strecke PQ ist durch ihre Projektionen gegeben, Figur 7b mit Skizze 7a. Man kennt dann die Höhen PP' und QQ' der Punkte P und Q über Π_1 (nämlich $P''P_a$ und $Q''Q_a$) und kann daraus das Viereck $PP'Q'Q$ in seiner wahren Gestalt zeichnen, etwa als Umlegung $P_0P'Q'Q_0$ in die Grundrißebene: Man denkt sich das Viereck $PP'Q'Q$ um $P'Q'$ gedreht, bis es in Π_1 fällt. Dann bildet die neue Lage von PP' einen rechten Winkel mit $P'Q'$; gleiches gilt für die neue Lage von QQ'. In der Figur sind deshalb auf $P'Q'$ in P' und Q' zwei Lote $P'P_0$ und $Q'Q_0$ errichtet und gleich den aus dem Aufriß entnommenen Höhen der Punkte P und Q über Π_1 gemacht. Die Gerade PQ geht während der Drehung des Vierecks beständig durch ihren Grundrißspurpunkt G_1 hindurch, weil G_1 der Drehungsachse angehört. Deshalb muß P_0Q_0 durch G_1 hindurchgehen.

Genau ebenso kann die Umlegung $P^0P''Q''Q^0$ des im Raume auf Π_2 senkrechten Vierecks $PP''Q''Q$ in die Aufrißebene gezeichnet werden. Beide Arten der Umlegung sind zur Bestimmung der wahren Länge von PQ an sich gleich berechtigt. In jedem einzelnen Fall muß man die praktisch bessere auswählen.

1) Es ist wichtig, weitere Figuren für andere Lagen zu machen.

Dieses Umlegungsverfahren zur Bestimmung der wahren Länge der durch ihre Projektionen gegebenen Strecke PQ tritt natürlich erst dann

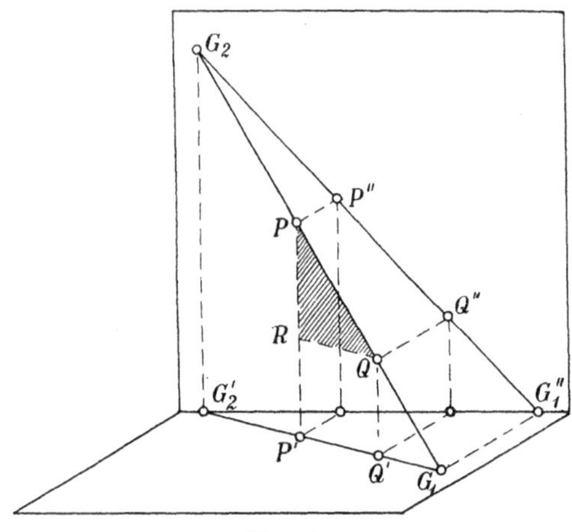

Fig. 7a.

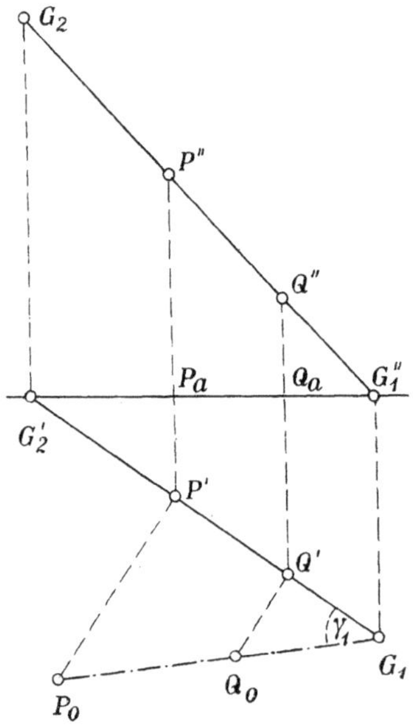

ein, wenn die Strecke nicht zu Π_1 oder Π_2 parallel ist. Denn in diesem Falle ist $P'Q'$ bzw. $P''Q''$ schon die wahre Länge der Strecke PQ.

Fig. 7b.

Die Winkel

$$P_0 G_1 P' = \gamma_1 \quad \text{und} \quad P^0 G_2 P'' = \gamma_2$$

sind die Neigungswinkel von g gegen Π_1 und Π_2, deren Bestimmung ist damit auch erledigt. Aus der Figur folgt: $P'Q' = PQ \cdot \cos\gamma_1$, ebenso gilt $P''Q'' = PQ \cdot \cos\gamma_2$.

§ 9. **Andere Konstruktion.** Kürzer erhält man die wahre Länge von PQ und den Neigungswinkel γ_1 der Geraden gegen Π_1 mittels des schraffierten rechtwinkligen Dreiecks PQR in Figur 7a. Es enthält als vertikale Kathete die Höhendifferenz von P und Q, und seine horizontale Kathete ist gleich $P'Q'$. Man kann dieses Dreieck an $P'Q'$ angehängt zeichnen; es stellt dann nicht direkt eine Umlegung des im Raume liegenden Dreiecks dar. Einfacher zeichnet man es in folgender schon von Monge angegebenen Art. Man zieht durch Q'' eine Parallele zur Achse, welche $P''P_a$ in H trifft (Fig. 8). Dann ist $P''H$ die Höhendifferenz von P und Q und $\sphericalangle\, P''HQ''$ ein rechter Winkel. Man braucht also bloß auf dem horizontalen Schenkel von H aus eine Länge HQ''_* gleich $P'Q'$ abzutragen und findet $P''Q''_*$ als wahre Länge von PQ und Winkel $P''Q''_*H$ als Neigungswinkel γ_1[1]).

1) Die Bezeichnung Q''_* ist in Rücksicht auf § 10 gewählt.

Das eben auf verschiedene Arten dargestellte Dreieck PQR war ein Teil des Vierecks $PP'Q'Q$. Ganz entsprechend kann man mit einem rechtwinkligen Dreieck verfahren, welches den an PQ anschließenden Teil des Vierecks $PP''Q''Q$ bildet.

§ 10. Konstruktion mittels Paralleldrehen zu Π_2. Die Konstruktion des letzten Paragraphen läßt noch eine andere Deutung zu. Man denke sich die Gerade PQ im Raum mit dem Lot PP' starr verbunden und dann um dieses Lot gedreht, bis sie parallel zu Π_2 wird. (Fig. 8.) Die neue Lage heiße PQ_*; dabei beschreibt Q einen Kreisbogen in horizontaler Ebene. Sein Grundriß ist ein ihm kongruenter Kreisbogen $Q'Q'_*$ mit dem Zentrum P', sein Aufriß ist eine geradlinige Strecke $Q''Q''_*$ parallel zur Achse. Dabei muß Q'_* auf der durch P' zur Achse gezogenen Parallelen liegen; es bestimmt sich hieraus, und daraus folgt wieder Q''_*. Nun hat die zu Π_2 parallele Linie PQ_* einen unverkürzten Aufriß, d. h. $P''Q''_*$ ist die wahre Länge von PQ. Und ebenso sieht man, daß $\sphericalangle P''Q''_*Q''$ gleich dem Neigungswinkel von PQ gegen Π_1 ist. Analog läßt sich die Drehung um eine zu Π_2 senkrechte Achse, um das zweite Projektionslot von P, vornehmen.

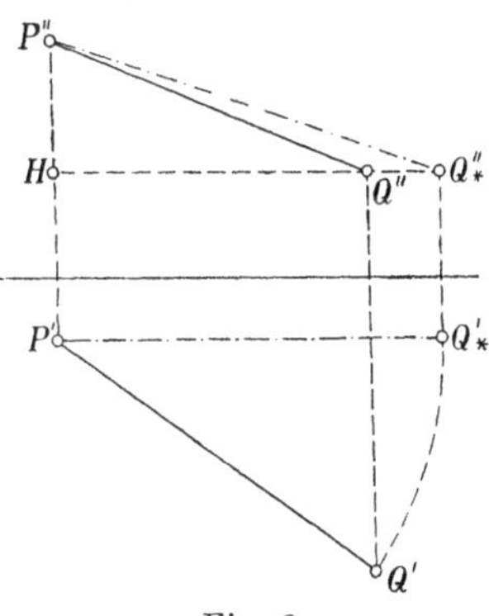

Fig. 8.

Man sieht, daß dieses Verfahren im Ergebnis dasselbe ist, wie das von § 9. Es führt zu einer sehr übersichtlichen Figur, welche den räumlichen Zusammenhang hervorhebt. Das Verfahren von § 9 ist konstruktiv kürzer und liefert die wahre Länge von PQ genauer, denn Q''_* wird nach § 9 aus seinem bekannten Abstand von H genauer gefunden, als es sich bei dem zuletzt besprochenen Verfahren aus dem Kreisbogen $Q'Q'_*$ und der anschließenden geraden Linie $Q'_*Q''_*$ ergibt. (Vgl. § 22 im nächsten Abschnitt, den letzten Absatz.)

Später wird noch oft eine Drehung um eine zu Π_1 oder Π_2 senkrechte Achse als Hilfsmittel zu Konstruktionen verwendet werden. (VII. Abschn. §§ 11, 12, XIII. Abschn. § 8, XVIII. Abschn. §§ 1 ff.)

§ 11. Abtragung einer Strecke gegebener Länge auf einer Geraden. Gegeben sind g', g'' und die Projektionen eines Punktes P von g. Auf g soll von P aus eine Strecke PQ von gegebener Länge abgetragen werden (Fig. 9). Auf g' und g'' wählt man die Projektionen R' und R'' eines Punktes R von g und bestimmt nun zuerst die wahre Länge von PR, etwa durch Paralleldrehen zum Aufriß wie im vorigen Paragraphen. $P''R''_*$ ist die wahre Länge von PR. Dann trägt man auf $P''R''_*$ die für PQ gegebene Länge ab, $P''Q''_*$; Q''_* ist die dem gesuchten Q bei der Drehung entsprechende Stelle. Aus dem so erhaltenen Q''_* folgt Q'_*, und es sind nur

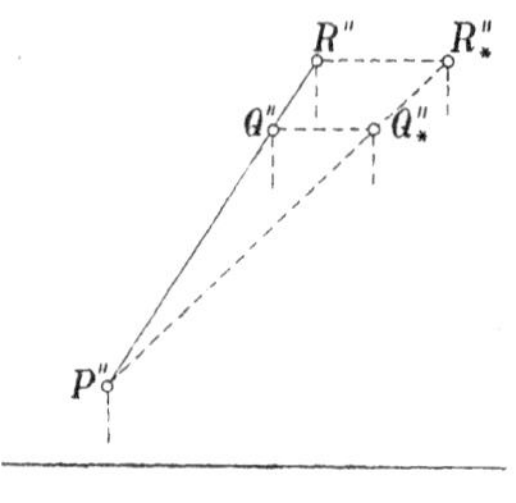

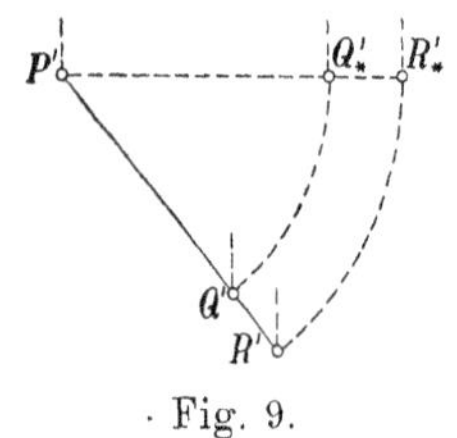

Fig. 9.

noch, dem Zurückdrehen entsprechend, die Projektionen Q' und Q'' von Q zu bestimmen: Q' auf g' und dem um P' durch Q'_* gezogenen Kreisbogen, Q'' auf g'' und einer durch Q''_* gehenden Parallelen zur Achse; außerdem liegt Q'' senkrecht über Q'. Damit hat man eine Probe. Falls sich Q'' aus Q''_* durch einen schlechten Schnitt ergibt, während man Q' genau erhält, hat man Q'' aus Q' zu bestimmen.

§ 12. Anderes Verfahren. Soll wieder auf der Geraden g von P aus eine Strecke PQ von gegebener Länge a abgetragen werden, und kennt man den Neigungswinkel γ_1 gegen Π_1 oder die beiden Neigungswinkel γ_1 und γ_2, dann kann man folgende Beziehungen verwenden: Der Grundriß von PQ hat die Länge $a \cdot \cos\gamma_1$, P und Q oder P'' und Q'' haben den Höhenunterschied $a \cdot \sin\gamma_1$. Ebenso ist $a \cdot \cos\gamma_2$ die Länge von $P''Q''$, und $a \cdot \sin\gamma_2$ ist der Abstand der beiden durch P und Q parallel zu Π_2 gelegten Ebenen oder der Abstand der beiden durch P' und Q' zur Projektionsachse gelegten Geraden. Die beiden Beziehungen, welche γ_1 enthalten, reichen für sich völlig aus zur Konstruktion.

§ 13. Weiteres über die Neigungswinkel einer Geraden. Sind die Spurpunkte einer durch g' und g'' gegebenen Geraden in der Zeichnung vorhanden oder gut zu finden, so erhält man die beiden Neigungs-

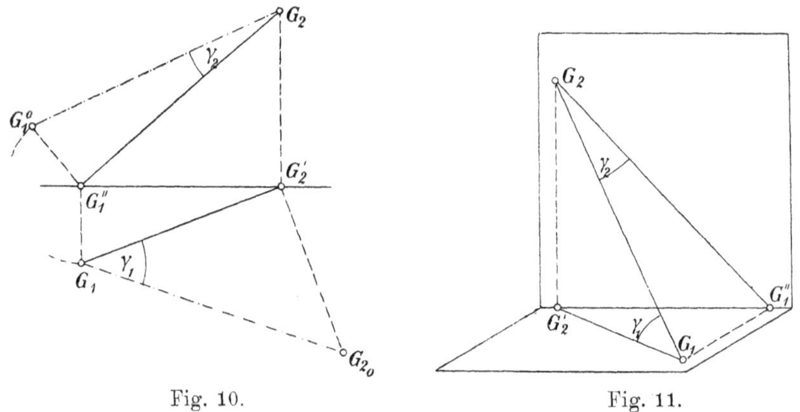

Fig. 10. Fig. 11.

winkel γ_1 und γ_2 am leichtesten aus den rechtwinkligen Dreiecken, welche das zwischen den Spurpunkten liegende Stück der Geraden zur Hypotenuse haben und senkrecht auf Π_1 oder Π_2 stehen. In Figur 10 ist eines der früher besprochenen Verfahren durchgeführt.

Nach einem bekannten stereometrischen Satz bildet die Gerade $G_1 G_2$ mit ihrem Grundriß $G_1 G_2'$ einen kleineren Winkel als mit irgend einer anderen durch G_1 gezogenen Geraden von Π_1. So ist $\gamma_1 < \sphericalangle G_2 G_1 G_1''$, und dieser Winkel ist $90^0 - \gamma_2$. (Fig. 11, Skizze in Parallelperspektive)[1]). Es folgt $\gamma_1 + \gamma_2 < 90^0$, wenigstens sobald g' nicht senkrecht zur Achse steht; in diesem besonderen Fall, wo g in einer zur Achse senkrechten Ebene liegt, ist $\gamma_1 + \gamma_2 = 90^0$.

Die Aufgabe, eine Gerade durch einen gegebenen Punkt so zu legen, daß sie gegebene Neigungswinkel gegen Π_1 und Π_2 hat, soll erst in einem späteren Abschnitt besprochen werden (XVI. Abschn. §§ 2 und 7).

§ 14. Die Gerade, welche zur Projektionsachse senkrecht ist. In § 3 wurde hervorgehoben, daß eine Gerade durch ihre beiden Projektionen nicht eindeutig bestimmt ist, wenn sie in einer zur Achse senkrechten Ebene liegt und dabei nicht zu Π_1 oder Π_2 senkrecht steht. Eine solche Gerade ist durch Angabe ihrer beiden Spurpunkte völlig bestimmt. Wenn von einem Punkt P der Geraden die eine Projektion P' gegeben ist, findet man P'' leicht durch Umlegen des rechtwinkligen Dreiecks, welches durch die Gerade und ihre beiden Projektionen begrenzt ist. (Fig. 12.) Die Umlegung kann durch Drehung in Π_1 hinein erfolgen, wobei die schon in Π_1 liegende Kathete als Drehungsachse dient. Die Umlegung von g ist g_0, auf ihr folgt aus dem gegebenen P' die Umlegung P_0 des Punktes P, und daraus findet man leicht den Aufriß P''; das Nähere zeigt die Figur.

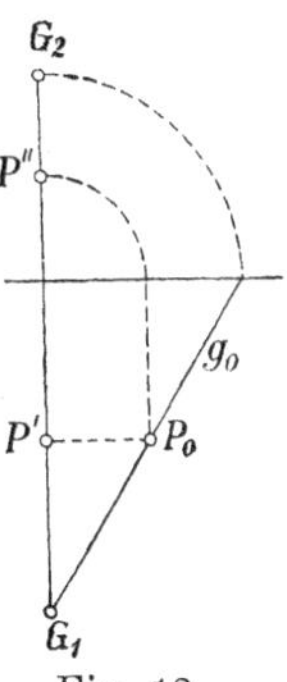

Fig. 12.

Der eben betrachtete Fall ist übrigens nicht der einzige, wo beide Projektionen von g zusammenfallen, vgl. V. Abschn. §§ 1, 5.

§ 15. Einführung einer dritten Projektionsebene. Bisher sind Punkte und gerade Linien nur auf zwei Ebenen Π_1 und Π_2 projiziert worden.

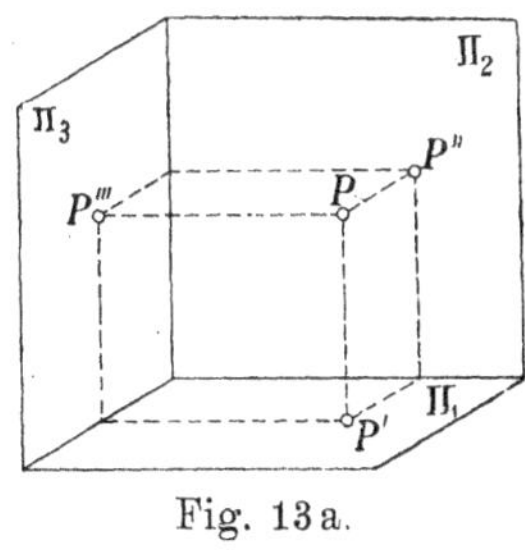

Fig. 13a.

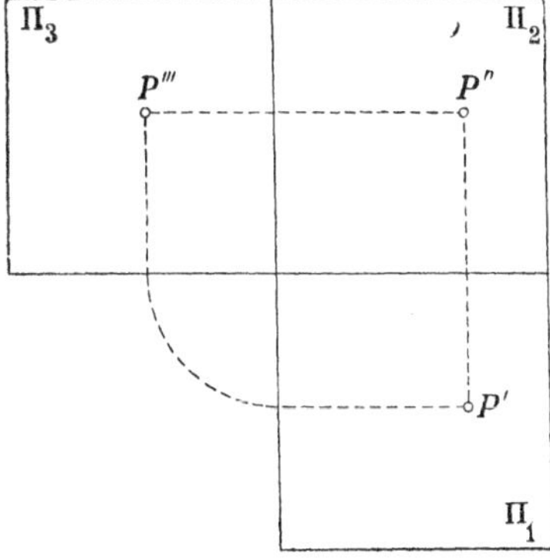

Fig. 13b.

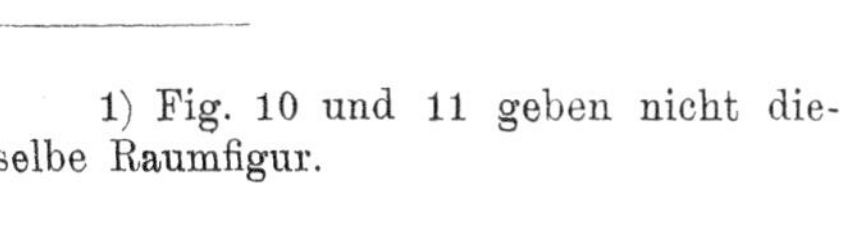
1) Fig. 10 und 11 geben nicht dieselbe Raumfigur.

Zuweilen empfiehlt es sich, noch eine dritte Projektionsebene Π_3, die Seitenrißebene, einzuführen, welche senkrecht zu Π_1 und Π_2, also auch senkrecht zur Achse steht. (Fig. 13 a, Skizze in Parallelperspektive). Die Orthogonalprojektionen der einzelnen Punkte oder Geraden auf diese neue Ebene heißen Seitenrißprojektionen oder Seitenrisse und werden mit drei Akzenten bezeichnet. Man kann, um alles in eine Zeichnungsfläche zu bringen, diese dritte Ebene und die in ihr enthaltene Projektion durch Drehen um ihre Schnittlinie mit Π_2 in die Ebene von Π_2 umlegen (Fig. 13 b). Ebenso gut kann man auch die Ebene Π_3 um ihre Schnittlinie mit Π_1 drehen, bis sie in Π_1 fällt und dann mit Π_1 zusammen in die Zeichnungsfläche, d. h. in die Ebene von Π_2 bringen. — Bei der Aufgabe des vorigen Paragraphen läßt sich die zur Achse senkrechte Ebene, in welcher die gegebene Gerade g liegt, direkt als Seitenrißebene auffassen.

Später wird das Wort Seitenriß noch in allgemeinerer Bedeutung gebraucht, zuerst im § 23 des II. Abschnitts.

§ 16. Über das Cartesische Koordinatensystem im Raum. Die drei im Raum zueinander senkrechten Ebenen Π_1, Π_2 und Π_3 haben drei zueinander senkrechte Schnittlinien, die den drei Achsen eines rechtwinkligen Cartesischen Koordinatensystems im Raum entsprechen. Bei diesem System sind in früherer Zeit die Achsen allgemein so bezeichnet worden, daß die x-Achse nach rechts, die y-Achse nach vorn und die z-Achse nach oben geht. Im Zusammenhang damit hat man in der darstellenden Geometrie die Projektionsachse, die Schnittlinie von Π_1 und Π_2, als x-Achse und z. B. den in § 1 P_a genannten Punkt mit P_x bezeichnet. Von dieser Bezeichnung wird hier deshalb abgesehen, weil die besprochene alte Anordnung des räumlichen Koordinatensystems sich nicht empfiehlt. In der analytischen Geometrie der Ebene wird meist und in der Funktionentheorie wird immer die Lage der x- und y-Achse zueinander so angenommen, daß die positive x-Achse durch Drehung um 90^0 entgegengesetzt dem Uhrzeigersinn in die Lage der positiven y-Achse kommt. Bei dem oben besprochenen räumlichen Koordinatensystem erhält man, von der positiven z-Achse aus gesehen, den umgekehrten Drehungssinn. Deshalb wird auch in neuerer Zeit immer häufiger das dreifachrechtwinklige Koordinatensystem im Raum so angenommen, daß die x-Achse nach vorn, die y-Achse nach rechts und die z-Achse nach oben geht.

II. Abschnitt.

Die Ebene und in ihr liegende Punkte und Geraden.

§ 1. Darstellung der Ebene durch ihre Spuren. Die beiden Schnittlinien e_1, e_2 einer Ebene E mit Π_1 und Π_2 werden als die Spuren der Ebene bezeichnet. Sobald die Spuren nicht mit der Achse zusammenfallen, ist die Ebene durch ihre beiden Spuren völlig bestimmt. Dann hat die Ebene mit der Achse im allgemeinen einen Punkt gemein, und in diesem Punkte treffen sich die beiden Spuren. Als Grenzfall für ins Unendliche rückenden Achsenschnittpunkt ist der Fall zu nennen, wo E und damit beide Spuren zur Achse parallel sind. Die Figur 14 gibt noch verschiedene Lagen von E, darunter eine, wo E senkrecht zu Π_1 steht.

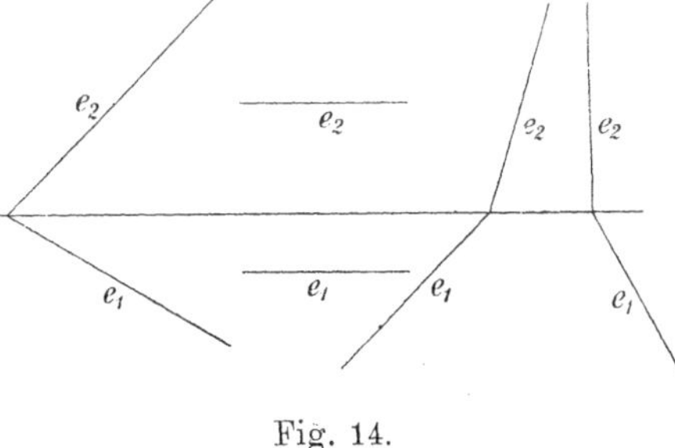

Fig. 14.

§ 2. In der Ebene liegende Geraden. Eine in E liegende Gerade g trifft Π_1 und Π_2 in Punkten, welche den Schnittlinien von E mit Π_1 und Π_2 angehören, d. h. der Grundrißspurpunkt G_1 von g liegt auf der Grundrißspur e_1 von E, und ebenso liegt G_2 auf e_2.

Dieser wichtige Satz gestattet das Zeichnen einer Projektion von g, wenn die andere Projektion und e_1, e_2 bekannt sind (Fig. 15). Es sei z. B. g'' gegeben: G_2 ist Schnitt von g'' mit e_2. Daraus folgt G_2' auf der Achse. Ferner ist G_1'' der Schnitt von g'' mit der Achse und hieraus folgt G_1 auf e_1. $G_2' G_1$ ist das gesuchte g'. Ebenso folgt g'' aus gegebenen e_1, e_2 und g'.

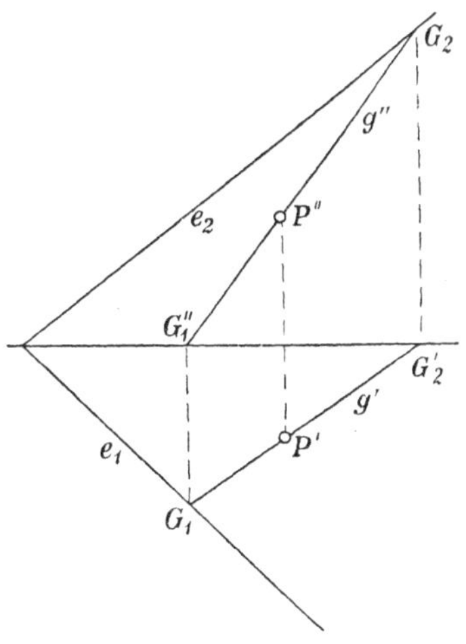

Fig. 15.

§ 3. Die Spurparallelen von E. Für weitere Konstruktionen sind zwei besondere Arten von Geraden der Ebene wichtig: Die Spurparallelen und die Spurnormalen[1]).

1) In manchen Büchern wird statt Spurparallele Hauptlinie gesagt, auch werden Spurparallelen und Spurnormalen zusammen als Hauptlinien bezeichnet wegen dieser Zweideutigkeit soll das Wort Hauptlinie vermieden werden.

Die Geraden von E, welche zur Grundrißspur e_1 parallel sind, heißen Spurparallelen erster Art. Der Grundriß einer solchen Geraden ist zu e_1, der Aufriß zur Achse parallel (vgl. I. Abschn. § 6 Schluß). Die Gerade wird aus E ausgeschnitten durch eine zu e_1 parallele Vertikalebene oder durch eine Horizontalebene. Die Gerade trifft die Spur e_1 nicht, sie hat daher nur einen Spurpunkt im Endlichen, den Aufrißspurpunkt (Fig. 16).

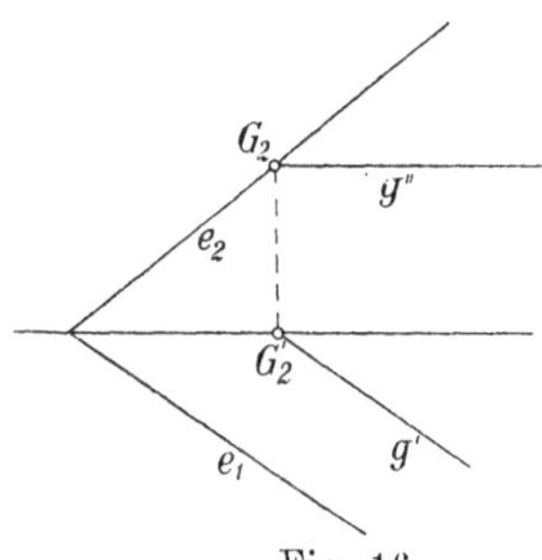

Fig. 16.

Ist von der Spurparallelen erster Art der Grundriß g' gegeben und der Aufriß g'' gesucht, so folgt zunächst G_2' als Schnitt der Achse mit g', daraus G_2 auf e_2 und endlich g'' als Parallele zur Achse durch G_2. — Ebenso folgt g' aus gegebenem g'' (Fig. 16).

Entsprechend definiert man die Spurparallelen zweiter Art als in E liegende Parallelen zu e_2. Der Grundriß einer solchen ist zur Achse parallel, der Aufriß parallel zu e_2; diese Gerade hat ebenfalls im Endlichen nur einen Spurpunkt, und zwar in der Grundrißebene. Sind e_1, e_2 und von einer Spurparallelen zweiter Art die eine Projektion gegeben, so findet man die andere auf ähnliche Weise, wie es vorhin für Spurparallelen erster Art besprochen ist.

§ 4. Die Spurnormalen von E. Eine Gerade in E, welche zur Spur e_1 senkrecht steht, heißt eine Spurnormale erster Art. Ihre erste projizierende Ebene ist senkrecht zu e_1, deshalb ist auch ihr Grundriß senkrecht zu e_1. Wenn dieser Grundriß gegeben ist, findet man den Aufriß nach § 2. Ob eine Gerade Spurnormale erster Art ist, erkennt man nur an ihrem Grundriß. Die Spurnormalen erster Art haben unter allen Geraden von E den stärksten Neigungswinkel gegen Π_1[1]. Durch diesen Neigungswinkel wird geradezu die Neigung der Ebene E gegen Π_1 definiert, was ganz mit der elementaren Definition des Winkels zweier Ebenen übereinstimmt.

Die Spurnormalen zweiter Art werden entsprechend eingeführt; sie stehen senkrecht zu e_2 und haben unter allen Geraden von E die stärkste Neigung gegen Π_2.

§ 5. In E liegende Punkte. Wenn eine Ebene E durch ihre Spuren e_1, e_2 und ein Punkt P von E durch seinen Grundriß P' gegeben sind, so hat man zur Bestimmung von P'' eine Hilfsgerade nötig, die durch P

1) Hierauf beruht es, daß die Spurnormalen erster Art als Fallinien bezeichnet werden, da ein auf der Ebene herabgleitender Massenpunkt sich auf einer solchen Geraden bewegen muß. Man wendet den Ausdruck Fallinie auch häufig auf Spurnormalen zweiter Art an. Dies ist aber wenig anschaulich, weil dabei im Grunde zwei verschiedene Richtungen für die Schwere vorausgesetzt werden.

geht und ganz in E liegt. Ihr Grundriß g' geht durch P' und wird im übrigen frei gewählt (Fig. 15 bei § 2). Dann zeichnet man den Aufriß g'' von g nach § 2 und findet auf dieser Linie den Aufriß P'' von P. Bei der Wahl von g' ist darauf zu achten, daß sich in der weiteren Konstruktion gute Schnitte ergeben, was nicht immer leicht ist.

In der Praxis wählt man als Hilfsgerade meist eine Spurparallele erster oder zweiter Art. Die Figur 17 enthält die Konstruktion in beiden Fällen. Es ist vorteilhaft, beide durch P gehenden Spurparallelen zu benutzen, um dadurch P'' genauer, als Schnitt dreier Linien, zu erhalten.

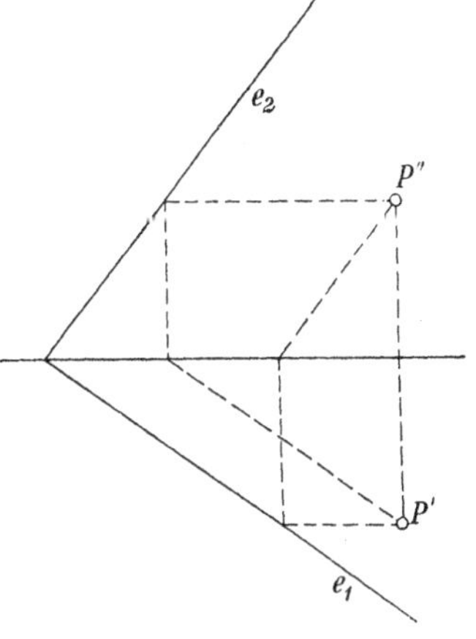

Fig. 17.

Ist P'' statt P' gegeben und P' gesucht, so ist alles entsprechend.

Sind e_1, e_2 und P' gegeben und ist die Höhe des in E liegenden Punktes P über Π_1 gesucht, dann hat es keinen Zweck, P'' auf die eben angegebene Art zu suchen, sondern man zieht nur durch P' eine Parallele zu e_1 und errichtet in deren Schnitt mit der Projektionsachse ein Lot auf der Achse bis zum Schnitt mit e_2. Diese Lotlänge ist die Höhe von P. Denn der Schnitt des Lotes mit e_2 ist der Aufrißspurpunkt der Spurparallelen erster Art, welche durch P geht.

§ 6. Parallele Ebenen. Sind zwei Ebenen E und Φ zueinander parallel, so ist $e_1 \| f_1$ und $e_2 \| f_2$.

Soll durch P eine Ebene E parallel zu der durch ihre Spuren gegebenen Ebene Φ gelegt werden, so kennt man nach dem eben ausgesprochenen Satz von den gesuchten Ebenenspuren e_1, e_2 die Richtungen. Man kann jedoch die Spuren noch nicht direkt angeben, wohl aber die durch P gehenden Spurparallelen von E. Die Spurparallele erster Art hat einen horizontalen Aufriß durch P'' und einen zu f_1 parallelen Grundriß durch P'; hieraus konstruiert man ihren Aufrißspurpunkt (Fig. 18). Durch diesen Punkt geht die Aufrißspur e_2 der gesuchten Ebene. e_1 geht dann parallel zu f_1 durch den Schnittpunkt von e_2 und der Achse. Jedoch wird man mit Vorteil die Spurparallele zweiter Art durch P noch verwenden. Ihr Grundrißspurpunkt ist ein Punkt von e_1. Hierdurch wird die Zeichnung genauer.

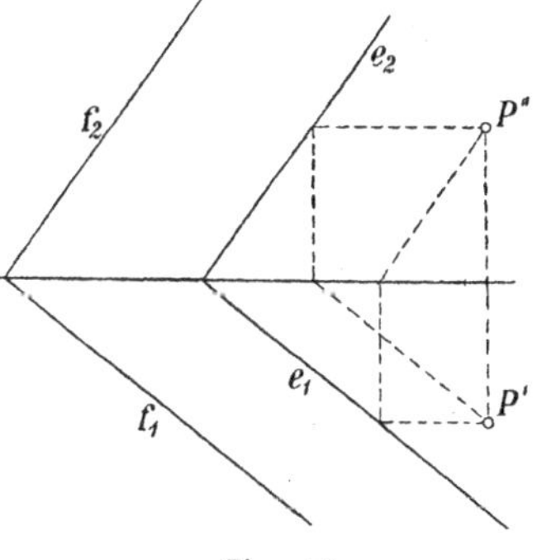

Fig. 18.

§ 7. Die Schnittlinie zweier Ebenen. Zwei Ebenen E und Φ seien gegeben (e_1, e_2; f_1, f_2), ihre Schnittlinie s ist darzustellen (Fig. 19). Nach § 2 ergeben sich die Spurpunkte S_1 und S_2 von s als Schnittpunkte der beiden Grundriß- bzw. der beiden Aufrißspuren der Ebenen. Aus den Spurpunkten zeichnet man die Projektionen s' und s'' der Geraden s.

Einige besondere Fälle, in denen das eben angegebene allgemeine Verfahren nicht ausreicht, werden nun in §§ 8, 9 besprochen. Beim ersten Studium kann man diese Betrachtungen überschlagen.

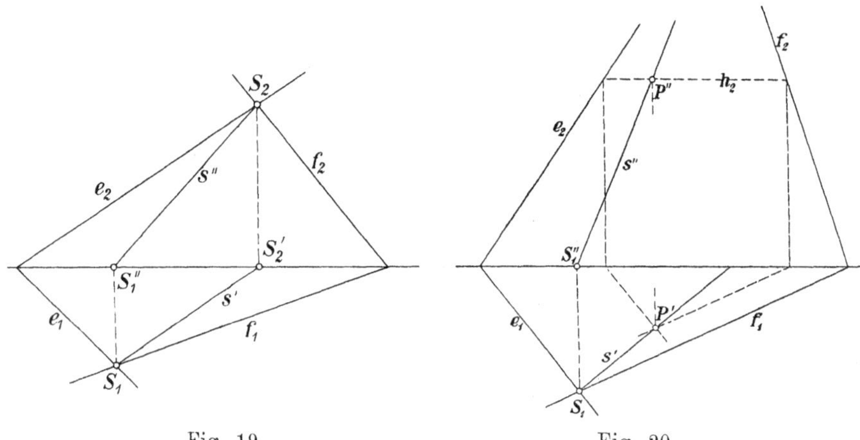

Fig. 19. Fig. 20.

§ 8. Abänderung der Konstruktion bei einem unzugänglichen Spurpunkt. Wenn die Spuren e_1 und f_1 einen guten Schnitt geben, aber e_2 und f_2 sich außerhalb der Zeichnungsfläche schneiden, so hat man von s nur den einen Spurpunkt S_1 (Fig. 20). Statt des Punktes S_2 wird man einen anderen Punkt P von s in Grund- und Aufriß darzustellen suchen, was zur Zeichnung von s' und s'' genügt. Man nimmt eine horizontale Hilfsebene H an, deren Aufrißspur h_2 ist, eine Grundrißspur hat sie im Endlichen nicht. E und Φ werden durch H in je einer Spurparallelen erster Art geschnitten, und diese beiden haben h_2 zur Aufrißprojektion. Daraus lassen sich ihre Grundrißprojektionen zeichnen nach § 3. Der Schnittpunkt P' dieser Projektionen ist der Grundriß eines Punktes P, welcher der gesuchten Linie s angehört und seinen Aufriß P'' auf h_2 hat. s' ist dann die Gerade durch S_1 und P', s'' die Gerade durch S_1'' und P''. — Statt einer horizontalen Hilfsebene kann man auch eine zu Π_2 parallele Hilfsebene anwenden, dann hat man in E und Φ je eine Spurparallele zweiter Art.

Dasselbe Verfahren ist anzuwenden, wenn e_1 und f_1 sich außerhalb der Zeichnungsfläche schneiden, während e_2 und f_2 einen guten Schnitt geben. Sind beide Spurpunkte S_1 und S_2 von s unzugänglich, so muß man zwei Punkte von s in der Art suchen, wie vorhin P gesucht wurde.

Besonders einfach gestaltet sich die Schnittbestimmung zweier Ebenen E und Φ, wenn in einer Projektionsebene die beiden Spuren parallel sind, etwa $e_2 \| f_2$. Dann ist die Schnittgerade s zu Π_2 parallel, ihr Grundriß geht durch den Schnittpunkt von e_1 und f_1 und ist parallel zur Achse, ihr Aufriß ist zu e_2 und f_2 parallel.

§ 9. Die Schnittlinie zweier zur Achse parallelen Ebenen. Die zwei Ebenen mögen jetzt zur Achse parallel sein, dann sind ihre Spuren und ihre Schnittlinie s es auch (Fig. 21). Es genügt, von s einen einzigen Punkt P zu suchen, weil s' und s'' durch P' bzw. P'' parallel zur Achse verlaufen. Einen solchen Punkt verschafft man sich recht einfach dadurch, daß man eine zur Achse senkrechte Hilfsebene H annimmt und die in ihr auftretende Figur, nämlich die Schnittgeraden von H mit E und Φ umlegt, etwa in die Grundrißebene durch Drehung um die Grundrißspur von H. Die Figur wird ohne weiteres verständlich sein, es kommt dabei im Grunde dasselbe Verfahren zur Anwendung wie im I. Abschn. § 14, es handelt sich nämlich um einen umgelegten Seitenriß.

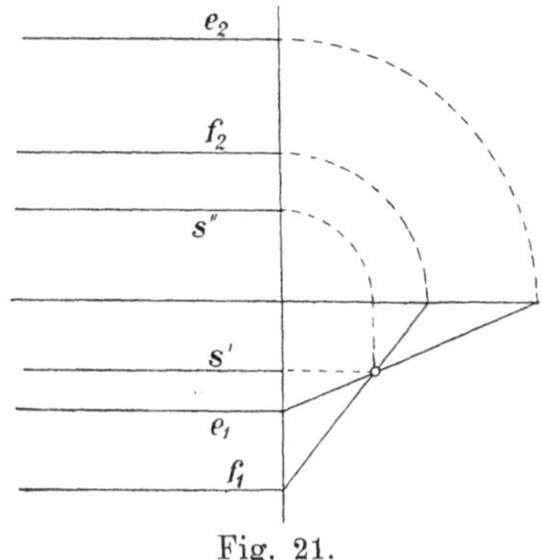

Fig. 21.

Ein anderes Verfahren beruht darauf, daß man die Spuren einer Hilfsebene von allgemeiner Lage passend annimmt und daraus die Schnittlinien dieser Hilfsebene mit E und Φ bestimmt. Beide Geraden treffen einander in einem Punkt der gesuchten Schnittlinie s.

§ 10. Der Schnittpunkt einer Geraden und einer Ebene. Ist der Schnittpunkt P einer Geraden g und einer Ebene E zu bestimmen, so kann man irgend eine Hilfsebene H durch g legen und zuerst die Schnittlinie l von E und H suchen. l enthält P, d. h. P ergibt sich als Schnitt von l und g. Für das Zeichnen wird man als Ebene H eine der projizierenden Ebenen von g benutzen, z. B. die erste (Fig. 22). Sie hat g' zur Grundrißspur, ihre Aufrißspur steht senkrecht auf der Achse und geht durch den Punkt G_2', wo g' die Achse trifft. Dann bestimmt man den Aufriß l'' von l nach § 7, der Grundriß l' ist identisch mit g'. Der Schnitt von l'' und g'' ist P''. P' liegt auf g' und senkrecht unter P''.

Man hätte ebenso mit der durch g und g'' gehenden, zu Π_2 senkrechten Hilfsebene arbeiten können. Hierauf beziehen sich die weiteren Hilfslinien in der Figur. Am besten verwendet man beide Verfahren gleichzeitig.

Den Schnittpunkt einer Geraden mit der Ebene eines Dreiecks findet man durch denselben Gedankengang, wie den Schnittpunkt einer Geraden mit einer durch e_1 und e_2 gegebenen Ebene, jedoch ohne Benutzung der Ebenenspuren. Vgl. X. Abschn. § 4.

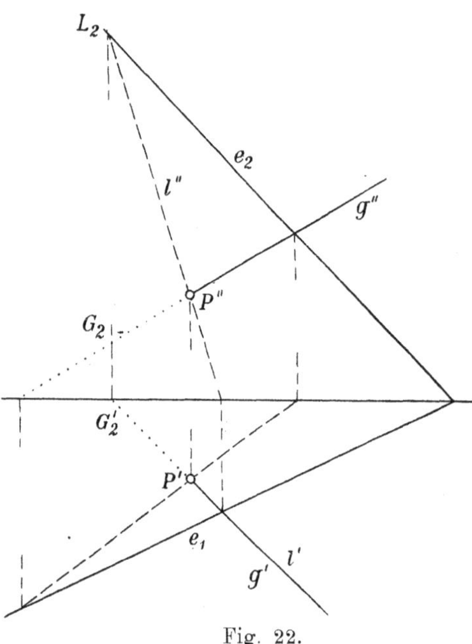

Fig. 22.

§ 11. Darstellung sichtbarer und unsichtbarer Teile in dieser Figur. Zur Erhöhung der Anschaulichkeit deutet man in der Figur an, welche Teile von g sichtbar, d. h. nicht durch E verdeckt sind, wenn man auf die durch g und E gebildete räumliche Figur in der einen oder anderen Projektionsrichtung sieht. Hier liefert die Raumanschauung die Entscheidung unmittelbar: Der von P nach oben gehende Teil von g ist von oben sichtbar.[1]) Sein Grundriß wird ununterbrochen ausgezogen. Der andere Teil von g ist für die Ansicht von oben durch E verdeckt; sein Grundriß wird punktiert, nicht gestrichelt. Für die Ansicht von vorn senkrecht zu Π_2 ist im Falle der Figur der obere Teil von g ebenfalls sichtbar. Sein Aufriß wird ununterbrochen ausgezogen; der Aufriß des anderen Teils von g wird punktiert. So wird die Sichtbarkeit von oben in der Grundrißprojektion, die Sichtbarkeit von vorn senkrecht zu Π_2 in der Aufrißprojektion dargestellt.

§ 12. Änderung des Verfahrens von § 10 bei unzugänglichen Hilfspunkten. Häufig kommt es vor, daß bei dem in § 10 beschriebenen Verfahren unzugängliche Punkte auftreten, etwa, daß bei Benutzung einer vertikalen Hilfsebene der Aufrißspurpunkt von l unzugänglich ist. Dann kann man zur Bestimmung des Schnittes der Hilfsebene mit E das Verfahren von § 8 anwenden; es vereinfacht sich sogar noch etwas dadurch daß man den Grundriß der in der Vertikalebene liegenden Spurparallelen erster Art nicht zu zeichnen braucht, weil er schon vorhanden ist. — Man kann auch einen anderen Gedankengang anwenden. Die Schnittlinie l von E mit der durch g gelegten Vertikalebene ist bekannt, wenn man zwei ihrer

---

1) Hätte g denselben Grundriß wie in der Figur, fiele aber g'' nach rechts statt nach links, dann hätte man sofort andere Verhältnisse. — Zur Beurteilung kann man nötigenfalls die Betrachtungen von § 6 im I. Abschn. heranziehen.

Punkte kennt. Als einer von ihnen dient der Grundrißspurpunkt von l, der Schnitt von g' mit e_1. Für einen zweiten Punkt nimmt man den Grundriß willkürlich auf g' an. Dann folgt, weil der Punkt in E liegt, sein Aufriß mittels einer Spurparallelen. Die weitere Konstruktion bietet nichts neues. Wählt man eine Spurparallele erster Art, so hat man ganz dieselbe Figur, wie beim vorigen Verfahren.

§ 13. Der Schnittpunkt einer Geraden mit einer Ebene, welche zu Π_1 oder Π_2 senkrecht ist. Häufig tritt später der Fall auf, wo die Ebene senkrecht zur einen Projektionsebene ist und die Gerade allgemeine Lage hat. Ist E senkrecht zu Π_1, dann hat jeder Punkt von E seinen Grundriß auf e_1. Darum hat man als Grundriß des Schnittpunktes von E und g den Schnitt von e_1 mit g', und der Aufriß des Schnittpunktes folgt auf g''. Bei $E \perp \Pi_2$ ist alles entsprechend.

§ 14. Die Neigungswinkel einer Ebene gegen Π_1 und Π_2. Der Winkel α_1 einer Ebene E gegen Π_1 ist der Winkel, den eine in E gezogene Spurnormale erster Art mit ihrem Grundriß bildet; er wird aus einem rechtwinkligen Dreieck bestimmt. (Fig. 23.)

Gegeben sind e_1 und e_2; man wählt die eine Projektion eines Punktes P der Ebene E und bestimmt die andere mittels einer Spurparallelen; in der Figur ist eine solche erster Art verwendet. Durch P' zieht man die Grundrißprojektion der Spurnormalen, senkrecht zu e_1, und findet hierdurch den Endpunkt F der Spurnormalen auf e_1. Daher kennt man von dem im Raum in einer vertikalen Ebene liegenden rechtwinkligen Dreieck $PP'F$ die Kathete $P'F$, die andere Kathete PP' ist gleich $P''P_a$. Dadurch läßt sich das Dreieck konstruieren und zwar auf zwei Arten:

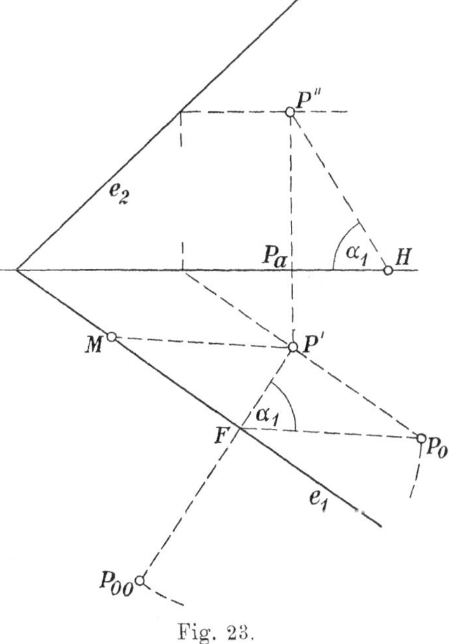

Fig. 23.

Die eine Art ist die, daß man die Umlegung des Dreiecks um $P'F$ in die Grundrißebene darstellt, $P_0P'F$ in der Figur. Hierzu ist $P'P_0$ senkrecht zu $P'F$ und gleich $P''P_a$ zu machen.[1]) Dann wird P_0F gezogen, und $\sphericalangle\, P'FP_0$ ist der gesuchte Neigungswinkel α_1.

1) Oder gleich der Höhe von P über Π_1, welche man nach § 5 findet. Dann hat man den Aufriß von P überhaupt nicht nötig.

Statt $P'P_0$ senkrecht zu $P'F$ zu machen, zieht man diese Linie jedoch parallel zu e_1, weil dadurch Häufungen von Fehlern vermieden werden. Es handelt sich einfach nur um die Verlängerung der schon zur Konstruktion von P'' verwendeten Spurparallelen, man zieht diese also schon anfangs ausreichend lang.

Das zweite Verfahren besteht in der Zeichnung des rechtwinkligen Dreiecks an der Stelle $P''P_aH$ der Aufrißebene, wozu $P''P_a$ und der rechte Winkel schon vorhanden sind. Man braucht also nur die Länge $P'F$ auf der Achse von P_a aus abzutragen, P_aH; $\sphericalangle P''HP_a$ ist der gesuchte Neigungswinkel α_1. Dieses Dreieck $P''P_aH$ läßt sich auffassen als Ergebnis einer Drehung und Projektion des ursprünglichen im Raume liegenden Dreiecks $PP'F$, indem man dieses um PP' gedreht denkt, bis es parallel zu Π_2 wird, und indem man es von dieser neuen Lage aus auf Π_2 senkrecht projiziert. (Hierzu sind die Verfahren vom I. Abschn. §§ 9—10 zu vergleichen.)

Der Neigungswinkel α_2 von E gegen Π_2 wird entsprechend bestimmt mittels des rechtwinkligen Dreiecks, welches aus einer Spurnormalen zweiter Art, die durch P geht, ihrem Aufriß und dem zweiten Projektionslot von P gebildet wird.

Die betrachteten zwei rechtwinkligen Dreiecke enthalten als Hypotenusen die senkrechten Abstände des Punktes P von e_1 und e_2. Dies ist für später wichtig (§ 17ff.).

§ 15. Kürzere Konstruktion. Die Konstruktion des Neigungswinkels α_1 von E gegen Π_1 vereinfacht sich noch etwas bei passender Wahl von P, nämlich dadurch, daß man P auf die Aufrißspur e_2, d. h. P' auf die Achse und P'' (P) auf e_2 legt. Die Figur 24 zeigt beide Konstruktionsarten; auch das Dreieck, welches in Fig. 23 mit $P''P_aH$ bezeichnet wurde, ist jetzt das Ergebnis einer bloßen Umlegung des im Raume auftretenden Dreiecks $PP'F$ in Π_2 und wird demnach $PP'F^0$ genannt. Das Verfahren entspricht dem vom I. Abschn. § 13.

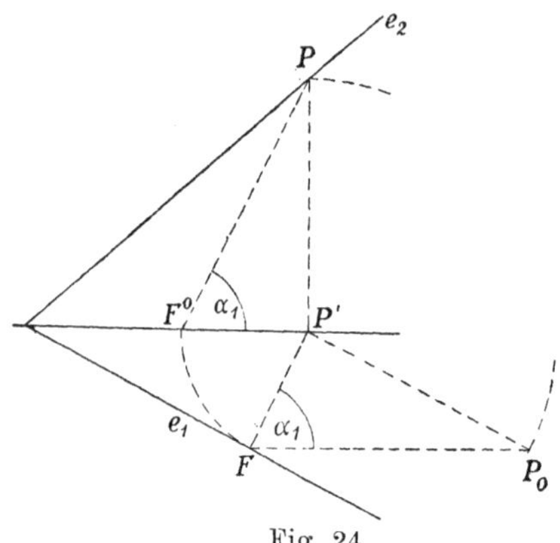

Fig. 24.

§ 16. Die Ungleichung zwischen den beiden Neigungswinkeln von E. Ein auf E errichtetes Lot besitzt gegen Π_1 und Π_2 die Neigungswinkel $\gamma_1 = 90^0 - \alpha_1$ und $\gamma_2 = 90^0 - \alpha_2$. Aus $\gamma_1 + \gamma_2 \leqq 90^0$ (I. Abschn. § 13) folgt $\alpha_1 + \alpha_2 \geqq 90^0$. Dabei tritt das Gleichheitszeichen nur auf, wenn das Lot in einer zur Achse senkrechten Ebene liegt, d. h. wenn e_1 und e_2 zur Achse parallel sind.

Man kann den Satz auch leicht aus den bei einem Dreikant geltenden Ungleichungen auf zwei Arten herleiten: E, Π_1 und Π_2 bilden ein Dreikant mit den Winkeln 90^0, α_2 und α_1, die Summe der Winkel in einem Dreikant ist $> 180^0$. Andererseits bilden die von einem Punkt in passender Richtung gezogenen Senkrechten zu E, Π_1 und Π_2 ein Dreikant mit den Seiten 90^0, α_2 und α_1 und die Summe zweier Seiten ist größer als die dritte.

Die Bestimmung einer Ebene E durch einen gegebenen Punkt und mit gegebenen Neigungswinkeln α_1 und α_2 wird im XVI. Abschn. §§ 4, 10, 11 behandelt.

§ 17. Drehung eines Punktes von E um e_1 bis in Π_1. Liegt ein Punkt in E und wird er mit E um e_1 nach außen gedreht, bis er in die Grundrißebene kommt, so beschreibt er einen Kreisbogen um die Achse e_1, und das von P auf e_1 gefällte Lot PF dreht sich um den festen Punkt F und bleibt immer senkrecht zu e_1. F ist der Fußpunkt des von P' auf e_1 gefällten Lotes (Fig. 23 auf S. 21). Um die Umlegung P_{00} von P zu finden, hat man auf der Verlängerung von $P'F$ eine Strecke FP_{00} gleich der wahren Länge von PF, d. h. der Hypotenuse des schon in § 14 betrachteten Dreiecks $PP'F$ abzutragen. Man knüpft dabei am besten an die Grundrißumlegung $P_0P'F$ des Dreiecks an; der Kreisbogen in der Figur ist die Umlegung des im Raum von P beschriebenen Kreisbogens.

Die Drehung macht man gern nach außen, d. h. um den Winkel $180^0 - \alpha_1$, weil bei der anderen Drehung die Figur oft unübersichtlich wird.

§ 18. Einfachere Konstruktion. Man braucht übrigens das rechtwinklige Dreieck nicht vollständig zu zeichnen, wenn außer P_{00} nicht auch der Neigungswinkel α_1 gesucht wird. Die Hypotenusenlänge PF erhält man einfacher so: Nachdem F bestimmt ist, trägt man die Länge $P'F$ von P_a aus nach rechts oder links auf der Achse ab, nimmt den Abstand des erhaltenen Punktes H von P'' in den Zirkel und trägt diese Strecke auf der Verlängerung von $P'F$ ab. (Die Linie HP'' braucht dabei nicht gezeichnet zu werden.)

Trägt man andererseits die Höhe von P, $P''P_a$, von F aus auf e_1 ab, so gibt der Abstand des erhaltenen Punktes M von P' die Hypotenusenlänge des rechtwinkligen Dreiecks. Man kann darum auch auf diese Weise, wieder ohne die Gerade MP' zu zeichnen, die abzutragende Strecke FP bestimmen. Wenn man auf die eine oder die andere Art die Hypotenusenlänge nur mit dem Zirkel abgreift, so erweist sich die fertige Konstruktion nicht so übersichtlich wie bei dem Verfahren des vorigen Paragraphen. Man sieht nicht gut, auf welchem Wege man zu dem Gefundenen gekommen ist; auch macht erfahrungsgemäß ein Anfänger dabei leichter Fehler, aber bei verwickelter Figur ist diese Methode doch zu empfehlen, weil sie keine Hilfslinien erfordert.

§ 19. Umlegung einer in E befindlichen Figur zur Bestimmung ihrer wahren Gestalt.[1]) Eine Ebene E ist durch e_1, e_2 gegeben, ferner eine in E liegende Figur, etwa ein Dreieck PQR, durch den Grundriß (Fig. 25). Der Aufriß des Dreiecks läßt sich finden, indem man P'', Q'', R'' mittels Spurparallelen sucht, statt dessen sind in der Figur zu den verlängerten Geraden PQ und PR die Aufrißprojektionen nach § 2 gezeichnet, sie schneiden sich in P'', und auf ihnen findet man Q'' und R''. Der Grundrißspurpunkt U von QR bietet noch eine Probe. Bei manchen Figuren kann man den unsicheren Schnittpunkt U von $Q'R'$ mit e_1 (den man für später möglichst genau braucht) dadurch verbessern, daß man durch den Schnittpunkt U'' von $Q''R''$ mit der Projektionsachse eine Senkrechte legt.

Ist nun die wahre Gestalt der Figur gesucht, so kann man die Figur um e_1 in Π_1 umlegen. Die Umlegung läßt sich für jeden Punkt unabhängig machen nach § 17 oder § 18. Dabei ist aber die folgende wesentliche Beziehung zu Proben oder — wie noch näher angegeben wird — unmittelbar zum Konstruieren zu benutzen.

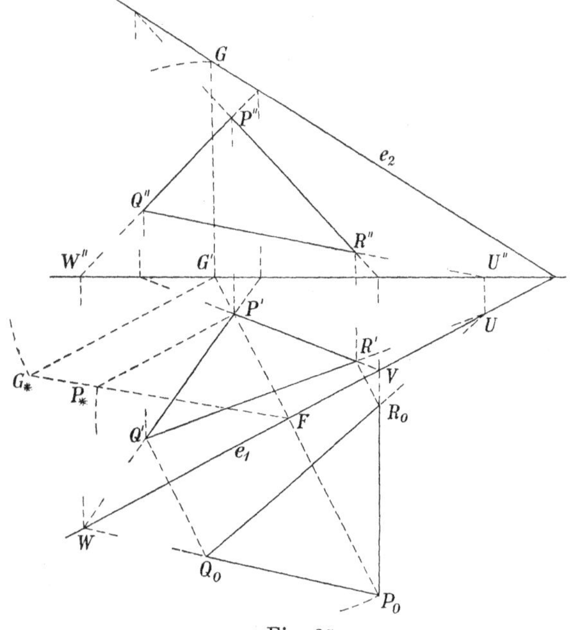

Fig. 25.

§ 20. Die perspektivische Affinität und ihre Verwendung beim Konstruieren der Umlegung. Wird E und mit ihr das Dreieck um e_1 gedreht, so bleiben die Grundrißspurpunkte U, V, W der Seiten als Punkte der Drehungsachse fest, und deshalb geht in der umgelegten Figur Q_0R_0 durch U, P_0R_0 durch V, P_0Q_0 durch W.[2]). $P'Q'R'$ und $P_0Q_0R_0$ liegen jetzt so zueinander, daß entsprechende Punkte auf Senkrechten zu e_1, also auf Parallelen liegen, und daß entsprechende Seiten sich auf e_1 treffen.

1) Über §§ 19—24 ist das Vorwort zu vergleichen.

2) Die Bezeichnung ist gegen die von Figur 23 abgeändert, um die doppelten Indizes zu vermeiden.

Die beiden Dreiecke heißen zueinander affin, genauer perspektivisch affin, und e_1 heißt die Affinitätsachse. Ein ähnlicher Zusammenhang besteht übrigens im Raum zwischen den Dreiecken PQR und $P_0Q_0R_0$. Näher wird auf die perspektivische Affinität später eingegangen (im IV. Abschnitt).

Die Affinität zwischen $P'Q'R'$ und $P_0Q_0R_0$ kann zum Konstruieren der Umlegung $P_0Q_0R_0$ in folgender Art verwendet werden. Man legt nur einen Punkt um, und zwar, um möglichst genaue Figur zu erhalten, den von e_1 entferntesten Punkt P. Dies ist in der Figur nach § 17 ausgeführt; kürzer ist das Verfahren vom § 18. Q_0 folgt dann auf P_0W als Schnitt mit der Verlängerung des von Q' auf e_1 gefällten Lotes. R_0 ergibt sich entsprechend auf P_0V. Wenn P_0V durch das von R' auf e_1 gefällte Lot zu spitz geschnitten wird, dann muß die durch R_0 gehende Gerade Q_0U mit verwendet werden zur genauen Bestimmung des R_0. Dazu braucht man U möglichst genau. Deshalb ist in § 19 schon angegeben worden, wie man dies erreicht. Nur hierzu ist der Aufriß des Dreiecks nötig, in vielen Fällen kann man ihn danach entbehren.

§ 21. Bestimmung der Projektionen einer in E liegenden Figur aus der Umlegung. Sind e_1, e_2 und die Umlegung $P_0Q_0R_0$ eines in E liegenden Dreiecks gegeben und sucht man dessen beide Projektionen, dann verfährt man so (Fig. 25): Wird das Dreieck um die Spur e_1 als Drehungsachse zurückgedreht, bis es in die Ebene E kommt, so gelangt das von P_0 auf e_1 gefällte Lot P_0F in die Lage PF. Der Grundriß hiervon, $P'F$, steht senkrecht zu e_1 und ist gleich $PF \cdot \cos\alpha_1$ oder $P_0F \cdot \cos\alpha_1$, wo α_1 der Neigungswinkel von E gegen Π_1 ist. Man braucht darum diesen Neigungswinkel; er ist in der Figur nach § 15 durch Umlegung der in F endenden Spurnormalen FG bestimmt. Weiter ist FP_* auf der Umlegung FG_* gleich FP_0 gemacht und hieraus P' bestimmt. P_*P' ist die Höhe von P und liefert P''. Die weitere Konstruktion des Dreiecks $P'Q'R'$ unter Benutzung der Affinität zu $P_0Q_0R_0$ bietet nichts Neues.

Man kann aber auch Q' und R' direkt konstruieren, ähnlich wie P'. Dazu sind die von Q_0 und R_0 gefällten Lote zu verlängern um Stücke, welche gleich ihren mit $\cos\alpha_1$ multiplizierten Längen sind. Um Q' zu erhalten, braucht man bloß den senkrechten Abstand des Q, d. h. des Q_0, von e_1 auf FG_* von F aus abzutragen und von dem Endpunkt eine Parallele zu e_1 zunächst bis zum Schnitt mit FG' zu ziehen.[1]) Der Schnittpunkt mit FG' hat von F den gesuchten Abstand. Dieser Abstand ist auf die Verlängerung des von Q_0 gefällten Lotes zu übertragen. Dazu wird einfach die zu e_1 gezogene Parallele bis zum Schnittpunkt mit dem Lote verlängert, d. h. von Anfang an so weit durchgezogen. Weiter

1) In der Figur ist dies weggelassen, um nicht zu viele Linien zu haben.

tritt auf der Parallelen zwischen FG_* und FG' der mit $\sin \alpha_1$ multiplizierte Abstand des Q von e_1 auf. Diese Strecke gibt die Höhe des Q über Π_1 an; daraus findet man Q''. R' und R'' ergeben sich entsprechend. Auch wenn man Q' und R' auf diese Art selbständig bestimmt, ist doch die Affinität zwischen $P_0Q_0R_0$ und $P'Q'R'$ zu Proben zu verwenden.

Für die Konstruktion des Aufrisses $P''Q''R''$ hat man außer der eben besprochenen direkten Höhenbestimmung jedes einzelnen Punktes die Möglichkeit, P'', Q'', R'' mittels Spurparallelen zu bestimmen. Außerdem kann man die Spurpunkte der einzelnen Seiten des Dreiecks PQR verwenden.

Die zwischen Grundriß und Aufriß bestehende Affinität, welche im V. Abschn. § 3 besprochen wird, ist für die Konstruktion des Aufrisses meist nicht gut verwendbar.

§ 22. Umlegung einer in E liegenden Figur, wenn E senkrecht zu Π_2 ist. Ist e_1 senkrecht zur Achse und ist von dem Dreieck PQR der Ebene der Grundriß gegeben, so findet man den Aufriß sofort (Fig. 26). P'', Q'', R'' liegen auf e_2. $P''A$, $Q''A$ und $R''A$ geben dann direkt die senkrechten Abstände des P, Q, R von e_1. Wird die Ebene E und mit ihr das Dreieck nach links gedreht, bis es in Π_1 hineinfällt, so beschreiben P, Q, R Kreisbogen, deren Grundrisse zu e_1 senkrechte, d. h. zur Achse parallele Geraden sind. Ihre Aufrisse sind Kreisbogen, die zu den im Raume liegenden Kreisbogen kongruent sind. Darauf beruht die in der Figur angegebene Konstruktion von $P_0Q_0R_0$, wobei wieder die zwischen $P'Q'R'$ und $P_0Q_0R_0$ bestehende Affinität zu Proben dient.

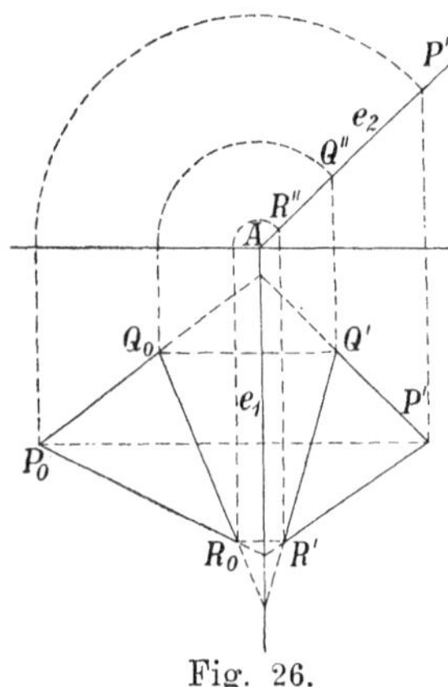

Fig. 26.

Die Figur enthält auch umgekehrt die Bestimmung von $P''Q''R''$ und $P'Q'R'$ aus gegebenen $P_0Q_0R_0$.

Zu dieser Figur ist eine wichtige Bemerkung zu machen. Die Zeichnung der Kreisbogen im Aufriß und die Zeichnung der an die Kreisbogen anschließenden Parallelen zu e_1 gibt — nicht bloß für den Anfänger — eine gute Übersicht über den Zusammenhang der einzelnen Teile der Figur, über den Gedankengang der Konstruktion. Deshalb ist die Eintragung dieser Linien in die Figur beim Entwurf oder mindestens beim Auszeichnen derselben durchaus zu empfehlen. Aber zur Bestimmung der Ecken der umgelegten Figur darf man diese Linien nicht verwenden, sobald es sich um eine genaue Zeichnung handelt. Die Übertragung der Längen, welche auf e_2 vorliegen, auf die Achse mittels der Kreisbogen, also durch den Zirkel mit Bleieinsatz, wird an sich weniger genau, als eine Längenübertragung mit dem Stechzirkel. Die weitere Übertragung der Strecken durch die Parallelen zu e_1 auf die verlängerten Lote von P', Q', R' bewirkt erst recht, daß man die Abstände der Punkte P_0, Q_0, R_0 von e_1 weniger genau erhält, als wenn man die auf e_2 liegenden Strecken mit dem Stechzirkel abgreift und auf die Verlängerungen der von P', Q', R' aus auf e_1 gefällten Lote überträgt. Diese beste Konstruktionsart ist immer zuerst zu verwenden, nachträglich mag man — besonders beim Ausziehen der Figur — die Kreisbogen und die Parallelen zu e_1 hinzufügen. Hierzu ist der Schluß vom I. Abschn. § 10 zu vergleichen.

§ 23. Lösung des allgemeinen Falles mittels Seitenrisses. Auf den besonderen Fall von § 22 läßt sich nun der allgemeine Fall zurückführen: Gegeben sind in Figur 27 e_1, e_2 und der Grundriß $P'Q'R'$ eines in E liegenden Dreiecks. Man wählt als dritte Projektionsebene eine vertikale Hilfsebene Π_3 senkrecht zu e_1 mit der Grundrißspur s. Π_3 stellt dann eine Seitenrißebene von allgemeinerer Art wie im I. Abschn. § 15 dar. Die Punkte P, Q und R denkt man sich auf Π_3 orthogonal projiziert. Π_3 und die in ihr gelegenen Projektionen werden durch Drehung um s in Π_1 umgelegt. Die umgelegten Projektionen mögen P''', Q''' und R''' heißen. P''' findet man dabei so, daß man durch P' eine Senkrechte zu s, d. h. eine Parallele zu e_1 zieht und über s hinaus um die Höhe von P verlängert. Diese Höhe ergibt sich mittels einer Spurparallelen, siehe den Schluß von § 5. (Eine andere Bestimmung von P''' folgt weiter unten.)

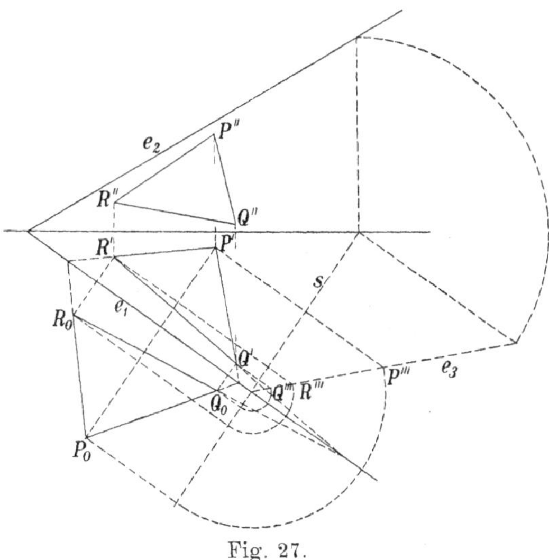

Fig. 27.

Ebenso könnte man Q''' und R''' einzeln bestimmen. Dabei ist aber folgendes zu beachten. Weil E senkrecht zu Π_3 ist, fallen die dritten Projektionen aller in E gelegenen Punkte auf die Schnittlinie von E mit Π_3. Die Umlegung e_3 dieser Schnittlinie erhält man durch Verbinden des Schnittpunktes von s und e_1 mit dem schon bestimmten P'''. Auf dieser Geraden findet man Q''' und R''' als Schnittpunkte mit den von Q' und R' auf s gefällten Loten. (Diese Lote werden als Parallelen zu e_1 konstruiert[1]).)

1) So wird die Konstruktion am genauesten, vgl. schon S. 22 oben.

e_3 bildet mit s einen Winkel gleich dem Neigungswinkel α_1 der Ebene E gegen Π_1. So kann man auch e_3 zeichnen mittels des Winkels α_1, ohne daß man P''' in der vorhin gegebenen Art sucht. Diese Konstruktion ist in der Figur enthalten (hauptsächlich wegen der umgekehrten Aufgabe am Schluß des Paragraphen); die in Π_3 liegende Spurnormale erster Art von E ist durch Drehung um ihre Grundrißprojektion in Π_1 umgelegt wie bei dem einen Verfahren von § 15 (Fig. 24). Auf der so bestimmten Geraden e_3 findet man dann P''', Q''' und R''' völlig gleichartig; der Aufriß $P''Q''R''$ des Dreiecks oder eine direkte Höhenbestimmung eines der Punkte $P \ldots R$ sind dann für die Konstruktion ganz zu entbehren.

Jetzt spielen $P'Q'R'$ und $P'''Q'''R'''$ dieselbe Rolle wie in § 22 Grund- und Aufriß des Dreiecks. Daraus ergibt sich die weitere Konstruktion, die in der Figur enthalten ist.

Ist umgekehrt die Umlegung $P_0Q_0R_0$ gegeben, so kann man die Spur s der dritten Projektionsebene senkrecht zu e_1 passend annehmen. e_3 ergibt sich, wie im vorletzten Absatz besprochen ist. Auf e_3 findet man P''', Q''' und R''', daraus folgen P', Q' und R'. Endlich ergibt sich der Aufriß des Dreiecks entweder mittels Spurparallelen aus dem Grundriß, oder man erhält ihn aus den im Seitenriß enthaltenen Höhen.

§ 24. Weitere Angaben über Umlegungen. Die Umlegung einer in E gegebenen Figur in den Aufriß durch Drehung um e_2 bietet nichts Neues. Sie ist unbedingt vorzuziehen, wenn außer den Ebenenspuren nur der Aufriß des Dreiecks gegeben ist. Überhaupt ist bei einer gerade vorliegenden Aufgabe immer zu prüfen, welche Art der Umlegung sich am besten eignet; vergleiche die ausführliche Besprechung eines Beispiels in den §§ 3, 4 des VII. Abschnittes.

Außerdem sei jetzt schon bemerkt, daß man für ein durch beide Projektionen gegebenes Dreieck, dessen Ebenenspuren nicht unmittelbar bekannt sind, die wahre Gestalt nicht durch Drehung um eine Spur seiner Ebene bestimmt, sondern auf andere Weise, nämlich durch Drehung um eine Spurparallele erster oder zweiter Art bis zum Parallelismus mit Π_1 bzw. Π_2. (X. Abschn. § 9). Denn selbst, wenn die Spuren der Ebene des Dreiecks günstige Lagen annehmen, ist ihre Benutzung umständlicher und weniger genau als der eben angedeutete Weg.

§ 25. Der Winkel zweier Geraden. Sind zwei Geraden g und h gegeben, die einen Punkt P miteinander gemein haben, und ist der Winkel der beiden Geraden gesucht, dann betrachtet man das Dreieck, welches aus P und den beiden Grundrißspurpunkten von g und h gebildet ist. Die wahre Gestalt dieses Dreiecks wird durch Umlegung in Π_1 bestimmt, was nur die Umlegung von P selbst um die Verbindungslinie von G_1

und H_1 erfordert. Damit ist der Winkel von g und h gefunden. — Ebenso kann man das aus P, G_2 und H_2 gebildete Dreieck in Π_2 umlegen.

Zusatz: Unter dem Winkel von zwei windschiefen Geraden versteht man den Winkel, welchen zwei durch irgend einen Raumpunkt P gehende Parallelen zu diesen Geraden miteinander bilden. Die Konstruktion bietet demnach keine Schwierigkeit, am einfachsten wird sie, wenn man P auf einer der gegebenen Geraden wählt; dann sind nur die Projektionen der Parallellinie zur andern Geraden zu zeichnen.

§ 26. Änderung eines Winkels durch Projektion. Gegeben ist eine Ebene E durch ihre Spuren e_1 und e_2. In der Ebene liege der Punkt P, dessen P' gegeben ist. Auf der Spur e_1 liegen die Punkte G und H.[1]) Die wahre Größe des Winkels GPH erhält man durch Umlegen des Dreiecks GPH in Π_1. Die beiden Dreiecke GP_0H und $GP'H$ haben gemeinsame Grundlinie, gemeinsamen Höhenfußpunkt F, und die Höhe P_0F des ersten Dreiecks ist größer als die Höhe $P'F$ des zweiten.

Liegt nun F zwischen G und H, dann ist der Winkel an der Spitze im ersten Dreieck sicher kleiner als im zweiten, d. h. die Projektion $GP'H$ des Winkels GPH ist größer als der ursprünglich betrachtete Winkel GPH. Daraus folgt der Satz:

Ein Winkel in geneigter Ebene E, dessen beide Schenkel die Spur e_1 treffen und dabei zwischen sich die durch den Scheitel gehende Spurnormale erster Art enthalten, wird durch die Projektion auf Π_1 vergrößert.

Ein besonderer Fall dieses Satzes ist der, daß der spitze Winkel zwischen einer in E liegenden Geraden und einer Spurnormalen erster Art durch die Projektion auf Π_1 immer vergrößert, und daß der spitze Winkel zwischen einer in E liegenden Geraden und einer Spurparallelen erster Art durch die Projektion immer verkleinert wird.

Ist das Dreieck GPH bei G oder bei H stumpfwinklig, so daß der Höhenfußpunkt F auf die Verlängerung der Grundlinie GH fällt, dann läßt sich der Winkel GPH als Differenz der beiden Winkel auffassen, welche seine Schenkel mit einer Spurnormalen erster Art bilden. Jeder dieser Winkel vergrößert sich durch die Projektion, und man sieht nicht ohne weiteres, welcher sich stärker vergrößert. Der Winkel $GP'H$ kann größer, ebenso groß oder kleiner sein als der ursprünglich gegebene Winkel GPH. Das sieht man am besten, wenn man das Dreieck GPH so in Π_1 umlegt, daß P_0 und P' auf derselben Seite von e_1 liegen. Je nachdem dann P' innerhalb auf oder außerhalb des durch G, H und P_0 gehenden Kreises liegt, ist $\sphericalangle\, GP'H$ größer, ebenso groß oder kleiner als $\sphericalangle\, GP_0H$ oder $\sphericalangle\, GPH$.

---

1) Zu diesem Paragraphen sind keine Figuren gegeben. Vergleiche die zweite Anmerkung auf S. 31.

Entsprechende Sätze gelten für die Projektion eines Winkels auf die Ebene Π_2.

§ 27. Übertragung dieser Sätze auf rechte Winkel. Wenn ein rechter Winkel so liegt, daß seine beiden Schenkel die Spur e_1 treffen, dann folgt aus dem vorigen Paragraphen, daß dieser rechte Winkel einen stumpfen Winkel zur Grundrißprojektion hat. Liegt umgekehrt der rechte Winkel so, daß einer seiner Schenkel und die Verlängerung des andern die Spur e_1 treffen, so hat sein Nebenwinkel eine stumpfwinklige Grundrißprojektion, er selbst also eine spitzwinklige.

Ein rechter Winkel, dessen beide Schenkel eine Spurparallele und eine Spurnormale erster Art von E sind, hat zur Grundrißprojektion einen Winkel, dessen einer Schenkel parallel zu e_1, dessen anderer Schenkel senkrecht zu e_1 ist, d. h. er hat einen rechten Winkel zur Grundrißprojektion.

So hat ein rechter Winkel dann und nur dann einen Rechten zur Grundrißprojektion, wenn seine beiden Schenkel eine Spurnormale und eine Spurparallele erster Art seiner Ebene sind.

§ 28. Änderung des Flächeninhalts einer ebenen Figur durch Orthogonalprojektion. Wenn in der Ebene E ein Rechteck durch zwei Spurparallelen und zwei Spurnormalen erster Art begrenzt ist, so ist sein Grundriß wieder ein Rechteck. Dabei haben die horizontalen Seiten des ursprünglichen Rechtecks Projektionen von der ursprünglichen Länge, während die Projektionen der geneigten Seiten im Verhältnis $\cos \alpha_1 : 1$ verkürzt sind. Darum ist der Flächeninhalt der Grundrißprojektion gleich dem mit $\cos\alpha_1$ multiplizierten ursprünglichen Flächeninhalt.

Bei einem rechtwinkligen Dreieck, dessen Katheten eine Spurparallele und eine Spurnormale erster Art sind, ergibt sich dasselbe Gesetz für die Verkleinerung des Flächeninhalts durch die Projektion auf Π_1. Ein Dreieck von allgemeiner Lage läßt sich immer als algebraische Summe solcher rechtwinkligen Dreiecke auffassen. Darum gilt auch für ein allgemeines Dreieck in E der Satz, daß der Flächeninhalt seiner Grundrißprojektion gleich seinem mit $\cos\alpha_1$ multiplizierten ursprünglichen Flächeninhalt ist. Der Satz läßt sich dann auf beliebige Polygone übertragen. Auch kann man ihn durch einen Grenzübergang auf krummlinig begrenzte Gebiete ausdehnen, entweder, indem man die Kurve als Grenzfall eines Polygons auffaßt oder indem man das von der Kurve begrenzte Gebiet durch Spurnormalen (oder Spurparallelen) erster Art in zahlreiche Elementarstreifen zerlegt, so wie es in der Integralrechnung geschieht.

III. Abschnitt.

Das Senkrechtstehen von Ebene und Gerade, und verwandte Aufgaben.

§ 1. **Grundlegender Satz.** Man betrachtet eine Ebene E und das im Punkte P auf ihr errichtete Lot. Das Lot steht senkrecht auf allen Geraden von E, also auch auf der durch P hindurchgehenden Spurparallelen erster Art von E. Demnach liegt es in einer zu dieser Geraden senkrechten Ebene H. Die Grundrißspur von H ist senkrecht zum Grundriß der Spurparallelen, d. h. auch senkrecht zu e_1. Der Grundriß des Lotes fällt auf die Spur von H und steht deshalb senkrecht zur Grundrißspur e_1 von E.[1])

Einen anderen Beweis für diesen Satz erhält man auf folgende Art: Das in P auf E errichtete Lot ist senkrecht zu der durch P gehenden Spurparallelen erster Art von E. Diese beiden Geraden bilden demnach einen rechten Winkel, dessen einer Schenkel horizontal liegt. Ein solcher Winkel hat nach dem II. Abschn. § 27 einen Rechten zur Grundrißprojektion, deshalb steht der Grundriß des Lotes senkrecht zum Grundriß der benutzten Spurparallelen, d. h. senkrecht zu e_1.

Entsprechend steht der Aufriß des Lotes senkrecht zur Aufrißspur e_2 der Ebene. Hiermit ist der Satz gefunden:

Wenn eine Gerade senkrecht zur Ebene E steht, so ist ihr Grundriß senkrecht zu e_1, ihr Aufriß senkrecht zu e_2.

Man findet auch leicht die Umkehrung des Satzes: Wenn der Grundriß einer Geraden zu e_1 senkrecht und der Aufriß zu e_2 senkrecht ist, dann ist die Gerade senkrecht zu E.

Damit ist die Konstruktion der Projektionen eines unbegrenzten Lotes, welches in P auf E errichtet oder von einem Punkte Q aus auf E gefällt wird, erledigt.

§ 2. **Errichtung eines Lotes im Punkt P einer Ebene.**[2]) Man findet nach vorigem Paragraphen die Projektionen der unbegrenzten Senkrechten, dann handelt es sich noch um die Abtragung der gegebenen Länge, was nach dem I. Abschn. § 11 oder § 12 gemacht werden kann. (Die Neigungs-

---

1) Der Wert einer parallelperspektivischen Skizze zur Veranschaulichung dieser Raumfigur ist nicht sehr bedeutend. Die einfachsten Anschauungsmittel sind im Vorwort besprochen.

2) Zu §§ 2, 3 sind keine Figuren gegeben. Dasselbe wird später oft der Fall sein. Es ist wesentlich, während des Lesens im Buch rohe Handzeichnungen und teils auch genaue Figuren zu entwerfen, oft auch da, wo das Buch Figuren bietet. Denn vom Lesen allein lernt man zu wenig, da erscheint manches leicht, was man nachher nicht machen kann. — Gerade in diesem Abschnitt findet der Anfänger, welche Schwierigkeiten ihm die Raumanschauung und die fundamentalen Konstruktionen noch bieten.

winkel γ_1 und γ_2 des Lotes gegen Π_1 und Π_2 sind $90^0-\alpha_1$, und $90^0-\alpha_2$, wenn α_1 und α_2 die Neigungswinkel von E sind.)

Will man die Ebene als undurchsichtig behandeln, dann ist über die Sichtbarkeit des Lotes in jeder Projektionsrichtung nach dem II. Abschn. § 11 zu entscheiden.

§ 3. Das Fällen eines Lotes auf eine Ebene. Man erhält wieder nach § 1 die Projektionen der unbegrenzten Senkrechten, weiter bestimmt man nach dem II. Abschn. § 10 den Schnittpunkt dieser Geraden mit E, das ist der Lotfußpunkt. Die Länge des Lotes folgt nach einer der Methoden vom I. Abschn. §§ 8—10.

Hiermit sind die im Grundgedanken einfachsten Lösungen für die Aufgaben des Errichtens und Fällens eines Lotes gegeben. Eine andere Behandlung dieser Aufgaben ist noch wichtig, weil sie in manchen Fällen kürzer ist und weil auf entsprechende Art die gleichen Aufgaben in Parallelperspektive und Zentralperspektive gelöst werden, §§ 4, 5.

§ 4. Das Errichten eines Lotes auf E mittels Umlegung. Man betrachtet wie in § 1 die Vertikalebene H durch das in P auf E errichtete Lot. Sie hat als Grundrißspur den Grundriß der durch P gehenden Spurnormalen erster Art. Weiter enthält sie diese Spurnormale und das Lot, die beiden Geraden stehen senkrecht aufeinander. Man denkt sich nun die Ebene und die in ihr enthaltene Figur um ihre Grundrißspur gedreht, bis sie in die Grundrißebene kommt. Die dabei entstehende Umlegung zeichnet man so (Fig. 28): Zuerst legt man P (und auch den Aufrißspurpunkt der durch P gehenden Spurnormalen 1. Art) in Π_1 um.[1]) Dadurch erhält man die Umlegung FP_0 der Spurnormalen FP. Dann errichtet man in P_0 auf FP_0 ein Lot P_0Q_0 von der gegebenen Länge. Es ist die Umlegung des im Raum gesuchten Lotes PQ.

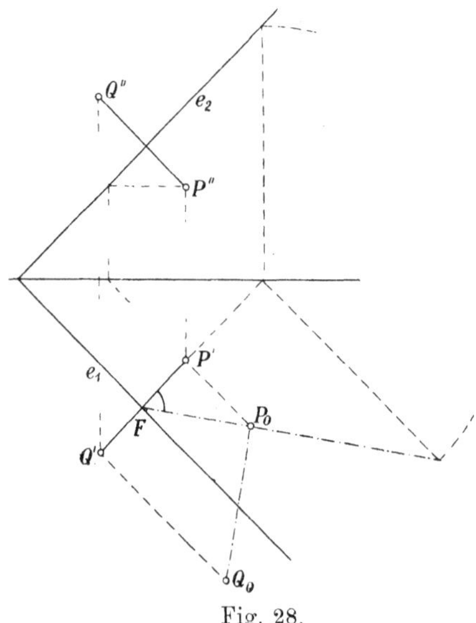

Fig. 28.

Wird nun von Q_0 auf $P'F$ ein Lot gefällt, so erhält man Q', den Grundriß des gesuchten Endpunktes des Lotes. Q'' liegt senkrecht über

1) Die Umlegung des P erfolgt wie in Fig. 23 auf S. 21. Der Aufrißspurpunkt wird benutzt, um die umgelegte Spurnormale genauer zu erhalten, was besonders für das Loterrichten gut ist. Überflüssige Buchstaben läßt man in der Figur fort.

Q' und kann auf zwei Arten gefunden werden; einmal muß $P''Q''$ senkrecht zu e_2 stehen, dann muß Q'' von der Projektionsachse den Abstand Q_0Q' haben.

Verlängert man das in der Umlegung gezeichnete Lot bis zum Schnitt mit der Grundrißspur von H, dann findet man den Grundrißspurpunkt L_1 des Lotes; durch den zugehörigen Punkt L_1'' muß die Verlängerung des Lotaufrisses gehen, was in der Figur nicht eingetragen ist.

§ 5. Das Fällen eines Lotes von Q auf E mittels Umlegung. Man verfährt entsprechend wie im vorigen Fall. Man zeichnet die Senkrechte von Q' zu e_1, sie ist der Grundriß des Lotes und zugleich die Grundrißspur der durch das Lot gehenden Vertikalebene H. Dann sucht man den Aufrißspurpunkt der in H liegenden Spurnormalen von E und legt ihn um die Grundrißspur von H um[1]). Damit findet man die Umlegung der Spurnormalen. Weiter legt man Q um und fällt von Q_0 auf die umgelegte Spurnormale ein Lot. Dann kennt man die wahre Länge des im Raum auftretenden Lotes und die Umlegung seines Fußpunktes P. Alles weitere ist in der Figur und in den Angaben des vorigen Paragraphen enthalten, auch kann man P'' mittels einer Spurparallelen bestimmen, am einfachsten mittels einer solchen erster Art, da man ihren Grundriß schon hat, wenn man das Lot P_0P' sofort verlängert hat.

Das in diesem und dem vorigen Paragraphen betrachtete Umlegungsverfahren ist besonders dann vorteilhaft, wenn man den Neigungswinkel der Spurnormalen gegen Π_1, d. h. den Neigungswinkel α_1 von E gegen Π_1 doch nötig hat. Beim Lotfällen erspart man, wenn man diesen Winkel schon kennt, die Umlegung des Aufrißspurpunktes der Spurnormalen.

Umgelegt wurde in §§ 4 und 5 die Vertikalebene, welche das Lot enthält. Ebensogut kann man die zu Π_2 senkrechte Ebene durch das Lot betrachten und die in ihr auftretende Figur in die Aufrißebene umlegen. Je nach der gerade vorliegenden Aufgabe ist der eine oder andere Weg vorzuziehen. Näher wird dies im VII. Abschnitt §§ 3—4 an einem Beispiel besprochen.

Das Errichten eines Lotes auf der Ebene eines durch die Projektionen gegebenen Dreiecks und die entsprechende Aufgabe des Lotfällens werden im X. Abschnitt §§ 7 und 8 behandelt.

§ 6. Durch einen Punkt P soll eine Ebene E senkrecht zu einer Geraden g gelegt werden. Dann stehen die Ebenenspuren e_1 und e_2 senkrecht zu g' bzw. g'', man kann zwar nicht direkt die Spuren, wohl aber die durch P gehenden Spurparallelen zeichnen, und aus ihren Spurpunkten

1) Ist der Aufrißspurpunkt unzugänglich, dann muß man einen anderen passend gewählten Punkt der Spurnormalen umlegen, vgl. das erste Verfahren von § 14 des II. Abschnitts.

ergeben sich dann die Spuren selbst, vgl. die Konstruktion vom II. Abschn. § 6, Fig. 18 auf Seite 17.

§ 7. Das Lot von P auf die Gerade g. Soll durch einen Punkt P ein Lot auf eine Gerade g gefällt werden, so ist die im Prinzip einfachste Lösung folgende:

Man legt zunächst eine Hilfsebene durch P senkrecht zu g, sucht den Schnittpunkt dieser Ebene und der Geraden; dies ist der gesuchte Lotfußpunkt. Daraus ergeben sich die Projektionen des Lotes und die Lotlänge[1]).

Eine andere Konstruktion dieser Aufgabe steht im X. Abschn. § 12.

§ 8. Bestimmung des Winkels zweier Ebenen oder des Winkels zwischen einer Geraden und einer Ebene. Zwei Ebenen bilden miteinander zwei verschiedene Winkel, die sich zu 180° ergänzen. Fällt man von einem beliebigen Punkte im Raum Lote auf beide Ebenen oder errichtet man auf beiden Ebenen Lote in einem Punkt ihrer Schnittlinie, dann stimmt der Winkel der zwei Lote in jedem Fall mit einem der beiden Winkel überein, den die Ebenen bilden. Damit ist die Bestimmung des Winkels zweier Ebenen zurückgeführt auf den II. Abschn. § 25. — Eine andere kürzere Lösung steht im XVI. Abschn. § 5.

Der Neigungswinkel einer Geraden g gegen eine Ebene E ist komplementär zu dem Winkel, welchen g und ein auf E gefälltes Lot bilden. Den Ausgangspunkt des Lotes wählt man passend auf g. Die Konstruktion ist leicht.

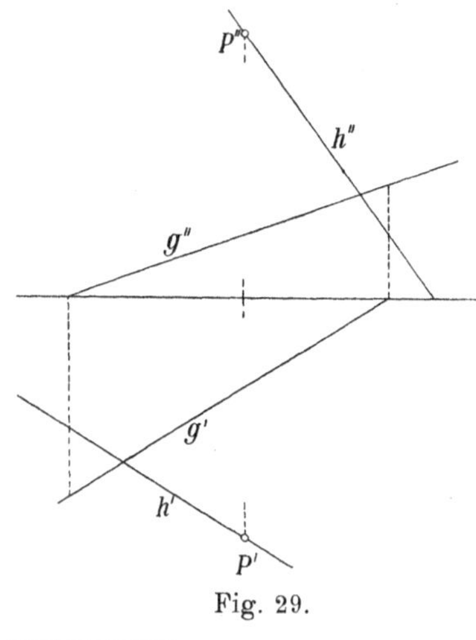

Fig. 29.

§ 9. Gegeben sind zwei Geraden g und h durch ihre Projektionen, gesucht ist der kürzeste Abstand beider Geraden, d. h. die auf g und h senkrechte Verbindungsstrecke. (Fig. 29 enthält die gegebenen Stücke für eine gute Zeichnung.)

Man betrachtet eine durch g zu h parallel gehende Ebene E und bestimmt zunächst ihre Spuren. Dazu legt man durch irgend einen Punkt von g, z. B. den Aufrißspurpunkt G_2, eine parallele Gerade zu h und sucht ihren Grundrißspurpunkt. Durch diesen Punkt und durch G_1 geht die Spur e_1 von E. Die Aufrißspur e_2 geht durch G_2 und durch den Schnittpunkt von e_1 mit der Achse.

1) Für die Auswahl passender gegebener Stücke ist zu beachten, daß die Spuren der Hilfsebene günstige Lagen erhalten sollen und daß die beiden Projektionen des

Nun wird von irgend einem Punkt P der Geraden h ein Lot auf E gefällt und der Fußpunkt F bestimmt. Die Konstruktion kann nach § 3 ausgeführt werden. Wird das Lot jetzt parallel verschoben in der Art, daß sein ursprünglich in P liegender Ausgangspunkt sich auf h verschiebt, bis der Fußpunkt auf die Gerade g gelangt, so entsteht eine neue Lage des Lotes, QR. Diese Strecke ist die gesuchte kürzeste Verbindungslinie von g und h. Ihre Lage bestimmt man daraus, daß der Lotfußpunkt bei der Verschiebung des Lotes eine Parallele zu h beschreibt. Man hat deshalb durch F' zu h' eine Parallele zu ziehen bis zum Schnittpunkt R' mit g', ebenso durch F'' eine Parallele zu h'' bis zum Schnitt R'' mit g''. R' und R'' müssen senkrecht übereinander liegen. Die kürzeste Verbindungsstrecke zwischen g und h ist parallel und gleichlang mit PF. Hieraus ergeben sich die Projektionen ihres auf h liegenden Endpunktes Q.

Ist nur die Länge der kürzesten Strecke zwischen g und h gesucht, so hat man nicht erst nötig, das Lot PF parallel zu verschieben, bis sein Fußpunkt auf g gelangt, sondern man braucht bloß die wahre Länge von PF zu bestimmen.

IV. Abschnitt.

Perspektivische Affinität.

§ 1. Perspektivische Affinität zwischen ebenen Figuren im Raum.

Gegeben sind zwei Ebenen E und E_1, die sich in einer Geraden s schneiden. Eine Figur in E werde durch parallele Strahlen auf E_1 projiziert. Dann entspricht einer Geraden g (PQ in Fig. 30) in E wieder eine Gerade g_1 in E_1. Der Schnittpunkt U von g mit s liegt in E_1 und fällt demnach mit seinem Bildpunkt zusammen, d. h. g_1 geht durch den Schnittpunkt von g und s.[1])

Lotes mit g' und g'' keine sehr kleinen Winkel bilden sollen. — Benutzen kann man die in Figur 29 enthaltenen gegebenen Stücke. Sie haben die Eigenschaft, daß die Spuren der zu g senkrechten Hülfsebene eine ungewohnte Lage annehmen. Hierdurch wird die Konstruktion zu eine guten Übung; alles nötige ist im II. Abschnitt enthalten.

1) Die Figur ist in Parallelperspektive entworfen. Von jeder Ebene ist ein Rechteck dargestellt. Die Gerade s, auf welcher die gemeinsame Seite beider Rechtecke liegt, ist senkrecht zur Bildebene der Parallelperspektive angenommen. Entsprechendes gilt für die Figuren 31 u. 32. Die Konstruktion dieser Figuren ist im XXIII. Abschn. § 19 ausführlich besprochen. Die gezeichneten Kreisbogen sind für die Konstruktion wichtig und erhöhen für den geschulten Blick die Anschaulichkeit der dargestellten Raumfigur. Sie lassen hervortreten, daß die Parallelogramme kongruente Rechtecke sind, welche durch Drehung auseinander hervorgehen.

Der Anfänger hat immer einige Mühe, sich die in solchen Skizzen dargestellten

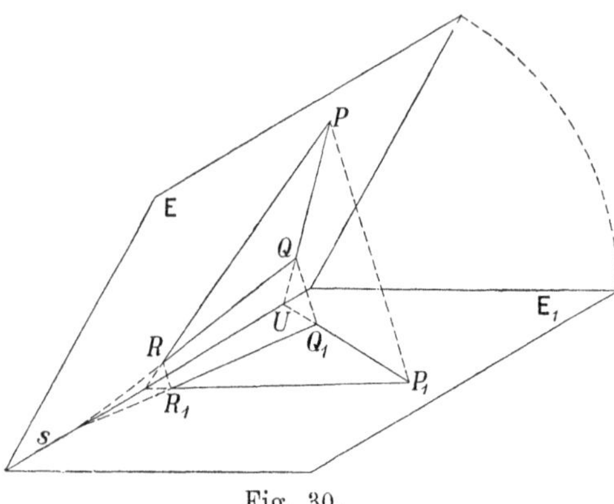

Fig. 30.

Entsprechendes gilt für alle Geraden der in E gegebenen Figur. Die beiden Figuren in E und E_1 hängen deshalb so miteinander zusammen, daß die Verbindungslinien zusammengehöriger Punkte sämtlich parallel sind, daß geraden Linien wieder gerade Linien entsprechen und daß zusammengehörige Geraden sich auf s treffen.[1]) Die beiden ebenen Figuren heißen perspektivisch affin zueinander, s heißt die Affinitätsachse. Kommen in der einen Figur parallele Geraden vor, so entspricht ihnen in der der anderen Figur wieder ein System von Geraden, die untereinander parallel sind.

In falscher Analogie zu den Worten „projektiv“ und „construktiv“ wird in neuerer Zeit vom Substantivum Perspektive das Adjektivum perspektiv gebildet. Man begegnet ihm so häufig, daß es nach dem Urteil eines Germanisten durch fortgesetzten Gebrauch in einigen Jahrzehnten zu einem sprachlich richtigen Wort werden kann.

Statt „perspektivisch affin“ sagt man auch „affin in affiner Lage“ (Rohn-Papperitz).

§ 2. Erhaltung der perspektivischen Affinität bei Drehung. Die Ebene E werde nun um die Achse s gedreht (Fig. 31). Dabei bleiben die Schnittpunkte entsprechender Geraden beider Figuren fest, weil sie auf s liegen. Bewiesen werde, daß auch die Verbindungslinien entsprechender Punkte untereinander parallel bleiben, daß die Affinität während der Drehung fortbesteht. Die Figur 31 zeigt neben der ursprünglichen Lage von E eine bestimmte durch Drehung hervorgegangene Lage E_0; P_0 und Q_0 sind durch diese Drehung aus P und Q entstanden. U ist der Schnittpunkt von PQ mit der Achse s, es ist $UP_0 = UP$,

Raumfiguren sofort anschaulich vorzustellen. Erleichtern kann man dies durch technische Kunstgriffe beim Herstellen der parallelperspektivischen Figuren, worauf in § 1 und 19 des XXIII. Abschnitts etwas eingegangen wird. Man muß aber die Raumvorstellung schulen, daß sie derartige Kunstgriffe nicht erfordert. Deshalb werden hier absichtlich möglichst kunstlose Figuren gegeben.

1) Bei $g \parallel s$ ist auch $g_1 \parallel s$, man sagt dann, — um den oben ausgesprochenen Satz allgemeingültig zu machen — daß sich g und g_1 im unendlich fernen Punkt von s treffen.

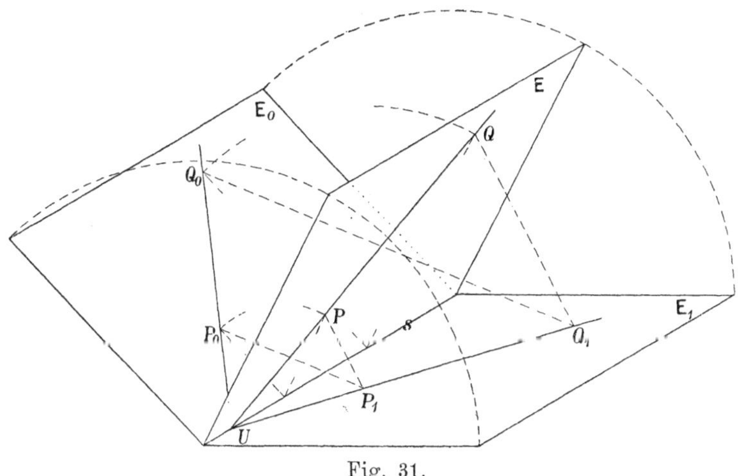

Fig. 31.

$UQ_0 = UQ$. Aus $PP_1 \parallel QQ_1$ folgt $UP_1 : UQ_1 = UP : UQ$, d. h. $= UP_0 : UQ_0$, deshalb ist $P_0P_1 \parallel Q_0Q_1$, und der Satz ist bewiesen. — § 5 bietet eine Verallgemeinerung des Satzes.

§ 3. **Perspektivische Affinität zweier Figuren in derselben Ebene.** Der Satz gilt für ganz beliebigen Drehungswinkel, z. B. auch, wenn durch Drehung nach der einen oder anderen Seite die Ebene E mit E_1 zum Zusammenfallen gebracht wird. Dann liegen die zwei Figuren, welche im Raum durch Parallelprojektion aufeinander bezogen waren, in gemeinsamer Ebene und erfüllen die beiden Bedingungen, daß erstens entsprechende Punkte auf parallelen Geraden liegen und daß zweitens entsprechende Geraden einander auf s schneiden. Die beiden Figuren heißen dann perspektivisch affin in der Ebene, s heißt ihre Affinitätsachse. Die parallelen Verbindungslinien entsprechender Punkte werden im allgemeinen die Affinitätsachse schief treffen. Im II. Abschn. § 20 wurde schon ein spezieller Fall der hier betrachteten ebenen Affinität behandelt; dort stehen die Verbindungslinien zusammengehöriger Punkte senkrecht zur Affinitätsachse.

Näher wird die perspektivische Affinität zweier Figuren derselben Ebene in §§ 7 und 8 betrachtet.

Zwischen der perspektivischen Affinität zweier ebenen Figuren in verschiedenen Ebenen oder in gemeinsamer Ebene besteht ein wesentlicher Unterschied: Bei verschiedenen Ebenen bedingt der Parallelismus der Verbindungslinien entsprechender Punkte schon die perspektivische Affinität, er hat zur Folge, daß entsprechende Geraden sich auf der Schnittlinie beider Ebenen (auf der Achse) treffen. Bei gemeinsamer Ebene beider Figuren aber folgt aus dem Parallelismus der Verbindungslinien entsprechender Punkte noch nicht das Zusammentreffen je zweier entsprechender Geraden auf einer gemeinsamen festen Achse, und beide Eigenschaften zusammen machen erst die perspektivische Affinität aus.

[Der Satz von Desargues im XIV. Abschn. des II. Bandes lehrt, daß die perspektivische Affinität sich in dieser Hinsicht anders verhält als die perspektivische Kollineation, von welcher sie ein Grenzfall ist. — Die perspektivische Kollineation oder Zentralkollineation tritt im I. Band hauptsächlich im XI. Abschn., §§ 7, 8 auf und findet im II. Band eingehende Besprechung.]

§ 4. **Zusatz.** Weiter gilt der Satz: Wenn zwei Figuren derselben Ebene perspektivisch affin sind und wenn eine der Figuren durch Drehung um die Affinitätsachse in eine andere Lage gebracht wird, so sind die beiden Figuren perspektivisch affin im Raum. Denn die Verbindungslinien entsprechender Punkte sind untereinander parallel, was man ganz ebenso beweist, wie im § 2. Man sieht dann auch daß, bei perspektivisch affinen Figuren derselben Ebene einem System paralleler Geraden wieder ein solches System entsprechen muß (vgl. § 1).

§ 5. **Paarweise perspektivisch affine Zuordnung bei drei Ebenen mit gemeinsamer Achse.** Drei Ebenen E, E_1 und E_2 mögen eine gemeinsame Schnittlinie s haben (Fig. 32). Eine in E liegende Figur werde

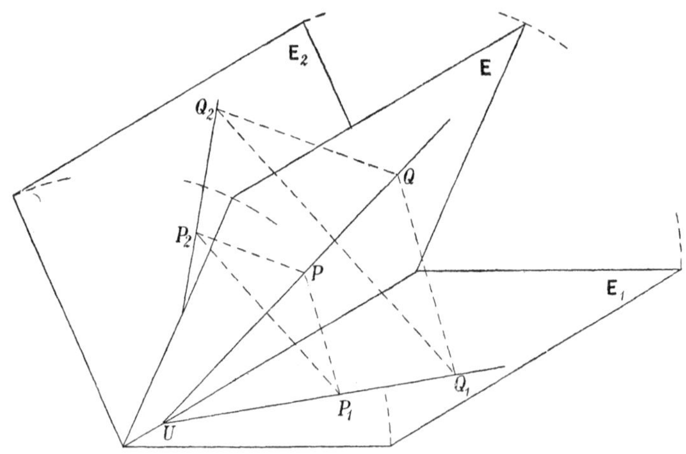

Fig. 32.

auf E_1 und auf E_2 parallel projiziert, wobei in jedem Falle die Projektionsrichtung ganz beliebig gewählt sein kann. (In der Figur ist nur eine Gerade PQ gezeichnet). Dann sind die beiden in E_1 und E_2 auftretenden Figuren zueinander perspektivisch affin. Denn $P_1 Q_1$ und $P_2 Q_2$ liegen in einer Ebene, weil sie beide durch den Schnitt U von PQ mit s gehen, und $UP_1 : UQ_1$ ist gleich $UP_2 : UQ_2$, weil beide Verhältnisse gleich $UP : UQ$ sind. Daraus folgt $P_1 P_2 \parallel Q_1 Q_2$.

Als besonderer Fall ist noch der Satz zu erwähnen, der später mehrfach[1]) verwendet wird: Fallen E_1 und E_2 zusammen, d. h. wird eine in E gegebene Figur auf eine andere Ebene zweimal, in verschiedenen Richtungen durch parallele Strahlen projiziert, so entstehen in dieser Ebene zwei zueinander perspektivisch affine Figuren.

§ 6. Vorläufige Angaben über die perspektivische Affinität zwischen Grund- und Aufriß einer ebenen Figur. Projiziert man eine ebene Figur orthogonal auf Π_1 und Π_2, dann folgt aus den vorhergehenden Sätzen keineswegs die perspektive Affinität der beiden Projektionen, denn die drei Ebenen haben keine gemeinsame Schnittgerade. Auch findet, solange Π_1 und Π_2 rechtwinklig zueinander stehen, wirklich i. a. keine perspektivische Affinität zwischen den beiden Orthogonalprojektionen statt. Werden aber Grund- und Aufriß durch Drehung um die Projektionsachse in eine Ebene gebracht, dann tritt perspektivische Affinität ein, was in § 3 vom V. Abschn. bewiesen wird.

§ 7. Konstruktionen bei perspektivischer Affinität in derselben Ebene. Eine perspektivisch affine Zuordnung zweier Figuren derselben Ebene ist völlig bestimmt, wenn man die Affinitätsachse s und zu einem Punkt A den zugeordneten Punkt A_1 kennt, denn daraus lassen sich zu beliebigen Punkten die affinen Punkte und zu beliebigen Geraden die affinen Geraden in folgender Art finden.

Ein Punkt B der einen Figur liefert die Gerade AB (Fig. 33). Die affine Gerade $A_1 B_1$ geht durch A_1 und trifft s in demselben Punkt wie AB, hiermit ist die Gerade $A_1 B_1$ bestimmt, und B_1 folgt auf ihr durch $BB_1 \parallel AA_1$.

Wenn AB die Affinitätsachse s an unzugänglicher Stelle trifft, bedarf das Verfahren einer Abänderung (Fig. 34). Man kann durch A eine Gerade nach einem Punkt K von s legen, $A_1 K$ ist die affine Gerade zu AK. Zieht man durch B eine Parallele zu AK, welche s in L treffe, so ist die zu BL affine Gerade eine von L ausgehende Parallele zu $A_1 K$, B_1 liegt auf dieser Parallelen und folgt aus $BB_1 \parallel AA_1$.

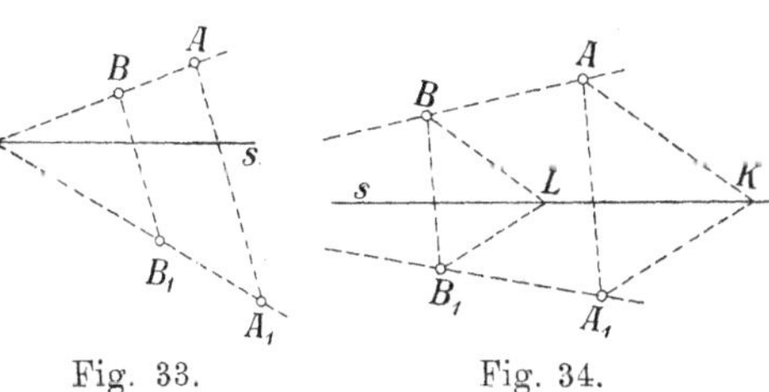

Fig. 33. Fig. 34.

1) Z. B. bei Schattenkonstruktionen und in den Abschnitten über Parallelperspektive.

Ebenso muß man das Verfahren von Fig. 33 abändern, wenn zwar AB die Achse s an zugänglicher Stelle trifft, aber schließlich B_1 durch einen sehr spitzen Schnitt folgt. Auch in diesem Fall kann man nach dem Verfahren von Fig. 34 den Punkt B_1 zuverlässig bestimmen.

Die Konstruktion der affinen Geraden g_1 zu einer gegebenen Geraden g erfolgt i. a. dadurch, daß man zu einem Punkt von g den affinen Punkt sucht; durch diesen Punkt und durch den Schnittpunkt von g und s bestimmt sich g_1. Bei unzugänglichem aber endlichem Schnittpunkt von g und s hat man zu zwei Punkten von g die affinen Punkte zu suchen.

§ 8. **Fortsetzung.** Häufig liegen in einer Ebene zwei zueinander perspektivisch affine Dreiecke ABC und $A_1B_1C_1$ gezeichnet vor, und zur Figur des Dreiecks ABC gehört noch ein Punkt D innerhalb oder außerhalb des Dreiecks (Fig. 35). Den affinen Punkt D_1 findet man so: Man legt durch D eine Gerade, bestimmt zu ihren Schnittpunkten mit den Seiten des Dreiecks ABC durch Affinitätsstrahlen die affinen Punkte auf den Seiten des Dreiecks $A_1B_1C_1$ und erhält damit zur angenommenen Geraden die affine Gerade. Auf ihr muß D_1 liegen, es bestimmt sich aus der bekannten Richtung von DD_1. — Meist wird man die Gerade so wählen, daß sie durch eine Ecke des Dreiecks ABC geht, dann braucht man bloß zu ihrem Schnittpunkt mit der gegenüberliegenden Seite den affinen Punkt zu suchen.

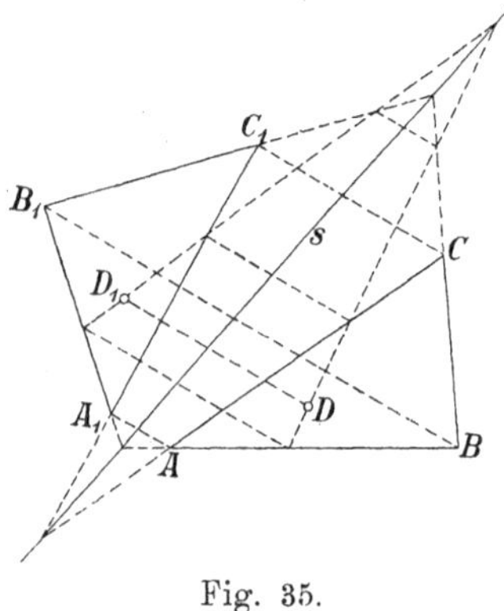

Fig. 35.

§ 9. **Perspektivische Affinität zwischen Kurven** wird später häufig untersucht. Besonders eingehende Behandlung findet die zum Kreis perspektivisch affine Kurve, die Ellipse (VIII. Abschnitt). Ebenso wird im VIII. Abschnitt gezeigt, daß durch perspektivisch affine Umformung aus einer Ellipse stets wieder eine Ellipse hervorgeht und daß Entsprechendes für die andere Kurven zweiter Ordnung gilt.

§ 10. **Transformationsformeln zwischen Cartesischen Koordinaten bei perspektivischer Affinität.** Zwei Ebenen mit der Schnittlinie s sind durch eine allgemeine Parallelprojektion aufeinander bezogen. Man nimmt in jeder ein Cartesisches Koordinatensystem an. Die (1,1)-deutige perspektivisch affine Beziehung zwischen den beiden Ebenen hat dann Transformationsformeln zwischen den Koordinaten zugeordneter Punkte zur Folge. Freilich gehört das nicht mehr in die darstellende Geometrie. Aber es ist immer wünschenswert, über die Grenzen eines Gebietes der

Mathematik im Nachbargebiete hineinzuschauen, und deshalb mag hier kurz einiges angegeben werden.[1])

E und E_1 sind die beiden Ebenen. In E nimmt man ein rechtwinkliges Koordinatensystem an, dessen x-Achse auf s liegt. In E_1 nimmt man am besten in folgender Art ein schiefwinkliges Koordinatensystem an. Der Anfangspunkt fällt mit dem Anfangspunkt des Systems in E zusammen, die positive x_1-Achse fällt auf die positive x-Achse, die positive y_1-Achse entsteht durch die gegebene Parallelprojektion aus der positiven y-Achse. Ein Paar zusammengehöriger Punkte P und P_1, mit dem Koordinaten x, y und x_1, y_1, wird betrachtet. Von P fällt man in E ein Lot auf die x-Achse. Von P_1 zieht man in E_1 eine Parallele zur y_1-Achse bis zur x_1Achse. Dann enden beide Linien in demselben Punkt S von s. Denn man sieht leicht, daß sie in einer Ebene liegen, welche zur Ebene der y-Achse und der y_1-Achse parallel sind. So ist $x_1 = x$. Zwischen den Ordinaten y und y_1 aber besteht ebenfalls ein einfacher Zusammenhang. Zum Dreieck PSP_1 entsteht nämlich ein ähnliches Dreieck, wenn man von einem zweiten Punktpaar Q, Q_1 ausgeht. Daraus folgt, daß die Ordinaten y und y_1 entsprechender Punkte in E und E_1 ein festes, von der Lage dieser Punkte unabhängiges Verhältnis haben.

Für die eingeführten Koordinatensysteme ist hiermit folgender Zusammenhang zwischen den Koordinaten der perspektivisch affinen Punkte P und P_1 gefunden:

$$x_1 = x \qquad y_1 = \text{konst.}\, y.$$

Nun kann man in jeder Ebene zu einem allgemein liegenden rechtwinkligen Koordinatensystem übergehen (x', y' und x_1', y_1'). Dann hat man sofort Transformationsformeln von dieser Form:

$$x_1' = \alpha \cdot x' + \beta \cdot y' + \varepsilon, \qquad y_1' = \gamma \cdot x' + \delta \cdot y' + \zeta,$$

in welchem die Determinante $\alpha \cdot \delta - \beta \cdot \gamma$ von 0 verschieden ist, weil zu jedem Wertepaar x_1', y_1' ein bestimmtes zugehöriges Paar x', y' gehören muß.

Perspektivische Affinität im Raum zwischen zwei getrennten Ebenen und perspektivische Affinität zwischen zwei zusammenfallenden Ebenen sind nach §§ 3, 4 aufeinander zurückführbar. Darum gelten für die perspektivische Affinität zwischen zwei sich deckenden Ebenen ebenfalls die vorhin aufgestellten Formeln. (Man kann dabei die Koordinatensysteme in beiden Ebenen zusammenfallend wählen.)

§ 11. Die allgemeine Affinität. Übrigens kommt man bei perspektivischer Affinität zwischen zwei sich schneidenden oder zusammenfallenden Ebenen nicht auf die allgemeinsten Formeln:

---

1) Das Entwerfen einer parallelperspektivischen Skizze zu der folgenden Untersuchung ist zu empfehlen. Das Studium dieses Paragraphen kann verschoben werden.

$$\left.\begin{array}{l} x_1' = \alpha \cdot x' + \beta \cdot y' + \varepsilon \\ y_1' = \gamma \cdot x' + \delta \cdot y' + \xi \end{array}\right\} \text{ mit } \alpha \cdot \delta - \beta \cdot \gamma \neq 0,$$

sondern diese Formeln definieren bei voller Allgemeinheit eine allgemeine Affinität. Diese wird dadurch charakterisiert, daß den Geraden der einen Ebene in der anderen Ebene wieder Geraden eindeutig entsprechen und daß dabei zu parallelen Geraden der einen Ebene parallele Geraden der anderen gehören.

Die allgemeine Affinität, welche die perspektivische als besonderen Fall umfaßt, wurde von Möbius eingeführt.[1]) Sie tritt in der darstellenden Geometrie so sehr zurück, daß sie hier überhaupt nicht behandelt werde und daß häufig statt perspektivischer Affinität nur Affinität gesagt werden wird. Näheres findet man bei Möbius oder in Büchern über projektive Geometrie (in synthetischer oder analytischer Behandlung[2])), auch im Werk von Rohn-Papperitz.[3])

V. Abschnitt.

Ergänzungen zu den vorhergehenden Abschnitten.

§ 1. Das Zusammenfallen der Projektionen eines Punktes. Neben den zueinander senkrechten Ebenen Π_1 und Π_2 wird die Halbierungsebene Γ des Winkels betrachtet, den der hintere Teil von Π_1 und der obere Teil von Π_2 bilden.[4]) (Parallelperspektivische Skizze in Figur 36a.) Jeder Punkt dieser Ebene steht von Π_1 und Π_2 gleichweit ab, d. h. seine Projektionen P' und P'' stehen von der Achse gleichweit ab, weiter fallen P' und P'' zusammen, wenn Π_1 in der früher besprochenen Art durch Drehung um die Achse in die Ebene von Π_2 gebracht wird d. h. jeder Punkt der Ebene Γ hat in der Mongeschen Darstellung zusammenfallende Projektionen (Fig. 36b). Gleiches gilt deshalb auch für jede Gerade, welche ganz in Γ liegt. Punkte, welche nicht in Γ liegen, haben stets getrennte Projektionen; Geraden, welche nicht in Γ und auch nicht in einer zur Achse senkrechten Ebene[5]) liegen, haben ebenfalls stets getrennte

---

1) Barycentrischer Calcul (1827), 3. Kapitel. (Ges. Werke I S. 177ff.)

2) Reye, Geometrie der Lage, Teil II. — Clebsch-Lindemann, Vorlesungen über Geometrie I.

3) Bd. I 1. Aufl. S. 18ff. In 3. Aufl. ist dies gestrichen.

4) Die Halbierungsebene der Nebenwinkel des eben betrachteten Winkels zwischen Π_1 und Π_2 wird erst in § 4 besprochen.

5) Vgl. I, § 3.

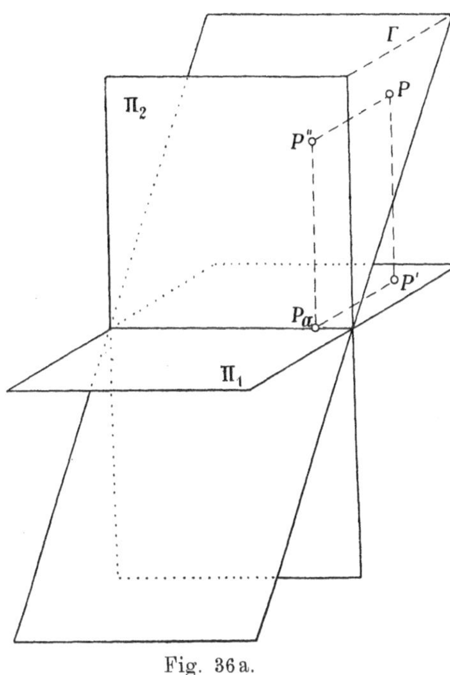

Fig. 36a.

Projektionen. Man sieht nun auch leicht, was es bedeutet, wenn für einen Punkt P die Aufrißprojektion P'' über oder unter P' liegt: P liegt über oder unter Γ. Weil die beiden Projektionen eines jeden Punktes der Ebene Γ zusammenfallen, wird die Ebene häufig als Koinzidenzebene bezeichnet.

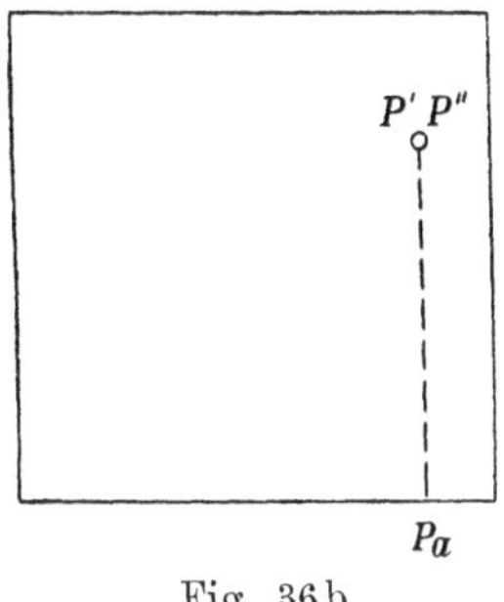

Fig. 36b.

§ 2. **Der Schnittpunkt von g und die Schnittlinie von E mit der Koinzidenzebene.** Ist jetzt eine Gerade g durch g' und g'' gegeben, so ist der Schnitt von g' und g'' gemeinsamer Grund- und Aufriß eines Punktes P von g und dieser Punkt liegt nach dem vorigen Paragraphen in der Ebene Γ. Damit ist der Schnittpunkt von g mit Γ bestimmt. Sind g' und g'' parallel zueinander, so hat g mit Γ keinen Punkt im Endlichen gemein, ist also zu Γ parallel.

Eine Ebene E, welche durch ihre Spuren e_1 und e_2 gegeben ist und nicht zu Γ parallel ist, hat mit Γ eine Schnittlinie s gemein, deren beide Projektionen s' und s'' zusammenfallen. Die Aufsuchung dieser Geraden erfolgt so, daß man in E eine Hilfslinie g annimmt und für sie den Punkt S bestimmt, den sie mit Γ gemein hat. Die zusammenfallenden Projektionen dieses Punktes sind der Schnittpunkt von g' und g''. S liegt auf der Schnittlinie s von E mit Γ. So ist ein Punkt dieser Schnittlinie s gefunden, ein zweiter ist der Achsenschnittpunkt von E. Man braucht also bloß den Punkt, in dem S' und S'' zusammenfallen, mit dem Achsenschnittpunkt von E zu verbinden, um die beiden zusammenfallenden Projektionen s' und s'' von s zu erhalten.

§ 3. **Die perspektivische Affinität zwischen Grundriß und Aufriß einer ebenen Figur.** Ein Dreieck PQR ist durch seine beiden Projektionen gegeben (Fig. 37), man betrachtet seine Ebene E; e_1 und e_2 sind in der Figur nicht eingetragen und werden nicht weiter verwendet. Der Schnittpunkt von $P'Q'$ mit $P''Q''$ liegt dann auf der Geraden, in welcher die beiden Projektionen s' und s'' der Schnittlinie von E und Γ zusammenfallen. Gleiches gilt für den Schnittpunkt von $P'R'$ mit $P''R''$ und den von $Q'R'$ mit $Q''R''$. Deshalb hängen Grund- und Aufriß eines Dreiecks so miteinander zusammen, daß entsprechende Punkte auf parallelen Vertikalen liegen, und daß entsprechende Seiten sich in Punkten einer Geraden schneiden. Darum sind Grund- und Aufriß eines beliebigen Dreiecks perspektivisch affin zueinander, und die eben genannte Gerade, in welcher s' und s'' zusammenfallen, ist die Affinitätsachse. Derselbe Satz gilt natürlich ebenso für die beiden Projektionen einer beliebigen ebenen Figur. Dieser affine Zusammenhang zwischen Grundriß und Aufriß einer ebenen Figur ist zu Proben beim Konstruieren zu verwenden, wo dies gut möglich ist; häufig fallen aber die Schnittpunkte entsprechender Seiten so ungünstig aus, daß der praktische Wert dieser Proben nur gering ist.

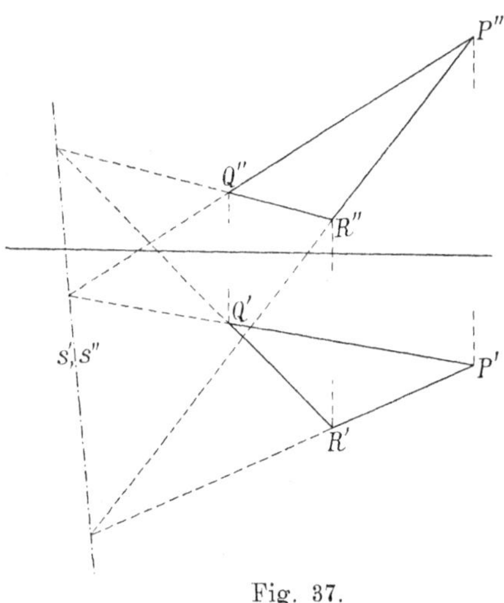

Fig. 37.

§ 4. Die andere Halbierungsebene der Winkel zwischen Π_1 und Π_2. Bisher ist nur die Halbierungsebene des einen Paares von Scheitelwinkeln zwischen Π_1 und Π_2 betrachtet worden. Die andere Halbierungsebene hat die Eigenschaft, daß jeder ihrer Punkte P ebenfalls gleichweit von Π_1 und Π_2 absteht; jedoch liegen die beiden Projektionen des Punktes P derart, daß P' bei der Drehung von Π_1 in die Ebene von Π_2 nicht mit P'' zusammenfällt, sondern daß beide durch die Achse getrennt sind und gleich weit von der Achse abstehen. Demnach hat jeder Punkt dieser Halbierungsebene ein Paar von Projektionen, die symmetrisch zur Achse liegen.

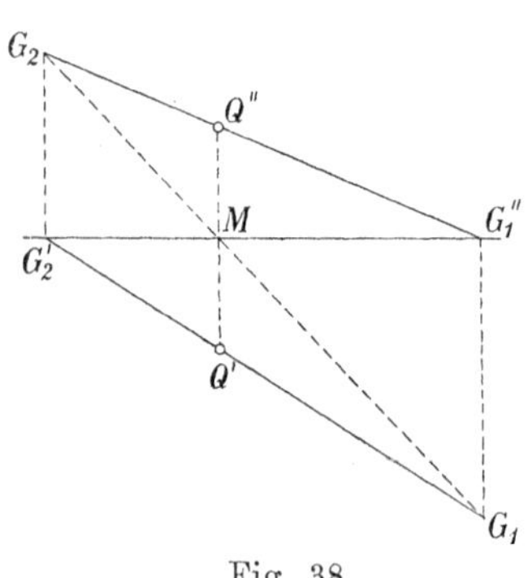

Fig. 38.

Es hat noch einiges Interesse, für eine Gerade g, welche durch g' und g'' gegeben ist, den Punkt Q zu bestimmen, in dem sie diese Halbierungsebene trifft (Fig. 38). Seine Projektionen folgen sehr leicht daraus, daß man die Verbindungslinie von G_1 und G_2 zum Schnitt mit der Achse bringt und durch diesen Punkt M eine Vertikale zieht; diese Gerade liefert Q' und Q'' auf g' und g''. Der Beweis folgt aus den Proportionen

$$Q''M : G_1''G_1 = G_2'M : G_2'G_1''$$

und

$$MQ' : G_1''G_1 = G_2'M : G_2'G_1''.$$

§ 5. Weiteres über das Zusammenfallen von Projektionen oder Spuren. Bei einem Punkt oder einer Geraden, soweit diese nicht in einer zur Projektionsachse senkrechten Ebene liegt, bedeutet das Zusammenfallen der beiden Projektionen, daß der Punkt oder die Gerade in Γ liegt. Wesentlich andere Bedeutung hat das Zusammenfallen der Spuren einer Ebene:

Steht eine Ebene E senkrecht zu Γ, so bilden ihre Schnittlinien mit Π_1 und Π_2 gleiche Winkel mit der Achse wegen der Symmetrie von Π_1 und Π_2 zu Γ. Wird dann Π_1 gedreht, bis es mit Π_2 zusammenfällt, dann fallen die beiden Spuren e_1 und e_2 der Ebene miteinander zusammen. Dieser Satz läßt sich umkehren: Das Zusammenfallen von e_1 und e_2 bedeutet, daß E auf Γ senkrecht steht.

Steht eine Ebene senkrecht zu der anderen, im vorigen Paragraphen behandelten, Halbierungsebene von Π_1 und Π_2, dann sind in der Mongeschen Darstellung die Spuren e_1 und e_2 getrennt voneinander, aber symmetrisch zur Projektionsachse. Auch dieser Satz ist umkehrbar.

VI. Abschnitt.

Ebenflächige und krummflächige Körper in einfacher Stellung.

Die vorhergehenden Abschnitte enthalten die grundlegenden Sätze über die konstruktive Behandlung von Punkten, Geraden und Ebenen, außerdem einfache Anwendungen dieser Sätze. Weitere Aufgaben über Punkte, Gerade und Ebenen finden sich im XVI. und XVII. Abschnitt. Das meiste könnte sich hier schon anschließen, aber es folgen hier an dessen Stelle Aufgaben über Körper, die in vieler Hinsicht leichter und wichtiger sind und an denen die Raumanschauung stärker geschult wird. Bei beschränkter Zeit empfiehlt es sich, den folgenden Abschnitt nur zum Teil durchzuarbeiten, und bald an einigen Aufgaben, z. B. VII. Abschn. §§ 1—5, die Probe zu machen, wie weit man in der sicheren Handhabung der grundlegenden Konstruktionen gekommen ist. Darüber ist das Vorwort zu vergleichen.

§ 1. Darstellung einer regelmäßigen Pyramide, welche auf Π_1 steht. Von einer regelmäßigen sechsseitigen Pyramide ist die Basis-

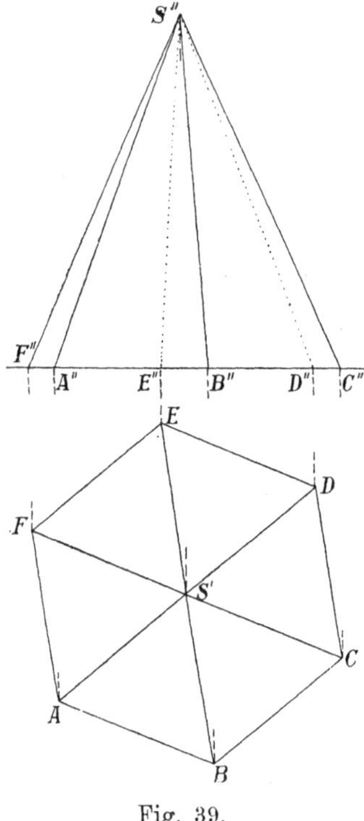

Fig. 39.

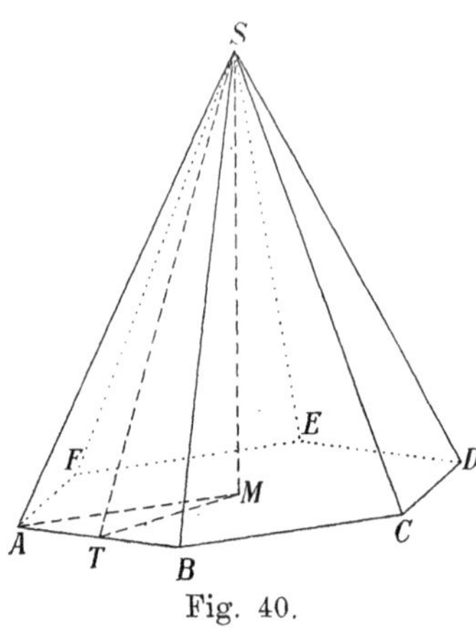

Fig. 40.

fläche in Π_1 gegeben, $ABCDEF$, und außerdem die Höhe h (Fig. 39). Die Aufrißprojektionen von A, B, C, D, E, F liegen auf der Achse. Der Grundriß S' der Spitze S fällt mit der Mitte des Basissechsecks zusammen, und aus dem gegebenen h findet man S''. Dann lassen sich die beiden Projektionen der Kanten SA, SB, ... SF zeichnen. Wenn der Körper als undurchsichtig gilt, ist von vorn nur ein Teil der Kanten sichtbar, die Aufrisse der von vorn unsichtbaren Kanten werden punktiert, soweit sie nicht mit ausgezogenen Linien zusammenfallen. Von oben gesehen sind alle Kanten sichtbar, deshalb werden die Grundrisse aller Kanten ununterbrochen ausgezogen.

Die einzelnen Seitenflächen der regelmäßigen Pyramide sind kongruente gleichschenklige Dreiecke, deren wahre Gestalt man auf zwei Arten bestimmen kann:

Erstens läßt sich die Länge einer Kante SA konstruieren aus einem rechtwinkligen Dreieck, welches die Höhe der Pyramide zur einen Kathete und den Radius des dem Basissechseck umbeschriebenen Kreises zur andern Kathete hat. (Dreieck SAM in Fig. 40.) Man nimmt die Strecke $S'A$ in den Stechzirkel, trägt sie auf der Projektionsachse von deren Schnitt mit $S'S''$ aus ab und dreht dann den Zirkel, um die Hypotenuse abzugreifen. Aus bekanntem SA folgt die gleichschenklige Seitenfläche.

Zweitens kann man die Länge der Mittellinie ST in dem Dreieck ABS zur Konstruktion der wahren Gestalt dieses Dreiecks verwenden. ST tritt als Hypotenuse auf in einem rechtwinkligen Dreieck, dessen eine Kathete die Höhe, dessen andere Kathete der Radius des dem Basissechseck einbeschriebenen Kreises ist. Diesem zweiten Verfahren entspricht die Umlegung des Punktes S und des Dreiecks ASB in Π_1 durch Drehung um AB nach dem II. Abschnitt §§ 17—19.

Wird nun die Oberfläche der Pyramide an geeigneten Kanten aufgeschnitten, so läßt sie sich in die Ebene ausbreiten; man erhält dann die in Figur 41 dargestellte **Abwicklung der Oberfläche des Körpers** oder **das Netz des Körpers**. In der Abwicklung stellt man immer die **Außenseite** des Körpers dar, deshalb muß in Figur 41 das Dreieck SAB denselben Umlaufsinn haben wie das Dreieck SAB des Körpers bei der Ansicht von außen, d. h. auch wie $S'AB$ im Grundriß. Das Basissechseck $ABCDEF$ hat dann in der Abwicklung den umgekehrten Umlaufsinn wie im Grundriß.

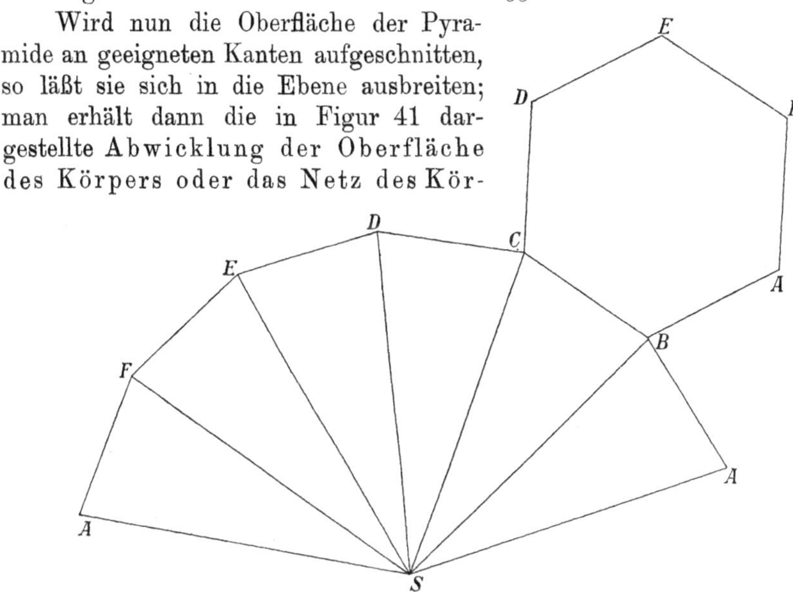

Fig. 41.

Die Konstruktion der Projektionen einer auf Π_1 stehenden regelmäßigen Pyramide aus gegebener Abwicklung der Oberfläche erfordert keine Besprechung.

§ 2. Darstellung eines Tetraeders. Die Basisfläche ABC ist in Π_1 gegeben, von den übrigen Kanten AD, BD, CD sind die Längen gegeben. Man kennt die drei in D zusammenstoßenden Flächen und kann sie um die Basiskanten in Π_1 umlegen. Die Umlegung von ABD sei ABD_0; die von BCD sei BCD^0. Wird die Fläche ABD wieder hinaufgedreht, bis sie in die richtige Lage kommt, so beschreibt D einen Kreisbogen um die Drehungsachse AB. Dieser liegt in vertikaler und zu AB senkrechter Ebene; sein Grundriß ist eine von D_0 ausgehende zu AB senkrechte Strecke. Ebenso beschreibt beim Hinaufdrehen des umgelegten Dreiecks BCD der Punkt D einen Kreisbogen um BC und dieser hat eine von D^0 ausgehende zu BC senkrechte Strecke als Grundriß. Die beiden von D_0 und D^0 gezogenen Senkrechten zu AB bzw. BC schneiden sich demnach im Grundriß D' der gesuchten Ecke D. Damit ist D' gefunden. Die Höhe von D ergibt sich aus dem Kreisbogen, den die Spitze des Dreiecks ABD beim Hinaufdrehen beschreibt. Man hat dazu nur diesen Bogen in Π_1 umzulegen durch Drehung um die Grundrißspur D_0D' seiner Ebene. Die Umlegung ist ein Kreisbogen, welcher den Schnittpunkt von D_0D' mit AB zum Mittelpunkt hat und von D_0 ausgeht; sein Endpunkt liegt auf dem in D' auf D_0D' errichteten Lot, und die Länge dieses Lotes ist die Höhe von D.

§ 3. **Darstellung eines Prisma.** Jetzt werde ein dreiseitiges Prisma betrachtet, von dem die Basisfläche ABC in Π_1 gegeben ist, die obere Fläche ist ebenfalls horizontal, von ihr ist ein Eckpunkt A_1 durch seine beiden Projektionen gegeben (Fig. 42). Dann geht die obere Fläche $A_1B_1C_1$ durch Parallelverschiebung aus der unteren ABC hervor. Demnach ist das Dreieck $A_1'B_1'C_1'$ eine Parallelverschiebung des Dreiecks ABC, und die Aufrisse von B_1 und C_1 liegen senkrecht über B_1' bzw. C_1' auf der durch A_1'' gezogenen Parallelen zur Achse. Die drei Längskanten AA_1, BB_1, CC_1 des Prisma sind zueinander parallel und gleich lang; darum sind ihre drei Grundrisse untereinander parallel und gleich lang, ebenso die Aufrisse.

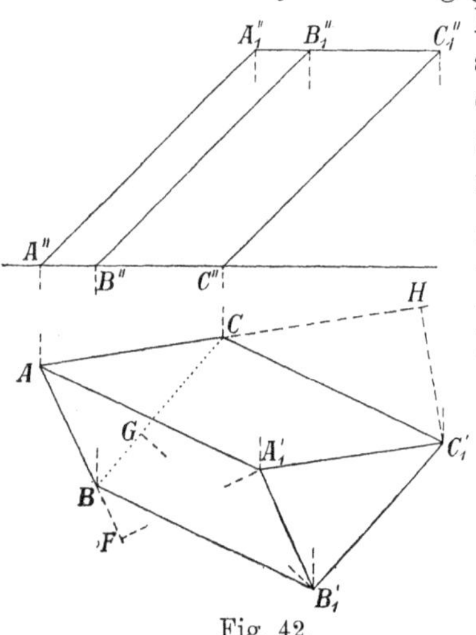

Fig. 42.

In der Figur ist wieder der Grundriß der einzigen von oben unsichtbaren Kante punktiert.

§ 4. **Abwicklung des Prismenmantels.** Das nächstliegende Verfahren zur Abwicklung des Prismenmantels beruht darauf, daß man jede einzelne Mantelfläche aus den wahren Längen ihrer Kanten und mindestens einer Diagonale bestimmt. Vom Parallelogramm ABB_1A_1 kennt man die eine Seite AB direkt, die wahre Länge von AA_1 ergibt sich aus dem Höhenunterschied von A und A_1 und aus der Länge von AA_1' nach dem I. Abschn. §§ 8, 9. Genau ebenso findet man die Länge einer Diagonale AB_1 oder BA_1, hieraus folgt die wahre Gestalt des Parallelogramms. Die beiden Diagonalen sind nicht gleichwertig für die Konstruktion, die kürzere Diagonale gibt bessere Schnitte und ist deshalb allein zu verwenden, wenn man nicht beide Diagonalen benutzen will. BA_1 ist hier die kürzere Diagonale, denn sie hat den kürzeren Grundriß. Demnach hat das

Parallelogramm ABB_1A_1 bei A einen spitzen Winkel. (Der Winkel A_1AB, dessen einer Schenkel in Π_1 liegt, hat einen spitzen Winkel zur Grundrißprojektion. Daraus sieht man nach dem II. Abschn. § 26 auch, daß das Parallelogramm ABB_1A_1 bei A einen spitzen Winkel hat.)

In der angegebenen Art konstruiert man die drei Parallelogramme ABB_1A_1, BCC_1B_1, CAA_1C_1, aneinanderhängend, wobei, wie in § 1, zu beachten ist, daß man die Außenseite des Prismenmantels darzustellen hat (Fig. 43, worin sich aber die Hilfslininen auf § 5 beziehen). Dabei tritt die Kante AA_1, an der man sich den Mantel vor der Ausbreitung in die Ebene aufgeschnitten dachte, zweimal auf. Die beiden Lagen des Punktes A müssen dann auf einer zu AA_1 senkrechten Geraden liegen. Sonst würden beim Wiederaufwickeln der Mantelfläche die beiden Linien AA_1 nicht zur Deckung kommen. Dies dient als Probe bei der Konstruktion. Es kommt häufig vor, daß auch bei sorgfältiger Konstruktion diese Probe zunächst nicht stimmt. Dann müssen die einzelnen Parallelogramme nochmals geprüft werden. Nötigenfalls wird der Fehler in geeigneter Weise auf die einzelnen Parallelogramme verteilt.

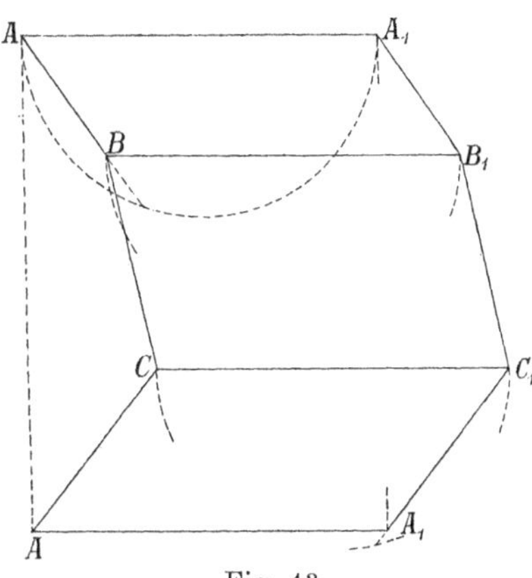

Fig. 43.

Durch Zufügung der beiden Dreiecke entsteht die Abwicklung der ganzen Oberfläche des Körpers.

§ 5. Ein zweites Verfahren zur Abwicklung des Prismenmantels.

Nach Burmester konstruiert man die Parallelogramme in folgender Art aus zwei zusammenstoßenden Seiten und dem eingeschlossenen Winkel. Man betrachtet das von A_1 auf AB gefällte Lot A_1F. Sein Grundriß $A_1'F$ steht auf AB senkrecht, und so findet man F. Dann tritt im rechtwinkligen Dreieck A_1FA bei A der gesuchte Winkel auf, sein Kosinus ist das Verhältnis von AF zur wahren Länge von AA_1. Man zeichnet die wahre Länge von AA_1, konstruiert über derselben einen Halbkreis und trägt von A aus in diesen Halbkreis als Sehne die Länge AF ein (Fig. 43). Damit ist der gesuchte Winkel konstruiert, und auf seinem neuerhaltenen Schenkel wird die Länge AB abgetragen, dann zeichnet man das Parallelogramm ABB_1A_1. An die Linie BB_1 schließt sich die wahre Gestalt des nächsten Parallelogramms auf Grund derselben Konstruktion an. Hier handelt es sich um Abtragung einer kurzen Sehne in den Halbkreis, von B aus. C liegt in bekanntem Abstand von B auf der Verlängerung dieser Sehne. Die unmittelbare Verlängerung der kurzen

Sehne wird ungenau; man muß beachten, daß die Sehnenrichtung senkrecht steht zur Verbindungslinie des Sehnenendpunkts mit B_1. Die dritte Fläche CC_1A_1A hat bei C einen stumpfen Winkel. Sein Nebenwinkel C_1CH hat $CH : CC_1$ zum Kosinus, und dieser Nebenwinkel tritt als Innenwinkel im Parallelogramm bei C_1 auf. So wird die Länge CH von C_1 aus als Sehne in den Halbkreis eingetragen. Damit ist alles Wesentliche besprochen. Schließlich ist die am Schluß von § 4 angegebene Probe bezüglich der beiden in der Abwicklung auftretenden Punkte A zu machen.

Weil drei kongruente Halbkreise zu zeichnen sind, behält man den Zirkel mit Bleieinsatz auf diese Radiuslänge eingestellt, und man macht die Streckenübertragung mit dem Stechzirkel. Überhaupt dient der Stechzirkel mit Vorteil immer zur Streckenübertragung. Die häufig geübte Übertragung durch den Zirkel mit Bleieinsatz ist zu ungenau. — Zu diesem Paragraphen ist auch § 19 zu vergleichen.

§ 6. Abwicklung des Prismenmantels in einem besonderen Fall. Übertragung auf den allgemeinen Fall. Sehr einfach kommt man zur Abwicklung des Prismenmantels in dem besonderen Fall, wo die Längskanten des Prisma zu Π_2 parallel sind. (Um eine Figur für diesen Fall zu entwerfen, kann man an Fig. 42 anknüpfen. Der Grundriß wird gedreht, bis AA_1' parallel zur Projektionsachse ist. Der Aufriß ergibt sich aus der bekannten Höhe der oberen Fläche.) Man denkt sich den Mantel an der Kante AA_1 aufgeschnitten und die Fläche ABB_1A_1 um BB_1 gedreht, bis sie in die Ebene von BCC_1B_1 kommt. Hierbei beschreiben A und A_1 Kreisbogen um die Drehungsachse BB_1. Die Ebenen dieser Bogen sind senkrecht zu BB_1, die Aufrisse der Bogen sind gerade Strecken senkrecht zu $B''B_1''$, weil BB_1 parallel zu Π_2 ist. Nachdem jetzt die gedrehte Fläche ABB_1A_1 und die Prismenfläche BCC_1B_1 in einer Ebene sich befinden, sollen sie in dieser gegenseitigen Lage starr verbunden bleiben und zusammen um CC_1 gedreht werden, bis sie mit der Prismenfläche ACC_1A_1 in eine Ebene gelangen. Dann denkt man sich die drei Parallelogramme starr verbunden und als ebene Figur um AA_1 gedreht bis zum Parallelismus mit Π_2. Der Aufriß dieser Lage des abgewickelten Prismenmantels ist zu zeichnen, zu ihm ist der abgewickelte Prismenmantel kongruent. Bei dieser fortgesetzten Drehung um drei aufeinanderfolgende Achsen beschreiben A, A_1, B, B_1, C, C_1 Bahnen, welche aus Kreisbogen bestehen und deren Aufrisse geradlinig und zu den Aufrissen der Prismenkanten senkrecht sind. Damit kennt man geometrische Orte für die Aufrisse der einzelnen Ecken des an AA_1 angehängten und in eine Parallelebene zu Π_2 gebrachten Prismenmantels. Weil außerdem in dieser Projektion die Kanten AB, BC, CA in wahrer Größe auftreten, lassen sich die einzelnen Parallelogramme der Reihe nach zeichnen. Bei der gewählten Reihenfolge der drei Drehungen erhält man richtig die Außenseite des abgewickelten Prismenmantels.

Ist ein Prisma so gegeben, daß die Längskanten nicht zu Π_2 parallel sind, dann läßt sich mittels Seitenrisses im wesentlichen ebenso die Abwicklung machen. Verwendung eines Seitenrisses wird später oft vorkommen und braucht jetzt nicht näher erläutert zu werden.

§ 7. Weitere Bemerkungen über die Abwicklung eines Prismenmantels. Die erste und dritte Methode haben nichts damit zu tun, daß die Prismenbasis in Π_1 liegt, sie sind bei einem Prisma von ganz allgemeiner Lage anwendbar. In diesem allgemeinen Fall hat man zur Abwicklung noch ein anderes Verfahren, welches auf der Anwendung eines Normalschnittes durch das Prisma beruht. Es kann erst im Abschnitt über ebene Schnitte der Körper behandelt werden. (XI. Abschnitt § 12.)

Die Übertragung der zur Abwicklung eines Prismenmantels dienenden Verfahren auf den Fall eines Zylindermantels wird in § 17ff besprochen.

§ 8. Allgemeines über Kegelflächen. Eine Kegelfläche entsteht, wenn eine unbegrenzte Gerade sich so bewegt, daß sie beständig durch einen festen Punkt geht und an einer festen Kurve, der Leitkurve, hingleitet. Der feste Punkt S heißt der Mittelpunkt der Kegelfläche, in ihm stoßen zwei einander kongruente Hälften der Fläche zusammen. Die einzelnen in der Kegelfläche liegenden und durch S hindurchgehenden Geraden heißen geradlinige Erzeugenden der Fläche.

Dient als Leitkurve ein Kreis, so entsteht ein Kreiskegel, den man als schiefen oder geraden Kreiskegel bezeichnet, je nachdem die Verbindungslinie von S mit dem Mittelpunkt M der kreisförmigen Leitkurve schief oder senkrecht zur Ebene dieser Kurve steht. Den geraden Kreiskegel kann man durch Rotation einer Geraden entstanden denken, welche mit der Rotationsachse starr verbunden ist und mit ihr einen Punkt gemein hat. Die Rotationsachse ist die vorhin genannte Verbindungslinie von S und M.

Schneidet man eine allgemeine Kegelfläche durch parallele Ebenen, so entstehen ähnliche und ähnlich liegende Schnittkurven; speziell sind beim schiefen oder geraden Kreiskegel alle ebenen, zum Leitkreis parallelen Schnitte Kreise. Durchläuft ein Kreis in stetiger Bewegung die sämtlichen Lagen dieser Kreise, so wird er damit auch zu einer Erzeugungslinie der Kegelfläche; das Wort „Erzeugungslinie“ statt „Erzeugungsgerade“ ist demnach zu unbestimmt, um vorwiegend oder allein verwendet zu werden. Beiläufig sei bemerkt, daß es beim schiefen Kreiskegel noch ein zweites System paralleler Kreisschnitte gibt.

Bei einer Fläche wird die Tangentialebene an einem nicht singulären Punkt P definiert als der geometrische Ort aller Geraden, welche in P

die durch P hindurchgehenden Kurven der Fläche berühren. Bei einer Kegelfläche haben alle Punkte derselben erzeugenden Geraden eine gemeinsame Tangentialebene.

Ein Rotationskegel und eine zur Achse senkrechte Ebene begrenzen einen geraden Kreiskegel im Sinne der Elementargeometrie. Er hat den Mittelpunkt der Kegelfläche zur Spitze; der als seine Begrenzung auftretende Teil der Kegelfläche heißt der Kegelmantel. Die Mantelfläche enthält unendlich viele begrenzte Geraden von gemeinsamer Länge l; die Länge ist Hypotenuse in einem rechtwinkligen Dreieck, welches die Höhe des Kegels und den Radius des Basiskreises zu Katheten hat.

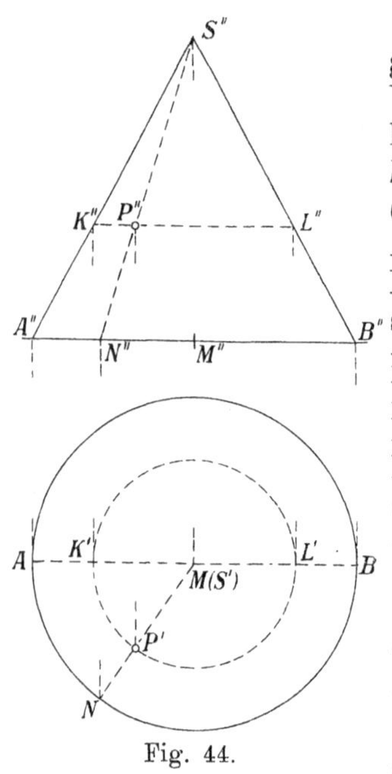

Fig. 44.

§ 9. Die Projektionen des begrenzten geraden Kreiskegels für einfachste Stellung. Von einem auf Π_1 stehenden geraden Kreiskegel sei der Mittelpunkt M des Basiskreises k, der Radius r und die Höhe h gegeben (Fig. 44). Der Basiskreis liegt in Π_1, sein Aufriß ist ein geradliniges Stück $A''B''$ der Projektionsachse. Der Grundriß S' der Kegelspitze S fällt mit M zusammen. Der Aufriß S'' folgt aus der gegebenen Höhe. Dann könnte man von einer beliebigen Geraden der Mantelfläche die beiden Projektionen zeichnen. Die Grundrisse der einzelnen Mantelgeraden sind Radien des Basiskreises k, die Aufrisse erfüllen in ihrer Gesamtheit ein Flächenstück, welches durch $S''A''$, $S''B''$ und durch das Stück $A''B''$ der Projektionsachse begrenzt wird. Die beiden zu Π_2 senkrechten Ebenen durch $S''A''$ und $S''B''$ schließen den Kegel zwischen sich ein, berühren ihn in den Mantelgeraden SA und SB. Durch diese Geraden zerfällt der Mantel in eine von vorn, senkrecht zu Π_2 sichtbare und eine von vorn unsichtbare Hälfte. SA und SB sind für die auf Π_2 senkrechte Sehrichtung die äußersten noch sichtbaren Mantelgeraden (vgl. § 21).

Abgesehen von den beiden Geraden SA und SB gibt es auf dem Kegelmantel jedesmal zwei Geraden mit gemeinsamem Aufriß; demnach ist eine Mantelgerade des Kegels im allgemeinen aus ihrem Aufriß zweideutig, dagegen aus ihrem Grundriß eindeutig bestimmt. (Hierbei ist ausdrücklich der begrenzte Kegel vorausgesetzt, der sich nicht über die Spitze hinaus erstreckt.) Die Konstruktion der nicht gegebenen Projektion erfolgt mittels des Grundrißspurpunktes der Geraden.

§ 10. Die Projektionen eines auf dem Kegelmantel liegenden Punktes und sein Abstand von der Spitze. Auf der Mantelfläche des Kegels wird ein Punkt P betrachtet, von dem die Grundrißprojektion P' gegeben ist. P'' läßt sich auf zwei verschiedene Arten finden:

Erstens kann man die durch P gehende Mantelgerade benutzen. Man zeichnet ihren Grundriß und daraus ihren Aufriß. Auf dem Aufriß der Geraden ergibt sich dann P'' senkrecht über P'; und zwar folgt P'' eindeutig aus P', wenigstens bei Beschränkung auf den Kegel im elementaren Sinn.

Zweitens kann man den horizontalen Kreis in der Mantelfläche des Kegels benutzen, welcher durch P hindurchgeht. Sein Grundriß ist ein zu ihm kongruenter und durch P' gehender Kreis mit dem Mittelpunkt M. Sein Aufriß ist ein geradliniges Stück $K''L''$, dessen Bestimmung aus der Figur ersichtlich ist. Auf dieser Geraden senkrecht über P' findet man P'' eindeutig.

Ist umgekehrt P'' gegeben und P' gesucht, so konstruiert man beim ersten Verfahren zunächst den Aufriß der durch P gehenden Mantelgeraden, erhält daraus für den Grundriß dieser Geraden i. a. zwei Möglichkeiten und damit zwei Lösungen für P'. Beim zweiten Verfahren findet man aus P'' die zur Achse parallele Gerade $K''L''$, und daraus folgt der Kreis mit dem Durchmesser $K'L' (= K''L'')$; auf ihm bestimmt sich P' zweideutig.

Wenn P' gegeben ist, erhält man P'' bei Auswahl der geeigneten Konstruktion immer genau, weil der Punkt P als Schnitt einer vertikalen Geraden mit der Mantelfläche in allen Fällen gleich gut bestimmt ist. Ist aber P'' gegeben und liegt es nahe an $S''A''$ oder $S''B''$, dann ist der Punkt P naturgemäß durch einen spitzen Schnitt des Kegelmantels mit einer zu Π_2 senkrechten Geraden ungenau bestimmt; bei beiden besprochenen Verfahren sind dann spitze Schnitte unvermeidlich.

Die Mantelgerade SN hat die Länge $S''A''$ und P teilt SN in demselben Verhältnis, wie P'' die Strecke $S''N''$ teilt. Mittels der durch P'' gelegten Parallelen zur Projektionsachse erhält man demnach auf $S''A''$ die wahren Längen $S''K''$ und $K''A''$ der beiden Stücke, in welche SN durch P geteilt wird.

§ 11. Konstruktion von Tangentialebenen des Kegels. Der Kegel als Hüllfläche. Die Tangentialebene an einem Punkt der Kegelfläche ist nach § 8 identisch mit der Tangentialebene im Grundrißspurpunkt N der durch P gehenden Mantelgeraden. Sie geht deshalb durch die in N an den Basiskreis gezogene Tangente. Diese ist die Grundrißspur der gesuchten Tangentialebene. Ferner geht die Ebene durch P und, was für die Konstruktion oft vorteilhafter ist, durch S. Man erhält darum einen Punkt der Aufrißspur e_2 der Tangentialebene, indem man durch P oder S eine

Parallele zur Grundrißspur legt und den Aufrißspurpunkt dieser Hilfslinie sucht.

Soll an die Kegelfläche von einem außerhalb, auf der konvexen Seite derselben liegenden Punkt R aus eine Tangentialebene E gelegt werden, so enthält E die Gerade, welche durch R und S geht. Daher geht die Grundrißspur e_1 durch den Grundrißspurpunkt von RS, ferner ist sie Tangente an den Basiskreis und bestimmt sich so zweideutig. Die Konstruktion der Aufrißspur dieser Tangentialebene ist wieder leicht.

Alle Tangentialebenen des geraden Kreiskegels haben gemeinsamen Neigungswinkel gegen die Ebene des Basiskreises. Dieser Winkel stimmt überein mit dem Neigungswinkel einer Mantelgeraden des Kegels gegen die Basisebene. Ist ein Punkt S gegeben durch S', S'', und betrachtet man die Gesamtheit der Ebenen, welche durch S hindurchgehen und gemeinsame gegebene Neigung gegen Π_1 haben, so hüllen sie alle einen Kegel ein, dessen Basiskreis sich leicht konstruieren läßt.

Früher wurde die Fläche des Rotationskegels erzeugt durch Drehung einer Geraden, welche mit der Kegelachse starr verbunden war. Die letzte Betrachtung zeigt, daß die Fläche des Rotationskegels auch durch Drehung einer mit der Achse starr verbundenen Ebene erzeugt wird, nämlich als Hüllfläche der sämtlichen Lagen dieser Ebenen.

Anwendungen dieser Sätze folgen im XVI. Abschn. §§ 3 und 10.

§ 12. Abwicklung des Kegelmantels und darin liegender Punkte. Der in die Ebene ausgebreitete Mantel ist ein Kreissektor, dessen Radius gleich der Länge einer Mantelgeraden, gleich $S''A''$, und dessen Bogen gleich dem Umfang des Basiskreises ist. Man teilt bei kleinen Figuren den Basiskreis des Kegels in 12 oder 16 gleiche Teile und überträgt die Länge eines solchen Bogenstücks auf den Kreisbogen des Sektors, indem man den Bogen durch die Sehne oder durch mehrere sich aneinander schließende Sehnen ersetzt. Hierüber ist der Abschnitt über Kreisrektifikation im Anhang zu vergleichen. Damit kommt man zur Abwicklung des ganzen Mantels.

Ist nun irgend ein gegebener Punkt P der Mantelfläche in die Abwicklung einzutragen, dann sucht man den auf dem Basiskreis liegenden Endpunkt N der Mantelgeraden des Punktes P. N liegt i. a. zwischen zwei Teilpunkten des Basiskreises und überträgt sich leicht in den Rand des abgewickelten Mantels. Daraus erhält man in der Abwicklung die Gerade SN. Auf ihr ergibt sich P durch seinen bekannten Abstand von S oder von N (vgl. den Schluß von § 10.)

§ 13. Allgemeines über Zylinderflächen. Eine Zylinderfläche entsteht durch Bewegung einer Geraden, welche einer festen Geraden beständig parallel bleibt und an einer Leitkurve hingleitet. Die Zylinderfläche läßt sich als Grenzfall einer Kegelfläche für ins Unendliche hinausrückende Spitze betrachten. Bei kreisförmiger Leitkurve unterscheidet man wieder schiefe und gerade Kreiszylinderflächen; letztere sind Rotationsflächen.

§ 14. Die Projektionen eines begrenzten Kreiszylinders. Jetzt werde ein begrenzter schiefer Kreiszylinder betrachtet, dessen Basiskreis k_1 in Π_1 liegt. Sein Mittelpunkt ist M_1 und sein Radius r (Fig. 45). Der obere, zu Π_1 parallele Begrenzungskreis k_2 hat den Mittelpunkt M_2, M_2' und M_2'' sind gegeben. Dann lassen sich die Projektionen beider Kreise zeichnen, die Aufrisse sind jedesmal geradlinige Stücke.

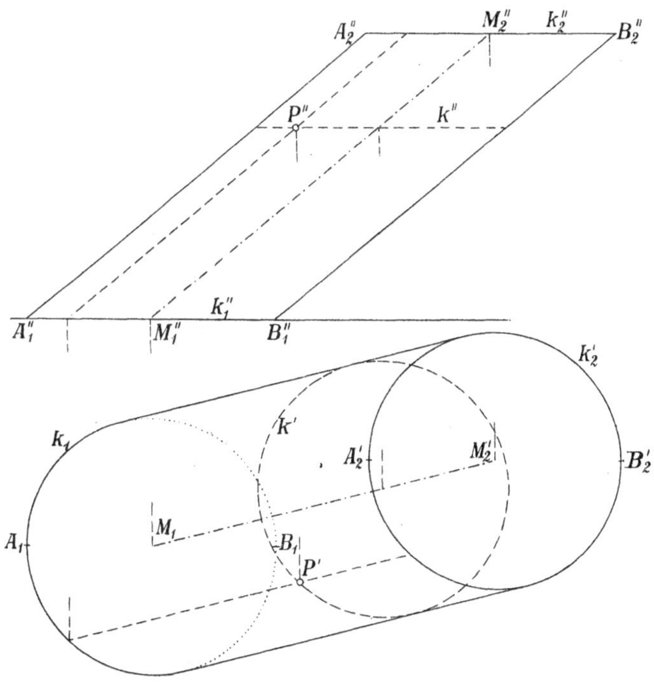

Fig. 45.

Die Linie $M_1 M_2$ heißt die Mittellinie oder Achse des schiefen Kreiszylinders; zu ihr sind alle einzelnen Geraden der Mantelfläche parallel. Die beiden Projektionen einer solchen Geraden sind demnach bekannt, sobald etwa ihr Grundrißspurpunkt gegeben ist. Die Gesamtheit der Grundrisse aller Mantelgeraden bildet die Grundrißprojektion der Mantelfläche und erfüllt ein Stück der Projektionsebene Π_1 teils einfach, teils doppelt. Dieses Flächenstück ist nirgends konkav und wird durch die gemeinsamen zu $M_1 M_2'$ parallelen Tangenten von k_1 und k_2' und durch je eine Hälfte von k_1 und k_2' abgegrenzt. Die Mantelgeraden, welche diese beiden Tangenten zu Grundrissen haben, teilen die Mantelfläche in eine von oben sichtbare und in eine von oben unsichtbare Hälfte. Von k_1 ist nur die eine Hälfte von oben sichtbar. — Im Aufriß bedeckt die Gesamtheit der Projektionen aller Mantelgeraden ein Flächenstück überall doppelt; dieses Flächenstück ist ein Parallelogramm $A_1''A_2''B_2''B_1''$

Ist von einer bestimmten Mantelgeraden der Grundriß gegeben, so kennt man ihren Grundrißspurpunkt und erhält daraus ihren Aufriß eindeutig. Ist aber von einer Mantelgeraden der Aufriß gegeben, so erhält man den Grundriß im allgemeinen zweideutig.

§ 15. Die Projektionen eines Punktes der Mantelfläche. Ist jetzt der Grundriß eines Punktes P der Mantelfläche gegeben, so fällt der Grundriß der durch P gehenden Mantelgeraden auf die durch P' gehende Parallele zu M_1M_2', ist aber häufig nicht eindeutig bestimmt. Sobald nämlich P' nicht im Innern von k_1 oder k_2 liegt, ist nicht unmittelbar zu sehen, ob P auf der von oben sichtbaren oder auf der von oben unsichtbaren Hälfte der Mantelfläche liegt; es gibt dann zwei gleichberechtigte Möglichkeiten für den Grundrißspurpunkt der durch P gehenden Mantelgeraden; dieser kann auf der von oben sichtbaren oder auf der von oben unsichtbaren Hälfte von k_1 liegen. Dem entsprechen zwei Möglichkeiten für die Aufrißprojektion der Mantelgeraden und damit zwei gleichberechtigte Lagen für P''. Ist umgekehrt von einem Punkt P der Mantelfläche P'' gegeben und liegt P'' nicht gerade auf $A_1''A_2''$ oder $B_1''B_2''$, so ergibt sich P' stets zweideutig, denn man erhält den Aufriß der durch P gehenden Mantelgeraden eindeutig, uud dazu gibt es zwei gleichberechtigte Grundrisse. (In der Figur ist nur einer von ihnen gezeichnet.)

Ähnlich wie der Kegel in Fig. 44 enthält der schiefe Kreiszylinder unendlich viele horizontale Kreise, deren Mitten auf M_1M_2 liegen. Ein solcher Kreis hat als Aufriß eine horizontale gerade Strecke k'', als Grundriß einen Kreis k' vom Radius r. Dabei berührt k' die beiden äußeren Tangenten von k_1 und k_2'. Wieder läßt sich dieser Kreis k zur Konstruktion des P'' aus gegebenem P' oder des P' aus gegebenem P'' verwenden. Ist P' gegeben, so liegt der Mittelpunkt M' von k' auf M_1M_2' und im Abstand r von P'.[1]) Er bestimmt sich demnach eindeutig, wenn P' im Innern von k_1 oder k_2' liegt, im andern Falle (für die Lage in der Figur) zweideutig. Zu jeder Lage von k' ergibt sich k'' eindeutig, indem man M'' auf $M_1''M_2''$ sucht. — Ist umgekehrt P'' gegeben, so erhält man k''

1) Der Punkt ist in der Figur eingetragen, aber nicht bezeichnet. Im Interesse der Deutlichkeit der Figuren muß man sich überhaupt daran gewöhnen, mit wenigen Buchstaben auszukommen.

eindeutig, daraus M'', M' und k' eindeutig, auf k' aber gibt es im allgemeinen zwei Lagen für P'.

§ 16. Tangentialebenen eines Zylinders. Die Tangentialebene für einen Punkt P der Zylinderfläche hat eine Grundrißspur, welche entsprechend gefunden wird wie beim Kegel (§ 11). Einen Punkt der Aufrißspur findet man mittels der durch P gehenden Spurparallelen erster Art (wie in § 11). Auch kann man durch einen passenden Punkt der Grundrißspur eine Parallele zur Zylinderachse legen und ihren Aufrißspurpunkt suchen. — Die Tangentialebene an die Zylinderfläche von einem äußeren Punkt R aus ist wieder nach § 11 leicht zu erhalten.

§ 17. Die Abwicklung des Zylindermantels. Die Abwicklung der Mantelfläche des schiefen Kreiszylinders läßt sich auf die Abwicklung eines dem Zylinder einbeschriebenen Prisma zurückführen. Man teilt den Basiskreis in $4n$ gleiche Teile und betrachtet das Prisma, welches die von den Teilpunkten ausgehenden Mantelgeraden zu Längskanten hat. Dabei legt man zwei Teilpunkte des Basiskreises auf die Grundrißspur der durch die Zylinderachse gehenden Vertikalebene Σ; diese Ebene ist nämlich eine Symmetrieebene für den Zylinder und teilt dessen Mantel in zwei kongruente Hälften, was bei der Abwicklung natürlich zu berücksichtigen ist. Wird nun der Mantel des Zylinders und ebenso der Mantel des eingeschriebenen Prisma an einer der beiden in Σ liegenden Geraden aufgeschnitten, und werden beide Mäntel in die Ebene ausgebreitet, dann erhält man zwei Flächenstücke, die um so genauer miteinander übereinstimmen, je größer n ist. So erhält man näherungsweise die Abwicklung des Zylindermantels, indem man den Mantel des dem Zylinder eingeschriebenen Prisma abwickelt und die beiden Linienzüge, welche dem oberen und unteren Rand des Prismenmantels entsprechen, durch Kurven ersetzt. Diese beiden Kurven sind zueinander kongruent, jede besteht aus zwei symmetrischen Hälften, jede Hälfte wieder aus zwei kongruenten Stücken, wie man leicht aus der Kongruenz der einzelnen Teile der Linienzüge erkennt. Die beiden kongruenten Stücke, aus denen jede Kurvenhälfte besteht, haben im gemeinsamen Punkt dieselbe Tangente, und diese ist eine Wendetangente der Kurve. Die Kurven haben in ihrem Verlauf Ähnlichkeit mit Sinuslinien, sind aber keine Sinuslinien, sondern ihre Parameterdarstellung erfordert elliptische Funktionen.

§ 18. Was nun die konstruktive Durchführung des eben in den Grundzügen besprochenen Verfahrens betrifft, so wird bei Figuren der üblichen Größe $4n$ etwa als 12 oder 16 oder allenfalls 24 gewählt, vgl. den Abschnitt über Kreisrektifikation (im Anhang). Die Abwicklung des dem Zylinder eingeschriebenen Prisma läßt sich nach §§ 4—6 machen oder nach dem später im XI. Abschn. § 12 zu besprechenden Verfahren. Im XI. Abschn. §§ 13, 14 ist diese Art der Zylinderabwicklung ausführlich behandelt. Fig. 46 gibt die Abwicklung nach dem Verfahren von § 6; wobei der schiefe Kreiszylinder andere Gestalt hat, als in Fig. 45, und wobei die Zylinderachse in der Ebene Π_2 liegt. So ist Π_2 die oben eingeführte Symmetrieebene Σ. Nur die eine Hälfte des Zylindermantels ist abgewickelt, und zwar wurde die hintere Hälfte durch Abwicklung so in die Ebene Π_2 gebracht, daß man die Außenseite sieht.

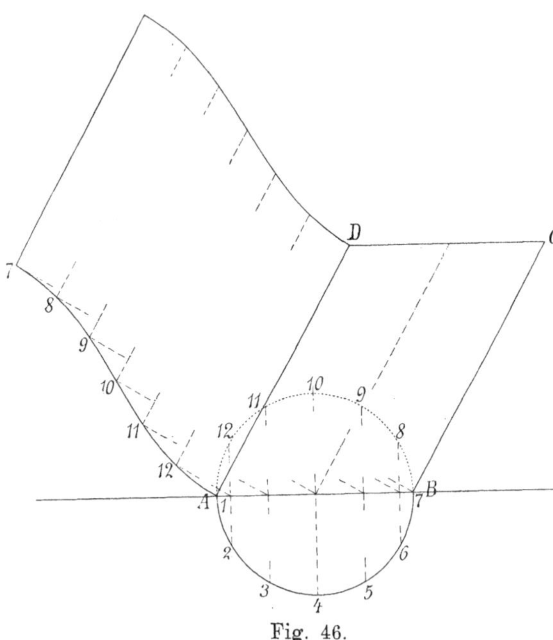

Fig. 46.

Wenn nach einer der genannten Methoden die Abwicklung gemacht wird, so hat man statt der krummlinigen Begrenzungsstücke des abgewickten Mantels zunächst zwei Sehnenpolygone. Beim Ausziehen der Kurven mit den Kurvenlinealen ist die in § 17 besprochene Kongruenz der einzelnen Teile zu beachten.

Die Mantelgerade des Zylinders, welche von einem bestimmten Teilpunkt des Basiskreises ausgeht, bildet dort mit der Tangente dieses Punktes einen Winkel, den man leicht angeben kann (wie in § 5). Die Tangente gibt aber die Richtung des Kurvenelementes an der betrachteten Stelle, ferner bleibt der Winkel zwischen dem Kurvenelemente und der Mantelgeraden bei der Abwicklung unverändert. Das ermöglicht eine Konstruktion der Tangenten der abgewickelten Kurve für die Punkte, welche den Teilpunkten des Basiskreises entsprechen. Besonders einfach wird die Konstruktion für die Wendepunkte, nämlich man sieht, daß die Wendetangente mit der zugehörigen Mantelgeraden denselben Winkel bildet, wie die Zylinderachse mit der Ebene des Basiskreises, mit Π_1. — Die Bestimmung der Wendetangenten sollte man nie versäumen, auf die anderen Tangenten wird man oft verzichten können.

§ 19. Über die Genauigkeit der einzelnen Methoden. Die Zylinderabwicklung nach dem Verfahren von § 4 oder dem von § 6 werden beide durch ungünstige Schnitte ungenau, sobald die Zylinderachse einen geringen Winkel mit Π_1 bildet (d. h. sobald der Zylinder sehr schief abgeschnitten ist). Die Burmestersche Methode (von § 5) bleibt auch dann gut, nur muß man sie mit aller Feinheit durchführen. Der Kreis ist in $4n$ gleiche Teile geteilt; auf die verlängerten Verbindungslinien von benachbarten Teilpunkten sind Lote zu fällen. Dazu darf man nicht die Verbindungslinien nur so ziehen, wie es unmittelbar gelingt, sondern man muß unbedingt den Parallelismus der Seiten des regelmäßigen Vielecks mit langen Diagonalen desselben verwenden. Auch muß man, sobald in der Abwicklungsfigur die Eintragung der Sehne in den Halbkreis unter einem spitzen Schnitt leidet, die Übertragung des Winkels nicht durch den Kosinus, sondern durch den Sinus machen. (Beim Prisma von Fig. 42 auf S. 48 ist $\sin FAA_1 = A_1F : AA_1$, A_1F wird mit dem Steckzirkel als Hypotenuse aus $A_1'F$ und aus der Höhe von A_1 abgegriffen.) Bei solcher Sorgfalt zeigt sich das Verfahren ebenso genau wie das vom XI. Abschn. §§ 13, 14.

§ 20. Die Projektionen der Kugelfläche und ihrer Punkte. Von einer Kugel sei der Mittelpunkt (M', M'') und der Radius r gegeben (Fig. 47). Die Horizontalebene durch M schneidet die Kugel in einem größten Kreis k_1, dessen Grundriß ein Kreis vom Radius r um M' ist und dessen Aufriß ein zur Achse paralleles geradliniges Stück von der Länge $2r$ und dem Mittelpunkt M'' ist. Ebenso schneidet die durch M gelegte Parallelebene zu Π_2 die Kugel in einem größten Kreis k_2, dessen Aufriß ein Kreis vom Radius r um M'', dessen Grundriß ein zur Achse paralleles geradliniges Stück mit der Mitte M' ist.

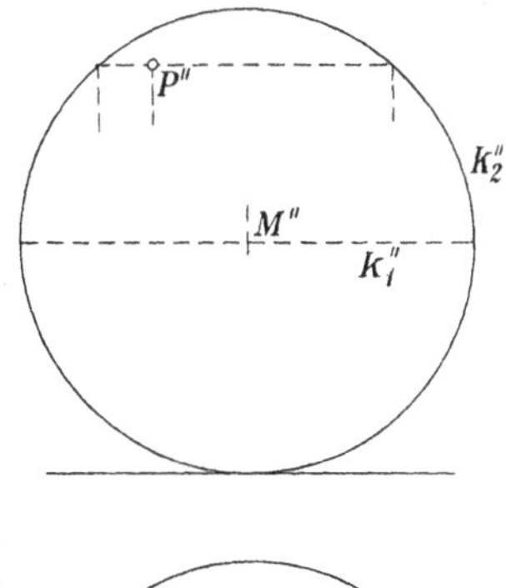

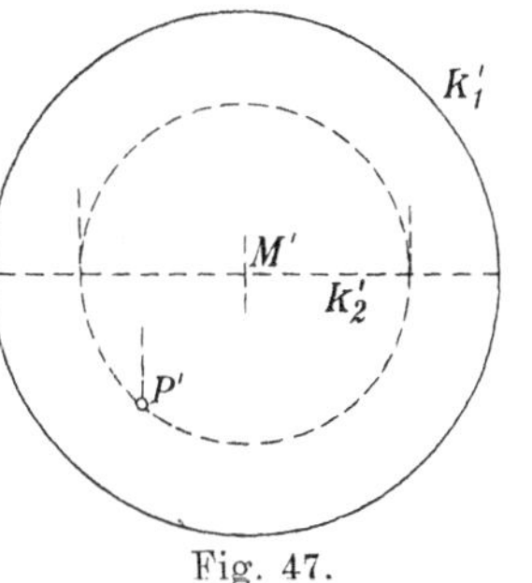

Fig. 47.

Ein Punkt P der Kugelfläche hat, wenn er nicht auf k_1 liegt, zum Grundriß eine Stelle innerhalb k_1', und wenn er nicht auf k_2 liegt, zum Aufriß eine Stelle innerhalb k_2''. Die Gesamtheit der Grundrisse aller Punkte der Kugelfläche bedeckt die Fläche des Kreises k_1' doppelt, ebenso bedeckt die Gesamtheit der Aufrisse aller Punkte der Kugelfläche die Fläche des Kreises k_2'' doppelt.

Die Kugelfläche enthält unendlich viele horizontale Kreise; jeder von ihnen hat zum Grundriß einen Kreis um M' mit dem Radius $\varrho \leqq r$ und zum Aufriß eine horizontale Sehne des Kreises k_2'' von der Länge 2ϱ. Aus gegebenem Grundriß eines solchen Kreises folgt der Aufriß zweideutig, aus gegebenem Aufriß der Grundriß eindeutig.

Ist von einem Punkt P der Kugelfläche der Grundriß P' innerhalb k_1' gegeben, so findet man den Grundriß des durch P gehenden horizontalen Kreises eindeutig, daraus dessen Aufriß zweideutig, und dann folgen zwei Lagen für P''. Ist aber umgekehrt P'' gegeben, so erhält man den Aufriß des durch P gehenden horizontalen Kreises eindeutig, daraus seinen Grundriß eindeutig, und auf dieser Kreislinie ergeben sich im allgemeinen zwei Lagen für den gesuchten Grundriß P'.

Ganz entsprechend enthält die Kugelfläche unendlich viele Kreise parallel zu Π_2, deren Aufrisse Kreise um M'', deren Grundrisse zur Achse parallele Sehnen von k_1' sind; ein solcher Kreis läßt sich zum Zeichnen der einen Projektion von P aus gegebener anderen ebenfalls verwenden. Ist in bestimmten Fällen der eine Weg besser? Es gibt Fälle, wo beide Konstruktionen naturgemäß schlechte Schnitte geben.

Die Konstruktion der Tangentialebene in einem bestimmten Punkt der Kugel kann nach dem III. Abschn. § 6 erfolgen, eine andere Behandlung steht im XVIII. Abschn. § 1.

§ 21. Die Umrisse eines Körpers und seiner Projektionen. Ein für später wichtiger Begriff muß jetzt näher besprochen werden. Schon für die Angabe der Sichtbarkeit wurden zwei Sehrichtungen unterschieden: die erste von oben nach unten senkrecht zu Π_1, die zweite von vorn nach hinten senkrecht zu Π_2. Für jede dieser Sehrichtungen zerfällt die Oberfläche eines Körpers in einen sichtbaren und einen unsichtbaren Teil. Diese Teile werden im allgemeinen durch eine Linie getrennt, welche die äußersten noch sichtbaren Punkte der Körperoberfläche enthält. Diese Linie ist der *Umriß des Körpers für die betrachtete Sehrichtung*. Die zylindrische Fläche aller Sehstrahlen, welche den Umriß zur Leitkurve hat, schließt den Körper ganz in sich ein. Ihr Schnitt mit der zugehörigen Projektionsebene ist die Projektion der Umrißlinie und zugleich der Umriß der betreffenden Projektion des Körpers.

So hat man für jede der zwei Sehrichtungen einen Umriß des Körpers und einen Umriß in der zur Sehrichtung zugeordneten Projektion; es gibt einen ersten und einen zweiten Umriß des Körpers und je einen Umriß in der ersten und zweiten Projektion. (Häufig nennt man die beiden Körperumrisse die wahren Umrisse und die Umrisse in Π_1 und Π_2 den ersten und zweiten scheinbaren Umriß des Körpers).

Beispiele bieten die bisher betrachteten ebenflächigen und krummflächigen Körper. So ist beim Rotationskegel des § 9 (Fig. 44 auf S. 52) der Basiskreis der erste Umriß des Körpers und zugleich der Umriß der ersten Projektion. Der zweite Umriß des Körpers enthält die Linien SA und SB, die Basisfläche des Kegels wird von den Sehstrahlen der zweiten Sehrichtung gestreift, so daß es unentschieden bleibt, ob man diese Fläche als sichtbar oder als ganz unsichtbar behandeln soll. Die elementare Auffassung ist die, daß man diese Fläche nicht mehr als sichtbar zählt, dann hat die vordere Hälfte des Basiskreises als Grenzlinie zwischen dem sichtbaren und unsichtbaren Teil der Körperoberfläche zu gelten, dann bilden also SA, SB und diese vordere Hälfte des Basiskreises den zweiten Umriß des Körpers. Der Umriß der zweiten Projektion wird durch die Aufrisse $S''A''$ und $S''B''$ der im zweiten Körperumriß vorkommenden Mantelgeraden SA und SB und durch die geradlinige Strecke $A''B''$ gebildet. — Ähnlich sind auch leicht die Umrisse für den in § 14 betrachteten Zylinder anzugeben (Fig. 45 auf S. 55). Für die Kugel (§ 20, Fig. 47) sind der erste und zweite Körperumriß die Kreise k_1 und k_2, und die Umrisse der ersten und zweiten Projektion sind k_1' und k_2''.

Soweit die Punkte des ersten oder zweiten Körperumrisses keiner (geradlinigen oder krummlinigen) Kante des Körpers angehören, d. h. soweit in ihnen eine eindeutige Tangentialebene vorhanden ist, ist die zylindrische Fläche der ersten oder zweiten Projektionsstrahlen, welche den betrachteten Umriß als Leitkurve hat, ein Berührungszylinder der Körperoberfläche. Man kann so auch den ersten oder zweiten Körperumriß als den geometrischen Ort der Punkte charakterisieren, deren Tangentialebenen zu Π_1 oder Π_2 senkrecht sind.

Geht man von dieser Definition aus, dann hat für den in §§ 9ff. betrachteten Kegel jeder Punkt der Basisfläche die Eigenschaft, daß seine Tangentialebene senkrecht zu Π_2 steht. Der zu Π_2 senkrechte Berührungszylinder des Kegels reduziert sich auf eine dreiseitig prismatische Fläche und berührt die Oberfläche des Kegels in den beiden Mantelgeraden SA und SB und außerdem in allen Punkten der Basisfläche. Damit würde also die ganze Basisfläche als Bestandteil des zweiten Körperumrisses zu zählen sein. Will man nur einen linienförmigen Umriß gelten lassen, dann kann man wohl auch sagen, daß der zweite Umriß des Kegels teilweise unbestimmt wird. Denkt man sich an dem Körper eine kleine Drehung vorgenommen, wodurch die Basisfläche aufhört, senkrecht zu Π_2 zu sein, dann hat man sofort nicht mehr den singulären Fall, sondern man hat eine eindeutig bestimmte aber von der Art der Drehung wesentlich abhängende zweite Umrißlinie des Körpers, mag man von der ersten oder zweiten Definition ausgehen.

Ein interessantes Beispiel für den Begriff des Umrisses (besonders nach der zweiten Definition) bietet die Ringfläche (XVIII. Abschn.).

§ 22. Das regelmäßige Fünfeck und Zehneck. Von den regelmäßigen konvexen Polyedern mögen hier nur einige in einfachen Stellungen zu den Projektionsebenen dargestellt werden. Manche der hierbei vorkommenden Betrachtungen sind übrigens trotz des stereometrischen Interesses so spezieller Natur, daß man diese Paragraphen beim Studium auch leicht übergehen kann. In erster Linie soll das Dodekaeder behandelt werden.

Einiges über das regelmäßige Fünfeck und Zehneck im Kreis vom Radius r muß vorausgeschickt werden.

$$\text{Die Zehnecksseite ist } s_{10} = \tfrac{1}{2} r \cdot (\sqrt{5} - 1).$$

$$\text{Die Fünfecksseite ist } s_5 = \tfrac{1}{2} r \cdot \sqrt{10 - 2 \cdot \sqrt{5}}.$$

$$\text{Die Fünfecksdiagonale ist } d_5 = \tfrac{1}{2} s_5 \cdot (\sqrt{5} + 1)$$

und zwischen s_5 und s_{10} besteht die Beziehung

$$s_5^{\,2} - s_{10}^{\,2} = r^2.$$

Die erste Formel ist aus der Planimetrie bekannt, aus ihr folgen $\sin 18^0$ und $\cos 18^0$; dann lassen sich die zweite und dritte Formel goniometrisch berechnen. Übrigens erhält man auch die zweite Formel leicht planimetrisch, ebenso die dritte.[1]) Die vierte Formel ist eine Folge der ersten und zweiten.

Aus dem Wert von s_5 folgt die einfache und doch in vielen planimetrischen Büchern fehlende Konstruktion des regelmäßigen Fünfecks, welche schon bei Euklid steht (Fig. 48)[2]): Man zieht im Kreis vom Radius r zwei rechtwinklige Durchmesser AC und BD und konstruiert um den Halbierungspunkt E von MC einen Kreisbogen durch D, welcher AM in F trifft. Seine Sehne DF ist die Fünfecksseite. Ihre Länge erfordert aber wegen der beim Zeichnen unvermeidlichen Ungenauigkeiten eine Probe durch fünfmaliges Eintragen als Sehne in den Kreis; die nötige Verbesserung ist leicht anzubringen. Will man es vermeiden, den Kreis vom Radius r zu zerstechen, dann teilt man zuerst einen konzentrischen Kreis von größerem Radius ein und überträgt dann die genaue Teilung auf den gegebenen Kreis durch Ziehen von Radien.

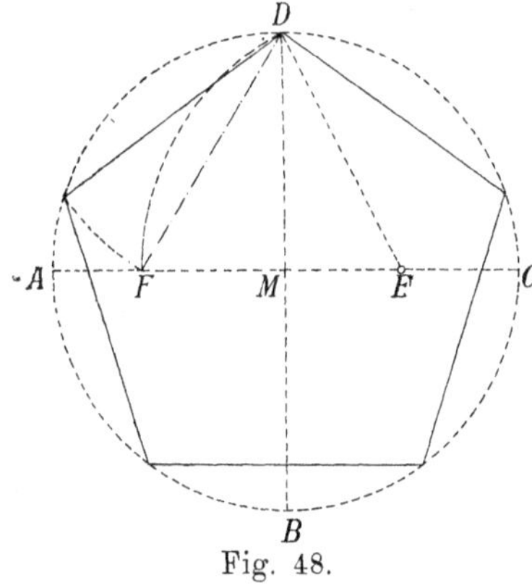

Fig. 48.

Soll ein regelmäßiges Fünfeck von gegebener Seite konstruiert werden, so kann man den Radius oder die Diagonale durch die Seite algebraisch ausdrücken und danach konstruieren; aber einfacher ist es,

1) Ähnliche Dreiecke geben $\frac{1}{2} d_5 : s_5 = \sqrt{(2r)^2 - s_5^{\,2}} : 2r$ und daraus findet man zuerst $ds = \frac{1}{2} \cdot s_5 \cdot \sqrt{6 + 2 \cdot \sqrt{5}}$.

2) Auch bei Dürer findet sich diese Konstruktion, ebenso wie Konstruktionen andrer regelmäßiger Sehnenpolygone; dabei macht er zwischen genauen und angenäherten Konstruktionen keinen Unterschied.

zuerst ein beliebig größeres regelmäßiges Fünfeck zu zeichnen und dann das gesuchte durch ähnliche Verkleinerung zu bestimmen.

§ 23. Die Projektionen eines regelmäßigen Dodekaeders. Der Körper soll mit einer Fläche auf Π_1 stehen, und eine vorn liegende Kante des Basisfünfecks soll zur Projektionsachse parallel sein (Fig. 49, dazu parallelperspektivische Skizze in Fig. 50, beide Figuren auf Tafel I)[1]).

Das Dodekaeder, auf dessen Existenzbeweis hier nicht eingegangen wird, hat zwölf Seitenflächen, welche regelmäßige Fünfecke sind; es hat zwanzig Ecken und dreißig Kanten[2]). Die Ecken $A \ldots E$ des Basisfünfecks liegen in Π_1, die Ecken $Q \ldots U$ der obersten Fläche liegen in einer zu Π_1 parallelen Ebene, ebenso liegen je fünf der übrigen zehn Ecken in einer Horizontalebene. So hat man für die Ecken vier Höhenlagen, welche von unten nach oben als erste bis vierte unterschieden werden sollen.

Die Punkte der beiden mittleren Höhenlagen bilden am Körper die Ecken eines unebenen geschlossenen Linienzuges, $FLGMHNIOKP$. Er ist der Umriß des Körpers für die Ansicht senkrecht von oben, und er teilt die Oberfläche in zwei kongruente Hälften. Damit hängt es zusammen, daß die dritte und vierte Höhenlage denselben Höhenunterschied haben, wie die erste und zweite. Weiter sind die Grundrisse der oberen und unteren Hälfte der Körperoberfläche zueinander kongruent und gegeneinander um 36^0 verdreht. Man erhält demnach die Projektionen des Körpers sofort, wenn man seine untere Hälfte dargestellt hat.

Das Netz der unteren Körperhälfte besteht aus dem Basisfünfeck $ABCDE$ und fünf an dasselbe angehängten kongruenten Fünfecken. Denkt man sich die angehängten Fünfecke um die Kanten des Basisfünfecks nach oben gedreht, bis sie mit benachbarten Kanten sich aneinander schließen, so entsteht die untere Hälfte der Oberfläche des Dodekaeders. Das bietet den einfachsten, elementarsten Weg zur Konstruktion der Projektionen des Körpers. Man braucht dazu nicht das vollständige Netz des halben Dodekaeders zu zeichnen, sondern es genügt, an das Basisfünfeck die Umlegung eines der sich anschließenden Fünfecke anzufügen, etwa die Umlegung $AF_0L_0G_0B$ von $AFLGB$ (Fig 49). Wird dieses Flächenstück wieder hinaufgedreht, so beschreiben seine von A und B verschiedenen Ecken Kreisbogen um die Drehungsachse AB; diese Bogen haben als Grundrisse geradlinige, zu AB senkrechte Strecken. Hat das Fünfeck

1) Abgesehen vom VIII. Abschnitt sind künftig fast alle Figuren auf den Tafeln enthalten, hierüber ist das Vorwort zu vergleichen.

2) Zwischen den Anzahlen der Flächen, Ecken und Kanten eines Polyeders besteht unter einer bestimmten Voraussetzung die Eulersche Formel $f + e = k + 2$. Die Voraussetzung wird oft falsch angegeben. Nicht für konvexe Polyeder gilt der Satz, sondern für Polyeder, deren Oberfläche denselben Zusammenhang besitzt, wie eine Kugelfläche (d. h. deren Oberfläche nach Karl Neumannscher Bezeichnung durch Punktierung einfach zusammenhängend wird).

die Lage, welche es am Körper besitzt, so ist AF symmetrisch zu AB und AE, deshalb liegt F' auf der Verlängerung des Radius WA des dem Basisfünfeck umbeschriebenen Kreises. Damit bestimmt sich F' als Schnitt dieser Verlängerung mit dem von F_0 auf AB gefällten Lot. Die Symmetrie von $ABCDE$ und $ABG_0L_0F_0$ (mit der Symmetrieachse AB) hat zur Folge, daß das von F_0 auf AB gefällte Lot verlängert durch E geht; man könnte demnach sogar die Umlegung von $ABGLF$ ersparen. Da F' sich auf die besprochene Art durch einen ziemlich spitzen Schnitt ergibt, nimmt man noch hinzu, daß F' auf der Verlängerung des von B auf AE gefällten Lotes liegt, genau wie auf der Verlängerung des von E auf AB gefällten. — G' folgt aus der Symmetrie zu F', L' folgt aus der Affinität, indem $L'F'$ die Affinitätsachse AB in demselben Punkt Y trifft, wie LF, d. h. wie L_0F_0. $H' \ldots K'$, $M' \ldots P'$ erhält man leicht.

Dabei hat man eine wichtige Beziehung als Probe zu beachten: Die Eckpunkte der zweiten und dritten Höhenlage des Dodekaeders liegen auf kongruenten Kreisen, deren Grundrisse zusammenfallen.[1]) Deshalb liegen F', G', H', I', K', und L', M', N', O', P' auf einem Kreis, und sie bilden, wie man leicht sieht, zusammen die Ecken eines regelmäßigen Zehnecks. Der Radius r' dieses Kreises läßt sich sofort angeben. Die Seite des Fünfecks $FGHIK$ ist gleich der Diagonale d_5 des Basisfünfecks, d. h. es ist $r' : r = d_5 : s_5$ oder $r' = \frac{1}{2} r \cdot (\sqrt{5} + 1)$. Für den Kreis vom Radius r' ist die Zehnecksseite s_{10}' gleich $\frac{1}{2} r' (\sqrt{5} - 1) = r$; ferner ist $r' - r = \frac{1}{2} r (\sqrt{5} - 1) = s_{10}$. Deshalb hätte man nicht von der Umlegung $AF_0L_0G_0B$ auszugehen brauchen, um die Grundrisse von $F \ldots K$ und $L \ldots P$ zu bestimmen. Jedoch hat das Verfahren mit der Umlegung den Vorteil, daß man die Höhen der einzelnen Eckpunkte sehr elementar erhält. Die Eigenschaft $r' = r + s_{10}$ ist aber unbedingt zu einer Probe zu verwenden.

§ 24. Fortsetzung. Die Bestimmung der Höhen von $F \ldots K$, $L \ldots P$ im Anschluß an das Hinaufdrehen der umgelegten Fläche erfolgt so: Die Höhe von F ist Kathete in einem rechtwinkligen Dreieck, welches den senkrechten Abstand F_0X des F von der Drehungsachse AB zur Hypotenuse und die Strecke $F'X$ zur andern Kathete hat[2]). Dieses in vertikaler Ebene liegende Dreieck ist in der Figur umgelegt gezeichnet, beiläufig enthält es bei X den Neigungswinkel der Fläche $AFLGB$ gegen Π_1. Die Höhe von L verhält sich zu der von F wie die Abstände des L bzw. F von AB, wie $L_0Z : F_0X$, daraus ist in der Figur die Höhe von L gefunden. Die Umlegung des Dreiecks $FF'X$ und das dazu ähnliche Dreieck, welches zur Bestimmung der Höhe von L über Π_1 diente, lassen

1) Siehe den dritten Absatz dieses Paragraphen.

2) Man könnte zur Höhenbestimmung von F auch das rechtwinklige, in vertikaler Ebene liegende Dreieck $FF'A$ benutzen, doch erfordert dann die Höhenbestimmung von L mehr neue Hilfslinien als bei dem oben besprochenen Verfahren.

sich auffassen als Umlegung einer Figur, die in einer Seitenrißebene senkrecht zu AB auftritt. Dadurch entspricht das Verfahren dem Schluß vom II. Abschn. § 23; nur sind dort außer der Umlegung des in E liegenden Dreiecks die beiden Ebenenspuren e_1 und e_2 gegeben, während hier die Grundrißspur der Ebene von $AFLGB$, die Umlegung dieses Fünfecks und der Punkt F' vorliegen.

Nun kennt man die Aufrisse von $F, G \dots K$ und $L, M \dots P$. Die oberste Fläche $QRSTU$ hat einen Grundriß, dessen Ecken mit A, B, C, D, E ein regelmäßiges Zehneck bilden. Die Aufrisse von $Q, R \dots U$ folgen aus der bekannten Höhe. Die Projektionen aller Kanten des Körpers sind dann leicht zu zeichnen, dabei sind je zwei Gegenkanten zueinander parallel. Früher wurde der Spurpunkt Y von LF als Schnitt von AB und DE erkannt. So haben LF und OK denselben Grundrißspurpunkt. Ähnliches gilt für andere Seitenpaare. Das ist für den Aufriß zu beachten. Auch ist über die Sichtbarkeit leicht zu entscheiden.

Für die Höhen der Eckpunkte gelten noch mehrere interessante Beziehungen, welche auch Proben liefern:

Die Linie AF hat die Länge s_5 und ihr Grundriß AF' hat die Länge $r' - r = s_{10}$ (nach vorigem Paragraphen). Darum ist die Höhendifferenz von F und A gleich $\sqrt{s_5^2 - s_{10}^2}$ d. h. gleich r (§ 22). Der Höhenunterschied der ersten und zweiten oder der dritten und vierten Höhenlage ist deshalb r. Ferner ist die Seite FL gleich s_5 und ihr Grundriß ist nach früherem $s_{10}' = r$. Der Höhenunterschied ihrer Endpunkte ist demnach $\sqrt{s_5^2 - r^2} = s_{10}$. So hat die zweite und dritte Höhenlage den Höhenunterschied $s_{10} = r' - r$, oder die erste und dritte den Unterschied r'. Die ganze Höhe des Dodekaeders ist $r + r'$.

§ 25. Eine Nebenbetrachtung. Bei der Betrachtung der Höhenunterschiede traten zwei rechtwinklige Dreiecke in vertikalen Ebenen auf, beide haben die Hypotenuse s_5, das erste hat die horizontale Kathete s_{10} und die vertikale Kathete r, das zweite hat die horizontale Kathete r und die vertikale s_{10}. Beide Dreiecke sind deshalb kongruent. AF und FL haben komplementäre Neigungswinkel gegen Π_1. — Wichtiger sind andere Paare von Geraden mit komplementären Neigungswinkeln gegen Π_1. Früher wurde gezeigt, daß $F'E$ senkrecht zu AB ist; die Symmetrieverhältnisse der beiden konzentrischen Zehnecke im Grundriß bewirken daher, daß F', E, O' und Q' auf einer Geraden liegen, welche zu AB oder zu EC senkrecht ist. Die beiden Diagonalen EF und EO von Dodekaederflächen liegen demnach in einer zu EC senkrechten Vertikalebene. Ferner hat man aus den regelmäßigen Zehnecken $F'L' \parallel EW$, und weil $F'L' = s_{10}' = r$ ist, ist $EF'L'W$ ein Parallelogramm, d. h. $EF' = WL' = r'$. So hat die Flächendiagonale EF die Grundrißprojektion r', und die in derselben

Vertikalebene liegende Diagonale EO hat den Höhenunterschied r' für ihre beiden Endpunkte.[1]) Auch sind beide Diagonalen gleich lang. Sie haben komplementäre Neigungswinkel gegen Π_1, sie stehen aufeinander und auf der Diagonale EC senkrecht. EF, EO und EC sind drei gleichlange und aufeinander senkrechte Strecken, und zu jeder gibt es eine parallele Flächendiagonale des Dodekaeders, diese sechs Geraden bilden zusammen Kanten eines dem Dodekaeder einbeschriebenen Würfels.

§ 26. Auf das **Netz des Dodekaeders** muß noch kurz eingegangen werden (Fig. 51). Die Hälfte desselben besteht aus sechs regelmäßigen Fünfecken, von denen sich fünf um ein mittleres gruppieren. Der Innenwinkel im Fünfeck ist 108^0. Daraus ist zu erkennen, daß die Verlängerungen der Seiten des inneren Fünfecks auf Diagonalen der äußeren Fünfecke fallen, und daß ebenso die Verlängerungen der Diagonalen des inneren Fünfecks auf Seiten der äußeren Fünfecke fallen. Endlich folgt, daß die eben noch nicht genannten Seiten der äußeren Fünfecke paarweise auf Geraden liegen (auf den Seiten eines großen Fünfecks, dessen Kreisradius leicht algebraisch auszudrücken ist, aber kein besonderes Interesse bietet).

§ 27. **Weitere Angaben über das Dodekaeder und Ikosaeder.** Das Dodekaeder in solcher Stellung, daß eine Hauptdiagonale senkrecht zu Π_1 steht, findet sich u. a. ausführlich behandelt bei Wiener, Darstellende Geometrie I, Seite 133—134 und bei Rohn-Papperitz I, Seite 103—105 (3. Auflage.) In beiden Büchern ist auch das Ikosaeder behandelt, welches auf Π_1 mit einer Seitenfläche aufliegt, oder von dem eine Hauptdiagonale vertikal steht. Auf einen dieser Fälle wird hier noch kurz eingegangen.

Das regelmäßige Ikosaeder ruhe mit einer Seitenfläche auf Π_1, seine Projektionen sind gesucht.

Die Figur 52 gibt eine parallelperspektivische Skizze des Körpers. Die zwölf Ecken verteilen sich wieder auf vier Höhenlagen; die Ecken der Basisfläche A, B, C liegen in Π_1, weitere drei Ecken, D, E, F, liegen in der zweiten, G, H, I in der dritten, K, L, M in der vierten Höhenlage. D, E, F sind Spitzen regelmäßiger fünfseitiger Pyramiden, deren Mantelflächen zusammen einen Teil der Körperoberfläche bilden. Die Basispolygone dieser Pyramiden, $ABHKG$, $BCILH$, $CAGMI$, können zur Konstruktion der Projektionen des Ikosaeders dienen: Man denkt sich diese Fünfecke um ihre in Π_1 liegenden Seiten gedreht, bis sie in Π_1 gelangen, und man zeichnet eines dieser umgelegten Fünfecke. Dann sind die Fünfecke hinaufzudrehen, bis sie aneinander stoßen. Das wird ähnlich

1) Nach vorigem Paragraphen.

gemacht wie beim Dodekaeder (§ 23, 24). Man kommt so aus H_0 zu H' und der Höhe von H, dann zu K' und der Höhe von K. Dabei ist aber zu beachten, daß man die Lage von K' unmittelbar angeben kann. Denn das Dreieck KLM liegt im Raume so, daß sein Grundriß ein zu ABC kongruentes Dreieck ist, dessen Ecken mit A, B, C zusammen die Ecken eines regelmäßigen Sechsecks bilden. So kennt man von dem zu $ABH_0K_0G_0$ perspektivisch affinen Fünfeck $ABH'K'G'$ den Punkt K' und kann daraus dieses ganze Fünfeck zeichnen. Man findet dann auch zuerst die Höhe von K, dann (aus ähnlichen Dreiecken wie in § 24) die von H oder G. — Nachdem die beiden Projektionen von A, B, C, von G, H, I und K, L, M gefunden sind, bleibt nur noch die Bestimmung der Punkte D, E und F. Diese gehören der zweiten Höhenlage an, sie liegen ebensoviel über Π_1 als G, H, I unter K, L, M, ferner bilden D', E', F' mit G', H', I' die Ecken eines regelmäßigen Sechsecks.

Auch für die Höhenunterschiede der vier Horizontalebenen, auf welche sich die Eckpunkte verteilen, gibt es wieder einfache Formeln. Hierüber ist die im Anfang dieses Paragraphen angeführte Literatur zu vergleichen.

§ 28. **Die Projektionen eines Würfels.** Der Würfel soll mit einer Ecke A auf Π_1 stehen und die von A ausgehende Diagonale soll vertikal stehen, die Kantenlänge s ist gegeben.

Die Diagonale hat die Länge $d = s\sqrt{3}$ und deshalb bilden die drei von A ausgehenden Kanten AB, AC und AD mit ihr einen Winkel φ, dessen Kosinus gleich $\frac{1}{\sqrt{3}}$ ist. Man konstruiert zunächst in besonderer Figur $s\sqrt{2}$ und mittels eines daran anschließenden rechtwinkligen Dreiecks $s\sqrt{3}$. Dann tritt in diesem Dreieck der Winkel φ auf und man erhält in der Figur leicht $s \cdot \cos\varphi$ und $s \cdot \sin\varphi$; beiläufig ist $s \cdot \cos\varphi = s\sqrt{\frac{1}{3}} = \frac{1}{3}d$. Der Höhenunterschied der Punkte B, C, D gegenüber A ist $s \cdot \cos\varphi$ und die gemeinsame Länge der Grundrißprojektionen der drei Kanten AB, AC, AD ist $s \cdot \sin\varphi$. Außerdem bilden die Grundrißprojektionen der drei Kanten untereinander Winkel von 120^0. Hieraus erhält man für jede der drei genannten Kanten beide Projektionen.

In den Kanten AB, AC, AD stoßen drei Würfelflächen zusammen, diese Quadrate haben Parallelogramme als Projektionen und daraus ergeben sich die Projektionen vollständig; so daß nun auch E', F', G', E'', F'', G'' gefunden sind. E, F, G haben gemeinsame Höhenlage; sie liegen doppelt so hoch über Π_1 als die Ecken B, C, D. Die Projektionen der obersten Ecke H sind schon bekannt. Daraus lassen sich die Projektionen der drei in H zusammenstoßenden Würfelflächen zeichnen; es sind wieder Parallelogramme.

Alle zwölf Kanten des Würfels haben gleiche Neigungswinkel gegen Π_1, deshalb hat jede Würfelfläche einen rhombischen Grundriß, und man sieht leicht, daß die drei in H' zusammenstoßenden Rhomben jedes in H' einen Winkel von 120^0 haben. Die nicht in H' endenden Seiten dieser Rhomben bilden demnach zusammengenommen ein regelmäßiges Sechseck, das ist der Umriß des Körpergrundrisses.

§ 29. **Fortsetzung.** Ein anderes Verfahren zur Konstruktion des Würfels für die besprochene Stellung beruht darauf, daß man eine seiner in A zusammenstoßenden Flächen, $ABEC$, um die Spur ihrer Ebene heruntergedreht denkt, bis sie in die Ebene Π_1 kommt. Diese Spur nimmt man willkürlich an, dann läßt sich die Umlegung $AB_0E_0C_0$ zeichnen; AB_0 und AC_0 bilden mit der Spur gleiche Winkel (von 45^0). AB' und AC' bilden ebenfalls mit der Spur gleiche Winkel und miteinander nach vorigem Paragraphen den Winkel von 120^0. Dann folgt das Parallelogramm $AB'E'C'$ aus der Affinität. B'', C'', E'' werden dann bestimmt, wie in § 24 F'', L'', ... gefunden wurden. Die ganze weitere Konstruktion ist nach dem im vorigen Paragraphen besprochenen leicht.

Eine andere Lösung derselben Aufgabe beruht auf Anwendung eines Seitenrisses. Das Wesentliche darüber wird am Schluß von § 1 des nächsten Abschnitts gesagt.

VII. Abschnitt.

Ebenflächige Körper in allgemeiner Stellung; Schattenkonstruktionen, Drehungen.

§ 1. **Darstellung eines Prisma.** Von einem geraden quadratischen Prisma sind die Höhe h, die Ebene E des Basisquadrates und dessen Umlegung $A_0B_0C_0D_0$ um die Ebenenspur e_1 gegeben. Beide Projektionen des Körpers sind zu zeichnen (Fig. 53 auf Tafel I).

Man bestimmt zunächst den Neigungswinkel α_1 von E gegen Π_1. Mit dessen Hilfe findet man $A'B'C'D'$ nach dem II. Abschn. § 21 unter Beobachtung der Affinität, wobei außer den Seiten des Quadrates auch, soweit es angeht, die Diagonalen verwendet sind. Dann wird der Aufriß des Quadrates bestimmt, worüber der Schluß vom II. Abschn. § 21 zu vergleichen ist; beide Projektionen des Quadrates sind Parallelogramme und ihre Diagonalenschnittpunkte entsprechen dem Mittelpunkt des Quadrates.

Dann sind die vier auf E senkrechten Kanten zu zeichnen. Ihre Grundrisse sind zu e_1 senkrecht und untereinander gleich lang, entsprechendes gilt von den Aufrissen. Man braucht darum nur für eine Kante AA_1 die Konstruktion durchzuführen. Sie kann nach dem III. Abschn. § 4 mittels der Umlegung erfolgen oder ohne Umlegung nach dem III. Abschn. § 2 und dem I. Abschn. § 12, was hier besonders gut ist, weil man α_1 schon kennt. Die Projektionen der übrigen zu E senkrechten Prismenkanten ergeben sich nun durch Parallelverschiebung; weiter hat man noch zu beachten, daß die Projektionen der oberen Prismenfläche kongruent und parallel zu den Projektionen des Basisquadrates sind. Stark ausgezogen werden wieder nur die Grundrisse aller von oben sichtbaren und die Aufrisse aller von vorn sichtbaren Kanten, die übrigen Projektionen werden punktiert.

Es ist auch leicht, eine Seitenrißebene Π_3 senkrecht zur Ebenenspur e_1 anzunehmen und den um e_3 in Π_1 umgelegten Seitenriß des Prisma zu entwerfen. Will man dies thun, dann bestimmt man aus dem umgelegten Basisquadrat den Grundriß des Basisquadrats auf dem Weg vom II. Abschn. § 23. Aus dem Seitenriß des Prisma kommt man leicht zu seinem Grundriß und Aufriß.

Dieses Verfahren läßt sich auf die letzte Aufgabe des vorigen Abschnitts anwenden. Für die Ebene E der Würfelfläche $ABEC$ nimmt man die Grundrißspur an. Senkrecht zu dieser Spur wählt man die Projektionsebene Π_3. Der umgelegte Seitenriß des Würfels ist dann ziemlich leicht zu zeichnen. Freilich ist nicht der Neigungswinkel von E gegen Π_1 gegeben.[1]) Aber die höchste Ecke des Würfels soll senkrecht über dem Eckpunkt liegen, mit welchem sich der Würfel auf Π_1 stützt, und der Seitenriß ist ein Rechteck von bekannten Seitenlängen.

§ 2. Darstellung einer Pyramide. Von einer regelmäßigen vierseitigen Pyramide sind die Spuren e_1, e_2 der Basisebene, die Projektionen der Spitze S und der Grundriß einer Ecke A gegeben. Beide Projektionen der Pyramide sind zu zeichnen (Fig. 54 auf Tafel I).

Die Mitte M der Basisfläche ist der Fußpunkt des von S auf E gefällten Lotes; man kann M' und M'' nach dem III. Abschn. § 3 konstruieren. Die hierbei nötigen Hilfslinien sind in der Figur zum Teil weggelassen. Dann werden M und A durch Drehung um e_1 in die Grundrißebene umgelegt, hier am besten nach dem II. Abschn. §§ 18, 20 Nun kann man die Umlegung $A_0B_0C_0D_0$ des Basisquadrates finden und aus ihr den Grundriß $A'B'C'D'$. Dabei braucht man wieder nicht den Neigungswinkel α_1 von E gegen Π_1, sondern man kennt zu A_0 und M_0 die affinen Punkte A' und M' und findet B', C', D' allein aus der Affinität, wobei in der Figur nicht bloß die Diagonalen des Quadrates benutzt sind.

1) Man findet seine Größe sehr leicht, braucht ihn jedoch nicht.

Die Punkte A'' und C'' sind in der Figur dadurch erhalten, daß zunächst der Aufriß der Diagonale AC gesucht wurde, er geht durch M'' und U''. B'' und D'' müssen ebenso auf $M''V''$ liegen, lassen sich jedoch nicht als die senkrecht über B' und D' liegenden Punkte dieser Geraden bestimmen; D'' ist hier mittels $C''W''$ erhalten und B'' mittels $M''B'' = M''D''$. Die beiden Projektionen der von S ausgehenden Kanten der Pyramide findet man sofort, und ebenso ist leicht über die Sichtbarkeit zu entscheiden.

Die ganze Konstruktion ist ohne den Neigungswinkel α_1 ausgeführt. Will man diesen aber bei der Bestimmung der Projektionen des Basisquadrates verwenden, dann kann man auch vorteilhaft schon das Lotfällen nach der Methode vom III. Abschn. § 5 mittels Umlegung in den Grundriß ausführen, wobei der später zu verwendende Neigungswinkel auftritt.

§ 3. Eine Aufgabe zur vollständigen Durchführung. Von einer regelmäßigen sechsseitigen Pyramide sind die Ebene E der Basisfläche durch ihre Spuren e_1, e_2 und die Spitze durch S', S'' gegeben; ferner soll die Seitenlänge des Basissechsecks gleich der halben Höhe sein und eine durch M gehende Diagonale der Basisfläche soll zu e_2 senkrecht stehen. Figur 55 enthält gegebene Stücke zu einer guten Zeichnung. Die genaue Durchführung der Konstruktion auf den verschiedenen im folgenden besprochenen Wegen ist als Übung sehr zu empfehlen.

Der Fußpunkt des von S auf E gefällten Lotes ist wieder der Mittelpunkt M der Basisfläche. Er wird zunächst bestimmt, ebenso die Länge des Lotes. Die Konstruktion kann nach dem III. Abschn. § 3 ausgeführt werden. Dann ist M in Π_1 oder Π_2 umzulegen durch Drehung um e_1 bzw. e_2, und dann ist die Umlegung des Sechsecks in der richtigen Stellung zu zeichnen. Weil eine Diagonale des Sechsecks zu e_2 senkrecht ist, so ist es am einfachsten, wenn man die Umlegung um e_2 in Π_2 hinein macht. Aus der so gefundenen Umlegung $A^0B^0C^0D^0E^0F^0$ des Sechsecks findet man dann seine Aufrißprojektion mittels der Affinität, wobei man besonders die durch M^0 gehenden Diagonalen des Sechsecks verwendet. Der Neigungswinkel α_2 von E gegen Π_2 ist dann zur Konstruktion von $A''B''C''D''E''F''$ nicht nötig.

Um die Grundrißprojektion zu finden, kann man zu jedem einzelnen Punkt den Grundriß mittels Spurparallelen konstruieren, muß aber noch für das Zeichnen des Grundrißsechsecks den Parallelismus je zweier Gegenseiten und einer Diagonale beachten, ebenso das Schneiden und gegenseitige Halbieren aller Diagonalen in M'. Auch liegen zweimal zwei Eckpunkte auf Spurparallelen zweiter Art; man wird also gerade beim Aufsuchen der Grundrißprojektionen aller Punkte des Sechsecks Spurparallelen zweiter Art verwenden und nicht Spurparallelen erster Art; man braucht dann auch weniger Hilfslinien.

Ein zweites Verfahren, um aus der Umlegung den Aufriß des Sechsecks zu finden, beruht auf der Verwendung des Neigungswinkels α_2 von E gegen Π_2. Dabei kann man ganz nach dem II. Abschn. § 21 verfahren[1]) oder mit einem auf e_2 senkrechten Seitenriß arbeiten, den man in Π_2 umlegt (II. Abschn. §§ 23, 24). In beiden Fällen erhält man die Ecken des Aufrißsechsecks mittels zu e_2 paralleler Hilfslinien. Diese sind Aufrisse von Spurparallelen zweiter Art und werden sofort bis zur Projektionsachse verlängert. Daran ist die Konstruktion des Grundrißsechsecks anzuschließen, siehe oben. Weil bei diesem Verfahren der Neigungswinkel α_2 verwendet wird, so macht man am besten schon das Fällen des Lotes von S auf E mittels der Umlegung (III. Abschn. § 5) und zwar mittels einer Umlegung in Π_2, wobei sich α_2 von selbst ergibt.

§ 4. **Andere Verfahren zur Lösung dieser Aufgabe.** Wenn man aber doch schon das Lotfällen mittels Umlegung gemacht und dabei die Umlegung in Π_1 ausgeführt hat, dann liegt es nahe, auch den Punkt M in Π_1 umzulegen und damit überhaupt die Umlegung des Sechsecks in Π_1 zu zeichnen. Das bringt aber eine Erschwerung der weiteren Konstruktion mit sich, denn eine Diagonale des Sechsecks soll in E senkrecht zu e_2 sein. M_0 ist die Umlegung von M in Π_1. Der Radius des dem umgelegten Sechseck umbeschriebenen Kreises ist bekannt. Dann kann man e_2 um e_1 in Π_1 umlegen, indem man einen geeigneten Punkt von e_2 umlegt. Senkrecht zu dieser umgelegten Spur liegt die eine Hauptdiagonale des Sechsecks. Jetzt kennt man das umgelegte Sechseck und findet daraus die beiden Projektionen der Basisfläche. — Man kommt jedoch auch zum Ziele, ohne e_2 in Π_1 umzulegen: Die Diagonale des in E liegenden Sechsecks ist die durch M hindurchgehende Spurnormale zweiter Art von E. Ihr Aufriß ist damit bekannt und liefert den Grundriß. Daraus findet man die umgelegte Diagonale; die weitere Konstruktion ist entsprechend wie vorher.

So kommt man mittels der Umlegung in Π_1 zum Ziel, aber besser ist doch die Umlegung in Π_2 mit oder ohne Bestimmung des Neigungswinkels α_2, auch werden hierbei die Projektionen des Sechsecks genauer und schöner. Will man nicht vor dem Zeichnen den ganzen Gang der Konstruktion durchdenken, dann soll man, wie es zuerst besprochen ist, das Lotfällen ohne Umlegung machen; man behält dann länger die Wahl frei, welche Umlegungsart man schließlich verwenden will.

§ 5. **Eine weitere Aufgabe.** Eine regelmäßige sechsseitige Pyramide soll gezeichnet werden für den Fall, daß sie mit

---

1) Hierbei sind natürlich die Rollen von Π_1 und Π_2 vertauscht.

einer Seitenfläche in Π_1 liegt. Die Lage dieser Fläche SAB ist im verkleinerten Maßstabe durch Figur 56 gegeben.

Man zeichnet die Umlegung des Basissechsecks, welche der Drehung um AB entspricht, $ABC_0D_0E_0F_0$. Dann hat man diese Fläche hinaufzudrehen, bis sie so liegt, daß die Verbindungslinie ihres Mittelpunktes M mit S senkrecht steht auf der Fläche selbst. M beschreibt dabei einen Kreisbogen um die Mitte von AB in vertikaler zu AB senkrechter Ebene; sein Grundriß fällt auf die Gerade M_0S, welche AB in N senkrecht schneidet und halbiert. Man zeichnet die Umlegung des Kreisbogens um die Grundrißspur seiner Ebene und kann dann in dieser Umlegung die richtige Lage von M, M^0 bestimmen. Der Winkel SM^0N muß ein rechter sein; M^0 folgt mittels eines Halbkreises vom Durchmesser SN oder als Berührungspunkt der von S ausgehenden Tangente mit dem schon gezeichneten Kreisbogen vom Mittelpunkt N.[1]) Aus M^0 folgt M', und M^0M' gibt die Höhe des Punktes M über Π_1 und liefert damit M''.

Der Grundriß des Basissechsecks ist perspektivisch affin zu dessen Umlegung; die Gerade AB ist Affinitätsachse und die Affinität ist durch die Zuordnung von M' zu M_0 vollständig bestimmt. Aus dem Grundriß des Sechsecks erhält man den Aufriß: A'' und B'' liegen auf der Projektionsachse, C'' und F'' in derselben Höhe wie M''; D'' und E'' doppelt so hoch. Als Proben hat man zu beachten, daß im Sechseck $A''B''C''D''E''F''$ je zwei Gegenseiten parallel und gleich sind und daß die drei Hauptdiagonalen durch M'' gehen und einander dort halbieren. Ferner ist zu berücksichtigen, daß von allen nicht horizontalen Kanten des Basissechsecks die Grundrißspurpunkte bekannt sind.

Die beiden Projektionen der Pyramide sind nun leicht vollständig zu erhalten.

---

§ 6. Schattenkonstruktion für parallele Lichtstrahlen und Konstruktion der Lichtgrenze am Körper. Eine auf geneigter Ebene stehende regelmäßige quadratische Pyramide ist in Figur 57 gezeichnet unter Weglassung aller zur Konstruktion notwendigen Hilfslinien. Es soll der auf die Ebenen Π_1 und Π_2 von der Pyramide geworfene Schatten bestimmt werden für paralleles Licht von gegebener Richtung (l', l''). Die Ebene, auf der die Pyramide steht, gilt selbst als durchsichtig.

1) Die Tangente erhält man graphisch ohne weiteres genau, den Berührungspunkt findet man dann einfach durch Schieben des Zeichenwinkels, nämlich als den Fußpunkt des von N auf die Tangente gefällten Lotes. Dieses Verfahren ist besser als das schulmäßige mit dem Halbkreis über SN.

Die Lichtrichtung wird bei technischen Zeichnungen so gewählt, daß l' und l'' unter 45^0 gegen die Projektionsachse verlaufen und daß beide nach rechts gerichtet sind. Diese Lichtrichtung entspricht der Diagonale eines Würfels, der auf Π_1 steht und von dem zwei Flächen zu Π_2 parallel sind. Solche eindeutig festgelegte Lichtrichtung bietet manche Vorteile, z. B. in der Beleuchtungslehre.[1]) — Hier ist die Lichtrichtung allgemeiner angenommen, was für die nächsten Paragraphen keine Erschwerung bedeutet.

Zur Vereinfachung trägt es bei, wenn man vorläufig Π_2 als durchsichtig auffaßt und nur den auf Π_1 fallenden Schatten sucht. Man betrachtet Geraden in der Lichtrichtung durch die einzelnen Ecken S, A, B, C, D des Körpers und bestimmt ihre Grundrißspurpunkte S_s, A_s, B_s, C_s, D_s. Denkt man sich für den Augenblick den Körper durchsichtig und nur die Kanten schattenwerfend, so sind S_s, A_s, B_s, C_s, D_s die Schatten der einzelnen Eckpunkte. Das Parallelogramm $A_sB_sC_sD_s$ und die von S_s nach seinen Ecken verlaufenden Geraden sind zusammen der Schatten aller Kanten der Pyramide. Ist aber der Körper undurchsichtig, so bilden nur die äußersten Linien dieses Netzwerks, d. h. hier das Polygon $A_sB_sC_sS_s$, den Umriß des Körperschattens. Diese Fläche heißt der Schatten (oder auch Schlagschatten) des Körpers auf Π_1. Die Kanten AB, BC, CS, SA, welche dem Umriß des Schattens entsprechen, werden vom Licht gestreift und trennen daher am Körper je eine beleuchtete und eine unbeleuchtete Fläche. Sie bilden zusammen die Lichtgrenze auf dem Körper.

Im Innern des Schattens $A_sB_sC_sS_s$ liegt der Punkt D_s. Die Ecke D gehört demnach der Lichtgrenze nicht an, sie liegt entweder innerhalb des beleuchteten oder des unbeleuchteten Teiles der Körperoberfläche. Hier folgt leicht aus der Lichtrichtung und der Lage des Körpers, daß D innerhalb des unbeleuchteten Teiles liegt. So sind die drei in D zusammenstoßenden Flächen $ABCD$, CDS, DAS dunkel, die übrigen zwei Flächen ABS und BCS hell.

Im Raume besteht perspektivische Affinität zwischen dem Basisquadrat $ABCD$ und seinem Schatten $A_sB_sC_sD_s$. Darum ist auch nach dem IV. Abschn. §§ 3, 5 das Parallelogramm $A_sB_sC_sD_s$ in der Ebene perspektivisch affin zu $A'B'C'D'$ und zu der Umlegung $A_0B_0C_0D_0$ (welche man beim Entwerfen der Figur in der Regel hat); in beiden Fällen ist e_1 die Affinitätsachse. Diese affinen Beziehungen in Π_1 lassen sich zu Proben und zur Abkürzung der Konstruktion verwenden, wobei man auch den Punkt M_s, den Spurpunkt der durch M in der Lichtrichtung gelegten Geraden, benutzen wird. — Wesentlich größere praktische Bedeutung hat die perspektivische Affinität beim Entwerfen des Schattens eines Kegels oder Zylinders von allgemeiner Stellung, siehe IX. Abschn. §§ 2 und 4.

---

1) Vergleiche den Anhang.

Bisher wurde nur der Schatten auf Π_1 bestimmt, Π_2 fängt aber auch einen Teil des Schattens auf; der Punkt A wirft seinen Schatten gar nicht auf die Stelle A_s, sondern sein Schatten ist A^s, der Aufrißspurpunkt des durch A gelegten Lichtstrahles. Der Schatten der Kante AS besteht darum aus dem vor der Achse liegenden Stück von A_sS_s, S_sK und aus einem in Π_2 verlaufenden geradlinigen Stück KA^s. Ähnlich wirft die Kante AB des Körpers ihren Schatten zum Teil auf Π_1 und zum Teil auf Π_2 und diese gebrochene Linie A_sLB^s wird entsprechend bestimmt.

So ist die Linie $A^sLB_sC_sS_sK$ der Umriß des Schattens auf die beiden Ebenen Π_1 und Π_2. Die Schattenfläche wird mit Tusche angelegt. Ebenso tuscht man die Grundrißprojektion jeder von oben sichtbaren, nicht beleuchteten Fläche und die Aufrißprojektion jeder von vorn sichtbaren, nicht beleuchteten Fläche des Körpers.

§ 7. **Zusätze.** Bei der Bestimmung des Pyramidenschattens war es vorteilhaft, zunächst den Körper selbst als durchsichtig zu nehmen und nur alle Ecken und Kanten Schatten werfen zu lassen. Damit ist jedem Eckpunkt ein Schattenpunkt und jeder Kante eine Schattenlinie zugeordnet. Auch später wird vielfach in diesem Sinn von Schattenpunkten und Schattenlinien die Rede sein, ohne Rücksicht darauf, ob die betreffenden Punkte und Linien wirklich Schatten werfen, wenn der Körper undurchsichtig ist. Das vereinfacht die Ausdrucksweise recht.

Oft reicht schon die Konstruktion eines Teiles der Schattenpunkte und Schattenlinien aus, um ein Urteil über den Verlauf der Lichtgrenze auf dem Körper zu gewinnen und diese selbst und den Umriß des Schlagschattens zu bestimmen. Ein Beispiel dafür bietet in § 9 die Aufsuchung des von dem Prisma auf Π_1 geworfenen Schattens.

Hat man statt paralleler Strahlen Lichtstrahlen, die von einem Lichtpunkt im Endlichen ausgehen, dann ist der auf Π_1 fallende Schatten eines ebenflächigen Körpers im wesentlichen ebenso zu bestimmen. Aber eine Fläche des Körpers und die zugehörige Schattenfläche sind einander zentralperspektivisch zugeordnet für den Lichtpunkt als Zentrum. Auf diese Zuordnung wird im XI. Abschn. §§ 7, 8 und im zweiten Band näher eingegangen.

§ 8. **Eine weitere Aufgabe über Schattenkonstruktion.** Gegeben sind die wesentlichen Bestimmungsstücke für eine auf Π_1 stehende quadratische Pyramide und für ein auf Π_1 liegendes regelmäßiges sechsseitiges Prisma. Gesucht sind die Projektionen beider Körper, ferner die auf Π_1 fallenden Schatten und der Schatten, welchen der eine Körper auf den anderen wirft, außerdem die Lichtgrenzen auf beiden Körpern. Die Lichtrichtung ist durch l', l'' gegeben. (Fig. 58).

Wie die Pyramide aus Basisfläche und Höhe konstruiert wird, ist schon besprochen. Vom Prisma zeichnet man zunächst die in Π_1 liegende rechteckige Fläche und schließt an dieselbe die Umlegung der einen Endfläche an. Die Eckpunkte dieses Sechsecks werden mit den Ziffern $1, \ldots 6$ bezeichnet, ihre Projektionen und Umlegungen sind zur Vereinfachung ohne Akzente oder Indizes geschrieben. Die Endpunkte der gegenüberliegenden Endfläche des Prisma sollen im folgenden mit $\overline{1}, \ldots \overline{6}$ benannt werden; in der Figur konnte die Bezeichnung wegbleiben. Jetzt denke man sich das umgelegte Sechseck um seine Kante $1\,2$ aufgerichtet, bis es vertikal steht. Man erhält hieraus die Grundrisse der Punkte $3, 4, 5, 6$ (an denen jetzt überhaupt keine Bezeichnung anzuschreiben nötig ist). Aus diesen Grundrissen und den aus der Umlegung bekannten Höhen ergeben sich die Aufrisse der Punkte. Dann findet man die Grundrisse und Aufrisse aller Ecken und Kanten des Prisma. Im Aufriß sind die vorn liegenden Kanten des Prisma ausgezogen oder punktiert, je nachdem sie frei sichtbar oder durch die Pyramide verdeckt sind. Die hinten liegenden Kanten sind überhaupt nicht gezeichnet, da man sie nicht weiter braucht.

§ 9. Fortsetzung. Die auf Π_1 fallenden Schatten. Bei der Schattenkonstruktion beginnt man damit, den auf Π_1 fallenden Schatten jedes Körpers für sich zu entwerfen (auf Π_2 fällt hier kein Schatten). Zuletzt erst wird der Schatten bestimmt, den die Pyramide auf das Prisma wirft.

Der Schatten der Pyramide auf Π_1 ergibt sich sofort durch Aufsuchung des Schattenpunktes S_s der Spitze. Die Verbindungslinien von S_s mit den Basisecken sind die Schattenlinien der einzelnen Kanten; man sieht, daß BS_s und DS_s den Schatten der Pyramide begrenzen. Darum gehören BS und DS der Lichtgrenze auf dem Körper an. Die beiden Flächen ABS und DAS sind hell, die übrigen dunkel.

Zweitens wird ganz unabhängig vom Schatten der Pyramide der Schatten des Prisma auf Π_1 bestimmt. Man könnte zu sämtlichen Eckpunkten des Prisma die Schattenpunkte suchen und daraus den Schatten des Körpers bestimmen, wie in § 6. Das würde aber zu viele Konstruktionslinien erfordern und ist deshalb nicht zu empfehlen. Man braucht nur den Umriß des auf Π_1 fallenden Prismenschattens, d. h. den Schatten der am Prisma vorhandenen Lichtgrenze, und diese Lichtgrenze selbst. Dazu gelangt man durch folgende Überlegung:

Von den beiden Endflächen hat die eine Licht und die andere Schatten, und aus dem Grundriß der Lichtrichtung sieht man, daß die Fläche $\overline{1}\,\overline{2}\,\overline{3}\,\overline{4}\,\overline{5}\,\overline{6}$ beleuchtet ist. Ferner ist die obere horizontale Prismenfläche beleuchtet, außerdem noch zwei weitere Mantelflächen, zu denen jedenfalls die Fläche $5\,6\,\overline{6}\,\overline{5}$ gehört. Ob $1\,6\,\overline{6}\,\overline{1}$ oder statt dessen die gegenüberliegende Fläche $3\,4\,\bar{4}\,\bar{3}$ beleuchtet ist, hängt von der Steilheit der Lichtstrahlen ab. Hiermit ist sicher festgestellt, daß die Kanten $4\,5$ und $5\,6$ zur Lichtgrenze gehören. Demnach sind die Schattenpunkte der Ecken 4, 5 und 6 jedenfalls Eckpunkte des Umrisses für den auf Π_1 fallenden Körperschatten. Man konstruiert diese Punkte 4_s, 5_s und 6_s, und man zieht die Geraden $4_s 5_s$ und $5_s 6_s$. Fraglich blieb vorhin, ob die Fläche $1\,6\,\bar{6}\,\bar{1}$ hell oder dunkel ist. Im ersten Fall wäre $1\,6$, im zweiten wäre statt dessen $6\,\bar{6}$ ein Teil der Lichtgrenze. Man denkt sich nun zu $1\,6$ und $6\,\bar{6}$ die Schattenlinien gezogen· Es sind $1\,6_s$ und eine durch 6_s gehende Parallele zum Grundriß von $6\,\bar{6}$. Daran sieht man sofort, daß im Netzwerk der Schattenlinien aller Prismenkanten die Schattenlinie von $6\,\bar{6}$ nicht dem Umriß angehören kann. Deshalb ist $6\,\bar{6}$ kein Teil der Lichtgrenze am Körper, d. h. $6\,1$ ist der an $5\,6$ anschließende Teil der Lichtgrenze. Jetzt kennt man als Bestandteile der Lichtgrenze: $4\,5$, $5\,6$ und $6\,1$. Die drei übrigen Kanten der vorderen Endfläche des regelmäßigen Prisma liegen im Innern des dunklen Teils von dessen Oberfläche. An $4\,5$ schließt sich als Teil der Lichtgrenze $4\,\bar{4}$ an, an $6\,1$ ebenso $1\,\bar{1}$. Ferner gehören zur Lichtgrenze die Kanten, in welchen die drei dunklen Mantelflächen des Prisma an die helle hintere Endfläche anstoßen, d. h. die Kanten $\bar{1}\,\bar{2}$, $\bar{2}\,\bar{3}$ und $\bar{3}\,\bar{4}$. Hierdurch ist die ganze Lichtgrenze bekannt. Man hat noch die Schattenpunkte von $\bar{4}$, $\bar{3}$ zu suchen (denn die von $\bar{2}$ und $\bar{1}$ fallen mit $\bar{2}$ und $\bar{1}$ zusammen), dann findet man den ganzen Umriß des auf Π_1 fallenden Prismenschattens.

§ 10. Der Schatten des einen Körpers auf den andern. Die beiden von der Pyramide und dem Prisma auf Π_1 geworfenen Schatten decken sich teilweise. Daraus erkennt man, daß der eine Körper auf den anderen Schatten wirft, die Pyramide wirft Schatten auf das Prisma. Nur der Prismenmantel erhält Schatten, denn jeder Lichtstrahl, welcher die Pyramidenkante SB oder SD streift, hat den Grundrißspurpunkt auf $S_s B$ oder $S_s D$ und liegt in einer Vertikalebene parallel zu $S' S_s$; kein solcher Lichtstrahl kann, wie die Grundrißfigur zeigt, eine der Prismenendflächen treffen.

Zur Konstruktion dieses auf den Prismenmantel fallenden Schattens gibt es zwei Methoden.

1. Der Schatten S_s der Pyramidenspitze auf Π_1 liegt im Innern des Prismenschattens. Das bedeutet, daß der durch S gehende Lichtstrahl die beleuchtete Prismenoberfläche trifft, also nach der vorhergehenden Betrachtung den hellen Teil des Prismenmantels. Der Lichtstrahl trifft die obere horizontale Prismenfläche und nicht eine andere Mantelfläche, weil der Schnittpunkt von SS_s mit der Ebene der obersten Prismenfläche im Innern dieser Fläche liegt.

Die Gesamtheit der Lichtstrahlen, welche die Pyramidenkante SB streifen, bilden eine Ebene H, welche SS_s enthält und zur Grundrißspur BS_s besitzt. Man kann den Schnitt dieser Ebene H mit den beleuchteten Flächen des Prismenmantels finden, indem man die Schnittpunkte von H mit den Kanten $5\bar{5}$, $6\bar{6}$ und $1\bar{1}$ sucht.[1]) Der dritte dieser Punkte liegt auf der Grundrißspur BS_s, die beiden anderen liegen auf den Spurparallelen erster Art von H, welche durch die Höhenlage der beiden Kanten $5\bar{5}$ und $6\bar{6}$ gegeben sind. Um diese Spurparallelen zu zeichnen, hat man von jeder einen Punkt nötig; dazu wählt man am besten den Schnittpunkt der Geraden SS_s mit der betreffenden Horizontalebene. Nun läßt sich die gebrochene Linie, welche der Schatten von SB auf dem Prismenmantel bildet, in beiden Projektionen zeichnen. Dabei soll man auch die Grundrißspurpunkte der einzelnen Strecken des Linienzuges benutzen. Ganz entsprechend findet man den Schatten der Kante SD.

2. Die zweite Methode zur Bestimmung des auf das Prisma fallenden Pyramidenschattens beruht darauf, daß man die Schnittpunkte der Ebene H mit den einzelnen Prismenkanten in folgender Weise bestimmt: Man sucht zunächst die beiden in Π_1 auftretenden Schattenlinien für BS und eine Prismenkante, etwa $5\bar{5}$. Es sind die Linie BS_s und die durch 5_s zu den Grundrißprojektionen der Längskanten des Prisma gezogene Parallele. Der Schnittpunkt dieser beiden Linien ist der Spurpunkt eines Lichtstrahles, der sowohl die Pyramidenkante SB als auch die Prismenkante $5\bar{5}$ trifft. Dieser Lichtstrahl schneidet $5\bar{5}$ in dem Punkt, wo diese Kante durch den Schatten von SB getroffen wird, und das ist ein Eckpunkt des Linienzuges, welcher durch den Schatten von SB auf dem Prismenmantel gebildet wird. Die beiden Projektionen dieses Eckpunktes und ebenso des ganzen Linienzuges sind leicht zu erhalten, die Figur enthält alle Hilfslinien dieser Konstruktion.

Die eben besprochene zweite Methode zur Bestimmung des Schattens, den ein Körper auf einen anderen wirft, ist häufig mit Vorteil zu verwenden, auch in der malerischen Perspektive.

---

§ 11. Die Ausführung von Drehungen um Achsen einfacher Stellung. Hat man einen ebenflächigen Körper in besondrer Lage dargestellt, etwa auf Π_1 stehend, dann kann man die Projektionen desselben Körpers in allgemeinerer Lage durch Drehungen erhalten. Zunächst betrachtet man

1) Bemerkt sei, daß die in der Figur eingetragenen Konstruktionslinien sich auf das zweite Verfahren beziehen.

eine Drehung um eine zu Π_2 senkrechte Achse, dann beschreiben alle Ecken des Körpers Kreisbogen, deren Mitten auf der Drehungsachse liegen und deren Ebenen zur Drehungsachse senkrecht stehen. Diese Kreisbogen haben geradlinige Grundrisse parallel zur Projektionsachse, und ihre Aufrisse sind Kreisbogen, die den Aufrißspurpunkt der Rotationsachse zum gemeinsamen Mittelpunkt haben. Die weitere Ausführung der Konstruktion ist sehr einfach.

Für eine Drehung um eine Achse senkrecht zu Π_1 ist alles entsprechend, die Aufrisse der Ecken des Körpers beschreiben horizontale gerade Linien, die Grundrisse beschreiben Kreisbogen mit gemeinsamem Mittelpunkt.

Die Drehung um eine zu Π_1 senkrechte Achse kam als Hilfsmittel zu einer Konstruktion in § 10 des ersten Abschnitts vor. Auch später wird sie sich noch mehrfach wichtig zeigen (XIII. Abschn. §§ 8, 9 und im XVIII. Abschn. an verschiedenen Stellen.)

Macht man zwei derartige Drehungen nacheinander, so kommt man von den Projektionen eines auf Π_1 stehenden Körpers zu Projektionen desselben Körpers in wesentlich allgemeinerer Lage. Man kann dabei auch ganz auf die Benutzung gegebener Drehungsachsen senkrecht zu Π_2 und Π_1 verzichten, was in Figur 59 durchgeführt ist. Links ist eine auf Π_1 stehende gerade, regelmäßige Pyramide dargestellt. Man denkt sich erstens die Pyramide so verschoben und gedreht, daß jeder Eckpunkt seinen Abstand von Π_2 beibehält. Der Aufriß für die neue Lage ist demnach kongruent zum ursprünglichen Aufriß und wird in passender Stellung gezeichnet. Dazu erhält man den zugehörigen Grundriß sofort (siehe die Figur). Zweitens wird der Körper so verschoben und gedreht, daß alle Ecken ihre Höhen beibehalten. Dabei ist der neue Grundriß kongruent zum vorigen und gegen diesen verschoben und gedreht. Man nimmt ihn in passender Weise an und konstruiert den zugehörigen Aufriß dazu, wie die Figur zeigt. Sind die Lageänderungen passend gewählt, so kommt man zu recht anschaulichen Figuren.

Dieses einfache und sehr elementare (für Schulzwecke gute) Verfahren findet sich schon bei Albrecht Dürer in einem künstlerischen Buch über den menschlichen Körper[1]); dort wird es häufig auf Parallelepipede angewandt. Dürer verwendet von den so erhaltenen Grund- und Aufriß eines Parallelepipeds nur die eine Projektion weiter. Er braucht nämlich die Orthogonalprojektion eines bestimmten Parallelepipeds in einer zu dessen Flächen schiefstehenden Richtung. Die Kanten des Parallelepipeds im Bilde sind ihm Hilfslinien, um einen menschlichen Körperteil zu zeichnen. — Die Projektionsachse tritt bei Dürer in diesem Buch nirgends auf, sie wäre auch überflüssig. Bei anderen Gelegenheiten hat er auch die Pro-

1) vier bücher von menschlicher proportion. Nürnberg 1528.

jektionsachse, z. B. bei Behandlung der ebenen Schnitte des auf Π_1 stehenden Rotationskegels und bei Konstruktion der Projektionen einer Schraubenlinie.[1])

Dürer hat demnach schon lange vor Monge Grund- und Aufriß in gemeinsamer Figur, so daß die Projektionen jedes Punktes senkrecht übereinander liegen und daß Konstruktionen auf diesen Zusammenhang gegründet werden.

§ 12. **Fortsetzung.** Die beiden in Figur 59 gemachten Lagenänderungen kommen jede auf eine Drehung um eine ganz bestimmte zu Π_2 bzw. Π_1 senkrechte Achse hinaus, und wenn man in beiden Fällen eine Verschiebung parallel zu Π_2 oder zu Π_1 hinzunimmt, so kann man den beiden zu Π_2 und Π_1 senkrechten Drehungsachsen eine im übrigen willkürliche Lage vorschreiben, etwa beide durch einen gegebenen gemeinsamen Punkt P legen. Dann kann man nach den Sätzen der Bewegungsgeometrie (Kinematik) beide Verschiebungen zu einer zusammenfassen und ebenso die beiden Drehungen vereinigen. Die neue Drehungsachse geht durch P und liegt in der Ebene der beiden vorher eingeführten Drehungsachsen, d. h. in einer zu Π_1 und zu Π_2 senkrechten Ebene. Man kommt darum durch das in Figur 59 enthaltene Verfahren nur zu speziellen Lagen des Körpers. Allgemeine Lagen erhält man nur aus einer allgemeinen Translation und einer allgemeinen Drehung. Eine allgemeine Drehung läßt sich u. a. ersetzen durch drei Drehungen um drei durch einen Punkt gehende Achsen, deren erste senkrecht zu Π_2, deren zweite senkrecht zu Π_1 und deren dritte parallel zur Projektionsachse ist.[2]) Wollte man diese dritte Drehung zu den früheren hinzunehmen, so hätte man mit einem Seitenriß senkrecht zu Π_1 und Π_2 zu arbeiten. Das ist nicht schwer, aber das Verfahren würde damit doch zur praktischen Anwendung zu umständlich.

Auch die Drehung eines durch beide Projektionen gegebenen Körpers um eine allgemeine horizontale Achse ist leicht konstruktiv durchzuführen. Jede Ecke beschreibt einen Kreisbogen in vertikaler und zur Drehungsachse senkrechter Ebene, wobei der Kreismittelpunkt auf der Drehungsachse liegt. Man benutzt die geradlinigen Grundrisse und die kreisförmigen Seitenrisse der Kreisbogen, indem man eine Seitenrißebene Π_3 senkrecht zur Drehungsachse passend annimmt und um ihre Grundrißspur umlegt. Auf die Drehung eines Punktes oder eines Körpers um eine Achse von ganz allgemeiner Lage wird erst später eingegangen (X. Abschn. §§ 15, 16).

---

1) Underweysung der messung mit dem zirckel un richtscheyt/in linien ebnén unnd gantzen corporen. Nürnberg 1525.

2) Die Zerlegung einer gegebenen allgemeinen Drehung in drei Komponenten der beschriebenen Art ist graphisch recht einfach, gehört aber nicht hierher.

§ 13. Eine einzelne Orthogonalprojektion als anschauliches Bild eines Körpers. In § 11 wurden nach Dürer die Projektionen eines Körpers durch Drehungen um zwei zu den Projektionsebenen senkrechte Achsen erhalten, indem man von den Projektionen für seine einfachste Stellung ausging. Während in dieser einfachsten Stellung der Grundriß oder der Aufriß für sich kein gutes Bild des Körpers geben, ist im dritten Teil von Figur 59 der Aufriß allein eine den Körper anschaulich wiedergebende Orthogonalprojektion, freilich müßte man ihn noch drehen, um eine gewohnte Stellung zu erhalten. So kann der Aufriß allein als Körperbild verwendet werden, ganz wie man eine Zeichnung in schiefer Parallelperspektive benutzt.

Ein anderes Verfahren zu diesem Zweck muß noch erwähnt werden. Man zeichnet den Körper aus seinen gegebenen Stücken in Grund- und Aufriß so, daß er auf Π_1 ruht und daß er anschaulich erscheinen wird für eine zu Π_2 parallele Sehrichtung von geeigneter Neigung (Fig. 60). Bei dem gewählten einfachen Körper ist die Stellung seines Grundrisses und die Neigung der Sehrichtung leicht günstig zu treffen. Weiter denkt man sich zu der Sehrichtung senkrecht eine Bildebene E und man bestimmt die Fußpunkte der von den Ecken des Körpers auf E gefällten Lote; die Projektionen dieser Lote und ihrer Fußpunkte hat man sofort. Damit ist die Orthogonalprojektion des Körpers auf E erhalten, man hat sie nur noch in die Zeichnungsfläche zu bringen, und dann hat man ein anschauliches Bild des Körpers, das Bild für die gewählte Sehrichtung. Würde man die in E liegende Figur durch Drehen um e_1 nach rechts in Π_1 bringen, dann hätte man die Ansicht für die zur angenommenen Sehrichtung entgegengesetzte Richtung. Machte man aber die Drehung nach links, dann hätte man zwar die Ansicht in der gewünschten Richtung, aber die Umlegung fiele an ungünstige Stelle. Deshalb denkt man sich E mit der darinliegenden Figur nach links durch Drehung um e_1 niedergelegt und dann ein Stück nach rechts verschoben, daß die Figur ganz rechts von e_1 liegt. Diese Lage der umgelegten Orthogonalprojektion ist leicht dadurch zu erhalten, daß man die auf e_2 gefundenen Lotfußpunkte in ihrer richtigen gegenseitigen Stellung auf die Projektionsachse überträgt. Schließlich wäre das erhaltene Bild noch um 90^0 zu drehen, um als die gewünschte für sich allein anschauliche Orthogonalprojektion zu dienen; statt dessen kann man auch die wahre Gestalt der in E liegenden Figur auf Grund ihrer Projektionen sofort rechts in den freien Teil der Aufrißebene zeichnen.

Hier wurde die Orthogonalprojektion des Körpers auf die Ebene E bestimmt, in Π_1 umgelegt und geeignet verschoben. Man kann auch den Körper selbst mit E starr verbunden und beide zusammen so nach links um e_1 gedreht denken, daß E in Π_1 gelangt; der Körper befindet sich dann unter Π_1. Der zu dieser neuen Stellung gehörige

Grundriß des Körpers ist kongruent mit dem vorhin in Π_1 gebrachten Bild. So ist die Methode des vorigen Absatzes aufs engste verwandt mit dem Dürerschen Verfahren zur Herstellung einer für sich allein anschaulichen einzelnen Orthogonalprojektion mittels Drehung um eine zu Π_2 senkrechte Achse.

VIII. Abschnitt.

Die Ellipse als perspektivisch affine Kurve des Kreises. Die perspektivisch affinen Kurven der Kegelschnitte.

§ 1. Die Ellipse als Orthogonalprojektion eines Kreises. In einer Ebene E, die mit der Projektionsebene Π_1 den Winkel α_1 bildet, sei ein Kreis k vom Mittelpunkt M und vom Radius a gegeben. Die Gesamtheit der ersten Projektionslote, welche von den Punkten des Kreises ausgehen, bildet einen schiefen Kreiszylinder. Sein Schnitt k' mit Π_1 ist eine Ellipse.[1]) Alle durch M gehenden Sehnen des Kreises werden in M halbiert. Deshalb werden auch alle durch M' gehenden Sehnen von k' in M' halbiert, sie heißen Durchmesser der Ellipse. Die beiden durch M senkrecht und parallel zu e_1 gehenden Vertikalebenen sind Symmetrieebenen für den Zylinder der Projektionslote. Ihre Grundrißspuren sind darum Symmetrieachsen für k'. So hat die Ellipse eine zu e_1 senkrechte und eine zu e_1 parallele Symmetrieachse. Die zu e_1 parallele Symmetrieachse hat dieselbe Länge $2a$ wie der Kreisdurchmesser, die zu e_1 senkrechte Symmetrieachse hat die Länge $2a \cdot \cos\alpha_1$, wofür $2b$ gesetzt werde. Die vier Punkte, in denen k' die Symmetrieachsen trifft, heißen die Scheitel.

Im Punkte P des Kreises k sei eine Tangente t gezogen; sie liegt in der Ebene E. Die erste projizierende Ebene von t berührt den projizierenden Zylinder des Kreises in der durch P gehenden Mantellinie. Darum berührt die Projektion t' von t die Ellipse k' in P' und liegt im übrigen ganz außerhalb von k'. (Die Ellipse ist eine konvexe Kurve). Weiter treffen sich t und t' auf der Spur e_1 von E.

---

1) Will man diesen Satz aus der Theorie der Flächen zweiter Ordnung nicht voraussetzen, dann kann man auf die Benennung der Kurve vorläufig verzichten. Die Parameterdarstellung und die Gleichung, welche in § 3 aufgestellt werden, liefern dann den Nachweis, daß die Kurve eine Ellipse ist.

§ 2. Affinität der Ellipse zum umgeschriebenen Kreis; Ellipsenkonstruktion. Zur näheren Untersuchung der Ellipse legt man am einfachsten den Mittelpunkt von k auf die Spur e_1 der Ebene E. Dann liegt die große Achse der Ellipse auf e_1, und der Kreis k hat mit der Ellipse die Scheitel ihrer großen Achse gemein. Die von Punkten des Kreises auf die Spur gefällten Lote verkürzen sich durch die Projektion im Verhältnis $\cos\alpha_1 : 1$. Wird daher der Kreis um e_1 umgelegt, bis er in Π_1 liegt — und zwar durch Drehung um den Winkel α_1, nicht um $180^0 - \alpha_1$ — so entsteht die Figur 61.

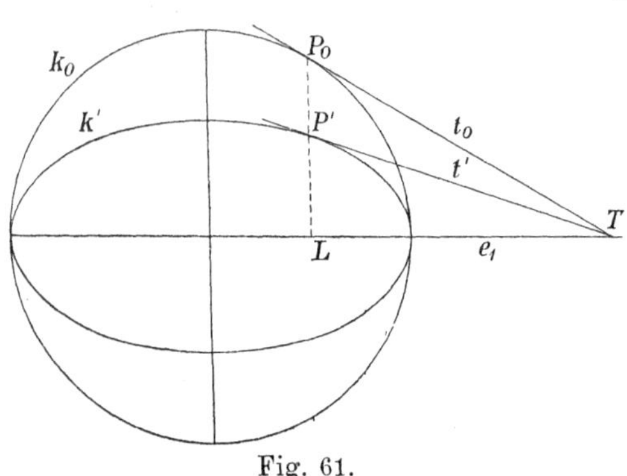

Fig. 61.

In ihr ist das Verhältnis $P'L : P_0L$ konstant, gleich $\cos\alpha_1 = \frac{b}{a}$. Die Tangente t', welche die Ellipse k' in P' berührt, geht durch denselben Punkt T von e_1, wie die in P_0 an den Kreis k_0 gezogene Tangente t_0. Der umgelegte Kreis k_0 und die Ellipse k' sind perspektivisch affin, ebenso t_0 und t'.

Indem man hier den Neigungswinkel α_1 und den Kreisradius passend wählt, kann man es einrichten, daß eine Ellipse gegebener Halbachsen a und b als Orthogonalprojektion des Kreises auftritt. Damit führt die Betrachtung zur Konstruktion einer Ellipse aus gegebenen Halbachsen a und b, Figur 62. Man zeichnet zwei konzentrische Kreise mit den Radien a und b, zieht vom Mittelpunkt aus einen Radius, der die beiden Kreise in Q und R trifft, fällt von Q das Lot auf die große Ellipsenachse AB und zieht durch R eine Parallele zu AB. Der Schnittpunkt P dieser Parallelen mit dem Lote ist ein Punkt der Ellipse; denn es ist $\frac{PL}{QL} = \frac{RM}{QM} = \frac{b}{a}$ $(= \cos\alpha_1)$.

Zieht man im Punkt Q an den Kreis die Tangente und bestimmt man ihren Schnittpunkt T mit der Verlängerung von AB, so ist PT die Ellipsentangente in P. (In manchen Fällen muß man die Tangente mittels des am Ende des nächsten Paragraphen stehenden Satzes zeichnen.)

Hat man auf diese Art eine Anzahl Punkte und Tangenten konstruiert, so zieht man die Ellipse mit Kurvenlinealen aus, wobei jeder Quadrant im ganzen gezogen oder aus mehreren Stücken zusammengesetzt wird. Entsprechende Bogen der vier Quadranten werden mit der gleichen Stelle des Kurvenlineals gezeichnet; an den Scheiteln und überhaupt an

Stellen, wo zwei Bogenstücke zusammenstoßen, darf keine Ecke entstehen, und die einzelnen Bogenstücke müssen gut ineinander übergehen. Die Auswahl der geeigneten Bogen an den Kurvenlinealen erfordert einige Übung. Man muß auch beachten, daß bei der Ellipse die Krümmung gegen die Scheitel der großen Achse zunimmt, in demselben Sinne muß sich die Krümmung bei dem benutzten Stück des Kurvenlineals ändern.

Werden von der Ellipse zu viele einzelne Punkte bestimmt, so erhält die Kurve beim Ausziehen leicht eine unregelmäßige Krümmung, falls man

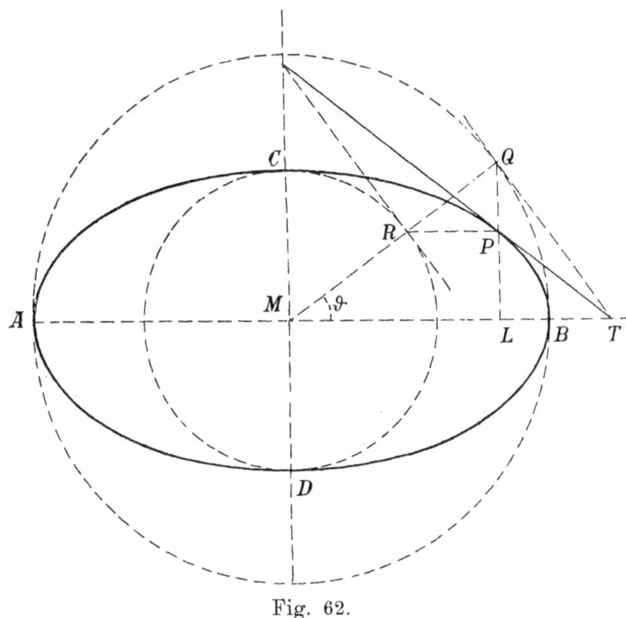

Fig. 62.

sie genau durch die Punkte hindurchzieht. Man weicht nötigenfalls etwas von den erhaltenen Punkten ab (wie dies überhaupt häufig bei graphischer Interpolation geschieht). Bei einiger Übung reichen ziemlich wenige Punkte und Tangenten aus.[1]) An den schwächer gekrümmten Teilen der Ellipse braucht man die Punkte weniger dicht anzunehmen als nahe an den Scheiteln der großen Achse.

Eine andere Konstruktion einzelner Punkte der Ellipse ist in § 7 besprochen. Daneben ist zu beachten, daß die an sich nahe liegende Konstruktion aus konstanter Summe der Brennstrahlen nur eine theoretische Konstruktion ist. Praktisch ist sie wertlos durch das Auftreten

1) Gewöhnlich benutzt man nur für einen Teil der Punkte die Tangenten. Ganz soll man auf die Tangenten nicht verzichten.

schlechter Schnitte und durch die große Umständlichkeit. Die anderen Konstruktionen arbeiten rascher und genauer.

§ 3. Ellipsengleichung; Affinität zum eingeschriebenen Kreis. $ML = a \cdot \cos\vartheta$ und $PL = b \cdot \sin\vartheta$ sind die Abszisse und die Ordinate des Ellipsenpunktes P für die Hauptachsen als Koordinatenachsen. (ϑ heißt bei der Erdbahn die exzentrische Anomalie. In der Geodäsie ist ϑ die reduzierte Breite, wenn die Ellipse die Meridiankurve des Erdsphäroids ist.) Die Elimination von ϑ gibt sofort die Gleichung der Ellipse: $\frac{x^2}{a^2} + \frac{y^2}{b^2} = 1$.

Der Punkt P der Ellipse und der Punkt R des eingeschriebenen Kreises haben gemeinsame Ordinaten und die Abszissen stehen im Verhältnis $a : b$. Daraus läßt sich folgendes ableiten, wie hier nicht näher ausgeführt werden soll.[1]) Die Ellipse ist zum einbeschriebenen Kreis perspektivisch affin und zwar ist die Ordinatenachse (die kleine Ellipsenachse) die Affinitätsachse. Die Kreistangente im Punkte R und die Ellipsentangente in P treffen sich auf der Verlängerung der kleinen Ellipsenachse (Fig. 62).

§ 4. Die Krümmungskreise für die Ellipsenscheitel. Wichtig ist, nicht nur beim Zeichnen großer Ellipsen, die Verwendung der Krümmungskreise an den Scheiteln. Die Krümmungstheorie lehrt, daß die Krümmungskreise an den Scheiteln der großen Achse den Radius $\frac{b^2}{a}$ haben[2]) und dabei die größten Kreise sind, welche die Ellipse im Scheitel berühren und noch ganz im Innern der Ellipse liegen. Die Krümmungskreise in den Scheiteln der kleinen Achse haben den Radius $\frac{a^2}{b}$ [2]) und sind die kleinsten Kreise, welche die Ellipse in diesen Scheiteln berühren und dabei umschließen.

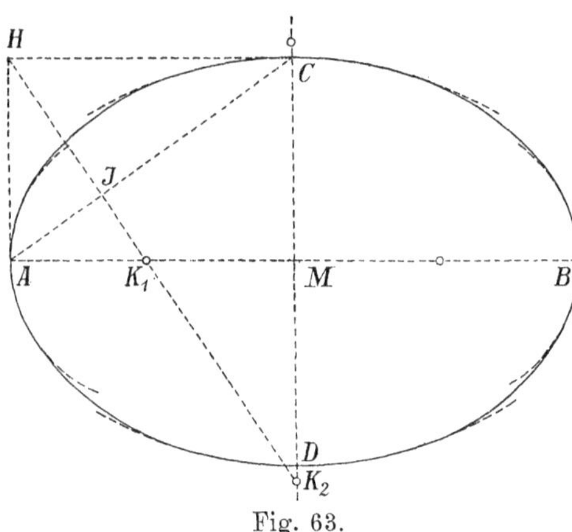

Fig. 63.

Die Konstruktion der Mittelpunkte dieser Krümmungskreise ist ganz einfach (Fig. 63). Man legt in zwei benachbarten Scheiteln der Ellipse die Tangenten (welche parallel zu den Hauptachsen sind) und fällt von ihrem Schnittpunkt H ein Lot auf die Verbindungs-

1) Man kann u. a. an die frühere analytische Behandlung der perspektivischen Affinität anknüpfen.

2) Elementarer Beweis in § 6.

linie der beiden Scheitel.[1]) Die Verlängerung des Lotes trifft die beiden Hauptachsen in den Krümmungsmittelpunkten der betrachteten Scheitel. K_1 ist der Krümmungsmittelpunkt von A, K_2 der von C. Der Beweis beruht auf ähnlichen Dreiecken. Die Krümmungsmittelpunkte der andern Scheitel folgen aus der Symmetrie.

Die dicht an den Scheiteln liegenden Stücke der Ellipse werden beim Zeichnen geradezu durch Stücke der Krümmungskreise ersetzt. Dabei kann man an den Scheiteln der kleinen Achse ziemlich lange Kreisbogen verwenden, an den Scheiteln der großen Achse aber nur wesentlich kürzere Stücke, weil hier die Krümmung der Ellipse viel rascher wechselt. — Zum Zeichnen der Ellipse braucht man außer den Kreisbogen noch einige Punkte, die man nach § 2 bestimmen kann. Gut ist es auch, wenigstens für einen Teil dieser Punkte die Tangenten zu konstruieren. Ein anderes Verfahren zur Bestimmung einzelner Ellipsenpunkte wird in § 7 behandelt. Es ist besonders vorteilhaft, freilich liefert es nicht auch die Kurventangenten.

§ 5. Beiläufig sich ergebende Ellipsenpunkte. Einen speziellen Ellipsenpunkt und die zugehörige Tangente erhält man aus Figur 63 sehr leicht auf Grund folgender Beziehung: Der Winkel zwischen der Verbindungslinie der beiden Scheitel A und C und der großen Achse sei φ, dann sind die beiden Strecken CJ und AJ, in welchen die Sehne AC durch das von H aus auf sie gefällte Lot geteilt wird, $a \cdot \cos\varphi$ und $b \cdot \sin\varphi$. Ein Punkt mit den Koordinaten $x_0 = a \cdot \cos\varphi$, $y_0 = b \cdot \sin\varphi$ gehört der Ellipse $\frac{x^2}{a^2} + \frac{y^2}{b^2} = 1$ an und seine Tangente bildet mit der Abszissenachse den Winkel 45^0; denn es ist

$$\operatorname{tg}\tau = -\frac{b^2 x_0}{a^2 y_0} = -\frac{b}{a}\operatorname{cotg}\varphi = -1.$$

Man braucht demnach nur die Strecken CJ und AJ so abzutragen, daß sie Abszisse und Ordinate eines Punktes werden. Dann ist dieser ein Punkt der Ellipse und seine Tangente bildet mit beiden Hauptachsen den Winkel 45^0.

Die Konstruktion der Krümmungskreise für die Scheiteln liefert demnach ohne weiteres die Koordinaten von den vier symmetrisch zueinander liegenden Punkten der Ellipse, in denen die Tangenten mit den Hauptachsen Winkel von 45^0 bilden. In manchen Fällen läßt sich die Kurve aus den Krümmungskreisen an den Scheiteln und aus den genannten vier Punkten und ihren Tangenten vollständig zeichnen, ohne daß man weitere Punkte nötig hat. Meistens wird man einige weitere Punkte an geeigneten Stellen einschalten, wie oben und in § 7 angegeben ist.

---

1) Zum Lotfällen brauchte man diese Gerade nicht zu zeichnen; sie wird aber später noch verwendet (§ 5).

Aus den Scheiteln der Ellipse erhält man die Brennpunkte sofort. Ferner ist die halbe Länge der im Brennpunkt auf der großen Achse senkrechten Sehne gleich dem Krümmungsradius für den Scheitel der großen Achse, wie man analytisch sofort findet. Deshalb ist in jedem Quadranten der Ellipse noch ein Kurvenpunkt unmittelbar bekannt. Auch den Schnittpunkt der zugehörigen Tangente mit der verlängerten großen Ellipsenachse findet man leicht (nach Fig. 62 oder aus der Polarentheorie). Doch hat die Benutzung dieses Kurvenpunktes und seiner Tangente kein praktisches Interesse.

§ 6. Elementare Herleitung der Werte der Krümmungsradien für die Scheitel. Der Schnittpunkt der Normalen eines dem Scheitel A naheliegenden Punktes P mit der Hauptachse AB wird im Grenzfall, wenn P nach A rückt, zum Krümmungsmittelpunkt von A. Die Normale von P halbiert den Winkel zwischen den beiden nach P gehenden Brennstrahlen; die Tangente und Normale von P sind zu den beiden Brennstrahlen harmonisch. Demnach sind die Schnittpunkte der Tangente und Normale mit der großen Achse der Ellipse harmonisch zu den beiden Brennpunkten. Rückt nun P nach A, dann rückt der Schnittpunkt der Tangente von P mit der großen Achse ebenfalls nach A. So ist der Krümmungsmittelpunkt K_1 des Scheitels A der vierte harmonische Punkt zu den beiden Brennpunkten und A selbst. Das Produkt von K_1M und AM ist demnach $= c^2$, d. h. es ist $K_1M = \frac{c^2}{a}$. Der Krümmungsradius für den Scheitel A ist AK_1 oder $a - K_1M$ oder $\frac{b^2}{a}$. (c ist $\sqrt{a^2 - b^2}$.)

Für den Scheitel C der kleinen Achse erhält man den Krümmungsmittelpunkt wieder als Grenzlage des Schnittpunktes der kleinen Achse mit der Normalen eines an C heranrückenden Punktes P. Die Normale des Punktes P halbiert wieder den Winkel zwischen den Brennstrahlen F_1P und F_2P. Betrachtet man den Kreis, der durch P, F_1 und F_2 geht, so ist die Normale die Halbierungslinie des Peripheriewinkels F_1PF_2, d. h. sie schneidet den unteren Kreisbogen F_1F_2 in seiner Mitte; diese Mitte liegt auf der kleinen Achse der Ellipse. Rückt nun P nach C, so wird der Kreis durch P, F_1 und F_2 zum Kreis durch C, F_1 und F_2. Der Schnittpunkt dieses Kreises mit der kleinen Achse oder ihrer Verlängerung ist die Grenzlage des Punktes, in dem die Normale von P die kleine Achse schneidet. Damit ist der Krümmungsmittelpunkt K_2 für den Punkt C gefunden. Er liegt auf dem in F_1 auf CF_1 errichteten Lot, und aus ähnlichen Dreiecken folgt der Wert des Krümmungsradius, $\frac{a^2}{b}$.

§ 7. Die beiden Erzeugungen der Ellipse durch gleitende Strecken. Durch Vervollständigung der in § 2 betrachteten Figur 62 kommt man zu wichtigen Sätzen.

Zieht man in Fig. 64 durch P eine Parallele zu MQ, so schneidet sie die beiden Achsen in T und S, und die Dreiecke SMT und QPR sind kongruent wegen $SM = PQ$ und $\sphericalangle TSM = RQP$. Es folgt $ST = QR = a - b$, d. h. die Länge ST ist unabhängig von der Lage des Punktes P auf der Kurve. Man kann deshalb die Ellipse erzeugen, indem man eine Strecke ST von der Länge $a - b$ mit ihren Endpunkten auf den beiden Hauptachsen gleiten läßt; ein Punkt P auf der Verlängerung der Strecke, der von dem auf der großen Achse liegenden Endpunkt T um b (von S um a) absteht, beschreibt die Ellipse.

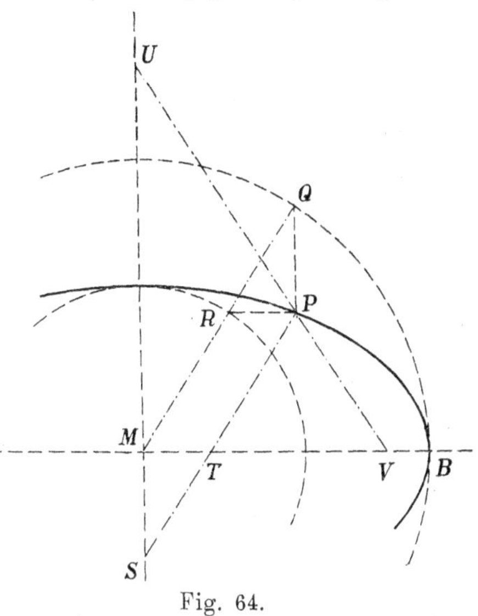

Fig. 64.

Legt man in der Figur durch P eine Gerade UV, welche mit der großen Halbachse MB denselben Winkel wie ST bildet, so folgt aus gleichschenkligen Dreiecken: $UP = SP = a$ und $VP = TP = b$. Man kann demnach die Ellipse auf eine zweite Art erzeugen, indem man eine Strecke UV von der Länge $a + b$ mit ihren Endpunkten auf den beiden Achsen gleiten läßt. Der Punkt P, welcher die Strecke UV in die Stücke a und b teilt, beschreibt die Ellipse. (Für $a = b$ entsteht ein Kreis.)

Die beiden Sätze lassen sich zum Zeichnen einer Ellipse aus gegebenen Achsen verwenden. Nach dem ersten Satz trägt man auf der geradlinigen Kante eines Papierstreifens die Strecke $SP = a$ ab und auf ihr von P aus rückwärts die Strecke $PT = b$; die Differenz $ST = a - b$, deren Endpunkte auf den Achsen gleiten sollen, bezeichnet man sofort irgendwie, um Verwechslungen zu vermeiden. Dann wird der Streifen an die Achsen angelegt, so daß S auf der kleinen, T auf der großen Achse liegt, und man bezeichnet die Stelle von P für einzelne Lagen des Papierstreifens mit dem Bleistift[1]), während man den Streifen allmählich bewegt.

Die gleitende Strecke UV von der Länge $a + b$, welche durch P in die Strecken $UP = a$, $VP = b$ geteilt wird, läßt sich ebenso zu einer

1) Der Bleistift wird jedesmal mit ganz geringem Druck aufgesetzt und etwas gedreht. So entstehen genügend deutliche Punkte ohne Vertiefungen im Papier.

Ellipsenkonstruktion verwenden, und zwar ist dieses Verfahren dem früheren vorzuziehen, sobald $a-b$ gegen a klein ist (etwa kleiner als $\frac{1}{2}a$). Dann liefert die erste Konstruktion den Punkt P nicht genau.

Man kann sich in dieser Bestimmungsweise einzelner Ellipsenpunkte große Übung aneignen und so Ellipsen schneller und etwa ebenso genau wie mittels der zwei konzentrischen Kreise zeichnen; auch wird die Zeichnungsfläche nicht mit so vielen Hilfslinien bedeckt. Aber man verzichtet bei dieser Konstruktion auf die Tangenten.

Eine Kombination dieses Verfahrens mit der Konstruktion der Krümmungskreise in den Scheiteln ist zu empfehlen. Man zeichnet zuerst die Krümmungskreise, dann kann man mittels des geeignet eingepaßten und fortbewegten Papierstreifens recht gut beurteilen, an welchen Stellen sich der Ellipsenbogen merklich von den Krümmungskreisen trennt. Weiter schaltet man mittels des Papierstreifens zwischen die zu benutzenden Stücke der Kreisbogen einzelne Ellipsenpunkte ein. Dabei ist das im vorletzten Absatz von § 2 Gesagte zu beachten, und es reichen bei einiger Übung im Gebrauch der Kurvenlineale sehr wenige eingeschaltete Punkte aus. — Alle Ellipsen im Buch sind auf diesem Weg entworfen, einige sogar ohne die Krümmungskreise.

Gelegentlich stößt man in den Übungen auf Zweifel, wie die Stücke a und b in beiden Fällen auf der bewegten Geraden liegen. Wenn auch das Zurückgehen auf die Entstehungsweise der Figur keine Schwierigkeit macht, so ist doch folgende Überlegung einfacher. Man merkt sich den Satz: Wenn eine Gerade mit zwei auf ihr festen Punkten auf festen rechtwinkligen Achsen gleitet, dann beschreibt jeder Punkt der Geraden eine Ellipse, und die beiden Achsen sind die Hauptachsen der Ellipse. Dann nimmt man auf einer Geraden die beiden gleitenden Punkte und innerhalb oder außerhalb ihrer Verbindungsstrecke den anderen Punkt an. Man bringt die Gerade in solche Lagen, daß sie mit der einen oder anderen Achse zusammenfällt. Dann sieht man, welche Strecken auf der Geraden die Halbachsen a und b der zugehörigen Ellipse sind.

§ 8. **Zusatz.** In der Kinematik wird bewiesen, daß man aus jeder der beiden Ellipsenerzeugungen mittels gleitender Strecken zu einer Ellipsenerzeugung durch einen rollenden Kreis gelangt. Die bewegliche und die feste Polbahn sind Kreise. Der bewegliche Kreis hat halb so großen Radius als der feste und rollt im Innern des festen Kreises. Der Punkt, welcher die Ellipse erzeugt, ist mit dem rollenden Kreis starr verbunden, liegt aber nicht auf ihm. Ein Peripheriepunkt beschreibt einen Durchmesser des festen Kreises. So hat man zwei Erzeugungen der Ellipse als Hypozykloide. — Sowohl die Erzeugung mittels gleitender Strecke als auch die Erzeugung mittels rollenden Kreises sind zur Konstruktion von Mechanismen zum Ellipsenzeichnen, von Ellipsenzirkeln verwendet worden. (Nähere Angaben findet man in dem Katalog mathematischer Modelle, herausgegeben von v. Dyck bei Gelegenheit der mathematischen Ausstellung in München 1893, 2 Teile, München 1892 und 1893).

§ 9. Konstruktion einer Ellipse aus den Scheiteln der großen Achse und einem weiteren Punkt *P*. Erstens kann man im Anschluß an § 2 (Fig. 62 auf S. 83) über der großen Achse einen Halbkreis zeichnen und durch P eine Senkrechte zur großen Achse legen, welche diesen Halbkreis in Q schneidet. Dann zieht man OQ und legt durch P eine Parallele zur großen Achse; damit ist R und hierdurch der der Ellipse einbeschriebene Kreis vom Radius b bestimmt.

Zweitens kann man an die Sätze über die gleitenden Strecken anknüpfen. Man nimmt die große Halbachse a in den Zirkel und schlägt um P einen Kreisbogen, welcher die kleine Achse der Ellipse in den Punkten S und U schneidet. Jeder dieser Punkte bestimmt die zugehörige gleitende Strecke; damit folgt T aus S oder V aus U, und PT oder PV ist die gesuchte kleine Halbachse b. Statt diese Konstruktion mit Zirkel und Lineal auszuführen, benutzt ein gewandter Zeichner nur einen Papierstreifen, den er in geeigneter Weise handhabt, um b zu finden und dann sofort weitere Kurvenpunkte zu bestimmen.

Liegt P nahe an einem Scheitel der großen Achse, so wird die Bestimmung der kleinen Halbachse b bei diesem und bei dem vorher besprochenen Verfahren wenig genau, und die nähere Betrachtung zeigt, daß man bei beiden Verfahren ganz gleichwertige schlechte Schnitte erhält, daß nicht ein Verfahren besser ist als das andere.

Wenn von einer Ellipse die beiden Scheitel der kleinen Achse und ein Punkt P gegeben sind, verfährt man ganz entsprechend. Dieser Fall kommt aber in der darstellenden Geometrie selten vor.

§ 10. Grundriß und Aufriß eines Kreises. Eine Ebene E ist durch e_1, e_2 gegeben und ein in ihr liegender Punkt M durch die eine Projektion. Gesucht sind Grundriß und Aufriß eines Kreises vom Radius r und Mittelpunkt M in der Ebene E, Figur 65.

Beide Projektionen sind Ellipsen. Die Grundrißellipse hat den Mittelpunkt M', ihre große Achse ist zu e_1 parallel und hat die Länge $2r$, die kleine Achse ist zu e_1 senkrecht und hat die Länge $2r \cdot \cos \alpha_1$. Entsprechendes gilt für die Aufrißellipse. Man kann demnach die beiden Ellipsen zeichnen, sobald man die Neigungswinkel α_1 und α_2 bestimmt hat. In der Figur ist diese Konstruktion nur für die Grundrißellipse vollständig durchgeführt, die Aufrißellipse ist nach dem im nächsten Paragraphen zu besprechenden Verfahren konstruiert. Zu beachten ist, daß die beiden Ellipsen ein Paar gemeinsamer vertikaler Tangenten haben. Die Berührungsstellen einer solchen sind die beiden Projektionen des am weitesten links oder des am weitesten rechts liegenden Punktes des Kreises.[1])

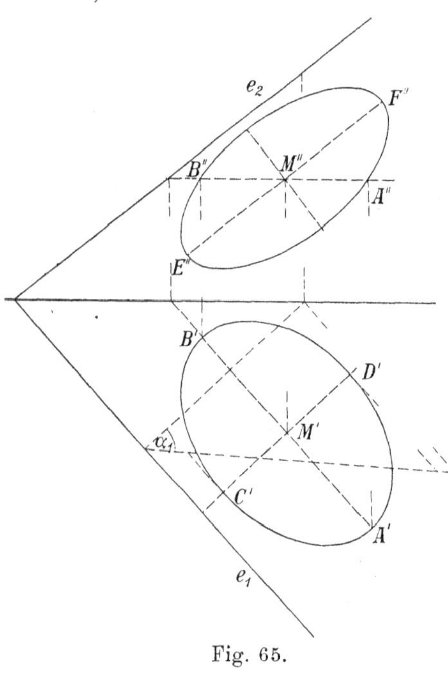

Fig. 65.

§ 11. Fortsetzung. In vielen Fällen kann man die beiden Projektionen eines in E liegenden Kreises recht gut zeichnen, ohne die Neigungswinkel zu kennen. Man sucht zunächst für beide Ellipsen die Scheitel der großen Achsen. Bei der Grundrißellipse sind dies die Grundrisse der beiden Punkte A und B des Kreises, welche auf der durch M gehenden Spurparallelen erster Art liegen. Die Aufrisse dieser Punkte liegen demnach auf der durch M'' gezogenen Parallelen zur Projektionsachse. So kennt man von der Aufrißellipse außer den Scheiteln der großen Achse noch zwei weitere Punkte A'' und B''. Einer davon reicht aus, um die Aufrißellipse nach § 9 zu konstruieren. — Die beiden Punkte des Kreises, welche auf der durch M gehenden Spurparallelen zweiter Art liegen, haben als Aufrisse die Scheitel der großen Achse der Aufrißellipse. Die Grundrisse folgen auf der durch M' zur Projektionsachse gezogenen Parallelen und dienen zum Zeichnen der Grundrißellipse.

Sind die Neigungswinkel α_1 und α_2 nicht bekannt und auch nicht für andere Zwecke nötig, dann kann man zur Bestimmung der beiden Ellipsen zunächst das eben besprochene Verfahren anwenden. Nur, wenn man dabei die kleine Halbachse einer der Ellipsen durch schlechte Schnitte ungenau findet, wird man den betreffenden Neigungswinkel bestimmen und verwenden. Sind die Winkel von e_1 und e_2 gegen die Projektionsachse beide mindestens 30^0, so hat man α_1 und α_2 kaum nötig.

---

1) Als Probe für die Genauigkeit der Zeichnung sind diese senkrechten Tangenten wertvoll. Genau konstruieren wird man sie selten. Geschehen kann es aus der Affinität der Grundrißellipse zu ihrem umgeschriebenen Kreis nach § 17. — In Fig. 65 leidet die Aufrißellipse an einem kleinen Fehler, indem ihre große Axe etwas zu kurz ist.

§ 12. Über konjugierte Durchmesser der Ellipse. Zwei rechtwinklige Durchmesser des in der geneigten Ebene E liegenden Kreises k werden betrachtet. Jeder halbiert die zum andern parallelen Sehnen. Im Grundriß entsprechen den Durchmessern zwei im allgemeinen nicht rechtwinklige Durchmesser der Ellipse k', von denen wieder jeder die zum andern parallelen Sehnen halbiert. Solche Durchmesser heißen *konjugierte Durchmesser der Ellipse*. Es ist leicht einzusehen, daß es zu jedem Ellipsendurchmesser einen konjugierten Durchmesser gibt. Denn man kann einen der zwei rechtwinkligen Kreisdurchmesser so wählen, daß sein Grundriß ein beliebig gegebener Ellipsendurchmesser ist.

Die in den Endpunkten eines Kreisdurchmessers gezogenen Tangenten sind parallel zu den vom Durchmesser halbierten Sehnen. Diese Eigenschaft bleibt bei der Projektion erhalten. *Die Tangenten in den Endpunkten eines Durchmessers der Ellipse sind deshalb parallel zu dem konjugierten Durchmesser.*

Ist wie in § 2 der Kreis k so gewählt, daß sein Mittelpunkt auf e_1 liegt, dann ist die Umlegung k_0 von k in Π_1 der umbeschriebene Kreis der Ellipse. Zwei rechtwinklige Durchmesser des Kreises k, denen ein Paar konjugierter Durchmesser von k' entsprechen, geben bei der Umlegung zwei rechtwinklige Durchmesser von k_0, welche zu den konjugierten Durchmessern von k' perspektivisch affin sind. Dabei sind die Verbindungslinien entsprechender Punkte senkrecht zu e_1 sind. Daraus ergibt sich eine Figur, welche in Fig. 66 enthalten ist und worin die Bezeichnung entsprechend zu Fig. 62 in § 2 gewählt ist:

MQ und MQ_1 sind rechtwinklige Halbmesser des Kreises, welcher der gegebenen Ellipse umgeschrieben ist. Von Q und Q_1 werden Senkrechten zur großen Ellipsenachse gezogen, bis sie die Ellipse in P und P_1 schneiden.[1]) Dann sind MP und MP_1 konjugierte Halbmesser der Ellipse. (Die Tangenten in P und P_1 sind parallel zu MP_1 und zu MP.) — *Die Figur zeigt, daß konjugierte Ellipsendurchmesser sich schiefwinklig durchschneiden, sobald sie nicht mit dem Hauptachsen zusammenfallen. Weiter zeigt sie, daß der* **stumpfe** *Winkel zwischen konjugierten Durchmessern durch die* **kleine** *Ellipsenachse geteilt wird.*

Die Figur gibt auch den Weg an, wie man zu einem gegebenen Durchmesser der Ellipse den konjugierten findet: Man bestimmt aus P zunächst Q, daraus Q_1, dann P_1.

§ 13. Konstruktion der Ellipse aus konjugierten Durchmessern. Die Aufgabe, aus gegebenen konjugierten Durchmessern einer Ellipse die Lage und Größe der Hauptachsen und damit überhaupt die Ellipse

---

1) Natürlich konstruiert man P und P_1 noch genauer nach § 2 (Fig. 62).

zu konstruieren, kommt in der darstellenden Geometrie sehr häufig vor und läßt sich sehr einfach im Anschluß an die eben erhaltene Figur lösen:

Die Gerade MQ_1 und das an sie anstoßende Dreieck $Q_1P_1R_1$ werden um 90^0 gedreht, bis Q_1 und R_1 nach Q und R gelangen. P_1 nimmt dann die Lage S an. Weil Q_1P_1 senkrecht zur großen Ellipsenachse ist, wird QS zu ihr parallel; ebenso findet man, daß SR zu ihr senkrecht ist. $PQSR$ ist also ein Rechteck, dessen Seiten den Ellipsenachsen parallel sind und dessen Diagonale QR bei Verlängerung durch M geht. Ferner ist $MQ = a$, $MR = b$.

Verlängert man die andere Diagonale PS bis zum Schnitt mit den Hauptachsen, so folgt leicht $PK = RM = SH$, d. h. H und K liegen

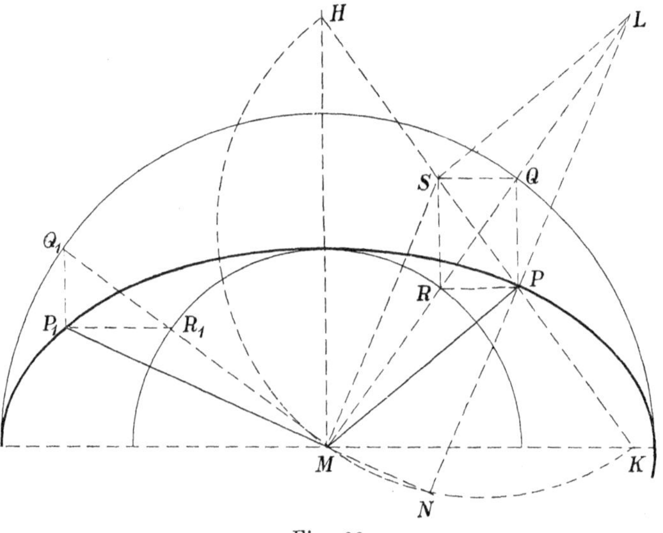

Fig. 66.

auf einem durch M gehenden Kreis, dessen Mittelpunkt der Diagonalenschnittpunkt des Rechtecks, der Halbierungspunkt von PS ist.

Hierauf gründen sich zwei Konstruktionen der Lage und Größe der Ellipsenachsen aus gegebenen konjugierten Halbmessern MP und MP_1. Man kann das Rechteck $PQSR$ oder die Punkte H und K benutzen. Ausgegangen wird, wie in der Figur, von zwei konjugierten Halbmessern MP und MP_1, welche einen stumpfen Winkel miteinander bilden.

1. Man dreht den einen Halbmesser MP_1 um 90^0 gegen den anderen hin, wodurch MS entsteht. Dann konstruiert man einen Kreis mit dem Durchmesser PS und bestimmt die Schnittpunkte Q, R dieses Kreises mit der Verbindungslinie seines Mittelpunktes und des Punktes M.

(Dieser Kreis ist in der Figur nicht gezeichnet. Die Figur bezieht sich auf das zweite Verfahren.) Damit sind die Ecken des Rechtecks $PQSR$ gefunden und zugleich die Halbachsen $a = MQ$, $b = MR$. Die durch M gehenden Parallelen zu den Rechtecksseiten geben die Richtung der beiden Hauptachsen der Ellipse an. Die kleine Achse teilt den stumpfen, die große den spitzen Winkel der beiden konjugierten Durchmesser.

2. Nachdem S durch Drehen von MP_1 gefunden ist, kann man um die Mitte von PS einen Kreisbogen durch M konstruieren; dieser liefert auf der Verlängerung von PS die Punkte H und K, welche den Ellipsenachsen angehören. Die kleine Achse teilt wieder den stumpfen Winkel zwischen den konjugierten Durchmessern, die Längen der Halbachsen a und b werden durch PH und PK (oder SK und SH) gegeben. — Diese Konstruktion stammt von Rytz.[1])

Eines der beiden eben entwickelten Verfahren muß man jederzeit können, die Grundgedanken der Entwicklung sind sehr leicht zu merken.

Liegt S nahe an P, dann wird der beim ersten Verfahren verwendete Kreis klein, und die Rechtecksseiten, zu denen die Achsen parallel zu ziehen sind, werden kurz. Andererseits wird aber beim zweiten Verfahren die Richtung der Geraden PS nicht genau, und dadurch werden die Schnittpunkte H und K dieser Geraden mit dem großen Kreisbogen ebenfalls nicht genau.

Sind die gegebenen konjugierten Halbmesser so beschaffen, daß S und P nahe aneinander rücken, dann wird die Konstruktion wesentlich genauer, wenn man sie in doppeltem oder dreifachem Maßstab ausführt. Man kann dazu die gegebenen Halbmesser verlängern oder eine getrennte Figur vergrößerten Maßstabs in solcher Stellung zeichnen, daß in beiden Figuren entsprechende Linien parallel sind.

§ 14. Fortsetzung. Die Betrachtungen von § 13 gingen von zwei gegebenen konjugierten Halbmessern aus, welche einen stumpfen Winkel bildeten. Der eine Halbmesser wurde um 90^0 gegen den anderen hin gedreht, so entstand MS. Sind demnach zwei konjugierte Halbmesser gegeben, welche einen spitzen Winkel einschließen, dann hat man den einen über den anderen hinweg um 90^0 zu drehen, um auf die frühere Figur und Konstruktion zu kommen.

Man kann jedoch auch in beiden Fällen die Drehung nach der anderen Seite machen. Damit entsteht eine ganz neue Figur, statt MS von Fig 66 hat man eine Linie $M\overline{S}$, welche entgegengesetzt gerichtet und ebenso lang ist wie MS. Dennoch lassen sich an MP und $M\overline{S}$ vollständig die früheren Konstruktionen anschließen. Man kommt

1) Moßbrugger, größtenteils neue Aufgaben aus dem Gebiet der Géométrie descriptive etc. Zürich 1845, p. 123 (Zitat nach Burmester).

ebenso einfach zu den Richtungen und Größen der Hauptachsen. Nur werden die Beweise anders und etwas weniger einfach, wenigstens wenn man sich auf elementare planimetrische Behandlung beschränken will. Näher soll darauf hier nicht eingegangen werden. Nur eine Angabe ist noch nötig. Die Konstruktionen von § 13 wurden beide weniger genau, wenn S und P einander recht nahe kamen. Man könnte meinen, daß dann die neuen Konstruktionen (mit $\bar{S}$ statt S) größere Genauigkeit geben. Es ist aber nicht der Fall. Denn die Mitte von $P\bar{S}$ ist dann recht nahe an M gelegen, und das bewirkt beim weiteren Konstruieren Ungenauigkeiten, gleichwertig mit denen, welche bei den ursprünglichen Konstruktionen auftreten. Das beste Verfahren, wenn S und P sehr nahe aneinander liegen, ist die im vorigen Paragraphen besprochene ähnliche Vergrößerung der Figur.

§ 15. **Zusatz.** Die Ellipsentangente im Endpunkte P des Halbmessers MP ist parallel zum konjugierten Halbmesser MP_1 (Fig. 66). Die Normale des Punktes P ist deshalb senkrecht zu MP_1 oder parallel zu MS. Trägt man auf der Verlängerung von MQ das Stück $QL = b$ $(= MR)$ ab, so ist $MPLS$ ein Parallelogramm, und darum PL die Normale der Ellipse für den Punkt P.

Dieser Satz läßt sich zu Konstruktionen verwenden. Doch wird man im allgemeinen, wenn nicht gerade konjugierte Halbmesser vorliegen, die Normale des Ellipsenpunktes P als Senkrechte zu der Tangente von P zeichnen, wobei die Tangente nach § 2 bestimmt wird.

---

§ 16. **Die schiefe Parallelprojektion eines Kreises.** Wird ein in geneigter Ebene liegender Kreis durch parallele Strahlen von beliebiger Richtung auf Π_1 projiziert, so bilden die Projektionsstrahlen einen Zylinder zweiter Ordnung und zwar einen elliptischen Zylinder. Sein Schnitt mit Π_1, die schiefe Parallelprojektion des Kreises, ist eine Ellipse.[1]) Irgend ein Paar rechtwinkliger Durchmesser des Kreises liefert durch die Projektion ein Paar Ellipsendurchmesser, von denen jeder die zum andern parallelen Sehnen halbiert, d. h. ein Paar konjugierter Durchmesser der Ellipse. Damit ist ein Weg zur Konstruktion der schiefen Parallelprojektion eines in geneigter Ebene liegenden Kreises gegeben.

Die Ellipse ist perspektivisch affin zu dem Kreis im Raum und sie ist in der Ebene Π_1 perspektivisch affin zu dem Grundriß k' des Kreises.

---

1) Die Anknüpfung an bekannte Sätze über Flächen zweiter Ordnung ist hier das einfachste. Andererseits kann man die schiefe Parallelprojektion eines Kreises als Ellipse erweisen durch Ausgehen von den Transformationsformeln für die Koordinaten in beiden Ebenen, vgl. den IV. Abschnitt § 10.

(Vgl. IV. Abschn. § 5.) Ferner ist die Ellipse in Π_1 perspektivisch affin zur Umlegung k_0 des Kreises um e_1 (IV. Abschn. § 3). Die Grundrißspur e_1 der Ebene des Kreises ist in allen drei Fällen die Affinitätsachse. Bei jeder der beiden affinen Beziehungen in Π_1 sind die Verbindungslinien zugeordneter Punkte untereinander parallel, aber im allgemeinen schief zur Affinitätsachse e_1.

Die perspektivische Affinität der Ellipse zur Umlegung k_0 des Kreises k wird zur Konstruktion der Ellipse verwendet, wie in § 17 näher ausgeführt wird.

§ 17. Konstruktion der Ellipse, welche zu einem Kreis in derselben Ebene perspektivisch affin ist. In einer einzigen Ebene sind eine Affinitätsachse s und ein Paar zugeordneter Punkte gegeben. Hiermit ist zu jeder Figur in der Ebene eine perspektivisch affine Figur eindeutig bestimmt (IV. Abschn. § 7). Gesucht ist die Kurve, welche einem Kreis entspricht.

Denkt man sich den Kreis um s gedreht, so hat man nach IV. Absch. § 4 eine perspektivisch affine räumliche Zuordnung zwischen dem Kreis und der Kurve. Deshalb ist nach dem vorigen Paragraphen die Kurve eine Ellipse. Weiter entsprechen nach dem vorigen Paragraphen dem Mittelpunkt und rechtwinkligen Durchmessern des gedrehten Kreises der Mittelpunkt und konjugierte Durchmesser der Ellipse; beim Zurückdrehen des Kreises in die ursprüngliche Lage bleibt diese Zuordnung erhalten.

Die in der Ebene gegebene perspektivische Affinität liefert deshalb aus einem Kreis eine Ellipse, dabei gehört zum Kreismittelpunkt der Ellipsenmittelpunkt, und jedes Paar rechtwinkliger Kreisdurchmesser liefert ein Paar konjugierter Durchmesser der Ellipse.

Hiernach läßt sich die Ellipse auf zwei Arten konstruieren:

Irgend ein Paar rechtwinkliger Kreisdurchmesser gibt ein Paar konjugierter Ellipsendurchmesser, und nach § 13 erhält man die Hauptachsen der Ellipse.

Kürzer und besser ist die unmittelbare Bestimmung der Hauptachsen (Fig. 67).

Unter der Gesamtheit aller Paare konjugierter Ellipsendurchmesser gibt es ein rechtwinkliges Paar, das sind die Hauptachsen der Ellipse. Zu ihrer Bestimmung hat man nur durch M ein Paar rechtwinkliger Strahlen so zu legen, daß ihnen wieder rechtwinklige Strahlen durch M_1 entsprechen. Man errichtet dazu auf der Verbindungslinie von M und M_1 in ihrer Mitte ein Lot und zeichnet um den Schnittpunkt dieses Lotes mit der Affinitätsachse einen Kreis durch M und M_1. Die Schnittpunkte A und B dieses Kreises mit s liefern zwei Verbindungslinien mit M, die rechtwinklig sind, und ebenso zwei zueinander rechtwinklige Verbindungslinien mit M_1. Damit sind zwei zueinander perspektivisch affine Paare rechtwinkliger Strahlen durch M und M_1 gefunden. Auf M_1A und M_1B fallen die Hauptachsen der Ellipse, und die vier Scheitel entsprechen perspektivisch affin den vier Punkten, in denen MA und MB den Kreis k schneiden[1]).

Soll in einem bestimmten Punkt P_1 der Ellipse die Tangente gezogen werden, so zieht man in dem affinen Punkt P des Kreises die

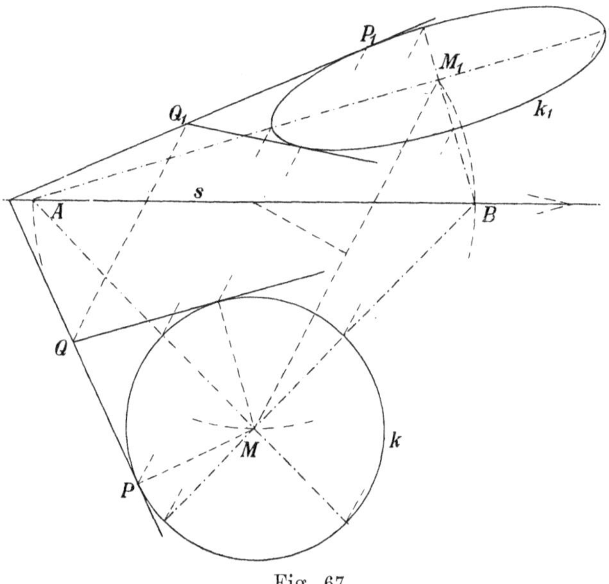

Fig. 67.

Tangente, bestimmt deren Schnittpunkt mit s und verbindet ihn mit P_1 (IV. Abschn. § 7). Soll andererseits von einem Punkte Q_1 an die Ellipse das Tangentenpaar gezogen werden, so bestimmt man zunächst den affinen Punkt Q zu Q_1, zieht von ihm aus die beiden Kreistangenten und bestimmt dann die Berührungspunkte der von Q_1 ausgehenden Elipsentangenten als affine Punkte zu den Berührungspunkten der Kreistangenten. Weiter trifft jede Ellipsentangente die zugehörige Kreistangente auf s, was unbedingt zu berücksichtigen ist.

Wichtig ist auch die Konstruktion einer Tangente von bestimmter Richtung an die Ellipse (u. a. für einige Kreisbilder in den Abschnitten über Parallelperspektive.)[2]). Man zieht eine Gerade g_1 dieser Richtung durch

1) Sind Ellipsenmittelpunkt und Kreismittelpunkt identisch, und sind außerdem die Affinitätsachse s und ein zusammenzugehöriges Punktpaar gegeben, dann versagt die Konstruktion, aber auf konjugierte Ellipsenhalbmesser kommt man leicht.

2) Siehe auch die Anm. auf S. 90.

einen Punkt der Bildfigur (z. B. durch M_1) und bestimmt die affine Gerade g. Dann hat man nur noch zu g eine parallele Tangente t an den Kreis k zu ziehen; die zugehörige Gerade in der Bildfigur ist die gesuchte Ellipsentangente, sie geht aus vom Schnittpunkt der Kreistangente mit der Affinitätsachse und ist zu g_1 parallel.

§ 18. Parallelprojektion einer Ellipse; die affine Kurve zu einer Ellipse. Ist in irgend einer Ebene eine Ellipse gegeben und projiziert man sie rechtwinklig oder schief durch parallele Strahlen auf eine andere Ebene, so bilden die Projektionsstrahlen einen elliptischen Zylinder und die Projektion ist deshalb auch eine Ellipse. Wieder entspricht jedem Paare konjugierter Durchmesser der ursprünglichen Ellipse ein Paar konjugierter Durchmesser der Projektion. Insbesondere erhält man als zugeordnete Punkte der vier Ellipsenscheitel die Endpunkte eines Paares konjugierter Durchmesser der Projektionsellipse. Dies wird später bei Darstellung elliptischer Schnitte des Rotationszylinders und Rotationskegels verwendet.

Durch entsprechende Betrachtung wie im Anfang von § 17 beweist man aus den eben aufgestellten Sätzen folgendes: Bei allgemeiner perspektivischer Affinität in **einer** Ebene geht aus einer Ellipse wieder eine Ellipse hervor. Dabei sind die Mittelpunkte zugeordnete Punkte und jedes Paar konjugierter Durchmesser der ersten Ellipse liefert ein Paar konjugierter Durchmesser der zweiten.

§ 19. Anwendung zur Konstruktion einer Ellipse aus konjugierten Durchmessern. Durch die Endpunkte eines jeden der beiden konjugierten Durchmesser zieht man Parallelen zu dem anderen Durchmesser. Das entstehende Parallelogramm umschließt die Ellipse und berührt sie in den Endpunkten der beiden Durchmesser, d. h. in den Mitten seiner Seiten. An eine Parallelogrammseite fügt man außen ein Quadrat an. Dann lassen sich die beiden Vierecke als perspektivisch affine Parallelogramme in derselben Ebene auffassen; die gemeinsame Seite liegt auf der Affinitätsachse und die Affinität ist durch beide Vierecke völlig bestimmt. Darum hat die Ellipse, deren konjugierte Durchmesser gegeben sind, eine eindeutig bestimmte zugeordnete Ellipse. Diese wird von den Quadratseiten in deren Mitten berührt und hat deshalb ein Paar rechtwinkliger und gleich langer Durchmesser. Sie ist ein Kreis. Damit hat man den Satz:

Beschreibt man dem oben eingeführten Quadrat einen Kreis ein, so ist er die perspektivisch affine Kurve zur Ellipse mit den gegebenen konjugierten Durchmessern.

Nun läßt sich die Ellipse nach § 17 konstruieren. Das Parallelogramm und das Quadrat waren nur zum Beweis nötig. Die Konstruktion wird einfach so:

Durch einen Endpunkt P des einen der gegebenen konjugierten Durchmesser zieht man zum anderen Durchmesser eine unbegrenzte Parallele s. Dann zeichnet man einen Kreis, welcher s in P berührt, die Länge des zu s parallelen Ellipsendurchmessers zum Durchmesser hat und auf der anderen Seite von s liegt, wie die gesuchte Ellipse. Zu diesem Kreis ist die gesuchte Ellipse perspektivisch affin, wobei die Affinität durch die Achse s und durch die beiden Kurvenmittelpunkte bestimmt ist. Nach § 17 hat man einen Kreis, dessen Mittelpunkt auf s liegt und der durch die beiden Mittelpunkte geht, zu suchen. Seine Schnittpunkte mit s liefern die Hauptachsen der Ellipse der Lage nach, auch die Längen der Hauptachsen folgen dann unmittelbar, wie in § 17 besprochen ist.

Diese Konstruktion ist durchaus nicht so elementar zu begründen, wie die beiden Konstruktionen von § 13. Weiter ist die Anzahl der durchzuführenden einzelnen Operationen beträchtlich größer als bei diesen Konstruktionen, und man hat viel mehr Linien auf das Papier zu bringen. Die Genauigkeit ist nicht größer. Trotzdem hat das Verfahren theoretisches und ein gewisses praktisches Interesse. Die perspektivische Affinität des Tangentenparallelogramms und der Ellipse zum Quadrat und dem eingeschriebenen Kreis haftet gut im Gedächtnis, und gleiches gilt von der aus § 17 entnommenen Konstruktion, welche man auch sonst sehr oft braucht.

---

§ 20. Einige Angaben über Hyperbel und Parabel. Die perspektivische Affinität der Ellipse zum Kreis bot die Möglichkeit, eine Reihe von Eigenschaften der Ellipse abzuleiten und Konstruktionen darauf zu gründen. Von den anderen Kegelschnitten werden die wichtigsten Eigenschaften und Konstruktionen ohne weiteres als bekannt vorausgesetzt, wo man sie später nötig hat. Nur weniges mag hier noch kurz gebracht werden.

Wenn man entsprechend vorgeht, wie in § 18 für die Ellipse, dann findet man folgende Sätze: Durch senkrechte oder schiefe Parallelprojektion entsteht aus einer Hyperbel eine Hyperbel, aus einer Parabel eine Parabel. Dabei gehen aus konjugierten Durchmessern der ursprünglichen Hyperbel konjugierte Durchmesser der neuen Hyperbel hervor. Ebenso entsprechen sich die Mittelpunkte und die unendlich fernen Punkte und damit auch die Asymptoten der beiden Hyperbeln. — Bei Parallelprojektion einer Parabel folgt aus einem Büschel paralleler Sehnen und dem Ort der Mitten dieser Sehnen wieder ein entsprechendes System von Geraden für die neue Parabel. (Der Ort der Mitten paralleler Sehnen ist ein Durchmesser, eine Parallele zur Symmetrieachse; er schneidet die Parabel in einem Punkt, dessen Tangente zu den Sehnen des Büschels parallel ist.)

Wie in § 18 erhält man auch leicht Sätze über die perspektivisch affine Abbildung einer Hyperbel oder Parabel in einer einzigen Ebene. Die Möglichkeit einer Ableitung von Eigenschaften der allgemeinen Hyperbel aus denen der gleichseitigen Hyperbel mittels der Orthogonalprojektion und allgemeinen Parallelprojektion sei erwähnt. Außerdem muß noch ausgesprochen werden, daß man bei einer Hyperbel Paare konjugierter Durchmesser mit reellen Endpunkten erhält, indem man die konjugierte Hyperbel hinzunimmt. Die Konstruktion einer Hyperbel aus gegebenen konjugierten Durchmessern erfordert aber keinerlei entsprechende Betrachtungen zu §§ 13—14. Denn die Endpunkte konjugierter Durchmesser sind die Ecken eines Parallelogramms, dessen Seiten zu den Asymptoten parallel sind, und die weitere Konstruktion ist einfach (auch die Scheitel und damit die Halbachsenlängen kann man genau finden).

§ 21. **Konstruktionen der Kegelschnitte mittels projektiver Strahlbüschel** lassen sich in besonderen Fällen recht einfach auf Grund der Affinität finden. Für die Ellipse geht man dabei aus von zwei Strahlbüscheln beim Kreis, deren Zentra in den Endpunkten eines Kreisdurchmessers liegen. Die Figur ist leicht auf folgende Art zu entwerfen. Die Endpunkte A und B des wagerechten Kreisdurchmessers sollen als Zentra der projektiven Büschel dienen. CD ist der senkrechte Durchmesser, M der Kreismittelpunkt. Die Kreistangenten in B und D schneiden sich in E. Die Strahlbüschel mit den Zentren A und B sind durch den Kreis einander projektiv zugeordnet, entsprechende Strahlen sind aufeinander rechtwinklig. Deshalb sind durch entsprechende von A und B ausgehende Strahlen auf den Geraden MD und ED Punkte F und G bestimmt in der Art, daß die Dreiecke AMF und BEG kongruent sind. Werden demnach MD und ED je in n gleiche Teile geteilt und werden die Teilpunkte so numeriert, daß die Ziffern 0 und n auf MD bei M und D stehen und auf ED bei E und D, dann liefern entsprechende Punkte von MD und ED durch Verbinden mit A und B Strahlen der projektiven Büschel und damit auf dem Viertelkreis von B bis D außer B und D noch $n-1$ Punkte. (Auch auf den anderen Teilen des Kreises erhält man Punkte, indem man die Teilungen auf den Geraden MD und ED fortsetzt.) Wird dann die ganze Figur perspektivisch affin umgeformt — durch räumliche Parallelprojektion oder in einer Ebene — dann kommt man zur Erzeugung einer Ellipse aus projektiven Strahlbüscheln. Dabei liegen die Zentra beider Büschel entweder in zwei gleichartigen Scheiteln der Ellipse oder in den Endpunkten eines allgemeinen Durchmessers derselben; weiter erhält man zusammengehörige Strahlen beider Büschel sofort mittels ähnlicher projektiver Punktreihen auf zwei einfach anzugebenden Geraden. Auch eine wenig bekannte Tangentenkonstruktion für jeden entstehenden Ellipsenpunkt läßt sich leicht entwickeln. Die ganze Konstruktion der Ellipse aus derartigen projektiven Strahlbüscheln hat jedoch für die darstellende Geometrie nur geringes praktisches Interesse. Deshalb wurde sie hier auch nur flüchtig berührt. Ausführlich soll sie in einem Band über analytische Geometrie der Ebene, dessen Herausgabe für später in Aussicht genommen ist, behandelt werden. Die zentralperspektivische Umformung der beim Kreis auftretenden Figur wird im XI. Abschnitt des 2. Bandes betrachtet.

Erzeugt man eine gleichseitige Hyperbel aus projektiven Strahlbüscheln, deren Zentra in den Scheiteln liegen, dann haben diese Büschel wieder die Eigenschaft, daß ein Paar zugeordneter Strahlen die gleiche Drehungsgeschwindigkeit besitzen. Aber jetzt haben die beiden Strahlen entgegengesetzten Drehungssinn. Darauf lassen sich Betrachtungen gründen, welche entsprechend zum vorigen Fall eine Hyperbelerzeugung aus projektiven Strahlbüscheln geben, wobei die Zentra der Büschel entweder die beiden Hyperbelscheitel oder die Endpunkte eines allgemeinen Hyperbeldurchmesser sind. Auch hierüber wird ausführlicher in dem Bande über analytische Geometrie die Rede sein.

Bei der Parabel gibt es eine einfache Erzeugung aus einem Strahlbüschel, dessen Zentrum im Scheitel liegt, und einem dazu projektiven Büschel von Strahlen der Achsenrichtung. Zugeordnete Strahlen beider Büschel sind wieder durch ähnliche Punktreihen auf zwei sehr einfach angeordneten Geraden bestimmt. Hieraus kann man wieder mittels der Affinität eine Parabelerzeugung ableiten, wobei das Zentrum des einen Büschels allgemein auf der Kurve liegt, und wo das andere Büschel ein Parallelbüschel ist. Diese Erzeugung, auf welche ich hier ebenfalls nicht weiter eingehe, kommt im XII. Abschnitt § 14 beiläufig zur Anwendung.

IX. Abschnitt.

Rotationskegel und Rotationszylinder in allgemeiner Stellung, mit Schattenkonstruktionen.

§ 1. Die Projektionen eines Rotationskegels für allgemeine Stellung. Von einem Rotationskegel sind die Ebene des Basiskreises durch ihre Spuren, ferner die eine Projektion des Basismittelpunktes M und die Höhe h gegeben. Die Spitze soll höher liegen als der Basismittelpunkt (Fig. 68 auf Taf. II). Beide Projektionen des Kegels sind zu zeichnen.

Zunächst bestimmt man die andere Projektion von M und beide Projektionen des Basiskreises k. Dabei zeichnet man auch gleich die Umlegung des Basiskreises um e_1, die man später doch nötig hat. Dann ist in M ein Lot von der Länge h zu errichten. Wenn schon zur Konstruktion von k' und k'' einer der Neigungswinkel benutzt worden ist, so verwendet man ihn auch beim Errichten des Lotes (s. die Figur). Der Endpunkt des Lotes ist die Kegelspitze S.

Fällt nun S' außerhalb k', so sind die beiden von S' an k' gezogenen Tangenten die Grundrißspuren zweier Vertikalebenen. Diese Ebenen gehen durch S, enthalten den Basiskreis und damit den ganzen Kegel zwischen sich, und sie berühren den Kegel. Die Mantelgeraden, in denen diese Berührung stattfindet, trennen die Mantelfläche in eine von oben sichtbare und eine unsichtbare Hälfte; sie sind der Umriß für die Ansicht von oben. Hier ist die Basisfläche selbst von oben unsichtbar, und darum ist von oben nur ein Teil des Basiskreises k sichtbar. Die Endpunkte dieses sichtbaren Teiles haben zu Grundrissen die Berührungsstellen der von S' ausgehenden Tangenten[1]). Von den beiden Teilen, in welche k' durch diese Punkte zerfällt, ist der größere stark auszuziehen, der kleinere (der gegen S' hin konvexe) zu punktieren. — Würde S' im Innern von k' liegen, dann wäre der ganze Kegelmantel von oben sichtbar.

Für den Aufriß des Kegels ist alles entsprechend.

§ 2. Schattenkonstruktion für parallele Lichtstrahlen. Zu dem eben gezeichneten Kegel soll jetzt der Schatten für die durch l' und l'' gegebene Lichtrichtung bestimmt werden. Weiter ist die Lichtgrenze auf dem Kegel gesucht.

Zunächst wird der Schatten auf die Grundrißebene entworfen. Man bestimmt zu dem Punkt S den Schatten S_s, ebenso zu M den Schattenpunkt M_s.[2]) Dann ist die Schattenkurve des Basiskreises zu suchen, ohne Rücksicht darauf, daß nur ein Teil von k Schatten wirft. Man könnte zu den vier Punkten von k, denen im Grundriß die vier Scheitel von k' entsprechen, die Schattenpunkte bestimmen. Diese vier Punkte des Kreises k sind Endpunkte rechtwinkliger Durchmesser. Die zugehörigen Schattenpunkte sind demnach Endpunkte zweier konjugierter Durchmesser der Schattenellipse k_s, und man käme dann leicht nach dem VIII. Abschn. §§ 13, 14 zu den Hauptachsen dieser Ellipse.

Aber kürzer und besser ist folgendes Verfahren: Die Schattenellipse k_s des Kreises k ist im Raum perspektivisch affin zu k und deshalb in Π_1 perspektivisch affin zu k_0, vgl. den IV. Abschn. § 3. Dabei ist e_1 die

1) Die Tangenten erhält man ohne weiteres genau, nicht aber ihre Berührungspunkte. Eine Methode zu deren genauer Bestimmung wird später in § 10 des XIII. Abschnitts besprochen. Einen anderen Weg bietet die Polarentheorie (vollständiges Vierseit). Auch kann man den zur Tangentenrichtung konjugierten Durchmesser benutzen.

2) Vgl. VII. Abschn. § 7.

Affinitätsachse und die Zuordnung von M_s zu M_0 bestimmt die ganze Schattenellipse; die Konstruktion wird nach dem VIII. Abschn. § 17 ausgeführt und ist in Fig. 68 enthalten.

Dann sind an die Schattenellipse k_s von S_s aus die Tangenten zu ziehen. Dies geschieht am einfachsten bloß mit dem Lineal, vergleiche die Anm. 1) auf vor. Seite. Man braucht jedoch zur Bestimmung der Lichtgrenze am Körper die Mantelgeraden SX und SY, denen im Schatten die Tangenten S_sX_s und S_sY_s entsprechen. Deshalb ist es wichtig, die Berührungspunkte X_s und Y_s der von S_s aus an k_s gehenden Tangenten genau zu erhalten. Dazu kann man die Affinität zwischen k_s und k_0 verwenden. Man kann zu S_s den affinen Punkt suchen, der in der Figur oben rechts liegt und nicht bezeichnet ist[1]). Von ihm aus zieht man die Tangenten an k_0, die Berührungspunkte sind X_0 und Y_0; zu ihnen ergeben sich aus der Affinität die zugehörigen Punkte X_s und Y_s auf k_s (auf die es übrigens weniger ankommt) und die Punkte X' und Y' auf k'. Aus X' und Y' folgen wieder X'' und Y'' auf k''. Damit sind die beiden Geraden SX und SY des Kegelmantels gefunden, welche der Lichtgrenze auf dem Kegel angehören. Im Grundriß ist aber nur $S'X'$ und nicht $S'Y'$ eingezeichnet, weil $S'Y'$ auf dem von oben unsichtbaren Teil der Mantelfläche liegt. Ebenso ist im Aufriß nur $S''Y''$ eingetragen und nicht $S''X''$. Man kennzeichnet in jeder der beiden Projektionen die unbeleuchteten Teile der Körperoberfläche nur soweit, als sie in der zugehörigen Projektionsrichtung sichtbar sind, ganz wie beim ebenflächigen Körper im VII. Abschnitt § 6.

Ein anderer Weg zur Bestimmung der Punkte X und Y ist noch zu nennen. Die Lichtstrahlen, welche den Basiskreis k in X und Y streifen, treffen Π_1 in den Punkten X_s und Y_s. Diese lassen sich als Berührungspunkte der von S_s ausgehenden Tangenten genau finden nach dem Schluß der Anm. 1) auf voriger Seite. Dann erhält man die Grundrisse, Aufrisse und Seitenrisse der beiden nach X_s und Y_s gehenden Lichtstrahlen, und hieraus folgen wieder die Schnittpunkte X und Y der Strahlen mit der Ebene von k. Unter dem Verzicht auf den Seitenriß würde meist die Genauigkeit der Konstruktion leiden.

In der Figur war die Lichtrichtung so gewählt, daß ein Teil der in Π_1 auftretenden Schattenellipse k_s hinter die Projektionsachse fällt. Deshalb wird schon ein Teil des Schattens von Π_2 aufgefangen. Man muß demnach, wenn man nicht die Schattenellipse k^s auf Π_2 ganz selbständig, ebenso wie k_s bestimmen will, zu dem hinter der Achse liegenden Stück der Ellipse k_s und dem im Punkte X_s anschließenden Teil der Tangente die affine Figur in Π_2 konstruieren auf Grund der durch die

1) Obwohl dieser Punkt durch einen spitzen Schnitt sich ziemlich ungenau ergibt, werden die aus ihm folgenden Punkte X_0 und Y_0 genau.

Lichtrichtung gegebenen Zuordnung. Die Hilfslinien der Konstruktion sind für einen Punkt der Ellipse teilweise eingetragen. Wichtig ist es, wenigstens für einige Punkte auch die Tangenten aus der Affinität zwischen k^s und k_s zu konstruieren.

§ 3. **Schattenkonstruktion für einen stehenden Rotationszylinder.** Für den auf Π_1 stehenden geraden Kreiszylinder, dessen Projektionen man ohne weiteres erhält, bietet die Schattenkonstruktion einiges Interesse. Die Lichtrichtung ist wieder durch l', l'' gegeben.

Man betrachtet eine auf dem Zylindermantel liegende Kreislinie. Wenn der Zylinder durchsichtig wäre und sie allein Schatten würfe, dann wäre ihr Schatten eine kongruente Kreislinie in Π_1. Denkt man sich die Kreislinie auf der Zylinderfläche verschoben von der tiefsten bis zur höchsten Lage, dann erfüllt dabei die zugehörige kreisförmige Schattenlinie die ganze in Π_1 liegende Schattenfläche des Zylinders. So umfaßt diese Schattenfläche den Basiskreis des Zylinders und den Schattenkreis der oberen Endfläche, außerdem das zwischen diesen Kreisen liegende von den äußeren parallelen Tangenten begrenzte Flächenstück. Die ganze Schattenfläche ist überall konvex oder geradlinig und hat keine Ecken[1]).

Der ganze Zylinder und sein Schatten sind zwischen zwei Vertikalebenen enthalten, die zur Lichtrichtung parallel sind. Die zwei Mantelgeraden, in denen diese Ebenen den Zylinder berühren, gehören zur Lichtgrenze und sind unmittelbar zu finden. Weiter wird die Lichtgrenze gebildet aus je einer Hälfte des Randes der oberen und unteren Endfläche des Zylinders, was im einzelnen leicht zu sehen ist.

Wenn nun ein Teil des in Π_1 konstruierten Schattens hinter die Projektionsachse fällt, so daß schon Π_2 Schatten auffängt, dann ist diese Schattenfläche auf Π_2 zu dem eben genannten Schattenteil affin. Der Schattenumriß in der Zeichnung erleidet an den beiden Kreuzungsstellen mit der Projektionsachse eine Richtungsänderung, hat aber im übrigen auch nirgends eine Ecke. Wenn hierbei in Π_2 noch ein oder zwei geradlinige Stücke der Schattenbegrenzung auftreten, sind sie natürlich vertikal, weil sie den Aufrißspuren der früher genannten zur Lichtrichtung parallelen Vertikalebenen angehören. Außerdem tritt in Π_2 als Schattenumriß ein Ellipsenbogen auf, der von jedem dieser vertikalen geradlinigen Stücke berührt wird und den man als die affine Linie zu dem hinter Π_1 liegenden Kreisstück konstruieren kann. Die Projektionsachse ist Affinitätsachse, die Konstruktion läßt sich nach dem VIII. Abschn. § 17 ausführen oder man kann einzelne Punkte suchen, wie am Schluß des vorigen Paragraphen angegeben ist. Auch kann man die Ellipse, welche die Schattenkurve

1) Der von der Basisfläche bedeckte Teil von Π_1 erhält kein Licht und muß demnach der Schattenfläche zugezählt werden. Dadurch wird auch erst der Rand der Schattenfläche richtig der Lichtgrenze auf dem Körper zugeordnet.

der oberen Endfläche des Zylinders auf Π_2 ist, unmittelbar bestimmen. Man erhält konjugierte Durchmesser von ihr, indem man ausgeht von rechtwinkligen Durchmessern des oberen Zylinderkreises. Als einen dieser Durchmesser wählt man die Verbindungslinie der beiden oberen Eckpunkte der Lichtgrenze am Körper; man findet dadurch von der Ellipse im Aufriß die Stellen mit vertikalen Tangenten und die Endpunkte des vertikalen Durchmessers. Die Hauptachsen werden nach §§ 13—14 des VIII. Abschnitts bestimmt.

§ 4. Darstellung des Rotationszylinders in allgemeiner Stellung mit Schatten und Lichtgrenze. Von einem geraden Kreiszylinder sind gegeben: Radius und Höhe, ferner die Spuren der Basisebene und die eine Projektion vom Mittelpunkt M_1 des Basiskreises k_1 (Fig. 69, Taf. II).

Man bestimmt die andere Projektion von M_1 und konstruiert die Projektionen für die Mitte M_2 der oberen Kreisfläche k_2 des Zylinders, genau wie in § 1 die Projektionen der Kegelspitze gefunden wurden. Dann konstruiert man die Scheitel für k_1' und k_1''. Die Projektionen k_2' und k_2'' der oberen Kreisfläche sind zu k_1' und k_1'' kongruent und ergeben sich aus ihnen durch Parallelverschiebung. Dies ist beim Ausziehen mit den Kurvenlinealen zu berücksichtigen.

Die gemeinsamen zu $M_1'M_2'$ parallelen Tangenten von k_1' und k_2' liefern mit den Hälften von k_1' und k_2' den Umriß der Grundrißprojektion des Körpers. Die Berührungspunkte der Tangenten sind die Scheitel der großen Achsen beider Ellipsen. — Für den Aufriß ist alles entsprechend.

Soll wieder der Schatten für paralleles, durch l', l'' gegebenes Licht bestimmt werden[1]), dann bestimmt man zuerst die Schattenpunkte zu M_1 und M_2, dann die Schattenellipse von k_1 wie im vorletzten Paragraphen. Die Schattenellipse von k_2 folgt aus der von k_1 durch Parallelverschiebung. Die gemeinsamen parallelen Tangenten dieser zwei Ellipsen umgrenzen mit je einer Hälfte dieser Ellipsen den Körperschatten in Π_1. So ist der Rand des Zylinderschattens überall konvex oder geradlinig, und er hat nirgends eine Ecke. Den beiden geradlinigen Stücken dieser Schattenumgrenzung entsprechen auf dem Zylindermantel zwei Geraden, welche zur Lichtgrenze gehören. Die Endpunkte der geradlinigen Stücke der Schattenumgrenzung auf der Schattenellipse von k_1 sind X_s und Y_s. Ihnen entsprechen an k_1 die Punkte X und Y, vgl. den Kegelschatten in § 2. Die Konstruktion der Projektionen von X und Y erfolgt ähnlich wie dort mittels der Affinität, nur ist die Konstruktion etwas einfacher. Denn X_s und Y_s sind die Berührungspunkte paralleler Tangenten von bekannter Richtung, und deshalb sind X_0 und Y_0 Berührungspunkte auf dem umgelegten Basiskreis, deren gemeinsame Tangentenrichtung man leicht

1) In Fig. 69 ist keine Schattenkonstruktion enthalten.

findet. Hieraus folgen X_0 und Y_0, dann X' und Y', endlich X'' und Y''. Dann sind die Projektionen der Lichtgrenze am Körper bekannt. Auch der vorletzte Absatz von Seite 102 ist zu vergleichen.

Wenn die in Π_1 konstruierte Schattenfläche des Zylinders teils hinter die Projektionsachse fällt, so wird der Zylinderschatten wieder teils von Π_2 aufgefangen, und dieses Flächenstück ist perspektivisch affin zu dem hinter der Achse liegenden Stück des in Π_1 erhaltenen Schattens. Man kann es aus der Affinität oder unabhängig davon konstruieren; alles wesentliche darüber ist schon früher gesagt.

§ 5. **Zusätze.** Hiermit sind für Parallelbeleuchtung die Schatten und die Lichtgrenze für Kegel und Zylinder bestimmt. Die entsprechende Aufgabe für die Kugel wird im XIII. Abschn. §§ 5—8 behandelt, wo sie ihre natürlichste Stelle findet.

Die Schattenkonstruktion bei punktförmiger Lichtquelle soll für den Kegel von § 1 noch kurz besprochen werden. Zunächst handelt es sich um die Schattenkurve k_s des Basiskreises k. Sie ist der Schnitt von Π_1 mit der Kegelfläche aller Strahlen, die vom Lichtpunkt L ausgehen, und durch Punkte von k hindurchgehen. k_s ist entweder eine Ellipse oder eine Parabel oder die eine Hälfte einer Hyperbel. Das hängt von der Lage des L zu den Horizontalebenen durch den höchsten und tiefsten Punkt von k ab und braucht nicht näher ausgeführt zu werden. (In § 9 des XIII. Abschnitts kommen übrigens ähnliche Betrachtungen vor.) Das Zeichnen von k_s mittelst der Schattenpunkte beliebig ausgewählter Punkte von k empfiehlt sich nicht. Man kommt ziemlich leicht zu den Endpunkten konjugierter Durchmesser der Ellipse oder der vollständigen Hyperbel oder zu entsprechenden Bestimmungsstücken der Parabel.

Jetzt liege der Fall eines elliptischen k_s vor. Horizontale Sehnen von k liefern zu einander und zu e_1 parallele Sehnen von k_s als Schattenlinien. Dabei entsprechen den Mitten solcher Sehnen von k die Mitten der Sehnen von k_s. Demnach hat der Durchmesser d von k, welcher den höchsten und den tiefsten Punkt von k verbindet, zur Schattenlinie einen Durchmesser d_s von k_s, nicht bloß eine Sehne. d_s ist konjugiert zu allen Sehnen von k_s, welche zu e_1 parallel sind. Dem Mittelpunkt von k_s, d. h. von d_s, gehört auf d ein leicht zu findender Punkt zu. Die horizontale Sehne von k, welche durch diesen Punkt geht, hat als Schattenlinie den zu e_1 parallelen Durchmesser von k_s. Sobald dessen Endpunkte gefunden sind, läßt sich die Ellipse k_s aus konjugierten Durchmessern konstruieren nach dem VIII. Abschn. § 13.

Aus k_s und dem Schattenpunkt S_s der Kegelspitze kommt man nun zum Umriß des auf Π_1 fallenden Kegelschattens. Hierbei hat man die Berührungsstellen X_s und Y_s der von S_s an k_s gezogenen Tangenten möglichst genau zu bestimmen, denn ihnen entsprechen die Punkte X und Y auf k, welche für die Lichtgrenze wesentlich sind, vgl. § 2. X_s und Y_s lassen sich nach dem Schluß der Anmerkung 1 auf Seite 101 finden. Die Projektionen von X und Y findet man dann am elementarsten daraus, daß X und Y die Schnittpunkte der Geraden LX_s und LY_s mit der Ebene des Basiskreises sind, diese Bestimmung ist besonders einfach und genau, wenn man schon von früher einen Seitenriß des Kegels für eine zu e_1 senkrechte Seitenrißebene hat.

k und k_s sind einander zentralperspektivisch in bezug auf L zugeordnet. Das bewirkt einen einfachen Zusammenhang zwischen der Umlegung k_0 und k_s, vergleiche den XI. Abschn. §§ 7, 8 und den zweiten Band. Dieser Zusammenhang läßt sich konstruktiv verwerten, auch für X_0 und Y_0 und damit für die Projektionen von X und Y. Doch eignet sich dies jetzt nicht zu näherer Besprechung.

Die Fälle eines hyperbolischen oder parabolischen k_s bieten auch gute Übungsaufgaben. Aber für die Konstruktion im hyperbolischen Fall sind die konjugierten Durchmesser weniger wesentlich als die Asymptoten. Wegen des grundlegenden Satzes zur Bestimmung der Asymptoten ist § 15 im XII. Abschnitt zu vergleichen.

X. Abschnitt.

Konstruktionen unter Vermeidung der Ebenenspuren.

§ 1. Vorbemerkungen. Wenn eine Ebene E durch die beiden Projektionen eines in ihr liegenden Dreiecks ABC gegeben ist, so kann man ihre Spuren e_1 und e_2 mittels der Spurpunkte der Dreiecksseiten suchen. Aber häufig nehmen e_1 und e_2 ungünstige Lagen an, und selbst, wenn sie gut zu finden sind, würde ihre Konstruktion und weitere Verwendung bei vielen Aufgaben ein unnötiger Umweg sein und die Genauigkeit der Zeichnung beeinträchtigen.

Man kann geradezu sagen, daß die Aufgabe, die Spuren der Ebene dreier Punkte zu suchen, nicht zu den Fundamentalaufgaben gehört, auf die man bei zusammengesetzten Aufgaben immer zurückgreifen muß. An Stelle von Hilfspunkten auf den Spuren der Ebene wendet man Punkte auf den Dreiecksseiten an, und an die Stelle der Spuren treten für viele Zwecke Spurparallelen.

§ 2. Die Gerade in der Ebene eines Dreiecks. Von einem Dreieck ABC sind die beiden Projektionen gegeben, außerdem ist eine Projektion einer in der Ebene des Dreiecks liegenden Geraden l, etwa l', gegeben, die andere, l'', wird gesucht. (Fig. 70, die auch für §§ 3, 4 dient, Tafel II.)

l schneidet die Seiten des Dreiecks in drei Punkten H, I, K, deren Grundrisse unmittelbar bekannt sind und deren Aufrisse man deshalb auf den Aufrissen der betreffenden Dreiecksseiten findet. Durch H'', I'', K'' geht l''. Oft wird man zur Bestimmung von l'' nur zwei von den Punkten H, I, K benutzen.

§ 3. **Der Punkt in der Ebene eines Dreiecks.** Neben $A'B'C'$ und $A''B''C''$ ist jetzt noch die eine Projektion eines Punktes in der Ebene des Dreiecks gegeben, etwa P' (Fig. 70). Um die andere Projektion zu suchen, benutzt man — ganz wie im II. Abschn. § 5 — eine durch P gehende Gerade l der Ebene, deren Grundriß l' man passend wählt. Daraus folgt l'', und P'' liegt auf l'' und senkrecht über P'. Häufig legt man l durch eine Ecke des Dreiecks ABC, was die Konstruktion vereinfacht.

Nach dem V. Abschn. § 3 sind $A'B'C'$ und $A''B''C''$ perspektivisch affine Dreiecke in der Zeichnungsfläche; die Affinitätsachse ist im allgemeinen schief zur Projektionsachse, die Verbindungslinien affiner Punkte sind zur Projektionsachse senkrecht. Wendet man zur Bestimmung des P'' aus P' das Verfahren vom IV. Abschn. § 8 an, so hat man genau die eben besprochene Konstruktion.

§ 4. **Der Schnittpunkt einer Geraden mit der Ebene eines Dreiecks.** Man betrachtet eine der projizierenden Ebenen von g, z. B. die Ebene durch g und g' (Fig. 70). Sie schneidet die Ebene des Dreiecks in einer Hilfslinie l, deren Grundriß mit g' zusammenfällt. Aus l' findet man l'' (§ 2). Der Schnittpunkt von g und der Dreiecksebene liegt zugleich auf g und l, d. h. P'' ist der Schnitt von g'' und l''. Daraus folgt P' auf g'. Auch kann man P' selbständig bestimmen mit Hilfe der anderen projizierenden Ebene von g, d. h. der Ebene durch g und g''; die betreffenden Hilfslinien sind in der Figur nicht eingetragen.[1])

Wenn die Dreiecksfläche als undurchsichtig gilt, so ist von oben gesehen ein Stück von g unsichtbar. Es liegt nicht etwa immer auf der unteren Hälfte von g. Sein Anfangspunkt ist P, sein Endpunkt liegt vertikal unter einer Dreiecksseite, d. h. hier entweder unter AB oder unter AC. Wenn die Entscheidung hierüber nicht unmittelbar aus der Anschauung folgt, kann man nach dem I. Abschn. § 6 prüfen, ob g über

1) Es kommt im Grunde gar nicht darauf an, daß der Schnittpunkt von g mit der Ebene des Dreiecks ins Innere des Dreiecks fällt. Fordert man dies aber und will man die gegebenen Stücke zu einer solchen Figur selbst wählen, so muß natürlich g' den Grundriß, g'' den Aufriß des Dreiecks durchkreuzen. Aber das ist nicht ausreichend; man wird daher, wenn $A'B'C'$ und $A''B''C''$ angenommen sind, zuerst nur g' annehmen, dann l'' suchen und nun erst g'' in der Art wählen, daß P'' an eine passende Stelle kommt. Entsprechendes gilt überhaupt für die Wahl gegebener Stücke in sehr vielen Fällen.

oder unter AB hinführt. Hier verläuft g über AB und demnach unter AC. So ist das Stück von g' zwischen P' und $A'C'$ der Grundriß des von oben unsichtbaren Teiles von g und wird demnach punktiert. — Ebenso wird im Aufriß der Teil von g'' punktiert, welcher bei der Ansicht von vorn (in der Richtung senkrecht zu Π_2) durch die Dreiecksfläche verdeckt wird; er wird entsprechend bestimmt.

Sieht man in der ersten oder zweiten Projektionsrichtung (d. h. von oben senkrecht zu Π_1 oder von vorn senkrecht zu Π_2) dieselbe Seite des Dreiecks, dann ist die auf dieser Seite liegende Hälfte der Geraden jedesmal völlig sichtbar und von der entgegengesetzten Hälfte der Geraden ist jedesmal ein Stück durch das Dreieck verdeckt. Im andern Fall sieht man in den beiden Richtungen verschiedene Hälften der Geraden ganz frei. Je nachdem $A'B'C'$ und $A''B''C''$ denselben oder entgegengesetzten Umlaufssinn haben, liegen demnach die punktierten Stücke von g' und g'' übereinander oder nicht. Beispiele bieten diese Figur und die Lagen von DE und DF zum Dreieck ABC in Figur 71.

Genau wie hier der Schnitt einer Geraden mit der Ebene eines Dreiecks bestimmt ist, wird auch der Schnitt einer Geraden mit irgend einem ebenen Polygon, z. B. einer Polyederfläche gefunden, wofür der Abschnitt über Durchdringung ebenflächiger Körper Beispiele bietet.

§ 5. Die Schnittlinie zweier Dreiecke. Als Anwendung der letzten Aufgabe ist in Figur 71 auf Tafel II die Durchdringung von zwei Dreiecken ABC und DEF konstruiert; P und Q sind die Schnittpunkte von DE und DF mit der Ebene des Dreiecks ABC und liegen beide innerhalb desselben, so daß die ganze Strecke PQ die Durchdringungslinie der beiden Dreiecke bildet.

Senkrecht über dem Schnittpunkt von $A'C'$ und $D'E'$ liegt die Gerade AC höher als die Gerade DE. So geht überhaupt im Raum AC über DE hinweg, gleichzeitig aber auch über DF, weil kein Punkt von AC der Durchdringungslinie angehört. Man erkennt jetzt, daß ein Teil der Fläche DPQ unter dem Dreieck ABC liegt, während andererseits $PQFE$ von oben völlig sichtbar ist und einen Teil vom Dreieck ABC verdeckt. Ähnlich findet man, daß DE hinter BC vorübergeht, daß also ein Stück von PE von vorn unsichtbar ist, d. h. der Teil $PQFE$ des Dreiecks DEF ist von vorn zum Teil unsichtbar, der andere Teil DPQ von vorn völlig sichtbar. Danach ist die Sichtbarkeit im Grund- und Aufriß dargestellt.

In der Figur sind die gegebenen Stücke so angenommen, daß die Seiten DE und DF des zweiten Dreiecks die Fläche ABC des ersten Dreiecks in deren Innerem durchkreuzen. Wäre das zweite Dreieck so abgeändert, daß die Seite DF sich mehr nach links verschöbe, dann hätte DF wohl noch einen bestimmten Schnittpunkt Q mit der Ebene des

Dreiecks ABC, dieser läge aber außerhalb des Dreiecks selbst. Dann würde die Strecke PQ der Schnittlinie dieser beiden Ebenen angehören, aber nicht ihrer ganzen Länge nach die Schnittlinie der beiden Dreiecke darstellen. Nur der Teil von PQ, welcher im Innern der beiden Dreiecke liegt, wäre die Schnittlinie der beiden Dreiecke.

Selbst wenn also eine Seite des einen Dreiecks, deren Schnitt mit der Fläche des anderen Dreiecks man bestimmt, nur einen Schnittpunkt mit der erweiterten Ebene dieses Dreiecks liefert, so kommt man daraus doch zur Bestimmung der Schnittlinie beider Dreiecke. Man muß nicht, wenn ein solcher Schnittpunkt auf die Erweiterung der Fläche fällt, den Punkt verwerfen und eine andere Kante mit dem Dreieck zum Schnitt zu bringen suchen.

§ 6. **Die Spurparallelen in der Ebene des Dreiecks ABC.** Der Aufriß einer Spurparallelen erster Art ist zur Achse parallel. Aus seinen Schnittpunkten mit mindestens zwei Seiten von $A''B''C''$ ergibt sich der Grundriß dieser Spurparallelen. Bei einer Spurparallelen zweiter Art ist der Grundriß zur Achse parallel und daraus läßt sich der Aufriß finden. Im Gegensatz zum II. Abschn. § 3 kann man hier von einer Spurparallelen erster Art zunächst nur den Aufriß, von einer Spurparallelen zweiter Art zunächst nur den Grundriß zeichnen. — Besonders leicht erhält man die beiden Spurparallelen, welche durch eine Ecke des Dreiecks gehen, weil man dann nur den Schnittpunkt mit der gegenüberliegenden Seite zur Konstruktion braucht.

§ 7. **Das Errichten eines Lotes auf der Dreiecksebene.** Gegeben ist ein Dreieck durch seine Projektionen und ein Punkt P im Innern der Dreiecksfläche durch seinen Grundriß. Darzustellen ist das in P auf der Dreiecksfläche nach oben errichtete Lot von gegebener Länge.

Zunächst bestimmt man P'' mittels einer Hilfsgeraden nach § 3. Dann sind die Projektionen einer durch P gehenden unbegrenzten Senkrechten zur Ebene des Dreiecks zu zeichnen. Der Grundriß dieser Senkrechten ist rechtwinklig zum Grundriß einer Spurparallelen erster Art, der Aufriß rechtwinklig zum Aufriß einer Spurparallelen zweiter Art. (Diese Spurparallelen kann man willkürlich annehmen; zur Kürzung der Konstruktion trägt es bei, wenn man schon anfangs zur Bestimmung des P'' eine Spurparallele verwendet, wozu sich nur eine zweiter Art eignet, deren Grundriß man durch P' parallel zur Achse zieht.) Die Abtragung der gegebenen Länge von P aus auf der Senkrechten in der vorgeschriebenen Richtung läßt sich nach dem I. Abschn. § 11 ausführen. Außerdem ist § 10 auf Seite 111 zu vergleichen.

§ 8. **Das Fällen eines Lotes auf die Dreiecksebene.** Soll auf das Dreieck ABC von einem Punkt Q, der nicht der Dreiecksebene angehört, ein Lot gefällt werden, so sucht man zuerst je eine Spurparallele erster und zweiter Art und erhält daraus die beiden Projektionen der unbegrenzten Lotgeraden. Der Lotfußpunkt ist der Schnittpunkt dieser Geraden mit der Dreiecksebene; daraus folgt auch leicht die Länge des Lotes.

§ 9. Wahre Gestalt eines Dreiecks. Neigungswinkel seiner Ebene gegen Π_1 und Π_2. Früher ist die wahre Gestalt eines Dreiecks durch Umlegung in Π_1 oder Π_2 bestimmt worden; die Spuren der Dreiecksebene gehörten damals zu den gegebenen Stücken (II. Abschn. §§ 19, 20, 22—24). Ist nun ein Dreieck ABC durch seine Projektionen gegeben, so ergibt sich seine wahre Gestalt ohne Aufsuchung und weitere Verwendung einer der Spuren der Dreiecksebene auf folgende Art:

Man dreht das Dreieck um eine Spurparallele erster Art, bis es parallel zu Π_1 wird und zeichnet dann beide Projektionen für diese gedrehte Stellung $A_0B_0C_0$ des Dreiecks; die Aufrißprojektion ist geradlinig, die Grundrißprojektion gibt die wahre Gestalt des Dreiecks.

In Figur 72 auf Tafel II ist die Spurparallele erster Art s durch B gelegt; man denkt sich von A und C auf s Lote AF und CG gefällt. Diese sind Spurnormalen erster Art in der Ebene des Dreiecks. Ihre Grundrisse stehen deshalb senkrecht zu s' und sind dadurch bekannt. Die Horizontalebene durch s sei H; die Orthogonalprojektion von A auf H sei $\bar{A}$, dann ist $A\bar{A}F$ ein rechtwinkliges Dreieck in einer zu s senkrechten Vertikalebene. Die horizontale Kathete $\bar{A}F$ ist gleich $A'F'$, die vertikale Kathete $A\bar{A}$ ist gleich dem Höhenunterschied von A'' und s'', gleich $A''\bar{A}''$. Das Dreieck enthält bei F den Neigungswinkel α_1 der Dreiecksfläche gegen Π_1, und die Hypotenuse AF ist der senkrechte Abstand des A von s. Das Dreieck werde um $\bar{A}F$ gedreht, bis es in H liegt. Die neue Lage ist $A_*\bar{A}F$ und der Grundriß davon, $A_*'A'F'$, läßt sich aus den bekannten Katheten zeichnen. Damit ist $\sphericalangle A_*'F'A'$ als Neigungswinkel α_1 und $A_*'F'$ als wahre Länge von AF gefunden.

Wird nun in der Ebene H auf s ein Lot FA_0 von dieser Länge $A_*'F'$ errichtet, so erhält man die Umlegung A_0 von A, wie sie der Drehung des Dreiecks ABC um s bis zum Parallelismus zu Π_1 entspricht. Der Grundriß A_0' von A_0 entsteht, wenn man auf s' in F' ein Lot von der Länge $A_*'F'$ errichtet, d. h. wenn man das früher gefällte Lot $A'F'$ über A' hinaus verlängert, bis $A_0'F' = A_*'F'$ ist.

Entsprechend ist in der Figur C_0' bestimmt, nur ist nicht der Grundriß des in H umgelegten rechtwinkligen Dreiecks $C\bar{C}G$ gezeichnet, sondern die als $G'C_0'$ abzutragende Hypotenusenlänge ist durch bloßes Abgreifen mit dem Zirkel gefunden (II. Abschn. § 18). — Das um s in H hineingedrehte Dreieck A_0BC_0 ist nach dem IV. Abschn. § 3 perspektivisch affin zu der Orthogonalprojektion $\bar{A}B\bar{C}$ des Dreiecks ABC auf H. Geht man von A_0BC_0 und $\bar{A}B\bar{C}$ zu den Grundrissen $A_0'B'C_0'$ und $A'B'C'$ über, so bleibt diese Affinität erhalten.

Die Bestimmung des Neigungswinkels α_2 der Dreiecksebene gegen Π_2 und das Paralleldrehen des Dreiecks zu Π_2 bieten nichts Neues.

§ 10. Benutzung eines Neigungswinkels beim Errichten eines Lotes. Soll in einem Punkt P des Dreiecks ABC ein Lot von gegebener Länge auf der Ebene des Dreiecks errichtet werden, und ist einer der beiden Neigungswinkel schon vorher gefunden, so kann man die Längenabtragung auf den Projektionen der nach § 7 erhaltenen unbegrenzten Senkrechten mittels des bekannten Neigungswinkels machen, wie im I. Abschn. § 12 besprochen ist.

§ 11. Der Winkel zwischen einer Geraden und der Ebene eines Dreiecks. Man fällt von einem Punkt P der Geraden g ein Lot auf die Ebene des Dreiecks, g und das Lot schließen den Komplementwinkel des gesuchten Neigungswinkels ein (III. Abschn. § 8). Die wahre Größe dieses Komplementwinkels findet man nach dem II. Abschn. § 25, indem man das aus P und den Grundrißspurpunkten von g und l gebildete Dreieck in Π_1 umlegt. Statt dessen wird es häufig besser sein, eine geeignete Horizontalebene H einzuführen, das aus P und den Schnittpunkten von g und l mit H gebildete Dreieck in H umzulegen und die Grundrißprojektion dieser neuen Lage zu zeichnen (vgl. § 9). — Wesentlich umständlicher wäre die Bestimmung der wahren Gestalt des Dreiecks PSF, wo S der Schnittpunkt von g und der Dreiecksfläche, F der Fußpunkt des von P auf die Ebene des Dreiecks gefällten Lotes ist.

Die Aufgabe findet u. a. Anwendung bei Aufsuchung der Helligkeit beleuchteter Flächen eines Körpers, vgl. den Anhang.

§ 12. Das Fällen des Lotes auf eine Gerade und verwandte Aufgaben. Im III. Abschn. § 7 wurde die Aufgabe behandelt, von einem Punkt P ein Lot auf die Gerade g zu fällen. Ein anderes wesentlich kürzeres Verfahren zur Lösung ist folgendes. (Die gegebenen Stücke zur Figur kann man leicht passend wählen.)

P und g bestimmen eine Hilfsebene E; in dieser Ebene legt man eine Spurparallele erster Art s durch den Punkt P. s'' ist parallel zur Achse und schneidet g'' in Q'', daraus folgt Q' auf g', und $P'Q'$ ist s'. Weiter nimmt man auf g noch einen beliebigen Punkt R an; dann hat man in der Ebene E ein Dreieck PQR, dessen Seite QR auf g liegt. Das von P auf g gefällte Lot ist demnach die von P ausgehende Höhe im Dreieck PQR. Um diese zu konstruieren, bestimmt man die wahre Gestalt des Dreiecks wie in § 9. Dabei liegen jetzt P und Q auf der Spurparallelen s, so daß nur der Punkt R um diese Spurparallele zu drehen ist. Im Dreieck $P'Q'R_0'$ zieht man die Höhe $P'F_0'$; dem F_0'

entspricht im Dreieck PQR der Fußpunkt F des gesuchten Lotes. Seinen Grundriß F' findet man aus der Affinität: F' liegt auf g' und $F_0'F'$ ist parallel zu $R_0'R'$, d. h. senkrecht zu s'. Aus F' folgt F'' auf g'' und damit sind beide Projektionen des Lotes bestimmt. Die wahre Länge des Lotes ist schon gefunden, sie ist $P'F_0'$.

Derselbe Gedanke läßt sich verwenden, wenn statt des Lotes eine Gerade durch P gesucht ist, welche entweder g unter einem gegebenen Winkel schneidet oder g in gegebener Entfernung von P trifft.

§ 13. Der umbeschriebene Kreis eines Dreiecks. Ein Dreieck ABC ist durch beide Projektionen gegeben. Gesucht sind der Mittelpunkt M, der Radius r und die Projektionen des umbeschriebenen Kreises. Man dreht wie in § 9 das Dreieck um eine Spurparallele erster Art, bis es zu Π_1 parallel ist und zeichnet den Grundriß $A_0'B_0'C_0'$ dieser neuen Lage. $A'B'C'$ und $A_0'B_0'C_0'$ sind perspektivisch affin, deshalb ist der Grundriß M' des gesuchten Kreismittelpunktes der affine Punkt zu dem Mittelpunkt M_0' des dem Dreieck $A_0'B_0'C_0'$ umbeschriebenen Kreises. Die Konstruktion von M' erfolgt nach dem IV. Abschn. § 8, weiter findet man leicht M''.

Von den Projektionen des dem Dreieck ABC umbeschriebenen Kreises kennt man jetzt die Mittelpunkte M' und M'', weiter fällt die große Achse der Grundrißellipse auf die Grundrißprojektion einer Spurparallelen erster Art des Dreiecks, und entsprechendes gilt für die große Achse der Aufrißellipse. Ferner sind die Längen der großen Halbachsen gleich dem gefundenen Radius. Die Längen der kleinen Halbachsen braucht man nicht aus den Neigungswinkeln zu konstruieren, sondern daraus, daß die Ellipsen durch A', B', C' bzw. A'', B'', C'' hindurchgehen (VIII. Abschn. §§ 9, 11).

Die Aufgabe, einen geraden Kreiskegel zu zeichnen, zu dem drei Punkte des Basiskreises und die Höhe gegeben sind, ist damit auch gelöst.

§ 14. Bestimmung des Punktes P, welcher von drei gegebenen Punkten A, B, C gegebene ungleiche Abstände besitzt. Man sucht die wahre Gestalt des Dreiecks ABC und erhält daraus nach dem VI. Abschn. § 2 die Länge und den Fußpunkt F der von P ausgehenden Höhe des Tetraeders. Diese Konstruktion kann man in besonderer Figur machen, etwas kürzer ist es, sie an $A_0'B_0'C_0'$ anzuschließen, auch erreicht man dann durch das Wegfallen von Übertragungen größere Genauigkeit. Weiter ist aus dem im Dreieck $A_0'B_0'C_0'$ befindlichen F_0' der affine Punkt F' und daraus F'' zu bestimmen, und dann folgt P als Endpunkt des im Punkte F auf der Ebene des Dreiecks ABC errichteten Lotes von bekannter Länge.

Ein anderes Verfahren zur Lösung dieser Aufgabe wird später betrachtet (XVI. Abschn. § 14).

§ 15. Die Drehung eines Punktes um eine allgemeine Achse. In §§ 11, 12 des VII. Abschnitts wurden Drehungen eines Punktes oder Körpers um eine Achse von besonderer Stellung behandelt. Jetzt soll dasselbe für eine allgemeine Achse betrachtet werden.

Die Drehungsachse g sei allgemein gegeben (g', g''), außerdem ein Punkt $P(P', P'')$. P werde mit der Achse starr verbunden gedacht und im vorgeschriebenen Sinn um den Winkel φ gedreht. Dabei beschreibt P einen Kreisbogen in der durch P senkrecht zu g gehenden Ebene E. Oft kann man sich die Spuren dieser Ebene schaffen und E mit P um eine derselben in die betreffende Projektionsebene umlegen. Weiter sucht man den Schnittpunkt S von g und E, er wird ebenso umgelegt. Bei der verlangten Drehung im Raum rotiert PS in der Ebene E um S. Die Umlegung des von P im Raum beschriebenen Kreisbogens läßt sich nun zeichnen, da man die Umlegungen von P und von S und den Zentriwinkel kennt. Aus dem Endpunkt dieses umgelegten Bogens findet man die Projektionen des zugehörigen Raumpunktes.

Statt der Umlegung der in E auftretenden Figur durch Drehung um die eine Spur von E wendet man aber meist besser eine Paralleldrehung zu einer Projektionsebene an. Dabei wird man die Paralleldrehung ausführen um eine durch S gehende Spurparallele von E, weil dann S nicht umgelegt zu werden braucht. Die Konstruktion drängt sich dadurch mehr zusammen, wird kürzer und genauer; und häufig ist dies der einzige brauchbare Weg, weil es an Platz für die Spuren und die um die Spur gemachte Umlegung fehlt.

§ 16. Die Drehung eines Körpers um eine allgemeine Achse. Wenn die Projektionen eines Körpers und einer Geraden g vorliegen und wenn der Körper um g und um einen gegebenen Winkel gedreht werden und in der neuen Lage dargestellt werden soll, dann wird man nicht für die einzelnen wesentlichen Punkte des Körpers die Drehungen nach dem vorigen Paragraphen durchführen, sondern man wird etwa so vergehen:

Man nimmt eine vertikale Hilfsebene Π_3 parallel zu g als Seitenrißebene an und zeichnet den umgelegten Seitenriß des Körpers. Dann wählt man die Grundrißspur einer zu g senkrechten Ebene E passend und findet daraus die umgelegte Seitenrißspur von E (senkrecht zu g'''). Aus dem Grundriß und dem Seitenriß des Körpers folgt seine Orthogonalprojektion auf E; man zeichnet deren Umlegung in Π_1 für Drehung von E um e_1. Dann kann man in der Umlegung die vorgeschriebene Drehung vornehmen. Aus der so entstehenden Figur erhält man den Grundriß und Seitenriß des gedrehten Körpers und daraus wieder den Anfriß. Natürlich hat man die Konstruktion nur für die wesentlichen Punkte durchzuführen, deshalb werden die umgelegten Orthogonalprojektionen des Körpers auf E für die ursprüngliche und die neue Lage nicht vollständig gezeichnet.

Das Verfahren wurde eben der Anschaulichkeit wegen beschrieben unter der Annahme, daß man die Drehung der Ebene E in Π_1 hinein macht für die Drehungsachse e_1. Das wird wieder oft untunlich oder unpraktisch sein. Dann wird die in E liegende Figur durch Drehung um eine Spurparallele erster Art zu Π_1 parallel gemacht und ihr Grundriß gezeichnet, vergleiche § 9 und den vorigen Paragraphen. — §§ 15 und 16 bieten guten Übungsstoff, das Zeichnen erfordert einige Sicherheit in der Raumanschauung.

XI. Abschnitt.

Ebene Schnitte der Körper, besonders der ebenflächigen Körper.

Im folgenden werden Schnitte von Körpern mit Ebenen betrachtet. Dabei empfiehlt sich keine weitgehende Trennung der krummflächigen und der ebenflächigen Körper, weil im Grunde in beiden Fällen ganz die gleichen Methoden zur Anwendung kommen. Dennoch bieten die einfachsten krummflächigen Körper, der Rotationszylinder und der Rotationskegel noch sehr viel mathematisch Wichtiges, sie lassen sich nicht mit wenigen Worten erledigen.

Zur Übersicht über den XI.—XIII. Abschnitt diene folgendes:

Zuerst wird ein Prisma mit vertikalen Kanten zum Schnitt mit einer Ebene von allgemeiner Lage gebracht (§ 1). Dann wird das Entsprechende für einen auf Π_1 stehenden geraden Kreiszylinder durchgeführt (§§ 2—5), wobei ausgewählte Mantelgeraden dieselbe Rolle spielen wie vorher die Prismenkanten. Man beschränkt sich aber nicht auf die Zeichnung der Projektionen und der Umlegung der Schnittellipse aus einzelnen so gefundenen Punkten, sondern man sucht für jede zu zeichnende Ellipse die Hauptachsen. Auch die Abwicklung der auf dem Zylindermantel liegenden Ellipse wird behandelt.

Steht die schneidende Ebene senkrecht zu einer Projektionsebene, zu Π_2, so erhält man die Projektionen der Schnittlinie mit einem Körper besonders einfach. Das wird für den Fall einer Pyramide besprochen (§ 6), und daran schließt sich die Behandlung der Zentralkollineation der in Π_1 umgelegten Schnittfigur und der Pyramidenbasis (§§ 7, 8). In § 9 folgt dann die Eintragung der Schnittfigur in den abgewickelten Pyramidenmantel. — Bei allgemeiner Stellung der Schnittebene läßt sich nun die Konstruktion des Schnittpolygons auf den vorigen Fall zurückführen mittels einer zu e_1 senkrechten Seitenrißebene Π_3. Dies wird in § 10 für eine auf Π_1 stehende Pyramide gemacht und in § 11 für ein Prisma. In § 12 erfolgt dann nach diesem Verfahren die Bestimmung des Normalschnittes durch ein gegebenes Prisma und die Anwendung dieses Normalschnittes zum Entwerfen des abgewickelten Prismenmantels. Dieselben Grundgedanken werden in §§ 13, 14 auf die Abwicklung der Mantelfläche vom schiefen Kreiszylinder angewendet.

Neben dem Verfahren mit Seitenriß hat man häufig noch andere gute Hilfsmittel zur Verfügung, wie in §§ 15, 16 am früher behandelten Beispiel der quadratischen Pyramide und für allgemeinere Fälle gezeigt wird.

Im Wesentlichen werden bei den bisher besprochenen Methoden die Ecken des Schnittpolygons gesucht, die Seiten werden meist indirekt gefunden. Man kann jedoch auch die Seiten unmittelbar finden (§ 17).

Damit schließt der erste Teil der Untersuchungen über die ebenen Schnitte der Körper. Die späteren Untersuchungen (XII. u. XIII. Abschnitt) beziehen sich auf die ebenen Schnitte des Kegels und der Kugel und auf den Schatten der Kugel. Auch der XVIII. Abschnitt bringt manches über ebene Schnitte.

§ 1. Ebener Schnitt durch ein vertikales Prisma. Ein auf Π_1 stehendes gerades Prisma werde mit einer Ebene E von allgemeiner Stellung geschnitten, deren Spuren gegeben sind. Dabei liege die obere Endfläche des Prisma so hoch, daß sie sich über E befindet, so daß das Schnittpolygon ganz dem Prismenmantel angehört (Fig. 73 auf Taf. III).

Dann handelt es sich um die Schnittpunkte der vertikalen Prismenkanten mit E; von jedem solchen Punkt kennt man den Grundriß und erhält darum mittels einer Spurparallelen den Aufriß. Der Grundriß des Polygons ist die gezeichnete Prismenbasis; vom Aufriß kennt man jetzt die Ecken und man verwendet beim Ausziehen der Seiten die Grundrißspurpunkte, soweit sie zugänglich sind. Die wahre Gestalt der Schnittfigur erhält man durch Umlegung um e_1, mit Berücksichtigung der perspektivischen Affinität zum Grundriß, d. h. zum Basispolygon des Prisma.

Ferner kennt man aus dem Aufriß die Längen der auf den vertikalen Prismenkanten durch E abgeschnittenen Stücke. Die Eintragung der Ecken und Seiten des Schnittpolygons in die Abwicklung des Prismenmantels ist dann leicht. Dabei soll man berücksichtigen, daß für jede Seitenfläche der Schnittpunkt der verlängerten Basisseite mit der verlängerten Seite des Schnittpolygons aus dem Grundriß bekannt ist. Dann hat man noch andere Proben, weil die wahren Längen der einzelnen Seiten des Schnittpolygons sowohl in der Umlegung als auch in der Abwicklung auftreten.

§ 2. Ebener Schnitt durch einen vertikal stehenden Rotationszylinder. Das Verfahren von § 1 überträgt sich unmittelbar auf diesen

Fall. Gegeben ist der Basiskreis eines auf Π_1 stehenden geraden Kreiszylinders. Der Zylinder wird durch eine Ebene E mit den gegebenen Spuren e_1, e_2 schief abgestumpft. Seine Projektionen und die Abwicklung seines Mantels sind gesucht (Fig. 74a u. b, Tafel III).

Die obere Endfläche ist eine Ellipse in der Ebene E. Ihr Mittelpunkt M ist der Schnitt der Zylinderachse mit E. Die Ebene Σ, welche durch die Zylinderachse senkrecht zu e_1 geht, ist Symmetrieebene für den Zylinder und E, d. h. auch für die Ellipse. Ihre Schnittlinie mit E ist eine Symmetrieachse für die Ellipse, und zwar fällt die große Ellipsenachse auf sie. Die kleine Ellipsenachse geht durch M senkrecht zur großen Achse, sie ist eine Spurparallele erster Art von E. Daraus ergeben sich die Grundrisse der Scheitel A und B der großen Achse und der Scheitel C und D der kleinen Achse der Ellipse. Der Grundriß der Ellipse ist identisch mit dem Basiskreis des Zylinders. Dann folgen A'', B'', C'', D'' mittels Spurparallelen erster Art, und diese Punkte sind Endpunkte konjugierter Durchmesser des Aufrisses der Schnittellipse (vgl. VIII. Abschn. § 18).

Die Ellipse verläuft teils auf der vorderen, teils auf der hinteren Hälfte des Zylindermantels, sie kreuzt den zweiten Umriß in zwei Punkten. Diese Punkte liegen auf der Spurparallelen zweiter Art in E, welche der Ebene des zweiten Umrisses angehört. Der Grundriß dieser Spurparallelen geht durch M', daraus folgt ihr Aufriß, er liefert die Kreuzungsstellen der Schnittellipse mit dem zweiten Zylinderumriß. Diesen Kreuzungspunkten entsprechen in der Aufrißprojektion Berührungspunkte. Denn der Aufriß der Schnittellipse hat mit den beiden Geraden, welche den Aufriß der Zylinderfläche seitlich abgrenzen, je einen Punkte gemein und kann nicht über dieselben hinausgreifen.

Die Tangente t der Ellipse für den Punkt P liegt in der Ebene E und in der Tangentialebene des Zylinders, welche zum Punkt P gehört. Deshalb ergibt sich der Grundrißspurpunkt T_1 der Tangente als Schnitt von e_1 mit der an den Basiskreis in P' gezogenen Tangente. Daraus erhält man t''. Das rechtwinklige Dreieck $PP'T_1$ enthält bei P den Winkel, unter welchem die Tangente des Punktes P die Mantelgerade von P durchkreuzt.

Die wahre Gestalt der in E liegenden Ellipse ergibt sich durch Umlegung um e_1, wobei man nur die vier Scheitel umzulegen braucht. — Die kleine Halbachse der Ellipse ist r, die große Halbachse ist $r : \cos\alpha_1$, wie man sofort sieht.

Die Brennpunkte dieser Ellipse folgen ziemlich einfach aus dem Satz von Quetelet-Dandelin, welcher für den Rotationskegel in § 5 des nächsten Abschnitts besprochen wird. Doch trägt das nicht nennenswert zur Erhöhung der Genauigkeit der umgelegten Ellipse bei.

§ 3. Die Abwicklung des Zylindermantels und der Ellipse. Man benutzt außer den Scheiteln der elliptischen Endfläche des Zylinderstumpfes noch weitere Punkte dieser Ellipse. Dazu teilt man den Basiskreis in $4n$ gleiche Teile, unter Verwendung der schon erhaltenen vier Punkte A', B', C', D'[1]. Dann liegen je zwei der neuen Teilpunkte auf dem Grundriß derselben Spurparallelen erster Art, und die von ihnen ausgehenden Mantelgeraden liefern deshalb mit E Schnittpunkte von gleicher Höhe. Mittels dieser Höhen lassen sich die einzelnen Punkte in die Abwicklung eintragen (Fig. 74 b). Die Aufrisse der Punkte hat man dazu nicht nötig.

Die Konstruktion von Tangenten der abgewickelten Kurve wird in § 4 besprochen.

Die abgewickelte Kurve besteht aus zwei symmetrischen Hälften. Wird die Mantelfläche zum Zweck der Abwicklung an der durch A gehenden Geraden aufgeschnitten, dann ist die durch B gehende Mantelgerade Symmetrieachse für die Abwicklung. Betrachtet man weiter zwei Punkte P und Q der Ellipse, die um gleiche Bogenlängen von D abstehen, dann gehören zu ihnen in der Abwicklung Punkte, die gleichweit links und rechts von D liegen und von denen der eine ebensoviel über wie der andere unter D liegt. Daraus erkennt man leicht, daß die Bogen AD und BD der abgewickelten Kurve zueinander kongruent sind. Sie stoßen in D mit gemeinsamer Tangente aneinander, die abgewickelte Kurve hat in D einen Wendepunkt, entsprechendes gilt für die zweite Hälfte der Kurve, so daß die abgewickelte Kurve aus vier kongruenten Stücken besteht und zwei Wendepunkte hat. In A und B hat die Ellipse selbst horizontale Tangenten, ihnen entsprechen in der Abwicklung Tangenten, welche zu den Mantelgeraden senkrecht stehen. Über die Richtung der Wendetangenten siehe den Schluß von § 4.

Die Kurve ist eine Sinuslinie. Denn wählt man M als Anfangspunkt und die Zylinderachse als z-Achse eines rechtwinkligen Koordinatensystems und legt man dabei die x-Achse auf die durch M gehende Spurparallele erster Art von E, führt man weiter einen Hilfswinkel φ ein, so ist in der Abwicklung die Abszisse ξ des Kurvenpunktes gleich $r \cdot \varphi$ und die Ordinate η gleich $y \cdot \operatorname{tg} \alpha_1 = r \cdot \sin \varphi \cdot \operatorname{tg} \alpha_1$, d. h. es ist

$$\eta = r \cdot \operatorname{tg} \alpha_1 \cdot \sin \frac{\xi}{r} \cdot$$

§ 4. Die Tangenten der abgewickelten Kurve für die einzelnen genau konstruierten Punkte lassen sich sofort zeichnen. Denn der Winkel,

---

1) Zur Figur ist noch zu bemerken, daß die Teilung des Basiskreises in acht Teile in Rücksicht auf die Deutlichkeit der kleinen Figur angewendet wurde. Für größere Zeichnungen wird man etwa 12- oder 16-Teilung anwenden. Die 8-Teilung macht man mittels des Zeichenwinkels von 45°, nicht mittels des Zirkels, bei der 12-Teilung kann man die Zeichenwinkel oder den Zirkel verwenden.

unter dem die Tangente eines Ellipsenpunktes P die Mantelgerade kreuzt, ist auch der Winkel zwischen dem Kurvenelement bei P und der Mantelgeraden, und dieser Winkel wird durch die Abwicklung nicht verändert. Da man nun in der Abwicklung P und P' hat und senkrecht zu PP' die geradlinige Abwicklung des Basiskreises, so braucht man nur auf dieser Geraden die aus dem Grundriß entnommene Länge von $P'T_1$ abzutragen und erhält damit einen Punkt, durch den die Tangente der abgewickelten Kurve gehen muß. (Vgl. den drittletzten Absatz von § 2).

Wird die abgewickelte Kurve aus so wenigen Punkten konstruiert wie in der Figur, dann ist es wichtig, die Tangenten in diesen Punkten mit zu benutzen. Unbedingt soll man die Wendetangenten konstruieren. Der Winkel der Wendetangenten gegen den abgewickelten Basiskreis ist gleich dem Neigungswinkel α_1 von E gegen Π_1, wie aus dem rechtwinkligen Dreieck folgt.

§ 5. **Die Krümmungskreise der abgewickelten Kurve an den Scheiteln** sind für die Konstruktion der Kurve vorteilhaft zu verwenden und sollen hier besprochen werden, obwohl die grundlegenden Sätze erst in §§ 1, 2 des nächsten Abschnitts kommen. Vergleicht man im Punkt B den Krümmungsradius ϱ der Schnittellipse mit dem Krümmungsradius r des horizontalen Kreisschnittes des Zylinders, so liefert der Meusniersche Satz $\varrho = r \cos \alpha_1$. Bei der Abwicklung der Ellipse ergibt sich für die abgewickelte Kurve im Scheitel B der Krümmungsradius $= \varrho : \cos (90^0 - \alpha_1) = \frac{\varrho}{\sin \alpha_1}$ $= r \operatorname{cotg} \alpha_1$ auf Grund des Satzes von Catalan. Dieser Wert ist sehr einfach zu konstruieren, und man findet so die Krümmungskreise für die Scheitel der Sinuslinie.

---

§ 6. **Der Schnitt einer Pyramide mit einer Ebene von besonderer Stellung.** Sind eine auf Π_1 stehende vierseitige, regelmäßige Pyramide und eine zu Π_2 senkrechte Ebene E gegeben und ist der Schnitt gesucht, so hat man die Aufrisse der Schnittpunkte von E mit den nach der Spitze gehenden Pyramidenkanten und findet daraus die Grundrisse dieser Punkte[1]) (Fig. 75, Taf. III). Hierbei können einzelne schlechte Schnitte auftreten, trotzdem erhält man den Grundriß des Schnittvierecks gut durch folgende Beziehungen: Die Schnittlinie von E mit der Fläche ASB hat zum Grundrißspurpunkt den Schnittpunkt von e_1 mit der Verlängerung von AB, und Entsprechendes gilt für die anderen Seiten und die Diagonalen des Schnittvierecks[2]).

1) II. Abschn. § 13.

2) Hierdurch wird die Anwendung des im I. Abschn. § 5 gegebenen Verfahrens unnötig.

Die wahre Gestalt der Schnittfigur folgt am einfachsten durch Umlegung um e_1. Die senkrechten Abstände der Ecken und des Diagonalenschnittpunktes des Vierecks von e_1 sind aus dem Aufriß bekannt. Man kann deshalb jeden dieser fünf Punkte einzeln umlegen. Die Seiten des umgelegten Vierecks müssen dann durch die auf e_1 gefundenen Punkte gehen, ebenso gehen die verlängerten Diagonalen durch die Schnittpunkte von e_1 mit den Verlängerungen von AC und BD.

Damit ist die perspektivische Affinität der Umlegung zum Grundriß des Schnittvierecks berücksichtigt. Ein weiterer wichtiger Zusammenhang ist jetzt zu besprechen, §§ 7, 8. — Die Abwicklung folgt in § 9.

§ 7. Die perspektivische Kollineation zwischen der Schnittfigur und der Pyramidenbasis, und ihr Fortbestehen bei Drehung der Ebene E. Die Pyramidenbasis und das Schnittviereck sind einander im Raum so zugeordnet, daß entsprechende Ecken auf den Pyramidenkanten, d. h. auf Geraden liegen, die durch S gehen. So sind diese zwei ebenen Figuren aufeinander zentralperspektivisch bezogen für das Zentrum S. Eine Folge dieser Zuordnung ist, daß entsprechende Geraden beider Figuren sich auf e_1 treffen. Dies ist im vorigen Paragraphen besprochen und für die Konstruktion verwendet worden. Es folgt, daß der Grundriß der Schnittfigur dem Basisquadrat so entspricht, daß zusammengehörige Ecken auf Geraden durch S' liegen und daß zusammengehörige Seiten sich auf e_1 treffen. Man spricht daher von zentralperspektivischer (oder zentralkollinearer) Zuordnung beider in Π_1 liegender Figuren.

Dreht man nun die in E liegende Figur um e_1, indem man sie mit e_1 starr verbunden denkt, dann bleibt natürlich das Zusammentreffen entsprechender Seiten auf e_1 erhalten, und es gilt auch noch, nachdem die Schnittfigur in Π_1 gelangt ist. Ferner gilt aber der Satz, daß während dieser Bewegung die Verbindungslinien entsprechender Punkte beider Figuren immer durch ein Zentrum gehen, welches sich in einfacher Art mitbewegt. Und zwar rotiert dieses bewegliche Kollineationszentrum um eine in Π_1 liegende Achse a, die zu e_1 parallel ist und in der durch S zu E parallelen Ebene liegt. Die Winkelgeschwindigkeit der Rotation des Zentrums ist dieselbe wie bei der bewegten Ebene. Sobald die gedrehte Schnittfigur in Π_1 gelangt, befindet sich dieses mitbewegte Zentrum auch in Π_1.

Demnach ist die Stelle S^0 von Π_1, wohin ein ursprünglich mit S zusammenfallender Punkt bei der angegebenen Rotation um a gelangt, Kollineationszentrum für die umgelegte Schnittfigur und die Pyramidenbasis, d. h. entsprechende Punkte beider Figuren (entsprechende Ecken oder das Paar K_0, S') liegen auf Geraden, welche durch S^0 gehen.

Der Beweis für diesen Zusammenhang in der Ebene Π_1 wird im nächsten Paragraphen zuerst gegeben; nur dieser Satz wird im folgenden verwendet. Dann schließt sich der entsprechende Beweis für das Bestehen der Zentralkollineation während der Drehung an. Beide Sätze sind in der Zentralperspektive sehr wichtig und werden dort nochmals behandelt.

Es ist für genaue Zeichnung der Umlegung des Schnittvierecks recht wichtig, den Punkt S^0 zu bestimmen und zu verwenden. Denn sonst findet man auch bei sorgfältigen Arbeiten oft, daß die Verbindungslinien entsprechender Punkte beider in Π_1 perspektivisch kollinearen Figuren sich nicht genau in einem Punkt treffen.

§ 8. **Beweis der ausgesprochenen Sätze.** Die parallelperspektivische Skizze in Fig. 76 (Taf. III) enthält die Ebenen Π_1 und E und den Punkt S. Die Ebene Π_1 ist durch das Bild eines Rechtecks dargestellt. Ohne Beeinträchtigung der Allgemeinheit konnte E so angenommen werden, daß die Grundrißspur von E parallel zu dem einen Paar von Rechtecksseiten ist.[1]) Von E ist auch wieder ein Rechteck in der Figur dargestellt. S ist durch sein Bild und das von S' gegeben. Man betrachtet eine Hilfsebene H durch SS', welche senkrecht zu e_1 steht. Nach den gemachten Annahmen ist ihre Grundrißspur parallel zu dem andern Seitenpaar des Rechtecks in Π_1. Weiter legt man in dieser Ebene H durch S eine Gerade SU parallel zur Ebene E. Sie ist im Raum und in der Skizze parallel zu den geneigten Rechtecksseiten von E. In E ist ein Punkt P gegeben, und Q ist der Schnittpunkt von SP mit Π_1. Man legt durch P in E eine Falllinie, welche e_1 in W trifft. PW und SU sind parallel, liegen demnach in einer Ebene, welche die durch S, P, Q gehende Gerade enthält. Diese Ebene hat mit Π_1 eine Gerade gemein, daraus sieht man, daß Q, W, U in gerader Linie liegen. (Diese Beziehung ist überhaupt wesentlich für die Bestimmung des Q in der parallelperspektivischen Skizze; näher kann darauf hier nicht eingegangen werden.)

PW wird nach oben verlängert, bis es die Gerade trifft, welche in E und in der durch S gehenden Horizontalebene liegt. Diese Gerade ist in der Skizze ausgezogen, ihr Schnittpunkt mit PW ist Z. $SUWZ$ ist ein Parallelogramm.

Jetzt trägt man auf der Spur von H nach rechts hin von U aus die Länge SU ab, US^0. S^0 läßt sich auch auffassen als die Lage, in welche S kommt, falls man durch S eine Parallelebene zu E legt und diese Ebene mit S durch Drehung um ihre Grundrißspur nach rechts in Π_1 umlegt. Weiter vervollständigt man die Linien WU und US^0 zu dem

1) Die Seiten des in Π_1 liegenden Rechtecks sind teils parallel, teils senkrecht zur Bildebene der Parallelperspektive gewählt. Damit sind auch die Seiten des in E liegenden Rechtecks zur Bildebene teils parallel, teils senkrecht, und verschiedene im Bild vorkommende Strecken besitzen dort wahre Länge. Ebenso werden mehrere im Raum auftretende Kreisbogen durch Kreisbogen dargestellt.

Parallelogramm $S^0 U W Z_0$. $W Z_0$ steht senkrecht auf e_1 und ist gleich $US^0 = US = WZ$. Demnach ist Z_0 die Umlegung von Z für Drehung der Ebene E um e_1. Die entsprechende Umlegung P_0 von P liegt auf $W Z_0$ und steht von W um die Strecke WP ab.

Der Schnittpunkt von QS^0 mit WZ_0 werde für den Augenblick X genannt, dann ist aus einer ebenen Figur in Π_1 $WX : US^0 = QW : QU$. Aus einer Figur in der Ebene von $SUWZ$ folgt andererseits $WP : US = QW : QU$. Aus beiden Proportionen findet man $WX = WP$, d. h. X liegt an derselben Stelle wie die Umlegung P_0 von P. Demnach liegen S^0, P_0 und Q in gerader Linie.

Hat man jetzt statt des einzelnen Punktes P irgend eine Figur in der Ebene E und ist sie durch Zentralprojektion von S aus auf Π_1 abgebildet, dann hängen die Umlegung der in E liegenden Figur und die Bildfigur so zusammen, daß entsprechende Punkte auf Geraden durch S^0 liegen und daß entsprechende Geraden sich auf e_1 treffen. So besteht nach der Umlegung perspektivische Kollineation zwischen der Figur in E und dem Bild; S^0 ist das Kollineationszentrum und e_1 ist die Kollineationsachse.

Die früher ausgesprochene Behauptung, daß während der Drehung der in E liegenden Figur um e_1 beständig perspektivische Kollineation zwischen dieser Figur und der Bildfigur besteht, wird ganz entsprechend bewiesen. Man faßt dazu das Parallelogramm $SUWZ$ als Gelenkparallelogramm aus Stäben auf und läßt es sich so bewegen, daß S in der Ebene H den Kreisbogen nach S^0 beschreibt. Dann greift man irgend eine bei dieser Bewegung vorkommende Lage des Gelenkparallelogramms heraus; es folgt wie oben aus Proportionen, daß die Verbindungslinie des gedrehten Punktes S mit Q die gedrehte Seite WZ in dem Punkt trifft, welcher durch Drehung aus P hervorgeht

§ 9. Eintragung der Schnittfigur in die Abwicklung des Pyramidenmantels (Fig. 75). Die Abwicklung erhält man nach dem VI. Abschn. § 1. Dann braucht man noch für jede von S ausgehende Kante die wahre Länge eines der beiden Stücke, in welche sie durch ihren Schnittpunkt mit E geteilt wird. Diese beiden Strecken stehen in demselben Verhältnis wie ihre Aufrißprojektionen. Trägt man demnach die gemeinsame wahre Länge dieser Kanten der regelmäßigen Pyramide so ab, daß man eine Strecke zwischen S'' und einem Punkt der Projektionsachse erhält, dann findet man auf dieser Hilfslinie durch Parallelen zur Projektionsachse die sämtlichen nötigen Längen[1]). Daraus erhält man die abgewickelte Schnittfigur; man kann noch berücksichtigen, daß die verlängerten Seiten der Schnittfigur die verlängerten Basiskanten in Punkten treffen, die aus dem

1) In Figur 75 sind diese Hilfslinien weggelassen, weil die Figur sonst undeutlich würde. — Dasselbe Verfahren ist im VI. Abschn. § 10 angewendet.

Grundriß bekannt sind. Ferner hat man Proben dadurch, daß die wahren Längen der Seiten des Schnittvierecks in dessen Umlegung auftreten.

---

§ 10. **Schnitt einer Pyramide mit einer allgemeinen Ebene, zurückgeführt auf den Fall von §§ 6ff.** Sind eine auf Π_1 stehende Pyramide und eine Ebene von allgemeiner Lage gegeben, so kann man eine Seitenrißebene Π_3 senkrecht zu e_1 annehmen und dadurch die Konstruktion des Schnittes und seiner Abwicklung auf den eben behandelten besonderen Fall zurückführen. Für die Aufrisse der Ecken des Schnittpolygons kennt man die Höhen aus dem Seitenriß. Beim Zeichnen der Aufrisse der Seiten und Diagonalen sind die Grundrißspurpunkte zu verwenden. Bei Konstruktion der umgelegten Schnittfigur und bei Eintragung der Schnittfigur in die Abwicklung des Mantels muß man immer an den Seitenriß, nicht an den Aufriß anknüpfen.

Andere Behandlungen dieser Aufgabe folgen in §§ 15—17.

§ 11. **Allgemeiner ebener Schnitt eines Prisma.** Gegeben ist ein schiefes quadratisches Prisma mit der in Π_1 liegenden Grundfläche $ABCD$ und der zu Π_1 parallelen Endfläche $A_1B_1C_1D_1$. Der Schnitt mit einer durch e_1, e_2 gegebenen Ebene E ist gesucht (Fig. 77, Taf. III).

Man nimmt eine zu e_1 senkrechte Seitenrißebene passend an und zeichnet den Seitenriß des Prisma und die Seitenrißspur e_3 von E. Dann folgen Grund- und Aufriß des Schnittpolygons wie im vorigen Paragraphen, ebenso findet man seine Umlegung. Das Schnittpolygon und seine erste und zweite Projektion sind Parallelogramme, die Umlegung des Vierecks st perspektivisch affin zu seinem Grundriß und zu der Prismenbasis (IV. Abschnitt §§ 3, 5).

Will man in die nach dem VI. Abschn. §§ 4—6 konstruierte Abwicklung des Prismenmantels die Schnittfigur eintragen, dann bestimmt man die wahren Längen der auf den Kanten entstehenden Abschnitte wie bei den Pyramidenkanten in §§ 9, 10.

§ 12. **Die Abwicklung eines Prismenmantels mittels eines Normalschnittes.** Früher wurden mehrere Methoden behandelt, um die Mantelfläche eines schiefen Prisma abzuwickeln, dessen Basis in Π_1 liegt (VI. Abschnitt §§ 4—6). Ein anderes Verfahren beruht darauf, daß man das Prisma senkrecht zu seinen Längskanten mit einer Ebene durchschneidet und die Schnittfigur zur Abwicklung verwendet. (Der Techniker nennt einen solchen Normalschnitt das Profil des Prisma und spricht deshalb von einer Abwicklung mittels des Profils.)[1])

---

1) Man kann etwa die gegebenen Stücke von Fig. 42 auf S. 48 verwenden. Doch ist ein Prisma von größerer Seitenzahl mehr zu empfehlen.

Die Spuren dieser Hilfsebene E werden senkrecht zu den Projektionen einer Längskante des Prisma angenommen, die Grundrißspur der vertikalen Seitenrißebene Π_3 wird zum Grundriß der Längskanten parallel genommen. Dann zeichnet man den umgelegten Seitenriß des Prisma und die umgelegte Seitenrißspur e_3 der Ebene E, hierbei wird e_3 senkrecht zu den Seitenrißprojektionen der Längskanten.

Dann bestimmt man die Umlegung der Schnittfigur wie im vorigen Paragraphen. Die Ecken dieses Polygons fallen auf die verlängerten Grundrisse der Prismenkanten, und ihre Abstände von e_1 sind aus dem Seitenriß bekannt. Für die Seiten der umgelegten Schnittfigur wird die Affinität zu den Seiten der in Π_1 liegenden Prismenbasis verwendet. Den Grund- und Aufriß der Schnittfigur braucht man überhaupt nicht. Das wäre ein Umweg und keine Erhöhung der Genauigkeit. Auch e_2 kann man fortlassen.

Im Seitenriß erscheinen die Längskanten des Prisma in wahrer Länge, weil die Seitenrißebene parallel zu den Längskanten verläuft. Wird der Prismenmantel und die in ihm enthaltene Schnittlinie in die Ebene ausgebreitet, nachdem der Mantel an einer Längskante aufgeschnitten ist, dann wird die Schnittlinie ein Linienzug, der ganz auf eine Gerade fällt, weil alle einzelnen Strecken der Schnittlinie senkrecht zu den Prismenkanten stehen. Dieser Linienzug wird zuerst gezeichnet. Dann werden durch die Punkte, welche den einzelnen Ecken der Schnittfigur entsprechen, senkrechte Geraden gelegt. Auf diese Geraden fallen die Prismenkanten, und man kennt aus dem Seitenriß die auf diesen Geraden nach der einen Richtung hin abzutragenden Strecken und erhält so die Abwicklung für das Basispolygon des Prisma. Als Proben dienen die bekannten Längen der Seiten des Basispolygons. Dann wird die aus dem Seitenriß bekannte gemeinsame Größe aller Längskanten auf den einzelnen parallelen Geraden abgetragen und man erhält so den oberen Rand des abgewickelten Prismenmantels.

Diese Methode ist auch dann noch anwendbar, wenn die Basis des gegebenen Prisma nicht in Π_1 liegt.

§ 13. Die Abwicklung eines Zylindermantels mittels eines Normalschnittes. Das eben besprochene Verfahren läßt sich auf die Abwicklung eines schiefen Zylinders übertragen.

Figur 78a (Taf. III) gibt einen schiefen Kreiszylinder, dessen Basis in Π_1 liegt. Man nimmt die Spuren e_1, e_2 einer zur Zylinderachse senkrechten Ebene passend an, wählt parallel zum Grundriß der Zylinderachse und damit senkrecht zu e_1 die Spur einer Seitenrißebene und zeichnet den umgelegten Seitenriß des Zylinders und die umgelegte Seitenrißspur e_3 von E. Dann teilt man den Basiskreis des Zylinders in $4n$ gleiche Teile und zeichnet die Grundrisse und Seitenrisse der von diesen Teilpunkten ausgehenden Mantelgeraden; die Aufrisse braucht man nicht. Die Einteilung ist so zu wählen, daß im Grundriß und im Seitenriß im allgemeinen je zwei dieser Mantelgeraden eine gemeinsame Projektion erhalten, vgl. die Figur. Nun ergeben sich unmittelbar im Seitenriß die Schnittpunkte der Mantelgeraden mit der Ebene E und die Längen der auf den Mantelgeraden durch E abgeschnittenen Strecken, ebenso die Abstände der Schnittpunkte von e_1. Das reicht aus, um die Umlegung der Schnittkurve zu zeichnen, man braucht dazu keineswegs erst die Grundrisse der einzelnen Punkte der Schnittkurve, ganz wie im vorigen Paragraphen. Die Zeichnung der umgelegten Ellipse führt man übrigens im wesentlichen mittels der vier Scheitel aus, die Hauptachsen sind parallel und senkrecht zu e_1, wie aus den Symmetrieverhältnissen hervorgeht. Die $4n$ Teilpunkte auf der Ellipse (in der Figur I—XII) braucht man für die Abwicklung.

§ 14. **Fortsetzung.** Die Ellipse ist ein Normalschnitt des Zylinders; alle ihre Linienelemente stehen senkrecht zu den Mantelgeraden. In der Abwicklung wird deshalb die Ellipse geradlinig, man hat die näherungsweise bestimmten Längen[1]) der Bogen zwischen den einzelnen Teilpunkten auf einer Geraden aneinander zu reihen. Durch die einzelnen Teilpunkte gehen die Mantelgeraden senkrecht hindurch. Die Punkte 1—12 des Basiskreises trägt man dann in die Abwicklung ein mittels der aus dem Seitenriß bekannten Längen der auf den Mantelgeraden durch die Ebene E abgeschnittenen Strecken. Die ebenfalls aus dem Seitenriß bekannte gemeinsame Länge aller Mantelgeraden liefert Punkte des oberen Randes der Mantelfläche (Fig. 78b).

Dann sind die beiden krummen Randlinien auszuziehen. Beide sind zueinander kongruent und jede besteht selbst aus vier kongruenten Stücken. In den Punkten 1 und 7 sind am Körper und deshalb auch in der Abwicklung die Kurvenelemente senkrecht zu den Mantelgeraden. In den Punkten 4 und 10 der Abwicklung stoßen kongruente Kurventeile so zusammen, daß sie ohne Ecke ineinander übergehen und daß Wendepunkte entstehen. Man erkennt dies ganz elementar auf folgendem Weg. Eine Mantelgerade des Zylinders und ein an sie anstoßendes unendlich kleines Element des Basiskreises bilden einen Winkel, der sich bei der Abwicklung nicht ändert. Er ist zugleich der Winkel zwischen der Mantelgeraden und der zu ihrem Spurpunkt gehörigen Tangente des Basiskreises. Dieser Winkel liegt im Intervall von 90^0 bis γ (mit Einschluß der Grenzen), wenn γ der Neigungswinkel der Zylinderachse gegen Π_1 ist. Für die Stellen 4 und 10 des Basiskreises tritt das Minimum des Winkels ein.

1) Diese Bestimmung erfolgt wie bei Kreisbogen in § 3 des Abschn. über Kreisrektifikation im Anhang. Man braucht im Falle der Figur nur drei Längen zu bestimmen, weil bei den andern Quadranten der Ellipse dieselben Längen wiederkehren. Natürlich greift man jede Länge in mehreren Quadranten ab.

Den spitzesten Kreuzungswinkeln zwischen dem abgewickelten Basiskreis und dem System der abgewickelten Mantelgeraden entsprechen Wendetangenten der abgewickelten Kurve. Die Konstruktion dieser Wendetangenten ist natürlich leicht und darf nicht unterbleiben.

Es bleibt noch die Tangentenkonstruktion in der Abwicklung für einen der andern Punkte 2, 3, ... zu besprechen, etwa für 2. Das Stück 2II der Mantelgeraden steht senkrecht zu E, es ist die eine Kathete eines rechtwinkligen Dreiecks, dessen Hypotenuse durch die in Π_1 liegende, bis e_1 gezogene Kreistangente des Punktes 2 gegeben wird. Zwischen diesen beiden Seiten des rechtwinkligen Dreiecks ist der Winkel enthalten, den das Kurvenelement in 2 mit der Mantelgeraden bildet, und dieser Winkel bleibt bei der Abwicklung erhalten. So hat man nur vom Punkt 2 der Abwicklung mit genannten Tangentenlängen einen Kreisbogen zu schlagen, sein Schnittpunkt mit der abgewickelten Profilellipse ist ein Punkt der Tangente des Punktes 2 der abgewickelten Kurve. Die noch nicht genannte Kathete des rechtwinkligen Dreiecks hat man auch ohne weiteres in wahrer Größe, sie tritt als Tangente der umgelegten Schnittellipse auf. Die Benutzung dieser Strecke neben der Hypotenuse oder an deren Stelle ist häufig wichtig.

Für die Scheitel 1 und 7 der abgewickelten Kurve sind die Krümmungsradien gleich dem mit $\cos \gamma$ dividierten Radius des Basiskreises, nach dem in § 2 des nächsten Abschnittes zu besprechenden Catalanschen Satzes. Dabei durchkreuzen die Krümmungskreise der Scheitel die Kurve dort wegen der Symmetrie nicht. Außerdem kehren sie der Kurve die konvexe Seite zu. Denn der Catalansche Satz zeigt, daß für die Scheitel der abgewickelten Kurve Minima der Krümmungsradien vorliegen.

Für die in der Form an eine Sinuslinie erinnernden Randlinien des abgewickelten Mantels hat man noch Proben dadurch, daß die Bogenlängen der einzelnen Teilstücke alle gleich und aus dem Grundriß bekannt sind.

Früher sind im VI. Abschn. §§ 17—19 andere Methoden zur Konstruktion des abgewickelten Mantels eines schiefen Kreiszylinders besprochen worden.

---

§ 15. **Bestimmung des Schnittes einer auf Π_1 stehenden Pyramide mit einer allgemeinen Ebene ohne Verwendung eines Seitenrisses.** In § 10 ist der Schnitt der quadratischen Pyramide mit einer Ebene E von allgemeiner Lage mittels Seitenrisses auf den besonderen Fall von §§ 6—9 zurückgeführt worden. So wichtig vielfach die Anwendung eines Seitenrisses ist, so soll man sich doch keineswegs schematisch darauf beschränken, oft sind andere Wege mathematisch interessanter und einfacher. Als Beispiel diene die folgende Behandlung derselben Aufgabe,[1]) außerdem das Verfahren von § 16.

Die Diagonalen des Schnittvierecks liegen in den durch SA und SC, bz. SB und SD bestimmten Vertikalebenen, welche sich in der Pyramidenachse kreuzen. Daraus folgen die Grundrißspurpunkte der beiden Diagonalen, vgl. § 6. Ihr Schnittpunkt K hat zum Grundriß S', K'' folgt dann mittels einer Spurparallelen von E. Nun kann man den Aufriß jeder Diagonale zeichnen und erhält damit die Aufrisse der Ecken des Schnittvierecks. Die Grundrisse folgen daraus. Beim Ausziehen der Seiten des Schnittvierecks ist zu beachten, daß man ihre Grundrißspurpunkte schon kennt. Das trägt auch zur Verbesserung der Lage der Ecken bei, soweit diese sich direkt nicht genau ergeben, vgl. § 6.

Die wahre Gestalt der Schnittfigur wird durch Umlegung um e_1 bestimmt: Man legt nur K um, indem man seinen senkrechten Abstand von e_1 mit dem Zirkel abgreift (II. Abschn. § 18). Dann ergeben sich die umgelegten Diagonalen (aus ihren bekannten Schnittpunkten mit e_1); weiter ist für die Zeichnung dieses Vierecks die Affinität zum Grundriß der Schnittfigur zu beachten, nötigenfalls kann man auch Ecken des Schnittvierecks direkt umlegen. Außerdem ist die Berücksichtigung der Kollineation zwischen dem umgelegtem Viereck und dem Basisquadrat erwünscht (§§ 7, 8), die Konstruktion des S^0 ist leicht. Die Eintragung des Schnittpolygons in den abgewickelten Pyramidenmantel kann erfolgen, wie in §§ 9 und 10 besprochen ist.

§ 16. Ein anderes Verfahren. In Fig. 79 (Taf. III) ist links eine regelmäßige sechsseitige Pyramide dargestellt, und die Spuren einer Ebene E sind gegeben. Vom Schnittpolygon sind die Abwicklung und die wahre Gestalt gesucht. Zuerst wird der Schnittpunkt K von E mit der Pyramidenachse gesucht. Dann betrachtet man eine der drei Vertikalebenen durch je zwei Pyramidenkanten, etwa die Ebene H durch SA und SD. Sie schneidet E in einer durch K gehenden Geraden, weiter ist von dieser Geraden der Grundrißspurpunkt U (als Schnitt von AD mit e_1) bekannt. Damit kann man die ganze in H auftretende Figur in wahrer Gestalt konstruieren: das gleichschenklige Dreieck ASD wird in wahrer Gestalt auf die Projektionsachse der Figur gestellt, rechts vom Pyramidenaufriß. K wird auf die Dreieckshöhe übertragen, ebenso wird U im richtigen Abstand auf der Verlängerung von AD eingetragen. Dann stellt KU die Schnittlinie von E und H dar. Hiermit kennt man die wahren Längen der Strecken, welche E auf SA und SD abschneidet. Sobald für die beiden anderen Vertikalebenen die entsprechende Konstruktion durchgeführt ist, kann man das Schnittsechseck in den abgewickelten Pyramidenmantel einzeichnen. Die Konstruktion für die anderen Vertikalebenen

1) Hierzu ist keine Figur gegeben, die Bezeichnung entspricht der Fig. 75.

ist in der Figur so gemacht, daß man das in wahrer Gestalt vorhandene gleichschenklige Dreieck ASD wieder verwendete, als Dreieck BSE und als Dreieck CSF. So wurden drei Figuren aus den verschiedenen Vertikalebenen aufeinander gelegt, um beim Zeichnen Linien zu ersparen. Hierbei ist die Schnittlinie der Ebene CSF mit E nicht mittels ihres Grundrißspurpunkts, sondern mittels ihres Aufrißspurpunkts eingetragen, wie die Figur näher zeigt. In manchen Fällen wird man statt dessen einen allgemeinen Punkt der Schnittlinie nötig haben, dessen Grundriß man auf der Grundrißspur der Vertikalebene passend wählt und dessen Aufriß oder dessen Höhe man durch eine Spurparallele von E bestimmt.

Zur Zeichnung des mit dem Pyramidenmantel abgewickelten Schnittpolygons ist noch zu bemerken, daß die Schnittpunkte der verlängerten Polygonseiten mit den verlängerten Basiskanten größtenteils in der Grundrißfigur zugänglich sind. Genaues Zeichnen erfordert die Berücksichtigung dieser Punkte, vgl. § 9.

Die Figur 79 ist hiermit vollständig besprochen. Nicht in der Figur enthalten, aber leicht daran anzuschließen ist die Bestimmung der wahren Gestalt des Schnittpolygons. Sie erfolgt durch Umlegung in Π_1 mittels Drehung um e_1. Zuerst bestimmt man die Umlegung K_0 von K, und man legt durch K_0 Geraden nach U und V (da bieten sich schon Proben: die Strecken $K_0 U$ und $K_0 V$ sind aus der wahren Gestalt der Figuren in den Vertikalebenen bekannt). Ferner ist der Aufrißspurpunkt der Schnittlinie von E mit der Vertikalebene CSF in Π_1 umzulegen durch Drehung um e_1. Die Umlegung ist mit K_0 zu verbinden. Dann kennt man die Umlegungen der drei unbegrenzten, durch K gehenden Diagonalen des Schnittsechsecks. Die Abstände der Ecken des Sechsecks von K sind aber aus Früherem bekannt. — Die Grundrißspurpunkte der Seiten des Schnittpolygons bieten Proben. Andere Proben hat man dadurch, daß die Seitenlängen des Polygons zweimal auftreten, nämlich in der Abwicklung und in der wahren Gestalt der Schnittfigur.

Die gefundene wahre Gestalt der Figuren in den drei Vertikalebenen ermöglicht es, den Grundriß und Aufriß der Schnittfigur leicht herzustellen. Das erfordert kaum eine Erläuterung. Es hat aber auch wenig praktische Bedeutung. Denn die früher besprochenen Verfahren sind vorzuziehen, sobald man die Projektionen der Schnittfigur nebst ihrer wahren Gestalt und ihrer Abwicklung sucht.

Die Anwendung des in diesem Paragraphen besprochenen Verfahrens auf die Bestimmung der Abwicklung (und der wahren Gestalt) des ebenen Schnittes einer regelmäßigen $2n$-seitigen Pyramide ist leicht. Auch der Fall einer regelmäßigen Pyramide von ungerader Seitenzahl ist ähnlich zu behandeln. Über die Anwendung des Verfahrens auf die Schnitte des Rotationskegels wird im folgenden Abschnitt in §§ 7, 10 das Nötige gesagt.

§ 17. Unmittelbare Bestimmung der Seiten eines Schnittpolygons. Bisher wurde der Schnitt eines Körpers mit einer Ebene E in der Art gesucht, daß man die einzelnen Kanten des Körpers mit E zum Schnitt brachte. (Kantenmethode.) So ergaben sich zuerst die Ecken des Schnittpolygons. Ein anderes Verfahren beruht auf der Aufsuchung der Seiten der Schnittfigur, indem man die Flächen des Körpers mit E zum Schnitt bringt (Flächenmethode).

Ist ein schiefes Prisma gegeben, dessen Basis in Π_1 liegt und dessen obere Endfläche zu Π_1 parallel ist, so lassen sich die Schnittlinien der Prismenflächen mit E nach dem II. Abschn. § 8 bestimmen (Fig. 80, Taf. III).[1]) Als horizontale Hilfsebene H dient die Ebene der oberen Prismenfläche, darum kennt man von den Ebenen der einzelnen Mantelflächen die Grundrisse der in H liegenden Spurparallelen. Man hat also nur noch den Grundriß der Schnittlinie von E und H zu bestimmen; dann findet man die beiden Projektionen der Schnittlinien von E mit den Ebenen der Mantelflächen. Soweit eine solche Schnittlinie der betreffenden Prismenfläche angehört, ist sie Seite des Schnittpolygons. Damit würde man jede Ecke des Schnittpolygons auf zwei Arten finden, wenn nicht gelegentlich einer oder der andere Hilfspunkt auf e_1 oder auf der Spurparallelen unzugänglich oder ungenau würde. Wo derartiges eintritt, kann man die betreffende Seite der Schnittfigur meist dadurch gut bestimmen, daß man einen ihrer schon auf andere Art gefundenen Endpunkte verwendet.

Ist statt des Prisma eine Pyramide gegeben, deren Basis in Π_1 liegt, so wählt man die Horizontalebene durch die Pyramidenspitze als Hilfsebene. Die Grundrisse der in dieser Ebene liegenden Spurparallelen der einzelnen Pyramidenflächen gehen durch S' und sind zu den Basiskanten der Pyramide parallel. Sonst ändert sich nichts an der ganzen Betrachtung.

XII. Abschnitt.

Ebene Schnitte des Rotationskegels.

Im folgenden werden die ebenen Schnitte des Rotationskegels und die zugehörigen abgewickelten Kurven näher behandelt, in Rücksicht auf das besondere mathematische Interesse, das sie bieten. Dabei wird meist die Ebene senkrecht zu Π_2 genommen; auf diesen einfacheren Fall läßt sich der allgemeine Fall z. B. mittels eines Seitenrisses zurückführen.

Einige Sätze aus der Krümmungstheorie, welche später verwendet werden und zum Teil auch schon im vorigen Abschnitt vorkamen, sollen hier zusammengestellt werden, §§ 1, 2.

§ 1. Der Meusniersche und der Eulersche Satz. Man betrachtet zwei auf einer gegebenen Fläche liegende Kurven, welche durch einen Punkt P

1) Die Figur enthält i. w. die gegebenen Stücke.

gehen und dort eine gemeinsame Tangente haben. P sei weder für die Fläche, noch für die beiden Kurven ein singulärer Punkt. Von den zum Punkt P gehörigen Schmiegungsebenen der beiden Kurven gehe die eine durch die Flächennormale hindurch, die andere bilde damit einen Winkel φ. Dann ist der Krümmungsradius der zweiten Kurve gleich dem mit $\cos\varphi$ multiplizierten Krümmungsradius der ersten. Dies ist der Meusniersche Satz. Will man die Krümmungskreise der Kurven für den Punkt P einführen, dann läßt sich der Satz so aussprechen: Der Krümmungskreis der zweiten Kurve liegt auf der Kugel, welche den Krümmungskreis der ersten Kurve als größten Kreis besitzt.

Man betrachtet zweitens einen Flächenpunkt P und alle durch ihn hindurchgehenden und ganz auf der Fläche liegenden Kurven, deren Schmiegungsebenen für P die Flächennormale enthalten. Unter den Krümmungsradien dieser Kurven für die Stelle P gibt es einen größten und einen kleinsten (R_1 und R_2), und zwar gehören diese zu zwei Kurven, die sich in P rechtwinklig schneiden. Bildet dann in P die Tangente einer der andern Kurven mit der Tangente der ersten Kurve den Winkel α, dann ist die Krümmung jener Kurve

$$\frac{1}{R} = \frac{\cos^2\alpha}{R_1} + \frac{\sin^2\alpha}{R_2}.$$

Das ist der Eulersche Satz. Hierbei sind aber R_1, R_2 und R bei sattelförmiger Krümmung mit Vorzeichen einzuführen.

§ 2. **Der Satz von Catalan.** Auf einer abwickelbaren geradlinigen Fläche liege eine Kurve. Ihre Krümmung für P sei $\frac{1}{\varrho}$, die Schmiegungsebene für P bilde mit der Tangentialebene der Fläche den Winkel ϑ. Wird dann die Fläche in die Ebene abgewickelt, so hat die abgewickelte Kurve an der dem Punkt P entsprechenden Stelle die Krümmung $\frac{1}{\varrho}\cos\vartheta$.

Zwei besondere Fälle sind zu nennen: 1. Die Rückkehrkante der abwickelbaren Fläche hat in jedem Punkt eine Schmiegungsebene, welche dort zugleich die Fläche berührt, also ist $\vartheta = 0$ und die Krümmung der Rückkehrkante wird durch die Abwicklung nicht beeinflußt. — 2. Wenn im Punkt P der Kurve die Schmiegungsebene senkrecht zur Tangentialebene der Fläche steht, so wird durch die Abwicklung die Krümmung an der entsprechenden Stelle 0, d. h. es entsteht durch die Abwicklung i. a. ein Wendepunkt.[1])

Dieser Catalansche Satz fehlt in deutschen Büchern über die Krümmungstheorie von Flächen vielfach. Deshalb soll ein Beweis gegeben werden, mit Benutzung der Geometrie des Unendlichkleinen.

1) Daraus kommt man auch zu den Wendepunkten in der Abwicklung des ebenen Schnittes eines Kreiszylinders. In § 14 des vorigen Abschnittes wurden sie elementar erhalten.

P ist die zu untersuchende Stelle der Kurve, welche in der abwickelbaren Fläche liegt. Man nimmt zwei benachbarte Kurvenpunkte im Abstand ds zu beiden Seiten von P an, P_1 und P_2. Dann bestimmen die beiden als geradlinig aufgefaßten Linienelemente $P_1 P$ und $P P_2$ den Kontingenzwinkel $d\omega$.[1]) Die Krümmung der Kurve bei P ist $\frac{d\omega}{ds}$. Weiter ist die Ebene von P_1, P und P_2 die Schmiegungsebene des Kurvenpunktes P. In der abwickelbaren Fläche bestimmen die drei Punkte P_1, P, P_2 drei erzeugende Geraden und damit zwei ebene Elementarstreifen.

Nun legt man um P eine Kugel vom Radius 1. Die Erzeugungsgerade der Fläche, welche durch P geht, liefert einen Durchmesser AB der Kugel (Fig. 81, Taf. IV).[2]) Die Ebenen der beiden oben erhaltenen Elementarstreifen der Fläche liefern größte Kugelkreise, die sich in A und B schneiden; im zweiten Fall ist nur ein Halbkreis dargestellt. Die beiden Kugelradien, auf denen die unendlich kleinen Linienelemente PP_1 und und PP_2 liegen, sind PQ_1 und PQ_2. Dem Q_1 diametral gegenüber liegt R. Dann ist $\sphericalangle RPQ_2$ der Kontingenzwinkel, oder der Bogen RQ_2 stellt unmittelbar den Kontingenzwinkel der gegebenen Kurve für den Punkt P dar.

Bei Abwicklung der Fläche wird der zweite Elementarstreifen in die Ebene des ersten gebracht. Dem entspricht auf der Kugel eine (unendlich kleine) Rotation des Halbkreises AQ_2B bis in die Lage, welche den Halbkreis AQ_1B zu einem vollen Kreis ergänzt. So entsteht aus Q_2 der Punkt Q_2^* auf dem Halbkreis ARB, und es ist $Q_2^*B = Q_2B$. Die Bahn des Punktes, welcher um die Achse AB rotiert und dabei von Q_2 nach Q_2^* gelangt, ist kein größter Kugelkreis. Unter $Q_2Q_2^*$ soll aber der Bogen eines größten Kreises verstanden werden, ebenso unter RQ_2. Dann ist $RQ_2^*Q_2$ ein unendlich kleines sphärisches Dreieck. Es hat bei Q_2^* einen Winkel, der unendlich wenig von einem Rechten abweicht; das folgt aus dem gleichschenkligen sphärischen Dreieck $Q_2BQ_2^*$. Ferner ist der Winkel bei R im Dreieck $RQ_2^*Q_2$ bekannt: Die Ebene von R, P und Q_2 ist die Schmiegungsebene der ursprünglichen Kurve, die Ebene von ARB ist die Ebene des einen Elementarstreifens der Fläche und darf als Tangentialebene der Fläche in P gelten. So ist $\sphericalangle Q_2^*RQ_2$ der Winkel zwischen der Schmiegungsebene und der Tangentialebene, der im Anfang des Paragraphen mit ϑ bezeichnete Winkel. Die zwei in R zusammenstoßenden Seiten des sphärischen Dreiecks $RQ_2^*Q_2$ haben folgende Bedeutung. RQ_2 ist, wie schon ausgesprochen wurde, der Kontingenzwinkel der ursprünglichen Kurve, RQ_2^* ist entsprechend der Kontingenzwinkel der abgewickelten Kurve. Die Nepersche Regel für das rechtwinklige sphärische Dreieck gibt dann, sobald man die Tangenten der kleinen Seiten durch die Bogen ersetzt:

$$RQ_2^* = RQ_2 \cdot \cos\vartheta.$$

1) Im Bogenmaß. — 2) Die Figur ist in Orthogonalprojektion entworfen; erst ein Grenzfall von ihr ist die eigentliche Figur.

Dasselbe hätte man kürzer erhalten, wenn man das unendlich kleine sphärische Dreieck $R Q_2^* Q_2$ sofort als geradliniges ebenes und rechtwinkliges Dreieck behandelt hätte.

So verhalten sich die Kontingenzwinkel der abgewickelten und der ursprünglichen Kurve wie $\cos\vartheta : 1$. Für die Krümmungen gilt wegen des gemeinsamen ds das Gleiche. Damit ist der zu Anfang des Paragraphen ausgesprochene Satz bewiesen. Die dort angegebenen besonderen Fälle bedürfen keiner näheren Besprechung.

§ 3. Elliptischer Schnitt des Rotationskegels. Die Figur 82a (Taf. IV) gibt einen auf Π_1 stehenden Rotationskegel und eine zu Π_2 senkrechte Ebene E von solcher Art, daß der Schnitt eine geschlossene Kurve, d. h. eine Ellipse wird; e_2 ist dann weniger steil als die Mantelgeraden des Kegels. Die durch die Kegelachse senkrecht zu e_1 gehende (zu Π_2 parallele) Ebene Σ ist eine Symmetrieebene für den Kegel und für E, demnach auch für die Ellipse. Ihre Schnittlinie mit E, die Spurnormale erster Art von E, deren Grundriß durch S' geht, ist die eine Symmetrieachse der Ellipse. Die beiden Scheitel A und B dieser Achse ergeben sich sofort, zuerst findet man A'' und B'', dann A' und B'. Der Halbierungspunkt der Strecke AB ist der Mittelpunkt M der Ellipse. Die andere Ellipsenachse geht durch M senkrecht zur ersten Achse, sie ist die durch M gehende Spurparallele erster Art von E. Die Schnittpunkte dieser Linie mit der Kegelfläche bestimmt man am besten daraus, daß man den in der Horizontalebene von M liegenden Kreis des Kegelmantels sucht, sein Radius folgt aus dem Aufriß, daraus ergibt sich der Grundriß des Kreises, dann findet man C' und D'; C'' und D'' fallen mit M'' zusammen.

Geht man von der in E liegenden Ellipse zur Grundrißprojektion über, dann folgen aus den Scheiteln A, B, C, D die Endpunkte A', B' und C', D' rechtwinkliger konjugierter Durchmesser der im Grundriß auftretenden Ellipse nach § 18 im VIII. Abschnitt. A', B' und C', D' sind demnach die Scheitel dieser Ellipse selbst.

So kennt man beide Projektionen der in E liegenden Ellipse, denn ihr Aufriß ist die gerade Strecke $A''B''$.

Die eine Achse der Schnittellipse liegt nach dem Vorigen in der Ebene Σ, die andere Achse ist zu Σ senkrecht und horizontal. Wesentlich ist dabei, daß die in Σ liegende Achse stets die große Ellipsenachse ist. In §§ 4 und 5 folgen zwei Beweise hierfür.

Die wahre Gestalt der Schnittellipse ergibt sich durch Umlegung um e_1 in Π_1. Man legt die Scheitel A, B, C, D und den Mittelpunkt M um. Will man die Ellipse mittels der Krümmungskreise ihrer Scheitel konstruieren, so wendet man das Verfahren vom VIII. Abschn. § 4 an. (Zwar bietet der Meusniersche Satz ein sehr einfaches Mittel zur Konstruktion der Krümmungsradien in den Scheiteln A und B der Schnittellipse, worauf in § 9 noch eingegangen wird, aber für die Krümmungsradien in C und D müßte man den Eulerschen Satz mit verwenden, und dann würde die Konstruktion zu umständlich.)

Ist eine Mantelgerade g des Kegels gegeben und ist der auf g liegende Punkt P der Ellipse gesucht, so ist P'' der Schnittpunkt von g'' und e_2, P' folgt auf eine der bekannten Arten (VI. Abschn. § 10).

Die Tangente der Schnittellipse in P wird entsprechend bestimmt, wie in § 2 des vorigen Abschnitts beim Zylinder. Der Grundrißspurpunkt T_1 der Tangente ist Schnitt von e_1 mit der Tangente des Basiskreises, deren Berührungspunkt Q auf der Mantelgeraden des Punktes P liegt. Daraus ergeben sich beide Projektionen der Tangente und auch ihre Umlegung. Das Dreieck PQT_1 ist bei Q rechtwinklig und enthält bei P den Winkel, unter welchem die Ellipsentangente die Mantelgerade SQ des Kegels durchkreuzt. Das ist für § 7 wichtig.

§ 4. **Ergänzungen.** $D'S'$ ist nach der oben besprochenen Konstruktion gleich der halben Länge der horizontalen Geraden, welche durch M'' geht und durch die Umrißlinien des Kegelaufrisses begrenzt ist. Diese Strecke ist Mittellinie in einem Trapez und daraus folgt:

$$D'S' = \tfrac{1}{2}(A''K + B''L) = \tfrac{1}{2}A'B',$$

A', B', C' und D' waren die Scheitel der Grundrißellipse. Die Formel zeigt, daß D' dem Mittelpunkt M' näher liegt als A' und B'. Demnach sind A' und B' die Scheitel der großen Ellipsenachse. Weiter folgt aber, daß S' der eine Brennpunkt ist.[1]) Dieser elementare Beweis stammt aus Reinhold Müllers Leitfaden für die Vorlesungen über darstellende Geometrie an der technischen Hochschule zu Braunschweig. Sonst beweist man den Satz mittels der Eigenschaft, daß in dem involutorischen Strahlbüschel aller durch einen Brennpunkt gehenden konjugierten Polaren einer Kurve zweiter Ordnung sämtliche Strahlenpaare rechtwinklig sind. Hierauf wird erst im zweiten Band (Zentralperspektive), eingegangen.

Jetzt muß noch der Zusammenhang der in E liegenden Ellipse mit ihrer Grundrißprojektion betrachtet werden. Aus den Achsen AB und CD der ersten Ellipse gehen durch die Orthogonalprojektion die Achsen $A'B'$ und $C'D'$ der zweiten Ellipse hervor. $A'B'$ ist verkürzt im Vergleich zu AB. $C'D'$ ist gleich CD. Weil $A'B'$ größer als $C'D'$ ist, ist erst recht AB größer als CD. So liegt die große Achse der Schnittellipse in der Symmetrieebene Σ, was schon in § 3 behauptet wurde.

---

1) Die Horizontalebene durch den Schnittpunkt der Kegelachse und der Ebene E schneidet den Kegel in einem Kreis. Auf dessen Grundriß findet man die Endpunkte der durch S' senkrecht zur großen Achse gehenden Sehne der Grundrißellipse; die halbe Länge dieser Sehne ist zugleich der Krümmungsradius für die Scheitel A' und B' der Grundrißellipse. Vgl. den Schluß von § 5 im VIII. Abschn.

§ 5. Die Sätze von Quetelet-Dandelin mit Folgerungen. Es gibt zwei Kugeln, welche den Kegelmantel von innen jede längs eines Kreises berühren und außerdem noch die Ebene E berühren. Die Berührungspunkte mit E sind die Brennpunkte der in E liegenden Schnittellipse. Ferner sind die Schnittlinien von E mit den Ebenen der genannten Berührungskreise die beiden Direktrices der Ellipse. Ein Beweis dieser Sätze soll hier nicht gegeben werden.[1]) — Die Ebene Σ, welche in § 3 eingeführt wurde, enthält die Kugelmittelpunkte und die Berührungspunkte der Kugeln mit E. Daraus folgt wieder, daß die große Ellipsenachse auf die Schnittlinie von E und Σ fällt. Weiter ist es wegen des Parallelismus von Σ und Π_2 sehr leicht, die Aufrisse der Berührungskugeln, die Aufrisse der Ellipsenbrennpunkte und die Aufrißspurpunkte der Direktrices zu konstruieren. Daraus folgen schließlich die Brennpunkte und Direktrices der in Π_1 umgelegten Ellipse. In Fig. 82a sind die Konstruktionen fortgelassen.

§ 6. Perspektivische Kollineation. Zwischen der Schnittellipse und dem Basiskreis besteht perspektivische Kollineation für S als Zentrum und e_1 als Kollineationsachse. Ebenso besteht in der Ebene Π_1 zwischen dem Basiskreis und dem Grundriß der Ellipse und außerdem zwischen dem Basiskreis und der Umlegung der Schnittellipse perspektivische Kollineation mit der Kollineationsachse e_1. In beiden Fällen läßt sich das Kollineationszentrum leicht angeben. Näheres hierüber ist schon im XI. Abschn. §§ 7, 8 gesagt. Im zweiten Band (Zentralperspektive) enthält der XV. Abschnitt eine eingehende Behandlung der zum Kreis in dessen Ebene perspektivisch kollinearen Kurven. Im Anschluß hieran wird dann der elliptische Schnitt des Rotationskegels in der Darstellung mit Grund- und Aufriß noch näher untersucht.

§ 7. Die Abwicklung des Kegelmantels und der in ihm liegenden Ellipse. Man teilt den Basiskreis in eine durch vier teilbare Anzahl gleicher Teile in der Art, daß die Grundrißspurpunkte der durch die Scheitel A und B gehenden Mantelgeraden als Teilpunkte auftreten. In der Figur sind wegen der Übersichtlichkeit nur acht Teilpunkte verwendet. Beim Zeichnen einer größeren Figur muß man mindestens zwölf Teilpunkte verwenden. Dann zeichnet man die Aufrisse der in den Teilpunkten endenden Mantelgeraden, ihre Grundrisse sind nicht nötig. Je zwei der Mantelgeraden haben im allgemeinen denselben Aufriß. Nun kennt man die Aufrisse der Schnittpunkte der Mantelgeraden mit E, und daraus folgen die wahren Abstände dieser Schnittpunkte von S nach

1) Die Literatur über Kegelschnitte ist zu vergleichen, z. B. Salmon-Fiedler, Kegelschnitte, 6. Aufl., Bd. II S. 820, 21.

dem VI. Abschn. § 10. Dadurch lassen sich diese Ellipsenpunkte in die Abwicklung eintragen nach dem VI. Abschn. § 12. (Fig. 82b.)

Ist der Mantel an einer der beiden in der Symmetrieebene Σ liegenden Mantelgeraden aufgeschnitten, dann hat die abgewickelte Schnittlinie zwei kongruente Hälften. Den Scheiteln A und B der großen Achse der Ellipse entsprechen Scheitel der Abwicklung, den Scheiteln C und D entsprechen keine ausgezeichneten Punkte der Abwicklung, deshalb überträgt man C und D auch gar nicht in die Abwicklung.

Besonders wenn die abgewickelte Kurve aus wenigen Punkten gezeichnet wird, ist es wichtig, die Tangenten an diesen Punkten (mindestens zum Teil) zur Konstruktion der Kurve mit zu verwenden. Der Kreuzungswinkel eines Kurvenelements mit der Mantelgeraden wird durch die Abwicklung nicht geändert, deshalb bildet die Tangente der abgewickelten Kurve mit der Mantelgeraden ihres Berührungspunktes denselben Winkel wie die Tangente im entsprechenden Punkt P der Schnittellipse mit der Mantelgeraden von P, und dieser Winkel ist in § 3 mittels eines rechtwinkligen Dreiecks PQT_1 konstruiert worden. Man hat demnach bloß ein kongruentes rechtwinkliges Dreieck in der Abwicklungsfigur an die Strecke PQ anzufügen, seine neue Kathete berührt den abgewickelten Basiskreis. Die verlängerte Hypotenuse ist die Tangente der abgewickelten Kurve. In den Scheiteln A und B durchkreuzt die Kurve die Mantelgeraden rechtwinklig.

Sind der Kegel und die Ebene E gegeben wie bisher, und wird nur die Abwicklung der Schnittkurve gesucht, dann ist auch das Verfahren von § 16 des vorigen Abschnitts recht gut. Aber ergänzen soll man es durch die Tangentenkonstruktion für die einzelnen Punkte der abgewickelten Kurve oder wenigstens für einen Teil dieser Punkte, worüber eben alles nötige gesagt ist.

§ 8. Die Wendepunkte der abgewickelten Ellipse. Unendlich große Krümmungsradien für die abgewickelte Kurve treten nach dem Catalanschen Satz dann und nur dann auf, wenn es Tangentialebenen des Kegels gibt, welche zur Schnittebene E senkrecht stehen. Die Berührungsgeraden dieser Tangentialebenen enthalten die Ellipsenpunkte, denen in der Abwicklung die Punkte mit unendlich großem Krümmungsradius entsprechen.

Nun sind drei Fälle zu unterscheiden je nach der Lage des von S auf E gefällten Lotes.

Erstens kann das Lot außerhalb des Kegels verlaufen, so daß sein Grundrißspurpunkt U außerhalb des Basiskreises vom Kegel liegt. Die Berührungspunkte V_1 und V_2 der beiden von U ausgehenden Tangenten an diesen Basiskreis sind dann die Endpunkte der Mantelgeraden des Kegels, für welche die Tangentialebenen senkrecht zu E stehen. Die Punkte der Schnittellipse, welche diesen Mantelgeraden angehören, liefern Wendepunkte der abgewickelten Kurve.

Zweitens kann das von S auf E gefällte Lot selbst eine Mantelgerade des Kegels sein, dann ist die Tangentialebene des Kegels, welche ihn längs dieser Mantelgeraden berührt, senkrecht zu E und der Scheitel B der Ellipse gibt in der Abwicklung eine Stelle mit unendlich großem Krümmungsradius; aber wegen der Symmetrie der beiden Hälften der abgewickelten Kurve ist das kein Wendepunkt, sondern eine Stelle mit vierpunktig berührender Tangente.

Drittens kann das Lot ins Innere des Kegels fallen, dann gibt es keine Tangentialebene des Kegels, die senkrecht zu E steht, und keine Wendepunkte der abgewickelten Kurve.

Die Figur entspricht dem zuerst betrachteten Fall, die Konstruktion der Wendepunkte und ihrer Tangenten ist vollständig durchgeführt; nähere Erläuterung ist nicht nötig. Oft kann man sich darauf beschränken, nur die Mantelgeraden zu bestimmen, auf denen die Wendepunkte der abgewickelten Kurve liegen. Denn häufig sind hierdurch und durch die in der Nähe erhaltenen Kurvenpunkte die Wendepunkte schon sicher genug bestimmt, auch um ihre Tangenten zu ziehen.

§ 9. Die Krümmungskreise für die Scheitel der abgewickelten Kurve folgen aus den Sätzen von Meusnier und Catalan:

Im Scheitel A wird die Ellipse von einem Normalschnitt der Kegelfläche berührt, und der Krümmungsmittelpunkt dieses Normalschnittes liegt nach einem bekannten — für jede Rotationsfläche geltenden — Satz auf der Kegelachse. Deshalb ist das in A'' auf $S''A''$ errichtete Lot $A''X$ der Krümmungsradius des betrachteten Normalschnittes in A. Nach dem Meusnierschen Satz findet man den Krümmungsradius $A''Y$ der Ellipse in A, indem man die Strecke $A''X$ senkrecht auf $A''B''$ projiziert. (Fig. 82a).

Die Ebene der Ellipse bildet mit der in A an den Kegel gelegten Tangentialebene den Winkel $\varepsilon = \sphericalangle B''A''S''$. Darum folgt aus dem Catalanschen Satz der Krümmungsradius der abgewickelten Kurve an der dem Ellipsenscheitel A entsprechenden Stelle gleich $A''Y : \cos\varepsilon$ oder gleich $A''Z$, wo Z der Schnittpunkt von $A''S''$ mit der Verlängerung von XY ist.

Für den Punkt B ist alles entsprechend, übrigens gibt im Fall der Figur die Konstruktion für B einen schlechten Schnitt, so daß der Krümmungsradius für den abgewickelten Scheitel B sich ungenau ergibt.

§ 10. Elliptischer Schnitt des stehenden Rotationskegels im allgemeinen Fall. Gegeben sind ein auf Π_1 stehender Rotationskegel und eine elliptisch schneidende Ebene mit den Spuren e_1 und e_2 von allgemeiner Lage. Gesucht sind die Projektionen der Schnittkurve (Fig. 83 auf Taf. IV).

Man betrachtet wieder die zu e_1 senkrechte, durch die Kegelachse gehende Ebene Σ. Sie ist Symmetrieebene für die Ellipse, und auf ihrer Schnittlinie mit E liegen die Scheitel A und B der großen Achse der

Ellipse. Man braucht demnach nur die Projektionen dieser Schnittlinie und der beiden in Σ liegenden Mantelgeraden des Kegels zu konstruieren und findet damit A'', B'', A', B'. Daraus folgen der Mittelpunkt M der Ellipse und die Spurparallele von E, welche die Scheitel C und D enthält. Dann sucht man den Grundriß des Kreises, in welchem die Horizontalebene des Punktes M den Kegel schneidet, und findet damit C', D', hieraus C'', D''.

A, B, C, D sind die Scheitel der Schnittellipse, man sieht leicht, daß A', B', C', D' die Scheitel der Grundrißellipse sind und daß A'', B'', C'', D'' die Endpunkte von konjugierten Durchmessern der Aufrißellipse sind, vgl. VIII. Abschn. § 18. Dann werden die Hauptachsen der Aufrißellipse nach dem VIII. Abschn. §§ 13, 14 konstruiert.

Die Schnittellipse kreuzt den zweiten Umriß des Kegelmantels in zwei Punkten, denen eine Berührung des Aufrisses der Ellipse mit dem Umriß der Aufrißprojektion des Kegels entspricht. Die Begründung hierfür und die Bestimmung der beiden Berührungsstellen erfolgt wie in § 2 des vorigen Abschnitts.

Das Wesentliche ist immer die genaue Konstruktion der Hauptachsen für die im Grund- und Aufriß zu zeichnenden Ellipsen, und dazu reicht die Bestimmung der Scheitel der Schnittellipse aus. Weitere Punkte der Schnittellipse sucht man überhaupt nicht unmittelbar, wenn man solche nicht für den Zweck der Abwicklung nötig hat.

Die eben besprochene Konstruktion erfordert demnach keinen Seitenriß.

Für die Abwicklung der Schnittellipse ist es wegen der Symmetrie wichtig, den Kegelmantel an einer der in Σ liegenden Geraden aufzuschneiden und Paare von Ellipsenpunkten zu verwenden, die zu Σ symmetrisch liegen. Man teilt dazu am besten den Basiskreis in $4n$ gleiche Teile und zwar so, daß zwei Teilpunkte auf die Grundrißspur von Σ fallen. Dann sucht man die Schnittpunkte der zugehörigen Mantelgeraden mit E und überträgt sie in die Abwicklung. Die Aufsuchung der eben genannten Schnittpunkte gelingt zwar ohne Anwendung eines Seitenrisses, aber der Seitenriß bietet doch einige Vorteile. — Andererseits ist hier für die Abwicklung das Verfahren von § 16 des vorigen Abschnitts recht geeignet, worüber der Schluß von § 7 dieses Abschnitts zu vergleichen ist.

§ 11. **Ein ganz elementares Verfahren** zur Konstruktion des elliptischen Schnittes eines auf Π_1 stehenden Rotationskegels mit einer Ebene E von allgemeiner Lage beruht auf der Verwendung von horizontalen Hilfsebenen. Eine solche Ebene schneidet den Kegelmantel in einem Kreis, die Ebene E in einer Spurparallelen, und bei passender Höhenlage der Ebene schneiden sich der Kreis und die Spurparallele in zwei Punkten, von denen man die Grundrisse und daraus die Aufrisse findet. Damit ist ein Paar von Ellipsenpunkten gefunden. Für die Zeichnung der Projektionen der Schnittellipse hat man dann aber nicht die Hauptachsen und das beeinträchtigt die Genauigkeit und Schönheit der Figur. So empfiehlt sich dieses Verfahren für den Mathematiker nicht.

Die Methode bietet aber historisches Interesse, indem sie schon von Albrecht Dürer benutzt wurde. Dabei hat er Grund- und Aufriß in einer einzigen Figur und in dem engen Zusammenhang, wie ihn nach der landläufigen Meinung erst Monge geschaffen haben soll.

---

§ 12. **Parabolischer Schnitt des Rotationskegels.** Der Kegel steht wieder auf Π_1. Die Schnittebene E wird zu Π_2 senkrecht genommen und ist zu einer Tangentialebene des Kegels parallel (Fig. 84, Taf. IV). Die Symmetrieebene Σ und die Symmetrieachse der Parabel ergeben sich wie in § 3. Man findet dann den Scheitel A der Parabel und kann daraus den Grundriß und die Umlegung der Parabel vollständig zeichnen, weil man die beiden Punkte B und C, in denen die Parabel die Ebenenspur e_1 trifft, schon kennt. Man zeichnet zuerst die Tangente von B (für $y^2 = 2px$ ist die Subtangente des Punktes x_0, y_0 gleich $2x_0$), weiter findet man p als Subnormale, dann hat man den Brennpunkt. Elementarer ist es, noch eine Reihe weiterer Punkte der Parabel direkt zu bestimmen, etwa mittels horizontaler Hilfsebenen.

Soll dann die Schnittlinie in die Abwicklung eingetragen werden, so benutzt man die eben bestimmten Punkte und überträgt sie nach den VI. Abschn. § 12 in den abgewickelten Kegelmantel. Man kann auch regelmäßig verteilte Geraden der Mantelfläche zum Schnitt mit E bringen und diese Punkte in die Abwicklung eintragen, wie es beim elliptischen Kegelschnitt gemacht wurde. Über Wendepunkte gilt das in § 8 Gesagte, es hängt von der Gestalt des Kegels ab, ob Wendepunkte vorhanden sind. Die Konstruktion von Kurventangenten in der Abwicklung erfolgt wie bisher.

§ 13. **Fortsetzung.** Entsprechend zu § 4 fällt der Brennpunkt der Grundrißparabel in den Mittelpunkt des Basiskreises. Denn man sieht leicht aus der Figur, daß die zur Symmetrieachse dieser Parabel senkrechte und durch S' gehende Sehne die doppelte Länge von $Q''R$ und damit die vierfache Länge von $A'S'$ hat.

Weil S' der Brennpunkt ist, so ist die doppelte Strecke $A'S'$ der Krümmungsradius für die Grundrißparabel im Scheitel, das wird bei der Konstruktion verwendet. — Für die umgelegte Parabel kann man den Krümmungsradius in A_0 leicht aus dem Meusnierschen Satz konstruieren: in A'' wird auf $S''A''$ ein Lot $A''X$ bis zur Aufrißprojektion der Kegelachse errichtet; von diesen Punkt X wird ein Lot auf e_2 gefällt; der

Abstand des Lotfußpunkts Y von A'' ist der gesuchte Krümmungsradius der Parabel im Scheitel A. Vgl. § 9.[1])

Ferner ergibt sich der Krümmungsradius im Scheitel der abgewickelten Kurve wieder nach dem Catalanschen Satz, man hat genau die Konstruktion wie im Fall des elliptischen Schnittes.

§ 14. Parabolischer Schnitt im allgemeinen Fall. Man nimmt wieder einen stehenden Rotationskegel, sucht eine allgemeine Tangentialebene desselben und wählt eine dazu parallele Ebene E als Schnittebene. Der Scheitel A der Schnittparabel und die Punkte B, C, in denen sie den Basiskreis des Kegels durchkreuzt, ergeben sich genau wie im vorigen Fall. Dabei steht die Ebene Σ senkrecht zu e_1 und geht durch die Kegelachse. Man weiß außerdem, daß alle horizontalen Sehnen der Parabel ihre Mittelpunkte in Σ haben. Der Grundriß der Parabel wird konstruiert wie in §§ 12, 13, für den Aufriß der Parabel ist der Aufriß des Scheitels nicht selbst der Scheitel, sondern nur der Endpunkt eines Durchmessers mit horizontaler Tangente. Dieser Durchmesser ist $A''D''$, wenn D die Mitte von BC ist. Er halbiert alle horizontalen Sehnen der Aufrißparabel. Man hat dann genug Bestimmungsstücke, um den Scheitel, die Achse und den Parameter dieser Parabel zu finden; aber dieser theoretisch richtige Weg ist praktisch viel zu umständlich.

Man wird sich meist auf näherungsweise Konstruktion der Aufrißparabel beschränken, indem man einzelne Punkte von ihr wie in §§ 11 u. 12 bestimmt. Dabei ist es wichtig, die Tangenten in den einzelnen Punkten zur Konstruktion zu verwenden. Die Endpunkte P'' und Q'' einer horizontalen Sehne haben Tangenten, die sich auf der Verlängerung von $A''D''$ in einem Punkt T'' treffen, und dabei liegt T'' ebensoweit von A'' entfernt, wie der Mittelpunkt des $P''Q''$. — Die Tangenten der Grundrißparabel in P' und Q' schneiden $A'D'$ in einem gemeinsamen Punkt T', der senkrecht unter T'' liegt und von A' soweit entfernt ist wie der Mittelpunkt der Sehne $P'Q'$.

Andererseits kann man beliebig viele Punkte der Aufrißparabel aus projektiven Strahlbüscheln erhalten. Dazu nimmt man A'' als Zentrum des einen Büschels und benutzt als zweites Büschel ein Parallelbüschel von der Richtung $A''D''$. Die Zuordnung von Strahlen der beiden Büschel ergibt sich in bekannter einfacher Art aus ähnlichen Punktreihen (Fig. 85, Taf. IV). Die Tangentenkonstruktion für die gefundenen Punkte ist eben angegeben worden und ist in der Figur enthalten.

1) Andererseits erhält man den Brennpunkt der Schnittparabel und daraus den Brennpunkt der umgelegten Parabel leicht aus dem Satz von Quetelet und Dandelin. Im Gegensatz zu § 5 gibt es hier nur eine Kugel, welche die Kegelfläche und zugleich die Ebene E berührt. Der Berührungspunkt der Kugel mit E ist der Parabelbrennpunkt; die Ebene E schneidet die Ebene des Berührungskreises von Kugel und Kegel in der Direktrix der Parabel.

§ 15. Hyperbolischer Schnitt des Rotationskegels. Die Ebene wird senkrecht zu Π_2 angenommen, Fig. 86a auf Taf. IV). e_2 ist dabei steiler als eine Mantelgerade des auf Π_1 stehenden Kegels.

Wieder betrachtet man die Hilfsebene Σ, welche durch die Zylinderachse parallel zu Π_2 geht. Die in ihr liegende Spurnormale erster Art von E ist eine Symmetrieachse des Kegelschnittes, und zwar fallen auf sie die beiden Scheitel A und B der Hyperbel. Man findet A'' und B'', daraus A', B', und auch beide Projektionen des Mittelpunktes M der Hyperbel.[1]) Die Punkte F und G, in denen e_1 den Basiskreis des Kegels schneidet, gehören auch der Hyperbel an. Der Grundriß der Hyperbel hat A', B' zu Scheiteln und enthält die Punkte F und G. Das würde zum Zeichnen ausreichen; aber wesentlich sind doch die Asymptoten der Grundrißhyperbel, und sie sind leicht zu bestimmen:

Alle Parallelebenen zu E schneiden den Kegel in Hyperbeln, deren Asymptoten untereinander parallel sind. Die durch S gehende Parallelebene liefert als Hyperbelgrenzfall ein Geradenpaar SH, SI, dessen Konstruktion eingetragen ist. Zu diesen Geraden sind die Asymptoten der in E auftretenden Hyperbel parallel. Daraus folgen die Projektionen und die Grundrißspurpunkte K und L dieser Asymptoten. Die Punkte K und L erfüllen Bedingungen, die im nächsten Paragraphen aufgestellt werden.

MK und ML sind die Asymptoten der Schnitthyperbel. Daraus findet man die Asymptoten M_0K und M_0L der umgelegten Hyperbel und (wegen der zwischen der Schnitthyperbel und ihrem Grundriß bestehenden Affinität) die Asymptoten der Grundrißhyperbel, sie sind $M'K$ und $M'L$. Darum lassen sich die beiden Hyperbeln in Π_1 zeichnen, jede aus den Asymptoten und Scheiteln. Zur Konstruktion dient der Satz, daß eine bewegliche Tangente mit den Asymptoten ein Dreieck von konstantem Inhalt bildet, wobei der Berührungspunkt immer die Mitte der einen Seite ist. Die Punkte F und G von e_1, in welchen beide Hyperbeln zusammentreffen, dienen als Proben.

Die Zentralkollineation zwischen der Schnitthyperbel und dem Basiskreis des Kegels und zwischen der Umlegung oder dem Grundriß der Schnitthyperbel und dem Basiskreis soll jetzt nicht näher betrachtet werden. Darüber ist der XV. Abschn. im zweiten Band zu vergleichen.

§ 16. Fortsetzung. Die Punkte K und L erfüllen nun einfache Bedingungen.

M'' ist die Mitte von $A''B''$, also sind M'' und der unendlich ferne Punkt von e_2 harmonisch zu A'', B''. Diese beiden Punktpaare bestimmen zwei harmonische Strahlenpaare mit dem Zentrum S'' und daraus folgen wieder zwei harmonische Punktpaare auf der Projektionsachse.

1) Über sichere Bestimmung des M ist § 16 (Mitte) zu vergleichen.

Geht man von diesen vier Punkten senkrecht auf die durch S' gelegte Parallele zur Projektionsachse herüber, so hat man die harmonischen Punktpaare O, N und 7, 1, oder O ist der Pol zur Geraden HI für den Basiskreis, d. h. OH und OI sind Tangenten an den Kreis.

Die Ebene durch SH und OH ist eine Tangentialebene des Kegels, sie enthält den Punkt M, weil O der Spurpunkt von SM ist. Die durch M zu SH gezogene Parallele liegt in dieser Ebene und der Ebene E; ihr Grundrißspurpunkt K ist deshalb der Schnitt von OH mit e_1 oder der Schnitt der in H an den Kreis gelegten Tangente mit e_1. Diese Eigenschaft wird später (in § 18) verwendet, vorläufig gibt sie eine Probe für K — und ebenso für L. Falls B'' und damit M'' und M' unsicher ausfallen, bestimmt man K auf e_1 nur mittels der Tangente in H, daraus M' durch $KM' \parallel S'H$, und endlich M'' aus M'.

In der Figur ist KL fast gleich dem Kreisdurchmesser. Das ist nur Zufall, denn eine Parallelverschiebung der Ebene E ändert die Punkte H und I und die zugehörigen Kreistangenten nicht und ändert deshalb die Länge KL.

Wie beim elliptischen und parabolischen Schnitt des auf Π_1 stehenden Rotationskegels läßt sich auch hier wieder zeigen, daß S' der eine Brennpunkt der Grundrißhyperbel ist. Das könnte man als Probe für die Asymptoten der Grundrißhyperbel verwenden. Ferner läßt sich daraus der Krümmungsradius für einen Scheitel der Grundrißhyperbel finden. Denn dieser ist die halbe Länge der durch den Brennpunkt gehenden und dabei zur Hauptachse senkrechten Sehne. (Der entsprechende Satz für die Ellipse kam im VIII. Abschn. § 5 und im XII. Abschn. § 4 Anmerkung vor.)

Die Brennpunkte und Direktrices der Schnitthyperbel selbst und damit die der Umlegung könnte man wieder aus dem Satz von Quetelet-Dandelin finden, welcher hier genau so lautet wie für einen elliptischen Kegelschnitt in § 5. Das hat eigentlich nur theoretisches Interesse.

§ 17. Die Abwicklung der Schnittkurve. Zur Konstruktion der Abwicklung des Kegelmantels und der Schnitthyperbel ist der Basiskreis in zwölf gleiche Teile geteilt, wobei zwei Teilpunkte auf die Spur der Symmetrieebene Σ gelegt sind. Die Schnittpunkte der zwölf Mantelgeraden mit E werden bestimmt und in die Abwicklung eingetragen wie früher.

Die Figur 86b zeigt nur die Abwicklung des untern Halbkegels, also auch nur die Abwicklung des untern Hyperbelzweiges.

Diese Kurve hat im Fall der Figur zwei Wendepunkte; die Konstruktion dieser Punkte und ihrer Tangenten ist in § 8 besprochen.[1])

1) Die Prüfung, ob Wendepunkte auftreten, soll man nie unterlassen. Die genaue Konstruktion der Wendepunkte kann man zuweilen unterlassen, sehr häufig ist sie aber wesentlich für die genaue Zeichnung.

Außerhalb der Wendepunkte wird die Kurve nahezu geradlinig, vgl. den nächsten Paragraphen.

Der Krümmungsradius des Scheitels A der abgewickelten Kurve folgt wieder ganz einfach aus dem Catalanschen Satz: Die Konstruktion ist dieselbe wie in § 9 und sie liefert hier den Krümmungsradius ziemlich genau.

§ 18. Die Asymptoten der abgewickelten Schnittkurve. Läßt man den untern Kegelmantel unbegrenzt, dann geht die abgewickelte Kurve ins Unendliche. Dabei besitzt sie zwei Asymptoten, deren Vorhandensein und deren Lage man auf folgende Art findet.

Die Geraden SH und SI des Kegelmantels sind parallel zu den Asymptoten der auf dem Kegelmantel liegenden Hyperbel. Die vordere Hälfte des untern Hyperbelzweiges verläuft in der Nähe der Geraden SH. Auf diesem Kurventeil wird ein Punkt P gewählt. Durch ihn geht eine einzige geodätische Linie senkrecht zu SH.

Je weiter P nach unten rückt, um so mehr wird dieses geodätische Lot PQ geradlinig und horizontal, um so geringer wird deshalb der Längenunterschied zwischen ihm und seiner Grundrißprojektion. Diese Grundrißprojektion $P'Q'$ selbst hat in Q' eine zu $S'H$ senkrechte Tangente (II. Abschn. § 27), und der Längenunterschied zwischen dem Bogen $P'Q'$ und dem senkrechten Abstand des P' von $S'H$ wird für unbegrenzt nach unten rückendes P unendlich klein. Dabei wird aber der senkrechte Abstand des P' von $S'H$ gleich dem Abstand der Asymptote $M'K$ von $S'H$, d. h. gleich KH. Damit ist als Grenzwert der Länge des geodätischen Lotes PQ die Strecke KH gefunden.

Das geodätische Lot PQ wird in der Abwicklung zu einer geradlinigen Senkrechten, und daraus, daß seine Länge einen festen Grenzwert gleich KH hat, folgt, daß die abgewickelte Kurve eine zu SH parallele Asymptote hat, die von SH um KH absteht.

Bei noch endlicher Lage von P ist die Länge der geodätischen Linie PQ größer als die Länge ihrer Grundrißprojektion und diese selbst ist größer als der senkrechte Abstand des P' von $S'H$; ferner ist dieser senkrechte Abstand kleiner als KH. Demnach läßt sich hieraus nicht schließen, ob die Länge des geodätischen Lotes PQ sich beim Fortrücken des P ihrem Grenzwert von oben oder von unten her nähert. Trotzdem ist hier der Nachweis leicht, daß die abgewickelte Kurve zwischen SH und der Asymptote verläuft. Man betrachtet auf dem Kegelmantel die geodätische Linie, welche die Hyperbel in A berührt. Aus ihr wird durch die Abwicklung die Berührungsgerade der abgewickelten Hyperbel für den Scheitel A, und man sieht für die Verhältnisse der Figur, daß die abgewickelte Kurve bei ihrem Scheitel A konvex gegen S ist. Darum wird die Kurve, wenn man von A aus über den einen Wendepunkt hinausgeht, konkav gegen SH. Demnach liegt die Asymptote so, daß der äußere Teil der Kurve zwischen ihr und SH bleibt.

§ 19. **Zusätze.** Die Projektionen des hyperbolischen Schnittes eines geraden, auf Π_1 stehenden Kreiskegels für allgemeine Lage der Schnittebene sollen nicht weiter besprochen werden. Wegen des Aufrisses ist der VIII. Abschn. § 20 zu vergleichen.

Der Schnitt des auf Π_1 stehenden Rotationskegels mit einer Geraden g wird mittels einer Hilfsebene E bestimmt, welche durch g geht. Wenn g nicht horizontal ist, legt man E durch die Kegelspitze S, damit E und die Kegelfläche Geraden gemein haben. Die Spur e_1 folgt leicht, indem man durch S eine Parallele zu g legt; das Weitere ist einfach.

Zu den leichten Aufgaben, die kaum eine Besprechung fordern, gehört das Zeichnen der Projektionen einer geodätischen Linie des Kegelmantels. Ihre Abwicklung ist geradlinig. Grundrisse und Aufrisse der Punkte, welche die Kurve mit ausgewählten Mantelgeraden gemein hat, ergeben sich aus der Abwicklung. Auch die Projektionen der Kurventangenten für diese Punkte kann man finden, und das ist nicht zu vernachlässigen. — Sind zwei Punkte der geodätischen Linie auf dem Kegelmantel gegeben, so bestimmt dies die Kurve keineswegs eindeutig.

Die Behandlung von Kartenprojektionen im XXI. Abschnitt bietet noch manches über ebene Schnitte gerader und schiefer Kreiskegel.

§ 20. **Das Auflegen eines gegebenen Kegelschnittes auf einen gegebenen Rotationskegel.** Zum Abschluß der Betrachtungen über die ebenen Schnitte des Rotationskegels soll jetzt bewiesen werden, daß man eine beliebige Ellipse (oder Hyperbel oder Parabel) auf jeden gegebenen Rotationskegel auflegen kann, d. h. daß man durch passende Neigung und Verschiebung der Schnittebene eine beliebige Gestalt der Schnittkurve erreichen kann. Man betrachtet die in der Symmetrieebene Σ auftretende Figur. (Fig. 87 auf Taf. IV). GSH ist der Durchschnitt durch den Kegel. A und B sind die Scheitel der großen Achse der Ellipse. Die Kreise in der Figur sind größte Kreise der beiden Kugeln, welche den Kegelmantel von innen berühren und zugleich die Schnittebene E berühren. Nach dem Satz von Quetelet-Dandelin sind die Berührungspunkte der Kugeln mit E die Brennpunkte der Ellipse.

In der Figur ist $AF_2 = AJ$, $BF_2 = BK$, $SJ = SK$ oder $AF_2 - BF_2 = AJ - BK = AS - BS$. So kennt man vom Dreieck ASB die Grundlinie AB, den Winkel an der Spitze und die Differenz der Seiten. Daraus läßt sich das Dreieck in besonderer Figur zeichnen. Seine Übertragung in die Durchschnittsfigur des Kegels gibt die Stellung der Ebene E, welche den Kegel in der gegebenen Ellipse schneidet.

Die entsprechende Betrachtung im Fall einer Hyperbel führt auf die

Konstruktion des Dreiecks ASB aus der Basis, dem Winkel an der Spitze und der Summe der anderen Seiten. Auch im parabolischen Fall liefert der Satz von Quetelet-Dandelin die Lösung, welche hier noch wesentlich kürzer ist als in den vorigen Fällen.

Denkt man sich einen gegebenen Kegelschnitt auf einen gegebenen geraden Kreiskegel aufgelegt und dann durch Umlegung um die Ebenenspur in die Ebene des Basiskreises gebracht, so besteht zwischen der umgelegten Kurve und dem Basiskreis perspektivische Kollineation. Das wird im XV. Abschnitt des zweiten Bandes näher betrachtet, man kommt damit auch zu einer Lösung der eben behandelten Aufgabe.

XIII. Abschnitt.

Ebene Schnitte und Schatten der Kugel.

§ 1. Der Schnitt der Kugel mit einer allgemeinen Ebene. Erstes Verfahren. Eine Kugel ist durch ihren Mittelpunkt M und Radius r gegeben; ihr Schnitt mit einer Ebene E in allgemeiner Lage ist gesucht.

Diese Aufgabe läßt sich auf zwei Wegen lösen: Der eine beruht darauf, daß man zuerst den Mittelpunkt und Radius des Schnittkreises k sucht und daraus die Projektionen des Kreises bestimmt. Der andere beruht auf der Verwendung eines Seitenrisses, womit der Fall der allgemeinen Lage von E auf einen besonderen, einfacher lösbaren Fall zurückgeführt wird.

Beim ersten Verfahren erhält man den Mittelpunkt des Schnittkreises k als Fußpunkt des vom Kugelmittelpunkt M auf E gefällten Lotes. Man sucht die Länge dieses Lotes und daraus den Radius ϱ des Kreises, er bildet mit der Lotlänge die beiden Katheten eines rechtwinkligen Dreiecks von der Hypotenuse r. Nun sind Mittelpunkt und Radius des in E liegenden Kreises bekannt, und er läßt sich deshalb nach dem VIII. Abschn. §§ 10, 11 zeichnen.

Dabei ist noch wichtig zu bestimmen, wie der Kreis zu den beiden zu Π_1, bzw. Π_2 parallelen größten Kugelkreisen k_1 und k_2 liegt.[1]) Die Ebene von k_1 schneidet E in einer Spurparallelen erster Art. Diese hat dieselbe Höhenlage wie M, ihr Aufriß geht durch M'', ihr Grundriß bestimmt sich daraus. Wenn die Spurparallele mit k_1 zwei oder einen Punkt gemein hat, so geht auch k durch diese Punkte hindurch. Sonst hat k mit k_1 keinen Punkt gemein. Hierdurch ist sofort zu entscheiden, ob der Kreis k teils auf der oberen und teils auf der unteren Hälfte der Kugel liegt, oder ob er k_1 in einem Punkt berührt und ganz auf einer

1) Die Bezeichnung des früheren Abschnitts ist beibehalten (VI. Abschn. § 20).

Hälfte der Kugel bleibt, oder endlich, ob k ganz im Innern einer Kugelhälfte liegt.

k' tritt nun nirgends aus k_1' heraus. Deshalb ist jeder Punkt, den k' und k_1' gemein haben, eine Berührungsstelle dieser zwei Kurven. Diese Punkte sind vor dem Ausziehen der Ellipse k' stets zu konstruieren. Sind es zwei getrennte Punkte, so ist der eine von ihnen begrenzte Ellipsenbogen als Grundriß eines auf der untern Kugelhälfte liegenden Kreisbogens zu punktieren. — Ganz entsprechend entscheidet man, wie k zu k_2 liegt. Wenn gemeinsame Punkte auftreten, sind ihre Aufrisse Berührungsstellen von k_2'' und k''.

§ 2. **Der Schnitt der Kugel mit einer zu Π_2 senkrechten Ebene.** Das zweite Verfahren zur Lösung der früheren Aufgabe erfordert die Behandlung eines besonderen Falles, die Bestimmung des Schnittes der Kugel mit einer zu Π_2 senkrechten Ebene (Fig. 88 auf Taf. V).

Die Aufrisse aller Punkte von E fallen auf e_2. Der Schnittkreis k hat deshalb das innerhalb k_2'' liegende Stück $A''B''$ von e_2 zur Aufrißprojektion. Damit ist der Radius ϱ von k bekannt, $\varrho = \frac{1}{2} \cdot A''B''$. A und B sind der tiefste und höchste Punkt des Kreises k und liegen demnach in der durch den Kugelmittelpunkt senkrecht zu e_1 (parallel zu Π_2) gehenden Ebene. Daraus findet man A' und B' auf der durch M' zur Achse gezogenen Parallelen. Die Mitte zwischen A' und B' ist der Grundriß des Kreismittelpunktes O. Der Grundriß k' von k ist eine Ellipse, deren große Achse parallel zu e_1, deren kleine Achse senkrecht zu e_1 ist. Die große Halbachse hat die Länge ϱ, A' und B' sind die Scheitel der kleinen Achse.

Aus dem Aufriß erkennt man die Lage von k gegenüber dem horizontalen größten Kugelkreis k_1, vgl. den vorigen Paragraphen. Im Falle der Figur kreuzt der geradlinige Aufriß $A''B''$ des Kreises k die durch M'' zur Achse gezogene Parallele. Darum kreuzt k den Kreis k_1 in zwei getrennten Punkten E und F, deren gemeinsamer Aufriß bekannt ist. Daraus findet man auf k_1' die Grundrisse von E und F. Das sind die gemeinsamen Punkte von k' und k_1', dort findet Berührung statt. Der unterhalb der Ebene von k_1 liegende Teil von k ist von oben gesehen unsichtbar.

§ 3. **Zweites Verfahren zur Bestimmung des Schnittes der Kugel mit einer Ebene von allgemeiner Lage.** Der allgemeine Fall läßt sich auf diesen besonderen Fall mittels eines Seitenrisses zurückführen. Man nimmt eine Projektionsebene Π_3 senkrecht zu e_1 an und zeichnet den umgelegten Seitenriß.[1]) Aus ihm folgt der Grundriß des Schnittkreises

1) Vgl. u. a. XI. Absch. §§ 10, 11.

wie im vorigen Paragraphen, wobei wieder die etwa vorhandenen Berührungsstellen mit k_1' zu konstruieren sind.

Es handelt sich jetzt noch um die Bestimmung der Aufrißprojektion k'' des Schnittkreises. Sie ist eine Ellipse vom Mittelpunkt O''. O'' liegt senkrecht über O' in einer aus dem Seitenriß bekannten Höhe; auch kann man O'' mittels einer Spurparallelen erhalten. Die große Halbachse der Ellipse ist gleich dem aus dem Seitenriß bekannten Radius ϱ des Kreises und liegt parallel zu e_2. Die kleine Halbachse läßt sich als $\varrho \cos \alpha_2$ konstruieren. Andererseits kann man zu den Endpunkten des horizontalen Durchmessers von k die Aufrisse suchen, und dann die Aufrißellipse konstruieren wie im VIII. Abschn. § 11.

Wenn der Kreis k zum Teil auf der hinteren Hälfte der Kugel verläuft, kreuzt er k_2 in zwei getrennten Punkten. Diese liegen auf der Schnittlinie von E mit der Ebene von k_2, und ihre Aufrisse werden wie in § 1 mittels einer Spurparallelen zweiter Art bestimmt. Sie sind Berührungsstellen der Aufrißellipse mit dem Umrißkreis k_2''.

§ 4. Die Schnittpunkte der Kugel mit einer Geraden. Die Kugel ist durch M', M'' und r gegeben, die Gerade g durch ihre beiden Projektionen (Fig. 89, Taf. V).

Man betrachtet eine Hilfsebene durch g, sie schneidet die Kugel in einem Kreis. Die gemeinsamen Punkte dieses Kreises und der Geraden g sind die gesuchten Schnittpunkte von g mit der Kugel. Als Hilfsebene dient am einfachsten eine der beiden projizierenden Ebenen von g, etwa die durch g gehende Vertikalebene H. Sie schneidet die Kugel in einem Kreis k, dessen Grundriß geradlinig (die auf g' liegende Sehne von k_1') ist. Damit ist der Radius ϱ des Kreises k bekannt. Sein Mittelpunkt N ist der Fußpunkt des vom Kugelmittelpunkt M auf die Ebene H gefällten Lotes. Er hat zum Grundriß die Mitte der auf g' liegenden Sehne und hat dieselbe Höhe wie M. Den Aufriß des Kreises braucht man nicht zu zeichnen. Der Kreis k wird durch Drehung um die Grundrißspur g' seiner Ebene in Π_1 umgelegt, indem man seinen Mittelpunkt umlegt; so entsteht k_0. Dann legt man g ebenfalls um g' um. g_0 und k_0 schneiden sich in zwei Punkten P_0 und Q_0, und das sind die Umlegungen der gesuchten Schnittpunkte P und Q von g und k, d. h. von g und der Kugel. Aus P_0 und Q_0 folgen P' und Q' auf g', daraus findet man P'' und Q'' auf g''. Außerdem sind die Höhen von P und Q durch die Umlegung bekannt, P_0P' und Q_0Q'.

§ 5. Die Schattenkonstruktion für die Kugel bei Parallelbeleuchtung. Eine Kugel ist durch M', M'' und r gegeben, die Projektionen sind gezeichnet; ferner ist die Richtung paralleler Lichtstrahlen gegeben

(l', l''). Der auf Π_1 und Π_2 fallende Kugelschatten und ebenso die Lichtgrenze auf der Kugel sind gesucht (Fig. 90, Taf. V).

Man beginnt mit der Bestimmung der Lichtgrenze auf der Kugel (im Gegensatz zu den Betrachtungen betr. Kegel und Zylinder im IX. Abschn. §§ 2, 4). Die Lichtgrenze ist ein größter Kreis k der Kugel, dessen Ebene E senkrecht zur Lichtrichtung steht. Man erhält die Spuren dieser Ebene nach dem III. Abschn. § 6. Die beiden elliptischen Projektionen von k lassen sich gleichartig konstruieren unter Benutzung der Neigungswinkel α_1 und α_2. Würden die Ebenenspuren zu ungünstig ausfallen, dann hätte man mit Spurparallelen zu arbeiten und α_1 und α_2 wären die Komplemente zu den Neigungswinkeln der Lichtrichtung gegen Π_1 und Π_2. Diese Verwendung der beiden durch den Kugelmittelpunkt gehenden Spurparallelen statt der Ebenenspuren ist überhaupt kürzer und besser als das zuerst angegebene, mehr elementare Verfahren.

Die Gesamtheit der Lichtstrahlen, welche die Kugel in den Punkten der Lichtgrenze berühren, bildet einen Rotationszylinder, dessen Achse in der Lichtrichtung durch den Kugelmittelpunkt geht. Der Schnitt dieses Zylinders mit Π_1 ist der Umriß des auf Π_1 geworfenen Kugelschattens. Der Schnitt ist eine Ellipse von der kleinen Halbachse r und der großen Halbachse $r : \cos \alpha_1$ (XI. Abschn. § 2). Die durch M parallel zur Lichtrichtung gelegte Vertikalebene Σ ist eine Symmetrieebene für die Zylinderfläche, ihre Grundrißspur ist die eine Symmetrieachse für die Schattenellipse, und zwar fällt die große Ellipsenachse auf diese Gerade. Der Mittelpunkt der Ellipse ist der Grundrißspurpunkt der Zylinderachse, d. h. der dem Punkt M zugeordnete Schattenpunkt M_s[1]). Nun läßt sich die Ellipse zeichnen; ihre große und kleine Ache gehen durch M_s und sind parallel und senkrecht zu l', die Längen beider Halbachsen sind bekannt.

Zweitens läßt sich die in Π_1 auftretende Schattenellipse auf folgende Art zeichnen. Man bestimmt zunächst ihren Mittelpunkt M_s. Die Scheitel der kleinen Achse C_s und D_s liegen im Abstand r von M_s auf der durch M_s zu l' gezogenen Senkrechten. Dann sucht man nicht die Scheitel A_s und B_s der großen Achse, sondern die Brennpunkte; sie folgen aus dem Satz von Quetelet und Dandelin.[2]) Die horizontale Berührungsebene im tiefsten Punkt der Kugel schneidet den Zylinder in einer Ellipse, welche die Berührungsstelle zum einen Brennpunkt besitzt. Die Schattenellipse in Π_1 entsteht aus dieser Ellipse durch Parallelverschiebung in der Achsenrichtung des Zylinders, d. h. in der Lichtrichtung. So ist der eine Brennpunkt der Schattenellipse der Grundrißspurpunkt der in der Lichtrichtung durch den tiefsten Punkt der Kugel gelegten Geraden. Der andere Brennpunkt ist dem höchsten Punkt der Kugel entsprechend zugeordnet.

1) Vgl. VII. Abschn. § 7.

2) Vgl. XI. Abschn. § 2 und XII. Abschn. § 5.

§ 6. **Andere Konstruktion der Schattenellipse in Π_1.** Man braucht nicht auf die Sätze über den ebenen Schnitt eines Zylinders zurückzugehen, sondern kann die Schattenellipse k_s auffassen als schiefe Parallelprojektion der auf der Kugel auftretenden Lichtgrenze k für die Lichtrichtung. Daraus erhält man auch die Scheitel der Ellipse. Denn irgend einem Paar rechtwinkliger Durchmesser des Kreises k entspricht nach dem VIII. Abschn. § 16 ein Paar konjugierter Durchmesser der Ellipse, und wenn man im Kreis k den horizontalen und den am stärksten geneigten Durchmesser wählt, so ist leicht zu sehen, daß ihnen ein rechtwinkliges Paar konjugierter Durchmesser entspricht. Denn der horizontale Durchmesser CD ist zu e_1 parallel, deshalb ist seine Schattenlinie C_sD_s ebenfalls zu e_1 parallel, zu l' senkrecht. Der am stärksten geneigte Durchmesser AB liegt auf einer Spurnormalen von E, und darum ist die Ebene der durch A und B gehenden Lichtstrahlen senkrecht zu e_1. Die Verbindungslinie von A_s und B_s fällt auf die Spur dieser Hilfsebene, d. h. sie ist parallel zu l'. So sind die konjugierten Ellipsendurchmesser A_sB_s und C_sD_s zueinander rechtwinklig, d. h. sie sind die Hauptachsen der Schattenellipse.

§ 7. **Der auf Π_2 fallende Teil des Schattens.** In der Figur liegt ein Teil des auf Π_1 fallenden Kugelschattens hinter der Projektionsachse, d. h. es wird ein Teil des Kugelschattens von Π_2 aufgefangen. Man erhält die elliptische Umgrenzung dieses Flächenstückes, indem man den ganzen elliptischen Schatten bestimmt, welchen die Kugel auf Π_2 werfen würde, wenn Π_1 durchsichtig wäre. Der Mittelpunkt dieser Ellipse ist der Aufrißspurpunkt M^s der durch M in der Lichtrichtung gezogenen Geraden. Die kleine Achse steht senkrecht zu $M''M^s$, und ist gleich $2r$; die große Achse fällt auf $M''M^s$ und ist $2r : \cos\alpha_2$. Von dieser Schattenellipse in Π_2 wird schließlich nur der Teil gezeichnet, der oberhalb der Projektionsachse liegt. Als Probe dient, daß die beiden Schattenellipsen einander auf der Achse schneiden.

Hat man die Aufrißprojektion der Lichtgrenze ohne Benutzung des Neigungswinkels α_2 konstruiert, dann kennt man für die in Π_2 auftretende Schattenellipse die Scheitel der kleinen Achse und die beiden Punkte, in denen sie die Projektionsachse schneiden muß. Bei günstiger Lage dieser Punkte läßt sich daraus die Ellipse nach dem VIII. Abschn. § 9 zeichnen. Oder, wenn es sich nur um einen kurzen Bogen der Ellipse in Π_2 handelt, kann man ihn direkt aus der Affinität zu dem in der Figur gestrichelten Teil der in Π_1 entstehenden Schattenellipse konstruieren, wie dieses im IX. Abschn. § 2 bei dem Schatten des Kegels besprochen ist.

§ 8. **Der Kugelschatten für eine ausgezeichnete Lichtrichtung; Lösung des allgemeinen Falles mittels dieses Falles.** Die Bestimmung des Kugelschattens ist besonders einfach, wenn die Lichtrichtung parallel zu Π_2 ist. Dann ist die Lichtgrenze k auf der Kugel ein größter Kreis, dessen Aufriß der zu l'' senkrechte Durchmesser des Umrißkreises k_2'' ist. Der Grundriß ergibt sich daraus sofort, und man erhält die Schattenellipse in Π_1 am besten durch Aufsuchen der Schattenpunkte für die Endpunkte des horizontalen und des steilsten Durchmessers von k. Vgl. § 6.

Auf diesen Fall läßt sich der allgemeine sofort zurückführen, entweder durch einen Seitenriß oder auf folgende Art: Wenn die Lichtrichtung beliebig gegeben ist, sucht man M_s, denkt sich dann die Gerade MM_s um eine durch M gehende vertikale Achse gedreht, bis sie parallel zu Π_2 wird. Dabei beschreibt der Punkt M_s einen Kreisbogen um M', bis er auf die durch M' zur Projektionsachse gelegte Parallele kommt. Dann kann man für diese Lage die Schattenellipse in Π_1 konstruieren wie eben besprochen ist; man braucht übrigens höchstens ihre Scheitel. Um die Schattenellipse für die gegebene Lichtrichtung zu erhalten, hat man die zur gedrehten Lichtrichtung gehörige Schattenellipse starr mit dem Punkt M' verbunden zu denken und zurückzudrehen, bis ihr Mittelpunkt in die ursprüngliche Lage des M_s kommt[1]).

Für die gedrehte Lichtrichtung ist die Lage der Lichtgrenze bekannt. Man hat die Projektionen der Endpunkte ihres horizontalen und ihres am stärksten geneigten Durchmessers. Hieraus ergeben sich durch das Zurückdrehen die Projektionen der entsprechenden vier Punkte der Lichtgrenze für die ursprüngliche Lichtrichtung. Man erhält für den Grundriß der Lichtgrenze die Scheitel, für den Aufriß Endpunkte konjugierter Durchmesser, was aber weniger gut ist als das Verfahren von § 5.

Zusatz. Wenn irgend ein Gegenstand gegeben ist und man mit ihm eine Drehung um eine vertikale Achse vornimmt, die Projektionen für die neue Lage zeichnet und dann daraus die Projektionen der ursprünglichen Lage ableitet, dann hat man natürlich nichts wesentlich anderes geleistet, als was sich mit einem umgelegten Seitenriß erreichen läßt. Wenn die Seitenrißebene Π_3 mit Π_2 einen Winkel gleich dem Drehungswinkel bildet, dann ist ja der Seitenriß kongruent mit dem Aufriß für die gedrehte Lage. Welches der beiden Verfahren technisch besser ist, hängt von den Verhältnissen der gerade vorliegenden Aufgabe ab.

Dieses Drehungsverfahren wird später noch mehrfach verwendet, z. B. im XVIII. Abschnitt, §§ 1, 2, 4...

§ 9. Die Lichtgrenze auf der Kugel und der Kugelschatten für eine punktförmige Lichtquelle im Endlichen. Die Gesamtheit der Lichtstrahlen, welche die Kugel streifen, bildet einen Rotationskegel mit dem Lichtpunkt L als Spitze. Der Kegel berührt die Kugel in einem Kreis, das ist die Lichtgrenze. Die Ebene des Kreises ist die Polarebene von

1) Der Fall, daß ein Stück des Schattens auf Π_2 fällt, braucht nicht mehr näher besprochen zu werden.

L für die Kugel, sie steht senkrecht zu LM, liegt auf derselben Seite von M wie L, ferner ist ihr Abstand von M gleich $LM : r^2$, nach einem Satz über harmonische Punktpaare. Doch hat man diese Formel für die Konstruktion nicht nötig, siehe unten.

Der auf Π_1 fallende Schatten liegt im Innern des oben eingeführten Kegels. Der Kegel ist aber eigentlich nur ein Halbkegel. Ein Schatten auf Π_1 kommt nur zustande, wenn L höher liegt, als die untere horizontale Tangentialebene der Kugel. Dann ist der Schatten elliptisch, parabolisch oder hyperbolisch, je nachdem L über, in oder unter der oberen horizontalen Tangentialebene der Kugel liegt. Das folgt aus den früheren Sätzen über die ebenen Schnitte des Rotationskegels. Weiter ist die Vertikalebene Σ durch M und L eine Symmetrieebene für den Kegel und für Π_1 und damit für die Schnittkurve, für den Schattenumriß.

Für die Durchführung der Konstruktion werden die folgenden Angaben genügen. Wenn die durch L und M gehende Vertikalebene Σ zu Π_2 parallel ist, so steht die Polarebene von L senkrecht zu Π_2, d. h. die kreisförmige Lichtgrenze hat geradlinigen Aufriß (die Berührungssehne von k_2'' für den Pol L''). Der Grundriß folgt daraus, er kann ganz im Innern von k_1' liegen oder Berührungsstellen mit k_1' haben, vgl. §§ 1 ff.

Vom Schatten in Π_1 liegt im elliptischen Fall die große Ellipsenachse in der Symmetrieebene Σ [1]), d. h. man findet die Scheitel der großen Ellipsenachse mittels der Lichtstrahlen, welche durch den höchsten und den tiefsten Punkt der Lichtgrenze gehen. Weiter lassen sich die Schattenpunkte für die Endpunkte des horizontalen Durchmessers der Lichtgrenze sofort angeben. Dadurch hat man die Endpunkte einer zur großen Achse senkrechten Ellipsensehne. Die Ellipse folgt dann nach dem VIII. Abschn. § 9.

Man kann aber die Scheitel der kleinen Achse der Schattenellipse unmittelbar bestimmen. Aus den Scheiteln ihrer großen Achse folgt ihr Mittelpunkt. Es ist der Schattenpunkt für einen Punkt N auf dem am steilsten geneigten Durchmesser der kreisförmigen Lichtgrenze. Durch N geht eine wagrechte Sehne der Lichtgrenze. Die Endpunkte dieser Sehne ergeben sich leicht mittels eines horizontalen Kreises. Ihnen entsprechen als Schattenpunkte zwei Punkte auf der zu s_1 senkrechten Symmetrieachse der Schattenellipse, d. h. das zweite Paar von Scheiteln dieser Ellipse. Die Konstruktion ist einfach. — Ähnliche Überlegungen hat man häufig anzustellen. Der dritte Absatz in § 5 des IX. Abschnittes enthielt denselben Gedanken, nur handelte es sich da um die Schaffung konjugierter Durchmesser einer Schattenellipse. Später wird die gleiche Betrachtung wiederkehren bei Konstruktion des Schattens für ein vertikal stehendes

---

1) XII. Abschn. § 3—5.

Rotationsellipsoid (XVIII. Abschn. § 4) und im Abschnitt über Kartenprojektionen (XXI. Abschn.) bei der allgemeinen gnomonischen Projektion.

Drittens läßt sich die Schattenellipse zeichnen aus den Scheiteln der großen Achse und den Brennpunkten. Bringt man den Kegel zum Schnitt mit der unteren horizontalen Tangentialebene der Kugel, dann hat diese Schnittellipse die Berührungsstelle der Tangentialebene zum Brennpunkt (Satz von Quetelet-Dandelin, XII. Abschn. § 5). Wegen der Ähnlichkeit paralleler Schnitte durch den Kegel liegt der eine Brennpunkt der in Π_1 auftretenden Schattenellipse auf der Geraden durch L und den tiefsten Punkt der Kugel. Der andere Brennpunkt entspricht ebenso dem höchsten Punkt.

Der parabolische Fall des in Π_1 liegenden Schattens erfordert keine Besprechung. Man kommt auf den Scheitel, die Hauptachsenrichtung und auf eine zur Hauptachse senkrechte Parabelsehne oder statt dieser Sehne auf den Brennpunkt.

Im hyperbolischen Fall wird der ins Unendliche gehende Schatten vom einen Zweig einer Hyperbel umgrenzt. Die Hauptachse der Hyperbel ist die Spur von Σ. Die beiden Hyperbelscheitel liegen auf den Geraden, welche L mit dem höchsten und tiefsten Punkt der Lichtgrenze verbinden. Weiter findet man wie bei der Ellipse die Endpunkte einer zur Hauptachse senkrechten Sehne oder die Brennpunkte. Damit ist die Hyperbel völlig bestimmt. Fürs Zeichnen einer Hyperbel sind aber die Asymptoten immer wesentlich, und man soll sie nicht beiläufig, sondern unmittelbar bestimmen, sobald dies möglich ist. Dazu dient der Satz, daß parallele hyperbolische Schnitte durch einen Kegel parallele Asymptoten haben (vgl. XII. Abschn. § 15). Von diesem Satz macht man in dem Grenzfall Gebrauch, wo der zweite ebene Schnitt durch den Kegelmittelpunkt L geht. Die Horizontalebene durch L schneidet die Kugel in einem Kreis und den Kegel in den beiden von L an diesen Kreis gehenden Tangenten. Zu diesen Geraden sind die Asymptoten der in Π_1 liegenden Hyperbel parallel. Es genügt schließlich, den einen Hyperbelzweig aus den Asymptoten und dem Scheitel zu zeichnen.

Bisher wurde der Fall besprochen, wo Σ zu Π_2 parallel ist. Bei allgemeiner Lage von L kann man mit einem zu Σ parallelen Seitenriß arbeiten oder das in § 8 entwickelte Drehungsverfahren anwenden.

---

§ 10. Anwendung einer Kugel bei der Darstellung eines Rotationskegels in allgemeiner Lage. Nun kann auch die früher genannte Aufgabe[1]) gelöst werden: in den beiden Projektionen des auf einer geneigten Ebene E stehenden Rotationskegels die Stellen genau anzugeben, in welchen

1) IX. Abschn. § 1, Anmerkung.

die Ellipsen durch die von S' und S'' ausgehenden Tangenten berührt werden. Man betrachtet dazu eine Kugel, welche dem Kegelmantel so einbeschrieben ist, daß der Berührungskreis mit dem Basiskreis identisch ist. In allen Punkten dieses Kreises haben der Kegel und die Kugel gemeinsame Tangentialebenen. Der erste Umriß des Kegels enthält die zwei Mantelgeraden, für welche die Tangentialebenen senkrecht zu Π_1 stehen, die Grundrisse dieser Mantelgeraden sind die gesuchten Tangenten von S' an k'. So stehen in den auf dem Basiskreis liegenden Endpunkten dieser Mantelgeraden auch die Tangentialebenen der Kugel senkrecht zu Π_1, d. h. diese zwei Punkte gehören dem ersten Umriß der Kugel an. Ebenso sind die Berührungsstellen der von S'' an k'' gezogenen Tangenten Aufrisse der zwei Punkte des Basiskreises, welche dem zweiten Umriß der Hilfskugel angehören. Hierauf beruht nun die folgende Konstruktion:

Man benutzt schon zum Zeichnen der Projektionen des Kegels einen Seitenriß senkrecht zu e_1, und kann dann im Seitenriß sofort die Kugel darstellen (Fig. 91, Taf. V). Hieraus folgen Grund- und Aufriß ihres Mittelpunkts O und ihrer Umrißkreise k_1 und k_2. Dann erhält man durch Spurparallelen in der Ebene E des Basiskreises k die Stellen, wo k die Kugelkreise k_1 und k_2 durchschneidet, genau wie in § 1.

Dieses Verfahren stammt von Burmester. Da die Seitenrißdarstellung des Kegels überhaupt ein gutes und einfaches Mittel zur Konstruktion der Kegelprojektionen ist und da sie auch beiträgt zur genauen Bestimmung der Eckpunkte der Lichtgrenze am Körper, so wird man gern einen Seitenriß verwenden; und dann sind schließlich nur ganz wenige besondere Hilfslinien nötig, um die Berührungspunkte der von S' und S'' an k' bzw. k'' gezogenen Tangenten zu bestimmen. Das Verfahren hat deshalb nicht bloß theoretisches Interesse.

XIV. Abschnitt.

Durchdringungen zweier ebenflächiger Körper.

§ 1. Allgemeines. Sind zwei ebenflächige Körper gegeben, deren Oberflächen einander durchdringen, so treten als gemeinsame Linien beider Flächen ein oder mehrere geschlossene, im allgemeinen unebene Polygone auf. Ecken dieser Durchdringungsfigur sind die Punkte, in denen die Kanten jedes Körpers die Flächen des anderen treffen. Jede Seite der Durchdringungsfigur gehört ganz einer Fläche des einen und einer Fläche des anderen Körpers an. Deshalb sind zwei benachbarte Ecken eines Durchdringungspolygons dadurch charakterisiert, daß sie gleichzeitig einer Fläche des einen und einer Fläche des anderen Körpers angehören. Das ist für später wichtig.

Zur Bestimmung der Durchdringungsfigur hat man demnach zwei Methoden: Erstens kann man die Eckpunkte der Polygone suchen und unter Beachtung der eben angegebenen Beziehung in der richtigen Reihenfolge verbinden. Zweitens kann man die Seiten der Polygone als Schnittlinien je zweier Flächen finden. Die erste Methode wird in den §§ 2—8 an zwei Beispielen näher besprochen, wobei übrigens auch gelegentlich der Grundgedanke der zweiten Methode verwandt wird. Ein Beispiel für die ausschließliche Anwendung der zweiten Methode bietet § 9. Eine bebesondere Art der ersten Methode, welche bei Pyramiden und Prismen anwendbar ist, wird in § 10 genannt.

Für eine bestimmte Sehrichtung ist eine Seite der Durchdringungsfigur dann sichtbar, wenn die zwei Körperflächen, als deren Schnittlinie sie auftritt, beide für sich sichtbar sind. Liegt dagegen eine Seite in einer in dieser Richtung sichtbaren Fläche des einen und in einer unsichtbaren Fläche des anderen Körpers oder liegt sie bei jedem Körper in einer unsichtbaren Fläche, dann ist die Seite selbst unsichtbar.

§ 2. **Durchdringung zweier Prismen, Übersicht.** Gegeben sind ein auf Π_1 senkrecht stehendes fünfseitiges und ein schief liegendes dreiseitiges Prisma (Fig. 92a, Taf. V).

Das quer liegende Prisma befindet sich, wie der Aufriß zeigt, zwischen den Ebenen der beiden horizontalen Endflächen des stehenden Prisma. Weiter zeigt der Grundriß, daß die Kanten CC_1 und EE_1 des stehenden Prisma das liegende zwischen sich enthalten und daß die übrigen Längskanten des stehenden Prisma das liegende durchschneiden. Darum findet eine Durchdringung statt, und zwar besteht die Durchdringungsfigur aus zwei getrennten Teilen, das liegende Prisma durchbohrt das stehende. Die Endflächen des liegenden Prisma befinden sich außerhalb des stehenden.

Beide Teile der Durchdringungsfigur sind geschlossene Polygone und verlaufen ganz um das liegende Prisma herum. Jedes Polygon besteht aus drei ebenen Linienzügen, die sich in den Flächen FGG_1F_1, GHH_1G_1 und HFF_1H_1 befinden. Jeder solche ebene Linienzug beginnt auf einer Längskante des liegenden Prisma und endet auf dessen nächster Längskante, er hat so viele geradlinige Strecken, als die ihn enthaltende Fläche des liegenden Prisma Flächen des stehenden schneidet. Der erste, in FGG_1F_1 befindliche Linienzug hat seinen Anfangspunkt auf FF_1, seinen Endpunkt auf GG_1 und seine einzelnen Stücke sind Schnittlinien der Mantelflächen des stehenden Prisma mit der Fläche FGG_1F_1. Von diesem ebenen Linienzug kennt man die Grundrißprojektion, sie beginnt im Schnittpunkt von $F'F_1'$ mit AE, verläuft dann über A und B nach dem Schnittpunkt von $G'G_1'$ mit BC. So verläuft der ebene Linienzug selbst in der Fläche FGG_1F_1 von einem Punkt der Kante FF_1 nach einem Punkt von AA_1, dann nach einem Punkt von BB_1, endlich nach einem Punkt von GG_1. Damit sind die ersten vier Ecken des links liegenden Polygons festgestellt: 1 ist der Schnitt von FF_1 mit AEE_1A_1, 2 und 3 sind die Schnittpunkte von AA_1 und BB_1 mit FGG_1F_1 und 4 ist der Schnitt von GG_1 mit BCC_1B_1. Die folgenden, in GHH_1G_1 liegenden, Polygonecken werden entsprechend gefunden, ebenso die in HFH_1F_1 liegenden. 5 ist der Schnitt von BB_1 mit GHH_1G_1, 6 der Schnitt von HH_1 mit ABB_1A_1, und 7 ist der Schnitt von AA_1 mit FHH_1F_1. An 7 schließt sich als nächste Ecke wieder der Punkt 1 an.

Damit ist der Verlauf des einen Durchdringungspolygons vollständig festgestellt, nun ist die Konstruktion zu besprechen

§ 3. Die Durchführung der Konstruktion. Von den Eckpunkten 1, 4, 6, den Schnittpunkten der Kanten FF_1, GG_1 und HH_1 mit den Flächen AEE_1A_1, BCC_1B_1, ABB_1A_1 kennt man die Grundrisse und erhält daraus die Aufrisse. (In den Projektionen sind die Akzente zur Vereinfachung weggelassen.)

Den Eckpunkt 2, den Schnitt von AA_1 mit FGG_1F_1, kann man nach dem Verfahren vom X. Abschn. § 4 finden, indem man durch AA_1 eine Vertikalebene legt und deren Schnittpunkte mit FF_1 und GG_1 sucht und verbindet. Hier ist nun die vertikale Hilfsebene nicht eindeutig bestimmt; man wählt ihre Grundrißspur so, daß dieselbe Ebene auch zur Schnittbestimmung von BB_1 mit FGG_1F_1 dienen kann, d. h. man benutzt die Ebene durch AA_1 und BB_1. Sie schneidet FF_1 und GG_1 in P und Q, $P''Q''$ liefert die Aufrisse von 2 und 3. Weiter schneidet diese Hilfsebene die Linie HH_1 in R, was mit 6 identisch ist; $P''R''$ und $Q''R''$ liefern die Aufrisse von 7 und 5 auf $A''A_1''$ und $B''B_1''$.

Die Punkte sind dann in der Reihenfolge ihrer Bezifferung zu verbinden. Dabei ist zu beachten, daß sich der Aufriß von 5 durch den schlechten Schnitt von $Q''R''$ mit $B''B_1''$ ergibt. Die Seite 5 6 wird zwar trotzdem gut erhalten, nicht aber die Seite 4 5. Diese kann man genauer zeichnen, wenn man sie als Schnittlinie der Flächen BCC_1B_1 und GHH_1G_1 betrachtet. Der Schnittpunkt 4 der Kante GG_1 mit BCC_1B_1 ist schon bekannt; man bestimmt noch den Schnitt von HH_1 mit der Ebene von BCC_1B_1. Die Verbindungslinie dieses Punktes mit 4 ist die Schnittlinie der Prismenfläche GHH_1G_1 mit der Ebene von BCC_1B_1. Soweit diese Gerade der Fläche BCC_1B_1 angehört, ist sie Seite der Durchdringungsfigur. (Hiermit ist die Seite 4 5 im Grunde nach der Flächenmethode bestimmt, vgl. §§ 1 und 9).

Die Seite 1 2 des Polygons liegt in einer von vorn unsichtbaren Fläche des stehenden Prisma, sie ist demnach von vorn unsichtbar, und ihr Aufriß wird daher nur punktiert. Die Seiten 2 3, 3 4, 4 5 und 5 6 liegen jede sowohl beim liegenden als auch beim stehenden Prisma in einer von vorn sichtbaren Fläche, und ihre Aufrisse sind demnach stark auszuziehen. Die übrigen Seiten des Polygons liegen wieder mindestens bei einem der Prismen in einer von vorn unsichtbaren Fläche, sind selbst von vorn unsichtbar.

Das in den Flächen CDD_1C_1 und DEE_1D_1 liegende zweite Durchdringungspolygon wird entsprechend konstruiert. Hier sind wieder in mehreren Fällen die Schnittpunkte einer Kante des liegenden Prisma mit einer erweiterten Fläche des stehenden bestimmt und zum Ziehen der Seiten der Durchdringungsfigur verwendet; auch sind diese Hilfspunkte später für die Abwicklung wichtig.

§ 4. Die Abwicklung der Prismenmäntel und der in ihnen liegenden Durchdringungspolygone. In Figur 92b, c, Taf. V sind die Abwicklungen beider Prismenmäntel in verkleinertem Maßstab gezeichnet. Alles nähere ist im VI. Abschn. §§ 4—7 und im XI. Abschn. § 12 besprochen. Die Eintragung der Polygone ist beim Mantel des stehenden Prisma ganz einfach. Die Ecken 2, 7 und 3, 5 des einen Polygons liegen auf den Kanten AA_1 und BB_1, und ihre Entfernungen von A oder B sind durch den Aufriß gegeben. Die Eckpunkte 1, 4, 6 liegen innerhalb der einzelnen Prismenflächen auf Parallelen zu den Längskanten; dabei entnimmt man z. B. den Abstand der den Punkt 1 enthaltenden Geraden von der Kante AA_1 aus dem Grundriß, es ist der Abstand zwischen den Grundrissen von 1 und A.

In das Netz des liegenden Prisma werden, um das links liegende Durchdringungspolygon einzuzeichnen, zuerst die auf den Kanten liegenden Punkte 1, 4, 6 und P, Q übertragen (R ist mit 6 identisch). Dazu braucht man nur die wahren Abstände der Punkte von F, bzw. G, bzw. H. Dann zieht man die Seiten PQ, QR, RP und auf ihnen sind die Punkte 2 und 3, 5, 7 zu bestimmen. Die Punkte 2 und 3 teilen in der Abwicklung die Strecke PQ in demselben Verhältnis, wie $P'Q'$ durch die Grundrisse von 2 und 3 geteilt wird; daraus bestimmt man diese Punkte in der Abwicklung. Entsprechend folgen 5 und 7. Jedoch läßt sich die Konstruktion auch anders durchführen. Das zweite Durchdringungspolygon bietet nichts Neues; analog zu den Punkten P, Q, R werden die früher besprochenen Hilfspunkte auf den Kanten FF_1, GG_1 und HH_1 zur Eintragung des Polygons in den abgewickelten Mantel des liegenden Prisma verwendet.

Wenn man zur Abwicklung des liegenden Prisma einen Normalschnitt und einen Seitenriß verwendet hat (XI. Abschn. § 12), so erhält man die wahren Längen der auf FF_1, GG_1 und HH_1 liegenden Strecken am einfachsten aus dem Seitenriß. Überhaupt empfiehlt sich diese Methode mit Seitenriß zur Abwicklung des liegenden Prisma, die Figur ist auch auf diese Art entworfen, ohne daß die Hilfslinien eingetragen sind.

§ 5. Durchdringung eines Tetraeders mit einem Prisma. In Figur 93 auf Tafel V sind ein Tetraeder mit der Spitze S und der Basisfläche

ABC und ein Prisma gegeben. Fürs Zeichnen empfiehlt sich genaues Kopieren der gegebenen Stücke in größerem Maßstab, um eine gute Figur zu erhalten.[1])

Aus dem Aufriß sieht man, daß die Basisfläche des Tetraeders unterhalb des Prisma, die Spitze S oberhalb desselben liegt. Weiter sieht man aus dem Grundriß, daß die durch die Spitze gehende Vertikale das Prisma und die Tetraederbasis durchschneidet. Ein Stück dieser Vertikalen liegt also im Innern beider Körper, und darum durchdringen die Körper einander. Als Eckpunkte der Durchdringungsfigur kommen hier sicher nur Schnittpunkte der Längskanten des Prisma mit den Flächen SAB, SBC, SCA des Tetraeders und Schnittpunkte der Tetraederkanten SA, SB, SC mit den Mantelflächen des Prisma in Frage. Diese unbegrenzten 6 Kanten geben mit den Ebenen der genannten Flächen im ganzen 18 Schnittpunkte. Aber nur ein Teil dieser Punkte liegt wirklich in den Flächen selbst. Um die Bestimmung von Punkten zu vermeiden, welche gar nicht Ecken der Durchdringungsfigur sind, muß man zunächst noch die Lage der Körper gegeneinander näher abschätzen. Die Kante DD_1 verläuft vor der Kante SB (vgl. I. Abschn. § 6) und darum, wie leicht zu sehen ist, ganz außerhalb des Tetraeders. Ebenso verläuft die Kante EE_1 hinter SB und vor SA und SC, und die Kante FF_1 verläuft hinter SA und SB und vor SC. So schneidet EE_1 die beiden Tetraederflächen SAB und SBC, FF_1 die beiden Flächen SAC und SBC. SC liegt ganz hinter dem Prisma. Die Tetraederkante SA geht zwischen EE_1 und FF_1, ebenso zwischen DD_1 und FF_1 hindurch, sie schneidet deshalb EFF_1E_1 und DFF_1D_1; ebenso schneidet SB die Prismenflächen EDD_1E_1 und DFF_1D_1.

Während man sich diese Übersicht schafft, kann man das wichtigste davon aufschreiben, weil man sich dadurch weitere Überlegungen und auch das Ausziehen der fertigen Figur erleichtert. Der Verfasser zieht es übrigens vor, die festgestellte Lage der einzelnen Kanten zueinander gleich in der Figur dauernd sichtbar zu machen und höchstens das übrige aufzuschreiben. Wo eine Kante des einen Körpers vor einer Kante des anderen verläuft, wird an der Kreuzungsstelle im Aufriß ein kurzer Strich mit weichem Bleistift gemacht neben dem Aufriß der mehr vorn liegenden Kante und so, daß der Aufriß der hinteren Kante damit durchstrichen wird. Diese Striche bleiben bis zum Ausziehen der fertigen Figur stehen und stören nicht. (Wollte man die vordere von zwei windschiefen Kanten dadurch kennzeichnen, daß man ihren Aufriß unmittelbar verstärkte, so wäre weiteres Konstruieren damit gestört und in der Genauigkeit be-

1) Will man die Durchdringung zweier ebenflächigen Körper nach einem der Verfahren von §§ 5—8, aber mit größerer Selbständigkeit zeichnen, so lassen sich die Daten von Fig. 94 oder 99 verwenden. Sie geben gute Figuren, zwingen aber gelegentlich zu besonderer Sorgfalt wegen vorkommender spitzer Schnitte.

einträchtigt.) Ebenso wird man auch in der Grundrißfigur anstreichen, welche von zwei windschiefen Kanten der beiden Körper höher liegt. Man kann davon gelegentlich Nutzen ziehen, mindestens beim Ausziehen der Figur.

Gefunden wurde, daß von den Prismenkanten nur EE_1 und FF_1 das Tetraeder durchschneiden und daß von den Tetraederkanten nur SA und SB das Prisma durchschneiden, und die dabei geschnittenen Flächen sind genau bestimmt. Weil vom Prisma eine Längskante und vom Tetraeder eine der von S ausgehenden Kanten außerhalb des anderen Körpers bleibt, durchbohrt keiner der beiden Körper den anderen, sie dringen bloß ineinander ein, es gibt keine zweiteilige, sondern eine einteilige Durchdringungslinie. Sie ist ein geschlossenes unebenes Achteck, die einzelnen Eckpunkte sind schon aufgeführt und lassen sich bestimmen wie im X. Abschn. § 4 die Schnittpunkte einer Geraden und eines Dreiecks. Man benutzt für jede Punktbestimmung möglichst die beiden projizierenden Ebenen durch die betreffende Kante, weil sehr viel auf scharfe Punktbestimmung ankommt, damit die später zu besprechenden Proben stimmen.

§ 6. **Fortsetzung.** Am besten macht man die Bestimmung der einzelnen Punkte sofort in der Reihenfolge, wie sie als Ecken des Durchdringungspolygons auftreten, und man zeichnet dabei jedesmal sofort die beiden Projektionen einer Polygonseite, sobald ihr Endpunkt gefunden ist. Dadurch erzielt man die beste Übersicht und erspart vieles sonst nötige Anschreiben. Allerdings setzt solches Verfahren gutes Hineindenken in die räumliche Figur voraus, aber das soll man gerade lernen. Das rein schematische Arbeiten in der Art des § 8 ist weniger gut. Die Konstruktion der Polygonecken in der richtigen Reihenfolge ist auf zwei Arten durchführbar, welche in diesem und dem folgenden Paragraphen besprochen werden. Bei der zweiten Art hat man die in § 5 festgestellten Lagebeziehungen nur zum Teil nötig.

Als erster Eckpunkt 1 ist der Schnittpunkt von EE_1 mit SAB angenommen; der nächste Eckpunkt liegt dann entweder in der Prismenfläche EDD_1E_1 oder in EFF_1E_1, man wählt ihn in EDD_1E_1. Dann ist die Seite 1 2 die Schnittlinie von SAB und EDD_1E_1. Da nun der Rand DD_1 der Prismenfläche EDD_1E_1 ganz außerhalb des Tetraeders verläuft, so muß der Endpunkt 2 der Schnittlinie noch im Innern der Fläche EDD_1E_1, aber auf dem Rand der Fläche SAB liegen, und zwar jedenfalls auf SB, weil SA und AB die Fläche EDD_1E_1 nicht treffen. Damit ist der zweite Eckpunkt des Durchdringungspolygons als Schnitt von SB mit EDD_1E_1 erkannt; er wird konstruiert.

Dieser Punkt 2 liegt noch im Innern der Prismenfläche EDD_1E_1, deshalb bleibt auch die nächste Seite 2 3 der Durchdringungsfigur in dieser Fläche, sie ist deren Schnittlinie mit der an SB grenzenden Tetraederfläche SBC. Der Endpunkt 3 dieser Schnittlinie liegt nicht auf SC oder BC, weil diese Geraden das Prisma gar nicht treffen (er liegt auch nicht auf SB, weil der Anfangspunkt der Linie 2 3 auf SB liegt). Er bleibt also gewiß im Innern des Dreiecks SBC und liegt deshalb auf einer der Längskanten der Prismenfläche EDD_1E_1. Von diesen beiden Kanten scheidet DD_1 aus, weil sie das Tetraeder nicht trifft, es bleibt nur EE_1 übrig. Damit ist der Endpunkt 3 der zweiten Seite als der Schnitt von EE_1 mit der Tetraederfläche SBC gefunden.

In ähnlicher Weise findet man der Reihe nach die übrigen Eckpunkte des Polygons, z. B. ergibt sich 4 noch im Innern, 5 aber auf dem Rande der Fläche SBC.

Beim Ausziehen der Seiten sind einige Proben zu beachten: Die Seiten 1 2 und 5 6 des Durchdringungspolygons liegen beide in der Tetraederfläche SAB, außerdem liegt die eine in EDD_1E_1, die andere in DFF_1E_1. Diese drei Ebenen bilden ein Dreikant, demnach treffen sich ihre Schnittlinien, die verlängerten Linien 1 2, 5 6 und DD_1 in einem Punkt. Daher müssen die verlängerten Grundrisse von 1 2 und 5 6 sich auf $D'D_1'$ treffen, ebenso die verlängerten Aufrisse dieser Linien auf $D''D_1''$. Ähnlich schneiden sich 2 3 und 4 5 auf DD_1 und 8 1 und 3 4 auf SB; weitere Proben erhält man auf diese Art nicht.

Die Seite 1 2 liegt bei jedem Körper in einer von oben und von vorn sichtbaren Fläche, dasselbe gilt von der Seite 2 3. Die Seite 3 4 dagegen liegt beim Tetraeder in einer von oben und von vorn sichtbaren, beim Prisma in einer nur von oben sichtbaren Fläche. Darum sind Grund- und Aufriß von 1 2 und von 2 3 stark auszuziehen, ebenso der Grundriß von 3 4, der Aufriß von 3 4 aber ist zu punktieren. Entsprechendes gilt für die übrigen Seiten des Durchdringungspolygons.

§ 7. Abgeändertes Verfahren. Oben war der Eckpunkt 1 als Schnittpunkt von EE_1 mit SAB gefunden, und weil man schon den vollen Überblick hatte, welche Kanten jedes Körpers den anderen Körper treffen und welche Flächen sie treffen, so ließ sich der Endpunkt der ersten Seite der Durchdringungsfigur sofort angeben. Häufig ist es mühsam, sich diesen Überblick zu schaffen und dann kann man so vorgehen:

Der Punkt 2 gehört der Schnittlinie der Ebenen von EDD_1E_1 und SAB an. Diese Linie geht durch den schon bekannten Punkt 1 und ist darum bestimmt, sobald man noch irgend einen Punkt von ihr kennt, z. B. den Schnittpunkt der Kante DD_1 mit der Ebene von SAB. Diesen Punkt konstruiert man, er liegt außerhalb der Dreiecksfläche SAB. Demnach ist von seiner Verbindungsstrecke mit 1 nur der Teil, welcher zugleich den beiden begrenzten Flächen EDD_1E_1 und SAB angehört, Seite des Durchdringungspolygons. Dadurch findet man, daß diese Seite auf SB endet, und ihr Endpunkt 2 ist nun bekannt; die nächste Polygonseite verläuft noch in der Prismenfläche EDD_1E_1 und in der an SB angrenzenden Tetraederfläche SBC. Ein Punkt der Geraden, auf welche die Seite 2 3 fällt, läßt sich nun wieder auf verschiedene Arten finden, etwa als Schnitt von EE_1 mit der Ebene von SBC oder als Schnitt von SC mit der Ebene von EDD_1E_1 usw.

Auch so findet man die Eckpunkte des Polygons in der richtigen Reihenfolge. Das ist dem im nächsten Paragraphen besprochenen Verfahren unbedingt vorzuziehen.

§ 8. **Anderer Weg zur Bestimmung der richtigen Reihenfolge der Ecken des Durchdringungspolygons.** Häufig geht man auch so vor, daß man zuerst feststellt, welche Punkte überhaupt Ecken des Durchdringungspolygons sind[1]) und daß man sie alle konstruiert, ohne auf ihre Reihenfolge zu achten. Dann handelt es sich um nachträgliche Verbindung in der richtigen Folge und das geschieht so: Jeder einzelne Eckpunkt gehört, von singulären Fällen abgesehen, beim einen Körper einer Kante, beim anderen einer Fläche an, d. h. er gehört zwei Flächen des einen und einer Fläche des anderen Körpers an. Sobald man einen solchen Eckpunkt konstruiert hat, gibt man ihm irgend ein Zeichen und schreibt die drei Flächen auf, in denen er liegt. So entsteht eine Tabelle, bei der für jeden Punkt drei Flächen angegeben sind. Nimmt man jetzt für einen Punkt nur zwei dieser angeschriebenen Flächen, und zwar von jedem Körper eine Fläche, dann gibt es in der Tabelle noch einen anderen Punkt, bei dem auch gerade dieses Flächenpaar auftritt. Dieser Punkt ist der eine Nachbarpunkt des ursprünglich betrachteten Punktes, der Endpunkt der einen von ihm ausgehenden Polygonseite.

§ 9. **Unmittelbare Bestimmung der Seiten eines Durchdringungspolygons.** Bisher ist im Wesentlichen die Kantenmethode verwendet worden, d. h. die Ecken der Durchdringungsfigur wurden als Schnitte von Kanten des einen mit Flächen des anderen Körpers gesucht.

In manchen Fällen ist die Flächenmethode gut anwendbar. Bei ihr bestimmt man die Seiten der Durchdringungsfigur, indem man Flächen der beiden Körper miteinander zum Schnitt bringt. Als Beispiel diene ein schiefes Prisma und eine schiefe Pyramide, deren Basisflächen beide in Π_1 liegen, während die obere, zu Π_1 parallele, Endfläche des Prisma dieselbe Höhe wie die Pyramidenspitze S hat. (Der allgemeinere Fall einer ungleichen Höhe läßt sich sofort auf diesen Fall zurückführen.) Figur 94 auf Tafel V enthält die gegebenen Stücke zu einer guten Zeichnung.

---

1) § 5 enthält alles hierzu nötige.

Weil die Basisflächen keinen Punkt miteinander gemein haben und weil S außerhalb der oberen Prismenfläche liegt, so liegen etwa vorhandene gemeinsamen Punkte beider Körperoberflächen ganz innerhalb der Mantelflächen. Man schafft sich zunächts wieder einen genaueren Überblick über die gegenseitige Lage der Körper. Die Prismenkante AA_1 liegt ganz außerhalb der Pyramide, wie der Grundriß zeigt, ferner läuft die Pyramidenkante SF über CC_1 und auch über BB_1 hin, sie bleibt außerhalb des Prisma. CC_1 aber läuft über SD her, d. h. geht zwischen SD und SF hindurch. Es findet wirklich eine Durchdringung statt, und bei jedem Körper bleibt eine zwischen zwei Mantelflächen liegende Kante außerhalb des anderen Körpers, d. h. die Körper dringen ineinander ein, ohne daß einer den anderen durchbohrt. Die Durchdringungslinie ist ein einziges geschlossenes unebenes Polygon.

Weiter erkennt man leicht, daß die Prismenfläche ABB_1A_1 und die Pyramidenfläche SDE einander schneiden. Man braucht sich dazu nur die Lage der Grundrißprojektionen und die räumliche Lage beider Flächen vorzustellen. Die Bestimmung der Schnittlinie erfolgt nach dem II. Abschnitt § 8; vgl. den XI. Abschnitt § 17. Man findet zuerst die Schnittlinie der Ebenen beider Flächen, davon ist das in beiden Flächen selbst enthaltene Stück die Schnittstrecke der Flächen. Man sieht, daß die Endpunkte dieser Strecke auf den Pyramidenkanten SD und SE und ganz im Innern der Prismenfläche ABB_1A_1 liegen. Eine der anstoßenden Seiten des Durchdringungspolygons beginnt deshalb auf SD und ist die Schnittstrecke von ABB_1A_1 mit SDF. Sie wird entsprechend bestimmt; ihr Endpunkt liegt auf BB_1, und man kennt damit wieder die beiden Flächen, in denen die nächste Seite des Polygons verläuft. Die zweite Seite des Polygons hat mit der ersten einen Punkt der Kante SD gemein, das liefert in jeder Projektion eine Probe.

In dieser Art fährt man fort. Man hat zu jeder neuen Seite des Polygons eigentlich drei Punkte, den Endpunkt der vorhergehenden Seite, den Grundrißspurpunkt und den Schnittpunkt mit der Horizontalebene, welche die obere Prismenfläche und die Pyramidenspitze enthält. Wenn also einer der beiden zuletzt genannten Punkte unzugänglich ist, so kann man trotzdem die Seite bestimmen. Nur wenn beide unzugänglich oder durch schlechten Schnitt unsicher werden[1]), hat man den Endpunkt der Seite nach irgend einem anderen Verfahren zu bestimmen, manchmal am einfachsten als Anfangspunkt der nächstfolgenden Seite, falls man durch rohe Abschätzung der Lage der gesuchten Seite schon weiß, in welchen Flächen die nächste Seite liegt. Die Figur ist so eingerichtet, daß solche Fälle vorkommen (bei der fünften und der letzten Polygonseite). — Wie

1) Der Grundrißspurpunkt und der Spurpunkt in der horizontalen Hilfsebene werden natürlich gleichzeitig durch schlechten Schnitt unsicher.

vorhin angedeutet ist, bestimmt man am besten die einzelnen Polygonseiten sofort in ihrer richtigen Reihenfolge, vgl. §§ 6, 7.

Weiter hat man einige Proben wie gegen Ende von § 6 dadurch, daß die Ebenen zweier Flächen des einen und einer Fläche des anderen Körpers zusammen ein Dreikant bilden. Diese Eigenschaft kann auch in den angegebenen Fällen zur Konstruktion der Polygonseiten verwandt werden.

§ 10. Zusätze. Ein anderes wichtiges Verfahren zur Bestimmung der Durchdringung zweier Pyramiden oder Prismen beruht auf den für zwei Kegelflächen geltenden Grundgedanken und wird in § 19 des nächsten Abschnittes kurz besprochen. Aber dieses Verfahren steht nicht als ein drittes neben der Kantenmethode und der Flächenmethode, denn bei ihm werden ebenfalls die Schnittpunkte der Kanten jedes Körpers mit der Oberfläche des anderen Körpers gesucht.

Zur Übersicht über die Durchdringung von zwei Körpern trägt es bei, wenn man nach beendeter Konstruktion noch beide Körper getrennt zeichnet und dabei von jedem den im Innern des anderen Körpers liegenden Teil wegläßt. Verschiebt man dazu etwa die beiden Körper nach links, bzw. nach rechts parallel zur Projektionsachse aus der ursprünglichen Stellung, dann erfordert diese Darstellung nur wenig Arbeit.

XV. Abschnitt.

Durchdringungen krummflächiger Körper.

§ 1. Allgemeines. Um Punkte der Durchdringungskurve zweier krummen Flächen zu erhalten, denkt man sich eine Hilfsfläche, welche beide gegebenen Flächen schneidet und so gewählt ist, daß dabei möglichst einfache Schnittkurven auftreten. Die gemeinsamen Punkte dieser beiden Schnittkurven gehören beiden gegebenen Flächen an, sie sind Punkte der Durchdringungskurve. Wenn man auf diese Art für eine Anzahl passend gewählter Hilfsflächen Gruppen von Punkten bestimmen kann, dann läßt sich die Durchdringungskurve näherungsweise zeichnen. Dabei soll man sich aber nicht auf die Bestimmung von Kurvenpunkten beschränken, sondern man soll mindestens für einen Teil der Punkte die Tangenten konstruieren, falls das auf einfache Art möglich ist.

In vielen Fällen kann man als Hilfsflächen Ebenen anwenden, oft läßt es sich dabei erreichen, daß ihre Schnittkurven mit den beiden gegebenen Flächen gerade Linien werden. Diese Methode wird in den nächsten Paragraphen für Kegel und Zylinder zweiter Ordnung besprochen, die Beschränkung auf die zweite Ordnung ist dabei nicht wesentlich.

§ 2. Die Durchdringung von zwei Kegelflächen, bestimmt mittels Hilfsebenen durch die Kegelspitzen. Von zwei Kegeln zweiter Ordnung sind die Spitzen, die Basisebenen und die Basiskurven gegeben (Skizze in Fig. 95, Taf. VI).[1]) Die Verbindungslinie von S_1 und S_2 schneidet die beiden Basisebenen in den Punkten U und V. Eine Hilfsebene durch S_1 und S_2, welche beide Kegel schneidet, hat mit jedem ein Paar von Mantelgeraden gemein und schneidet die beiden Basisebenen in Geraden UQ und VQ. Diese Geraden treffen die Basiskurven in Punkten A und B, bzw. C und D; das sind die Endpunkte der beiden Paare von Mantelgeraden, die in der Hilfsebene liegen. Die vier gemeinsamen Punkte dieser zwei Geradenpaare sind die vier in der Hilfsebene liegenden Punkte der Durchdringungskurve beider Kegel.

Häufig ist es nötig, die beiden Punkte der Durchdringungskurve zu bestimmen, welche einer gegebenen Mantelgeraden des einen Kegels angehören. Ist diese Mantelgerade S_1A, so liefert UA den Punkt Q und damit die Gerade QV; daraus findet man S_2C und S_2D, und deren Schnittpunkte mit S_1A sind die gesuchten zwei Punkte.

Das Verfahren ist natürlich nicht an Kegelflächen von 2. Ordnung gebunden, aber es ist im folgenden ausreichend und vorteilhaft, sich darauf zu beschränken. — Oft genügt es, nur Halbkegel zu nehmen.

§ 3. Fortsetzung. Übersicht über die verschiedenen Fälle. Die benutzten Hilfsebenen enthalten die Verbindungslinie von S_1 und S_2, und sie müssen mit beiden Kegelflächen gerade Linien gemein haben. Wenn jede Kegelspitze im Innern des anderen Kegels liegt, dann sind alle Ebenen des Büschels mit der Achse S_1S_2 solche Hilfsebenen. Sobald aber wenigstens beim einen Kegel die Spitze außerhalb des anderen Kegels liegt, gibt es im Büschel Ebenen, welche nicht mit beiden Flächen Geraden gemein haben. Dann bildet die Gesamtheit der Hilfsebenen nur einen Teil des Büschels. Dieser Fall soll jetzt näher untersucht werden. Der andere Fall wird überhaupt nicht weiter betrachtet, er bietet übrigens keine besonderen Schwierigkeiten.

Wenn eine Ebene durch S_1S_2 beide Kegelflächen in je zwei Geraden schneidet und wenn bei einer Drehung die Schnittgeraden mit dem einen Kegel wegfallen, dann ist klar, daß hierbei die Ebene zunächst zur Tangentialebene wird. Darum gibt es unter den Hilfsebenen zwei äußerste Lagen, wo der eine Kegel berührt, der andere noch geschnitten

1) In der parallelperspektivischen Figur ist die Bildebene senkrecht zu den beiden Basisebenen gewählt, und es sind rechteckige Stücke beider Basisebenen dargestellt. Die Kegel sind allgemeine elliptische Kegel. Von einer Eintragung der Durchdringungskurve in das Bild wurde abgesehen. Die Figur wäre dadurch nicht deutlicher geworden.

wird. (Vom Grenzfall einer gleichzeitigen Berührung beider Kegel wird abgesehen.) Dabei sind zwei Fälle zu unterscheiden:

Erstens können die beiden äußersten Ebenen denselben Kegel berühren. Dann geht durch jede Mantelgerade dieses Kegels eine Hilfsebene, welche den anderen Kegel in zwei getrennten Mantelgeraden schneidet. Jede Mantelgerade des ersten Kegels trifft den zweiten in zwei getrennten Punkten, der erste Kegel durchbohrt den zweiten. Die beiden äußersten Ebenen des Systems schneiden den Mantel des zweiten Kegels in vier Geraden und zerlegen dadurch die Mantelfläche in vier Stücke, von denen zwei im Zwischenraum zwischen den äußersten Ebenen liegen und deshalb von den übrigen Hilfsebenen geschnitten werden; die anderen zwei Teile des Mantels werden von keiner Hilfsebene getroffen, enthalten demnach keine Punkte der Durchdringungskurve. Die Kurve bleibt ganz in den beiden zuerst genannten Teilen des Mantels vom zweiten Kegel und besteht aus zwei getrennten geschlossenen Linien. — Der Mantel des zweiten Kegels, soweit er außerhalb des ersten Kegels liegt, bleibt zusammenhängend, der des ersten zerfällt durch den zweiten Kegel in getrennte Teile.

Zweitens kann eine der beiden äußersten Ebenen den ersten, die andere den zweiten Kegel berühren. (Dieser Fall tritt in Fig. 95 ein.) Dann schneidet die Gesamtheit der zwischen ihnen liegenden Ebenen die Kegel so, daß bei jedem Kegel ein von zwei Mantelgeraden begrenztes Stück der Mantelfläche ungeschnitten bleibt. Die Durchdringungskurve trifft demnach bei keinem Kegel die sämtlichen Mantelgeraden. Kein Kegel durchbohrt den anderen, sie dringen nur beide ineinander ein. Die Durchdringungskurve ist eine einzige geschlossene Linie. Jeder Kegelmantel bleibt noch eine zusammenhängende Fläche, wenn man aus ihm das im Innern des anderen Kegels liegende Stück herausnimmt.

Eine Hilfsebene, die nicht eine der beiden äußersten Lagen hat, schneidet jeden Kegel in zwei getrennten Mantelgeraden und liefert damit vier getrennte Punkte der Durchdringungskurve. Sobald aber die Ebene eine der beiden Grenzlagen annimmt, hat sie mit dem berührten Kegel zwei zusammenfallende, mit dem anderen Kegel zwei getrennte Mantelgeraden gemein. Dadurch fallen von den zugehörigen vier Punkten der Durchdringungskurve je zwei zusammen, die beiden Mantelgeraden des nicht von der Ebene berührten Kegels haben jede eine einfache Berührung mit der Durchdringungskurve. Andererseits erkennt man diese Berührung auch daraus, daß die Durchdringungskurve mit diesen zwei Mantelgeraden je einen Punkt gemein hat, ohne die Geraden durchkreuzen zu können. Denn die Mantelgeraden grenzen einen Flächenteil ab, in dem sich keine Punkte der Kurve befinden. Zu einem weiteren Beweis führen die Angaben über die Tangentenkonstruktion in § 9. Sie lassen zugleich die Möglichkeit singulärer Fälle erkennen.

§ 4. Grenzfälle, wo ein Kegel durch einen Zylinder ersetzt ist, oder wo zwei Zylinder vorliegen. Überblick über die jetzt folgenden Anwendungen (§§ 5—23). Ein Zylinder läßt sich als Grenzfall eines Kegels für ins Unendliche hinausrückende Spitze auffassen; dadurch läßt sich die eben für zwei Kegel zweiter Ordnung besprochene Methode auf die Fälle übertragen, bei denen ein Kegel und ein Zylinder oder zwei Zylinder zweiter Ordnung gegeben sind. Das System der Hilfsebenen, welche jede der zwei Flächen in zwei Mantelgeraden schneiden, gehört im Fall von Kegel und Zylinder dem Ebenenbüschel an, dessen Träger durch die Kegelspitze parallel zur Zylinderachse geht; im Fall von zwei Zylindern gehört das System der Hilfsebenen einem Parallelbüschel an, alle Ebenen sind zu beiden Zylinderachsen parallel.

Das hiermit für zwei Kegel oder Zylinder in seinen Grundzügen besprochene Verfahren soll nun an mehreren Beispielen näher durchgeführt werden. Das erste Beispiel, bei dem alles Wesentliche ausführlich besprochen wird, umfaßt §§ 5—16. Dann folgen weitere Aufgaben mit kürzerem Text und mit gegebenen Stücken zu einer guten Figur. Es ist recht wichtig, einmal eine solche Aufgabe vollständig durchzuführen. In §§ 20—23 wird eine wichtige Aufgabe behandelt, bei welcher das in §§ 2—4 entwickelte Verfahren mit der Anwendung von Hilfsebenen anderen Charakters verbunden wird. Daran schließen sich in §§ 24, 25 Betrachtungen über Wendepunkte und Spitzen in den Projektionen einer Durchdringungskurve. Auf die weiteren Teile des Abschnittes werde jetzt nicht eingegangen.

---

§ 5. Die Durchdringung eines Kegels und eines Zylinders, wenn beide Basiskurven in Π_1 liegen. In Fig. 96, Taf. VI sind ein schiefer Kreiskegel und ein schiefer Kreiszylinder gegeben, beide Basiskreise liegen in Π_1. Man legt durch die Kegelspitze eine Gerade parallel zur Achse des Zylinders und bestimmt ihren Grundrißspurpunkt U. Jede Gerade in Π_1, welche durch U geht und beide Basiskurven trifft, ist die Grundrißspur einer Hilfsebene der früher betrachteten Art. In der Figur ist eine solche Gerade gezeichnet, welche die Kegelbasis in A und B, die Zylinderbasis in C und D schneidet. Daraus ergeben sich die beiden Mantelgeraden SA und SB des Kegels und die von C und D ausgehenden Mantelgeraden des Zylinders. Diese zwei Paare von Mantelgeraden liegen in der Hilfsebene, und ihre vier gemeinsamen Punkte gehören der Durchdringungskurve an. Man bestimmt für jeden dieser vier Punkte beide Projektionen am besten unabhängig voneinander und hat selbstverständlich zu prüfen, ob die erhaltenen Projektionen eines und desselben Punktes senkrecht übereinander liegen.

Hiermit ist der Grundgedanke für die Konstruktion gegeben. Ausgezeichnete Hilfsebenen werden in §§ 6, 7 betrachtet, in § 8 folgen Angaben über die Auswahl der Hilfsebenen für die Konstruktion.

§ 6. **Die Berührungsstellen der Durchdringungskurve mit Mantelgeraden.** Die beiden Tangenten von U aus an den Grundkreis des Kegels schneiden hier den Grundkreis des Zylinders; darauf beruht nach § 3, daß der Kegel durch den Zylinder hindurchdringt. Die Hilfsebene durch die Tangente UF hat mit dem Kegel die Mantelgerade SF als doppelt zählende Gerade und mit dem Zylinder die von G und von H ausgehenden Mantelgeraden gemein. Dadurch entstehen nach dem Schluß von § 3 die zwei Punkte, in denen die Durchdringungskurve von den zu G und H gehörigen Mantelgeraden des Zylinders berührt wird. Diesen Punkten entsprechen im Grund- und Aufriß Berührungsstellen der Projektionen der Durchdringungskurve mit den Projektionen der zwei Mantelgeraden. Die Konstruktion ist in der Figur im Grundriß und im Aufriß vollständig eingetragen; man arbeitet dabei in jeder Projektion unabhängig von der anderen, wie oben angegeben ist. — Entsprechend liefert die zweite von U an den Basiskreis des Kegels gezogene Tangente die beiden übrigen Mantelgeraden des Zylinders, welche die Durchdringungskurve berühren, und auch die zugehörigen Berührungsstellen.

§ 7. **Die Berührungsstellen der Kurvenprojektionen mit Umrißgeraden im Grund- oder Aufriß.** Weiter sind noch die Stellen wichtig, in denen die Durchdringungskurve den ersten oder den zweiten Umriß des Kegels oder des Zylinders durchkreuzt. Eine Kreuzungsstelle mit dem ersten Umriß des einen Körpers hat zum Grundriß in allgemeinen eine Berührungsstelle der Projektion der Durchdringungskurve mit dem Grundriß des betreffenden Umrisses.[1]) Stellen dieser Art findet man so: Die Mantelgerade SI gehört dem ersten Umriß des Kegels an. Die Schnittpunkte K und L von UI mit dem Basiskreis des Zylinders liefern die zwei Mantelgeraden des Zylinders, welche SI schneiden, vgl. § 2. Die Grundrisse der beiden Schnittpunkte sind Berührungsstellen für den Grundriß der Durchdringungskurve und den Umriß des Kegelgrundrisses. Ebenso lassen sich die beiden anderen Berührungspunkte des Grundrisses der Durchdringungskurve mit diesem Umriß finden; dafür ist die Konstruktion in der Figur nicht eingetragen. Beim Zylinder trifft nur die eine der zu seinem ersten Umriß gehörenden Mantelgeraden den Kegel, und deßhalb hat der Grundriß der Kurve nur zwei Berührungsstellen mit dem Umriß der Grundrißprojektion des Zylinders. Die Bestimmung dieser Punkte bietet nichts neues, die Konstruktion ist teils eingetragen (für §§ 10, 12).

Der Aufriß der Durchdringungskurve hat vier Berührungspunkte mit dem Umriß der Kegelprojektion und zwei Berührungspunkte mit dem

1) Vgl. den XI.—XIII. Abschn. Ein singulärer Fall wird in § 25 besprochen.

Umriß der Zylinderprojektion. Die Konstruktion ist ganz entsprechend, nur für einen der auf $S''N''$ liegenden Berührungspunkte ist sie eingezeichnet.

§ 8. Rückblick und weitere Angaben über die Wahl der Hilfsebenen. Im vorhergehenden ist zuerst eine Hilfsebene von allgemeiner Lage betrachtet worden; dann wurden die besonderen Hilfsebenen besprochen, welche zu den Berührungspunkten der Durchdringungskurve mit Mantelgeraden führen oder zu Kreuzungspunkten mit dem ersten oder zweiten Umriß der Flächen und damit im allgemeinen zu Berührungen in der ersten oder zweiten Projektion. Die Bestimmung derartiger ausgezeichneter Punkte darf nie unterbleiben, man beginnt sogar am besten damit. Dann hat man in der Figur eine Anzahl Grundrißspuren dieser ausgezeichneten Hilfsebenen, und man sucht für jede solche Ebene alle in ihr liegenden Punkte der Durchdringungskurve. Z. B. bestimmt man nicht nur die Kreuzungsstellen der Kurve mit SI (s. § 7), sondern man findet in derselben Hilfsebene ohne nennenswerte Mehrarbeit noch zwei andere Kurvenpunkte auf einer zweiten Mantelgeraden SM des Kegels. — Weiter schaltet man nach Bedarf neue Spuren von allgemeinen Hilfsebenen ein, wodurch dann jedesmal vier Punkte der Durchdringungskurve erhalten werden.[1]) Eine geringe Anzahl solcher Hilfsebenen ist meist ausreichend, besonders, wenn man für einzelne dazu geeignete Punkte der Kurve die Tangenten konstruiert. Wie man den Überblick über den Verlauf der Kurve gewinnt, wird in §§ 10—12 ausgeführt.

§ 9. Die Bestimmung der Tangente für einen Punkt der Durchdringungskurve. Die Gerade, welche die Kurve im Punkt P berührt, liegt in den zu P gehörigen Tangentialebenen beider Flächen. Der Grundrißspurpunkt T_1 der Tangente ist deshalb der Schnittpunkt der beiden Grundrißspuren dieser Tangentialebenen; die Konstruktion dieser Spuren ist früher besprochen (VI. Abschnitt §§ 11, 16). In der Figur ist die Kurventangente für den Schnittpunkt P von SA mit der von D ausgehenden Mantelgeraden des Zylinders konstruiert.

Es ist wichtig, für die in §§ 6, 7 betrachteten besonderen Fälle die Tangentenkonstruktion durchzudenken. Der Schnittpunkt der Mantelgeraden SF und der von G (oder H) ausgehenden Mantelgeraden des Zylinders hat eine Tangente mit dem Grundrißspurpunkt G (oder H). Das entspricht der in § 6 auf andere Art gefundenen Berührung der Kurve mit Mantelgeraden des Zylinders. Weiter haben die Schnittpunkte von SI mit den von K und L ausgehenden Mantelgeraden des Zylinders Tangenten, deren Grundrißspurpunkte auf die (unbegrenzte) Gerade $S'I$

1) Alle konstruierten Punkte beider Kurvenprojektionen hebt man mit Vorteil dadurch hervor, daß man (freihändig) kleine Kreise um dieselben zeichnet.

fallen.[1]) So hat man im Raum eine Kreuzung der Kurve mit der Geraden SI des Kegels, während der Kurvengrundriß die Gerade $S'I$ berührt. Von höheren Singularitäten, welche im Falle der Figur nicht auftreten, ist hier und in §§ 6, 7 ganz abgesehen. Näheres folgt in §§ 24, 25.

§ 10. Der Verlauf der Durchdringungskurve durch die gefundenen Punkte. Es ist noch zu besprechen, wie man durch die einzelnen Punkte die Kurve legt, d. h. in welcher Reihenfolge die Punkte zur Kurve zu verbinden sind. Man hat die Spuren der ausgezeichneten Hilfsebenen und weiterer nach Bedarf eingeschalteter Hilfsebenen. Jeder allgemeinen Hilfsebene entspricht eine Gruppe von vier getrennten Kurvenpunkten; bei einem Teil der besonderen Hilfsebenen fallen Paare von Punkten zusammen (im Falle von § 6, nicht in dem von § 7). Man denkt sich, daß eine Ebene die verschiedenen Lagen aller möglichen Hilfsebenen durchläuft. Wenn die Ebene bei dieser Bewegung mit einer tatsächlich benutzten Hilfsebene identisch wird, greift man einen der vier dieser Lage zugehörigen Kurvenpunkte heraus und faßt die durch ihn hindurchgehenden Mantelgeraden der beiden Flächen ins Auge. Dreht sich dann die bewegte Ebene weiter, bis sie mit der nächsten benutzten Hilfsebene zusammenfällt, so weiß man, in welche Lage die vorher erhaltenen Mantelgeraden übergegangen sind und weiß damit, welcher unter den konstruierten Kurvenpunkten der nächste für den durch die Drehung der Ebene gegebenen Durchlaufungssinn der Kurve ist.

Das mag für ein bestimmtes Stück der Durchdringungskurve näher erläutert werden.[2]) Der erste Umriß des Zylinders enthält zwei Mantelgeraden. Die links gelegene unter ihnen, g, bestimmt mit S eine Ebene, welche den Kegelmantel in den Geraden h_1 und h_2 schneidet. Die Schnittpunkte Q_1 und Q_2 von g mit h_1 und h_2 sind die Kreuzungsstellen der Durchdringungskurve mit g. Ihnen entsprechen im Grundriß Berührungspunkte, siehe §§ 7, 9. In der Figur sind die Grundrißspurpunkte von h_1 und h_2 und die Punkte Q_1', Q_2' durch kurze Striche angeschnitten, aber nicht bezeichnet. Nur die eine der Linien h_1 und h_2 liegt auf dem von oben sichtbaren Teil des Kegelmantels, diese sei h_1. Dann ist Q_1 von oben sichtbar, Q_2 von oben unsichtbar; Q_1 liegt höher als Q_2.

Eine Ebene des Büschels mit der Achse SU gehe durch einen Punkt auf dem Basiskreis des Kegels, welcher anfangs mit dem Spurpunkt von h_1 identisch ist und sich dann über M, F und I nach dem Spurpunkt von h_2 bewegt. Die eine Schnittlinie der Ebene mit dem Kegelmantel, welche anfangs mit h_1 zusammenfällt, geht hierbei stetig in die Lage von h_2 über. Die eine Schnittlinie mit dem Zylinder, welche anfangs mit g

1) Aus der Stellung der Tangente des ersten Schnittpunktes wird in § 12 noch eine wichtige Folgerung gezogen (S. 169, Zeile 6 ff.).

2) Dieses Kurvenstück wird in § 12 noch weiter betrachtet.

zusammenfällt, verschiebt sich auf dem Zylinder stetig, bis ihr Spurpunkt nach *G* kommt, dann wird sie — wie die Ebene selbst — rückläufig und gelangt schließlich wieder in die Anfangslage. Die beiden genannten Schnittlinien haben bei der ganzen Bewegung einen Punkt der Durchdringungskurve gemein, der sich von Q_1 bis Q_2 verschiebt. Den besonderen Lagen *M, F, I* des bewegten Punktes auf der Kegelbasis entsprechen drei Zwischenpunkte auf dem Kurvenstück von Q_1 bis Q_2. Diese Punkte und ihre Tangenten liegen konstruiert vor (§§ 6—9). Damit hat man einen genauen Einblick in den Verlauf des Kurvenstücks; seine beiden Projektionen lassen sich hiernach meist schon genügend zeichnen, ohne daß man mehr Punkte und Tangenten zu suchen hätte. — Ein Element der Kurve ist nur dann von oben (bzw. von vorn) sichtbar, wenn es bei beiden Flächen zugleich den in dieser Richtung sichtbaren Teilen der Mäntel angehört. Überlegungen in dieser Beziehung macht man am besten sogleich, doch zieht man vorläufig in der genauen Zeichnung die Projektionen des Kurvenstücks nur als dünne ununterbrochene Linie mit Blei. Daneben macht man sich für spätere Verwendung eine rohe Skizze beider Projektionen mit stark ausgezogenen und punktierten Teilen.

§ 11. Fortsetzung. Ähnlich wie es hier für das Kurvenstück von Q_1 bis Q_2 besprochen wurde, kann man für andere Teile der Durchdringungslinie verfahren. Natürlich erfordert es einige Übung, die beiden ausgewählten Mantelgeraden für die zuerst betrachtete Lage der Hilfsebene und die beiden daraus entstehenden Mantelgeraden der nächsten Lage der Hilfsebene ohne lange Überlegungen richtig zu überschauen. Erleichtert wird dies dadurch, daß man im Zusammenhang mit dem Drehungssinn der Hilfsebene sich in jeder der beiden Projektionsebenen den Bewegungssinn der beiden Mantelgeraden vergegenwärtigt. Solange bei Bewegung der Hilfsebene die Bewegung jeder Projektion der zwei Mantelgeraden in gleichbleibendem Sinn erfolgt, ist alles einfach: Man hat dann ganz entsprechende Verhältnisse, wie wenn man eine Kurve zweiter Ordnung aus projektiven Strahlbüscheln zeichnet, von denen eine Anzahl zusammengehöriger Strahlenpaare vorliegen. Dann überlegt man auch nicht lange, welcher Strahl des einen Büschels einem bestimmten Strahl des andern zugehört, sondern man geht, sobald man einmal ein Paar zugeordneter Strahlen hat, von ihrem Schnittpunkt einfach in den Diagonalen des durch die gezeichneten Strahlen gegebenen Vierecksnetzes weiter (Fig. 85, Taf. IV). Genau so ist es beim Zeichnen der Durchdringungskurve von zwei Kegeln oder Zylindern, solange nicht der Bewegungssinn der Projektion einer der zwei Mantelgeraden sich umkehrt. In diesem besonderen Fall hat man aber die Lage der Hilfsebene und der zwei Mantelgeraden wirklich in der Figur vor sich, und dadurch sind die Verhältnisse ziemlich leicht zu übersehen. Denn solche Bewegungsumkehr der einen Projektion einer Mantelgeraden tritt nur ein bei ausgezeichneten Lagen der Hilfsebene, die in § 7 betrachtet wurden und die in den Projektionen Berührungstellen mit dem betreffenden Umriß liefern.

Wer sich jetzt in der Fülle von Hilfslinien nicht zurechtfindet, kann sich die Übersicht noch durch Anschreiben einer Bezeichnung erleichtern. Man kann nämlich die einzelnen in der Figur vorhandenen Spuren von Hilfsebenen von einer äußersten zur anderen numerieren; dann erhalten die zwei Mantelgeraden des Kegels und die zwei des Zylinders, welche einer solchen Hilfsebene angehören, deren Nummer. Man könnte bei genügendem Raum sogar an jedem der vier zugehörigen Kurvenpunkte diese Nummer anschreiben. Dann wären einfach die Punkte streckenweise in der Reihenfolge ihrer Nummern zu verbinden. (Freilich wird meist nicht Platz sein, an jedem Punkt die Nummer anzuschreiben, aber es genügt auch, wenn man an die Projektionen der Mantelgeraden an geeigneten Stellen außerhalb der Gebiete, in welchen die Kurvenprojektionen liegen, die Nummern anschreibt).

Ein endgültiges Ausziehen der Projektionen ist noch nicht angebracht. Denn jede Punktbestimmung ist mit kleinen Fehlern behaftet, auch wenn sie auf guten Schnitten beruht. Durch ungünstiges Zusammentreffen der Fehler kann ein scheinbarer Verlauf der Kurven entstehen, welcher in Widerspruch steht zu ihren algebraischen Eigenschaften und welcher deshalb ausgeglichen werden muß. Näheres in § 13.

§ 12. Nebenbetrachtungen. Der Grundriß der Durchdringungskurve in Fig. 96 weist vorn links eine kleine Schleife auf. Die Untersuchung von § 10 über das räumliche Kurvenstück von Q_1 bis Q_2 läßt das Auftreten dieser Schleife deutlich erkennen: der Kurvengrundriß berührt bei Q_1' die linke Umrißgerade g' des Zylindergrundrisses, später berührt er den Grundriß der in G beginnenden Mantelgeraden des Zylinders, dann berührt er $S'I$ links von der eben genannten Geraden, endlich berührt er g' zum zweitenmal in Q_2'; im weiteren Verlauf muß dann eine Durchkreuzung, ein Doppelpunkt entstehen.

Das Raumkurvenstück Q_1Q_2 liegt ganz auf dem von oben sichtbaren Teil der Zylinderfläche und liegt nur zum Teil auf dem von oben sichtbaren Stück des Kegelmantels. So ist der Grundriß des Kurvenstücks Q_1Q_2 teils auszuziehen, teils zu punktieren, beide Stücke stoßen am Berührungspunkt mit $S'I$ zusammen. Dort liegt das ausgezogene Stück rechts, das punktierte links, wie man aus dem Vorigen sieht.

Das hätte man auch anders erkennen können, ohne Betrachtungen über ein längeres Stück der Raumkurve. Die Gerade SI der Kegelfläche hat mit dem linken Teil der Durchdringungskurve einen Punkt gemein, der konstruiert wurde und R heiße. Eine benachbarte Mantelgerade, deren Spurpunkt dicht bei I gegen F hin liegt, kreuzt die Durchdringungskurve nahe bei R. Dieser Kreuzungspunkt gehört einer Mantelgeraden des Zylinders an, deren Grundrißspurpunkt zwischen K und G liegt, was man ohne weiteres sieht. Ein dem R benachbarter und auf dem von oben sichtbaren Teil des Kegelmantels befindlicher Punkt der Durchdringungskurve liegt demnach weiter rechts als R.

Noch kürzer findet man dies, indem man das bei R liegende Bogenelement der Durchdringungskurve als Stück der Tangente des Punktes R auffaßt. Der Spurpunkt der Tangente ist ein Punkt von $S'I$ und zwar zwischen R' und I. Deshalb liegt ein unendlich kleines, von R nach oben und nach rechts gehendes Linienelement der Tangente auf der von oben sichtbaren Kegelfläche.

Solche Überlegungen sind vielfach recht vorteilhaft, um den Verlauf einer Kurve vorläufig abzuschätzen oder eine gezeichnete Kurve zu prüfen. Beim letzten Verfahren muß man freilich vorsichtig sein; zuweilen kreuzt die Durchdringungskurve eine Gerade des ersten Umrisses so, daß sie im Fallen auf den von oben sichtbaren Teil der Mantelfläche übergeht. Aber das Verfahren führt immer zum Ziel.

Im vorhergehenden wurden ein Stück der Durchdringungskurve und die zugehörige Grundrißprojektion ausführlich behandelt. Damit ist alles wesentliche über die Kurve und ihre Projektionen gesagt. Über den am weitesten links liegenden Teil des Kurvenaufrisses gewinnt man am schnellsten ein Urteil durch die Prüfung, wie die Umrißgerade SN des Kegels zu der linken Geraden des zweiten Zylinderumrisses liegt. (SN liegt bei der scheinbaren Kreuzung für die zweite Projektionsrichtung weiter vorn).

§ 13. Die Ordnung der Durchdringungskurve und ihrer Projektionen, Folgerungen über die Kurven. Weil es sich um zwei Flächen zweiten Grades handelt, ist die Durchdringungskurve im allgemeinen eine Raumkurve vierter Ordnung, und ihre Projektionen sind ebene Kurven vierter Ordnung. Im Falle der Figur, wo eine zweiteilige Durchdringungskurve auftritt, sind demnach die beiden im Grundriß erhaltenen geschlossenen Linien zusammengenommen eine ebene Kurve vierter Ordnung, und haben zusammengenommen mit einer Geraden höchstens vier Punkte gemein. Das gibt wichtige Anhaltspunkte für die Zeichnung, z. B. darf eine Wendetangente des einen Kurvenzweiges den anderen Zweig nicht treffen. Ebenso darf, wenn in einer Projektion zwei Doppelpunkte vorkommen, ihre Verbindungslinie keine weiteren Punkte mit der Kurve gemein haben. — Entsprechendes gilt für die Aufrißprojektion der Durchdringungskurve.

In Fig. 96 ist nur ein Halbkegel, kein vollständiger Kegel benutzt. Dennoch sind die gezeichneten Projektionen der Durchdringungskurve vollständige ebene Kurven vierter Ordnung, der weggelassene Halbkegel trifft den Zylinder nicht.

Zur Prüfung der früher erhaltenen Kurvenprojektionen kann man eine Gerade an ihnen so entlang führen, daß sie beständig eine Tangente ist. (Stellungen der Geraden als Sekante sind daneben weniger wichtig.) Dann erkennt man, ob immer die Bedingungen erfüllt sind. Als bewegte Gerade dient mit Vorteil die Kante eines durchsichtigen Lineals oder ein gespannter Faden. Überall, wo sich Widersprüche zeigen, die sich nicht durch fehlerhafte Konstruktion aufklären, muß man die vorläufig gezogene Kurve so abändern, daß sie nicht mehr ganz durch die gefundenen Punkte hindurchgeht und daß zugleich die Widersprüche verschwinden. Wenn man mit den gegebenen Stücken von Fig. 96 in genauer Vergrößerung arbeitet, wird allerdings die Wichtigkeit dieses Verfahrens weniger hervortreten. Erst bei weniger günstigen Figuren, z. B. bei selbst gewählten gegebenen Stücken und in einem Fall von § 23 kommt sie recht zur Geltung.

§ 14. Die Doppelpunkte der Projektionen der Durchdringungskurve. Die Raumkurve selbst hat im allgemeinen keinen Doppelpunkt (vgl. §§ 23, 26 ff.). In den Projektionen können Doppelpunkte auftreten. Eine ebene Kurve vierter Ordnung hat höchstens drei Doppelpunkte, doch läßt sich nachweisen, daß der Grundriß oder der Aufriß der Durchdringungskurve zweier Kegel oder Zylinder der zweiten Ordnung höchstens zwei Doppelpunkte besitzt. Es genügt, dies für den Grundriß zu besprechen. Dabei wird an die Fig. 96 angeknüpft, obwohl die Betrachtung allgemein gilt.

Ein Doppelpunkt in der Grundrißprojektion entsteht dadurch, daß zwei Punkte der Raumkurve auf einer Senkrechten liegen.[1]) Ihre Verbindungsstrecke ist eine gemeinsame vertikale Sehne beider Flächen. Das führt zur Betrachtung der vertikalen Sehnen für jede einzelne Fläche. Die Mitten paralleler Sehnen einer Fläche zweiter Ordnung liegen auf der „zur Sehnenrichtung konjugierten" Diametralebene. Man denkt sich für den Kegel und den Zylinder die Diametralebenen bestimmt, welche zu senkrechten Sehnen gehören.[2]) Die Schnittlinie beider Ebenen heiße g, die Vertikalebene durch g sei E. E schneidet die erste Fläche in einer Kurve zweiter Ordnung, für welche die Mitten aller senkrechten Sehnen auf g liegen. Das Gleiche gilt von der Schnittkurve mit der zweiten Fläche. Die beiden Kurven in E haben nun 0, 2 oder 4 reelle Punkte gemein (wenn man von den Berührungsfällen absieht, die ebenfalls leicht zu erledigen sind). Ein solcher gemeinsamer Punkt wird betrachtet. Von ihm gehen eine vertikale Sehne des ersten und eine vertikale Sehne des zweiten Kegelschnitts aus. Dabei haben die beiden Sehnen gemeinsamen End-

1) Liegen die zugehörigen Tangenten der Raumkurve nicht in derselben Vertikalebene, dann hat man im Grundriß einen Doppelpunkt mit getrennten Tangenten.

2) Auf die Konstruktion wird später eingegangen, S. 171 Mitte.

punkt, weil sie gemeinsamen Anfangspunkt und gemeinsame Mitte (auf g) haben. Die gemeinsamen Punkte beider Kegelschnitte in E ordnen sich so an, daß sie paarweise auf senkrechten Geraden liegen. Das heißt, es gibt in E entweder keine oder eine oder zwei senkrechte Geraden, welche je zwei Punkte der Durchdringungskurve enthalten. Die Grundrißspurpunkte dieser senkrechten Geraden sind die (nicht isolierten) Doppelpunkte des Grundrisses der Durchdringungskurve.

Nimmt man jetzt statt E eine dazu parallele Vertikalebene, dann hat sie wieder mit jeder Fläche einen Kegelschnitt gemein, aber die Mittenorte vertikaler Sehnen dieser Kegelschnitte sind getrennte parallele Geraden. Man schließt daraus, daß es keine gemeinsamen senkrechten Sehnen beider Kegelschnitte gibt. Außerhalb der Grundrißspur von E hat der Grundriß der Durchdringungskurve niemals Doppelpunkte, auf der Grundrißspur von E kann es 0, 1, 2, reelle und nicht isolierte Doppelpunkte geben.

Zur Konstruktion der beiden Diametralebenen, welche zu vertikalen Sehnen der Flächen konjugiert sind, gelangt man so. Beim Kegel geht die Diametralebene durch die Spitze und durch die Berührungsstellen von irgend zwei vertikalen Tangenten. Man sucht die vertikalen Tangentialebenen des Kegels, oder genauer gesagt, sie sind schon vorhanden; der Umriß der Grundrißprojektion des Kegels bestimmt sie. Unter allen vertikalen Geraden einer solchen Tangentialebene gibt es eine, welche die Kegelfläche in Π_1 berührt. Der Berührungspunkt ist ein Punkt der gesuchten Diametralebene, und man findet ihn sofort. Hiermit ist die Bestimmung der Diametralebene für den Kegel im wesentlichen besprochen; beim Zylinder ist alles ähnlich. Dann kommt man zur früher eingeführten Geraden g und damit zur Grundrißspur von E. Ebenso findet man im Aufriß die Gerade, welche die etwa vorhandenen Doppelpunkte der Aufrißkurve trägt.

Mehr läßt sich jedoch mit elementaren Hilfsmitteln nicht machen. Die volle Bestimmung der Lage der Doppelpunkte in den Projektionen unter Benutzung der projektiven Geometrie mag man bei Rohn-Papperitz nachlesen.[1]) Dort sind auch außer den Doppelpunkten mit reellen Tangenten die isolierten und imaginären Doppelpunkte berücksichtigt. (Jede Projektion der Durchdringungskurve hat zwei Doppelpunkte, sie können reell sein oder konjugiert imaginär. Sind sie reell, dann gibt es 0, 1, 2 Doppelpunkte mit reellen Tangenten und die übrigen sind isolierte Doppelpunkte).

Alles in diesem Paragraphen Entwickelte hat i. w. theoretisches Interesse; auf die etwas umständliche Konstruktion wird man meist verzichten.

---

1) 1. Aufl., Bd. I, S. 356—358, 361—362; 3. Aufl., Bd. I, S. 283—84, 287—88.

§ 15. Über die Angabe von Hilfslinien in der fertigen Figur. Für das Ausziehen ist noch zu besprechen, wie viele Hilfslinien man schließlich eintragen soll: Der Gang der Konstruktion soll durch die stehen gelassenen, ausgezogenen Hilfslinien erläutert werden, also wird man die Spur einer allgemeinen Hilfsebene mit den zugehörigen Mantelgeraden, das heißt die Bestimmung einer allgemeinen Gruppe von vier Punkten der Kurve eintragen. Ebenso wird man noch einige Hilfslinien zur Konstruktion der Kurvenberührpunkte mit Mantelgeraden (§ 6) und für Berührpunkte in den Projektionen (§ 7) ausziehen. Man kann auch wohl eine Tangentenkonstruktion angeben, dann ist aber die Figur genügend voll. Wollte man alle wirklich benutzten Konstruktionslinien eintragen, dann entstände gewiß eine unschöne Figur. Nach diesen Grundsätzen ist Figur 96 ausgezogen. Ein Verzicht auf die Wiedergabe von Konstruktionslinien wird sich im allgemeinen nicht empfehlen, denn der Zeichnende soll imstande sein, sich später an der fertigen Figur leicht in alle wesentlichen Grundzüge des Konstruktionsverfahrens wieder hineinzudenken.

§ 16. Die Abwicklung der Mantelflächen beider Körper und der darin liegenden Durchdringungskurve. Für einen schiefen Kreiszylinder wurde die Abwicklung des Mantels in §§ 17—19 des VI. und §§ 13, 14 des XI. Abschnittes behandelt. Auf einem dieser Wege erhält man für den Zylinder von Fig. 96 die Abwicklung, wobei man den Zylinder so aufschneiden wird, daß die Durchdringungskurve nicht getroffen wird, und wobei eine regelmäßige Einteilung des Basiskreises angewendet wird. Die bei der Konstruktion der Durchdringung wirklich benutzten Mantelgeraden und die auf ihnen erhaltenen Punkte der Durchdringungskurve werden dann in die Abwicklung entsprechend eingetragen, wie es für den Kegel in § 12 des VI. Abschnittes geschah. Auch die Konstruktion von Kurventangenten in der Abwicklung ist ziemlich einfach.

Die Abwicklung des Zylinders wurde im VI. Abschnitt angeschlossen an die Abwicklung des Mantels eines dem Zylinder eingeschriebenen Prisma. Entsprechend kann man dem schiefen Kreiskegel von Fig. 96 eine Pyramide mit regelmäßiger Basis einschreiben und diese Pyramide für die Abwicklung des Kegelmantels verwenden (vgl. § 35). Über die Eintragung der Durchdringungskurve ist vorhin alles nötige gesagt.

---

§ 17. Durchdringung zweier Kreiszylinder. In Figur 97 sind von zwei schiefen Kreiszylindern die Basiskreise in Π_1 und die Axen gegeben. Nach § 4 benuzt man Hilfsebenen, welche zu beiden Zylinderachsen parallel sind. Deshalb legt man durch einen Punkt der einen Zylinderachse[1])

1) Am einfachsten wählt man den Punkt noch senkrecht über dem Schnittpunkt der Grundrisse beider Achsen.

eine Parallele zur anderen Zylinderachse; man findet dann die Grundrißspur der Ebene, welche durch die eine Achse parallel zur anderen geht. Die Aufrißspur dieser Ebene braucht man nicht. Denn man arbeitet ganz wie in §§ 5ff nur mit den Grundrißspuren der parallelen Hilfsebenen und kann doch die Projektionen jedes der vier in einer Hilfsebene liegenden Punkte der Durchdringungskurve gleichartig und voneinander unabhängig finden. Die Entscheidung, ob es sich um eine einteilige oder eine zweiteilige Durchdringungskurve handelt, und die Konstruktion der ausgezeichneten Punkte und geeigneter Gruppen von gewöhnlichen Punkten der Kurve bieten nichts neues.

Die vollständige Durchführung der Konstruktion im Anschluß an die genaue Wiedergabe der gegebenen Stücke der Figur 97 in größerem Maßstab ist zu empfehlen; bei einer solchen Aufgabe ist es anfangs praktisch, sich an gegebene Stücke zu halten, welche eine gute Figur liefern. Noch interessanter freilich ist die probeweise Annahme gegebener Stücke und die systematische Abänderung derselben in der Art, daß eine übersichtliche Figur von bestimmtem Charakter herauskommt.

§ 18. Allgemeinerer Fall für die Durchdringung zweier Kegel. In den Figuren 96 und 97, deren Text §§ 5—16 und § 17 umfaßt, waren die Basiskurven der Kegel oder Zylinder beide in Π_1 angenommen. Figur 98 enthält die gegebenen Stücke zu einem allgemeineren Fall. Es sind zwei Rotationskegel zur Durchdringung zu bringen, von denen der eine auf Π_1 steht, während der andere eine horizontal liegende Achse besitzt. Zum Entwerfen des Aufrisses dieses zweiten Kegels knüpft man an die Spuren und die Umlegung seiner Basis an. Die Ellipse muß mit besonderer Sorgfalt gezeichnet werden, wenn man ihre Schnittpunkte mit Hilfsgeraden unmittelbar zur weiteren Konstruktion verwenden will. Die Konstruktion erfolgt nach dem in §§ 2ff. geschilderten Verfahren, die eben genannten Hilfsgeraden sind Schnittlinien der durch beide Kegelspitzen gelegten Hilfsebenen mit der Basisebene des zweiten Kegels. Man erhält eine einteilige Durchdringungskurve, deren Aufriß zwei Doppelpunkte, deren Grundriß keinen Doppelpunkt hat. Die Kurve verläuft auf dem liegenden Kegel so, daß sie oben und unten nach vorn übergreift. Oben findet dieses Übergreifen nur wenig statt, dadurch erhält man auch im Aufriß bei dem einen Doppelpunkt nur eine kleine Schleife.

§ 19. Übertragung der Methode von § 2 auf den Fall zweier Pyramiden. Das für zwei Kegel (und die Grenzfälle) besprochene Verfahren ist auch bei der Durchdringung zweier Pyramiden anwendbar. Nur wird man da nicht beliebige Ebenen durch die beiden Spitzen anwenden, sondern nur solche Ebenen, welche jedesmal eine Kante des ersten oder zweiten Körpers enthalten. Dadurch erhält man die Schnittpunkte dieser Kante mit den Flächen des anderen Körpers. Tritt an die Stelle einer Pyramide ein Prisma, so ändert das nichts wesentliches.

Die Figur 99 gibt zu dieser Konstruktion eine auf Π_1 stehende quadratische Pyramide und ein geneigtes gerades quadratisches Prisma. e_1, e_2 sind die Spuren von dessen Basisebene, $AB_0C_0D_0$ ist die umgelegte Basis. Die Prismenlänge wird man etwa so wählen, daß der Grundriß der oberen Endfläche über die Pyramidenbasis hinausfällt oder die rechte Ecke der Pyramidenbasis in sich enthält.

---

§ 20. Durchdringung eines stehenden Rotationskegels und eines liegenden Rotationszylinders. Fig. 100 auf Tafel VI enthält die verkleinerten Daten. Dabei betrachtet man vom Zylinder als gegeben: die Mantelgerade, mit welcher er auf Π_1 liegt, und den Radius. Man legt zuerst die eine kreisförmige Endfläche in Π_1 um und erhält dann durch Aufrichten leicht ihre Projektionen. Die Herstellung beider Projektionen des Zylinders ist einfach. — Später wird der umgelegte Kreis als umgelegter Seitenriß des Zylinders aufgefaßt, und diese Seitenrißfigur wird durch den Seitenriß des Kegels vervollständigt. Im Interesse genauer Übertragung der gegebenen Stücke in die Zeichnung beachte man den Schluß dieses Paragraphen. Doch kann auch die absichtliche Abänderung der gegebenen Stücke zu einer guten Figur führen, vgl. § 23.

Zur Bestimmung der Durchdringungskurve gibt es zwei Wege: Erstens kann man mit den Hilfsebenen von § 4 arbeiten, welche durch die Kegelspitze parallel zur Achse des Zylinders gehen. Diese Konstruktion knüpft an den schon genannten Seitenriß an, nachher folgen einige weitere Angaben. Zweitens kann man horizontale Hilfsebenen verwenden, in folgender Art.

Die umgelegte kreisförmige Endfläche des Zylinders wird in zwölf gleiche Teile geteilt. Daraus folgen die Projektionen von zwölf regelmäßig verteilten Mantelgeraden des Zylinders; man richtet es so ein, daß die tiefste und die höchste Mantelgerade mit auftreten. Dann liegen die zwölf Geraden in sieben Horizontalebenen. Jede Ebene schneidet den Kegel in einem Kreis, dessen Grundriß man leicht findet. Nach § 1 kommt man zu 22 Punkten der Durchdringungskurve, denn von den zwölf ausgewählten Geraden des Zylinders geht eine am Kegel vorbei.

Die Ebene Σ, welche die Kegelachse enthält und senkrecht zur Zylinderachse steht, ist für beide Flächen und dadurch für die Durchdringungskurve eine Symmetrieebene. Die Grundrißspur von Σ ist die Symmetrieachse für den Kurvengrundriß. Die Schnittpunkte der Raumkurve mit der Symmetrieebene müssen jedenfalls bestimmt werden. Dazu braucht man die Durchschnitte von Σ mit den beiden Flächen. Die Konstruktion erfolgt am einfachsten im Seitenriß, man hat zum schon vorhandenen Seitenriß des Zylinders nur den Seitenriß des Kegels zuzufügen.

Frühes Entwerfen des vollständigen Seitenrisses beider Körper ist noch aus einem andern Grund zu empfehlen. Man überblickt so am besten die Art der Durchdringung. Man sieht unmittelbar, daß der in Σ liegende Querschnitt des Zylinders sich nur zum größten Teil im Innern des Kegels befindet. Der Zylinder durchbohrt den Kegel nicht, sondern beide Körper dringen ineinander ein. Bei jedem Körper zerfällt die Mantelfläche durch die Durchdringungskurve nur in zwei Stücke, und die Durchdringungskurve ist einteilig. Der letzte Fall von § 3 liegt vor. — Wenn es sich darum handelt, ohne genaue Benutzung der in Fig. 100 gegebenen Stücke eine einteilige oder eine zweiteilige Durchdringungskurve der beiden besprochenen Körper zu erreichen, dann wird man vorteilhaft mit Grund- und Aufriß des Kegels anfangen, die Achsenrichtung des liegenden Zylinders wählen und senkrecht dazu den Seitenriß des Kegels zeichnen. Danach erst wählt man Größe und Lage für den Seitenriß des Zylinders. Weiteres bietet § 23.

§ 21. **Fortsetzung.** Im Falle der Fig. 100 besteht die Durchdringungskurve aus einem geschlossenen Stück. Sie durchkreuzt ihre Symmetriebene Σ in zwei Punkten und hat mit dem Basiskreis des Kegels 2 Punkte gemein.[1]) Auf der Vorderseite des Zylinders zieht sie sich noch über die Höhenlage der Zylinderachse herauf. Ferner verläuft sie ganz über die hintere Seite des Zylinders und greift über die oberste Mantelgerade noch ein Stück nach vorn über. Alles dies läßt sich (eigentlich ohne daß man konstruiert) am Seitenriß erkennen, er zeigt, welche Mantelgeraden des Zylinders die Kegelfläche treffen. Ebenso lehrt der Seitenriß, welche Geraden des Kegelmantels den Zylinder treffen. Die früher bestimmten Schnittpunkte der Raumkurve mit Σ sind Berührungsstellen der Raumkurve mit den äußersten Mantelgeraden des Zylinders, die überhaupt noch getroffen werden, vgl. §§ 3 und 6. Entsprechend berührt die Durchdringungskurve noch zwei Mantelgeraden des Kegels. Die Bestimmung dieser Mantelgeraden und der Berührungspunkte ist mittels des Seitenrisses leicht und sollte nicht unterbleiben.

Wesentlich ist die Konstruktion der Tangenten für die genau gefundenen Punkte der Raumkurve oder wenigstens für die meisten derselben. Dazu schafft man sich nach § 9 die Grundrißspuren für die Tangentialebenen beider Flächen; beim Zylinder erhält man von jeder Tangentialebene zuerst die Seitenrißspur. Die Symmetrieverhältnisse tragen dazu bei, daß die Konstruktion aller Tangenten ziemlich wenig Arbeit macht. Es ist viel besser, wenige Kurvenpunkte und die zugehörigen Tangenten zu suchen, als daß man die Raumkurve aus zahlreichen Punkten unter Verzicht auf die Tangenten zu bestimmen sucht.

---

1) Der Basiskreis wird dort von der Kurve berührt, wie sich später aus der Tangentenkonstruktion ergibt.

Schließlich ist es noch erwünscht, die Kreuzungsstellung der Kurve mit dem ersten und dem zweiten Umriß jeder Fläche aufzusuchen. Diesen Stellen entsprechen im Grundriß bzw. Aufriß Berührungen der Kurvenprojektionen mit Umrißlinien. §§ 7, 9 enthalten alles Nähere, auch mit dem Basiskreis des Kegels hat die Raumkurve zwei Berührungsstellen.

Nachdem die Kurvenprojektionen vorläufig mit Blei ausgezogen sind, muß man prüfen, ob keine Widersprüche gegen die Natur ebener Kurven vierter Ordnung auftreten, siehe § 13. — Doppelpunkte sind im Kurvengrundriß nicht vorhanden, im Aufriß gibt es zwei.

Überblickt man die ganze Konstruktion, so zeigt sich, daß zwar hauptsächlich mit horizontalen Hilfsebenen gearbeitet wurde, daß aber für eine Anzahl ausgezeichneter Punkte das Verfahren von §§ 4ff. Anwendung fand. Nur müssen hierbei die Hilfsebenen des § 4 nicht stark hervortreten, weil die Konstruktion im Seitenriß sich auch noch anders deuten läßt.

§ 22. Die Abwicklung der Mantelflächen beider Körper mit der in ihnen liegenden Durchdringungskurve. Beim Zylinder wurden zwölf regelmäßig verteilte Mantelgeraden verwendet, elf von ihnen enthielten je zwei Punkte der Raumkurve. Außerdem erhielt man aus dem Seitenriß noch zwei Mantelgeraden, welche die Kurve in Punkten von Σ berühren. Alle auf den Geraden auftretenden Strecken hat man im Grundriß in wahrer Länge. Darum ist die punktweise Bestimmung der mit dem Zylinder abgewickelten Kurve sehr einfach. Man schneidet den Zylindermantel so auf, daß die Kurve zusammenhängend bleibt. Um noch die Tangenten für die einzelnen Punkte in der Abwicklung zu finden, benutzt man rechtwinklige Dreiecke, welche in den Tangentialebenen des Zylinders liegen und für deren Katheten im Grundriß und im Seitenriß die wahren Längen vorliegen.

Zur Abwicklung des Kegelmantels mit der Kurve teilt man den Basiskreis etwa in zwölf gleiche Teile, so daß zwei Teilpunkte in Σ liegen. Der Mantel wird an einer der in Σ liegenden Geraden aufgeschnitten, am besten an der, welche die Kurve nicht trifft. In den ausgebreiteten Mantel trägt man dann die früher genau konstruierten Kurvenpunkte ein, siehe § 12 im VI. Abschn. Auch die Tangenten für diese Punkte sind zu konstruieren, siehe § 7 im XII. Abschn. — Ein anderes Verfahren beruht darauf, daß man die Schnittpunkte der regelmäßig verteilten Mantelgeraden des Kegels mit der Kurve benutzt. Ein Anfänger verfällt wohl darauf, diese Punkte mittels der gezeichneten Kurvenprojektionen zu suchen. Der richtige Weg ist das Konstruieren im Seitenriß, wobei man die wahren Abstände der Punkte von der Kegelspitze sehr leicht erhält. Wollte man auf die Tangenten der abgewickelten Kurve verzichten, dann wäre dieses Verfahren das kürzeste. Durch Zufügung der Tangentenkonstruktion wird es umständlicher als das zuerst angegebene.

§ 23. Über die Formänderung der Kurve bei Änderung der gegebenen Stücke in Fig. 100. Der in der Symmetrieebene Σ liegende Querschnitt des Zylinders trat nur nach der einen Seite und nur wenig aus dem Kegel heraus. Deshalb war die Durchdringungskurve einteilig und sie kreuzte die Symmetrieebene in nahe aneinanderliegenden Punkten (was allerdings schlechte Schnitte mit sich brachte).

Wenn in Σ der Querschnitt des Zylinders die eine Mantelgerade des Kegels nicht mehr schneidet, sondern berührt, so hat man eine Durchdringungskurve mit Doppelpunkt. Beide Flächen haben in diesem Punkt eine gemeinsame Tangentialebene. Die Umformung der Kurve beim Übergang vom vorigen Fall aus ist gut zu übersehen. Zwei Bogenstücke der ursprünglichen Kurve nähern sich einander, kommen jedoch nicht zur Berührung, vielmehr entsteht ein Doppelpunkt mit gekreuzten Tangenten, was hier nicht bewiesen werden kann.

Verschiebt man den Zylinder noch etwas mehr nach hinten, so durchbohrt er den Kegel. Der Doppelpunkt hat sich aufgelöst, man hat eine zweiteilige Durchdringungskurve. Kommen dabei die beiden Kurventeile einander noch ziemlich nahe, so werden die konstruierten Punkte und Tangenten in dieser Gegend naturgemäß etwas unsicher durch spitze Schnitte. Dann ist es besonders wichtig, in den Projektionen den Kurvenverlauf mittels einer Geraden zu prüfen, die man an den vorläufig gezeichneten Kurven als Tangente und als Sekante hinführt, siehe § 13.

Im Falle der Fig. 100 hat der Kurvenaufriß zwei Doppelpunkte, und oben rechts tritt eine ziemlich kleine Schleife auf, welche teils ausgezogen, teils punktiert ist, entsprechend der Sichtbarkeit der Raumkurve in der zweiten Projektionsrichtung. Wird der Zylinder etwas nach vorn gewälzt, so hebt sich im Aufriß der tiefste Punkt der Schleife; die Schleife verkleinert sich und fällt schließlich fort. In diesem Übergangsfall hat man eine Spitze, und die Kurve im Raum hat an der zugehörigen Stelle eine zu Π_2 senkrechte Tangente. Näheres darüber enthalten die folgenden Paragraphen. Das Senkrechtstehen der Tangente zu Π_2 bedeutet, daß die Tangentialebenen beider Flächen für den eben genannten Raumpunkt zu Π_2 senkrecht sind. So kreuzt die Durchdringungskurve zugleich den zweiten Umriß des Kegels und den des Zylinders. Daraus ergibt sich erstens, für welche Stellung des Zylinders der Kurvenaufriß eine Spitze bekommt, und zweitens ergibt sich, wo die Spitze liegt. — Es ist ziemlich leicht, die Form der Durchdringungskurve zu verfolgen, wenn der Zylinder noch etwas mehr nach vorn gewälzt wird. Für das Konstruieren wird man eine gegenseitige Lage der beiden Körper wählen, wo entweder der Übergangsfall (mit der Spitze im Aufriß) eintritt oder wo die Nähe dieses Falles vermieden ist.

§ 24. Allgemeines über Wendepunkte und Spitzen in der Orthogonalprojektion einer Raumkurve. Für einen nicht singulären Punkt P einer Raumkurve gibt es je eine bestimmte Tangente, Hauptnormale und Binormale. Diese drei zueinander senkrechten Geraden liefern drei Ebenen: die Schmiegungsebene (Oskulationsebene), die Normalebene und die rektifizierende Ebene von P. Die Schmiegungsebene enthält die Tangente und die Hauptnormale, die Normalebene enthält die Hauptnormale und Binormale, die rektifizierende Ebene enthält die Tangente und die Binormale. Die Kurve habe bei P weder verschwindende Krümmung, noch verschwindende Torsion. Dann hat sie mit der Schmiegungsebene eine dreipunktige Berührung an der Stelle P, sie durchsetzt dort die Schmiegungsebene. Mit allen anderen durch die Tangente von P gelegten Ebenen hat sie in P nur eine einfache (zweipunktige) Berührung.

Projiziert man die Raumkurve orthogonal auf die Schmiegungsebene von P, so haben die Projektion und die ursprüngliche Kurve an der Stelle P gemeinsame Tangente und gemeinsamen Krümmungsradius, sie oskulieren einander. Weiter hat die in der rektifizierenden Ebene liegende Orthogonalprojektion der Kurve mit der ursprünglichen Kurve ebenfalls die Tangente von P gemein, aber diese Tangente ist eine Wendetangente, die Projektion hat in P die Krümmung 0. Drittens hat die Orthogonalprojektion von P auf die Normalebene folgende Eigenschaften: sie geht durch P, hat P zur Spitze und wird in P von der Hauptnormale der Raumkurve berührt. Diese Gerade trennt die beiden in der Spitze zusammenstoßenden Kurvenstücke. Das Linienelement der Raumkurve an der Stelle P ist durch die Projektion unendlich verkürzt, ihm entspricht der Rückkehrpunkt.

Beweise können hier nicht gegeben werden. Veranschaulicht werden die Beziehungen z. B. recht gut durch das Modell einer Schraubenlinie, welches außer der Kurve und ihrer Achse noch die Tangente, Hauptnormale und Binormale eines Punktes enthält; man hat das Modell nur in den Richtungen dieser Geraden anzuschauen. Zur Not reicht auch das Betrachten eines schraubenförmig gebogenen Drahtes oder eines Korkziehers aus, man soll lernen, an derartig primitiven Hilfsmitteln möglichst viel zu sehen. — Von Christian Wiener sind im Brillschen, jetzt Schillingschen Verlag acht Modelle für die Orthogonalprojektionen einer Raumkurve (auf Parallelebenen zu den vorhin betrachteten drei Hauptebenen eines Kurvenpunktes) erschienen. Das erste Modell bezieht sich auf den hier besprochenen Fall, die übrigen geben höhere, singuläre Fälle.

Bisher wurde nur die Orthogonalprojektion einer Raumkurve auf die drei Hauptebenen eines ihrer Punkte behandelt. Projiziert man die Kurve orthogonal auf irgend eine andere durch P gehende Ebene, so hat die entstehende ebene Kurve in dem Punkt, welcher P entspricht, stets eine endliche und von 0 verschiedene Krümmung, d. h. dieser Punkt ist niemals ein Wendepunkt oder eine Spitze.[1]) Hiermit ist auch alles Nötige gesagt über die Orthogonalprojektionen auf Ebenen, die nicht durch P gehen.

§ 25. **Anwendung auf die Projektionen einer Durchdringungskurve.** Die eben ausgesprochenen Sätze zeigen, daß ein Wendepunkt in einer Projektion nur dann möglich ist, wenn in dem zugehörigen Raumpunkt P die Hauptnormale senkrecht zu der betreffenden Projektionsebene steht.[1]) Dann tritt im allgemeinen auch wirklich ein Wendepunkt auf; eine höhere Singularität, eine mehr als dreipunktige Berührung mit der Tangente, hat man nur bei verschwindender Torsion der Raumkurve an dem Punkt P. Praktisch ist aber durch diese Überlegung nichts gewonnen für die Konstruktion der Wendepunkte in den Projektionen der Durchdringungskurve zweier krummen Flächen.[2])

Damit die eine Projektion, etwa der Grundriß, der Durchdringungskurve eine Spitze hat, muß die Tangente im zugehörigen Punkt der Raumkurve zu Π_1 senkrecht stehen, oder die Tangentialebenen beider Flächen in diesem Punkt müssen vertikal sein. Die ersten Umrisse beider Flächen werden im allgemeinen keinen gemeinsamen Punkt haben, deshalb ist eine Spitze im Grundriß — und entsprechend im Aufriß — nur in Ausnahmefällen möglich. Dabei läßt sich immer leicht entscheiden, ob und wo eine Spitze auftritt. Aber konstruieren kann man nur die Rückkehrpunkte in beiden Projektionen und nicht ihren Tangenten. Denn diese Tangenten hängen von den Schmiegungsebenen an den zugeordneten Raumpunkten ab, und diese Schmiegungsebenen sind im allgemeinen nicht konstruierbar.

---

§ 26. **Über das Auftreten eines Doppelpunktes bei der Durchdringungskurve. (Beispiel).** Wenn zwei Flächen in einem Punkt ihrer Durchdringungskurve eine gemeinsame Tangentialebene haben, so ist dieser Punkt ein Doppelpunkt der Durchdringungskurve. Ein Beispiel trat in § 23 auf, ein anderes soll jetzt betrachtet werden.

Ein senkrechter Rotationszylinder vom Radius a und ein wagrechter, zu Π_2 paralleler Rotationszylinder vom Radius $b (< a)$ mögen eine gemeinsame zu Π_2 parallele und vor beiden Flächen liegende Tangentialebene E haben. E berührt jede Fläche in einer Geraden. Der Kreuzungspunkt Q dieser Mantelgeraden ist der Doppelpunkt der Durchdringungskurve. Ferner sind die Ebenen, welche durch die zwei Geraden senkrecht zu Π_2 gehen, Symmetrieebenen der Durchdringungskurve. Der Grundriß der Kurve ist ein Kreisbogen, der Aufriß ist eine Kurve vierter Ordnung mit

1) Die Voraussetzung, daß Krümmung und Torsion der Raumkurve für die Stelle P beide nicht verschwinden, sei nochmals hervorgehoben.

2) In § 10 des XX. Abschnitts lassen sich auf dieser Grundlage die Wendepunkte in den Projektionen der Schraubenlinie finden.

einem Doppelpunkt, mit einer horizontalen und einer vertikalen Symmetrieachse. In den Doppelpunkt fallen zwei Wendepunkte. Weiteres über die Form der Aufrißkurve wird nachher gebracht.

Zur Konstruktion der Durchdringungskurve nimmt man eine Seitenrißebene Π_3 zu Hilfe, welche auf Π_1 und Π_2 senkrecht steht. Dann ist das Arbeiten mit horizontalen Hilfsebenen oder mit den in § 4 eingeführten Hilfsebenen sehr einfach. Auch erhält man leicht die Tangentialebenen beider Flächen in einem gemeinsamen Punkt und daraus die Tangente für diesen Punkt der Kurve. — Die Punkte der Kurve, welche dem ersten oder zweiten Umriß der Zylinder angehören, soll man unbedingt bestimmen, ebenso die zugehörigen Tangenten. Man sieht dann, daß der Kurvenaufriß entweder 8-förmig ist mit zwei horizontalen Doppeltangenten und zwei vertikalen einfachen Tangenten, oder daß er zwei horizontale Doppeltangenten, zwei vertikale Doppeltangenten und zwei vertikale einfache Tangenten hat. Außerdem gibt es noch einen Übergangsfall, welcher bei $b = \frac{1}{2}a$ eintritt und leicht zu beschreiben ist. Im ersten Fall und im Übergangsfall gibt es nur zwei Wendepunkte (im Doppelpunkt), im zweiten Fall kommen noch vier Wendepunkte hinzu. (Von imaginären Singularitäten der Kurve im Aufriß wird hier natürlich ganz abgesehen.)

Wesentlich ist noch die Konstruktion der beiden Tangenten im Doppelpunkt. Die Schmiegungsebene eines Punktes der räumlichen Kurve bewegt sich nicht unstetig, wenn der Punkt auf einem der beiden Kurvenbogen den Doppelpunkt überschreitet. Der Bogen besteht aber aus zwei im Doppelpunkt zusammenstoßenden kongruenten Stücken. Hieraus — oder auf andere einfache Art — schließt man, daß die Schmiegungsebene des betrachteten Bogens für den Doppelpunkt hindurchgeht durch die gemeinsame Normale beider Flächen. Wäre der Winkel bekannt, welchen diese Schmiegungsebene mit einer Horizontalebene bildet, dann könnte man aus dem Eulerschen Satz[1]) leicht den Krümmungsradius der Durchdringungskurve für den Doppelpunkt berechnen, ausgehend von der einen oder der anderen Zylinderfläche. Macht man nun diese beiden Ansätze zugleich mit dem noch unbekannten Winkel, dann entsteht eine Gleichung zur Berechnung dieses Winkels. Das Ergebnis ist sehr einfach, man erhält daraus die Tangenten für den Doppelpunkt des Kurvenaufrisses.

§ 27. Eine Durchdringungskurve mit Doppelpunkt, welche von einer Kugel und einem Rotationszylinder gebildet wird. Der vorderste Punkt Q der Kugel habe die Tangentialebene E. Der Zylinder sei vertikal, berühre E in einer durch Q gehenden Geraden, liege hinter E und habe kleineren Radius als die Kugel. Dann ist eine Durchdringungskurve mit dem Doppelpunkt Q vorhanden. Sie ist eine unzerfallende Raumkurve

1) XII. Absch. § 1.

vierter Ordnung mit einer vertikalen und einer horizontalen Symmetrieebene, diese Ebenen schneiden einander im zweiten Projektionslot des Punktes Q. Außer Π_1 und Π_2 benutzt man noch eine dritte Projektionsebene Π_3, die zu beiden anderen senkrecht ist, wie im vorigen Paragraphen. Genau wie dort erhält man durch horizontale oder zu Π_2 parallele Hilfsebenen Punkte der Durchdringungskurve, auch die zugehörigen Tangenten ergeben sich ziemlich leicht[1]). Besonders muß man sich die Punkte auf den Umrißlinien und ihre Tangenten schaffen. Dann gewinnt man ein genaues Urteil über die Form der Kurve und ihrer drei Projektionen, wobei wieder das Größenverhältnis der Radien von Kugel und Zylinder mitspricht. Der Grundriß ist stets ein Parabelstück, wie die analytische Behandlung zeigt. Nur der Kurvenaufriß hat einen Doppelpunkt. Für ihn lassen sich die Tangenten leicht konstruieren. Denn man findet wie im vorigen Paragraphen, daß die Raumkurve im Doppelpunkt Q zwei Schmiegungsebenen hat, welche zur Tangentialebene E der Kugel senkrecht stehen. So hat jeder durch Q gehende Bogen der Raumkurve dort geodätischen Charakter für die Kugel, oder sein Krümmungsradius für Q ist gleich dem Kugelradius. Ebenso hat aber der Kurvenbogen bei Q auch geodätischen Charakter für die Zylinderfläche. Darum kann man mittels des Eulerschen Satzes die Stellung der Schmiegungsebene zur Zylinderfläche berechnen. Das führt zu einer einfachen Konstruktion der beiden Tangenten für den Doppelpunkt des Kurvenaufrisses.[2])

§ 28. Über das Zerfallen der Durchdringungskurve zweier Kegel (oder Zylinder) zweiter Ordnung. Nach § 13 ist die Durchdringungskurve im allgemeinen eine Raumkurve vierter Ordnung. Eine Erniedrigung des Grades findet erstens dann statt, wenn beide Flächen eine gemeinsame Mantelgerade besitzen. Dann zerfällt die Kurve vierter Ordnung in diese Gerade und eine unikursale (rationale) Raumkurve dritter Ordnung, sofern nicht ein weiteres Zerfallen eintritt. Zweitens ist das Zerfallen in zwei ebene Kurven zweiter Ordnung zu nennen. Eine eingehende Untersuchung dieser Fälle muß hier unterbleiben, obwohl gerade die rationalen Raumkurven dritter Ordnung sehr viel Interessantes bieten. Beispiele für den Zerfall der Raumkurve in zwei Kegelschnitte bieten §§ 29 und 31.

§ 29. Die Durchdringung zweier Zylinder, welche beim Kreuzgewölbe auftritt. Zwei kongruente Rotationszylinder, deren Achsen sich recht-

1) Über Tangentialebenen der Kugel siehe VI. Absch. § 20 u. XVIII. Abschn. § 1.

2) Wenn der Zylinder eine Schraubenlinie trägt und wenn die Kugel die Oskulationskugel dieser Schraubenlinie für den Punkt Q ist, dann findet man leicht, daß die Tangente der Schraubenlinie für die Stelle Q zugleich Tangente des einen Bogens der Durchdringungskurve am Doppelpunkt ist. Dadurch tritt auch im Aufriß eine dreipunktige Berührung in Q'' auf (nicht etwa eine zweipunktige, denn es handelt sich um eine gemeinsame Wendetangente).

winklig durchkreuzen, geben eine Durchdringung, welche architektonisch wichtig ist. Liegen die beiden Achsen horizontal und nimmt man nur die oberhalb der Ebene dieser Achsen befindlichen Teile, dann kommt man zur Gewölbefläche eines romanischen Kreuzganges und zugleich zur Fläche eines auf den Seiten eines Quadrates ruhenden Kuppelgewölbes.

Über diese beiden Gewölbeflächen wird an anderer Stelle, bei Gelegenheit ihrer parallelperspektivischen Darstellung ausführlich gesprochen (XXIV. Abschn. §§ 11, 12). Die Figur 142 gibt die erste der beiden Flächen. Die Behandlung dieser Durchdringung in Grund- und Aufriß ist leicht, man könnte im Anschluß an die vorigen Paragraphen horizontale Hilfsebenen anwenden, welche jede Zylinderfläche in einem Paar paralleler Geraden schneiden. Aber die Durchdringungskurve besteht aus zwei ebenen Kurven, zwei Ellipsen, deren Gestalt und Lage unmittelbar zu finden ist, wie später a. a. O. durchgeführt wird. Die Projektionen folgen daraus sehr einfach.

---

§ 30. Die Schattenkonstruktion für eine Halbkugel. Gegeben ist eine auf Π_1 ruhende Halbkugel, deren Begrenzungskreis k_1 zu Π_1 parallel ist. Ihr Mittelpunkt ist M, ihr Radius r. Sie wird als unendlich dünne Schale aufgefaßt. Für Parallelbeleuchtung mit gegebener Lichtrichtung (l', l'') sollen die Schatten bestimmt werden, und zwar der auf Π_1 fallende Schatten und der Schatten, den ein Teil des Randes der Halbkugel in ihr Inneres wirft. Das Licht soll wieder von vorn und links oben kommen. In Fig. 101 (Taf. VI) sind nicht bloß die Daten zu einer Zeichnung gegeben, sondern auch die Schatten selbst, aber ohne Hilfslinien.

Man betrachtet zuerst die vollständige Kugel, wie im XIII. Abschn. §§ 5—8; die dort angewandte Bezeichnung ist möglichst beibehalten. Die Lichtgrenze der vollständigen Kugel ist ein größter Kreis k, dessen Ebene auf der Lichtrichtung senkrecht steht. Dieser Kreis liegt je zur Hälfte auf der oberen und unteren Hälfte der Kugel und hat mit k_1, mit dem ersten Kugelumriß, den Durchmesser CD gemein, vgl. das Frühere.

Die unterhalb der Ebene von k_1 liegende Hälfte von k ist für die gegebene Halbkugel ein Bestandteil der Lichtgrenze. Die Lichtstrahlen, welche die Halbkugel in den Punkten dieses Halbkreises berühren, bilden einen halben Rotationszylinder. Sein Schnitt mit Π_1 ist eine halbe Ellipse, nämlich der links von der kleinen Achse $C_s D_s$ gelegene Teil der im XIII. Abschn. §§ 5ff behandelten Schattenellipse k_s.

Die übrigen Lichtstrahlen, welche die Halbkugel streifen, streifen ihren Rand k_1. Dabei wirft die rechts vom Durchmesser CD liegende Hälfte von k_1 Schatten auf Π_1, die links liegende Hälfte wirft Schatten ins Innere der Halbkugel. Der auf Π_1 fallende Schatten der rechten Hälfte von k_1 ist ein zu diesem Halbkreis kongruenter Halbkreis mit dem

Durchmesser $C_s D_s$. Er schließt sich an die zur unteren Hälfte von k gehörige linke Hälfte von k_s so an, daß beide Linien in den Punkten C_s und D_s gemeinsame Tangenten haben und zusammen ein Oval bilden, dessen Tangente sich überall stetig dreht, dessen Krümmung nur in C_s und D_s sprungweise wechselt.

Damit ist der Umriß des auf Π_1 fallenden Schattens erhalten. Man zeichnet ihn am kürzesten, indem man den Schattenpunkt[1]) M_s des Mittelpunktes M der Halbkugel sucht, durch M_s eine Senkrechte zu l' zieht und auf ihr C_s und D_s im Abstand r von M_s bestimmt. Dann wird der Halbkreis über $C_s D_s$ nach rechts hin gezeichnet und nach links die Halbellipse, welche C_s und D_s zu Scheiteln der kleinen Achse hat und deren Brennpunkt der tiefste Punkt der Halbkugel ist (XIII. Abschn. § 5).

§ 31. Der Schatten im Innern der Halbkugel. Es bleibt noch der Schatten zu bestimmen, welchen die links vom Durchmesser CD liegende Hälfte des Randkreises k_1 in das Innere der Halbkugel wirft. Dieser Schatten wird begrenzt von der Durchdringungskurve der Halbkugel mit der zylindrischen Fläche aller den schattenwerfenden Halbkreis streifenden Lichtstrahlen. Diese Kurve braucht nicht näherungsweise aus einzelnen Punkten bestimmt zu werden, sondern man kann ihre Natur sofort angeben und darauf die Konstruktion gründen.

Die vollständige Kugel und der vollständige schiefe Kreiszylinder mit dem Leitkreis k_1 und mit der Lichtrichtung als Achsenrichtung durchdringen einander in einer zerfallenden Kurve vierter Ordnung, welche den Kreis k_1 als Teil enthält. Ihr anderer Teil ist demnach auch eine Kurve zweiter Ordnung und zwar ebenfalls ein Kreis, da sie der Kugelfläche angehört. Die Vertikalebene Σ, welche durch M parallel zur Lichtrichtung geht und schon im XIII. Abschn. § 5 eingeführt wurde, ist Symmetrieebene für die Kugel und den Zylinder und deshalb für die Durchdringungskurve. Weiter erkennt man leicht, daß der neben k_1 als Teil der Durchdringungskurve auftretende Kreis zur Hälfte über, zur Hälfte unter der Ebene von k_1 liegt und ein größter Kugelkreis mit dem Durchmesser CD ist. Seine auf der unteren Halbkugel liegende Hälfte begrenzt den im Innern der Schale entstehenden Schatten.

Zur Konstruktion dieses Halbkreises mit dem Durchmesser CD gibt es mehrere Wege:

E r s t e n s kann man den Lichtstrahl verwenden, welcher durch die Mitte F des schattenwerfenden Halbkreises hindurchgeht. Er liegt in der Symmetrieebene Σ und trifft die gesuchte Schattengrenze in ihrem tiefsten Punkt G, in der Mitte dieses Halbkreises. G wird bestimmt als Schnittpunkt des Lichtstrahles mit d e m Halbkreis, welcher zugleich der Ebene Σ

1) Vgl. den VII. Abschn. § 7.

und der Halbkugel angehört. Dazu kann man diese in Σ liegende ebene Figur um die durch M gehende Vertikale parallel zu Π_2 drehen. Andererseits kann man auch den in Σ liegenden Halbkreis und den Lichtstrahl um den von F ausgehenden horizontalen Durchmesser des Halbkreises parallel zu Π_1 drehen. In beiden Fällen findet man ganz einfach den Schnittpunkt für die gedrehte Lage und durch Zurückdrehen die Projektionen für den gesuchten Schnittpunkt G.

Hat man so vom Halbkreis CGD den horizontalen Durchmesser CD und den tiefsten Punkt G, so ergeben sich die Projektionen des Halbkreises auf folgende Art. Sein Grundriß ist eine halbe Ellipse; C' und D' sind die Scheitel der großen Achse, G' ist der Scheitel der kleinen Halbachse. Sein Aufriß ist eine halbe Ellipse, wofür C'' und D'' Endpunkte eines Durchmessers und G'' der Endpunkt des dazu konjugierten Halbmessers sind.

Zweitens kann man den im Innern der Halbkugelschale als Schattengrenze auftretenden Halbkreis mit dem Durchmesser CD dadurch konstruieren, daß man seine Ebene oder eigentlich deren Neigungswinkel gegen Π_1 sucht.[1]) Der Halbkreis ist ein Teil eines Kreisschnittes des zum Leitkreis k_1 gehörigen Zylinders von Lichtstrahlen. Dieser elliptische Zylinder hat zwei Systeme von Kreisschnitten. Das erste wird durch Horizontalebenen geliefert, das zweite durch ein Parallelbüschel von Ebenen, die auch auf der Symmetrieebene Σ senkrecht sind und dabei mit der Zylinderachse denselben Winkel bilden wie die Horizontalebenen. Haben die Lichtstrahlen den Winkel γ_1 gegen Π_1, so ist der eben genannte Winkel auch γ_1 oder die Ebenen des zweiten Systems von Kreisschnitten haben gegen Π_1 den Neigungswinkel $\beta_1 = 2 \cdot \gamma_1$. Daraus folgt wieder leicht der Grundriß des tiefsten Punktes G des gesuchten Schattenhalbkreises und der Höhenunterschied des Punktes G gegenüber dem horizontalen Durchmesser CD, hieraus der Aufriß von G. Die Konstruktion der beiden Projektionen des Halbkreises ist schon besprochen. — Wenn man den Winkel γ_1 des Lichtstrahles gegen Π_1 früher zur Konstruktion des Kreises k benutzt hat, dann ist das eben besprochene Verfahren nicht umständlicher als eines der zuerst angegebenen.

§ 32. Angaben über die Anwendung krummer Hilfsflächen. Bisher wurden als Hilfsflächen zur Bestimmung der Durchdringungskurve zweier krummen Flächen stets Ebenen verwendet. Ein Beispiel krummer Hilfsflächen bietet Monge, indem er die Durchdringungskurve zweier beliebiger Rotationsflächen, deren Achsen sich schneiden, mittels Hilfskugeln

1) Der Lichtstrahl ist weniger steil als 45°, d. h. der tiefste Punkt im Innern der Halbkugel liegt im Schatten. Die Kenntnis des Neigungswinkels der Ebene, in welche die Schattengrenze fällt, reicht demnach zur eindeutigen Bestimmung dieser Ebene aus.

bestimmt, welche um den Schnittpunkt der beiden Rotationsachsen gelegt werden. Diese Kugeln schneiden jede der gegebenen Flächen in Kreisen, und diese Kreise sind bequem zu konstruieren, sobald eine Projektionsebene zur Ebene der beiden Rotationsachsen parallel ist. Näheres findet sich bei Monge, 1. Aufl. (an VII, 1798—99) S. 85, 86, Haußners Ausgabe in Ostwalds Klassikern S. 116—118.

Im Abschnitt über stereometrische Aufgaben ist nach dieser Methode die aus Geraden bestehende Durchdringungskurve zweier konzentrischer Rotationskegel bestimmt, wenn die beiden Rotationsachsen in Π_1 liegen (XVI. § 6). Diese Aufgabe wird erst dort behandelt, weil sie da als Grundlage zur Lösung einer einfachen stereometrischen Aufgabe auftritt und weil sich daran noch weitere verwandte Aufgaben anschließen.

§ 33. Die Durchdringung eines Kegels mit einer Kugel, deren Mittelpunkt die Kegelspitze ist. Zum Schluß mag noch ein Fall einer Durchdringung zweier krummen Flächen besprochen werden, bei welchem die Durchdringungskurve aus einzelnen Punkten konstruiert wird, ohne daß man ein System von Hilfsflächen im Sinne des § 1 benutzt.

Ein Kegel zweiter Ordnung mit in Π_1 liegender elliptischer Basis ist durch diese Basis und die Projektionen seiner Spitze S gegeben (Fig. 102, Taf. VI). Seine Durchdringung mit einer um S beschriebenen Kugel von gegebenem Radius r ist gesucht. Man kann sich auf den Kegel im elementaren Sinn, auf die unterhalb S liegende Hälfte des vollständigen Kegels beschränken, weil auf der oberen Hälfte des Kegels eine kongruente Kurve auftritt.

Dann handelt es sich im Grunde darum, auf einzelnen Mantelgeraden des Kegels von S aus nach unten die Länge r abzutragen. Dazu kann man etwa diese Mantelgeraden um die durch S gehende Vertikale drehen, bis sie parallel zu Π_2 werden, dann die Längenabtragung machen und die Geraden wieder zurückdrehen (I. Abschn. § 11). So erhält man beide Projektionen von einzelnen Punkten der Durchdringungskurve. Der Grundriß der Kurve ist ellipsenartig, er ist die eine Hälfte einer aus zwei kongruenten Ovalen bestehenden ebenen Kurve vierter Ordnung. Beide Ovale besitzen eine leicht anzugebende Symmetrieachse. Der Aufriß, ebenfalls die Hälfte einer ebenen Kurve vierter Ordnung, ist 8-förmig, er hat einen Doppelpunkt. Hier liegt nun ein Fall vor, wo sich der Doppelpunkt aus ganz elementaren Sätzen konstruieren läßt.[1] Darum soll dies noch erledigt werden.

Der Doppelpunkt im Aufriß der Kurve entspricht zwei getrennten Kurvenpunkten im Raum, die auf einer zu Π_2 senkrechten Geraden liegen. Die beiden Mantelgeraden des Kegels, welche durch diese

---

1) Im Gegensatz zu §§ 14, wo die Konstruktion nicht einfach zu begründen ist.

zwei Punkte hindurchgehen, haben gemeinsamen Aufriß und haben gleiche Länge, weil die Aufrisse der auf ihnen in gleichen Entfernungen von S liegenden Punkte zusammenfallen. Die Grundrisse der zwei Mantelgeraden sind deshalb auch gleich lang. Daraus lassen sich die auf der Basisellipse liegenden Endpunkte dieser Mantelgeraden finden. Sie sind die Endpunkte der Ellipsensehne, welche zur Projektionsachse senkrecht ist und halbiert wird durch die von S' ausgehende Parallele zur Projektionsachse. Man hat demnach nur den Ellipsendurchmesser zu bestimmen, welcher alle zur Projektionsachse senkrechten Sehnen halbiert; sein Schnittpunkt mit der durch S' zur Projektionsachse gezogenen Parallelen ist die Mitte der Sehne, deren Endpunkte die gesuchten Mantelgeraden liefern. Auf diesen Mantelgeraden folgen dann die zwei Punkte, deren gemeinsamer Aufriß der Doppelpunkt der Aufrißprojektion der Schnittkurve ist.

§ 34. **Fortsetzung.** Der Grundriß der Durchdringungskurve verläuft, wenn r klein genug ist, ganz im Innern der Basisellipse des Kegels. Die Kurve selbst zieht sich ganz um den Kegel herum, kreuzt demnach die beiden Mantelgeraden seines zweiten Umrisses je einmal. Diesen Kreuzungsstellen entsprechen im Aufriß Berührungsstellen der Kurvenprojektion mit dem Umriß der Kegelprojektion, wenigstens wenn die Tangente der Durchdringungskurve in dem betreffenden Kreuzungspunkt nicht zu Π_2 senkrecht ist. Diese Berührungsstellen hat man sofort.

Ein weiteres Paar von ausgezeichneten Punkten des Kurvenaufrisses sind die Berührungsstellen mit dem Umriß der Projektion der Kugel. Das sind die Aufrisse der beiden Punkte der Kurve, welche in der durch S parallel zu Π_2 gehenden Ebene sich befinden. Die beiden Mantelgeraden in dieser Ebene und die auf ihnen liegenden Kurvenpunkte erhält man leicht.

Die Tangente der Kurve an einem ihrer genau konstruierten Punkte, P, gehört den beiden Tangentialebenen an, welche in P den Kegel und die Kugel berühren. Die Konstruktion der Grundrißspur für die Tangentialebene des Kegels ist früher besprochen worden. Für die Kugel ist § 20 im VI. Abschn. zu vergleichen, doch eignet sich hier besonders die im XVIII. Abschn. § 1 angegebene Konstruktion, von der man schon einen Teil der Linien hat. Dann folgt der Grundrißspurpunkt der Kurventangente von P. Interesse bieten noch die horizontalen Tangenten der Kurve auf dem Kegel (denen auch im Aufriß horizontale Tangenten entsprechen). Die Höhen ihrer Berührungspunkte sind im allgemeinen Maxima oder Minima unter den Höhen der Kurvenpunkte.[1]) Dies tritt für Punkte der Mantelgeraden ein, deren Längen selbst Maxima oder Minima sind, die Grundrisse dieser Geraden sind die von S' ausgehenden Normalen

1) Auf höhere Fälle, welche durch Zusammenrücken entstehen, soll nicht eingegangen werden.

der Basisellipse oder die von S' ausgehenden Tangenten an die Evolute der Ellipse. Die Konstruktion werde hier nicht näher besprochen.

§ 35. Die Abwicklung eines Kegelmantels nach Monge oder nach Frézier. Die eben behandelte Bestimmung der Durchdringungskurve eines Kegels von elliptischer Basis in Π_1 und einer um seine Spitze gelegten Kugel findet sich in den Grundzügen schon bei Monge. Er macht eine hüsche Anwendung davon zur Abwicklung des Kegelmantels. Er betrachtet nämlich, nachdem er die Kurve näherungsweise aus einer verhältnismäßig geringen Anzahl von Punkten bestimmt hat, die Zylinderfläche mit vertikaler Achse, die von der Kurve und ihrem Grundriß begrenzt wird. Die einzelnen genau konstruierten Kurvenpunkte teilen die Kurve in eine Anzahl endlicher Stücke, deren Grundrißbogen man leicht näherungsweise rektifizieren kann, indem man statt dieser Bogen Sehnenzüge setzt (vgl. den Abschnitt über Kreisrektifikation). Dann läßt sich die Abwicklung des an einer Geraden aufgeschnittenen Zylindermantels zeichnen, analog wie im XI. Abschn. § 3.[1]) Hiermit hat man die Abwicklung der Durchdringungskurve selbst und kann nun deren einzelne Bogenstücke rektifizieren. Im abgewickelten Kegelmantel ist die Durchdringungskurve ein Kreisbogen vom Radius r, weil alle Kurvenpunkte von S den Abstand r haben. Auf diesen Kreisbogen kann man nun die einzelnen Punkte der Kurve mittels der bekannten Längen der zwischen ihnen enthaltenen Bogen übertragen. Damit erhält man in der Abwicklung die Lage der durch diese Teilpunkte gehenden Mantelgeraden des Kegels. Die Längen dieser Mantelgeraden sind aber von früher her bekannt, daraus folgen die Endpunkte der Mantelgeraden und damit diese abgewickelte Basislinie selbst, wobei man in den konstruierten Punkten der abgewickelten Basis auch die Tangenten finden kann.

Diese Mongesche Methode zur Abwicklung eines Kegels, der in Π_1 eine elliptische (oder auch allgemeinere) Basiskurve hat, ist natürlich nicht so elementar als das naheliegende andere Verfahren, bei dem man statt des Kegels eine ihm eingeschriebene Pyramide mit recht kurzen Basiskanten abwickelt[2]). Dieses Verfahren stammt von Frézier, ist dem Prinzip nach sehr einfach, erfordert aber kurze Basiskanten der Pyramide und damit auch viele Konstruktionsarbeit. Es ist, nach Chr. Wiener, „mit Vorsicht gebraucht, ebenfalls genau“[3]). — Haußner widerspricht allerdings in den Anmerkungen zu seiner Ausgabe des Mongeschen Werkes in den Ostwaldschen Klassikern dem günstigen Urteil Wieners über die Mongesche Kegelabwicklung. G. Hauck brachte im Kolleg das Mongesche Verfahren und ließ es in den Übungen durchführen.

1) Man wird dabei in einigen oder allen genau bestimmten Kurvenpunkten die Tangenten konstruieren. — 2) § 16. — 3) Wiener II, S. 58.

XVI. Abschnitt.

Vermischte stereometrische Aufgaben.

Wie im Vorwort unter näherer Begründung ausgesprochen ist, werden hier eine Reihe von Aufgaben behandelt, die sich auf Punkte, Geraden und Ebenen, Kegel u. dgl. beziehen und die z. T. schon weit früher stehen könnten. Daran schließen sich im nächsten Abschnitt Aufgaben über das Dreikant an.

Dieser Abschnitt enthält in §§ 1—4 die elementaren Betrachtungen über Geraden und Ebenen, von denen einer der Neigungswinkel gegen Π_1 und Π_2 oder diese beiden Neigungswinkel gegeben sind. Dann folgt eine von Monge stammende Lösung der Aufgabe, den Neigungswinkel von zwei durch ihre Spuren gegebenen Ebenen zu bestimmen (§ 5).

Die Aufgaben von §§ 6—10 bilden eine Gruppe für sich, es handelt sich um die gemeinsamen Geraden und die gemeinsamen Tangentialebenen zweier konzentrischer Rotationskegel und um die Anwendungen davon auf die Konstruktion einer Geraden oder einer Ebene mit gegebenen Neigungswinkeln gegen Π_1 und Π_2. Eingeschaltet ist als Hilfsmittel eine Aufgabe über Kugeln, und es folgt in § 11 eine andere Methode der Bestimmung von E aus gegebenen α_1 und α_2, welche engen Zusammenhang mit einer später zu bringenden Behandlung von Dreikantaufgaben hat.

Dann folgen Aufgaben über Kugeln: Tangentialebenen der Kugel durch eine gegebene Gerade (§ 12), Schnittlinie von zwei Kugeln und Schnittpunkte von drei Kugeln (§§ 13, 14). — Den Schluß bildet die Behandlung der Sonnenuhren (§§ 15, 16).

Der Abschnitt bringt neben einfacheren und ausführlich behandelten Aufgaben auch schwere Aufgaben, teils ohne Figuren und mit knappem Text.

§ 1. Die Geraden durch P mit gegebenem Neigungswinkel gegen Π_1 oder Π_2. Die Gesamtheit der Geraden, welche durch einen Punkt P gehen und gegen Π_1 den Neigungswinkel γ_1 besitzen, liegen auf einem geraden Kreiskegel vom Mittelpunkt P, dessen Achse senkrecht zu Π_1 steht. Der Basiskreis in Π_1 hat die mit $\operatorname{cotg} \gamma_1$ multiplizierte Höhe von P zum Radius. Ebenso findet man den geometrischen Ort für den Aufrißspurpunkt einer Geraden, welche durch P geht und gegen Π_2 den Neigungswinkel γ_2 besitzt.

Ist eine Ebene E durch ihre Spuren, ferner ein in E liegender Punkt P gegeben, und soll eine Gerade g in E durch P gelegt werden, welche gegebenen Neigungswinkel γ_1 hat, so findet man den Grundrißspurpunkt von g als Schnitt von e_1 mit dem Basiskreis des oben besprochenen Kegels. Je nachdem γ_1 kleiner, ebenso groß oder größer als der Neigungswinkel α_1 von E ist, hat man zwei, eine oder keine Lösung.

§ 2. Konstruktion einer Geraden g, welche durch P geht und gegebene Neigungswinkel γ_1 und γ_2 hat. ($\gamma_1 + \gamma_2 \leqq 90^0$ nach I. Abschn. § 13.) Das einfachste Verfahren ist folgendes (Fig. 103 auf Taf. VII).

Man zeichnet den Basiskreis des auf Π_1 stehenden Kegels und hat damit einen geometrischen Ort für den Spurpunkt G_1 der Geraden. Auch ist dann durch $P''Q''$ die Länge l der Geraden zwischen P und G_1 gefunden.

Weil g mit Π_2 den Winkel γ_2 bildet, so hat G_1 von der durch P zu Π_2 parallel gelegten Ebene den Abstand $l \cdot \sin \gamma_2$, das gibt für G_1 einen zweiten geometrischen Ort, ein Paar von Geraden, die zur Projektionsachse parallel sind und P' zwischen sich enthalten. Weiter hat $P''G_1''$ die bekannte Länge $l \cos \gamma_2$. Zu reellen Lösungen kommt man bei $l \sin \gamma_2 \leqq l \cos \gamma_1$, was auf die frühere Ungleichung $\gamma_1 + \gamma_2 \leqq 90^0$ herauskommt.

Die Aufgabe läßt sich noch auf andere Art lösen, indem man die Gerade als Schnittlinie zweier Kegel auffaßt. Dieses Verfahren wird in § 7 besprochen.

§ 3. Die Ebenen durch P mit gegebenem Neigungswinkel gegen Π_1 oder Π_2. Alle Ebenen durch P mit gemeinsamem Neigungswinkel α_1 gegen Π_1 sind Tangentialebenen eines Rotationskegels, dessen Spitze P und dessen Achse das erste Projektionslot von P ist. Die einzelnen Mantelgeraden dieses Kegels haben selbst den Neigungswinkel α_1 gegen Π_1, daraus läßt sich der in Π_1 liegende Basiskreis zeichnen. Die Grundrißspur jeder der betrachteten Ebenen berührt diesen Basiskreis. — Entsprechendes gilt für die durch P gehenden Ebenen mit gegebenem α_2.

Ist eine Gerade g gegeben und soll durch sie eine Ebene E mit gegebenem α_1 gelegt werden, so wählt man zunächst auf g einen Punkt P (z. B. G_2), zeichnet in Π_1 den Basiskreis des Kegels und findet e_1 als Tangente von G_1 an diesen Kreis. α_1 muß mindestens gleich dem Neigungswinkel der Geraden gegen Π_1 sein, und dann gibt es zwei oder bei Gleichheit der beiden Winkel eine Lösung.

Zusatz. Soll eine Ebene E durch eine Gerade g so gelegt werden, daß sie mit einer gegebenen Ebene H einen gegebenen Winkel bildet, so ergibt sich aus dem vorigen folgende Behandlung: Man wählt einen Punkt P von g, bestimmt Fußpunkt und Länge des von P auf H gefällten Lotes PF. E muß einen Kegel berühren, der PF als Höhe hat, und dessen in H liegender Basiskreis k nun bekannten Radius hat. E geht durch eine der Tangenten, welche an k vom Schnittpunkt des g mit H gelegt werden. Damit die Aufgabe lösbar ist, muß der gegebene Neigungswinkel mindestens so groß sein wie der Winkel zwischen g und H. Bei der Konstruktion legt man H mit k und dem Schnittpunkt von g und H um, etwa in Π_1. Die in der Umlegung gezogenen Tangenten treffen die Grundrißspur von H in zwei Punkten. Durch einen von diesen geht die Spur e_1 von E usw. — Die Projektionen von k braucht man nicht.

§ 4. Die Konstruktion einer Ebene E mit gegebenen Neigungswinkeln α_1 und α_2 durch einen gegebenen Punkt P. Diese Aufgabe wird am einfachsten auf die Aufgabe von § 2 zurückgeführt. Die in P auf E errichtete Senkrechte bildet mit Π_1 und Π_2 die Winkel $90^0 - \alpha_1$ und $90^0 - \alpha_2$, man erhält vier Lagen für diese Gerade, daraus ergeben sich für jeden Fall die Spuren von E. Später werden zwei andere Lösungen der Aufgabe besprochen, welche im wesentlichen theoretisches Interesse bieten (vgl. §§ 10, 11).

§ 5. Bestimmung des Winkels ϑ zweier Ebenen E und Φ, welche durch ihre Spuren gegeben sind (Fig. 104, Taf. VII). Jede zur Schnittlinie s senkrechte Hilfsebene H schneidet E und Φ in zwei Geraden, welche den gesuchten Winkel miteinander bilden. Die Umlegung des aus diesen zwei Geraden und der einen Spur von H gebildeten Dreiecks liefert ϑ. Hier ist die Aufrißspur benutzt und die Umlegung deshalb in den Aufriß gemacht. h_2 ist zu s'' senkrecht und im übrigen passend gewählt; K ist der Schnittpunkt von h_2 und s''. Die Schnittpunkte M und N von h_2 mit e_2 und f_2 sind zwei Ecken des gesuchten Dreiecks. Die dritte Ecke L liegt auf s, und weil jede in H liegende Gerade zu s senkrecht steht, läßt sich diese dritte Ecke als Fußpunkt des von K auf s gefällten Lotes finden. Dieses Lotfällen ist mittels Umlegung gemacht: s ist um s'' in Π_2 umgelegt, die Umlegung s^0 geht durch S_2 und durch den Punkt $S_1{}^0$, den man erhält, indem man auf s'' in S_1'' ein Lot gleich $S_1 S_1''$ errichtet. Dann ist von K das Lot KL^0 auf s^0 gefällt. L^0 ist die Umlegung des Punktes L, der Aufriß L'' ist der Fußpunkt des von L^0 auf s'' gefällten Lotes, der Grundriß L' liegt auf s' und folgt aus L'', dabei ist auch $L'L_a$[1]) gleich L^0L''. L' und L'' sind nicht eingezeichnet, weil sie zur Bestimmung von ϑ nicht nötig sind. Die Gerade LK hat einen auf s'' fallenden Aufriß und liegt deshalb in einer zu MN senkrechten Ebene, d. h. sie ist zu MN senkrecht, sie ist die von L ausgehende Höhe im Dreieck LMN. Die wahre Gestalt dieses Dreiecks läßt sich nun dadurch zeichnen, daß man die Grundlinie MN, den Höhenfußpunkt K und die Höhe $LK = L^0K$ kennt. $L^{00}MN$ ist dieses Dreieck, und damit ist bei L^{00} der Winkel ϑ gefunden. — Das Verfahren stammt von Monge, ein anderes Verfahren steht in § 8 des III. Abschnittes.

---

§ 6. Die gemeinsamen Mantelgeraden zweier konzentrischer Rotationskegel. Von zwei Rotationskegeln mit gemeinsamen Mittelpunkt M, deren

1) Vgl. I. Abschn. §§ 1, 16.

Achsen in Π_1 liegen, sind die Achsen und die in Π_1 befindlichen Geraden gegeben. Für die gegenseitige Lage gibt es vier Fälle, wenn man von Berührungen absieht. Erstens kann die Grundrißprojektion der einen Kegelfläche ganz ins Innere der andern fallen, dann wird der eine Kegel vom andern umschlossen, und beide haben nur M gemeinsam. Zweitens können die Grundrisse der Flächen vollständig getrennt liegen, abgesehen vom gemeinsamen Mittelpunkt, dann kehren die Flächen einander die konvexe Seite zu und haben auch keine Schnittgeraden. Drittens können die Grundrisse einander teilweise überdecken und dabei zusammengenommen noch nicht die ganze Grundrißebene erfüllen; dann findet die Überdeckung in einem einzigen Paar von Scheitelwinkeln statt und die Flächen haben zwei Geraden gemein. Viertens können die Grundrisse der Flächen die ganze Ebene Π_1 erfüllen und dabei zwei Paare von Scheitelwinkeln doppelt bedecken, dann haben die Flächen vier Schnittgeraden.

In Fig. 105 sind nur Halbkegel dargestellt und man hat den dritten Fall, wo es zwei Schnittgeraden gibt. Diese liegen symmetrisch zu Π_1 und lassen sich zeichnen, sobald man von jeder einen von M verschiedenen Punkt kennt. Man nimmt wie im Abschnitt über Durchdringungen krummflächiger Körper eine Hilfsfläche und zwar eine Kugel um M.[1]) Sie schneidet jeden vollständigen Kegel in einem Paar von Kreisen, deren Ebenen zur Kegelachse senkrecht stehen; in der Figur tritt wegen der Halbkegel von jedem Paar nur ein Kreis auf. Man findet seinen horizontalen Durchmesser AB bzw. CD. Diese beiden Strecken sind gleichzeitig die Grundrißprojektionen der Kreise. Ihr Schnittpunkt P' ist der Grundriß der beiden zu Π_1 symmetrischen Punkte, in denen die Kreise sich schneiden. Man braucht bloß noch aus der Umlegung eines der Kreise[2]) die Entfernung dieser Punkte P_1 und P_2 von Π_1 zu bestimmen und kennt dann die Lage der Punkte und damit die Lage der beiden Schnittgeraden der Kegel.

§ 7. Anwendung auf die Bestimmung einer Geraden, welche durch P geht und gegebene γ_1 und γ_2 hat. Die kürzeste und elementarste Lösung dieser Aufgabe steht in § 2. Eine andere Lösung beruht auf den Betrachtungen des letzten Paragraphen.

Die Achsen beider Kegel sind die Projektionslote von P, und die in Π_1 und Π_2 liegenden Basiskreise erhält man nach § 1. Dann hat man in der durch beide Kegelachsen bestimmten Ebene die Konstruktion des vorigen Paragraphen durchzuführen, und dazu legt man diese Ebene um ihre Grundrißspur in Π_1 um oder besser man verschiebt sie nach der Umlegung in der Richtung der Projektionsachse, so daß man mit einem Seitenriß arbeitet. Das Verfahren ist umständlicher als das von § 2, aber die Konstruktion im Seiten-

1) XV. Abschn. § 32.

2) Die Umlegung des kleineren Kreises gibt das Gesuchte am genauesten.

riß und die daran anschließende Konstruktion der Grund- und Aufrisse für die vier Schnittgeraden der Kegel ist eine gute Übung, setzt gute Raumanschauung voraus. (Die Kegel haben wegen $\gamma_1 + \gamma_2 \leqq 90^0$ im allgemeinen vier Schnittgeraden von symmetrischer Lage.)

§ 8. Durch einen Punkt P soll eine gemeinsame Tangentialebene an zwei Kugeln gelegt werden. Die Ebene von P, M_1, M_2 wird als Grundrißebene angenommen. Ein Aufriß ist in Fig. 106 nicht gezeichnet. Jede gemeinsame Tangentialebene geht durch einen der beiden Ähnlichkeitspunkte der Kugeln, diese Punkte sind zugleich die Ähnlichkeitspunkte der Umrißkreise in Π_1. Darum ist die Verbindungslinie von P mit einem Ähnlichkeitspunkt Grundrißspur einer von P an beide Kugeln gehenden Tangentialebene, wenn sie die Umrißkreise nicht schneidet. In der Figur ist diese Spur durch den äußeren Ähnlichkeitspunkt A gelegt. PA bestimmt dann ein Paar von Tangentialebenen, die sich dadurch unterscheiden, daß sie die oberen oder unteren Kugelhälften berühren. Man wählt eine dieser Ebenen aus und betrachtet die durch M_1 gehende und zu PA senkrechte Ebene. Sie schneidet PA in Q, die Kugel in einem größten Kreise und die Tangentialebene in einer von Q ausgehenden Tangente QR dieses Kreises. Die Berührungsstelle R wird so bestimmt, daß man die vertikale Hilfsebene um ihre Spur in Π_1 umlegt. Dabei kommt der in der Ebene liegende Kreis in die Lage des Umrißkreises der Kugel, man findet demnach die Umlegung R_0 von R als Berührungspunkt der von Q an diesen Umrißkreis gezogenen Tangente. Damit kennt man R' und die Höhe von R.

Ist die Projektionsachse gegeben und soll die Aufrißspur der Tangentialebene gezeichnet werden, dann findet man einen Punkt dieser Spur mittels der durch R gehenden Spurparallelen erster Art oder man sucht den Aufrißspurpunkt der Tangente QR auf Grund seiner Umlegung.

Die zweite Kugel wird von der Tangentialebene in dem Punkt berührt, der zu R ähnlich liegt in bezug auf das Ähnlichkeitszentrum A. Sein Grundriß ist deshalb der Schnittpunkt von AR' mit dem von M_2 auf PA gefällten Lot, und seine Höhe ist auch leicht zu finden.

§ 9. Die gemeinsamen Tangentialebenen zweier konzentrischer Rotationskegel. Wie in § 6 sollen der gemeinsame Mittelpunkt M und die beiden Kegelachsen in Π_1 liegen. Die Kegel sind dann durch M und durch ihre Schnittgeraden mit Π_1 gegeben. Man betrachtet in jedem Kegel eine Berührungskugel. Die in Π_1 liegenden größten Kreise dieser Kugeln lassen sich ohne weiteres zeichnen. Eine gemeinsame Tangentialebene beider Kegel geht durch M und berührt die beiden Kugeln.

Die Entscheidung über die Anzahl der reellen gemeinsamen Tangentialebenen in den einzelnen Fällen ist leicht zu treffen. In § 6 sind vier Fälle für die Lage der Kegel zueinander unterschieden. Im ersten Fall, wo der eine Kegel ganz vom andern umschlossen ist, gibt es keine gemeinsame Tangentialebene, im vierten Fall, wo die Grundrisse der Kegel die Ebene vollständig bedecken, gibt es auch keine, weil die Grundrißspur einer solchen Ebene außerhalb der Kegel liegen müßte. Im zweiten Fall von § 6 kehren die Kegel einander die konvexe Seite zu und es bleiben von der Ebene Π_1 zwei Paare von Scheitelwinkeln unbedeckt durch die Grundrißprojektionen der Kegel. Weiter sieht man, daß die beiden Ähnlichkeitspunkte der Hilfskugeln in diese unbedeckten Teile fallen. Es gibt deshalb vier gemeinsame Tangentialebenen an die Kugeln und damit an die Kegel. Im dritten Fall schneiden sich die Kegel in zwei Geraden und in der Ebene Π_1 bleibt nur ein Paar von Scheitelwinkeln unbedeckt; von den Ähnlichkeitspunkten der Hilfskugeln fällt nur der eine in diesen unbedeckten Flächenteil; so hat man nur zwei gemeinsame Tangentialebenen.

Bei Ausführung der Konstruktion ist zu beachten, daß der Mittelpunkt jeder Hilfskugel willkürlich auf der Kegelachse gewählt werden kann. Die Wahl ist so zu treffen, daß man günstige Lage der Ähnlichkeitspunkte erhält.

Die Verbindungslinien von M mit den Punkten, in welchen die Hilfskugeln von einer solchen Tangentialebene berührt werden, sind die Berührungsgeraden der Tangentialebene mit den beiden Kegeln.

§ 10. Anwendung auf die Bestimmung einer Ebene mit gegebenen Neigungswinkeln gegen Π_1 und Π_2. In § 4 wurde die Aufgabe behandelt, eine Ebene E durch einen Punkt P so zu legen, daß sie mit Π_1 und Π_2 die Winkel α_1 und α_2 bildet. Sie läßt sich nun in folgender Art lösen, Fig. 107, Taf. VII.

Die Ebene berührt zwei Rotationskegel, deren Mittelpunkt P ist, deren Achsen zu Π_1 und Π_2 senkrecht stehen, und deren in Π_1 und Π_2 liegende Kreise k_1 und k_2 nach § 3 konstruiert werden. Die Lage der gemeinsamen Tangentialebenen dieser Kegel zur Ebene H beider Kegelachsen wird dann nach dem vorigen Paragraphen bestimmt. Man hat dazu die in der Ebene H auftretende Figur umzulegen, etwa um die Grundrißspur von H; am besten verschiebt man die Figur gleichzeitig noch in der Richtung der Projektionsachse zur Seite (vgl. § 7). Wegen der Beziehung $\alpha_1 + \alpha_2 \gtreqless 90^0$ schneiden sich die Kegelflächen nicht in Geraden und sie kehren einander die konvexe Seite zu, man sieht das deutlich an der eben erhaltenen Seitenrißfigur. Deshalb gibt es vier gemeinsame Tangentialebenen der Kegel, wenn man vom Grenzfall $\alpha_1 + \alpha_2 = 90^0$ absieht.

Je zwei Tangentialebenen haben nach dem vorigen Paragraphen dieselbe Schnittlinie mit H. Man wählt eine bestimmte Tangentialebene E aus, ihre Schnittlinie mit H, s, hat als Seitenriß s''' die Verbindungslinie von P''' mit einem Ähnlichkeitspunkt der Hilfskreise im Seitenriß. Aus s''' ergeben sich die Spurpunkte S_1 und S_2 von s auf der durch P'

und P'' gehenden Vertikalen. Die Grundrißspur von E ist die von S_1 an k_1 gezogene Tangente, ebenso ist e_2 die von S_2 an k_2 gezogene Tangente; e_1 und e_2 müssen sich auf der Projektionsachse treffen[1]). — Liegen S_1 und S_2 nahe an k_1 und k_2, dann rückt der Schnittpunkt von e_1 und e_2 mit der Projektionsachse weit zur Seite und die Konstruktion wird ungenau. Dies tritt ein, wenn $\alpha_1 + \alpha_2$ nur wenig über 90^0 beträgt; darauf ist bei der Wahl gegebener Stücke zur Zeichnung zu achten.

§ 11. Andere Lösung dieser Aufgabe. Man betrachtet eine Ebene E mit den Spuren e_1 und e_2 und legt durch einen Punkt O der Projektionsachse die beiden Ebenen, welche senkrecht zu e_1 bzw. e_2 sind. In den Ebenen treten die bei O rechtwinkligen Dreiecke POQ und ROS auf (Fig. 108a ist eine parallelperspektivische Skizze, wobei die Bildebene zu Π_1 und Π_2 senkrecht gewählt ist und wo von den Ebenen Π_1 und Π_2 rechteckige Stücke dargestellt sind). Die Dreiecke PQR und ROS enthalten bei Q und S die beiden Neigungswinkel α_1 und α_2 von E gegen Π_1 und Π_2. Beide Dreiecke haben eine Gerade OL gemeinsam, und weil ihre Ebenen zu E senkrecht stehen, so ist auch OL senkrecht zu E und stellt deshalb in jedem Dreieck die von O ausgehende Höhe dar.[2])

Diese Beziehung läßt sich verwenden, wenn eine Ebene E mit gegebenen Neigungswinkel α_1 und α_2 durch einen Punkt gelegt werden soll. Da sich die Ebene nachträglich parallel verschieben läßt, so kann man den Punkt P in Π_2 annehmen (Fig. 108b). Man kennt dann vom rechtwinkligen Dreieck POQ die Kathete PO und den Winkel bei Q und kann das um PO in Π_2 gedrehte Dreieck POQ^0 zeichnen. Der um O mit dem Radius OQ^0 in Π_1 beschriebene Kreis ist der geometrische Ort für Q. Die Länge des Lotes OL ist gleich der von O auf PQ^0 gefällten Senkrechten OL^0, und diese Strecke kommt als Höhe im Dreieck ROS vor. Das Dreieck ROS denkt man sich in Π_1 umgelegt durch Drehen um die Kathete OR. Die Umlegung sei ROS_0. Sie läßt sich zeichnen, indem man um O einen Kreisbogen durch L^0 konstruiert und an ihn eine Tangente legt, welche mit der Projektionsachse den Winkel α_2 bildet. Die Berührungsstelle der Tangente ist die Umlegung L_0 des Fußpunkts der von O ausgehenden Höhe im Dreieck ROS. Hiermit ist auch der Punkt R gefunden. Nun lassen sich die Spuren der Ebene E zeichnen: e_1 geht durch R und berührt in Q den Kreis, der als geometrischer Ort für Q gefunden wurde; e_2 geht durch den Schnitt von e_1 mit der Projektionsachse und durch P, außerdem berührt e_2 den Kreisbogen, welcher durch S_0 um O konstruiert wird, die Berührungsstelle ist der Punkt S.

1) Daß E durch P geht, bietet keine Probe; bestimmt man aber mittels des Seitenrisses den Punkt R, in welchem E die Hilfskugel im ersten Kegel berührt, dann ist PR die Berührungsgerade von E mit dem ersten Kegel und $P'R'$ liefert auf k_1 den Berührungspunkt von e_1 mit k. Aber auch diese Probe hat nur geringen Wert.

2) Aus $\alpha_2 = \sphericalangle LSO > \sphericalangle LPO$ folgt sofort $\alpha_1 + \alpha_2 > 90^0$.

Diese Lösung der Aufgabe ist kürzer als die des § 10, steht aber an Übersichtlichkeit noch hinter der in § 4 gegebenen Lösung zurück.

E, Π_1 und Π_2 bilden ein Dreikant mit den Winkeln 90^0, α_2, α_1. Darum ist die Konstruktion eines Dreikants mit gegebenen Winkeln verwandt mit der eben behandelten Aufgabe, vgl. § 14 im nächsten Abschnitt.

---

§ 12. Die Tangentialebenen an eine Kugel durch eine Gerade. Gegeben sind M', M'', r und g', g''. Die Gerade muß außerhalb der Kugel liegen, dann gibt es zwei Tangentialebenen (Fig. 109 enthält gegebene Stücke).

Die Konstruktion beruht auf demselben Gedanken, der schon in § 8 angewendet wurde. Man betrachtet eine Ebene E senkrecht zu g durch M, sie schneidet die Kugel in einem größten Kreis k und die Gerade g in einem Punkt Q. Die beiden Tangenten von Q an k bestimmen die gesuchten Tangentialebenen, die Berührungspunkte R_1 und R_2 der Tangenten sind zugleich die Berührungspunkte der Tangentialebenen.

Man zeichnet zunächst die Spuren der Ebene E und bestimmt den Schnittpunkt Q von g und E. Dann legt man M um e_1 um und beschreibt um diesen Punkt M_0 einen Kreis vom Radius r, er ist die Umlegung k_0 des Kreises k. Weiter zieht man von Q_0 die Tangenten an k_0 und erhält daraus die Berührungsstellen, die Umlegungen von R_1 und R_2. Daraus folgen R_1' und R_2' mittels der Affinität und schließlich R_1'' und R_2'', doch sind die Projektionen von R_1 und R_2 für das Folgende nicht nötig.

Die gesuchten Tangentialebenen sind die Ebenen durch g und R_1 bzw. R_2. Daraus kann man ihre Spuren so finden. Die eine Tangentialebene geht durch g und QR_1, demnach geht ihre Grundrißspur durch G_1 und durch den Grundrißspurpunkt von QR_1; dieser liegt auf e_1 und ergibt sich aus der Umlegung von QR_1, aus der einen von Q_0 an k_0 gezogenen Tangente. Nachdem so zwei Punkte der Grundrißspur der einen Tangentialebene gefunden sind, kennt man für die zugehörige Aufrißspur den Kreuzungspunkt mit der Projektionsachse, ferner den Punkt G_2. Aber man kann leicht noch einen weitern Punkt dieser Spur suchen, den Aufrißspurpunkt der durch Q gehenden Spurparallelen erster Art der Tangentialebene. (Darum hat man die Grund- und Aufrisse der beiden Punkte R_1 und R_2 nicht nötig.)

Bei den in der Figur gegebenen Stücken ist es möglich, die Konstruktion so durchzuführen, wie es oben angegeben ist. Oft aber wird die Umlegung der in der Hilfsebene E enthaltenen Figur ungünstig ausfallen. Dann wird diese Figur nicht um die Grundrißspur von E in Π_1 umgelegt, sondern man dreht die Figur um eine geeignete Spurparallele erster Art, bis sie zu Π_1 parallel ist, und man zeichnet von dieser neuen Lage die Grundrißprojektion; alles weitere ist einfach, vgl. den X. Abschn.

Nimmt man hierbei als Drehungsachse die durch M gehende Spurparallele, dann erspart man das Zeichnen von k_0, denn k_0 wird identisch mit dem Umriß der Grundrißprojektion der Kugel.

§ 13. Bestimmung des Schnittkreises zweier Kugeln. Gegeben sind die Mittelpunkte M_1, M_2 und die Radien r_1, r_2.

Man legt das Trapez $M_1 M_2 M_2' M_1'$ in Π_1 um durch Drehen um $M_1' M_2'$, und man konstruiert um die Umlegungen von M_1 und M_2 Kreise von den Radien r_1 und r_2, man hat damit die Umlegung des zentralen Vertikalschnittes durch die Kugeln. Dann gibt die gemeinsame Sehne der gezeichneten Kreise den Durchmesser des Schnittkreises k beider Kugeln an, und ihre Endpunkte und ihr Mittelpunkt sind die Umlegungen des höchsten und tiefsten Punktes und des Mittelpunktes von k. Hieraus erhält man Grund- und Aufriß dieser drei Punkte. Die Ebene E des Schnittkreises k der Kugeln ist senkrecht zu $M_1 M_2$, so ist die große Achse des elliptischen Grundrisses von k senkrecht zu $M_1' M_2'$, die große Achse des elliptischen Aufrisses von k senkrecht zu $M_1'' M_2''$. Da der Kreisradius schon gefunden ist, kennt man von der Grundrißellipse jetzt die vier Scheitel, von der Aufrißellipse die Scheitel der großen Achse und den höchsten und tiefsten Punkt, was zum Zeichnen derselben im allgemeinen ausreicht (VIII. Abschn. § 9); natürlich wäre auch der Neigungswinkel von E gegen Π_2 leicht direkt zu bestimmen und zur Konstruktion der Aufrißellipse zu verwenden. Die Sichtbarkeit ist leicht zu entscheiden.

§ 14. Die gemeinsamen Punkte dreier Kugeln. Man kann wie im vorigen Paragraphen die Ebene E des Schnittkreises k der ersten und zweiten Kugel betrachten. Sie schneidet die dritte Kugel in einem Kreis, und dessen Schnittpunkte mit k sind die gesuchten, allen drei Kugeln gemeinsamen Punkte.

Die konstruktive Ausführung erfolgt so, daß man die Vertikalebene durch M_1 und M_2 betrachtet und die in ihr enthaltenen größten Kreise der ersten und zweiten Kugel in Π_1 umlegt wie im vorigen Paragraphen. Die gemeinsame Sehne dieser Kreise bestimmt den Schnittkreis k. Man erhält sofort die Grundrißspur e_1 von dessen Ebene E und die Umlegung k_0 von k um e_1. Dann ist noch die Umlegung des Schnittkreises von E mit der dritten Kugel zu zeichnen, was im Anschluß an § 3 im XIII. Abschn. erfolgt. Dadurch findet man in der Grundrißumlegung die gesuchten gemeinsamen Punkte der Kugeln und kann ihre Grundrisse und Aufrisse daraus ableiten (wobei die umgelegte Figur der Vertikalebene wie ein Seitenriß dient).

Dieses Verfahren hat aber hauptsächlich theoretisches Interesse. Denn eigentlich handelt es sich doch nur um Aufsuchung der zwei Punkte, die von M_1, M_2 und M_3 gegebene Abstände haben, und das ist einfacher als Tetraederaufgabe zu behandeln, vgl. X. Abschn. § 14.

---

§ 15. Die einfachsten Fälle von Sonnenuhren. Der schattenwerfende Stab s ist zur Erdachse parallel, d. h. er liegt in der Meridianebene und bildet mit der Horizontalebene einen Winkel gleich der geographischen Breite φ. Aufgefangen werde der Schatten von einer senkrechten und zur Meridianebene rechtwinkligen Wand. Die Wandebene wird als Π_2 benutzt. Dann sind s' und s'' beide zur Projektionsachse senkrecht. Hat man den Aufrißspurpunkt S_2 von s willkürlich gewählt, so folgt der Grundrißspurpunkt S_1 daraus, daß man zuerst die Umlegung s^0 $(S_2 S_1^0)$ von s zeichnet, welche der Drehung von s um s'' bis in Π_2 entspricht.

Der Punkt, in welchem s' und s'' die Projektionsachse treffen, sei O. Von O fällt man auf s^0 ein Lot OF^0. Dann denkt man sich das rechtwinklige Dreieck $S_2 O S_1^0$ und die in ihm enthaltene Höhe OF^0 um die vertikale Kathete gedreht, bis es zu Π_2 senkrecht wird. Aus $S_2 S_1^0$ geht $S_2 S_1$ oder s hervor, aus OF^0 geht das von O auf s gefällte Lot OF hervor. Die Projektionen von F hat man nicht weiter nötig. OF und die Projektionsachse bestimmen eine zu s senkrechte Ebene H.

Nun faßt man die einzelnen durch s gehenden Ebenen ins Auge, in welchen die Sonne zu den vollen Stunden wahrer Ortszeit steht.[1]) Diese Ebenen schneiden H in Geraden, welche von F ausgehen und miteinander Winkel von je 15^0 bilden; die Linie FO gehört mit zu diesen Geraden. Denkt man sich die Ebene H um ihre Grundrißspur, um die Projektionsachse, in Π_1 umgelegt, so lassen sich die eben genannten Geraden leicht zeichnen. Dadurch erhält man die Punkte, in welchen die Projektionsachse durch das System der Ebenen geschnitten wird. Das liefert wieder die Aufrißspuren der Ebenen und damit das Zifferblatt der Sonnenuhr.

Andererseits geben die auf der Projektionsachse gefundenen Punkte auch die Grundrißspuren der Ebenen, in denen sich die Sonne zu den vollen Stunden befindet. Die Konstruktion einer Horizontalsonnenuhr ist damit erledigt. Übrigens wird man, wenn nur eine Horizontalsonnenuhr gesucht ist, die Umlegung der in H auftretenden Figur nicht in Π_1, sondern in Π_2 machen, der Übersichtlichkeit wegen.

Aus der besprochenen Konstruktion kommt man leicht mittels ebener rechtwinkliger Dreiecke zu Formeln, welche die Lage der auf Π_2 bzw. Π_1 fallenden Schattenlinien des Stabes s für einen beliebigen Stundenwinkel angeben. Der sphärisch-trigonometrische Ansatz führt in beiden Fällen auf rechtwinklige sphärische Dreiecke und hat natürlich dasselbe Ergebnis.

§ 16. Konstruktion der Sonnenuhr auf einer allgemeinen vertikalen Wand. Man kann zwei Wege einschlagen. Erstens läßt sich die Meridianebene durch den schattenwerfenden Stab wieder senkrecht zu Π_2 annehmen. Die Ebene E der Wand, welche den Schatten auffängt, geht

1) Berücksichtigung von Zwischenzeiten hat in kleiner Figur keinen Zweck.

dann unter bekanntem Azimut durch die (vertikale) Aufrißprojektion des Stabes. Von den Ebenen, in denen die Sonne zu den einzelnen Stunden steht, zeichnet man die Grundrißspuren wie bei der Horizontalsonnenuhr. Hieraus folgen die Schnittpunkte dieser Ebenen mit der Spur e_1 von E und damit auch die Schnittlinien der Ebenen mit E. Die wahre Gestalt der in E auftretenden Figur wird am besten nicht als Umlegung, sondern getrennt gezeichnet.

Zweitens läßt sich die vertikale Wand, welche den Schatten auffängt, als Π_2 wählen. Den Aufrißspurpunkt des Stabes s nimmt man willkürlich an, aus der gegebenen geographischen Breite und dem gegebenen Azimut der Wand findet man zwei geometrische Orte für S_1. Dadurch kennt man s' und s''. Ferner hat man wie im vorigen Paragraphen eine Ebene H zu betrachten, welche zu s senkrecht ist. Damit ist nun alles ähnlich wie in § 5 und Fig. 104: h_2 wird durch einen beliebigen Punkt K von s'' und senkrecht zu s'' gelegt. H enthält das von K auf s gefällte Lot KL. Man bestimmt s^0. Das von K auf s^0 gefällte Lot KL^0 gibt die Länge des gesuchten KL, und diese Länge wird als KL^{00} von K aus senkrecht zu h_2 abgetragen. Dann kann man die regelmäßig verteilten Geraden, welche in H von L ausgehen und zu denen LK gehört, in der Umlegung zeichnen. Das Weitere ist einfach.

XVII. Abschnitt.

Aufgaben über das Dreikant.

Drei Halbstrahlen, welche von einem Punkt S ausgehen, liefern ein Dreikant, eine dreiseitige Ecke. Legt man um S eine Kugel, so entsteht das zugeordnete sphärische Dreieck. Die Seiten und die Winkel des Dreikants oder des sphärischen Dreiecks sind sämtlich kleiner als 180^0, jede Seite ist kleiner als die Summe und größer als die Differenz der beiden anderen Seiten. Die Summe aller drei Seiten ist $< 360^0$. Über Ungleichungen für die Winkel findet sich in § 10 eine Angabe. Der größeren von zwei Seiten liegt der größere Winkel gegenüber.

§§ 1—5 enthalten die graphische Auflösung des allgemeinen Dreikants, wenn von den Seiten und Winkeln drei Stücke — und zwar mindestens eine Seite — gegeben sind. Alle diese Aufgaben geben im wesentlichen dieselbe Figur. In § 6 werden aus dieser Figur drei Grundformeln der sphärischen Trigonometrie entnommen. In §§ 7—9 folgen im Anschluß an dieselbe Figur Untersuchungen über ein veränderliches Dreikant mit einer festen Seite, die schließlich angewendet werden auf die astronomischen Fundamentaldreiecke mit den Ecken Zenit, Pol, Stern und Himmelspol, Ekliptikpol, Stern.

§§ 10, 11 betreffen das Dreikant und sein Polardreikant. In §§ 12—14 werden früher behandelte Aufgaben in anderer Weise erledigt.

§ 1. Von einem Dreikant sind die drei Seiten a, b, c gegeben, die Winkel α, β, γ gesucht. Man legt eine Seite, c, in die Projektionsebene Π_1, und legt die anstoßenden Seiten a und b in diese Ebene um, Fig. 110, Taf. VII. Die gleich langen Stücke SC_0 und SC^0 der Figur werden beim Zurückdrehen der umgelegten Flächen in ihre wahren Lagen zu einem Stück SC der nicht in Π_1 liegenden Kante des Dreikants. Dabei beschreiben die in C zusammentreffenden Punkte Kreisbogen um die Drehungsachsen SA und SB. Diese Bogen haben die von C_0 und C^0 gefällten Lote auf SA bzw. SB zu Grundrissen, woraus C' folgt. Weiter sind die Umlegungen der Bogen gezeichnet und hieraus erhält man die Höhe von C über Π_1 (auf zwei Arten) und die Winkel α und β des Dreikants. Die Betrachtung vom VI. Abschn. § 2 ist zu vergleichen.

Der dritte Winkel des Dreikants, γ, liegt in einer zu SC senkrechten Ebene, und wenn man diese Ebene durch den Punkt C hindurchgehen läßt, so sind die Schenkel des Winkels die in den Ebenen von SAC und SBC auf SC errichteten Lote. Die Umlegungen dieser Lote werden durch C_0G und C^0H gegeben, und damit kennt man vom Dreieck GCH die wahren Längen der drei Seiten und kann die Umlegung des Dreiecks um seine in Π_1 liegende Kante GH zeichnen. Damit ist der Winkel γ, GC^*H, gefunden.

Hierbei hat man einige Proben: Die Ebene des Dreiecks SGH war senkrecht zu SC, demnach ist die Grundrißspur GH senkrecht zu SC', und weil $C'C^*$ selbst senkrecht zur Grundrißspur der Ebene von GCH ist, so fällt C^* auf die Verlängerung von SC'. Man könnte auch noch den Abstand des C von GH als Hypotenuse eines rechtwinkligen Dreiecks bestimmen und zur Bestimmung des C^* verwenden).

§ 2. Gegeben sind c, α, β; gesucht sind a, b, γ. Man behält die Bezeichnung der vorigen Figur bei. Dann nimmt man für den Punkt C die Höhe willkürlich an und hat für die beiden durch SA und SB unter den Winkeln α und β gegen Π_1 gehenden Ebenen die Grundrisse der in dieser Höhe liegenden Spurparallelen zu zeichnen. Daraus folgt C', und nun lassen sich die Umlegungen C_0 und C^0 von C finden, und die weitere Konstruktion bietet nichts neues, vergl. Fig. 110.

§ 3. Gegeben sind von einem Dreikant zwei Seiten und der eingeschlossene Winkel, b, c, α. Dann legt man die Seite c in die Zeichnungsfläche und zeichnet daran anschließend die Umlegung der Seite b. Die Fläche C_0SA ist nun um SA zu drehen um den Winkel $180^0 - \alpha$, dann findet man die richtige Lage des Punktes C und damit der Geraden SC. Weiter folgen C^0, a, β und schließlich γ. Die Figur des § 1 enthält wieder die ganze Konstruktion. Eine andere Lösung folgt in § 13.

§ 4. Gegeben sind eine Seite, ein anliegender Winkel und der gegenüberliegende Winkel.[1]) Man wählt diese Stücke als b, α, β der früheren Figur und zeichnet zunächst an die willkürliche Gerade SA anschließend die Umlegung der Seite b, C_0SA. Dann wird diese Fläche gedreht um den Winkel $180^0 - \alpha$, und man findet Grundriß und Höhe des Punktes C. Weiter ist durch die Kante SC eine Ebene zu legen, welche gegen Π_1 den Winkel β bildet. Sie ist Tangentialebene eines auf Π_1 stehenden Rotationskegels mit der Spitze C, desses Basiskreis man leicht erhält, und ihre Grundrißspur ist eine Tangente von S an diesen Kreis. Der Kreis umschließt den Punkt S nie, da der Winkel β als Neigungswinkel der Ebene nicht kleiner sein kann als der Neigungswinkel der in der Ebene liegenden Geraden SC. So gibt es, wenn S nicht gerade auf dem Kreis liegt, zwei Tangenten von S an den Kreis. Die eine dieser Tangenten, nämlich die, welche von SA aus jenseits C' liegt, liefert immer eine Lösung der Aufgabe, der tangierende Halbstrahl ist die dritte Kante SB eines Dreikants mit den gegebenen Stücken. Die andere Tangente führt bei $\beta > \alpha$, je nachdem man ihren einen oder anderen Halbstrahl nimmt, zu Dreikanten mit den Stücken b, α, $180^0 - \beta$ oder b, $180^0 - \alpha$, $180^0 - \beta$, gibt demnach keine Lösung der gestellten Aufgabe. Bei $\beta < \alpha$ schneidet der Basiskreis des Kegels die Linie SA, und dann gibt die zweite Tangente eine richtige Lösung, aber man muß als Kante SB nicht den Berührungshalbstrahl, sondern seine Verlängerung über S hinaus nehmen, wodurch die Seite c des Dreikants stumpfwinklig wird.

§ 5. Gegeben sind zwei Seiten und der Winkel, welcher der einen von ihnen gegenüberliegt. Auch dieser Fall läßt sich so behandeln, daß man im wesentlichen die Figur des § 1 erhält. Man nimmt als die gegebenen Stücke b, a, α und legt, wie bei voriger Aufgabe, die Seite b zunächst um SA um und dreht sie dann, bis SC in die durch α bestimmte richtige Lage kommt. Die dritte Kante SB liegt in Π_1 und bildet mit SC den gegebenen Winkel a. Daraus bestimmt sich die Lage von SB in folgender Art: E sei wie bisher der gemeinsame Fußpunkt der von C und C' auf SB gefällten Lote. Dann kennt man im rechtwinkligen Dreieck CES die Hypotenuse $SC = SC_0$ und den Winkel $CSE = a$ und kann daraus die Länge SE ableiten. SE ist kleiner als SC', weil der Winkel a größer ist als der Neigungswinkel von SC gegen Π_1. Konstruiert man einen Kreis um S, dessen Radius die gefundene Länge

1) Die gegebenen Stücke sind alle unter 90^0 angenommen. Sonst würde sich übrigens nur wenig ändern.

ist, dann gibt es von C' aus an diesen Kreis zwei Tangenten. Die Berührungsstellen sollen E_1 und E_2 heißen, dabei liege E_1 von D aus gesehen jenseits SC'. Der Halbstrahl SE_1 gibt immer eine Lösung der Aufgabe.

E_2 liegt mit D auf einem Halbkreis vom Durchmesser SC', und zwar näher oder weniger nahe an S als D, je nachdem $\cos a$ kleiner oder größer als $\cos b$ ist, d. h. je nachdem a größer oder kleiner als b ist. Im ersten Fall wird E_2 durch SA von C' getrennt, und dann gibt der Halbstrahl SE_2 zusammen mit SA und SB ein Dreikant mit den Stücken a, b, $180^0 - \alpha$. Bei $a > b$ hat man also nur eine Lösung der Aufgabe, sie wird durch SE_1 geliefert. Im zweiten Fall, $a < b$, liegt E_2 auf derselben Seite von SA wie C', und der Halbstrahl SE_2 liefert neben dem Halbstrahl SE_1 eine zweite Lösung der Aufgabe. — Hierbei sind die gegebenen Stücke a, b, α alle unter 90^0 vorausgesetzt, sonst treten geringe Änderungen ein. Auf die rückwärtigen Verlängerungen von SE_1 und SE_2 braucht man bei spitzwinkligem a nicht zu achten, da diese Verlängerungen mit SC einen stumpfen Winkel bilden.

Noch weniger als bei § 4 wird hier zum vollen Verständnis das Lesen des Textes ohne Zeichnen ausreichen. Eine andere Lösung derselben Aufgabe steht in § 12.

§ 6. Weitere Angaben. Entnahme der Formeln aus der Figur. Bisher sind alle Fälle, wo von den Seiten und Winkeln eines Dreikants drei Elemente gegeben sind und wo sich unter diesen Elementen wenigstens eine Seite befindet, gelöst, und zwar im wesentlichen an einer einzigen Figur. Der Fall, wo die drei Winkel gegeben sind, wird in §§ 10 und 14 behandelt, auch einige der schon besprochenen Fälle kommen nachher nochmals vor.

Die grundlegende Fig. 110 bietet die Möglichkeit, die Hauptformeln der sphärischen Trigonometrie sehr einfach abzuleiten. Wird $SC_0 = SC^0$ als Einheit gewählt, und wird das Lot DI auf SB gefällt und die Parallele $C'K$ zu SB bis zum Schnitt mit DI gezogen (Fig. 110a), dann erhält man leicht die Formeln

$$\sin b \cdot \sin \alpha = \sin a \cdot \sin \beta$$

$$\cos a = \cos b \cdot \cos c + \sin b \cdot \cos \alpha \cdot \sin c$$

$$\cos b \cdot \sin c = \sin a \cdot \cos \beta + \sin b \cdot \cos \alpha \cdot \cos c.$$

Die erste ist der Sinussatz, die zweite der Kosinussatz; aus der zweiten und dritten kann man durch Elimination von α eine Formel ableiten, die nur a, b, c, β enthält und an Stelle der dritten Formel treten kann. Aus diesen Formeln und aus den Beziehungen zwischen einem Dreikant und seinem Polardreikant lassen sich alle weiteren Formeln ableiten. — Man hätte auch in der Figur 110 auf die Dreiecke GSH und GC^*H den allgemeinen pythagoräischen Satz anwenden können, damit wäre man zur zweiten Formel des oben stehenden Systems (mit vertauschten Buchstaben) gekommen.

Diese Herleitung der drei Formeln aus der Fig. 110a wurde früher auf Bellavitis zurückgeführt, jedoch finden sich die ersten beiden Formeln genau so bei Oppel (1720—1769) bewiesen, der noch einige Vorläufer hatte, vergl. v. Braunmühl, Geschichte der Trigonometrie II, S. 99, 100. Dieselben Formeln hat Euler in seiner elementaren Abhandlung über sphärische Trigonometrie (1779) aufgestellt und zur Grundlage der sphärischen Trigonometrie gemacht. Die spätere Fig. 112 (Taf. VII) bietet ebenfalls einen einfachen Beweis von Formeln der sphärischen Trigonometrie, vgl. den Schluß von § 11.

---

§ 7. Betrachtung eines teilweise veränderlichen Dreikantes. Im Anschluß an Fig. 110 soll der Zusammenhang von a, b, c und α untersucht werden, wenn b und c fest sind und a und α als veränderlich gelten. Ob man a oder α als die unabhängig veränderliche Größe nimmt, ist gleichgültig. Die Dreiecke $C^{00}C'E$ und GC^*H, welche β oder γ enthalten, bleiben fort, ebenso die Geraden C_0G und C^0H und einige Kreisbogen. Die jetzt nötige Figur besteht deshalb zunächst aus folgenden Teilen: einem Kreisbogen um den Punkt S, drei festen Radien SB, SA und SC_0, welche Winkel gleich den festen Seiten c und b des Dreikants bilden, und einem beweglichen Radius SC^0, welcher mit SB einen Winkel gleich der veränderlichen Seite a bildet. Weiter enthält die Figur ein von C_0 ausgehendes Lot zu SA. Dieses schneidet SA in D und ist eine feste Gerade in der Figur; auf ihm liegt der veränderliche Punkt C'. Zugleich liegt C' auf einer zu SB senkrechten Geraden, welche von C^0 ausgeht. Endlich würde noch das Dreieck $C_{00}C'D$ zu der Figur gehören, in ihm tritt α auf. Das Dreieck ist mit C' und C^0 veränderlich. Aber es läßt sich in folgender Art einsparen, indem man eine Skala an seine Stelle setzt.

In Fig. 111 ist das Dreieck fortgelassen, der feste Radius SB ist wagrecht gelegt, und der Kreisradius diene als Längeneinheit. Das von C_0 auf SA gefällte Lot SD ist verlängert, bis es den Kreis wieder trifft. Dadurch ist es eine von SA halbierte Sehne $C_0\overline{C}_0$ des Kreises, und es hat die Länge $2 \cdot \sin b$. C' liegt mit C^0 auf einer Vertikalen, weiter liegt es auf der Sehne und steht von ihrer Mitte D um $\sin b \cdot \cos\alpha$ ab. Bei spitzem α liegt C' zwischen D und $\overline{C}_0$, bei stumpfem α zwischen D und C_0. Die einzelnen Punkte der Sehne sind den Werten von α eindeutig zugeordnet. Man kann die Sehne so einteilen, daß die Teilstriche den Werten 0^0, 10^0, 20^0 . . ., 90^0 . . ., 170^0, 180^0 und geeigneten Zwischenwerten entsprechen. Dann läßt sich durch Interpolation zu jeder Lage von C' das α oder zu jedem α das C' finden.

b und c waren feste Größen. Die Sehne, welche die Cosinusskala für α trägt, hat feste Länge und feste Stellung gegen den horizontalen Kreisradius SB. Der Kreisbogen, welcher von B aus nach unten geht, enthalte eine Gradeinteilung, deren Bezifferung in B mit 0^0 beginnt. Der Zusammenhang zwischen den beiden veränderlichen Stücken a, α des Dreikants wird nun durch die verschiebbare Vertikallinie $C'C^0$ gegeben; dadurch sind die Skala der Sehne und die Skala des Kreisbogens aufeinander bezogen.

Bisher sollten b und c feste Größen sein. Festes b ist wesentlich, damit man eine geradlinige Skala von unveränderlicher Größe und Einteilung hat. Dem c kann man jedoch nach Bedarf verschiedene Werte erteilen, das bedeutet nur eine verschiedenartige Einstellung des Radius SA und der zu ihm senkrechten Sehnenskala gegen den horizontalen Radius SB.

§ 8. Anwendung auf einige Aufgaben der sphärischen Astronomie; der Willigsche Sonnenstandsmesser. Für einen bestimmten Ort mit der Polhöhe (oder geogr. Breite) φ hat das sphärische Dreieck mit den Ecken Zenit, Pol, Stern eine feste Seite $ZP = 90^0 - \varphi$, die anderen Seiten sind $PS = 90^0 - \delta$ und $ZS = 90^0 - h$, wenn δ und h die Deklination und die Höhe des Sternes sind. Der Dreieckswinkel bei P ist der Stundenwinkel t, der bei Z ist das Supplement des Azimuts. Bei einem gegebenen Fixstern ist darum außer der Seite PZ auch noch die Seite PS konstant, während sich das Dreieck mit der Zeit ändert. Ebenso kann man bei der Sonne mit ausreichender Annäherung PS als konstant betrachten während eines Tages ($\delta_\odot$ ändert sich stündlich höchstens um $0{,}97'$, das δ des Mittags gilt für den ganzen Tag).

Soll jetzt für einen Fixstern oder für die Sonne an einem bestimmten Tage der Zusammenhang zwischen t und h gesucht werden, so setzt man $a = ZS = 90^0 - h$, $b = PZ = 90^0 - \varphi$, $c = PS = 90^0 - \delta$, $\alpha = t$, und man hat dann genau den Fall des vorigen Paragraphen. Ein Kreis, dessen Radius als Längeneinheit dient, wird gezeichnet, SB ist der wagrechte nach rechts gehende Radius. Von B aus werden Gradeinteilungen nach oben und unten gemacht und so beziffert, daß 0^0 in B steht. Aus δ folgt c und damit der Radius SA im oberen Halbkreis. Senkrecht zu SA wird die zum gegebenen φ gehörige Sehnenskala so angebracht, daß ihre Endpunkte auf dem Kreis liegen. (Ihre Länge ist $2 \cos \varphi$, sie berührt mit ihrer Mitte einen Kreis vom Radius $\sin \varphi$, und man kann leicht die Teilpunkte des großen Kreises angeben, auf welche ihre Endpunkte fallen müssen.) Die Skala auf der Sehne gehört zu t ($= \alpha$). Ihr zugeordnet ist durch ein Parallelbüschel vertikaler Geraden die Winkelskala für a, d. h. für $90^0 - h$, auf dem Bogen des großen Kreises, welcher von B aus nach unten geht. Doch kann man die untere Hälfte des großen Kreises völlig entbehren, denn die Vertikallinien gestatten auch die Ablesung des a an der Teilung des oberen Halbkreises.

Hiermit sind die wesentliche Errichtung und die eine Art der Verwendung des Willigschen „Sonnenstandsmessers" beschrieben. Die graphische Tafel enthält den geteilten Halbkreis mit Radien nach den Teilpunkten und mit Vertikallinien durch die Teilpunkte. Ihr sind mehrere Skalen für verschiedene φ beigegeben; demnach sind auch mehrere konzentrische Kreise für die Radien $\sin\varphi$ vorhanden. Eine besondere Figur erleichtert die Herstellung der genauen Skala für jede geographische Breite.[1])

Handelt es sich um den Zusammenhang zwischen Höhe und Azimut bei festem φ und gegebenem δ, so ist dieselbe Vorrichtung brauchbar. Man nimmt wie bisher $b = 90^0 - \varphi$, aber $a = 90^0 - \delta$, $c = 90^0 - h$ und α gleich dem Supplement des Azimuts. Dem gegebenen δ entspricht dann eine feste Vertikallinie, veränderlichem h entspricht die Verschiebung der Skala, welche dabei Sehne des großen Kreises bleibt. Alles weitere ist einfach. Um an der Skala das Azimut und nicht sein Supplement zu haben, wird die Skala einfach umgekehrt gelegt wie im früheren Fall.

Die graphische Tafel mit der beweglichen Skala ermöglicht demnach unmittelbar die Bestimmung des t aus h oder des h aus t, ferner die Bestimmung des Azimuts aus h oder des h aus dem Azimut. Dabei ist die Skala für die Polhöhe φ nötig, und δ muß bekannt sein. Wollte man etwa t aus dem Azimut finden, so wäre zweimalige Einstellung und Ablesung nötig, man müßte erst h und daraus dann t suchen.

Die Willigsche Vorrichtung ist ferner anwendbar bei einer Reihe von Aufgaben der sphärischen Astronomie, welche sich auf das Dreieck mit den Ecken Himmelspol, Ekliptikpol, Stern beziehen. Die Seite b in § 7 ist dann gleich der Ekliptikschiefe ε (rund $22\frac{1}{2}{}^0$), deshalb hat man dieselbe Skala wie bei $\varphi = 66\frac{1}{2}{}^0$.

§ 9. Zusätze. In der Figur 111 von §§ 7, 8 waren b und c fest, a und α veränderlich. Der Zusammenhang zwischen a und α wurde durch die Senkrechte $C'C^0$ gegeben. Zu sehr kleinen zusammengehörigen Änderungen von a und α hat man deshalb auf dem Kreisbogen und auf der Sehne Verschiebungsstrecken mit gemeinsamer Horizontalprojektion. Hieraus kommt man sofort zu einer Formel für den Zusammenhang zwischen den Differentialen von a und α bei festem b und c. Näheres gehört nicht hierher, man kann aber daraus z. B. schließen, wie stark der Einfluß eines Fehlers in der gemessenen Sonnenhöhe auf die berechnete Zeit ist oder welche Stunden sich zur Zeitbestimmung aus Sonnenhöhen besonders eignen.

Die Abhängigkeit des Azimutes und der Höhe eines Sterns (oder der Sonne) vom Stundenwinkel wird im Anhang noch auf andere Art behandelt, wobei auch das eben genannte noch vorkommt.

---

1) Preis 3,25 ℳ. Verlag von Ackermann, Weinheim a. Bergstraße.

§ 10. Dreikant und Polardreikant. Nimmt man im Innern des von den drei Flächen eines Dreikants begrenzten Raumteiles einen Punkt T an und fällt von ihm Lote auf die Flächen, so bilden diese Lote das Polardreikant des ursprünglichen Dreikants. Die Flächen beider Dreikante umschließen zusammengenommen einen Raumteil, dessen Begrenzungsflächen Vierecke mit je zwei gegenüberliegenden rechten Winkeln sind. Nennt man die Seiten und Winkel beim ursprünglichen Dreikant $a, b, c, \alpha, \beta, \gamma$ und beim Polardreikant $a', b', c', \alpha', \beta', \gamma'$, dann folgen aus diesen Vierecken die bekannten Beziehungen:

$$\alpha' = 180^0 - a \qquad a' = 180^0 - \alpha$$
$$\beta' = 180^0 - b \qquad b' = 180^0 - \beta$$
$$\gamma' = 180^0 - c \qquad c' = 180^0 - \gamma .$$

Im Anfang des Abschnittes wurden Ungleichungen für die Seiten eines Dreikants gegeben. Schreibt man diese Ungleichungen für a', b', c', so folgen daraus Ungleichungen für die Winkel α, β, γ.

Die bisher noch nicht behandelte Aufgabe, ein Dreikant mit den gegebenen Winkeln α, β, γ zu konstruieren, läßt sich dadurch lösen, daß man ein Dreikant mit den Seiten $a' = 180^0 - \alpha$, $b' = 180^0 - \beta$, $c' = 180^0 - \gamma$ (das Polardreikant des gesuchten Dreikants) betrachtet, seine Winkel α', β', γ' sind die Supplemente der gesuchten Seiten a, b, c.

Eine andere Lösung der Aufgabe wird in § 14 besprochen.

§ 11. Fortsetzung. Der von den beiden Dreikanten begrenzte Körper soll jetzt durch seinen Grundriß dargestellt werden, wenn die Fläche der Seite c in Π_1 liegt, und es soll die wahre Gestalt aller Flächen des Körpers bestimmt werden (Fig. 112). T ist dabei nicht willkürlich genommen, sondern es sind die drei von S ausgehenden Kanten des Körpers SA, SB und SC gleich lang gewählt, d. h. durch die Endpunkte dieser gleichen Strecken sind senkrechte Ebenen zu den Kanten gelegt (soweit sich diese Ebenen noch im Innern des von den Flächen des ursprünglichen Dreikants begrenzten Raumteiles schneiden, bilden sie ein Polardreikant desselben).

Man legt die drei Seiten a, b, c nebeneinander, schneidet die Schenkel mit einem Kreisbogen und erhält damit die Punkte A, B, C_0, C^0. Die Kreistangenten in diesen Punkten liefern die Vierecke $ASBN$, ASC_0M_0 und BSC^0L^0, damit ist die wahre Gestalt dreier Flächen des Körpers gefunden. Genaue Konstruktion erfordert die Nachprüfung der Gleichheit der von N, M_0 und L^0 ausgehenden Kreistangenten.

Die Lage von C im Raum ergibt sich durch Drehung der beiden äußeren Vierecke um SA und SB, bis sie zusammenstoßen. Dadurch findet man C' wie früher, auch die Höhe von C wäre leicht zu finden, ist aber nicht weiter nötig. Bestimmt man G und H wie in § 1, so fallen auf $C'G$ und $C'H$ die Grundrisse zweier Kanten CM und CL des

Körpers, vgl. die Skizze in Fig. 113. Da aber die Flächen $MTNA$ und $LINB$ in vertikalen Ebenen liegen, deren Grundrißspuren durch AN und BN gegeben sind, so kennt man M' und L'. T' ist N.

Dann kann man die wahre Gestalt des Vierecks $MTNA$ als Umlegung zeichnen. Es ist dabei gut, zunächst den Schnittpunkt Q der Verlängerungen von MT und AN zu suchen, er liegt in der Ebene des Vierecks $MTLC$ und damit auf der Grundrißspur GH dieser Ebene, d. h. er ist der Schnittpunkt von AN und GH. In der Umlegung des Vierecks $MTNA$ muß M_{00} auf dem über AQ konstruierten Halbkreis und zugleich auf dem um A durch M_0 gezogenen Kreisbogen liegen, außerdem ist $M_{00}M'$ senkrecht zu AN. $M_{00}Q$ und das in N auf AN errichtete Lot geben T_{00}. — Ganz entsprechend wird das umgelegte Viereck $L^{00}T^{00}NB$ gezeichnet; die beiden Längen NT_{00} und NT^{00} müssen gleich sein.

Es bleibt noch die Konstruktion der wahren Gestalt der letzten Fläche. Man zeichnet das Viereck $C^*M^*T^*L^*$ als Umlegung von $CMTL$, indem man C um die Ebenenspur umlegt wie in § 1, M^* und L^* folgen auf C^*G und C^*H aus $C^*M^* = C_0M_0$ und $C^*L^* = C^0L^0$; zu Proben und zur Bestimmung von T^* dient die Affinität zum Viereck $C'M'T'L'$, außerdem sind die Winkel bei M^* und L^* Rechte, und die Seiten L^*T^* und M^*T^* haben die Längen $L^{00}T^{00}$ und $M_{00}T_{00}$.

Hiermit ist auch der Entwurf eines Modelles für Dreikant und Polardreikant vollständig besprochen. Die ganze Betrachtung stammt von Fiedler, Zeitschr. f. Math. u. Phys. Bd. 8, S. 448 und Bd. 17, S. 159ff. Aus der Figur hat Hemming wichtige Formeln der sphärischen Trigonometrie genommen, näheres a. a. O. Bd. 17, S. 161—164. Das steht an Einfachheit hinter der Betrachtung von § 6 zurück.

---

§ 12. Andere Lösung für den Fall, wo zwei Seiten und einer der gegenüberliegenden Winkel gegeben sind. Neben der Lösung des § 5 gibt es noch eine sehr einfache und anschauliche Lösung. Die gegebenen Stücke seien a, c, α. Man legt die Schenkel von c in die Zeichnungsfläche und zeichnet daran anschließend die Umlegung von a. Läßt man den neuen Schenkel SC von a um SB nach oben rotieren, so beschreibt C einen Kreisbogen um die Drehungsachse SB. Damit SC die richtige Lage gegen SA und SB annimmt, ist notwendig, daß SC in der Ebene liegt, welche durch SA geht und deren oberer Teil mit der Fläche ASB den Winkel α bildet. Man hat demnach nur die Ebene des von C beschriebenen Kreisbogens als Aufrißebene oder Seitenrißebene zu behandeln und die Spur der geneigten Ebene in dieser Projektionsebene zu konstruieren. Dann führen die beiden Schnittpunkte dieser Spur und des Kreisbogens zu den beiden Halbstrahlen SC_1 und SC_2

im Raum, von denen jeder mit SB den gegebenen Winkel a bildet und außerdem in der geneigten Ebene mit dem Neigungswinkel α liegt. Der eine der beiden Halbstrahlen liefert immer ein Dreikant mit den gegebenen Stücken a, c, α, der andere tut dies nur bei $a < c$, bei $a > c$ gibt er ein Dreikant mit den Stücken a, c, $180^0 - \alpha$, dies alles ist leicht aus der Figur zu entnehmen.

§ 13. Andere Lösung einer früheren Aufgabe. Die Aufgabe des § 3, ein Dreikant aus zwei Seiten und dem eingeschlossenen Winkel zu konstruieren, kann noch auf andere, recht einfache Art gelöst werden, wobei die beiden Seiten völlig gleichartig in der Figur auftreten (Fig. 114). Die Methode ist verwandt mit der von § 11 des vorigen Abschnittes.

Man nimmt a, b, γ als gegebene Stücke und bringt das Dreikant in solche Stellung zur Projektionsebene, daß die Kante SC senkrecht zu dieser Ebene steht. A, B, C sollen die Schnittpunkte der Kanten mit Π_1 sein. Die Länge SC nimmt man willkürlich an, A und B fallen auf die Schenkel des Winkels γ mit dem Scheitel C und bestimmen sich dadurch, daß man die Umlegungen der Dreiecke CSA und CSB zeichnet (diese Dreiecke sind bei C rechtwinklig und enthalten bei S die Winkel b und a). Dann läßt sich S um AB umlegen mittels der bekannten Längen SA und SB, dabei ist $S'S^*$ oder CS^* senkrecht zu AB; $\sphericalangle AS^*B$ ist die gesuchte Seite c.

Der Winkel α ist der Neigungswinkel zwischen der vertikalen Ebene ASC und der Ebene ASB. Man legt durch C eine zu diesen beiden Ebenen senkrechte Hilfsebene, ihre Grundrißspur ist senkrecht zu AC und schneidet die Spur der Ebene ASB in D. Weiter geht die Hilfsebene durch das von C auf AS gefällte Lot CF. Das bei C rechtwinklige Dreieck DCF enthält bei F den gesuchten Winkel α. Wird das Dreieck durch Drehen um CD umgelegt, so kommt F an eine Stelle F^{00} von CA, und dabei ist CF^{00} die wahre Länge von CF, d. h. gleich CF^0 in der Figur. So ist α bestimmt, ganz entsprechend findet man den Winkel β.

Die beiden rechtwinkligen Dreiecke DCF und ECG, welche α und β enthalten, haben das von C auf die Ebene ASB gefällte Lot als gemeinsame Höhe, weil ihre Ebenen senkrecht auf der Fläche ASB stehen. Deshalb sind in den umgelegten Dreiecken DCF^{00} und ECG_{00} die von C ausgehenden Höhen gleich, oder DF^{00} und EG_{00} haben einen Berührungskreis mit dem Mittelpunkt C. Das gibt eine Probe.

Dieses Verfahren ist zuerst von Leroy gegeben worden.

§ 14. Weitere Bemerkungen. Dieselbe Figur enthält auch wieder die Lösungen mehrerer anderer Dreikantaufgaben. Davon ist die wichtigste die, wo die drei Winkel gegeben sind. Man zeichnet die Schenkel des

Winkels γ, konstruiert um den Scheitel C einen Kreisbogen und zeichnet die beiden rechtwinkligen Dreiecke DCF^{00} und ECG_{00} mit den Winkeln α und β so, daß ihre Hypotenusen diesen Bogen berühren. DE liefert dann auf den Schenkeln von γ die Punkte A und B, von ihnen aus sind Tangenten zu ziehen an die Kreisbogen, welche von F^{00} und G_{00} ausgehen und C zum Mittelpunkt haben. Damit findet man die Dreiecke, welche b und a als Winkel enthalten, CS^0 und CS_0 müssen gleich sein. Umlegung des Punktes S gibt $c = \sphericalangle AS^*B$.

Von anderen Fällen, die auf dieselbe Figur führen, sei noch der Fall genannt, wo b, γ, α gegeben sind. Man findet zuerst das Dreieck AS^0C, daraus F^0 und F^{00} und dann D; AD gibt B, weiter folgen a und c, endlich β.

Eng verwandt mit den Aufgaben über Dreikante ist die Aufgabe, einen gegebenen Winkel, dessen Schenkel gegebene Neigungen besitzen, auf den Horizont zu reduzieren. Da man vor Erfindung des Theodoliten den Winkel zwischen geneigten Zielstrahlen direkt maß, hatte die Aufgabe für den Geometer große Bedeutung. Dementsprechend ist sie bei Monge[1]) und in der weiteren alten darstellend-geometrischen Literatur graphisch behandelt, auch Wiener gibt noch die Lösung von Monge (Bd. I, S. 94, letzte der Übungsaufgaben).

XVIII. Abschnitt.

Rotationsflächen.

§ 1. Die Tangentialebene an eine Rotationsfläche mit vertikaler Achse. In Fig. 115 auf Tafel VIII ist als Rotationsfläche ein verlängertes Rotationsellipsoid verwendet, auch im Text soll nur hiervon gesprochen werden. Die Betrachtung läßt sich aber ohne weiteres auf eine beliebige Rotationsfläche übertragen. Grundriß und Aufriß des Rotationsellipsoids ergeben sich leicht. Vom Punkte P des Ellipsoids sei P' gegeben, und P liege auf der oberen Hälfte der Fläche. Die Horizontalebene durch P liefert einen Kreis, dessen Radius sich aus dem Grundriß ergibt und dessen Aufriß eine horizontale geradlinige Strecke ist, man findet daraus P'' (wie in § 20 des VI. Abschnittes).

Nun werde der Punkt P auf diesem Kreis bewegt, bis er in die zu Π_2 parallele Ebene gelangt, die durch die Achse a der Rotationsfläche hindurchgeht. Seine neue Lage ist P_*, P_*' und P_*'' hat man sofort. Die Tangentialebene T_* des Punktes P_* steht senkrecht zu Π_2, hat demnach als Aufrißspur und gleichzeitig als gesamte Aufrißprojektion die

1) S. 32, 33 der Haußnerschen Ausgabe (Ostwalds Klassiker).

Gerade, welche die Umrißellipse im Aufriß in P_*'' berührt. Die Grundrißspur steht senkrecht zur Achse. Aus T_* geht durch Zurückdrehen die Tangentialebene T des Punktes P hervor, dabei dreht sich die Grundrißspur der Tangentialebene so, daß sie beständig gleichen Abstand von A_1 behält. Sie berührt also immer einen Kreis, und die Berührungsstelle kommt schließlich auf die Gerade $A_1 P'$. Daraus findet man diesen Punkt und die Spur t_1 der Tangentialebene T von P. Die Aufrißspur t_2 von T ergibt sich am besten mittels einer durch P gelegten Spurparallelen erster Art.

§ 2. Ebener Schnitt durch das vertikal stehende Rotationsellipsoid. Das im vorigen Paragraphen betrachtete Rotationsellipsoid soll durch eine Ebene E geschnitten werden. Zunächst sei E senkrecht zu Π_2. Die Ebene Σ, welche durch die Achse a der Rotationsfläche parallel zu Π_2 geht, ist eine Symmetrieebene für die Schnittellipse, wie man leicht erkennt. Daraus folgen die Aufrisse und Grundrisse der beiden Ellipsenscheitel, welche in Σ liegen. Dann findet man den Ellipsenmittelpunkt M und den horizontalen Kreis der Rotationsfläche, dessen Ebene durch M geht. Auf diesem Kreis liegen die beiden anderen Ellipsenscheitel, ihre Aufrisse fallen mit M'' zusammen. An der Aufrißfigur sieht man sofort, ob die Ellipse Punkte mit dem größten horizontalen Kreis, dem Äquatorkreis des Rotationsellipsoids gemein hat. Sind solche Punkte vorhanden, so sind ihre Grundrisse Berührungsstellen der Grundrißellipse mit dem Umrißkreis (vgl. u. a. den XIII. Abschn.).

Nimmt man jetzt die Ebene E nicht mehr senkrecht zu Π_2, sondern allgemein an, dann ist wieder die durch die Achse a senkrecht zu e_1 gehende Vertikalebene Σ eine Symmetrieebene für die Schnittkurve. Denkt man sich E und Σ starr verbunden und um a gedreht, bis Σ parallel zu Π_2 wird, dann erhält man die Projektionen der vier Scheitel der Schnittellipse für die gedrehte Lage. Durch Zurückdrehen folgen die Projektionen der Ellipsenscheitel für die gegebene Lage von E. Damit erhält man den Grundriß der gesuchten Ellipse aus seinen Scheiteln, während man ihren Aufriß aus konjugierten Durchmessern zu konstruieren hat (wobei der eine Durchmesser horizontal ist).

Statt des angegebenen Drehungsverfahrens kann man natürlich auch einen Seitenriß anwenden, nur ist das mühsamer.

Zur guten Ausführung der Figur ist es nötig, festzustellen, ob die Schnittellipse Punkte mit dem ersten oder zweiten Umriß der Fläche gemein hat, und diese Punkte muß man genau konstruieren. Kreuzungsstellen mit dem ersten oder dem zweiten Umriß führen in der Grundrißfigur oder der Aufrißfigur zu Berührungsstellen. Alles Nähere steht im XIII. Abschn. §§ 1—3.

§ 3. Beurteilung der Lage der großen und kleinen Achse der gefundenen Ellipsen. Wenn man die Ebene E so gelegt denkt, daß sie durch den Mittelpunkt des Rotationsellipsoids geht, dann sind die beiden Hauptachsen der Schnittellipse ein geneigter Durchmesser einer Meridianellipse und ein Durchmesser des Äquatorkreises. Beim verlängerten Rotationsellipsoid ist darum die große Achse geneigt (in Σ gelegen), die kleine wagrecht. Hätte man aber ein abgeplattetes Rotationsellipsoid, dann würde eine Schnittellipse mit horizontaler großer Achse auftreten. — Für den Grundriß der Ellipse erkennt man auch sofort die Lage der großen und der kleinen Achse. Die wagrechte Achse der Schnittellipse hat als Grundriß einen Durchmesser des Umrißkreises, die geneigte Achse der Schnittellipse hat zum Grundriß eine Strecke, welche ganz im Innern des Umrißkreises bleibt. Demnach liegt die kleine Achse der Grundrißellipse auf der Spur von Σ (unabhängig davon, ob das Rotationsellipsoid verlängert oder verkürzt ist). Was so für einen ebenen Schnitt durch den Mittelpunkt der Fläche festgestellt ist, gilt entsprechend für einen allgemeinen ebenen Schnitt, weil parallele ebene Schnitte ähnliche Ellipsen in ähnlichen Stellungen liefern.

§ 4. Die Lichtgrenze und der Schatten des Rotationsellipsoids mit vertikaler Achse. Für das bisher betrachtete Rotationsellipsoid ist jetzt die Schattenkonstruktion auszuführen. Dabei wird ein Lichtpunkt L im Endlichen vorausgesetzt, Parallelbeleuchtung wird erst am Schluß besprochen. Die Lichtgrenze ist die Berührungskurve der Kegelfläche, welche L zur Spitze hat und die Fläche umhüllend berührt. Diese Kegelfläche ist von der zweiten Ordnung, die Berührungslinie ist eben, eine Ellipse, und ihre Ebene E ist die Polarebene von L für das Rotationsellipsoids. Die Vertikalebene Σ durch L und durch die Achse des Rotationsellipsoids ist eine Symmetrieebene für die Fläche und die Polarebene, d. h. für die Lichtgrenze und für den auf Π_1 fallenden Schatten.

Zuerst betrachtet man den Fall, wo Σ parallel zu Π_2 ist. E ist zu Π_2 senkrecht, die Aufrißspur e_2 hat man sofort, und nach dem vorletzten Paragraphen folgen die Projektionen der Lichtgrenze. Die Lichtgrenze ist eine Ellipse, deren geneigte, in Σ liegende Hauptachse die Scheitel A und B, deren wagrechte Hauptachse die Scheitel C und D hat. (Über die Frage, ob die große oder die kleine Hauptachse in Σ liegt, ist der vorige Paragraph zu vergleichen.)

Für den Schatten in der Grundrißebene sind drei Fälle möglich. Er kann durch eine Ellipse, oder durch die eine Hälfte einer Hyperbel oder durch eine Parabel umgrenzt werden, entsprechend wie der Kugelschatten im XIII. Abschnitt § 9. Im elliptischen Fall liegt die eine Achse der Schattenellipse auf der Grundrißspur s_1 von Σ, und die Schattenpunkte A_s und B_s von A und B sind die zugehörigen Scheitel.

Die Schattenpunkte C_s und D_s von C und D sind nur die Endpunkte einer zu s_1 senkrechten Sehne der Schattenellipse. Hiermit ist ein Weg zur Konstruktion der Schattenellipse gegeben. Ein anderer Weg führt unmittelbar zu den beiden nicht auf s_1 liegenden Scheiteln der Schattenellipse. Dieser Weg wurde früher beim Kugelschatten in § 9 des XIII. Abschnittes ausführlich besprochen, unten auf S. 149.

Im parabolischen und hyperbolischen Fall des Schattens sind die Verhältnisse entsprechend wie früher auf S. 150.

Wenn die Schattenfläche in Π_1 zum Teil hinter die Projektionsachse fällt, so wird ein Teil des Schattens schon von Π_2 aufgefangen. Die Randlinie dieses Flächenstücks ist zentralperspektivisch zugeordnet zu dem hinter der Projektionsachse liegenden Teil des Schattenrandes in Π_1. Einzelne Punkte und Tangenten für das Kurvenstück in Π_2 sind ziemlich leicht zu erhalten, schwerer (und jetzt für eine Besprechung zu schwer) ist die Schaffung konjugierter Durchmesser des in Π_2 auftretenden Kegelschnittes auf Grund der in der Zeichnungsfläche bestehenden Zentralkollineation.

Dagegen kommt man ohne die Sätze über ebene Zentralkollineation durch einfache räumliche Betrachtungen zur Auffindung konjugierter Durchmesser des Kegelschnittes in Π_2, und zwar entsprechend wie in § 5 des IX. Abschnittes. Man nimmt bei der elliptischen Lichtgrenze das System der Sehnen, welche zu e_2 parallel sind. Die zugehörigen Schattenlinien in der Aufrißebene sind ein Parallelbüschel von Sehnen des Schattenkegelschnitts, wie man sofort sieht; sie sind zu e_2 parallel. Weiter gehören zu den Mittelpunkten der Sehnen des ersten Systems die Mittelpunkte der Sehnen des zweiten Systems. So hat der Durchmesser d der elliptischen Lichtgrenze, welcher ihre zu e_2 parallelen Sehnen halbiert, als Schattenlinie d_s wieder einen Durchmesser des Schattenkegelschnittes in Π_2, und d_s ist konjugiert zu der Richtung von e_2. Der Mittelpunkt von d_s ist der Schattenpunkt eines bestimmten Punktes Q von d. Durch Q geht eine zu e_2 parallele Sehne der Lichtgrenze. d und diese Sehne haben dann als Schattenlinien ein Paar konjugierter Durchmesser des Schattenkegelschnittes, wobei der zweite Durchmesser zu e_2 parallel ist. Hiermit ist die Grundlage zur Konstruktion gegeben, bei der Ausführung der Konstruktion muß man die Lichtgrenze in wahrer Gestalt und in der richtigen Lage zu e_2 haben, was sich durch Umlegung um e_2 oder um e_1 oder durch Paralleldrehen zu einer der Projektionsebenen erreichen läßt. Weitere Angaben können unterbleiben. Einfach ist das Verfahren freilich nicht, aber theoretische Schwierigkeiten, Schwierigkeiten der Raumanschauung oder technische Schwierigkeiten darf man bei genügender Übung nicht finden.

Bisher wurde Σ zu Π_2 parallel genommen. Der allgemeine Fall ist im Anschluß an früheres ziemlich leicht zu behandeln.

Nach dieser Besprechung von Lichtgrenze und Schatten für Zentralbeleuchtung genügen wenige Worte über den Fall der Parallelbeleuchtung. Die Lichtgrenze ist eine Ellipse, deren Ebene durch den Mittelpunkt des Rotationsellipsoids geht und dabei zur Richtung der Lichtstrahlen konjugiert ist. Der Schatten auf Π_1 oder Π_2 kann natürlich nur elliptisch sein. Wenn auf Π_2 ein Teil des Schattens fällt, so ist er perspektivisch affin zu dem hinter der Projektionsachse liegenden Teil des Schattens in Π_1 und ebenso perspektivisch affin zur Lichtgrenze. Er wird am besten dadurch konstruiert, daß man die Aufrißschatten für die Scheitel A, B, C, D der Lichtgrenze sucht; $A^s B^s$ und $C^s D^s$ sind konjugierte Durchmesser der Schattenellipse in Π_2.

§ 5. Einige Sätze über die beiden Rotationshyperboloide. Wenn eine Hyperbel um eine ihrer Hauptachsen rotiert, entsteht ein Rotationshyperboloid, ein einteiliges oder zweiteiliges. Die Asymptoten der Hyperbel erzeugen bei der Rotation den Asymptotenkegel der Fläche. Das einteilige Rotationshyperboloid ist an jeder Stelle sattelförmig, hyperbolisch gekrümmt, das zweiteilige hat elliptische Krümmung. Das einteilige Rotationshyperboloid enthält zwei Scharen von unendlich vielen Geraden, die zur Rotationsachse windschief sind. Die Geraden sind so angeordnet, daß es zu jeder Geraden g des Asymptotenkegels zwei parallele Geraden in der Fläche gibt. Diese gehen durch die Endpunkte eines Durchmessers d des engsten Kreises, des Kehlkreises, und zwar steht d auf g senkrecht und die Ebene von d und g ist die Tangentialebene des Kegels für die Berührungsgerade g.

Man betrachtet jetzt eines der beiden Rotationshyperboloide und seinen Asymptotenkegel, weiter eine allgemeine schneidende Ebene E und eine zu E parallele Ebene H, welche durch den Flächenmittelpunkt geht. H kann nun mit dem Kegel nur den Mittelpunkt gemein haben oder kann ihn längs einer Geraden berühren oder ihn in zwei gekreuzten Geraden schneiden. Im ersten Falle schneidet E das Hyperboloid und den Kegel elliptisch, im zweiten Fall parabolisch und im dritten Fall hyperbolisch. Die elliptische Schnittkurve mit dem Hyperboloid ist beim einteiligen Hyperboloid stets reell und nicht punktförmig, beim zweiteiligen Hyperboloid kann sie reell und endlich, oder punktförmig oder eine imaginäre Ellipse sein (punktförmig, falls E Berührungsebene ist). Tritt eine Ellipse als Schnitt von E mit dem Hyperboloid auf, so ist sie konzentrisch und ähnlich mit der auf dem Kegel entstehenden Ellipse, die Hauptachsen beider Kurven fallen auf dieselben Geraden. Schneidet E die beiden Flächen hyperbolisch, dann hat man stets reelle Schnittkurven, die beiden Hyperbeln haben gemeinsamen Mittelpunkt, die Hauptachsen fallen auf dieselben zwei Geraden und die Asymptoten sind gemeinsam. Damit sind aber die Hyperbeln noch nicht ähnlich, denn die beiden Paare von Scheiteln müssen nicht auf derselben unter den zwei rechtwinkligen

Symmetrieachsen liegen. Die gemeinsamen Asymptoten der beiden von E aus dem Hyperboloid und aus dem Kegel ausgeschnittenen Hyperbeln sind parallel zu den zwei Geraden, in welchen die oben eingeführte Parallelebene H den Asymptotenkegel durchschneidet. — Daß eine Ebene ein geradliniges Hyperboloid auch in einer zerfallenden Hyperbel, in einem Geradenkreuz schneiden kann, ist bekannt, die Ebene ist dann eine Tangentialebene.

Wenn die Ebene E zu einer Tangentialebene H des Kegels parallel ist, so wurde schon ausgesprochen, daß E das Rotationshyperboloid und seinen Asymptotenkegel parabolisch schneidet. Dabei treten zwei echte Parabeln auf, solange E von H verschieden ist. Beim Zusammenfallen von E und H aber arten beide Parabeln in Paare paralleler Geraden aus: H hat mit dem Kegel eine Doppelgerade gemein, und das ist die Berührungsgerade; mit dem Hyperboloid hat H ein Paar paralleler Geraden gemein, und zwar ein reelles Paar beim einteiligen, ein imaginäres beim zweiteiligen Hyperboloid. Im Falle des einteiligen Hyperboloids und seines Asymptotenkegels wird man bei weiterer Überlegung gerade auf den Satz geführt, welcher am Ende des ersten Absatzes dieses Paragraphen steht. Doch gehört das nicht in die darstellende Geometrie.

Die besprochenen Sätze haben meist nichts damit zu tun, daß die Flächen Rotationsflächen sind. Aber bei Rotationsflächen treten sehr einfache Verhältnisse auf bezüglich der Hauptachsen der Schnittkurven. Eine Ebene Σ, welche durch die Rotationsachse und senkrecht zu E geht, ist wieder eine Symmetrieebene und ihre Schnittlinie mit E ist eine Symmetrieachse für die Schnittkurven von E mit der Fläche und mit ihrem Asymptotenkegel.

§ 6. Konstruktion des ebenen Schnittes oder der Lichtgrenze und des Schattens für ein senkrecht stehendes Rotationshyperboloid. Im vorigen Paragraphen ist die Grundlage gegeben für die Lösung von Aufgaben, über das einteilige und zweiteilige Rotationshyperboloid, welche den in §§ 2, 4 behandelten Aufgaben entsprechen. Wenn ein elliptischer Schnitt auftritt, sucht man zuerst die auf Σ liegenden Scheitel, daraus den Mittelpunkt M. Dann betrachtet man den Parallelkreis der Fläche, dessen Ebene durch M geht, und man sucht auf ihm die beiden anderen Scheitel. — Beim hyperbolischen Schnitt sind zwei Fälle zu unterscheiden. Die Scheitel der Hyperbel können auf der Schnittlinie von E und Σ oder auf der dazu senkrechten anderen Symmetrieachse der Kurve liegen. Im ersten Fall findet man die Scheitel unmittelbar, daraus folgt der Mittelpunkt, und weiter bestimmt man die Asymptoten, wozu oben alles Nötige gesagt ist. Im zweiten Fall kann man die Hyperbelscheitel erst finden, wenn man den Mittelpunkt schon hat. Dieser Mittelpunkt ist identisch mit dem Mittelpunkt der Hyperbel, in welcher E den

Asymptotenkegel schneidet; bei dieser Hyperbel aber liegen die Scheitel auf Σ, sie sind leicht zu finden und sie geben den gesuchten Mittelpunkt. So braucht man zur Bestimmung dieses Punktes nicht zurückzugreifen auf die bekannten Sätze über den geometrischen Ort der Mittelpunkte paralleler ebener Schnitte einer Fläche zweiter Ordnung. — Im parabolischen Fall ist die Schnittlinie von E und Σ die Hauptachse der Parabel, auf ihr findet man den Scheitel. Außerdem braucht man nur noch die Endpunkte einer zur Hauptachse senkrechten Sehne der Parabel zu bestimmen, dann lassen sich die Projektionen der Parabel zeichnen vgl. den XII. Abschn. § 12.

Die verschiedenen Fälle der Lichtgrenze und des Schattens für Parallel- oder Zentralbeleuchtung bieten beim zweiteiligen und besonders beim einteiligen Rotationshyperboloid Interesse. Die Lichtgrenze für den Lichtpunkt L ist dasselbe wie der sichtbare Umriß für ein in L befindliches Auge. Je nach der Lage von L zur Fläche und dem Asymptotenkegel hat man verschiedene Fälle. Sind die Lichtstrahlen untereinander und zu Π_2 parallel, so geht die Ebene der Lichtgrenze durch den Mittelpunkt der Fläche und ist zu Π_2 senkrecht. Ihre Aufrißspur ist der konjugierte Durchmesser zum Aufriß der Lichtrichtung für die Hyperbel, welche den Umriß des Flächenaufrisses bildet. (Konjugierte Durchmesser einer Hyperbel sind harmonisch zu den Asymptoten, das benutzt man zur Konstruktion).

Im XIX. Abschnitt werden die geradlinigen Flächen zweiter Ordnung näher betrachtet (§§ 4—7), dort wird auch noch etwas näher auf das geradlinige Rotationshyperboloid eingegangen.

---

§ 7. **Der Kreisring.** Unter den Rotationsflächen soll noch der Kreisring ausführlich betrachtet werden. Er entsteht durch Rotation eines Kreises um eine in seiner Ebene liegende und ihn nicht schneidende Achse. Der Kreis habe den Radius r und sein Mittelpunkt stehe um R von der Rotationsachse ab. Die Achse wird in den nächsten Paragraphen vertikal angenommen. Dann beschreibt bei der Rotation jeder Punkt des erzeugenden Kreises eine Kreislinie in horizontaler Ebene. Die ganze Fläche wird von zwei Systemen von Kreisen bedeckt: von Meridiankreisen (das sind die sämtlichen Lagen des erzeugenden Kreises) und von horizontalen Parallelkreisen.[1]) Jede Ebene durch die Rotationsachse des Ringes ist eine Symmetrieebene. Außerdem gibt es noch eine zur Rotationsachse senkrechte Symmetrieebene der Fläche.

Eine Horizontalebene, welche den Ring schneidet, hat mit ihm zwei Kreise gemein. Alle diese schneidenden Horizontalebenen liegen zwischen

---

1) Zwei weitere Systeme von Kreisen, welche ganz in der Fläche liegen, treten in § 16 auf.

zwei berührenden Horizontalebenen; diese berühren die Fläche jede in einer ganzen Kurve, in einem Kreis, in der Bahn des höchsten oder tiefsten Punktes des rotierenden Kreises.

Bei jedem Meridiankreis kann man eine innere, der Rotationsachse zugekehrte Hälfte und eine äußere Hälfte unterscheiden. Der bei der Rotation von der inneren Hälfte erzeugte Teil der Ringfläche ist überall hyperbolisch (sattelförmig) gekrümmt. Der andere Flächenteil hat überall elliptische Krümmung. Beide Teile stoßen in den zwei Kreisen zusammen, welche den horizontalen Tangentialebenen der Fläche angehören. In den Punkten dieser Kreise ist die Ringfläche parabolisch gekrümmt.[1])

Die Ringfläche war durch Rotation eines Kreises erzeugt worden. Sie ist aber auch die Hüllfläche einer bewegten Kugel. Denn eine Kugel, welche einen Meridiankreis der Fläche als größten Kreis besitzt, liegt ganz im Innern der Fläche und berührt die Fläche längs des Meridiankreises. Läßt man die Kugel um die Achse der Ringfläche rotieren, dann tritt die Ringfläche als Hüllfläche auf. Der Kugelmittelpunkt beschreibt dabei eine kreisförmige Bahn vom Radius R.

§ 8. Die Projektionen des Kreisringes bei vertikaler Rotationsachse (Fig. 116 auf Tafel VIII). Der Kreisring liege auf Π_1, d. h. Π_1 sei die untere seiner beiden horizontalen Berührungsebenen. Man erhält die Projektionen der Bahn des Kreismittelpunktes M. Die einzelnen Lagen des rotierenden Kreises sind vertikal. Die Projektionen einer solchen Lage braucht man nicht zu zeichnen. Man sieht, daß der Grundriß des Ringes durch zwei konzentrische Kreise begrenzt ist, die die Radien $R + r$ und $R - r$ haben. Der Aufriß der Fläche liegt zwischen der Projektionsachse und der Aufrißspur der oberen horizontalen Berührungsebene. Außer durch Stücke dieser Geraden wird er durch die Aufrisse je einer Hälfte der beiden zu Π_2 parallelen Lagen des Erzeugungskreises begrenzt.

Die Umrisse der Projektionen im elementaren Sinn sind damit erhalten. In § 21 des VI. Abschnittes wurde der Begriff der Körperumrisse für die erste und zweite Projektionsrichtung eingeführt, in einer elementaren und einer allgemeineren Art. Im allgemeineren Sinn war der erste oder zweite Umriß am Körper definiert als die Gesamtheit der Flächenpunkte, deren Tangentialebenen zu Π_1 oder zu Π_2 senkrecht sind. Der

1) Beiläufig sei erwähnt, daß bei der Ringfläche die eine Hauptkrümmung in einem parabolischen Punkt Null ist. Demnach hat auch jede Kurve der Fläche, welche durch einen parabolischen Punkt geht und dort die parabolische Kurve berührt, die Krümmung Null, solange die Schmiegungsebene noch von der Tangentialebene verschieden ist. Im Grenzfalle, wo die Schmiegungsebene mit der Tangentialebene zusammenfällt, wird die Krümmung $1 : R$ wegen Osculation mit der parabolischen Kurve. Alles dies steht im Einklang mit dem Meusnierschen Satz.

erste Umriß des Ringes — im elementaren oder im höheren Sinne — besteht demnach aus den zwei in der horizontalen Symmetrieebene der Fläche gelegenen konzentrischen Kreisen. Der zweite Umriß, und zwar im höheren Sinn, besteht einmal aus den beiden Kreisen in der zu Π_2 parallelen Vertikalebene, dann aus dem höchsten und tiefsten Horizontalkreis der Fläche. Der zweite Umriß ist demnach eine aus vier Kreisen bestehende Kurve mit vier Knotenpunkten, was wesentlich von dem Umriß der bisher betrachteten Körper abweicht. Auch ist nur ein Teil dieser Umrißlinie die Sichtbarkeitsgrenze für die Ansicht senkrecht zu Π_2.

§ 9. Die Projektionen eines Punktes der Ringfläche. Ist von einem Punkt P der Ringfläche die eine Projektion, etwa der Grundriß, gegeben und die andere gesucht, so kennt man den Grundriß des durch P gehenden horizontalen Kreises und kann daraus seinen geradlinigen Aufriß finden, ganz wie bei der Kugel im VI. Abschn. § 20. Dieser Aufriß ist natürlich im allgemeinen zweideutig, auf ihm folgt P''. — Bei gegebenem P'' findet man zuerst die Aufrißspur der durch P gehenden Horizontalebene, und je nach der Lage des P'' zum Aufriß des vollständigen zweiten Umrisses sind hierdurch ein oder zwei horizontale Kreise bestimmt, auf denen P liegen kann. Die Durchmesser dieser Kreise sind aus dem Aufriß zu entnehmen, daraus folgen die Grundrisse und man findet (von Grenzfällen abgesehen) zwei oder vier Lagen für P'.

§ 10. Die Schnittkurve der Ringfläche mit einer Ebene. Übersicht. (Fig. 116 auf Taf. VIII). Die Stellung der Fläche wird wie bisher angenommen. Die Spuren der Schnittebene E sind in allgemeiner Lage gegeben. Die Bestimmung der Schnittkurve erfolgt in der Hauptsache mittels horizontaler Hilfsebenen. Diese haben mit der Ringfläche im allgemeinen je zwei Kreise gemein und schneiden die Ebene E in Spurparallelen erster Art. Das Nähere wird später besprochen, einige allgemeine Überlegungen sollen dem vorausgehen.

Die Vertikalebene Σ, welche durch die Rotationsachse der Fläche geht und dabei zur Grundrißspur e_1 der Schnittebene E senkrecht ist, ist eine Symmetrieebene für die Schnittkurve. Darum ist ihre Schnittlinie g mit E eine Symmetrieachse für die Schnittkurve, und ihre Grundrißspur s_1 ist eine Symmetrieachse für den Grundriß der Schnittkurve.

Der Durchschnitt von Σ mit der Ringfläche besteht aus zwei Kreisen. Er ist kongruent mit der Aufrißfigur der Ringfläche. Die Gerade g kann nun zwischen den zwei Kreisen verlaufen, ohne mit ihnen Punkte gemein zu haben, oder sie kann den einen Kreis oder beide treffen. Dabei kann es sich um Schnittpunkte oder Berührungspunkte handeln. So kommt man zu einer Reihe von Fällen, denen verschiedene Formen der Schnittkurve entsprechen. Diese Fälle werden erst in § 16 näher besprochen.

Sind nun die Projektionen der Ringfläche und die Spuren der Schnittebene E gegeben, so handelt es sich zunächst um die Feststellung, wie die Gerade g zum Durchschnitt von Σ und der Ringfläche liegt. Man kann einen Seitenriß der in Σ auftretenden Figur umgelegt zeichnen, wozu natürlich die Seitenrißebene zu Σ parallel sein, d. h. eine zu e_1 senkrechte Grundrißspur haben muß (siehe Fig. 116). Ein zweiter Weg besteht darin, daß man die in der Ebene Σ liegende Figur um die Rotationsachse der Fläche dreht, bis sie parallel zu Π_2 wird, und daß man den Aufriß für diese neue Stellung zeichnet. Dabei ist der Aufriß des gedrehten Schnittes von Σ mit der Ringfläche schon vorhanden, d. h. man hat nur die Schnittgerade von Σ und E um die Rotationsachse parallel zu Π_2 zu drehen, und dann ihren Aufriß zu zeichnen. Dieses Verfahren ist kürzer als die Verwendung eines Seitenrisses; auch ist ein Seitenriß zur weiteren Konstruktion nicht nötig. Dennoch ist in der Figur ein Seitenriß verwendet. Das erhöht die Übersicht und ist für die Aufrißfigur der Schnittlinie günstig, weil man Hilfskonstruktionen, die sonst im Aufriß Platz finden müßten, im Seitenriß zeichnen kann.

Im Falle der Figur erkennt man durch das eine oder andere Verfahren, daß die Schnittlinie g von Σ und E keine Punkte mit der Ringfläche gemein hat; sie liegt zwischen den beiden Kreisen, in denen Σ die Ringfläche schneidet. Damit ist die Lage von E gegen die Ringfläche festgestellt. Die Schnittkurve von E mit der Fläche besteht aus zwei getrennten geschlossenen Linien, welche zu beiden Seiten der Geraden g liegen und g zur Symmetrieachse haben.

§ 11. Fortsetzung. Die Grundzüge der Konstruktion. Einzelne Punkte der Schnittkurve erhält man, wie schon ausgesprochen wurde, mittels horizontaler Hilfsebenen. Eine solche schneidet die Fläche in zwei horizontalen Kreisen, von denen man die Aufrisse und daraus die Grundrisse sofort findet, und sie schneidet E in einer Spurparallelen erster Art. Dann folgen die Projektionen der Punkte, welche die Spurparallele mit beiden Kreisen gemein hat. So findet man durch verschiedene horizontale Ebenen Gruppen von je vier oder zwei Punkten der Schnittlinie von E mit der Fläche. (Im Falle der Figur sind es immer vier Punkte, die niemals paarweise zusammenfallen können, wenn nicht die Horizontalebene eine der äußersten Lagen hat. Bei anderen Lagen der Schnittebene kann es vorkommen, daß die Spurparallele nur den einen der beiden Kreise trifft.) Natürlich benutzt man die beiden horizontalen Berührungsebenen der Ringfläche und die mitten dazwischen liegende Horizontalebene. Außerdem nimmt man vorläufig nur eine geringe Zahl von Hilfsebenen, und zwar paarweise, gleichviel über und unter der mittleren Horizontalebene, weil dann für je zwei Ebenen im Grundriß dieselben Kreise auftreten. Nach Bedarf kann man später noch weitere Hilfsebenen einschalten.

Man weiß schon, daß die Schnittkurve aus zwei getrennten Teilen besteht, und daß ihr Grundriß symmetrisch ist zur Spur s_1 von Σ. Darum ist jetzt der Verlauf beider Projektionen der Kurve gut zu übersehen. Aber das genaue Zeichnen der Projektionen erfordert doch noch verschiedene Untersuchungen und Konstruktionen. Nämlich für die einzelnen Punkte der Kurve sind zum Teil wenigstens die Tangenten sehr wesentlich, weiter muß man für jede Kurvenprojektion ihre Berührungsstellen mit dem Umriß der betreffenden Projektion des Ringes feststellen. Beides wird in § 12 behandelt, dann bieten die folgenden Paragraphen noch Wichtiges über die Eigenschaften und die Form der Kurve.

§ 12. Die Tangenten der Schnittkurve und die Kreuzungen der Kurve mit den Umrißlinien. Einer der gefundenen Kurvenpunkte sei Q. Seine Tangente liegt in E und in der zum Punkt Q gehörigen Tangentialebene der Fläche. Die Grundrißspur dieser Tangentialebene wird gefunden, wie in § 1 dieses Abschnitts. Ihr Schnitt mit e_1 ist der Grundrißspurpunkt der gesuchten Kurventangente. Daraus folgen beide Projektionen der Tangente des Punktes Q. Die Konstruktion ist einfach genug, um sie für eine Reihe der früher bestimmten Kurvenpunkte durchzuführen. Überall, wo Zweifel über die Richtung der Kurvenprojektionen bestehen, muß man die Tangente konstruieren. Wenn der Grundrißspurpunkt der Tangente von Q zu nahe an Q liegt, so werden die Projektionen der Tangente ungenau. Dann muß man das Verfahren geeignet abändern, z. B. kann man leicht die obere horizontale Tangentialebene des Ringes betrachten, die in ihr liegende Spur der Tangentialebene von Q suchen und hierdurch den in ihr liegenden Spurpunkt der Kurventangente von Q bestimmen.

Damit die Kurventangente für einen Punkt horizontal ist, muß die Tangentialebene dieses Punktes entweder horizontal sein oder eine zu e_1 parallele Grundrißspur haben. Daraus findet man leicht die betreffenden Punkte. Weil im Fall der Figur kein Kurvenpunkt in der Ebene Σ liegt, so hat für keinen Punkt die Tangentialebene eine zu e_1 parallele Grundrißspur. Deshalb haben nur die Kurvenpunkte in den beiden horizontalen Tangentialebenen des Ringes horizontale Tangenten.

Wenn (wie hier in der Figur) E weder zu Π_1 noch zu Π_2 senkrecht ist, so ist keine einzige Tangente zu Π_1 oder zu Π_2 senkrecht, d. h. es tritt in keiner der Projektionen ein Rückkehrpunkt auf. (Hierzu sind §§ 24, 25 im XV. Abschnitt zu vergleichen.) Ebensowenig wie Spitzen kommen in den Kurvenprojektionen Ecken vor, was nicht näher begründet werden soll.

Der erste Umriß der Ringfläche besteht aus zwei konzentrischen Kreisen in der horizontalen Symmetrieebene der Fläche. Seine gemeinsamen Stellen mit der Schnittkurve sind schon bestimmt worden. Im Raum handelt es sich um Kreuzungspunkte, in der Grundrißfigur um

Berührungspunkte. Das letztere folgt aus Überlegungen, die schon mehrfach vorkamen (z. B. im XI. Abschn. § 2, XII. Abschn. § 10 und XIII. Abschn. §§ 1—3), freilich muß man dabei wissen, daß der Kurvengrundriß frei von Ecken und Spitzen ist. Eine andere Begründung erhält man durch Bestimmung der Kurventangenten in diesen ausgezeichneten Punkten, die Konstruktion ist besonders einfach, und ist auch wegen der Aufrißfigur erwünscht.

Der zweite Umriß der Ringfläche ist in § 8 betrachtet worden. Zu ihm gehören der oberste und der unterste Kreis der Fläche, die Punkte der Schnittkurven auf diesen zwei Kreisen sind bekannt. Es sind hier wieder Kreuzungsstellen, und weil in ihnen die Tangentialebenen horizontal sind, hat man horizontale Kurventangenten, die zugleich Spurparallelen erster Art von E sind. Daraus folgt der in der Figur gezeichnete Verlauf der Projektionen. Weiter gehören zum zweiten Umriß die beiden Kreise der Ringfläche, welche zu Π_2 parallel sind und deren Ebene die Achse des Ringes enthält. Diese Ebene schneidet E in einer Spurparallelen zweiter Art. Hieraus findet man leicht die gemeinsamen Punkte der Kurve mit dieser Vertikalebene, man braucht im wesentlichen ihre Aufrisse. In der Figur handelt es sich um zwei Punkte. Die Schnittkurve trifft nur den linken Kreis, sie kreuzt ihn an zwei Stellen U und V. Beiden Stellen entsprechen im Aufriß die Berührungspunkte. Außer durch Überlegung der Tangentenkonstruktion kann man das auf folgendem Weg einsehen. Der Kurvenaufriß hat keine Ecken oder Spitzen, er muß in U'' den Kreis von innen berühren, weil er nicht über die Umrißlinie nach außen treten kann. Ebenso muß er in V'' den Kreis von außen berühren, weil die Kurve selbst außerhalb des Zylinders bleibt, welcher den Kreis als Leitkurve hat und zu Π_2 senkrecht steht. — Außer U und V sind alle Punkte, in denen der Kurvenaufriß die beiden Kreise der Aufrißfigur trifft, gewöhnliche Schnittpunkte, keine Berührungspunkte. Diesen Stellen entsprechen im Raum nur scheinbare Kreuzungen der in E liegenden Kurve mit den beiden zu Π_2 parallelen Umrißkreisen des Ringes für die Sehrichtung senkrecht zu Π_2.

§ 13. Weitere ausgezeichnete Punkte und Tangenten der Kurve. Wenn die Schnittlinie von E und Σ dem Innenteil der Ringfläche ziemlich nahe kommt, so treten im Grundriß der Schnittkurve die beiden symmetrischen Hälften nahe an ihre Symmetrieachse s_1 heran. Dabei kann es vorkommen, daß man aus der früheren Bestimmung einzelner Kurvenpunkte durch wenige Hilfsebenen kein rechtes Urteil gewinnt, wie stark diese Annäherung ist. Auch die Tangentenkonstruktion in den einzelnen Punkten hilft nicht immer genügend, weil die Kurve nahe an s_1 starke Krümmungen aufweisen kann. Zur richtigen Herstellung des Grundrisses (und ebenso des Aufrisses) der Kurve reichen allerdings weitere horizontale Hilfsebenen aus. Besser ist jedoch ein anderes Verfahren, welches dazu führt, alle die Tangenten der in E liegenden Kurve zu bestimmen, welche durch den Schnittpunkt von E mit der Rotationsachse hindurchgehen.

Eine Hilfsebene H durch die Rotationsachse a der Fläche sei gegeben. Der Schnitt von H mit der Fläche besteht aus zwei Kreisen und ist zur Aufrißfigur oder Seitenrißfigur kongruent. Der Schnitt von H und E ist eine Gerade, von der man den Schnittpunkt mit a und den Grundrißspurpunkt (auf e_1) kennt. So läßt sich die wahre Gestalt der in H auftretenden Figur zeichnen, am einfachsten dadurch, daß man nur die Gerade in die Aufrißfigur oder die Seitenrißfigur einträgt, womit diese Figur natürlich aufhört, ein eigentlicher Aufriß oder Seitenriß zu sein. Andererseits kann man die Grundrißspur der Ebene H nicht beliebig geben, sondern aus der Forderung bestimmen, daß H eine Übergangslage sein soll zwischen den die Kurve schneidenden und den die Kurve nicht schneidenden Ebenen durch die Achse. In der wahren Gestalt der in H liegenden Figur muß dann eine Berührung zwischen der Geraden und dem einen Kreis eintreten. Hieraus kommt man zu den Grundrißspuren der ausgezeichneten Ebenen. Im Falle der Figur gibt es vier solche Ebenen. Sie schneiden E in Geraden, welche die in E liegende Kurve berühren und vom Schnittpunkt der Rotationsache mit E ausgehen.

§ 14. Einiges über die konkave und konvexe Seite der Schnittkurve und über die Wendepunkte. Die Ringfläche zerfällt durch ihren höchsten und tiefsten Horizontalkreis in einen äußeren und einen inneren Teil. Der äußere Teil ist elliptisch gekrümmt. Demnach ist die Schnittkurve, soweit sie dem äußeren Teil der Fläche angehört, unbedingt gegen den Innenraum der Fläche konkav. Dagegen kann der Teil der Schnittkurve, welcher dem inneren Teil der Fläche angehört, gegen den Innenraum der Fläche teils konkav, teils konvex sein. Ein Punkt auf diesem Kurvenstück heiße Q. Seine beiden Krümmungslinien sind ein Meridiankreis und ein Horizontalkreis der Fläche. Daraus ergeben sich die Hauptkrümmungsradien für Q, der eine, R_1, ist der Radius des Meridiankreises, der andere, R_2, ist die bis zur Rotationsachse genommene Länge l der von Q ausgehenden Flächennormale.[1]) Die Dupinsche Indikatrix des Punktes Q liegt in seiner Tangentialebene und ist hyperbolisch. Ihre Hauptachsen sind die Tangenten, welche in Q an die Krümmungslinien gelegt sind, sie selbst besteht aus zwei konjugierten Hyperbeln, deren Scheitel die Abstände $\sqrt{R_1}$ bzw. $\sqrt{R_2}$ vom Mittelpunkt Q haben. Man braucht aber nur die gemeinsamen Asymptoten des Paares konjugierter

1) Hier führt man am einfachsten die Krümmungsradien beide als positive Größen ein, im Gegensatz zur Eulerschen Formel auf S. 129.

Hyperbeln. Sie teilen die Tangentialebene in zwei Paare von Scheitelwinkeln. Liegt die Tangente des Punktes Q der gegebenen Schnittkurve in dem Paar von Scheitelwinkeln, welches die Meridiantangente enthält, dann ist die Kurve bei Q gegen den Innenraum der Fläche konkav. Liegt sie im anderen Paar, dann ist die Kurve gegen den Innenraum konvex. Fällt die Kurventangente mit einer Asymptote der Indikatrix zusammen, dann hat die Kurve für die Stelle Q unendlich großen Krümmungsradius, d. h. im allgemeinen liegt ein Wendepunkt vor. Die Entscheidung zwischen diesen Fällen ist konstruktiv leicht durchzuführen, indem man die in der Tangentialebene von Q auftretende Figur in wahrer Gestalt zeichnet, etwa durch Umlegung um die Grundrißspur. Anwenden wird man dieses Verfahren allerdings nur dann, wenn sonst Zweifel über die Form der Kurve bestehen bleiben. Leider läßt sich das Verfahren nicht so umgestalten, daß es zur Auffindung der Wendepunkte führt.

§ 15. Folgerungen aus der algebraischen Natur der Schnittkurve. Die Ringfläche ist eine Fläche vierter Ordnung. Ihre Schnittlinie mit der Ebene E ist deshalb eine Kurve vierter Ordnung. Sie selbst und jede ihrer Projektionen kann mit einer Geraden nicht mehr als vier einfache Punkte gemein haben; ein Berührungspunkt zählt als zwei einfache Punkte, ein Wendepunkt, in welchem die Kurve von der Geraden berührt wird, zählt als drei einfache Punkte. Die Beachtung dieser Beziehung ist für das richtige Zeichnen der Kurven wesentlich. Manches nähere darüber ist schon im XV. Abschnitt ausgesprochen worden (§ 13). Aus dem vorigen Paragraphen ist bekannt, daß Wendepunkte der Kurve nur möglich sind auf den Kurvenstücken, welche den inneren, hyperbolisch gekrümmten Flächenteil angehören. An den Endpunkten dieser Kurvenstücke besteht Konkavität gegen den Innenraum der Fläche, wie man leicht sieht. So können auf einem solchen Kurvenstücke entweder keine Wendepunkte oder eine gerade Zahl von Wendepunkten auftreten, d. h. 0 oder 2 Wendepunkte. Denn bei einer größeren geraden Anzahl entstände ein Widerspruch gegen den Satz, daß die Maximalzahl der Schnittpunkte mit einer Geraden vier beträgt. In der Fig. 116 hat man zwei Wendepunkte auf jedem Kurvenstück. Bei wesentlich steilerer Ebene E — vorausgesetzt, daß der Schnitt g von E und Σ noch zwischen den zwei Kreisen verläuft — hätte man gar keine Wendepunkte. Danach richtet sich auch die Zahl der Doppeltangenten. — Eine Wendetangente der einen Kurvenhälfte geht unbedingt neben der anderen Kurvenhälfte vorbei.

Weil die Fläche Hüllfläche einer bewegten Kugel ist (vgl. § 7), und weil alle Kugeln den imaginären unendlich fernen Kugelkreis enthalten, so gehört dieser imaginäre Kugelkreis der Fläche selbst als Doppelkurve an. Der Schnitt der Fläche mit einer Ebene E hat deshalb die beiden imaginären unendlich fernen Punkte zu Doppelpunkten, in welchen die Ebene den imaginären Kugelkreis schneidet. Diese Punkte sind die imaginären unendlich fernen Kreispunkte von E. Demnach hat jede ebene Schnittkurve der Ringfläche ein Paar imaginärer Doppelpunkte, sie kann daneben nur noch einen reellen Doppelpunkt haben, solange sie nicht zerfällt. Natürlich gehört dieser Doppelpunkt der Symmetrieachse, der Schnittlinie von Σ und E an.

§ 16. Über die verschiedenen Fälle, welche beim ebenen Schnitt der Ringfläche auftreten können. In §§ 10—15 wurde ausführlich der Fall behandelt, wo der Schnitt der Ringfläche mit der Ebene E in zwei getrennte Hälften zerfällt, welche zu beiden Seiten der Symmetrieachse liegen. Dieser Fall tritt ein, wenn die Schnittlinie g von Σ und E zwischen den beiden Kreisen verläuft, in welchen Σ die Ringfläche schneidet.

Wenn g den einen Kreis schneidet und den anderen nicht schneidet, so entsteht eine einteilige Schnittkurve, welche ihre Symmetrieachse g an zwei Stellen rechtwinklig durchkreuzt. Schneidet g die beiden Kreise, dann besteht die Kurve aus zwei geschlossenen Teilen, deren einer den anderen umschließt; jeder Teil kreuzt die Symmetrieachse zweimal rechtwinklig.

Es bleiben noch die Fälle, wo g den einen oder beide Kreise berührt. Wenn g den einen der Kreise berührt, berührt die Ebene E die Ringfläche in diesem Punkt. Nach einem bekannten Satz aus der Flächentheorie ist die Berührungsstelle ein Doppelpunkt für die Schnittkurve, und zwar ein Doppelpunkt mit reellen Tangenten, sobald die Berührungsstelle dem hyperbolisch gekrümmten Flächenteil angehört, was hier sicher eintritt. Auch die Doppelpunktstangenten sind hier sofort bekannt, es sind die Asymptoten der Dupinschen Indikatrix der Berührungsstelle. Nach dem früher Besprochenen ist demnach die Konstruktion der Doppelpunktstangenten recht einfach. Wird nur der eine Kreis von g berührt (auf der dem anderen Kreis zugekehrten Innenseite) und geht g an andern Kreis vorbei, dann hat man eine einteilige Kurve mit einem auf der Symmetrieachse liegenden Doppelpunkt. Wird der eine Kreis berührt und schneidet g den anderen Kreis, dann hat man ebenfalls eine einteilige Kurve mit einem Doppelpunkt und außerdem noch mit zwei rechtwinkligen Durchkreuzungen der Symmetrieachse.

Der letzte Fall ist der, wo g eine innere gemeinsame Tangente beider Kreise ist. Hier hat man zwei Doppelpunkte, beide liegen auf der Symmetrieachse. Nach § 15 kann jedoch außer den beiden imaginären unendlich fernen Kreispunkten der Ebene E nur ein Doppelpunkt vorkommen, solange die Kurve nicht zerfällt. Demnach zerfällt die Schnittkurve. Gerade Linien können bei diesem Zerfallen nicht auftreten, deshalb findet ein Zerfallen in zwei Kurven zweiter Ordnung statt. Diese haben zusammengenommen die imaginären Kreispunkte ihrer Ebene E zu Doppelpunkten und sind darum selbst Kreise. Damit ist bewiesen, daß eine zweimal berührende Tangentialebene mit der Fläche zwei Kreise gemein hat. Die beiden Kreise gehen durch die beiden Berührungspunkte hindurch und sind kongruent, weil die aus ihnen gebildete Kurve eine Symmetrieachse hat. Ihre Konstruktion ist ganz einfach; die Punkte, in denen die Ebene E den ersten Umriß der Fläche durchkreuzt, werden dabei verwendet.

Man kann den Satz übrigens weit elementarer beweisen, vgl. Wiener II, S. 165, 166 oder Rohn-Papperitz II, S. 13—15 (1. Aufl.), I, S. 318 320 (3. Aufl.).

Läßt man die beiden Kreise in starrer Verbindung mit der Rotationsachse um diese rotieren, so erkennt man, daß die Ringfläche außer den beiden in § 7 betrachteten Kreisscharen noch zwei weitere Kreisscharen besitzt.

---

§ 17. Die Projektionen der Ringfläche für allgemeinere Stellung. Die zur Rotationsachse senkrechte Symmetrieebene des Ringes wird senkrecht zu einer Projektionsebene, zu Π_2, genommen.[1]) Der Aufriß der Ringfläche ist dann kongruent zu dem Aufriß für die früher betrachtete Lage, nur gedreht gegen die frühere Stellung. Der Grundriß ist durch folgende Überlegung leicht zu erhalten. (Fig. 117 auf Taf. VIII.)

Man geht von der Erzeugung der Ringfläche als Hüllfläche einer bewegten Kugel vom Radius r aus (§ 7). Der Grundriß des vom Kugelmittelpunkt M beschriebenen Kreises ist eine Ellipse, und wenn man auf ihr eine bestimmte Lage von M' wählt, so ist ein um diesen Punkt beschriebener Kreis vom Radius r der Umriß für die Projektion der zugehörigen Lage der Kugel. Nimmt man die Hüllkurve für die Gesamtheit derartiger Kreise, so hat man die Umrißlinie für die Grundrißprojektion des Ringes. Dadurch ist dieser Umriß eine äquidistante Kurve der elliptischen Kreisprojektion. Zu ihrer Konstruktion gelangt man am besten, indem man um zahlreiche Punkte der genau gezeichneten Ellipse Kreise vom Radius r zieht. Auch wenn die Kreislinien wegen des harten Bleieinsatzes des Zirkels wenig hervortreten, so wird die Hüllkurve von selbst ganz deutlich. Natürlich braucht man nicht die ganzen Kreise, sondern nur die Stücke, welche nahe an die Hüllkurve kommen. Die Hüllkurve besteht aus einem die Ellipse umschließenden ovalen Teil und aus einem innerhalb der Ellipse verlaufenden Teil. Dieser kann oval sein oder vier Spitzen haben. Näheres, auch über die Grenzfälle, in § 18. Die Spitzen und die Krümmungsmittelpunkte der Hüllkurve fallen auf die Evolute der Ellipse.

---

1) Über allgemeine Stellung des Ringes siehe den Schluß von § 18.

Wenn der innere Teil der Umrißlinie in der Projektion Spitzen hat, so hat die zugehörige Umrißlinie auf dem Ring selbst keineswegs Spitzen. Diese Umrißlinie ist der Ort aller Punkte, deren Tangentialebenen zu Π_1 senkrecht stehen. Sie ist eine in jedem Punkt reguläre Raumkurve. Die Spitzen in der Projektion treten dadurch auf, daß in den entsprechenden Punkten der Raumkurve die Tangenten senkrecht zu Π_1 stehen. Darüber ist der Abschnitt über Durchdringung krummer Flächen zu vergleichen, XV. Abschn. § 25. Die eben definierte innere Umrißlinie der Fläche für die erste Projektionsrichtung ist, sobald sie ihr Grundriß Spitzen hat, nur zum Teil die Grenzlinie zwischen dem senkrecht von oben sichtbaren und dem unsichtbaren Teil der Fläche. Näheres darüber ist in der Figur enthalten, doch wird man zum vollen Verständnis dieser Verhältnisse eher durch die Anschauung eines Modelles kommen als durch lange Beschreibung. Wenn kein Modell eines Rotationsringes vorhanden ist, so tut das Modell einer allgemeineren ringförmigen Zykloide denselben Dienst, und das findet sich wohl in jedem mathematischen Seminar. — Die später zu betrachtende Lichtgrenze der liegenden Ringfläche bei schiefer Beleuchtung hat enge Beziehungen zur eben besprochenen Umrißlinie (S. 230 oben).

§ 18. **Fortsetzung.** Über die verschiedenen Formen der Grundrißprojektion der Ringfläche ist noch einiges zu sagen. Wenn die Ebene, in welcher die Kugelmittelpunkte liegen, wenig geneigt ist, so kann man senkrecht von oben durch die Ringfläche durchsehen, bei starker Neigung ist dies nicht mehr möglich und dazwischen gibt es einen Übergangsfall, wo ein einziger vertikaler Sehstrahl innen durch den Ring durchdringt, indem er ihn an zwei Stellen berührt. In diesem Übergangsfall hat der innere Teil der Umrißlinie im Grundriß schon vier Spitzen und zwei von seinen vier Bogenstücken berühren einander in der Mitte. (Skizze in Fig. 117a auf Taf. VIII.) Bei stärkerer Neigung der Mittelebene des Ringes hat man den Fall der Skizze Fig. 117b, bei geringerer entweder den Fall der Fig. 117 oder den Fall einer ovalen Innenkurve. Das erste Oval tritt ein, wenn die Innenkurve durch die Krümmungsmittelpunkte der Scheitel der großen Ellipsenachse hindurchgeht. Dann ist der Krümmungsradius für einen Scheitel der großen Ellipsenachse gleich dem Radius r der bewegten Kugel. Hieraus läßt sich die zugehörige Neigung der Mittelebene des Ringes finden.

Der Umriß der Grundrißprojektion des Ringes wurde hier als äquidistante Kurve einer Ellipse erhalten. Doch gelangt man auch auf andere Art zu dem Umriß, durch einfache Betrachtungen, welche die Verwendung der Ellipse ganz vermeiden, elementarer sind und in gleicher Weise beim Umriß der Grundrißprojektion einer beliebigen Rotationsfläche anwendbar sind. Hierüber soll nur auf die Literatur verwiesen werden, z. B. auf Rohn-Papperitz, Bd. II (1. Aufl.) S. 15, 16, Bd. I (3. Aufl.) S. 320, 321, oder auf das schon auf S. 132 angeführte kleine und sehr reichhaltige Buch von Reinhold Müller.

Die allgemeine Lage der Ringfläche zu den beiden Projektionsebenen bietet nichts wesentlich Neues. Die beiden Projektionen haben die Beschaffenheit, welche bisher im Grundriß auftrat.

---

§ 19. Die Lichtgrenze und der Schatten für die auf der Grundrißebene liegende Ringfläche bei Parallelbeleuchtung. (Fig. 118 auf Taf. VIII.) Die Lichtrichtung soll parallel zu Π_2 angenommen werden, der allgemeine Fall wäre schließlich leicht zu erledigen. Die Lichtgrenze umfaßt alle Flächenpunkte, in denen die Fläche von Lichtstrahlen gestreift, berührt wird. Das sind alle die Flächenpunkte, welche zur Lichtrichtung parallele Tangentialebenen haben und welche nicht im Schatten eines Teiles der Ringfläche liegen. Man kann deshalb zuerst die Kurve aller Punkte suchen, deren Tangentialebenen zur Lichtrichtung parallel sind, und dann feststellen, welche Teile von ihr die Lichtgrenze bilden. Daß in der Figur ein Fall vorliegt, wo nicht die ganze Kurve die Lichtgrenze ist, tritt unmittelbar hervor. Die Ebene Σ, welche durch die Achse der Ringfläche parallel zu Π_2 geht, ist die Symmetrieebene für die Lichtgrenze. Sie schneidet die Ringfläche in zwei Kreisen, deren Aufrisse gezeichnet vorliegen. An diese Kreise legt man Tangenten in der Lichtrichtung, dann hat man vier Punkte A, B, C, D auf den Kreisen in Σ, welche von Geraden der Lichtrichtung berührt werden. Doch liegt der untere Punkt auf dem rechten Kreis, D, offenbar im Schatten des linken oberen Teiles der Ringfläche, womit die Behauptung begründet ist.

Ein Parallelkreis k der Ringfläche begrenzt mit einem unendlich benachbarten Parallelkreis eine Elementarzone der Fläche. Diese Zone gehört zugleich der Kegelfläche an, welche die Ringfläche längs k berührt. Beide Projektionen der Kegelspitze S findet man sofort. Durch S legt man eine Gerade in der Lichtrichtung, sie schneide die horizontale Ebene des Kreises k in R. (Siehe die Figur.)

Liegt R außerhalb des Kreises k, so gibt es von R aus zwei Tangenten an k. Jede dieser Tangenten bildet mit SR eine zur Lichtrichtung parallele Tangentialebene des Kegels und damit auch der Ringfläche. Die Stellen, wo k von den beiden Tangenten berührt wird, sind die einzigen gemeinsamen Punkte von k und der früher eingeführten Kurve, welche die Lichtgrenze ist oder enthält.

Liegt R innerhalb k, dann hat kein Punkt von k eine zur Lichtrichtung parallele Tangentialebene. Liegt R auf k, dann ist dies der einzige Punkt von k, dessen Tangentialebene (für den Kegel oder für die Ringfläche) zur Lichtrichtung parallel ist.

Dieser dritte Fall für die Lage des R liefert genau die früher schon auf andere Art erhaltenen Punkte A, B, C, D in der Symmetrieebene Σ.

Die zugehörigen Lagen des Parallelkreises k teilen die ganze Oberfläche des Ringes in vier Zonen. Die beiden Kreise, welche durch B und C gehen, begrenzen eine Zone, für deren sämtliche Parallelkreise die zugeordneten Punkte R ins Innere fallen, wie man leicht sieht. Gleiches gilt für die Zone zwischen den Parallelkreisen der Punkte A und D. Für jeden Parallelkreis einer der beiden anderen Zonen liegt das zugehörige R außerhalb; der Parallelkreis hat demnach zwei Punkte mit der gesuchten Kurve gemein. Die Kurve zerfällt in einen äußeren Teil, der in der Zone zwischen den Parallelkreisen von A und B verläuft, und in einen inneren Teil, der zwischen den Parallelkreisen von C und D liegt. Die ganze äußere Kurve gehört im eigentlichen Sinne zur Lichtgrenze. Denn die Tangentialebene an einem Punkt dieser Kurve ist zur Lichtrichtung parallel und bleibt ganz außerhalb des Ringes, also ist eine durch diesen Punkt gehende Gerade der Lichtrichtung wirklich ein die Fläche dort berührender Lichtstrahl (der Strahl wird nicht vorher aufgefangen). Die innere Kurve dagegen gehört nur zum Teil zur Lichtgrenze, ihr Punkt D und mindestens seine nächste Nachbarschaft liegen sicher im Schatten des linken oberen Teils der Ringfläche, wie schon ausgesprochen wurde. Welches Stück der inneren Kurve tatsächlich Lichtgrenze ist, wird später bestimmt. Im Anschluß an den höheren Begriff des Umrisses in § 21 des VI. Abschnittes könnte man die innere Kurve als den vollständigen inneren Umriß für die Lichtrichtung bezeichnen.

§ 20. **Weitere Angaben zur Konstruktion.** Über die Bestimmung einzelner Punkte der äußeren oder der inneren Kurve ist noch einiges zu sagen. Die Punkte B und C geben eine Horizontalebene, ebenso die Punkte A und D. Jede zwischen diesen liegende Horizontalebene schneidet aus dem elliptisch gekrümmten äußeren und aus dem hyperbolisch gekrümmten inneren Teil der Ringfläche je einen Kreis k aus, auf dem man zwei Kurvenpunkte zu suchen hat. Aus k'' folgt S'', daraus R'' und R'; die Tangenten von R' an k' geben die Grundrisse der beiden Punkte von k. Benutzen wird man vorläufig nur wenige Horizontalebenen und zwar die wagrechte Symmetrieebene des Ringes und daneben Paare von Ebenen, die von dieser Symmetrieebene nach oben und unten gleich weit abstehen. Dadurch erspart man Kreise in der Grundrißfigur, und man braucht immer nur für einen von zwei kongruenten Kreisen k das R' selbständig zu konstruieren. Ferner wird man die horizontalen Hilfsebenen nahe der wagrechten Symmetrieebene weniger dicht anordnen als oben und unten; das zeigt sich als vorteilhaft. — Liegt die Ebene von k nahe der horizontalen Symmetrieebene, dann fällt S weit fort und die graphische Bestimmung von S'' wird unsicher. Die Unsicherheit überträgt sich auf R'' und R'. Dennoch versagt das Verfahren hierdurch nicht. Denn wenn R' von k'

weit entfernt liegt, macht ein Fehler des R' nur sehr wenig aus für die Lage der Berührungsstellen der Tangenten.

Übrigens ist man nicht auf die bisher benutzten Hilfskegel angewiesen. Ein Kegel, welcher die Ringfläche längs des Parallelkreises k berührt, bot allerdings ein einfaches Mittel zur Konstruktion der Punkte von k, deren Tangentialebenen zur Lichtrichtung parallel sind. Dasselbe erreicht man aber mittels einer Kugel, welche die Ringfläche längs k berührt. Den Aufriß ihres Mittelpunktes findet man leicht; durch ihn geht der geradlinige Aufriß der zur Kugel gehörigen Lichtgrenze. Wo diese begrenzte, zu l'' senkrechte Strecke die Strecke k'' kreuzt, liegt der gemeinsame Aufriß der beiden auf k gesuchten Punkte, was nicht näher ausgeführt werden soll. Man kommt auch so ziemlich einfach zur Entscheidung, welches Höheninterval überhaupt für die Horizontalebenen von k in Frage kommt.

§ 21. Über den Verlauf von Lichtgrenze und Schatten auf dem inneren Teil der Ringfläche. Konstruiert ist die ganze innere Kurve, für welche die Tangentialebenen des Ringes zur Lichtrichtung parallel sind. Für den Fall der Figur ergab sich, daß nur ein Teil dieser Kurve der Lichtgrenze angehört. Das ist natürlich ein zu Σ symmetrischer Bogen mit dem Scheitel C. An die Endpunkte dieses Bogens muß sich ein weiterer solcher Bogen anschließen, der ebenfalls dem Innenteil der Ringfläche angehört und die Schattenlinie des ersten Bogens ist. Beide Bogen zusammen sind eine geschlossene Linie, welche beleuchtete und nicht beleuchtete Flächenteile trennt. (Dabei zerfallen die dunklen Flächenteile noch in zwei Arten, wie später besprochen wird).

Die innere Kurve, deren Projektionen gezeichnet vorliegen, hat an vier Stellen Tangenten, welche in die Lichtrichtung fallen. Die Grundrisse dieser Punkte sind die Berührungsstellen des Kurvengrundrisses mit den zur Projektionsachse parallelen Doppeltangenten. Die Aufrisse sind Berührungsstellen des Kurvenaufrisses mit Tangenten der Richtung von l'', sie fallen zu je zweien zusammen. Außerdem liegen die beiden Projektionen jedes der vier betrachteten Punkte auf einer Vertikalen. So kommt man zu ausreichend genauer Bestimmung der Punkte. Die beiden höchsten von ihnen, E und F begrenzen den am weitesten links liegenden Bogen der Kurve, welcher Σ in C durchkreuzt und C zur Mitte hat.

Dieser Bogen allein ist das gesuchte innere Stück der Lichtgrenze. Zum Beweis legt man (wie nachher genauer besprochen wird) durch einen Punkt P des Bogens ECF eine Vertikalebene E parallel zu Π_2 und bestimmt wenigstens teilweise die Schnittkurve von E mit dem Ring. Je nach der Lage von E ist sie zweiteilig oder einteilig. Weiter zieht man in E durch P eine Gerade g der Lichtrichtung. Dann findet man, daß g einen Lichtstrahl darstellt, welcher die Ringfläche bei P streift und dann weiter rechts auf die Innenseite der Ringfläche auftrifft. Dabei liegt dieser Treffpunkt höher als der in E liegende Punkt des Bogens $FHDGE$ der inneren Kurve. So liegt der Bogen $FHDGE$ im Schatten des linken Teiles der Ringfläche. (Wollte man durch irgend einen Punkt Q dieses Bogens eine Gerade der Lichtrichtung legen, so fände man, daß ein auf diese Gerade fallender Lichtstrahl schon von der Fläche abgefangen wird, ehe er den Punkt Q erreicht.)

Über die Konstruktion zum eben Besprochenen ist wenig zuzufügen. Die Grundrißspur von E wird gewählt, sie ist zur Projektionsachse parallel. Im Grundriß sind die Projektionen von Parallelkreisen des Innenteiles der Ringfläche vorhanden, ebenso hat man die geradlinigen Aufrisse dieser Kreise. Dadurch erhält man einzelne Punkte der Schnittkurve von E mit der Ringfläche und damit Teilstücke des Aufrisses dieser Schnittkurve; welche Teilstücke man nötig hat, erkennt man leicht.

Damit lassen sich die ausgesprochenen Behauptungen bestätigen, und man findet die Schattenkurve des Bogens ECF auf der Innenfläche des Ringes. Sie bildet mit ECF zusammmen eine geschlossene Kurve ohne Ecken, was hier nicht bewiesen wird.

Alles, was vom Innenteil des Ringes unterhalb dieser geschlossenen Kurve bleibt, liegt im Schatten und zerfällt durch den Kurvenbogen $FHDGE$ in zwei verschiedenartige Teile. Der eine Teil, welcher zwischen der Schattenkurve von ECF und dem Bogen $FHDGE$ liegt, enthält lauter Flächenelemente, deren Außenseiten der Lichtrichtung zugekehrt sind. Diese Flächenelemente empfangen kein Licht, weil sie im Schatten von weiter links befindlichen Teilen des Ringes liegen. Jedes Flächenelement des noch übrigen dunklen Teiles des hyperbolisch gekrümmten Stückes der Ringfläche erhält kein Licht, weil ein Lichtstrahl, der bis zu ihm dränge, gar nicht die Außenseite (die Ringoberfläche), sondern die Innenseite treffen würde. Dasselbe gilt für die dunklen elliptisch gekrümmten Teile der Ringfläche. Man bezeichnet häufig das Flächenstück zwischen der Schattenlinie von ECF und der Kurve $FHDGE$ als Schlagschatten, alle übrigen dunklen Teile der Oberfläche des Ringes als Selbstschatten oder Eigenschatten.

§ 22. Der Schatten, welchen die Ringfläche auf Π_1 wirft. Alle Lichtstrahlen, welche den Ring an seinem elliptisch gekrümmten Flächenteil streifen, gehen durch die Punkte der äußeren geschlossenen Lichtgrenze und treffen Π_1. Diese äußere Lichtgrenze besteht aus vier kongruenten Stücken, sie hat vier Scheitel. Zwei von ihnen sind die Punkte A und B, die andern zwei liegen in der horizontalen Symmetrieebene der Fläche. Dieser äußeren Lichtgrenze entspricht in Π_1 eine Schattenkurve mit vier kongruenten Bogen und zwei aufeinander rechtwinkligen

Symmetrieachsen. Die punktweise Konstruktion dieser Kurve erfordert keine Besprechung mehr.

Im Falle der Fig. 118 dringt durch die Öffnung des Ringes kein Licht bis zur Ebene Π_1. Der auf Π_1 fallende Schatten ist ein einfach zusammenhängendes Flächenstück, er hat nur eine äußere Umgrenzung.

§ 23. Der Einfluß veränderter Lichtrichtung auf die Lichtgrenze und die Schattenränder. Wird das zu Π_2 parallele Licht steiler, so ist zunächst der Übergangsfall zu nennen, wo ein Lichtstrahl die beiden Kreise berührt, in denen die Ringfläche von der Ebene Σ (s. § 19) geschnitten wird. Der Aufriß des Lichtstrahles ergibt sich ohne weiteres. Die Konstruktion der äußeren Lichtgrenze auf der Ringfläche und der inneren, vielleicht nur zum Teil zur Lichtgrenze gehörenden Kurve, erfolgt wie bisher. Diese innere Kurve (bei welcher die Tangentialebenen der Fläche zur Lichtrichtung parallel sind) hat den gleichen Charakter wie im früheren Fall. Ihr Grundriß und ihr Aufriß haben ungefähr dieselbe Form wie dort. Es gibt immer noch Doppeltangenten der Grundrißkurve. Auf der räumlichen Kurve gibt es vier Punkte E, F, G, H, deren Tangenten in die Lichtrichtung fallen, wie in § 21. Genau wie dort ist wieder nur der Bogen ECF ein Stück der Lichtgrenze, und der Bogen $FHDGE$ liegt im Schatten. Die Schattenkurve von ECF, welche auf der Ringfläche entsteht, schließt sich in E und F ohne Ecken an den Bogen ECF und verläuft oberhalb des Kurvenstückes $FHDGE$. Der einzige wesentliche Unterschied gegen früher ist nur, daß diese Schattenkurve jetzt auch durch D hindurchgeht, indem sie dort das Kurvenstück $FHDGE$ berührt.

Wird das Licht noch etwas steiler genommen, so dringt ein dünnes Lichtbündel durch die Ringöffnung bis zu Π_1. Auch jetzt hat die innere Kurve auf der Ringfläche noch die meisten früheren Eigenschaften, sie behält noch vier Punkte E, F, G, H mit Tangenten von der Lichtrichtung. Der Bogen ECF gehört zur Lichtgrenze. Seine Schattenkurve aber hat sich wesentlich geändert. Ein mittleres Stück von ECF wirft an $FHDGE$ vorbei Schatten auf Π_1, die übrig bleibenden (zueinander kongruenten) äußeren Stücke von ECF werfen Schatten auf die Ringfläche. Ihre Schattenkurven schließen sich in E und F ohne Ecken an ECF an, verlaufen oberhalb $FHDGE$ und enden in diesen Bogen ein, und zwar zwischen H und G. Der zwischen diesen Endpunkten enthaltene Bogen von HDG gehört mit zur Lichtgrenze und ist kongruent zum oben genannten mittleren Stück von ECF. So hat man wieder eine geschlossene Kurve auf dem hyperbolisch gekrümmten Teil der Ringfläche, welche helle und dunkle Flächenstücke trennt, aber sie enthält jetzt zwei Bogen, die zur Lichtgrenze gehören und zwei Randlinien von Schlagschatten. Dabei ist der Bogen der Lichtgrenze, welcher

D enthält, kürzer als der, welcher C enthält, und an seinen Endpunkten hat die geschlossene Kurve Ecken, ihre einzigen beiden Ecken.

Die Konstruktion ist nach § 21 einfach durchzuführen, auch erhält man leicht die zugehörigen Schattenlinien auf Π_1, d. h. den Innenrand des auf Π_1 fallenden Schattens der Ringfläche.

Doch soll der Innenrand des in Π_1 liegenden Schattens nicht bloß im Zusammenhang mit der inneren Lichtgrenze des Ringes betrachtet werden. Man nimmt schräg unterhalb des Ringes eine Hilfsebene H, welche zur Lichtrichtung senkrecht ist. Die auf Π_1 und auf H geworfenen Ringschatten sind perspektivisch affin zueinander. Der Schatten auf H entspricht völlig der Grundrißprojektion des schief gestellten Ringes von §§ 17, 18. Hierdurch gewinnt man das einfachste Urteil über seine Form und damit über die Form des Ringschattens auf Π_1, ebenso über die Formänderung bei Änderung der Steilheit des auf den liegenden Ring fallenden Lichtes.

Wenn nur ein dünnes Lichtbündel durch die Ringöffnung dringt, so tritt in H als innerer Schattenrand ein Bogenzweieck auf, welches einen Teil der mit vier Spitzen versehenen inneren Äquidistanten einer Ellipse bildet. Wird das Licht steiler, so ändern sich die Ellipse und die innere Äquidistante, das Bogenzweieck wird schließlich zur ganzen Äquidistante, indem deren Spitzen paarweise zusammenrücken. In diesem Augenblick wird die Kurve in H oval, und auf der Ringfläche sind die Punkte F und H und ebenso E und G zusammengerückt; die ganze Kurve $CFHDGE$ ist zur Lichtgrenze geworden. Ihr Grundriß hat keine eigentlichen Doppeltangenten mehr, ihr Aufriß hat nur noch eine zu l'' parallele Tangente, die zugleich seine Wendetangente ist. — Vgl. den Schluß von § 24.

Wird die Steilheit des Lichtes noch erhöht, so bleibt die innere Schattengrenze in H (oder in Π_1) ein Oval mit zwei Symmetrieachsen. Ebenso ist dann auf der Ringfläche die innere Kurve, für welche die Tangentialebenen der Fläche zur Lichtrichtung parallel sind, in ihrer ganzen Ausdehnung ein Teil der Lichtgrenze, aber sie hat nirgends Tangenten, die in die Lichtrichtung fallen.

§ 24. Die Tangenten der Lichtgrenze, und Verwandtes. Die Lichtgrenze und die anderen Kurven auf der Ringfläche wurden bisher nur punktweise bestimmt, was fürs Zeichnen ausreicht. Die Tangentenkonstruktion für die gefundenen einzelnen Kurvenpunkte hat i. w. mathematisches Interesse. Sie folgt leicht aus einem Satz der Flächentheorie.

P sei ein beliebiger Punkt der Kurve, an welcher die Tangentialebenen der Fläche zur Lichtrichtung parallel sind. Dann sind die Kurventangente von P und die durch P gehende Gerade der Lichtrichtung konjugierte Tangenten, d. h. sie fallen auf konjugierte Durchmesser der Dupinschen Indikatrix des Punktes P. Die Indikatrix wurde in § 14 kurz besprochen, allerdings nur für den hyperbolischen Fall. Bei einem Punkt P des elliptisch gekrümmten Flächenteils ist die Indikatrix eine Ellipse. Punkte mit parabolischer Indikatrix, d. h. mit einem Parallellinienpaar als Indikatrix, kommen auf der betrachteten Kurve nicht vor. Bei elliptischer oder bei hyperbolischer Indikatrix legt man die Tangentialebene von P durch Drehung um ihre Grundrißspur um und bestimmt nur die umgelegten Scheitel der Indikatrix und die Umlegung für die durch P gehende Gerade der Lichtrichtung. Die Indikatrix selbst braucht man nicht. Denn bei einer Ellipse findet man den konjugierten Durchmesser zu einem gegebenen, ohne die Kurve zu verwenden (VIII. Abschn. § 12), und dasselbe gilt für die Hyperbel, da sind konjugierte Durchmesser harmonisch zu den Asymptoten.

Die Tangentenkonstruktion für den Punkt P der Raumkurve ist hiermit erledigt. Gehört P wirklich zur Lichtgrenze und trifft der in P streifende Lichtstrahl die Ebene Π_1, so kennt man auch die Tangente in diesem Schattenpunkt von P: sie geht durch den Grundrißspurpunkt der Tangente von P. Liegt aber P auf dem Bogen ECF von Fig. 118, so gehört zu ihm ein Schattenpunkt auf dem Innenteil der Ringfläche (§ 21) und man findet leicht, daß die Tangenten des Punktes P und des Schattenpunktes in einer Ebene liegen. Das kann zur Tangentenkonstruktion für die Schattenkurve auf dem Ring dienen.

Bei der inneren Kurve auf der Ringfläche hatten die Punkte eine besondere Bedeutung, deren Tangenten in die Lichtrichtung fielen (E, F, G, H in Fig. 118, § 21). Das Zusammenfallen der zwei konjugierten Tangenten zeigt, daß die eine Asymptote der Dupinschen Indikatrix die Lichtrichtung hat. Das ist nicht zur Konstruktion der Punkte $E \ldots H$ verwendbar. Falls aber F mit H, E mit G zusammenrücken, dann liegen die beiden entstehenden Punkte an bekannten Stellen des kleinsten inneren Parallelkreises der Ringfläche, und man erhält besonders einfach die Asymptoten ihrer Indikatrices. Dadurch hat man die Lichtrichtung für diesen auf Mitte voriger Seite besprochenen Übergangsfall. Eine andere Bestimmung derselben ermöglicht S. 224 Zeile 8 von unten.

§ 25. Die Konstruktion mittels oskulierender Hyperboloide. In § 19 wurde ein Kegel eingeführt, welcher die Ringfläche längs eines Parallelkreises k berührte. Hatte die Lichtgrenze des Ringes zwei Punkte mit k gemein, dann waren diese zugleich Punkte auf der Lichtgrenze der Kegelfläche; darauf beruhte die Aufsuchung der beiden Punkte. Die Lichtgrenze der Ringfläche und die des Kegels durchkreuzen einander an diesen Stellen. Nimmt man statt des Kegels eine Rotationsfläche, welche die Ringfläche längs k oskuliert, dann haben beide Flächen in jedem Punkt von k dieselbe Indikatrix, die Lichtgrenzen beider Flächen treffen k in gemeinsamen Punkten und berühren einander dort. Diese Überlegung führt dazu, statt der Hilfskegel von § 19 oder statt der Hilfskugeln von § 20 oskulierende Rotationshyperboloide zu verwenden. Für jeden in Betracht kommenden Kreis k auf der Ringfläche gibt es ein eindeutig bestimmtes oskulierendes Rotationshyperboloid (ein einteiliges oder ein zweiteiliges), vgl. Rohn-Papperitz, 1. Aufl., Bd II, S. 31, 3. Aufl., Bd. I, S. 336. Man braucht von dem Hyperboloid nur den Mittelpunkt und die Asymptoten des zweiten Umrisses zu suchen. Dann folgt aus dem Schluß von § 6 die Lichtgrenze des Hyperboloids, und damit hat man auf dem Kreis k die beiden Punkte der Lichtgrenze auf der Ringfläche und die zugehörigen Tangenten. Dieses Verfahren vermeidet die Konstruktion der Scheitel der umgelegten Indikatrix, hat aber ebenso wie das Verfahren des letzten Paragraphen i. w. theoretischen Wert.

Zur Ergänzung der hier entwickelten elementaren und höheren Betrachtungen über die Ringfläche und andere Rotationsflächen bieten Wiener, Rohn-Papperitz und R. Müller noch vieles.

XIX. Abschnitt.

Einiges über die Flächen zweiter Ordnung.

§ 1. Vorbemerkungen. Es liegt nicht im Plan dieses Buches, ausführlich auf die allgemeinen Flächen zweiter Ordnung einzugehen. In § 1—6 des XVIII. Abschnittes lagen bei dem Rotationsellipsoid und bei den zwei Rotationshyperboloiden besonders günstige Verhältnisse vor. Dadurch war bei vertikaler Rotationsachse die Konstruktion eines ebenen Schnittes oder der Lichtgrenze und des Schattens für zentrales und paralleles Licht recht einfach. Bei den allgemeinen Flächen zweiter Ordnung werden die entsprechenden Aufgaben wesentlich umständlicher, auch wenn Π_1 und Π_2 zu zwei Symmetrieebenen der Fläche parallel gewählt sind. Ihre Behandlung erfordert unter anderem gute Kenntnisse über Systeme konjugierter Diametralebenen und damit Zusammenhängendes, außerdem tüchtige Raumanschauung. Im folgenden wird auf diese Fragen gar nicht eingegangen, sondern es werden nur die Kreisschnitte der Flächen zweiter Ordnung, das geradlinige Paraboloid und das geradlinige Hyperboloid besprochen (§§ 2, 3; 4, 5). Daran schließen sich die Angaben über Modelle dieser beiden Flächen (§ 6), und in § 7 folgt ein noch nicht veröffentlichter Beweis des Spezialfalles eines Satzes von Henrici.

§ 2. Die Kreisschnitte des dreiachsigen Ellipsoids. Von einem dreiachsigen Ellipsoid sind die Halbachsen a, b und c gegeben, der Größe nach geordnet in fallender Reihe. Die Ebene der größten und kleinsten Achse liege horizontal. Man betrachtet eine allgemeine Schnittebene durch die mittlere Achse. Diese Ebene schneidet die Fläche in einer Ellipse, und aus den Symmetrieverhältnissen der Fläche folgt, daß die eine Hauptachse der Ellipse in der horizontalen Symmetrieebene der Fläche liegt, während die andere Hauptachse auf der vertikalen mittleren Achse des Ellipsoids liegt. Die Schnittellipse hat eine konstante Länge $2b$ der vertikalen Hauptachse, ihre horizontale Hauptachse verändert ihre Länge bei Drehung der Ebene; der kleinste Wert ist $2c$, der größte Wert $2a$. Für eine bestimmte Stellung (und eine zweite dazu symmetrische) kommt als Wert der horizontalen Ellipsenachse $2b$ heraus. Dann und nur dann wird die Ellipse zu einem Kreis. Hiermit sind zwei Kreisschnitte des Ellipsoids gefunden, welche durch die Scheitel der mittleren Achse hindurchgehen. Weil aber parallele ebene Schnitte des Ellipsoids ähnliche Ellipsen in ähnlicher Stellung sind, so hat man jetzt zwei ganze Scharen von Kreisschnitten gefunden.

Durch entsprechende Überlegungen erkennt man, daß es keine Kreisschnitte gibt, welche die größte oder die kleinste Hauptachse des Ellipsoids zu einem Durchmesser haben. Gäbe es nun überhaupt noch einen Kreisschnitt der Fläche, so würde die dazu parallele und durch den Flächenmittelpunkt gehende Ebene E ebenfalls einen Kreisschnitt liefern und nach dem Vorhergesagten ginge E durch keine der Hauptachsen. Die Schnittlinie g von E mit der horizontalen Symmetrieebene der Fläche fällt mit keiner der horizontalen Hauptachsen zusammen und bestimmt ein Bündel paralleler Sehnen der Fläche. Der Ort der Sehnenmitten oder die zur Richtung von g konjugierte Diametralebene steht vertikal (was wieder aus den Symmetrieverhältnissen der Fläche hervorgeht) und ihre Spur in der horizontalen Hauptebene ist der zu g konjugierte Durchmesser des horizontalen Hauptschnittes der Fläche. So steht die Diametralebene nicht senkrecht zu g. Deshalb steht auch jede durch den Flächenmittelpunkt gehende und von der mittleren Achse des Ellipsoids verschiedene Gerade der Diametralebene schief zu g, z. B. die Schnittlinie der Ebene E und der Diametralebene. Hiermit hat man einen Widerspruch gegen die Annahme, daß in der Ebene E ein Kreisschnitt liege, denn ein Kreis hat nur rechtwinklige Paare konjugierter Durchmesser.

Hiermit ist vollständig bewiesen, daß das dreiachsige Ellipsoid nur zwei Systeme von parallelen Kreisschnitten hat. Die Ebenen aller Kreisschnitte sind zur mittleren Achse parallel, und ihre Lage ist oben noch näher festgestellt.

Diese theoretische Untersuchung ermöglicht die folgende konstruktive Anwendung. Aus den gegebenen Hauptachsen a, b, c $(a > b > c)$ bestimmt man den elliptischen Hauptschnitt, welcher die größte und kleinste Achse enthält. Ihn schneidet man mit einem konzentrischen Kreis vom Radius b, dadurch kennt man die beiden Durchmesser der Ellipse, welche die Länge $2b$ haben. Zu den Durchmessern parallel wählt man zwei Systeme von Sehnen in regelmäßiger Anordnung, etwa beide Systeme äquidistant und zueinander kongruent. Hiermit hat man die Durchmesser für ausgewählte Kreisschnitte der beiden Scharen. Weiter aber hat man die gegenseitige Lage aller dieser Kreisschnittebenen, weil die Ebenen senkrecht zum benutzten Hauptschnitt stehen. Damit ist die Herstellung eines aus Kreisschnitten zusammengesetzten Papiermodells eines Ellipsoids erledigt. Solche Modelle finden sich im Brillschen, jetzt Schillingschen Verlag. — Durch ein solches Modell wird nicht nur ein einziges Ellipsoid dargestellt, sondern ein ganzes System. Daß das Modell beweglich bleibt, ist klar, aber daß für jede Stellung des Modelles die sämtlichen Kreise auf einem Ellipsoid liegen, das bedarf eines Beweises. Hier werde nicht näher darauf eingegangen.

§ 3. Die Kreisschnitte der anderen Flächen zweiter Ordnung. Beim allgemeinen einteiligen Hyperboloid liege der elliptische Hauptschnitt horizontal. Dann sind alle vertikalen Schnitte hyperbolisch, alle Horizontalschnitte sind Ellipsen, unter den geneigten Schnitten kommen Ellipsen, Hyperbeln und Parabeln vor. Demnach müssen alle auftretenden Kreisschnitte geneigte Schnitte sein. Zu jedem vorhandenen Kreisschnitt gibt es einen parallelen Kreisschnitt, dessen Ebene durch den Mittelpunkt der Fläche geht. Man betrachtet zuerst eine Schnittebene, welche durch die große Achse des elliptischen Hauptschnittes geht und deren Neigung wechselt. Durch entsprechende Überlegungen wie im vorigen Paragraphen erkennt man, daß hierbei ein Kreisschnitt und ein zweiter dazu symmetrischer vorkommen. Ebenso findet man, daß durch die kleine Achse des elliptischen Hauptschnittes niemals die Ebene eines Kreisschnittes geht. Weiter betrachtet man geneigte Ebenen, welche die Ebene des elliptischen Hauptschnittes in einem allgemeinen Ellipsendurchmesser schneiden. Dann läßt sich, wie im vorigen Paragraphen, zeigen, daß eine solche Ebene nie einen Kreisschnitt der Fläche enthält.

So ist das Vorhandensein nur zweier Scharen von Kreisschnitten bewiesen und die Lage dieser Scharen ist festgestellt. Daran könnte sich die Konstruktion eines Papiermodelles aus Kreisschnitten anschließen wie beim Ellipsoid.

Ist ein Kegel zweiter Ordnung gegeben, so kann man (auf unendlich viele Arten) ein einteiliges Hyperboloid angeben, welches diesen Kegel zum Asymptotenkegel hat. Nach einem bekannten Satz werden diese beiden Flächen dann von derselben Ebene immer gleichzeitig in Kreisen geschnitten; beiläufig sind die beiden Kreise jedesmal konzentrisch. Hiermit sind die Kreisschnitte des Kegels zweiter Ordnung erledigt, auch nach der konstruktiven Seite. Dasselbe gilt für das zweiteilige Hyperboloid. Da nimmt man wieder ein einteiliges Hyperboloid zu Hilfe, welches mit dem gegebenen zweiteiligen Hyperboloid denselben Asymptotenkegel hat und zu ihm konjugiert ist (in demselben Sinn, wie man von konjugierten Hyperbeln spricht).

Beim elliptischen Paraboloid kommt man nicht so einfach zur Entscheidung, daß es nur zwei Scharen paralleler Kreisschnitte gibt, und zur genauen Bestimmung ihrer Lage. Da muß man andere Hilfsmittel hereinziehen, was zwar nicht schwer ist, aber doch hier zu weit führen würde. Das hyperbolische Paraboloid hat keine elliptischen, deshalb auch keine kreisförmigen Schnitte.

Die Kreisschnitte des elliptischen Zylinders sind ebenso zu behandeln wie die des einteiligen Hyperboloids. Die anderen Zylinder zweiter Ordnung haben keine Kreisschnitte.

§ 4. Das hyperbolische Paraboloid. Das hyperbolische Paraboloid enthält zwei Scharen von geraden Linien. Die Geraden jeder Schar sind parallel zu einer festen Ebene, ihrer Richtebene. Beide Richtebenen heißen auch die Asymptotenebenen der Fläche. Die Schnittlinie dieser Ebenen ist die eine Hauptachse der Fläche und hat mit ihr einen Punkt — den Scheitel der Fläche — gemein. Senkrecht zu dieser Achse und geneigt dazu liegen die Ebenen, welche das Paraboloid hyperbolisch schneiden. Dabei können echte Hyperbeln oder gekreuzte Geraden auftreten. Alle ebenen Schnitte parallel zu der Achse sind Parabeln oder einzelne Geraden; Geraden treten auf, wenn die Ebene zu einer Asymptotenebene parallel ist. — Es gibt zwei Symmetrieebenen, welche durch die betrachtete Achse gehen und rechtwinklig zueinander sind. Diese Ebenen enthalten die parabolischen Hauptschnitte.

Die Darstellung des hyperbolischen Paraboloids ist in Fig. 119 auf Taf. VIII gegeben für den Fall, daß beide Symmetrieebenen vertikal und zwar parallel und senkrecht zu Π_2 sind. Eine dritte Projektionsebene Π_3, welche zu Π_1 und Π_2 senkrecht ist, ist in die Aufrißebene umgelegt. Abgegrenzt ist die Fläche durch ein unebenes Viereck, von dem jedesmal ein Paar gegenüberliegender Seiten derselben Geradenschar der Fläche angehört. Dabei ist das Viereck gleichseitig genommen. Dann folgt durch einfache Überlegungen, daß alle diese vier Geraden gleiche Neigung gegen die Horizontalebene haben, daß die Aufrisse und ebenso die Seitenrisse von je zwei Geraden zusammenfallen. So erhält man leicht die drei Projektionen des unebenen Vierecks, der Grundriß ist rhombisch, die anderen Projektionen bestehen jede aus zwei zusammenstoßenden Strecken.

Auf zwei gegenüberliegenden Vierecksseiten entstehen durch die der anderen Schar angehörenden Geraden der Fläche ähnliche Punktreihen. Man kommt demnach durch gleichmäßige Einteilung der Seiten zu je einer Reihe von Geraden der beiden Scharen. Hieraus folgen die drei Projektionen der Geradenscharen. Im Aufriß und im Seitenriß treten krummlinige Umrißteile auf. Sie sind Stücke von den Projektionen der beiden parabolischen Hauptschnitte. Zugleich aber sind es, wie man leicht erkennt, Hüllkurven der im Aufriß und Seitenriß vorkommenden Geradenscharen. Das entspricht beiläufig dem Satz, daß eine bewegliche Parabeltangente auf zwei zur Parabelachse symmetrischen festen Tangenten kongruente Punktreihen erzeugt. — Die einzelnen vorkommenden Geraden sind in den Richtungen senkrecht zu Π_2 und zu Π_3 immer nur zum Teil sichtbar, nämlich nur bis zur Kreuzungsstelle mit dem zugehörigen Flächenumriß. Dennoch kommen im Aufriß und im Seitenriß keine punktierten Strecken vor. Auf die zu punktierende Projektion eines Stückes einer Geraden fällt jedesmal die ausgezogene Projektion eines Stückes von einer Geraden der anderen Schar.

§ 5. Das einteilige Hyperboloid und seine Geradenscharen. Diese Fläche hat drei Symmetrieebenen, mit der einen hat sie eine Ellipse, mit den beiden anderen hat sie Hyperbeln gemein. Das sind die Hauptschnitte der Fläche. Die Scheitel der beiden Hyperbeln sind identisch mit den vier Scheiteln der Ellipse. Der elliptische Hauptschnitt ist zugleich die kleinste auf der Fläche liegende Ellipse, die Kehlellipse. Die Fläche besitzt zwei Scharen von Geraden. Alle Geraden einer Schar sind zueinander windschief und nicht zu einer Ebene parallel. Eine Gerade der einen Schar schneidet alle Geraden der anderen Schar bis auf eine, zu der sie parallel ist.

Man betrachtet ausgewählte Geraden von jeder Schar, indem man von ausgewählten Punkten der Kehlellipse ausgeht. Man denkt sich der Ellipse einen Kreis umbeschrieben, sein Umfang sei in $4n$ gleiche Teile geteilt, wobei die Scheitel der großen Ellipsenachse mit zu den Teilpunkten gehören sollen. Von den einzelnen Teilpunkten werden Senkrechte zur großen Ellipsenachse gezogen bis zum Schnitt mit der Ellipse. Für die Flächengleichung

$$\frac{x^2}{a^2} + \frac{y^2}{b^2} - \frac{z^2}{c^2} = 1$$

sind dann die erhaltenen Punkte durch die Parameterdarstellung

$$x = a \cos \varphi \qquad y = b \sin \varphi \qquad z = 0$$

bei gleichen Intervallen von φ gegeben. Stellt man nun die Gleichungen der Geraden auf, welche in der Fläche liegen und durch je einen solchen Punkt hindurchgehen, so findet man leicht, daß die Gesamtheit dieser Geraden der einen Schar auf einer beliebigen zum elliptischen Hauptschnitt parallelen Ellipse der Fläche wieder Punkte ganz entsprechender Anordnung gibt, nämlich Punkte, welche aus gleichmäßiger Einteilung des umbeschriebenen Kreises hervorgehen. Nur werden dabei im allgemeinen auf die Scheitel der großen Ellipsenachse keine Teilpunkte fallen.

Der Mittelpunkt des Hyperboloids soll jetzt vor Π_2 und über Π_1

gegeben sein. (Fig. 120, Taf. VIII.) Die Kehlellipse sei horizontal, der eine hyperbolische Hauptschnitt parallel zu Π_2. Die drei Halbachsen der Fläche seien gegeben. Dann erhält man den Grundriß des elliptischen Hauptschnittes und den Aufriß des zu Π_2 parallelen hyperbolischen Hauptschnittes, wobei zuerst die Asymptoten dieser in Π_2 liegenden Hyperbel genau konstruiert werden müssen. Darstellen wird man nur ein begrenztes Stück der Fläche, etwa erstens das Stück zwischen dem elliptischen Hauptschnitt und Π_1 und dann das dazu kongruente Stück oberhalb des elliptischen Hauptschnittes. Dann erfolgt die Abgrenzung durch zwei kongruente Ellipsen mit geradlinigen Aufrissen und mit gemeinsamem Grundriß. Dieser ist konzentrisch und ähnlich mit dem Grundriß des elliptischen Hauptschnittes und ist leicht zu konstruieren.

Weiter sollen Geraden der beiden Scharen dargestellt werden, welche die Kehlellipse in den früher besprochenen Teilpunkten schneiden. Man könnte diese Einteilung im Grundriß der Kehlellipse herstellen und dann Tangenten in diesen Punkten an die Ellipse legen. Das wären die Grundrisse der gesuchten Geraden, jede Tangente ist der Grundriß einer Geraden der einen und einer Geraden der anderen Schar. Hieraus käme man zu den Endpunkten der Geraden auf den beiden Begrenzungsellipsen der Fläche und damit zu den Aufrissen der Geraden.

Dieser nächstliegende Weg hat aber den Nachteil, daß man von der Genauigkeit der gezeichneten Ellipsen abhängig ist. Darum soll noch ein anderer Weg angegeben werden.

Alle ebenen Schnitte durch die Fläche, welche zu Π_2 parallel sind, sind Hyperbeln mit parallelen Asymptoten. Wenn man sich auf die Ebenen beschränkt, welche vor den Flächenmittelpunkt liegen, so hat man unter den Hyperbeln einen Grenzfall: Die zu Π_2 parallele Ebene durch den vordersten Scheitel der Kehlellipse ist eine Tangentialebene, schneidet demnach die Fläche in zwei Geraden, und nun sind aus dem angegebenen Satz die Projektionen dieser Geraden völlig bekannt: Der gemeinsame Grundriß beider Geraden ist die Tangente im vorderen Scheitel des Grundrisses der Kehlellipse, die Aufrisse beider Geraden sind identisch mit den Asymptoten der im Aufriß vorhandenen Hyperbel. Hieraus folgen die Projektionen der Schnittpunkte dieser zwei Geraden mit den Horizontalebenen, welche die Begrenzungsellipsen des Flächenstücks enthalten. Damit hat man auf jeder der beiden Begrenzungsellipsen für jede Geradenschar einen Teilpunkt von der gesuchten regelmäßigen Einteilung. Mittels des umgeschriebenen Kreises in der Grundrißprojektion kommt man dann zu den gesuchten Einteilungen und damit zu den Projektionen der Geraden beider Scharen. Alle Grundrisse der Geraden müssen den Grundriß der Kehlellipse berühren, alle Aufrisse der Geraden müssen Tangenten der im Aufriß vorkommenden Hyperbel sein. Dargestellt ist in der Figur nur die eine Geradenschar.

§ 6. Angaben zur Herstellung von Modellen der geradlinigen Flächen zweiter Ordnung. Die im vorigen Paragraphen besprochenen Projektionen des einteiligen Hyperboloids mit seinen Geradenscharen geben unmittelbar die Grundlage für ein Fadenmodell dieser Fläche. Man kann das Modell noch durch den Asymptotenkegel vervollständigen. Die Geraden des Asymptotenkegels haben die Eigenschaft, daß jede von ihnen zu einer Geraden in jeder Schar des Hyperboloids parallel ist. Darum kann man leicht die Geraden des Kegels suchen, welche in dieser Art den konstruierten Geraden des Hyperboloids entsprechen. Das dargestellte Stück des Hyperboloids wurde durch horizontale Ebenen abgegrenzt, welche das Hyperboloid in zwei kongruenten Ellipsen schnitten. Der Kegel wird von den beiden Ebenen in Ellipsen geschnitten, die untereinander kongruent und zu den anderen Ellipsen ähnlich sind. Die eingeführten Geraden des Kegels liefern auf diesen Ellipsen wieder eine regelmäßige Einteilung (affin zu einer gleichmäßigen Einteilung der umbeschriebenen Kreise). Alles ist einfach durchzuführen. Dabei ist noch eine Beziehung zu beachten. Jede Gerade des Asymptotenkegels liegt mitten zwischen den beiden Geraden des Hyperboloids, zu denen sie parallel ist. Deshalb ist jeder Teilpunkt auf einer der inneren Ellipsen die Mitte der Verbindungssehne zwischen den beiden zugehörigen Teilpunkten der entsprechenden äußeren Ellipse.

Das math. Seminar zu Marburg besitzt zwei auf diese Art konstruierte, aus meinen Übungen hervorgegangene Fadenmodelle des geradlinigen Hyperboloids und seines Asymptotenkegels. Die starren Teile, welche die Fäden tragen, wurden beim einen Modell von einem Studenten in Laubsägearbeit ausgeführt, bei dem anderen, größeren, sind sie vom Mechaniker in Metall hergestellt.

Im Anschluß an die Projektionen des hyperbolischen Paraboloids (Fig. 119 auf Taf. VIII und vorletzter Paragraph) erhält man auf mehrere Arten Modelle. Erstens kann man das Modell durch das unebene rhombische Viereck abgrenzen, wie in der Figur. Dann dienen geradlinige Reihen von Löchern in Stäben oder Blechstreifen zur Anbringung der Fäden. Die vier Stäbe werden in feste Verbindung gebracht durch zwei weitere Stäbe, so daß alle sechs Kanten eines Tetraeders auftreten. Zweitens kann man die frühere Figur ergänzen durch die Projektionen der Geradenscharen auf Vertikalebenen, welche zu den Asymptotenebenen parallel sind. Dann kommt man zu einem Modell des geradlinigen Paraboloids aus geradlinig abgegrenzten Papierstücken in einer Anordnung, welche sich im Brillschen (Schillingschen) Verlag findet, in der gleichen Abteilung wie die Kreisschnittmodelle der übrigen Flächen zweiter Ordnung. Drittens kann man das Paraboloid abgrenzen durch zwei Paare von Ebenen, welche zu den parabolischen Hauptschnitten der Fläche parallel sind und diese mitten zwischen sich enthalten. Die Schnittpunkte der einzelnen Geraden der Fläche mit diesen Ebenen sind leicht zu konstruieren mittels der früheren Figur. Als Probe dient, daß in jeder Ebene Punkte einer Parabel auftreten, welche zum betreffenden Hauptschnitt kongruent ist und durch Parallelverschiebung aus ihm hervorgeht. Auf diese Art läßt sich ein recht gutes Modell des geradlinigen Paraboloids herstellen. Es ist wesentlich allgemeiner als die Brillschen Gipsmodelle. Denn in ihnen ist der hyperbolische Hauptschnitt gleichseitig oder die Asymptotenebenen sind zueinander rechtwinklig. Außerdem sind die Brillschen Gipsmodelle durch einen so engen Zylinder abgegrenzt, daß man nicht erkennt, wie die Fläche sich den Asymptotenebenen annähert. Ein Modell der zuletzt beschriebenen Art zeigt das bei geeigneter Herstellung weit besser. Bei dieser Gelegenheit mögen auch anschauliche Zeichnungen in Büchern genannt sein, z. B. die parallelperspektivischen Skizzen in der analytischen Geometrie von Schur.

§ 7. Über ein bewegliches Rotationshyperboloid. O. Henrici (in London) ließ ein Modell eines geradlinigen Hyperboloids herstellen aus zwei Systemen dünner Stäbe, die an den berechneten oder konstruierten Stellen durch Fäden miteinander verknüpft wurden. (Das wäre leicht im Anschluß an den vorletzten Paragraphen zu machen). Dabei stellte sich das überraschende Ergebnis heraus, daß das Modell nicht starr wurde, sondern beweglich blieb. Nachträglich fand Henrici einen Beweis dafür. Das Originalmodell war auf der Münchener mathematischen Ausstellung 1893, der Dycksche Katalog enthält Näheres (Bd. I, S. 261—263). Behandelt ist der Satz auch im autographierten Kleinschen Vorlesungsheft über höhere Geometrie vom Winter 1892/93, S. 44—50. Der Spezialfall des Satzes, welcher sich auf das geradlinige Rotationshyperboloid bezieht, ergibt sich bei einiger Raumanschauung spielend auf darstellend-geometrischer Grundlage in folgender Art.

Man zeichnet oder denkt sich die Figur, welche der Fig. 120 auf Taf. VIII im Falle der Rotationsfläche genau entspricht. Alle Geraden dieses Flächenstücks haben gemeinsame Länge. Diese Länge und die Längen der Strecken, in welche eine bestimmte Gerade g der einen Schar durch die auftretenden Geraden der anderen Schar zerfällt, sind leicht zu konstruieren. Natürlich stehen die einzelnen Stücke von g untereinander in demselben Verhältnis, wie die zugehörigen Grundrißprojektionen, und nur diese Eigenschaft braucht man für später. Weiter denkt man sich eine zweite solche Figur, deren Grundriß aus ähnlicher Vergrößerung des Grundrisses der ersten Figur entsteht, deren Aufriß aber durch eine kleinere Höhe so eingerichtet ist, daß die durch beide Figuren gegebenen Stücke von geradlinigen Rotationshyperboloiden gemeinsame Länge der auftretenden Geraden besitzen. Der Geraden g der ersten Fläche entspricht in der zweiten Fläche eine Gerade $\bar{g}$ durch die eingeführte Zuordnung. Dabei sind g und $\bar{g}$ gleich lang und zerfallen beide in Teilstücke, von denen entsprechende gleich sind. Was für die eine Gerade g gezeigt ist, gilt ebenso für irgend eine andere unter den benutzten Geraden der beiden Flächenstücke. Weiter kann man aber den Übergang von der einen Figur zur andern so gemacht denken, daß der Grundriß der ursprünglichen Figur sich stetig und ähnlich vergrößert und daß der Aufriß in stetiger Veränderung sich umformt unter beständiger Erhaltung der Länge der auf der Fläche vorkommenden Geraden. Dann hat man einen stetigen Übergang aus dem ersten Rotationshyperboloid in das zweite, und damit ist der Henricische Satz unter Beschränkung auf das geradlinige Rotationshyperboloid bewiesen.

XX. Abschnitt.

Die Schraubenlinie und die wichtigsten Schraubenflächen.

§ 1. Die Projektionen der Schraubenlinie. Die Schraubenlinie ist eine Kurve auf dem Rotationszylinder, welche dessen Mantelgeraden unter konstantem Winkel durchkreuzt. Bei der Abwicklung des Zylinders bleibt diese Eigenschaft erhalten, die abgewickelte Schraubenlinie ist geradlinig, oder die Schraubenlinie ist eine geodätische Linie der Zylinderfläche.

Die Projektionen der Schraubenlinie sind jetzt darzustellen für den Fall, daß der Zylinder senkrecht steht und daß einer der am weitesten vorn liegenden Punkte der Kurve, A, in Π_1 liegt. Die Schraubenlinie sei rechts gewunden (im mathematischen und technischen, nicht im botanischen Sinn). Zylinderradius r und Ganghöhe h sind gegeben (Fig. 121 auf Taf. VIII). Der Basiskreis des Zylinders enthält die Grundrisse aller Punkte der Mantelfläche und ist damit auch der ganze Grundriß der Schraubenlinie. Zur Konstruktion des Aufrisses geht man von regelmäßig verteilten Punkten der Kurve aus. Die Kreislinie wird in $4n$, hier 12, gleiche Teile geteilt. Das sind die Grundrisse zu Punkten der Schraubenlinie, deren Höhen

$$0 \cdot \frac{h}{4n}, \qquad 1 \cdot \frac{h}{4n}, \qquad 2 \cdot \frac{h}{4n} \cdots\cdot$$

betragen. Für jeden Schraubengang erhält man demnach $4n$ Punkte.

Wesentlich sind die Tangenten der Schraubenlinie in den betrachteten Punkten. Alle Tangenten haben gegen Π_1 denselben Neigungswinkel ω. Das ist, wie man leicht erkennt, der Winkel zwischen der abgewickelten Schraubenlinie und dem abgewickelten Basiskreis. Ein rechtwinkliges Dreieck, welches bei der Abwicklung auftritt, gibt

$$\operatorname{tg} \omega = \frac{h}{2r\pi}.$$

Ein Punkt P der Schraubenlinie habe die Tangente t mit dem Grundrißspurpunkt T_1. t liegt in der zu P gehörigen Tangentialebene des Zylinders, d. h. t' ist die Tangente des Basiskreises für den Berührungspunkt P'. Ferner ist $PP' : P'T_1 = \operatorname{tg} \omega$. Daraus folgt, daß $P'T_1$ gleich dem Bogen von A bis P' ist. Dabei ist der Bogen auf dem Basiskreis im Sinne des Pfeiles zu nehmen, wenn P oberhalb Π_1 liegt, und für Punkte auf den höheren Gängen der Schraubenlinie enthält der Bogen ein- oder mehrfach den Kreisumfang. Falls die Tangente aus P und T_1 ungenau wird, so sind die Angaben von Seite 218 Mitte zu vergleichen. — Durchläuft P die Kurve, dann beschreibt T_1 eine Kreisevolvente. Zum oberhalb Π_1 liegenden Teil der Schraubenlinie gehört die eine, zum unterhalb Π_1 liegenden Teil gehört die andere Hälfte der Evolvente, beide Hälften stoßen in A mit einer Spitze zusammen.

Für jeden Punkt der Schraubenlinie, welcher dem zweiten Umriß des Zylinders angehört, kommt man zu vertikalem Aufriß der Tangente. Auch sonst ist klar, daß diesen Kurvenpunkten Berührungsstellen des Kurvenaufrisses und des Umrisses der Zylinderprojektion entsprechen müssen, vgl. z. B. den XI. Abschn. § 2 und XII. Abschn. § 10. — Aus dem Zusammenhang des Dreiecks $PP'T_1$ und seiner Aufrißprojektion erkennt man weiter, daß t'' mit der Projektionsachse einen Winkel bildet, welcher dem Intervall von ω bis 90^0 angehört. Der kleinste Winkel, ω, tritt auf, wenn die Ebene von $PP'T_1$ zu Π_2 parallel ist. Hiermit sind die Wendepunkte der Aufrißprojektion erhalten.

Führt man rechtwinklige Koordinaten so ein, daß die z-Achse auf die Zylinderachse fällt, während die andern Achsen in Π_1 liegen und die in der Figur angegebene Lage haben, so entsteht die folgende Parameterdarstellung der Schraubenlinie:

$$x = r \cos \varphi, \qquad y = r \sin \varphi, \qquad z = \frac{h}{2\pi} \cdot \varphi = r \operatorname{tg} \omega \cdot \varphi.$$

Daraus folgt $y = r \cdot \sin \frac{2\pi z}{h}$, oder der Kurvenaufriß ist eine Sinuslinie. Der Aufriß eines Ganges der Schraubenlinie besteht aus vier kongruenten Stücken. Die Scheitel und Wendepunkte wurden schon besprochen.

§ 2. Der Krümmungsradius der Schraubenlinie und der Krümmungsradius für einen Scheitel ihres Aufrisses. Die Schmiegungsebene der Schraubenlinie für den Punkt P schneidet die Zylinderfläche in einer Ellipse. Diese hat an der Stelle P die gleiche Krümmung wie die Schraubenlinie, vgl. den Meusnierschen Satz (XII. Abschn. § 1). Die Schmiegungsebene enthält die Flächennormale von P und bildet mit der Zylinderachse den Winkel $90^0 - \omega$. Daraus folgt, daß P ein Scheitel der kleinen Ellipsenachse ist und daß die beiden Halbachsen die Längen $a = r : \cos \omega$ und $b = r$ haben (XI. Abschn. § 2). Hieraus berechnet man den Krümmungsradius der Ellipse für P (VIII. Abschn. §§ 4, 6) und hat damit den Krümmungsradius der Schraubenlinie:

$$\varrho = \frac{r}{\cos^2 \omega}.$$

Zu demselben Wert kommt man aus dem Eulerschen Satz (die Hauptnormalschnitte der Zylinderfläche für den Punkt P sind sofort bekannt und haben die Krümmungsradien r und ∞, ebenso kennt man die Stellung der Schmiegungsebene der Schraubenlinie zu den Ebenen der Hauptnormalschnitte). Drittens kann man die Parameterdarstellung und die Formel für den Krümmungsradius anwenden, aber das gehört nicht hierher.

Jetzt betrachtet man einen Punkt P_0 auf der Schraubenlinie und zugleich auf dem zweiten Umriß des Zylinders. Ihm entspricht im Aufriß ein Scheitel der Sinuslinie. Die zu Π_2 senkrechten Projektionsstrahlen aller Punkte der Schraubenlinie bilden eine Zylinderfläche. In dieser Fläche ist die Schraubenlinie nicht geodätisch, nur bei P_0 hat sie geodätischen Charakter, d. h. dort sind die Hauptnormale der Kurve und die Flächennormale identisch. An der Stelle P_0 hat die neue Zylinderfläche einen geradlinigen und einen zum Aufriß der Schraubenlinie kongruenten Hauptnormalschnitt. Deren Krümmungsradien sind ∞ und R, R ist noch unbekannt. Der Eulersche Satz liefert dann R mittels des bekannten Krümmungsradius der Schraubenlinie:

$$\frac{1}{\varrho} = \frac{\cos^2(90^0 - \omega)}{R} + \frac{\sin^2(90^0 - \omega)}{\infty},$$

oder

$$R = \varrho \cdot \sin^2 \omega = r \cdot \operatorname{tg}^2 \omega.$$

Damit ist der Krümmungsradius für einen Scheitel der Sinuslinie im Aufriß gefunden. Der Wert ist leicht zu konstruieren. Beiläufig ist er gleich $\varrho - r$, d. h. gleich dem Abstand des Krümmungsmittelpunktes der Schraubenlinie von der Zylinderachse.

§ 3. **Die Tangentenfläche der Schraubenlinie.** Diese abwickelbare geradlinige Fläche zerfällt in zwei kongruente Hälften entsprechend den beiden durch den Berührungspunkt gebildeten Hälften der fortbewegten Tangente. Beide Flächenteile stoßen in der Schraubenlinie zusammen, und diese Linie ist die Rückkehrkante der Fläche. Die Fläche hat (wegen der Abwickelbarkeit) in allen Punkten einer ihrer Geraden dieselbe Tangentialebene, und das ist die Schmiegungsebene der Schraubenlinie für den Berührungspunkt dieser Geraden. In anderer Form lautet dieser Satz: die Tangentenfläche der Schraubenlinie ist zugleich die Hüllfläche aller Schmiegungsebenen der Kurve.

Die Tangentenfläche der Schraubenlinie ist das einfachste Beispiel einer abwickelbaren Fläche, welche kein Kegel oder Zylinder ist, sondern eine Rückkehrkante hat. Darum ist es wichtig, von dieser Fläche eine anschauliche Vorstellung zu gewinnen.

Ziemlich leicht ist die graphische Herstellung der Grundlagen zu einem Fadenmodell. Am einfachsten grenzt man das Modell nach außen hin ab durch einen Rotationszylinder, dessen Achse mit der Achse der Schraubenlinie zusammenfällt. Die Tangente eines Punktes P der Schraubenlinie schneidet diesen äußeren Zylinder in zwei Punkten Q und R. Bei Fortrücken des P auf der Schraubenlinie beschreiben Q und R Schraubenlinien auf dem äußeren Zylinder, deren Ganghöhe gleich der Ganghöhe der Schraubenlinie ist. Darum ist die graphische Arbeit sehr einfach. Die mechanische Herstellung des Modelles ist trotz der gebogenen Metallteile nicht besonders schwer, zumal wenn man die schönen Hilfsmittel anwendet, welche H. Wiener im Dyckschen Katalog der mathematischen Ausstellung München angegeben hat, Nachtrag (1893), S. 59 bis 60. Nähere Besprechung ist nicht nötig, weil dieser Katalog in keiner Seminarbibliothek fehlen wird. — Statt durch einen Zylinder kann man das Fadenmodell der Fläche auch parallelepipedisch abgrenzen. Die vertikalen Flächen des Parallelepipeds werden dann in Fig. 121 parallel und senkrecht zu Π_2 genommen und alle gleich weit abstehend von der Achse der Schraubenlinie. Die graphische Arbeit ist natürlich umfangreicher als im vorigen Fall, aber man kommt bei Herstellung des Modells mit Laubsägearbeit in Holz aus.

Die Abwickelbarkeit der Fläche bringt es mit sich, daß man nicht auf ein Fadenmodell angewiesen ist, sondern ein Modell auch aus ursprünglich ebenen Flächenstücken schaffen kann. Alles nähere darüber ergibt sich aus den Betrachtungen der nächsten beiden Paragraphen.

§ 4. Ebene Schnitte durch die Tangentenfläche der Schraubenlinie. Die Achse der Schraubenlinie ist wieder vertikal, wie in Fig. 121. Alle horizontalen ebenen Schnitte sind zueinander kongruent und gehen durch Schraubenbewegung aus einander hervor. Der Schnitt mit Π_1 ist nichts anderes als die Bahn des Grundrißspurpunktes einer längs der Schraubenlinie bewegten Tangente, d. h. (nach § 1) er ist eine Evolvente des Basiskreises.

Weiter sind vertikale Schnitte durch die Achse der Schraubenlinie zu untersuchen. Man darf wieder wegen der Kongruenz aller solchen Schnitte eine spezielle Ebene wählen, die zu Π_2 parallele Ebene E durch die Schraubenachse. Der Aufriß der in E auftretenden Kurve ist zur Kurve selbst kongruent. Für die früher benutzten, regelmäßig auf der Schraubenlinie verteilten Punkte erhält man leicht die Tangenten und ihre Schnittpunkte mit E. Weitere für die Zeichnung erwünschte Punkte des Kurvenaufrisses erhält man leicht, indem man auf der Schraubenlinie geeignete Punkte einschaltet. Es entsteht eine Kurve, welche zu beiden Seiten des Aufrisses der Schraubenachse verläuft. Die beiden Teile sind kongruent, aber in vertikaler Richtung um eine halbe Ganghöhe gegeneinander verschoben. Läßt man einen Punkt P nur einen halben Gang der Schraubenlinie, von A aus nach oben durchlaufen, dann entsteht rechts in der Aufrißebene ein aus dem Unendlichen kommendes und ins Unendliche gehendes Kurvenstück aus zwei Hälften, die in einer Spitze zusammenstoßen und dabei zur horizontalen Spitzentangente symmetrisch sind. Die Spitze liegt in einem Scheitel der Sinuslinie, welche den Aufriß der Schraubenlinie bildet. Die Schnittkurve wird bei der angegebenen Bewegung des P von oben nach unten durchlaufen. Die Asymptoten dieses Kurvenstückes sind an sich von Interesse und sind wichtig für die Zeichnung der Kurve. Die Tangente der Schraubenlinie im Punkt A liefert den unendlich fernen Punkt der oberen Kurvenhälfte, man sieht daraus leicht, daß die zugehörige Asymptote den Winkel ω gegen die Horizontale hat. Betrachtet man weiter die Fortsetzung der Schraubenlinie nach unten über A hinaus und das zugeordnete Kurvenstück in Π_2, so hat es dieselbe Asymptote. Damit kennt man in Π_2 nicht bloß die Richtung der Asymptote, sondern man weiß auch, daß die gemeinsame Asymptote der beiden genannten Kurvenstücke durch A'' hindurchgeht. Damit ist alles Wesentliche über die Konstruktion der Kurve gesagt. (Die analytische Begründung der ausgesprochenen Sätze ist leicht, führt aber hier zu weit. Man hat die Kurve mittels des in § 1 eingeführten Parameters φ darzustellen.)

§ 5. Die Abwicklung der Tangentenfläche der Schraubenlinie. Die Fläche ist abwickelbar, sie läßt sich in die Ebene ausbreiten. Dabei fallen die beiden Flächenhälften aufeinander und die Rückkehrkante wird kreisförmig; der Kreisradius ist gleich dem Krümmungsradius ϱ der Schraubenlinie. Das sieht man aus dem im XII. Abschn. § 2 angeführten ersten Spezialfall des Catalanschen Satzes. Auch kann man es mittels der Geometrie des unendlich Kleinen daraus schließen, daß Kontingenzwinkel und Bogenelement der Schraubenlinie sich bei der Abwicklung nicht ändern (der Kontingenzwinkel ändert sich deshalb nicht, weil das von zwei aufeinander folgenden Tangenten gebildete Flächenelement schon eben ist).

Die Länge eines vollen Ganges der Schraubenlinie ist $\frac{2r\pi}{\cos\omega}$, und deshalb erhält man bei der Abwicklung der Tangentenfläche aus diesem Stück der Schraubenlinie noch keinen vollen Kreis vom Radius ϱ.

§ 6. Andere Schraubenflächen. Von andern geradlinigen Schraubenflächen sind hier zu nennen: die Fläche aller Hauptnormalen und die Flächen aller Geraden, welche, von Punkten der Schraubenlinie ausgehend, deren Achse unter konstantem Winkel treffen und dabei von der Schraubenlinie gegen die Achse hin alle steigen oder alle fallen, wenn die Achse wieder vertikal ist. Diese Flächen sind windschiefe Schraubenflächen, aber nicht die allgemeinsten.[1]) In bestimmter Weise abgegrenzte Teile von ihnen treten bei flachgängigen bzw. scharfgängigen Schraubengewinden auf, sowohl bei den Schraubenspindeln wie bei den Schraubenmuttern. Die Darstellung solcher Schraubengewinde (wobei es sich für vertikal stehende Schraubenachse hauptsächlich nur um den Aufriß handelt), bietet praktisches Interesse und soll im folgenden erledigt werden.

Schraubenflächen, welche keine geradlinigen Flächen sind, sollen nicht näher betrachtet werden, dahin gehört z. B. die Hüllfläche einer Kugel von festem Radius, deren Mittelpunkt eine Schraubenlinie beschreibt.

§ 7. Spindel und Mutter beim flachgängigen Schraubengewinde. Die einzelnen beim Schraubengewinde auftretenden Flächen macht man sich am besten dadurch klar, daß man vom Profil des Gewindes ausgeht. Der Kern der Schraubenspindel ist ein massiver Zylinder. Ein ebener Schnitt durch die Zylinderachse hat mit dem Zylinder einen Flächenstreifen gemein, der von parallelen Geraden begrenzt wird. Fügt man außen an diesen Streifen ein Rechteck an, meist mit der halben Ganghöhe als Höhe, dann entsteht durch Fortschrauben dieses rechteckigen Profils ein flachgängiges Schraubengewinde.

Die Oberfläche der flachgängigen Schraubenspindel liegt zum Teil auf zwei konzentrischen Zylinderflächen, zum Teil wird sie gebildet durch Stücke von windschiefen Schraubenflächen, bei denen die Geraden senkrecht zur Schraubenachse stehen. Als Kanten der Oberfläche treten vier Schraubenlinien auf, zwei kongruente Schraubenlinien auf dem äußeren Zylinder und zwei ebenfalls kongruente Schraubenlinien auf dem inneren Zylinder. Alle vier Schraubenlinien haben gleiche Ganghöhe.

Daraus ergeben sich die Projektionen der flachgängigen, rechts gewundenen Schraubenspindel leicht (Fig. 122 auf Tafel VIII). Man nimmt wieder die Schraubenachse vertikal und benutzt auf jeder der Schraubenlinien für jeden Gang etwa 12 oder 16 Punkte. Man zeichnet die vier Schraubenlinien nur, soweit sie sichtbar sind. Von dem Streifen der äußeren Zylinderfläche, welcher zwischen den zwei äußeren Schraubenlinien liegt, ist von vorn senkrecht zu Π_2 jedesmal ein halber Gang völlig sichtbar. Von der an die obere äußere Schraubenlinie angrenzenden wind-

---

1) Denkt man sich eine Gerade g durch einen Punkt P der Schraubenlinie gelegt und dann P und g so längs der Schraubenlinie fortbewegt, daß die Winkel von g gegen Tangente und Hauptnormale von P fest bleiben, dann entsteht die allgemeinste windschiefe, geradlinige Schraubenfläche und man unterscheidet offene oder geschlossene solche Flächen, je nachdem g neben der Achse vorbeiführt oder sie schneidet. — Über solche Flächen orientiert man sich, wenn keine Modelle zur Verfügung stehen, am raschesten aus dem überall zugänglichen Katalog des Schillingschen Verlags mathematischer Modelle.

schiefen Schraubenfläche ist jedesmal das rechte vordere Viertel eines Ganges und ein Stück der nach hinten anschließenden Fortsetzung dieses Flächenstücks sichtbar. Der Aufriß des vorn rechts liegenden Flächenstücks endet am Aufriß der Schraubenachse mit einer keilförmigen Zuspitzung, weil die äußere und die zugehörige innere Schraubenlinie ungleiche Steigung haben (wegen gleicher Ganghöhe bei ungleichen Radien). Bei der anderen windschiefen Schraubenfläche sind die Verhältnisse entsprechend. — Der zur Oberfläche der Spindel gehörige Streifen der inneren Zylinderfläche ist nirgends in konstanter Breite sichtbar, in der Mitte ist er am breitesten, nach außen hin wird er schmaler.

Um die flachgängige Schraubenmutter darzustellen, denkt man sie sich aufgeschnitten in einer durch ihre Achse gehenden, zu Π_2 parallelen Ebene. Den Aufriß zeichnet man so, daß er die Vorderansicht der hinteren Hälfte der Mutter darstellt. Die auftretenden Stücke von Sinuslinien steigen dann von rechts nach links.

§ 8. Spindel und Mutter beim scharfgängigen Schraubengewinde.

Das scharfgängige Schraubengewinde besitzt ein gleichschenkliges Dreieck als Profil, dessen Basisseite zur Schraubenachse parallel ist und die ganze Ganghöhe zur Länge hat. Wird nun das Dreieck in schraubenförmige Bewegung versetzt, dann entsteht das scharfgängige Gewinde. Die Oberfläche dieser Schraubenspindel besteht nur aus den beiden Flächenstreifen, welche durch die zur Achse geneigten Seiten des gleichschenkligen Dreiecks erzeugt werden. Das sind Streifen von windschiefen Schraubenflächen, welche in § 6 an zweiter Stelle betrachtet wurden. Der obere und untere Endpunkt der Profilbasis beschreiben dieselbe Schraubenlinie.

Nimmt man wieder die Schraubenachse senkrecht zu Π_1, dann lassen sich die Projektionen des Gewindes leicht zeichnen. (Fig. 123, Taf. VIII, der Grundriß ist wieder fortgelassen wie in Fig. 122.) Man braucht von den beiden Schraubenlinien, der inneren und der äußeren, wieder für jeden Gang zwölf oder sechzehn Punkte, und zwar in solcher Zuordnung, daß man durch Verbindung entsprechender Punkte einzelne Lagen der erzeugenden Geraden jeder der beiden windschiefen Flächen erhalten kann. Der Umriß in der Aufrißprojektion besteht aus kurzen Teilen des Aufrisses der äußeren Schraubenlinie, daran schließen sich ohne Ecken Teile der Hüllkurven an, welche zu den Erzeugungsgeraden der beiden windschiefen Flächenstreifen der Gewindeoberfläche gehören. Wollte man in großem Maßstab diese Hüllkurven genau zeichnen, dann würde man an manchen Stücken der Schraubengänge vermehrte Teilpunkte nötig haben. Übrigens ersetzt man in kleinen Zeichnungen die Hüllkurven mit guter Annäherung durch die gemeinsamen Tangenten der Aufrisse der äußeren und inneren Schraubenlinie, weil die Hüllkurven sich nur sehr wenig krümmen. (Weiteres bei Rohn-Papperitz.)

Die zugehörige Schraubenmutter wird entsprechend gefunden wie im vorigen §. Die Konstruktion des zur Schraubenachse senkrechten Schnittes durch die Spindel oder die Mutter ist ebenfalls einfach. Sie kommt bei Zeichnung des Grundrisses vor, wenn man ein horizontal abgeschnittenes Stück des Gewindes darstellen will.

§ 9. Die Projektionen der Schraubenlinie für allgemeine Stellung. Von einem geraden Kreiszylinder sind beide Projektionen gezeichnet wie in Fig. 69 auf Tafel II (s. S. 104). Der Basiskreis ist k_1, der obere Kreis k_2. Auf k_1 ist ein Punkt P gegeben. Zu zeichnen ist die rechts gewundene Schraubenlinie, welche auf dem Zylinder liegt, in P beginnt und die Zylinderhöhe zur Ganghöhe hat.

Hat man die Umlegung des Basiskreises k_1 um die Grundrißspur seiner Ebene, dann trägt man in diesen Kreis die Umlegung P_0 von P ein und stellt eine regelmäßige $4n$-Teilung, etwa Zwölfteilung dieses Kreises her, wobei P_0 einer der Teilpunkte ist. Weiter sucht man zu diesen Punkten die affinen Punkte auf k_1' und bestimmt die zugehörigen Aufrisse auf k_1''. Damit sind die beiden Projektionen der unteren Endpunkte regelmäßig verteilter Mantelgeraden des Zylinders erhalten, und man kann die Projektionen dieser Mantelgeraden selbst zeichnen. Auf diesen Geraden liegen $4n$ (12) regelmäßig verteilte Punkte der Schraubenlinie, die von den unteren Endpunkten der Mantelgeraden um $\frac{1}{4n}, \frac{2}{4n}, \dots$ $\left(\frac{1}{12}, \frac{2}{12} \dots\right)$ der Ganghöhe abstehen und deren Projektionen sich hieraus ergeben.

Will man in einem solchen Kurvenpunkt auch die Tangente der Schraubenlinie genau konstruieren, dann kann man den Schnittpunkt der Tangente mit der Basisebene verwenden. Die Umlegung dieses Schnittpunktes ist nach § 1 leicht zu erhalten und daraus findet man seine beiden Projektionen. (Zu bedenken ist nur die Stellung, in welche die Schraubenlinie kommt, wenn man sie mit der Zylinderbasis dreht, bis die Basis in Π_1 liegt.) Besonders wenn man in größerer Figur nur mit zwölf Punkten auf einem Gang der Schraubenlinie arbeitet, wird man wenigstens für einen Teil der Punkte die Tangenten nötig haben.

Hat man nicht schon die Umlegung des Basiskreises k_1 um die Grundrißspur seiner Ebene, dann wird man diese Umlegung nicht herstellen, sondern man denkt sich den Basiskreis um seinen zu Π_1 parallelen Durchmesser gedreht, bis er zu Π_1 parallel ist und man zeichnet den Grundriß dieser Stellung des Kreises. Er ist der umgeschriebene Kreis der Ellipse und ist zur Ellipse perspektivisch affin; die große Ellipsenachse ist die Affinitätsachse, und die Verbindungslinien zugeordneter Punkte sind zur großen Achse senkrecht. Daraus erhält man den zu P' affinen Punkt des Kreises und die daran anschließende Einteilung des Kreises hieraus wieder die affine Einteilung der Ellipse. Alles weitere ist entsprechend wie oben.

§ 10. Fortsetzung. Über das Auftreten von Spitzen, Doppelpunkten und Wendepunkten. Für jede Projektion der Schraubenlinie sind drei Möglichkeiten vorhanden. Die Kurve kann frei von Doppelpunkten und Spitzen sein, aber Wendepunkte haben, oder sie kann Spitzen haben oder es kann Schleifenbildung mit Doppelpunkten auftreten. Es genügt, die Grundrißprojektion zu besprechen.

Soll ein Punkt P der Schraubenlinie im Grundriß eine Spitze liefern, so muß die Tangente von P senkrecht zu Π_1 sein.[1]) Das tritt nur ein, wenn die zum Punkt P gehörige Tangentialebene der Zylinderfläche vertikal ist. Dazu muß P jedenfalls dem ersten Umriß der Fläche angehören. Der Steigungswinkel der Schraubenlinie war ω, unter dem Winkel $90^0 - \omega$ durchkreuzen sich in einem Punkt der Kurve die Tangente und die Mantelgerade. Hat die Zylinderachse den Neigungswinkel ω gegen Π_1, dann treten für die eine Reihe der dem ersten Umriß angehörenden Punkte der Schraubenlinie vertikale Tangenten auf. Im Grundriß hat man demnach Spitzen. Die Spitzentangenten sind nach bekanntem Satz die Grundrißspuren der zu den Kurvenpunkten gehörigen Schmiegungsebenen. Die Schmiegungsebene geht durch die Tangente und die Hauptnormale des Kurvenpunktes; die Hauptnormale ist das Lot vom Kurvenpunkt auf die Schraubenachse. Hier ist das Lot horizontal, sein Grundriß ist die Spitzentangente, d. h. die Spitzentangente selbst steht senkrecht zum Grundriß der Schraubenachse.

Vom eben behandelten Fall, in welchem der Grundriß der Schraubenlinie Spitzen hat, kann man leicht zu den beiden anderen Fällen übergehen. Die Spitzen fallen weg, sobald man die Achse der Schraubenlinie steiler oder weniger steil macht. Im ersten Fall bilden sich in der Grundrißprojektion Schleifen, im zweiten Fall hat man eine Linie ohne Schleifen und mit Wendepunkten. Am anschaulichsten sieht man dies an einem verschieden steil gehaltenen und senkrecht von oben betrachteten Korkzieher. Schwerer, aber eine gute Probe für die Anschauung ist die folgende Überlegung: Zwei Mantelgeraden des Zylinders gehören dessen erstem Umriß an, auf jeder dieser Mantelgeraden wählt man einen Punkt der Schraubenlinie. An diesen Punkten nimmt man Linienelemente der Kurve. Sie erhalten Richtungen, indem man sich die Kurve in bestimmtem Sinn durchlaufen denkt. Damit haben auch die Grundrisse dieser Linienelemente Richtungen. Je nachdem diese beiden Richtungen im Grundriß entgegengesetzt oder gleich sind, hat der Grundriß der Schraubenlinie Schleifen oder keine Schleifen, usw. — Ferner ist ein Seitenriß gut brauchbar.

---

1) XV. Abschn. §§ 24, 25, was auch später wegen der Wendepunkte zu vergleichen ist.

Im Fall, wo keine Schleifen eintreten, hat man Wendepunkte, und hierauf ist noch einzugehen. An einem Punkt P einer beliebigen Raumkurve gibt es unendlich viele Berührungsebenen, sie gehen durch die Kurventangente hindurch und die Schmiegungsebene gehört zu ihnen. In der Nachbarschaft von P bleibt die Kurve auf einer und derselben Seite einer allgemeinen Tangentialebene, von der Schmiegungsebene dagegen wird die Kurve in P durchkreuzt, wenigstens solange die Torsion nicht 0 ist. Wendet man dies auf die betrachtete Schraubenlinie an, dann folgt: ein Wendepunkt im Grundriß beruht auf vertikaler Schmiegungsebene. Alle Schmiegungsebenen der Schraubenlinie bilden mit deren Achse den konstanten Winkel $90^0 - \omega$. Man führt jetzt einen Kegel ein, welcher die Schraubenachse zur Achse hat und dessen Tangentialebenen mit der Achse den Winkel $90^0 - \omega$ bilden. Zu jeder Tangentialebene des Kegels gibt es bei jedem Gang der Schraubenlinie eine parallele Schmiegungsebene. Bei fehlenden Schleifen ist die Achse der Schraubenlinie oder des Kegels flacher gegen Π_1 geneigt ist, als um den Winkel ω. Deshalb gibt es zwei vertikale Tangentialebenen des Kegels, zwei vertikale Schmiegungsebenen für jeden Gang der Schraubenlinie oder zwei Wendepunkte für den Grundriß eines jeden Ganges der Kurve. Man nimmt nun eine der vertikalen Tangentialebenen des Kegels und sucht in ihr die Gerade, welche durch die Kegelspitze geht und zur Kegelachse senkrecht steht. Zur Tangentialebene ist bei jedem Schraubengang eine Schmiegungsebene parallel. Die Hauptnormale ihres Berührungspunktes ist parallel mit der eben bestimmten Geraden in der Tangentialebene. Damit erhält man zunächst zwei Möglichkeiten für die Hauptnormale, denn Punkte der Kurve, die um einen halben Gang voneinander abstehen, haben parallele Hauptnormalen. Aber nur die eine Hauptnormale führt zu einer Schmiegungsebene, welche mit der Tangentialebene parallel ist. — Diese Betrachtung läßt sich soweit ergänzen, daß man zur Konstruktion der Wendepunkte und Wendetangenten im Grundriß der Schraubenlinie kommt. Aber die praktische Durchführung wird doch nicht einfach genug.

XXI. Abschnitt.

Die wichtigsten zentralperspektivischen Kartenprojektionen.

§ 1. Die stereographische Projektion. Bildet man eine Kugelfläche zentralperspektivisch von einem ihrer Punkte C aus auf die Tangentialebene des gegenüberliegenden Punktes ab, so entsteht eine stereographische Projektion. Das Bild der ganzen Kugelfläche bedeckt die Bildebene einfach. Je weiter ein Punkt der Kugelfläche von der Berührungsstelle entfernt ist, um so entfernter ist auch sein Bild von der Berührungsstelle. Rückt der Kugelpunkt in C hinein, so rückt der Bildpunkt ins Unendliche.

Eine Parallelverschiebung der Bildebene bewirkt nur eine ähnliche Umformung des Bildes. Das Legen der Bildebene durch den Kugelmittelpunkt ist ziemlich üblich, für darstellend geometrische Behandlung aber unbequem. Im folgenden wir die Tangentialebene immer als Bildebene beibehalten.

Die wichtigsten Eigenschaften der stereographischen Projektion sind folgende:

1. Alle Kreise der Kugel haben als Bildkurven Kreise und in besonderen Fällen gerade Linien. Ein Bildkreis oder eine Bildgerade entsteht, je nachdem der abzubildende Kreis neben C vorbei oder durch C hindurch geht.

2. Die Abbildung ist konform, „winkeltreu", d. h. die Bildkreise zweier Kreise der Kugel schneiden sich unter demselben Winkel wie die ursprünglichen Kreise. Über die Bedeutung der Konformität für die Werte des Vergrößerungsverhältnisses vgl. § 8.

3. Der Mittelpunkt eines Bildkreises liegt in gerader Linie mit dem Abbildungszentrum C und der Spitze des Kegels, welcher die Kugel im abzubildenden Kreis berührt. (Satz von Chasles).

4. Die Schnittkreise eines beliebigen Ebenenbüschels mit der Kugel haben als System der Bildkurven ein Kreisbüschel. Die Achse des Ebenenbüschels kann die Kugel schneiden oder berühren oder sie kann neben der Kugel vorbeigehen. Dem entsprechen die drei Arten von Kreisbüscheln. Im ersten Fall ist der Satz etwas durchaus selbstverständliches.

Hiermit sind nur die später vorkommenden Eigenschaften genannt. Weitere Sätze enthält die unten angegebene Literatur.

Auf Beweise der ausgesprochenen Sätze soll hier nicht eingegangen werden. Teilweise lassen sich diese Sätze recht einfach elementar begründen, worüber kartographische Bücher[1]) und die Darstellende Geometrie von Rohn-Papperitz zu vergleichen sind. Andererseits gibt es recht einfache analytische Beweise, und für einen Teil der Sätze hat man sehr anschauliche Begründungen mittels Sätzen aus der Theorie der Flächen zweiter Ordnung. Funktionentheoretische Bücher und die autographierten Vorlesungen von F. Klein[2]) bieten manches hierher Gehörige.

§ 2. Über die Darstellung des Gradnetzes der Erdkugel in stereographischer Projektion. Aus den früheren Sätzen ergibt sich, daß durch die Abbildung zwei Kreisbüschel entstehen. Das Kreisbüschel der Meridianbilder hat zwei feste Punkte, das andere Kreisbüschel hat keine festen Punkte, und jeder Kreis des zweiten Büschels schneidet jeden Kreis des ersten Büschels rechtwinklig. Die beiden Kreisbüschel in der Bildebene

---

1) Gelcich-Sauter, Kartenkunde, Sammlung Göschen Bd. 30; Gretschel, Lehrbuch der Kartenprojektion, Weimar 1873, Zöppritz-Bludau, Kartenentwurfslehre, u. a.

2) Geometrische Funktionentheorie, W.-S. 80/81, herausgegeben 1892, S. 44—55.

sind zueinander konjugiert. — Übrigens braucht man den 4. Satz von § 1 nicht zum Beweis dieser Sätze, sondern man kann so verfahren: Die Bildkreise der Meridiankreise gehen durch die Bilder der beiden Pole und sind deshalb ein Kreisbüschel mit zwei festen Punkten. Die Parallelkreise des Gradnetzes auf der Kugel sind Orthogonaltrajektorien des Systems der Meridiane. Ihre Bildkreise sind wegen der Konformität Orthogonaltrajektorien des Kreisbüschels der Meridianbilder, d. h. sie sind das konjugierte Büschel zu diesem Kreisbüschel.

Für die Konstruktion sind mehrere Fälle zu unterscheiden. Der einfachste Fall ist die Projektion auf die Tangentialebene des einen Pols vom gegenüberliegenden Pol aus (stereographische Polarprojektion). Als weiterer besonderer Fall ist die stereographische Äquatorialprojektion zu nennen, bei welcher die Abbildung von einem Punkt des Äquators auf die Tangentialebene des diametral gegenüberliegenden Punktes erfolgt. Dann bleibt noch der allgemeine Fall. Diese drei Fälle werden in den nächsten Paragraphen behandelt.

§ 3. Die stereographische Polarprojektion des Gradnetzes der Erdkugel. (Fig. 124 auf Tafel IX). Die Bildebene, die Tangentialebene des Südpols, wird als Grundrißebene verwendet. Die Kugel liegt oberhalb Π_1. Man zeichnet nur den Aufriß der Kugel und man wählt ihre Berührungsstelle mit Π_1. Die Parallelkreise haben geradlinige Aufrisse, diese sind hier für die Breiten 0^0, 15^0, 30^0, 45^0, 60^0, 75^0 gezeichnet. Weiter betrachtet man Meridiane von 15^0 zu 15^0, einer davon möge zu Π_2 parallel sein. Dann lassen sich die Grundrißspuren der Meridianebenen zeichnen, und diese Geraden sind zugleich die Meridianbilder. (Nimmt man die Meridiane als Halbkreise, dann sind die zugehörigen Bilder Halbstrahlen, die vom Südpol ausgehen). — Jeder Breitenkreis bestimmt einen projizierenden Kegel, dessen Spitze der Nordpol ist und dessen Achse die Verbindungslinie beider Pole ist. Der Kegel schneidet Π_1 in einem Kreis vom Mittelpunkt S. Die Konstruktion desselben ist aus der Figur zu sehen. Darum hat ein Parallelkreis mit der Poldistanz ϑ vom Südpol einen Bildkreis mit dem Radius $2 \cdot \operatorname{tg} \frac{\vartheta}{2}$, wenn der Kugelradius 1 ist.

§ 4. Die stereographische Äquatorialprojektion. (Fig. 125 auf Taf. IX.) Die Kugel ist in allgemeiner Stellung zu den Projektionsebenen genommen, aber mit senkrechter Nord-Süd-Linie. Gezeichnet sind die Umrisse der Kugelprojektionen und außerdem vorläufig nur die geradlinigen Aufrisse des Äquators und einer Reihe von Breitenkreisen. Der am weitesten rechts liegende Punkt des Äquators dient als Abbildungszentrum C, deshalb ist die Bildebene E die linke zu Π_1 und Π_2 senkrechte Tangentialebene der Kugel. Man stellt von der in der Bildebene auftretenden Figur die Umlegung dar, welche der Drehung von E um die Aufrißspur e_2 entspricht, dabei denkt man sich die vordere Hälfte von E nach links in die Aufrißebene hineingedreht. Eine andere Stellung der Bildebene wird am Schluß von § 6 genannt.

Der Äquator hat ein geradliniges (beiderseits ins Unendliche gehendes) Bild. Je zwei Parallelkreise, die nach oben und unten gleich weit vom Äquator abstehen, haben Bildkreise, welche zueinander symmetrisch liegen in Bezug auf das Äquatorbild als Achse. Auch das Bild jedes Meridians hat, wie man leicht findet, das Äquatorbild zur Symmetrieachse, es liegt zur Hälfte darüber und zur Hälfte darunter. Das Bild des ganzen Gradnetzes besitzt aber außer dem Äquatorbild noch eine Symmetrieachse. Sie ist die Schnittlinie von E mit der Ebene Σ, welche durch den Kugelmittelpunkt parallel zu Π_2 geht. Für diese Achse ordnen sich die Meridianbilder paarweise symmetrisch an, während jedes einzelne Bild eines Breitenkreises durch die Achse in zwei symmetrische Hälften zerfällt. Das braucht kaum näher begründet zu werden.

Die Konstruktion des Bildes eines Breitenkreises erfolgt so: Zu den beiden Schnittpunkten des Breitenkreises mit der Ebene Σ sucht man die Bildpunkte in E und die zugehörigen Umlegungen. Damit sind die Endpunkte des auf der senkrechten Symmetrieachse liegenden Durchmessers des Bildkreises gefunden. Der Kreis ist damit aber häufig noch nicht gut bestimmt, was nachher näher besprochen wird. Darum wird man auch noch den Mittelpunkt des Bildkreises selbständig suchen, nach dem dritten Satz von § 1. Wie notwendig das ist, findet man beim Zeichnen mancher Bildkreise. — Die angegebenen Konstruktionen sind für einen nördlichen Breitenkreis in der Figur enthalten.

Weiter bestimmt man die Bildpunkte des Nord- und Südpols. Die Bilder der Meridiankreise sind Kreise, welche sämtlich durch diese beiden Punkte hindurchgehen; nur der in Σ liegende Meridiankreis hat ein geradliniges Bild, welches mit der vertikalen Symmetrieachse der Bildfigur zusammenfällt. Darzustellen sind die Bilder der Meridiankreise von 15^0 zu 15^0, wobei ein Meridiankreis in Σ liege. Die Winkel, unter denen die Meridiankreise in den Polen zusammentreffen, bleiben bei der Abbildung wegen der Konformität erhalten. Hiermit ist ein Weg zur Konstruktion der Meridianbilder angegeben; will man ihn anwenden, dann hat man nicht einmal die Grundrißspuren der Meridianebenen nötig. Doch kann man auch die geradlinigen Grundrisse der Meridiankreise zeichnen und mit ihrer Hilfe die Punkte abbilden, in welchen die einzelnen Meridiane den Äquator kreuzen. So entstehen die Kreuzungspunkte der Meridianbilder mit der horizontalen Symmetrieachse. Außerdem erhält man die Mitten der Meridianbilder sehr einfach nach dem dritten Satz in § 1. Der Berührungskegel für einen Meridiankreis als Berührungskurve ist hier ein Zylinder. Seine Achsenrichtung kennt man ohne weiteres. Dazu parallel ist die von C ausgehende Gerade, welche E im Mittelpunkt des Bildkreises trifft.

§ 5. Angaben über genaue Konstruktion. Nicht bloß schlechte Schnitte beeinträchtigen die Genauigkeit, sondern man hat oft kurze Verbindungslinien in der Aufrißebene weit (bis e_2) zu verlängern. Darin liegt eine starke Fehlerquelle. Die Verbindungslinien eines Peripheriepunktes des in Π_2 liegenden Kreises mit C'' und mit der Berührungsstelle von e_2 sind zueinander senkrecht. Wenn die erste dieser Linien kurz ist, kann man das Senkrechtstehen verwenden, um ihre Richtung etwas genauer zu erhalten (vgl. den VI. Abschnitt § 5). Außerdem haben die Verbindungslinien, welche bis e_2 zu ziehen sind, hier sämtlich bekannte Richtungen, sie bilden mit der Horizontalen Winkel, welche Vielfache von $7^1/_2{}^0$ sind. Darum lassen sich einzelne der Geraden unmittelbar mittels der Zeichenwinkel ziehen, andere erfordern noch ein- oder zweimalige Winkelhalbierung. Macht man diese Winkelteilung an einem recht großen Kreisbogen, dann erzielt man gute Genauigkeit. Ein Transporteur von 8 cm Radius und mit Präzisionsteilung leistet kaum mehr.

Besser noch ist die Berechnung der Lage der auf e_2 entstehenden Schnittpunkte. Der rechte Endpunkt der Sehne, welche dem nördlichen Parallelkreis von der Breite φ^0 entspricht, führt zu einer Verbindungslinie unter dem Winkel $90^0 - \frac{\varphi}{2}$ gegen die Horizontale. Dadurch wird auf e_2 eine Strecke von der Länge $2r \cdot \operatorname{tg}\left(90^0 - \frac{\varphi}{2}\right)$ oder $2r \cdot \operatorname{ctg} \frac{\varphi}{2}$ abgeschnitten, deren unterer Endpunkt der Berührungspunkt ist. Weiter befindet sich die Spitze des zum Parallelkreis gehörigen Kegels um $r : \sin \varphi$ über der Mitte der Kugel, und darum liegt der entsprechende Punkt auf e_2 in der Höhe $2r : \sin \varphi$ über der Berührungsstelle. Die Berechnung erfolgt entweder mit vierstelligen Logarithmen oder mit dem Rechenschieber. Beim Schieber hat man mit umgedrehter Zunge die Werte $2r : \operatorname{tg} \frac{\varphi}{2}$ zu berechnen; dabei wird der Strich auf dem Glasläufer für alle φ unverändert eingestellt, während man die Tangentenskala jedesmal neu einstellt und teils ihren linken, teils ihren rechten Endstrich als Ablesemarke benutzt. So ist die Berechnung der höchsten Punkte der umgelegten Bildkreise äußerst einfach. Die tiefsten Punkte erfordern meist keine Berechnung wegen guter Konstruierbarkeit. Die Mittelpunkte findet man auch bequem mittels des Rechenschiebers, nur ist da die Genauigkeit geringer wegen der halb so großen Einheitsstrecke. Dennoch wird man auf die unabhängige Bestimmung der Mittelpunkte der Bildkreise nicht gern verzichten. — Statt auf e_2 kann man die berechneten Strecken sofort auf der senkrechten Symmetrieachse der umgelegten Bildfigur eintragen.

Am Schluß von § 4 sind die Mittelpunkte der Bildkreise für die Meridiane besprochen. Auf e_1 entstehen dabei Strecken, welche im Berührungspunkt beginnen und die Längen $2r \cdot \operatorname{tg} \alpha$ haben für $\alpha = 15^0, 30^0 \ldots 75^0$. Diese Längen für 60^0 und 75^0 treten auf e_2 schon auf. So hat man Proben, oder man braucht im Falle der Berechnung nur noch $2r \cdot \operatorname{tg} 15^0$ und $2r \cdot \operatorname{tg} 30^0$ zu suchen.

Bei Abschätzung der Genauigkeit des Rechnungsergebnisses (für das Arbeiten mit der Tafel oder dem Rechenschieber) darf man nicht übersehen, daß der Fehler beim Ausmessen des Kugeldurchmessers in sämtliche berechnete Längen eingeht. Aber die berechneten Strecken sind in ihrem gegenseitigen Verhältnis frei von diesem Fehler. Darin liegt ein wesentlicher Vorzug für die Richtigkeit der Bildfigur als Ganzes gegenüber dem rein konstruktiven Verfahren.

Schon bei ziemlich kleinem Kugelradius treten in der Bildfigur große Kreisradien auf. Dadurch wird meist ein Stangenzirkel nötig werden. Der Kugelradius und die Lage der beiden Kugelprojektionen auf dem Reißbrett, auch die Stellung des Reißbrettes sind vor dem Entwerfen der ganzen Figur gut auszuprobieren in Rücksicht auf die Größe des Reißbretts und des Stangenzirkels.

Außer der im vorigen Paragraphen benutzten Stellung der Kugel und der Bildebene zu den Projektionsebenen läßt sich noch eine andere Stellung gut anwenden, bei welcher die Bildebene mit Π_1 zusammenfällt. § 6 enthält ausreichende Angaben darüber.

§ 6. Die allgemeine stereographische Projektion des Gradnetzes der Erdkugel. In der Fig. 126 ist die Kugel so gestellt, daß sie über Π_1 liegt und daß Π_1 selbst die Bildebene ist; außerdem ist die Erdachse parallel zu Π_2 genommen. Dann haben die Parallelkreise geradlinige Aufrisse. Man benutzt wieder die Meridiane und Parallelkreise von 15^0 zu 15^0, wobei ein Meridian zu Π_2 parallel sein soll. Gezeichnet werden aber nur die Aufrisse der Parallelkreise. Die Aufrisse der Meridiane und ebenso die ganze Grundrißprojektion der Kugel und ihres Gradnetzes bleiben fort.

Das Abbildungszentrum C ist der höchste Punkt der Kugel. Die Ebene Σ des zu Π_2 parallelen Meridiankreises ist die gemeinsame Symmetrieebene für die projizierenden Kegel aller Parallelkreise, demnach ist ihre Grundrißspur s_1 die Symmetrieachse für die Bilder der Parallelkreise. Um einen Parallelkreis abzubilden, sucht man zu seinen Kreuzungspunkten mit Σ die Bildpunkte in Π_1 (auf s_1) und hat damit die Endpunkte eines Durchmessers vom Bildkreis. Ferner bestimmt man den Mittelpunkt des Bildkreises selbständig nach dem dritten Satz von § 1 und ähnlich wie in § 4. Die Figur enthält die Konstruktion. Auch sind die Bilder der beiden Pole konstruiert und das Bild des durch C gehenden Parallelkreises. Dieses ist geradlinig und ist die Potenzachse des Kreisbüschels, zu dem die Bilder der betrachteten Parallelkreise gehören. Die Potenzachse liegt mitten zwischen den Bildern der beiden Pole, und auf sie fallen später die Mittelpunkte der Meridianbilder.

Die Grundrißspur von Σ ist das Bild des in Σ liegenden Meridiankreises. Die Bildkreise der anderen oben eingeführten Meridiankreise gehen durch die Bildpunkte der Pole hindurch und haben dort wegen der konformen Abbildung bekannte Tangentenrichtungen, vgl. § 4. Dadurch kommt man planimetrisch ganz einfach zu ihren Mittelpunkten.

Zur Durchführung der Konstruktion des Gradnetzes in Π_1 empfiehlt es sich, den Kugelradius und die geographische Breite des Berührungspunktes der Bildebene in Rücksicht auf die in § 10 besprochene Anwendung zu wählen.

Zusatz. Man könnte auch statt der in Fig. 126 benutzten Stellung die Kugel und ihr Gradnetz in die Lage von Fig. 125 bringen und die Bildebene E als eine zu Π_2 senkrechte Tangentialebene der Kugel nehmen. Dann würde die Umlegung der Bildfigur in Π_2 gezeichnet. Für diese Anordnung spricht zunächst der Gedanke, daß man von den Parallelkreisen und Meridianen die Grundrisse leicht hat und daß man sie ähnlich wie in § 4 für die genauere Konstruktion verwenden könne. Nähere Überlegung zeigt jedoch, daß die zuerst besprochene Konstruktionsart entschieden vorteilhafter ist. Bei Verzicht auf einige Hilfskonstruktionen kann man im Falle von §§ 4, 5 ebenfalls die Bildebene mit Π_1 zusammenfallen lassen. Dann haben die Parallelkreise geradlinige und senkrechte Aufrisse, und man geht im wesentlichen vor wie in diesem Paragraphen.

§ 7. Die Konstruktion des stereographischen Bildes eines größten Kugelkreises aus den Bildern zweier seiner Punkte. In der Bildebene E der stereographischen Projektion sind die Bilder $\overline{P}$ und $\overline{Q}$ zweier Punkte P und Q der Kugelfläche gegeben, außerdem sind die Berührungsstelle von E und der Kugelradius bekannt. Das Bild des größten Kugelkreises k, welcher durch P und Q geht, ist ein Kreis $\overline{k}$ durch $\overline{P}$ und $\overline{Q}$. Um ihn zeichnen zu können, hat man nur noch einen weiteren Punkt von ihm nötig. k geht durch die Punkte, welche dem P und Q diametral gegenüberliegen, dem P liege R gegenüber. Dann liegen P, R, die Berührungsstelle von E und das Projektionszentrum C auf einem größten Kreis, dessen Bild geradlinig ist und durch die Berührungsstelle geht. Ferner ist im Raum $\sphericalangle PCR = 90^0$ als Peripheriewinkel in einem Halbkreis. So ist auch $\triangle \overline{P}C\overline{R}$ bei C rechtwinklig. Die von C ausgehende Höhe ist $2r$ und hat die Berührungsstelle zum Fußpunkt. Das rechtwinklige Dreieck läßt sich hieraus umgelegt zeichnen und gibt $\overline{R}$. Oft wird man die Lage von $\overline{R}$ lieber berechnen. Die Abstände der Punkte $\overline{P}$ und $\overline{R}$ von der Berührungsstelle haben das Produkt $(2r)^2$. Durch $\overline{P}$, $\overline{Q}$ und $\overline{R}$ geht der gesuchte Kreis $\overline{k}$.

§ 8. Das Vergrößerungsverhältnis der stereographischen Projektion. Ein unendlich kleines Linienelement auf der Kugel hat zum Bild ein unendlich kleines Linienelement in der Bildebene E. Der Quotient aus der Bildstrecke und der ursprünglichen Strecke heißt das Vergrößerungsverhältnis. Es ist gemeinsam für alle Linienelemente, welche von einem und demselben Punkte auf der Kugel ausgehen. Das hängt aufs engste mit der Winkeltreue (Konformität) zusammen und wird hier als bekannt vorausgesetzt. Zu verschiedenen Punkten der Kugel gehören im allgemeinen verschiedene Vergrößerungsverhältnisse, die sich stetig mit der Lage der Punkte ändern. Aber alle Punkte der Kugel mit gleichem Abstand von der Berührungsstelle haben dasselbe Vergrößerungsverhältnis, und das Vergrößerungsverhältnis wächst von 1 bis ∞, wenn ein Punkt auf der Kugel von dieser Berührungsstelle bis C geht.

Wenn ein Punkt P von der Berührungsstelle um einen Bogen vom Zentriwinkel ϑ absteht, so findet man den Wert des Vergrößerungsverhältnisses für die Stelle P am einfachsten auf folgende Art: P liegt auf einem zur Bildebene parallelen Kugelkreis, ein Linienelement bei P und das zugehörige Linienelement bei $\overline{P}$ verhalten sich wie der Radius dieses Kreises zum Radius seines Bildkreises. Das Verhältnis ist der reziproke Wert des Vergrößerungsverhältnisses für die Stelle P. So findet man dieses Vergrößerungsverhältnis gleich $2 \cdot \operatorname{tg} \frac{\vartheta}{2} : \sin \vartheta$ oder gleich $\frac{1}{\cos^2 \frac{\vartheta}{2}}$.

Für unendlich kleine Flächenelemente ist das Vergrößerungsverhältnis das Quadrat vom Vergrößerungsverhältnis der Linienelemente.

§ 9. Über Sternkarten in stereographischer Projektion. Die stereographische Projektion eignet sich für Sternkarten gut und ist z. B. in Stielers Schulatlas und im „großen Stieler“ verwendet. Man ist keineswegs etwa auf die Abbildung des nördlichen Sternhimmels beschränkt, sondern kann die Teile vom südlichen Sternhimmel mit hinzunehmen, welche bei uns überhaupt sichtbar werden. Freilich erhält man dann in den äußeren Teilen der Sternkarte starke Dehnungen, denn schon für Punkte des Himmelsäquators wird das Vergrößerungsverhältnis der Längenelemente zu 2, das der Flächenelemente zu 4, und für südliche Breiten wachsen diese Werte noch.

Bei gegebener Sternzeit kennt man den Himmelsmeridian, dessen sämtliche Sterne gerade kulminieren. Für die geographische Breite φ kulminieren über dem südlichen Horizont noch die Sterne bis zur südlichen Deklination $90^0 - \varphi$, über dem nördlichen Horizont kulminieren die Sterne, deren nördliche Deklination über $90^0 - \varphi$ beträgt.[1]) Damit ist auf dem genannten Meridian der Sternkarte eine Strecke bestimmt, deren zugehöriger Bogen auf der Himmelskugel zurzeit völlig über unserem Horizont ist. Die dann sichtbare Hälfte der Himmelskugel hat als Bild in der Sternkarte eine Kreisfläche, welche die genannte Strecke zum Durchmesser hat. Ändert sich die Zeit, dann verschiebt sich diese Kreis-

1) Siehe § 5 im astronomischen Anhang.

fläche auf der Sternkarte, indem sie rotiert. Damit ist das Prinzip der drehbaren, stereographischen Sternkarte mit Horizontausschnitt erläutert. Freilich sind die im Buchhandel befindlichen drehbaren Sternkarten oft nicht in stereographischer Projektion entworfen, sondern in einer anderen azimutalen Projektion. Dann ist das Bild der sichtbaren Halbkugel des Sternhimmels nicht kreisförmig, sondern es ist durch ein Oval begrenzt. Gute Wahl der Projektionsart kann zu geringeren Dehnungen in den äußeren Teilen der Karte führen als bei stereographischer Projektion. Im folgenden wird wieder nur von stereographischer Projektion gesprochen.[1])

Die Verzerrung der stereographischen Sternkarte macht sich erstens in den wechselnden Vergrößerungsverhältnissen fühlbar. Zwei Sternbilder, welche nahe über dem südlichen und dem nördlichen Horizont sichtbar sind, erscheinen in der Sternkarte in ganz unnatürlichem Größenverhältnis. Für ein Sternbild dicht am südlichen Horizont und ein dem Zenith nahes Sternbild sind die Größenverhältnisse in der Karte auch wesentlich verschieden, nur macht sich das nicht so fühlbar, weil wir überhaupt gleiche Größen in fast horizontaler und fast vertikaler Richtung verschieden schätzen.

Ferner macht sich die Verzerrung geltend, indem größte Kreise am Himmel im allgemeinen keine geradlinigen Bilder haben. Punkte, die am Himmel in gerader Linie erscheinen, liegen in der Karte im allgemeinen auf Kreisbogen. Da man größte Kreise am Himmel gern zum Aufsuchen von Sternbildern verwendet (z. B. vom großen Bären oder der Cassiopeja aus), so ist es von einigem Interesse, zu wissen, nach welcher Seite hin ihre Bilder in der Sternkarte konkav sind und wie stark sie ungefähr gekrümmt sind. Die Bilder der Himmelsmeridiane sind geradlinig. Für die Bilder anderer größter Kreise der Himmelskugel geht man auf § 7 zurück. Das Bild des Bogens eines größten Kreises, der neben den Polen vorübergeht, ist immer gegen das Bild des Nordpols konkav und ist um so stärker gekrümmt, je weiter der Kreis vom Nordpol entfernt bleibt. In der Sternkarte des Stielerschen Schulatlas sind eine Anzahl von größten Kreisen der Kugel eingetragen, welche durch die Ekliptikpole gehen. Diese Kreislinien veranschaulichen das eben ausgesprochene gut und geben einigen Anhalt über die Radien der Bilder anderer größten Kreise.

Selbst wenn an einer stereographischen Sternkarte ein einstellbarer Horizontkreis zur Kennzeichnung des sichtbaren Sternhimmels angebracht ist, so ist die Karte für den Anfänger eigentlich nur bei völlig freiem Ausblick gut zur Orientierung brauchbar. Ist das Gesichtsfeld durch Häuser, Bäume, Wolken eingeschränkt, dann treten wesentliche Schwierig-

1) Das Gesetz für die Radien der Bildkreise konstanter Poldistanz wurde im § 3 aufgestellt, es ermöglicht eine einfache Prüfung, ob eine Sternkarte in stereographischer Projektion entworfen ist.

keiten auf. Die Verzerrungen in der Karte sind dann viel unangenehmer fühlbar als sonst.

Darum hat es Interesse, ein einfaches Hilfsmittel zu besprechen, um durch leichte Vervollständigung der drehbaren stereographischen Sternkarte für jede Zeit Azimut und Höhe eines Sternes angenähert abzulesen.

§ 10. Ablesung von Azimut und Höhe aus einer vervollständigten, drehbaren Sternkarte. Man geht von einem Sternglobus aus und stellt ihn für den Beobachtungsort ein, d. h. man gibt der Himmelsachse die richtige Neigung gegen die Horizontebene. Die Horizontebene, Zenit und Nordpol geben auf der Kugel ein Koordinatennetz für Höhen und Azimut. Man kann sich dieses Netz auf einer über dem Horizont befindlichen Halbkugelschale denken, welche den Sternglobus dicht umschließt, und man kann für die weitere Betrachtung völlig von einem Unterschied der Radien absehen. Dann hat man zwei sich deckende Flächen. Beide bildet man stereographisch auf die Tangentialebene des Nordpols ab. Die innere Kugelfläche trägt ein Gradnetz für Rektaszension und Deklination, dafür ist die Projektion eine stereographische Polarprojektion. Die äußere Halbkugelfläche trägt das Gradnetz für Azimut und Höhe, dafür ist die Projektion eine allgemeine stereographische Projektion.

Nun rotiere die Kugel um ihre Achse, die Halbkugel bleibe fest, ebenso die Bildebene. Dann bleibt das Bild des Gradnetzes für Azimut und Höhe fest, während das Bild des anderen Gradnetzes sich dreht. Diese rotierende Figur kann außer der stereographischen Polarprojektion des Gradnetzes für Rektaszension und Deklination noch die Projektion der Sterne enthalten, d. h. eine vollständige Sternkarte in stereographischer Polarprojektion sein.

So läßt sich für eine bestimmte geographische Breite leicht ein ebenes stereographisches Gradnetz für Azimut und Höhe konstruieren als Ergänzung einer vorhandenen stereographischen Sternkarte. Das Gradnetz ist durch den Horizontkreis abgegrenzt, es wird auf eine durchsichtige Schicht übertragen, welche mit der Sternkarte so verbunden ist, daß beide gegeneinander drehbar sind. Ist dann am Rand noch die bei drehbaren Sternkarten übliche Einrichtung zur Einstellung auf Tag und Stunde angebracht, dann hat man eine bequeme Vorrichtung zur Feststellung, welche Sterne zurzeit über dem Horizont stehen und welche Azimute und Höhen sie haben. Damit ist die Orientierung am Sternenhimmel mittels der Karte wesentlich erleichtert. Es wird sich meist nur um ungefähre Werte für Azimute und Höhen handeln, deshalb reicht ein durchsichtiges Netz mit wenigen Linien aus.

Dieser Gedanke, den der Verfasser schon länger im Kolleg brachte, findet sich übrigens schon in Hartmanns Urania, einer im Jahre 1841 erschienenen populären Astronomie von einem kurhessischen Gymnasiallehrer. Dort ist der stereographischen Sternkarte der nördlichen Halbkugel eine auflegbare Schablone beigegeben, welche nur den gerade sichtbaren Teil offen läßt und dafür die Azimute von 45° zu 45° und die Höhen von 30° zu 30° gibt. Für die Sterne südlich des Äquators und überhaupt für die Sterne einer bestimmten Zone zu beiden Seiten des Äquators dient dort eine Sternkarte in Merkatorscher Projektion mit auflegbaren Schablonen. Daß der Gedanke des auf die Sternkarte aufgelegten und dagegen beweglichen zweiten Gradnetzes nicht auf die stereographische Projektion beschränkt ist, ist ohne weiteres klar. So lassen sich auch die im Handel befindlichen drehbaren Sternkarten von anderer als stereographischer Projektion in der besprochenen Art durch ein Gradnetz für Azimut und Höhe ergänzen, nur ist dafür die Konstruktion weniger einfach, und sie gehört nicht in die darstellende Geometrie.

In diesem Zusammenhang muß unbedingt auch das durch Ptolemäus überlieferte Planisphärium des Hipparch genannt werden, worüber nur auf Wolf, Handbuch der Astronomie, v. Braunmühl, Geschichte der Trigonometrie und auf eine frühere Braunmühlsche Abhandlung, endlich auf die neu erschienene Geschichte der Mathematik von Günther verwiesen werde.

§ 11. Ablesung von Azimut und Höhe aus gegebenem Stundenwinkel und gegebener Deklination bei fester Polhöhe mittels einer stereographischen Projektion. Man geht vom Gradnetz für den Stundenwinkel t und die Deklination δ auf dem Sternglobus aus. Die Polhöhe φ ist gegeben. Daraus folgen das Zenit und das Gradnetz für Azimut und Höhe. Beide Gradnetze befinden sich jetzt im Gegensatz zu § 10 in starrer Verbindung auf derselben Kugel. Aus Stundenwinkel und Deklination eines Sterns folgt eine bestimmte Stelle auf der Kugel, das zweite Gradnetz gibt (nötigenfalls durch eine Interpolation) die zugehörigen Werte von Azimut und Höhe.

Statt nun diesen Übergang vom einen Koordinatennetz zum anderen auf der Kugel zu machen, kann man ihn an einer gemeinsamen stereographischen Projektion beider starr verbundener Netze durchführen. Dabei beschränkt man sich auf die Abbildung einer Halbkugel, indem man den Stundenwinkel nur von 0° bis 180° und ebenso das Azimut nur nach Westen von 0° bis 180° zählt. Diese westliche Halbkugel mit ihren beiden Gradnetzen wird stereographisch auf die Tangentialebene des in ihrer Mitte liegenden Punktes abgebildet. (Zu diesem Punkt gehören $t = 90°$, $\delta = 0°$ und zugleich $A = 90°$, $h = 0°$.) Dann hat man für jedes Gradnetz eine stereographische Äquatorialprojektion. Die Bilder beider Gradnetze sind zueinander kongruent und gegeneinander um den Winkel $90° - \varphi$ gedreht, dieser Winkel entspricht dem Bogen vom Zenit bis zum Pol. Gemeinsam umschlossen werden die Bilder von einem Kreis, dessen Radius der doppelte Kugelradius ist.

Die erhaltene graphische Tafel gestattet die Ablesung von Azimut und Höhe eines Sterns aus gegebenem Stundenwinkel und gegebener Deklination, aber nur für eine bestimmte Polhöhe φ. Der Stundenwinkel folgt leicht aus Rektaszension und Sternzeit.[1]) Die Rektaszension kann aus einer Sternkarte beliebiger Projektionsart oder aus einem astronomischen Jahrbuch entnommen sein. So erhält man z. B. auch die Stellung von Planeten zu jeder Zeit.

§ 12. Mechanische Auflösung sphärischer Dreiecke mittels stereographischer Projektion. Die eben besprochene Vorrichtung, welche nur für eine bestimmte Polhöhe φ konstruiert war, läßt sich für beliebige Polhöhen brauchbar machen, indem man die beiden kongruenten Gradnetze nicht in starrer Verbindung verwendet, sondern gegeneinander drehbar anordnet. Damit ist gleichzeitig die Auflösung beliebiger sphärischer Dreiecke ermöglicht, solange unter den drei gegebenen Stücken (Seiten und Winkeln) mindestens eine Seite sich befindet. Das erfordert keine nähere Besprechung. (Der Fall, wo von einem sphärischen Dreieck die drei Winkel gegeben sind, ist übrigens mittels des Polardreiecks auf den Fall dreier gegebener Seiten zurückführbar, und läßt sich dadurch auch mittels dieses ebenen Mechanismus lösen.) Ein solches Instrument war 1893 in der mathematischen Ausstellung zu München, siehe den Dykschen Katalog, Band I S. 160, 161. Ein etwas einfacherer Mechanismus benutzt nur ein Gradnetz in stereographischer Äquatorialprojektion und läßt sich am besten schildern im Anschluß an die Aufgabe des vorigen Paragraphen: Rektaszension und Deklination eines Sternes und die geographische Breite sind gegeben, Azimut und Höhe gesucht. Dann liefert das Gradnetz aus A. R. und δ einen bestimmten Punkt. Eigentlich sollte man dessen Stellung zu einem kongruenten, um den Winkel $90^0 - \varphi$ gedrehten Gradnetz suchen. Statt dessen dreht man den Punkt um den Winkel $90^0 - \varphi$ im richtigen Sinn gegen das festbleibende Gradnetz und liest nun A und h am Gradnetz ab. Im einzelnen ist Wolf, Handbuch der Astronomie, Band 1, Teil II, S. 402 zu vergleichen, was sich allerdings unmittelbar auf ein Netz in orthographischer Projektion bezieht.

§ 13. Andere zentralperspektivische Kartenprojektionen, besonders die gnomonische. Eine zentralperspektivische Abbildung auf eine Tan-

1) Stundenwinkel = Sternzeit — A. R. des Sterns. Die Sternzeit wird berechnet, indem man zuerst die mittlere Ortszeit sucht, dann durch Subtraktion der Zeitgleichung die wahre Sonnenzeit erhält. Addition der Sonnenrektaszension gibt die Sternzeit, aber der Unterschied zwischen Sternstunden und Sonnenstunden ist zu beachten. — Die besondere Berücksichtigung der Zeitgleichung wird erspart, wenn die Rektaszension der mittleren Sonne bekannt ist, siehe z. B. das nautische Jahrbuch. Für die hier vorliegende Anwendung braucht man nur einen Näherungswert des Stundenwinkels.

gentialebene der Kugel läßt sich für verschiedene Lagen des Abbildungszentrums *C* machen. Dabei wird man *C* auf der Geraden wählen, welche zur Bildebene senkrecht durch den Kugelmittelpunkt geht. *C* kann dann innerhalb der Kugelfläche, auf ihr oder außerhalb liegen. Praktische Bedeutung haben nur die Fälle, wo *C* im Mittelpunkt liegt oder von der Bildebene aus gerechnet über den Kugelmittelpunkt hinaus liegt. Dem Grenzfall für unendlich fernes *C* entspricht die senkrechte Parallelprojektion auf die Tangentialebene, die orthographische Projektion.

Bei jeder zentralperspektivischen Projektion oder beim eben genannten Grenzfall sind die Bilder von Kugelkreisen Kurven zweiter Ordnung, als ebene Schnitte von Kegeln zweiter Ordnung.

Näher besprochen werden soll hier nur die perspektivische Projektion vom Kugelzentrum aus. Sie heißt gnomonische Projektion (§§ 14—17). Eine wesentliche Eigenschaft von ihr ist die, daß jeder größte Kreis der Kugel ein geradliniges Bild hat, was leicht zu sehen ist und was für manche astronomische Karten Vorteile bietet. Abbilden kann man wieder die ganze Kugelfläche, aber ihr Bild bedeckt die Ebene doppelt, indem je zwei diametral gegenüberliegende Punkte dasselbe Bild haben. Deshalb bildet man meist nur eine Halbkugel ab.

§ 14. Die gnomonische Polarprojektion. Die Kugel wird in derselben Stellung genommen wie in § 3 und in Fig. 124 auf Tafel IX. Damit erfolgt die perspektivische Abbildung vom Kugelmittelpunkt auf die Tangentialebene des Südpols. Man kann sich auf die Abbildung der Südhalbkugel beschränken in Rücksicht auf den Schluß des vorigen Paragraphen.

Die Meridiane erhalten geradlinige Bilder. Das sind die Grundrißspuren ihrer Ebenen. So bleiben, obwohl im allgemeinen keine Winkeltreue besteht, die Winkel erhalten, welche die Meridiane miteinander beim Südpol bilden. Irgend ein bestimmter Parallelkreis der Südhalbkugel hat als projizierenden Kegel einen Rotationskegel mit vertikaler Achse. Hieraus folgt das Bild des Parallelkreises als Kreis um den Südpol. Der Kreisradius wird ähnlich wie in § 3 gefunden. Zum Parallelkreis mit der südlichen Breite φ gehört jetzt ein Bildkreis vom Radius $\operatorname{ctg} \varphi$ (beim Kugelradius 1).

§ 15. Die gnomonische Äquatorialprojektion. Man geht von derselben Stellung der Kugel zu den Ebenen Π_1 und Π_2 aus wie in § 4.[1]) Als Bildebene dient eine zu Π_1 und Π_2 senkrechte Tangentialebene E, die in Π_2 umgelegt wird. Auf der Kugel betrachtet man Meridiane und Parallelkreise, wieder in Abständen von 15^0 zu 15^0, ein Meridiankreis liege in der zu Π_2 parallelen Ebene Σ. Die Meridianbilder sind vertikale Geraden in E, man erhält sie in der Umlegung von E leicht aus den Schnittpunkten

1) Es empfiehlt sich, die Figur selbst zu entwerfen.

von e_1 mit den Grundrißspuren der Meridianebenen. — Je zwei Parallelkreise, die gleichweit nach Norden und Süden liegen, bestimmen zusammen einen vollständigen Kegel von Projektionsstrahlen. Sein Schnitt mit E ist eine Hyperbel. Ihre Symmetrieachsen sind die Schnittlinien von E mit der Äquatorebene und mit der Ebene Σ. Auf der senkrechten Symmetrieachse liegen die Scheitel der Hyperbel. Sie folgen darum als Bildpunkte der in Σ liegenden Punkte der beiden Parallelkreise. Weitere allgemeine Punkte der Hyperbel wären ziemlich leicht zu erhalten, aber das Richtige ist die Schaffung der Asymptoten. Die Asymptoten der in E auftretenden Hyperbel sind parallel zu den Schnittlinien des oben eingeführten projizierenden Kegels mit der Ebene, die durch die Kegelachse parallel zu E geht. So sind schließlich die umgelegten Asymptoten parallel zu den Aufrissen der Mantelgeraden des Kegels, welche in Σ liegen.

§ 16. Die allgemeine gnomonische Projektion. (Fig. 127 auf Taf. IX). Die Kugel mit dem Gradnetz soll zu Π_1 und Π_2 so gestellt werden wie in §§ 4 und 15. Man zeichnet die Umrisse für die Projektionen der Kugel, die geradlinigen Aufrisse der Parallelkreise (von 15^0 zu 15^0) und die geradlinigen Grundrisse der Meridiane (von 15^0 zu 15^0). Dabei wird ein Meridiankreis zu Π_2 parallel genommen. Seine Ebene heiße wie bisher Σ. Als Bildebene E dient eine zu Π_2 senkrechte Tangentialebene der Kugel. Der Berührungspunkt der Bildebene ist in der Figur auf dem Kreis von 60^0 nördlicher Breite gewählt. Dadurch treten drei Ellipsen, eine Parabel und eine Hyperbel auf, nach den Sätzen vom XII. Abschnitt. Die Ellipsen gehören zu $\varphi = 45^0$, 60^0 und 75^0, die Parabel zu $\varphi = 30^0$ und die Hyperbel zu $\varphi = 15^0$. Je zwei Parallelkreise mit derselben nördlichen und südlichen Breite haben denselben Bildkegelschnitt. Die Schnittlinie von Σ und E ist die einzige Symmetrieachse für die Bildfigur. Die Ebene E und das in ihr liegende Kurvennetz werden in Π_2 nach links umgelegt durch Drehung um e_2.

Das Bild des Nordpols N ist der Schnittpunkt der verlängerten Kugelachse mit E und seine Umlegung $\overline{N}$ folgt leicht. Das Bild des Südpols würde an die gleiche Stelle fallen, s. § 13. — Die Bilder aller Meridiane sind geradlinig und gehen durch das Bild des Nordpols, sie sind die Schnittlinien der Meridianebenen mit der Bildebene E. Um das umgelegte Bild eines Meridians zu finden, kann man die Grundrißspur der Meridianebene mit e_1 zum Schnitt bringen und diesen Punkt umlegen. Auch kann man die Spurparallele von E benutzen, welche in der Horizontalebene des Kugelmittelpunktes liegt, man legt ihre Schnittpunkte mit den einzelnen Meridianebenen um. In andern Fällen benutzt man den Aufrißspurpunkt.

Die Breitenkreise von 45^0, 60^0 und 75^0 Breite haben elliptische Bilder, siehe oben; dabei haben der nördliche und der südliche Breitenkreis von gleicher Breite gemeinsames Bild. Die Schnittlinie von E und

Σ ist die Symmetrieachse für diese Ellipsen, die Scheitel der großen Achsen fallen auf diese Gerade, vgl. §§ 3—5 im XII. Abschnitt. Diese Scheitel folgen leicht als Bildpunkte der in Σ liegenden Punkte der Breitenkreise. Um dann eine dieser Ellipsen völlig zu bestimmen, reicht die Kenntnis eines weiteren Punktes aus. Man kann u. a. den Bildpunkt suchen für den am weitesten vorn liegenden Punkt R des betreffenden Parallelkreises. Das geschieht in folgender Art. Die Vertikalebene, welche durch die beiden Pole senkrecht zu Π_2 geht und welche den Punkt R enthält, sei H. Das Bild von R ist der Schnittpunkt des verlängerten Kugelradius MR mit der Ebene E oder mit der in H liegenden Spurparallelen von E. Man denkt sich die in H enthaltene Figur gedreht um die durch M gehende Senkrechte, bis sie parallel zu Π_2 wird. Die Aufrisse der gedrehten Spurparallelen und der gedrehten Geraden MR findet man dann sofort, siehe die Figur, und hierdurch kann man das Bild von R in die umgelegte Bildfigur eintragen. — Man bestimmt für die vordersten Punkte aller nördlichen Parallelkreise die umgelegten Bildpunkte in Rücksicht auf spätere Verwendung. Die drei Ellipsen werden nun jede aus den Scheiteln der großen Achse und einem weiteren Punkt bestimmt nach dem VIII. Abschn. § 9.

Man kann auch unmittelbar die Scheitel der kleinen Achse für jede Ellipse suchen. In der umgelegten Bildfigur kennt man die Gerade, auf welche diese Scheitel fallen. Die zugehörige Gerade in E ist eine Spurparallele 1. Art. Sie bestimmt mit dem Kugelmittelpunkt eine Ebene, welche zu Π_2 senkrecht ist und deren Aufrißspur man zeichnet. Damit findet man die beiden Punkte des betreffenden Parallelkreises, denen die gesuchten Scheitel der kleinen Ellipsenachse entsprechen. Die Figur enthält die Projektionen des einen dieser Punkte und die daraus folgende Bestimmung des entsprechenden Punktes auf der Geraden in E. Sein Abstand von Σ tritt in der Grundrißfigur auf und liefert beim Übertragen in die Umlegung von E die Scheitel der kleinen Ellipsenachse.

§ 17. Fortsetzung. Das parabolische Bild der Breitenkreise von 30° nördlicher und südlicher Breite hat die Schnittlinie von E und Σ zur Symmetrieachse, der Parabelscheitel ergibt sich sofort. Außerdem hat man nur noch einen Punkt der Parabel nötig, ein solcher ist schon vorhanden dadurch, daß früher der am weitesten vorn liegende Punkt des nördlichen Breitenkreises von 30° abgebildet wurde. (Über die Konstruktion der Parabel aus Achse, Scheitel und noch einem Punkt siehe S. 137, Anfang von § 12. Wegen des Brennpunktes siehe auch S. 138, Anm.)

Die Hyperbel, welche den beiden Parallelkreisen mit $\varphi = 15^0$ entspricht, hat wieder die Schnittlinie von E und Σ zur Symmetrieachse. Dort liegen ihre leicht zu findenden Scheitel. Ein weiterer Hyperbelpunkt ist bekannt, nämlich das Bild des vordersten Punktes vom nördlichen der beiden Breitenkreise. Doch wird dieser Punkt mehr zur Probe verwendet[1]), die genaue Hyperbelkonstruktion erfolgt aus den Scheiteln und Asymptoten. Man hat durch M eine Hilfsebene parallel zur Bildebene E zu legen, diese Ebene schneidet den projizierenden Kegel der beiden Parallelkreise in zwei Geraden, zu denen die Asymptoten der in E liegenden Hyperbel parallel sind. Daraus kommt man zu folgender Konstruktion, die in einer Nebenfigur gemacht ist:

Die Parallele zu e_2 durch M'' ist die Aufrißspur der eingeführten Hilfsebene, sie enthält zugleich die Aufrisse aller Punkte dieser Hilfsebene. So hat man die Aufrisse und daraus die Grundrisse der beiden Punkte, welche der nördliche Parallelkreis von 15^0 mit der Hilfsebene gemein hat. Der vordere dieser zwei Punkte bestimmt die eine Mantelgerade des projizierenden Kegels. Diese Mantelgerade denkt man sich starr verbunden mit der Geraden, in welcher die Hilfsebene und Σ sich schneiden; ferner werde sie um diese Gerade gedreht bis zum Parallelismus mit Π_2. Der Aufriß dieser Lage wird gezeichnet, siehe die Figur.[2]) Damit ist nun die Hälfte des Winkels bekannt, welchen die beiden ausgezeichneten Mantelgeraden des projizierenden Kegels miteinander bilden, und diese Hälfte ist der Winkel, unter welchem die Asymptoten der gesuchten Hyperbel die Hauptachse der Hyperbel schneiden. Hiermit ist die Konstruktion der Hyperbelasymptoten erledigt. (Die eine Asymptote ist parallel zur Hypotenuse des umgelegten Dreiecks.) Wegen Konstruktion der Hyperbel aus den Scheiteln und den Asymptoten sei auf den XII. Abschn. § 15 und auf Bücher über Kegelschnitte verwiesen.

§ 18. Zusätze. Bei der ausführlichen Behandlung der allgemeinen stereographischen Projektion in § 6 war die Kugel anders zu den Projektionsebenen gestellt. Π_1 diente als Bildebene, und man konnte auf die Grundrißprojektion der Kugel und ihres Gradnetzes verzichten. Für die allgemeine gnomonische Projektion eignet sich diese Stellung weniger. — In den Figuren 125 bis 127 sind nur wesentliche Teile der Konstruktion eingetragen und nicht die in der Bildebene entstehenden Gradnetze. Die volle Ausführung der Zeichnungen in großem Maßstab bietet eine gute Übung und ist teils nicht leicht.

---

1) Übrigens wird seine Konstruktion ungenau, aber durch Rechnung findet man ihn gut.

2) Die Hypotenuse des umgelegten rechtwinkligen Dreiecks ist gleich dem Kugelradius. Deshalb hat man nicht nötig, die eine Kathete des Dreiecks aus dem Grundriß zu entnehmen, und man kann schließlich die Grundrißfigur ganz entbehren.

Zweiter Teil.

Schiefe Parallelperspektive und Axonometrie.

XXII. Abschnitt.

Grundlagen der schiefen Parallelperspektive.

§ 1. **Einleitung.** Das Bedürfnis nach einer einfachen Methode zum Entwerfen anschaulicher Bilder räumlicher Figuren tritt häufig hervor. Am genauesten gibt man den Eindruck eines gesehenen Gegenstandes nach den Gesetzen der malerischen Perspektive wieder. Aber dieses Verfahren ist für viele Zwecke zu umständlich, und deshalb treten an seine Stelle andere Methoden, darunter als wichtigste die schiefe Parallelperspektive. Das ist eine Parallelprojektion in schiefer Richtung auf eine Bildebene, wobei die folgenden Festsetzungen gelten sollen:

Auf einer vertikalen Ebene, die als Bildebene dient, und der Aufrißebene der Mongeschen Methode entspricht, wird nach vorn ein Lot von bestimmter Länge errichtet. Ferner wird in der Bildebene vom Ausgangspunkt dieses Lotes eine halb so lange Gerade nach links unten unter 30^0 gegen die Horizontale gezogen. Verbindet man den Endpunkt des Lotes und den Endpunkt dieser Geraden miteinander, so ist damit eine Richtung bestimmt; in dieser Richtung soll ein im Raum gegebener Gegenstand auf die Bildebene Π_2 projiziert werden. Das dann entstehende Bild ist die Darstellung des Gegenstands in „schiefer Parallelperspektive", oder kurz in „Parallelperspektive". Zwar kommen bei der Parallelperspektive noch andere Projektionsrichtungen als die eben definierte vor, aber diese ist die einfachste für die Konstruktionen, wie später gezeigt wird (§ 11).

Bei der Zentralperspektive, der malerischen Perspektive, laufen die Bilder paralleler Geraden nach einem gemeinsamen Punkt, ihrem Fluchtpunkt, außerdem werden die Bilder gleich langer Strecken derselben Geraden um so kleiner, je weiter diese Strecken zurückliegen, es findet im Bild für die zurückliegenden Teile eine Verjüngung statt. Anders verhalten sich die Bilder, welche durch irgend eine Parallelprojektion erhalten sind: da hat ein System von Parallellinien wieder ein solches System zum Bild, und die Bilder gleichlanger Strecken derselben Geraden oder paralleler Geraden sind untereinander gleich lang. Das Auge ist so sehr an Fluchtpunkte und Verjüngungen gewöhnt, daß es wirkliche Parallellinien in einem durch Parallelprojektion entstandenen Bild oft als divergent empfindet, daß z. B. ein parallelperspektivisch gezeichnetes nach hinten laufendes, langgestrecktes Parallelepiped sich nach hinten zu verbreitern scheint.

Trotz dieser Abweichung von den Gesetzen der malerischen Perspektive sind die parallelperspektivischen Bilder in den meisten Fällen noch recht anschaulich, und sie haben vor den Figuren der malerischen Perspektive den Vorteil größerer Leichtigkeit der Konstruktion — was für Skizzen zu mathematischen Zwecken sehr ins Gewicht fällt. Weiter bieten sie den Vorteil, daß man Maße des dargestellten Gegenstands leichter aus der Zeichnung entnehmen kann (auch leichter als bei axonometrischer Projektion). Eine gewisse Verzerrung, welche mit der schiefen Projektionsrichtung zusammenhängt, läßt sich übrigens dadurch beseitigen, daß man das Bild in einer Richtung ansieht, welche ungefähr der Projektionsrichtung entspricht.

Während bei senkrechter Parallelprojektion das Bild einer Strecke entweder verkürzt ist oder ebensolang ist als die Strecke selbst, kann bei schiefer Parallelprojektion das Bild verkürzt, verlängert oder ebensolang als die Strecke sein.

§ 2. Erstes Verfahren zum Entwerfen eines parallelperspektivischen Bildes. Ist ein Gegenstand durch Orthogonalprojektion, durch Grund- und Aufriß gegeben und soll sein parallelperspektivisches Bild für Π_2 als Bildebene entworfen werden, so kennt man von den einzelnen wesentlichen Punkten des Gegenstands die Fußpunkte und die Längen der auf Π_2 gefällten Lote und kann darum für jeden einzelnen dieser Punkte das parallelperspektivische Bild entwerfen, und zwar für jeden Punkt selbständig, unabhängig von den übrigen Punkten. Die Lote haben parallele Bilder, unter 30^0 nach links unten gegen die Horizontale gehend — wenigsten für Punkte, die vor Π_2 liegen — und dabei von halber wahrer Länge.

Damit ist ein Weg angegeben, um zu einem durch Grund- und Aufriß gegebenen Gegenstand das Bild in schiefer Parallelperspektive zu entwerfen. Häufig wählt man dabei den Gegenstand vor Π_2 und über Π_1.

Die Herstellung der parallelperspektivischen Skizzen Fig. 1a, 3a, 7a, 13a auf S. 4, 6, 10, 13 ist nun ohne weiteres verständlich (abgesehen von den Bildern der Kreisbogen in Fig. 1a). Auf andere Skizzen im Buch wird erst später eingegangen.

§ 3. Die Grundlage zu einem zweiten Verfahren: Das Bild einer in Π_1 liegenden Figur. Man kann zuerst für die ganze Grundrißprojektion des Gegenstands das parallelperspektivische Bild entwerfen und daran anknüpfend das Bild des Gegenstands selbst zeichnen. Dieses Verfahren soll jetzt besprochen werden, es ist besonders wichtig. Π_2 dient wieder als Zeichnungsfläche.

Zuerst betrachtet man nur eine in Π_1 liegende Figur, welche ganz vor der Ebene Π_2 liegen mag (Fig. 128 auf Taf. X). Die in Π_1 gegebene Figur wird mit Π_1 um die Projektionsachse gedreht, bis sie in die Zeichnungsebene Π_2 gelangt und wird dort gezeichnet (vgl. I. Abschn. § 1). A sei ein Punkt der Figur in der noch horizontalen Grundrißebene Π_1, A_0 die zugehörige Umlegung. Das von A auf die Ebene Π_2 gefällte Lot hat zum Fußpunkt den Fußpunkt des von A_0 auf die Projektionsachse gefällten Lotes und hat zur Länge die Länge dieses Lotes. Vom Lotfußpunkt A_a aus (vgl. I. Abschn. §§ 1, 16) wird die halbe Lotlänge nach links unten unter 30^0 gegen die Horizontale, die Projektionsachse, abgetragen; der Endpunkt dieser Abtragung ist der Bildpunkt für A. Er soll vorläufig mit $\bar{A}$ bezeichnet werden, später läßt man meist die Überstreichung weg und bezeichnet die Bildpunkte mit demselben Zeichen, wie die Punkte des Gegenstands, was manchmal freilich zu größerer Ausführlichkeit im Text zwingt.

Das aus A_0, A_a und $\bar{A}$ gebildete Dreieck hat bei A_a den Winkel 60^0, und die beiden dort zusammenstoßenden Seiten stehen im Verhältnis $2:1$. Deshalb ist der Winkel bei $\bar{A}$ 90^0, und man braucht $\bar{A}$ nicht durch Abtragung der halben Länge von A_0A_a zu bestimmen, sondern man erhält es einfacher als Schnittpunkt der von A_a unter 30^0 nach links unten und der von A_0 unter 60^0 nach links oben gezogenen Geraden. Das Fällen des Lotes von A_0 auf die Projektionsachse und das Ziehen der beiden eben genannten schiefen Linien erfolgen durch Anlegen des Zeichenwinkels an die Reißschiene; dabei wird man, wenn es sich um die Darstellung einer Reihe von Punkten handelt, die in Π_1 liegen und durch ihre Umlegungen gegeben sind, zuerst alle Lote fällen, dann alle schiefen Linien der einen Art, dann alle schiefen Linien der anderen Art ziehen. Sobald man eine Linie dieses letzten Systems gezogen hat, wird man den durch sie gelieferten Bildpunkt sogleich hervorheben — etwa durch einen kleinen mit Blei gemachten Kreis — um rascher und sicherer zu arbeiten.

§ 4. Auftreten und Verwendung der perspektivischen Affinität. Die umgelegte Grundrißfigur und das zugehörige Bild stehen in einem wichtigen Zusammenhang, der auch konstruktiv verwertet werden muß und der häufig zur Abkürzung der Konstruktion beiträgt. Sie sind zueinander perspektivisch affin. Denn die ursprünglich gegebene, in der zu Π_2 senkrechten Ebene Π_1 liegende Figur ist im Raume perspektivisch affin zur Bildfigur, und durch Drehung der Ebene Π_1 in die Zeichnungsfläche hinein entsteht eine perspektivisch affine Zuordnung zwischen der gedrehten Figur und der Bildfigur, welche nun beide in derselben Ebene liegen (IV. Abschn. § 3). Die Affinitätsachse ist die Projektionsachse, und die Affinitätsrichtung, d. h. die Richtung der Verbindungslinien entsprechender Punkte, verläuft, wie schon bekannt ist, unter 60^0 gegen die Projektionsachse nach links oben.

Hiernach kann man sehr leicht das Bild eines in Π_1 liegenden Quadrats entwerfen. Man geht vom umgelegten Quadrat $A_0B_0C_0D_0$ aus, konstruiert zunächst die Bildpunkte der Ecken und des Mittelpunkts jeden für sich, außerdem benutzt man z. T. noch für die Diagonalen und für die Seiten des Quadratbildes die Punkte auf der Projektionsachse, durch welche sie wegen der Affinität zum umgelegten Quadrat gehen müssen. Auch der Parallelismus je zweier Seiten des Quadratbildes ist zu beachten. So sind eine Reihe von Proben erhalten, statt dessen hätte man auch die selbständige Konstruktion einzelner Bildpunkte ersparen können.

Das Bild eines in Π_1 liegenden regelmäßigen Sechsecks ist entsprechend zu erhalten, es tritt in Fig. 137a auf Tafel X auf. Doch sind dort die Konstruktionslinien großenteils weggelassen. Der Mittelpunkt und die drei Hauptdiagonalen des Sechsecks sind — soweit ihre Schnittpunkte mit der Projektionsachse zugänglich sind — für die Konstruktion unbedingt zu benutzen. Ebenso ist der Parallelismus je zweier Seiten und einer Hauptdiagonale des Bildsechsecks beim Ausziehen zu verwerten.

Bei der Konstruktion des parallelperspektivischen Bildes einer Figur in der Grundrißebene fällt die starke Zusammendrängung des Bildes auf. Aus § 3 geht hervor, daß das Bild eines in Π_1 liegenden Punktes P viermal so nahe an der Projektionsachse liegt als P selbst (oder als P_0). Deshalb darf der umgelegte Grundriß nicht schmal sein, wenn ein gutes Bild entstehen soll. Ferner muß man die umgelegte Grundrißfigur genügend weit von der Projektionsachse entfernt wählen, damit die umgelegte Figur und die Bildfigur sich nicht teilweise decken.

§ 5. Die Bilder senkrechter Strecken, allgemeiner Raumpunkte und Körper. Ein Punkt P im Raum und sein Grundriß P' bestimmen eine senkrechte Strecke PP', die zur Bildebene Π_2 parallel ist. Werden P und P' parallelperspektivisch auf Π_2 projiziert, so erhält man die Bilder $\overline{P}$ und $\overline{P}'$. Ihre Verbindungslinie steht vertikal und hat dieselbe Länge wie PP'. Ist demnach ein Punkt P gegeben durch die Umlegung P_0' seines Grundrisses P' und durch seine Höhe über Π_1, so findet man zuerst nach § 3 das Bild $\overline{P}'$ von P', dann senkrecht über diesem Punkt und von ihm um die gegebene Höhe entfernt das Bild $\overline{P}$ von P.[1])

---

1) Als Figur zu dieser Betrachtung kann Fig. 1a auf S. 4 dienen; P_0' ist in ihr enthalten, allerdings ohne Bezeichnung, die Linien für die Konstruktion fehlen zum Teil.

Damit ist die parallelperspektivische Darstellung von allgemeinen Raumpunkten besprochen. Wenn man so für eine zusammengesetzte räumliche Figur zuerst das Bild des Grundrisses entwirft und dann die Höhenabtragung vornimmt, und wenn dabei für das Grundrißbild die Affinität sich ausgiebig verwenden läßt, dann erzielt man eine größere Genauigkeit als durch das Verfahren von § 2. Man hat dabei oft auch kürzere Konstruktion, indem man die selbständige Bestimmung einzelner Punkte ersparen kann. Kann man dabei von Geraden der räumlichen Figur, die nicht in Π_2 liegen, die Spurpunkte in Π_2 angeben, dann gehen die Bildgeraden durch diese Spurpunkte hindurch, und diese Punkte sind bei der Konstruktion mit zu benutzen.

Das in § 4 besprochene Bild eines in Π_1 liegenden Quadrates läßt sich jetzt leicht zum Bild eines Würfels oder einer quadratischen Pyramide vervollständigen. Ebenso kann man das in § 4 behandelte Bild eines in Π_1 liegenden regelmäßigen Sechsecks zum Bild einer regelmäßigen Pyramide ergänzen, Fig. 137a auf Tafel X, auch zu §§ 1, 2 im XXIV. Abschn. gehörig. In ähnlicher Art macht man für andere einfache Körper, die auf Π_1 ruhen, die Konstruktion des parallelperspektivischen Bildes. Dafür folgen jetzt noch einige Beispiele.

§ 6. Dodekaeder und Ikosaeder. Früher ist das regelmäßige Dodekaeder in Grund- und Aufriß dargestellt worden. Aus dem Grundriß und den Höhen folgt wieder das parallelperspektivische Bild, wobei für das Grundrißbild die Affinität ausgiebig zu verwenden ist, Fig. 49, 50 auf Tafel I. Beim Ausziehen der Kanten des Körpers ist wieder der Parallelismus je zweier Kanten zu beachten, ebenso der auf Seite 65 besprochene Zusammenhang, daß nach den Schnittpunkten von AB und DE, von BC und EA usw. je zwei geneigte Kanten des unebenen Zehnecks $FLGMHNIOKP$ laufen. Entsprechend laufen andere Kantenpaare dieses Zehnecks nach bekannten Punkten in der Ebene der obersten Fläche. — Hätte man in Fig. 49 auf Tafel I eine hinten liegende Kante des Basisfünfecks vom Dodekaeder zur Projektionsachse parallel angenommen, dann wäre jetzt das danach entworfene parallelperspektivische Bild des Körpers durch starkes Zusammenschrumpfen zweier Flächen häßlich ausgefallen. Übrigens zeigt Fig. 50 deutlich die schon in § 1 genannte Verzerrung, welche jedem parallelperspektivischen Bild anhaftet. Ein noch anschaulicheres Beispiel dieser Verzerrung bietet die parallelperspektivische Darstellung der Kugel, Fig. 139—41 auf Tafel XI und §§ 6, 7 im zweitnächsten Abschnitt. Das Ikosaeder, Fig. 52 auf Tafel I sei ebenfalls genannt.

§ 7. Die Darstellung des Würfels und des Tetraeders in den einfachsten Stellungen. In manchen Fällen hat man zum Entwerfen des Bildes eines einfach gestalteten Körpers keinen umgelegten Grundriß nötig.

Das einfachste Beispiel ist der mit einer Fläche auf Π_1 ruhende Würfel, bei dem zwei Flächen zu Π_2 parallel sind. Die Bilder dieser Flächen haben wahre Gestalt und Größe. Die Bilder der zu Π_2 senkrechten Kanten sind unter 30^0 gegen die Horizontale geneigt und laufen dabei von links unten nach rechts oben (Fig. 129).

Als zweites Beispiel diene das auf Π_1 ruhende regelmäßige Tetraeder, von dem eine Basiskante zur Bildebene Π_2 senkrecht ist (Fig. 130). Diese Kante BC hat im Bild halbe wahre Länge und die bekannte Richtung, ihr Mittelpunkt E ist der Fußpunkt des von A auf BC gefällten Lotes, dieses Lot stellt sich in wahrer Größe und parallel zur Projektionsachse dar, ebenso hat das ganze Dreieck ADE, weil es zur Bildebene parallel ist, im Bild wahre Größe und Gestalt und ist demnach leicht zu konstruieren. Es ist gleichschenklig, hat bei E seine Spitze, weiter teilt der Fußpunkt des von D auf AE gefällten Lotes die Strecke AE so, daß $AF : FE = 2 : 1$ ist.

Weitere Fälle dieser Art kommen in § 12 vor.

§ 8. Darstellung eines in Π_1 liegenden Kreises. Gegeben sind sein Mittelpunkt M, oder dessen Umlegung M_0, und der Radius r. Man bestimmt das Bild $\overline{M}$ von M. Die Umlegung k_0 des Kreises k ist ein Kreis vom Radius r um M_0. Das gesuchte Kreisbild ist perspektivisch affin zu k_0, dabei ist die Affinitätsachse mit der Projektionsachse identisch, weiter ist $\overline{M}$ der affine Punkt zu M_0. Hieraus läßt sich das elliptische Kreisbild zeichnen, und zwar kann man die beiden Hauptachsen der Ellipse finden, die Konstruktion ist schon im VIII. Abschn. § 17 besprochen, Fig. 67 auf Seite 96. Die Mittelsenkrechte zu $M_0\overline{M}$ geht von links unten nach rechts oben unter 30^0 gegen die Horizontale und geht dabei auch durch die Mitte von M_0M_a hindurch. Über die Konstruktion von Tangenten der Ellipse ist früher alles nötige gesagt worden. — In Fig. 138 auf Tafel X ist das Bild vom Basiskreis des Kegels auf diese Art entworfen.

Auf die parallelperspektivische Darstellung eines in einer Ebene von allgemeiner Lage enthaltenen Kreises wird in § 17 des nächsten Abschnittes eingegangen.

§ 9. Das Bild eines auf Π_1 stehenden Rotationskegels. Man konstruiert das Bild seines Basiskreises und das seiner Spitze. (Fig. 138 auf Tafel X, welche hauptsächlich zu §§ 4, 5 im XXIV. Abschn. gehört.) Die Verbindungslinien des Bildes der Spitze mit Punkten der Ellipse sind die Bilder von Mantelgeraden des Kegels. Die Tangenten vom Bild der Spitze aus an die Ellipse — welche vorhanden sind, falls der Kegel nicht sehr flach ist — bilden einen Teil vom Umriß des Kegelbildes. Als der übrige Teil des Umrisses tritt einer der beiden Bogen auf, in welche die Ellipse durch die Berührungspunkte der Tangenten geteilt wird, und zwar der untere (größere) Teil der Ellipse. Dieser ist auszuziehen, da er dem in der Projektionsrichtung von vorn sichtbaren Teil des Basiskreises entspricht; der andere Teil der Ellipse ist zu punktieren. Die Mantelgeraden des Kegels selbst, deren Bilder die beiden Tangenten sind, und der von ihren Endpunkten begrenzte vordere Teil des Basiskreises bilden zusammengenommen den Umriß des Kegels für die benutzte Projektionsrichtung.

Ein auf Π_1 stehender Rotationszylinder läßt sich ebenfalls leicht parallelperspektivisch darstellen. Die beiden kreisförmigen Endflächen haben kongruente Bilder; die obere dieser beiden Ellipsen folgt aus der unteren durch Parallelverschiebung in vertikaler Richtung um den Betrag der Höhe des Zylinders. Die beiden gemeinsamen senkrechten Tangenten dieser Ellipsen bilden einen Teil des Umrisses des Zylinderbildes. Die genaue Konstruktion dieser vertikalen Tangenten bietet keine Schwierigkeit, da im VIII. Abschnitt § 17 die Konstruktion von Tangenten gegebener Richtung an die affine Kurve zu einem Kreis besprochen ist.

§ 10. Zusatz. An die im vorletzten Paragraphen behandelte Abbildung des in Π_1 liegenden Kreises läßt sich noch eine praktische Bemerkung anschließen: In § 4 ist die Darstellung eines im Π_1 liegenden Quadrats besprochen und daraus kann man die Konstruktion einer auf Π_1 stehenden quadratischen Pyramide finden (nach § 5). Will man ein derartiges Bild entwerfen, so geht man von der Umlegung des Quadrats in die Zeichnungsfläche aus. Dabei ist es wesentlich und scheint doch auf den ersten Blick schwer, das umgelegte Quadrat gut zu stellen, so daß das Quadratbild oder das Bild der Pyramide eine schöne Form erhält. Sobald man an die Abbildung des in Π_1 liegenden Kreises denkt, wird alles einfach. Jedem Paar rechtwinkliger Kreisdurchmesser entspricht im Bilde ein Paar konjugierter Ellipsendurchmesser. Man braucht demnach nur eine ganz rohe Skizze des elliptischen Kreisbildes (wie man sie bei einiger Übung aus dem Gedächtnis entwirft) und man sieht sofort, wie man ein Paar konjugierter Durchmesser dieser Ellipse zu wählen hat, damit seine Endpunkte ein gutes Quadratbild oder die Basis eines guten Pyramidenbildes liefern. Zur gewählten Lage dieser konjugierten Durchmesser findet man in der Skizze unmittelbar die affinen rechtwinkligen Kreisdurchmesser und diese Geraden überträgt man nach dem Augenmaß in die anzufertigende genaue Zeichnung.

§ 11. Über andere Projektionsrichtungen für parallelperspektivische Bilder. In § 1 ist die Projektionsrichtung der schiefen Parallelperspektive so festgesetzt worden, daß das Bild einer zu Π_2 senkrechten und nach vorn laufenden Strecke halbe wahre Länge hat und unter 30^0 gegen die Horizontale nach links unten verläuft. Man hatte dabei nicht nötig, die Halbierung der wahren Länge mit dem Zirkel auszuführen (§ 3).

Wollte man die volle wahre Länge abtragen, so erhielte man sehr stark verzerrte Bilder. Nimmt man statt der halben Größe nur ein Drittel, dann werden die Bilder freilich schöner, weniger verzerrt, aber die Drittelung ist unbequem, wenn man nicht einen besonderen Teilzirkel für Drittelung hat. Dieses Verfahren wird man deshalb meist nur da anwenden, wo die mit dem früheren Verfahren verbundene Verzerrung besonders lästig ist; tatsächlich werden krystallographische Zeichnungen häufig so entworfen.

Setzt man unter Beibehaltung der Streckenhalbierung an die Stelle des Winkels von 30^0 einen Winkel von 45^0, so ist man auf Halbierung mit dem Zirkel angewiesen, die Konstruktion wird damit umständlicher. Ein weiterer Nachteil ist die wesentlich stärkere Verzerrung der Bilder von Körpern. Andererseits freilich wird das Grundrißbild nicht so stark verzerrt und nicht so stark zusammengedrängt. Am Schluß von § 12 des XXIV. Abschnitts ist noch eine andere Projektionsrichtung besprochen. Für die meisten mathematischen Zeichnungen aber empfiehlt sich die bisher hauptsächlich behandelte Projektionsrichtung. Wenn dabei im Unterricht für Skizzen an der Tafel das Bedürfnis vorliegt, ein Grundrißbild deutlicher, breiter erscheinen zu lassen, dann wird man den Winkel von 30^0 übertreiben in solchen Grenzen, daß die Tafelskizze in den Grundzügen noch den Charakter behält, wie er dem Winkel von 30^0 und der Verkürzung auf die Hälfte entspricht.

§ 12. Über die Zeichnung von Krystallen in Parallelperspektive. Das Bild eines abgestumpften regelmäßigen Oktaeders ist leicht zu erhalten. Das vollständige Oktaeder hat drei zueinander rechtwinklige Achsen von gleicher Länge. Zwei davon nimmt man wagrecht und senkrecht und zwar zur Bildebene parallel. Dann hat man die sämtlichen Ecken und das Oktaeder selbst im Bilde sofort. Die Abstumpfung erfolgt durch die Flächen eines Würfels mit demselben Achsenkreuz. Dadurch werden die Achsen des vollständigen Oktaeders an ihren Enden überall um gleich viel gekürzt. Man sucht zunächst die neuen Endpunkte der Achsen. Diese Punkte sind die Mittelpunkte der quadratischen Flächen des abgestumpften Körpers. Von jedem Quadrat kennt man die Richtungen der Diagonalen, weiter liegen die Quadratecken auf den Kanten des ursprünglichen Oktaeders und die Quadratseiten sind zu solchen Kanten parallel. Die hiermit angegebenen Beziehungen reichen aber nicht aus, um die Bilder aller kleinen Quadrate gut zu erhalten; spitze Schnitte machen sich an manchen Stellen fühlbar, besonders bei den zur Bildebene parallelen Quadraten. Je zwei Quadrate, deren Ebenen nicht parallel sind, besitzen ein Paar paralleler Diagonalen, diese Diagonalen sind gleich lang und ihre Endpunkte liegen auf Parallelen zu einer Oktaederkante. So kann man durch Streckenübertragung mit dem Zirkel oder durch Ziehen von Parallelen die Ungenauigkeiten ausgleichen.

Für die Darstellung anderer Krystalle gilt Entsprechendes. Empfehlenswert ist es, denselben Krystall für die verschiedenen Projektionsrichtungen des vorigen Paragraphen und außerdem noch in der orthogonalen axonometrischen Projektion von § 15 des XXV. Abschnittes zu zeichnen. Man kommt dadurch zu einem Vergleich der Verzerrungen, zu einem Urteil über den Einfluß der verschiedenen Projektionsarten auf die Schönheit des Bildes.

XXIII. Abschnitt.

Aufgaben über Punkte, Geraden und Ebenen in Parallelperspektive.

§ 1. Einleitung. Der vorhergehende Abschnitt betraf hauptsächlich das Entwerfen von parallelperspektivischen Bildern aus bekanntem Grundriß und Aufriß (oder Grundriß und Höhen). Die unmittelbare Ausführung von Konstruktionen in einer parallelperspektischen Zeichnung ist jetzt zu behandeln. In diesem Abschnitt wird eine Reihe von Fundamentalaufgaben über Punkte, Gerade und Ebenen gebracht, im nächsten Abschnitt folgen einige Aufgaben über Körper.

Zum ganzen Abschnitt ist Burmesters Abhandlung in Schlömilchs Zeitschrift Bd. 16 (1871) zu vergleichen, auch Rohn-Papperitz bietet viel. Aus diesen Rücksichten konnte hier die Figurenzahl gering ausfallen. — Bei den im folgenden behandelten Aufgaben kommt häufig ein entsprechender Gedankengang vor, wie bei den gleichen Aufgaben in Orthogonalprojektion im I.—III. Abschnitt, dadurch läßt sich manches kurz fassen. Nur herrschen die Umlegungen stärker vor und sie werden in Π_2 gemacht, weil dies die Zeichnungsfläche ist.

Wenn ein parallelperspektivisches Bild einer räumlichen Figur wenig Linien enthält, wirkt es oft nicht genügend plastisch. Dann läßt sich diese Wirkung erhöhen, indem man zwei in Π_1 und Π_2 liegende aneinanderstoßende Rechtecke mitzeichnet (wie in den Fig. 1a, 3a, 7a) oder indem man ein dreifach rechtwinkliges Achsenkreuz, von dem eine Achse auf die Projektionsachse fällt, mit in das Bild bringt. Es sind dann durch diese Achsenbilder drei Ebenen Π_1, Π_2 und Π_3 (die letzte senkrecht zur Projektionsachse) gegeben, und man kann dann auch Projektionen und Spuren, die sich auf die dritte Ebene beziehen, mit ins Bild eintragen, (siehe Fig. 132, 135, 136, Taf. X). Man kann von axonometrischer Grundlage aus zur Parallelperspektive kommen, aber das hat keine besonderen Vorteile. Demnach ist die Wiedergabe des Achsenkreuzes in einem parallelperspektivischen Bild immer etwas theoretisch nebensächliches, freilich ist sie oft praktisch von Wert zur Erhöhung der Anschaulichkeit.

§ 2. Über die Darstellung eines Punktes in Parallelperspektive. Zuerst ist hervorzuheben, daß die Lage eines Punktes im Raum durch sein Bild nicht bestimmt ist. Denn das Bild von P bestimmt nur den Projektionsstrahl, auf dem P liegt, und gibt nichts weiter über P an. Weiß man aber von einem Punkt P, daß er in Π_1 liegt, dann ist er durch sein Bild völlig bestimmt; denn sein Projektionsstrahl schneidet Π_1 in einem eindeutig bestimmten Punkt. Sind von einem Raumpunkt P die Bilder von P und P' gegeben (natürlich senkrecht übereinander), dann ist damit die Lage von P völlig bestimmt, weil sich die Lage von P' eindeutig ergibt und daraus die von P selbst. Ebenso kann man die räumliche Lage von P dadurch geben, daß man P'' und das Bild von P gibt (wobei $\overline{P}P''$ unter 30^0 von links unten nach rechts oben — oder, wenn P hinter der Bildebene liegt, in umgekehrter Richtung — verläuft). Fig. 1a auf S. 4 und z. B. Fig. 131 auf Tafel X.

§ 3. Die Darstellung einer Geraden g. (Fig. 131 auf Tafel X.) Man kann von den Spurpunkten ausgehen, G_2 sei unmittelbar gegeben und G_1 durch sein Bild. Die Verbindungslinie dieser beiden Punkte ist das Bild von g. Aus dem Bild von G_1 erhält man auf der Projektionsachse den Punkt G_1'', und $G_1''G_2$ ist der Aufriß g'' von g. Der Fußpunkt des im Raum oder in der Zeichnung von G_2 auf die Projektionsachse gefällten Lotes ist der Grundriß G_2' von G_2, und $G_2'\overline{G}_1$ ist das Bild vom Grundriß der Geraden g.

Eben war g durch G_2 und $\overline{G}_1$ gegeben. Ebenso läßt sich eine Gerade im parallelperspektivischen Bild geben durch die Bilder von g und g' oder durch das Bild von g und durch g'', endlich auch durch das Bild von g' und durch g''. Dagegen ist eine Gerade nicht bestimmt durch ihr Bild allein, wenigstens, wenn man von dem am Schlusse des Paragraphen zu nennenden Ausnahmefall absieht.

Ist g in Parallelperspektive durch die Bilder von g und g' gegeben, dann sind die beiden Spurpunkte sofort anzugeben. Die Bilder von g und g' schneiden sich im Bild von G_1. Das Bild von g' schneidet die Projektionsachse in G_2' und vertikal darüber liegt auf g der Punkt G_2. Ähnlich geht man vor, wenn die Gerade durch ihr Bild und g'' oder durch das Bild von g' und durch g'' gegeben ist.

Ist eine Gerade zur Projektionsrichtung parallel, dann hat sie kein geradliniges Bild mehr, sondern ihr Bild ist ein einziger Punkt.

§ 4. Die Gerade und ein auf ihr liegender Punkt. g ist wie im vorigen Paragraphen gegeben, und auf dem Bild von g ist das Bild eines auf g liegenden Punktes P gegeben. Hierdurch ist die räumliche Lage von P eindeutig bestimmt (Fig. 131). Das Bild von P' liegt auf dem Bild von g' und auf der durch das Bild von P gehenden Senkrechten, ebenso liegt P'' auf g'' und auf der durch das Bild von P unter 30^0 gegen die Horizontale laufenden Geraden.

§ 5. Die Verbindungslinie zweier Punkte und ihre wahre Länge. (Fig. 131 auf Tafel X). Gegeben sind zwei Punkte P und Q durch die Bilder von P, P' und Q, Q'. Dann folgen P'' und Q'', und man erhält von der durch P und Q gehenden Geraden g die Bilder von g und g', außerdem g''. Die Spurpunkte von g folgen leicht aus § 3. Damit erhält man Proben, G_2 ist wichtig für das folgende.

Soll nun die wahre Länge von PQ bestimmt werden, so ist nach den Grundgedanken vom I. Abschn. § 8 zu verfahren; aber da man die wahre Länge von $P''Q''$ in der Zeichnung unmittelbar hat, und die von $P'Q'$ nicht, so muß man an $P''Q''$ anknüpfen. Man legt das schon im I. Abschn. § 8 betrachtete Trapez $PP''Q''Q$ in die Zeichnungsfläche um durch Drehung um $P''Q''$. Seine Seiten PP'' und QQ'' sind doppelt so lang, als sie im Bild erscheinen und sie stehen senkrecht zu $P''Q''$, damit erhält man die Umlegungen dieser Seiten und daraus die Umlegung des ganzen Trapezes, $P^0P''Q''Q^0$. Dabei geht P^0Q^0 durch den Spurpunkt G_2, weil im Raum PQ durch diesen Punkt geht und der Punkt bei der Drehung fest bleibt. P^0Q^0 ist die gesuchte wahre Länge von PQ.

Im Bilde sind $P''P^0$ und $Q''Q^0$ zueinander parallel und stehen in demselben Verhältnis wie die Bilder von PP'' und QQ'' (sie sind nämlich doppelt so groß). Darum sind die Bilder von $P^0P''P$ und $Q^0Q''Q$ ähnliche Dreiecke und zwar mit parallelen entsprechenden Seiten. Daraus folgt $P^0\overline{P} \parallel Q^0\overline{Q}$. Das hätte man auch daraus schließen können, das die Strecke $\overline{P}\overline{Q}$ der Zeichnung die parallelperspektivische Projektion der Strecke PQ im Raum ist und daß P^0Q^0 die Umlegung der im Raum liegenden Strecke PQ ist; nach dem IV. Abschn. § 3 besteht deshalb in der Zeichnungsfläche perspektivische Affinität zwischen $\overline{P}\overline{Q}$ und P^0Q^0 mit der Affinitätsachse $P''Q''$.

In der Figur ist der Neigungswinkel γ_2 von PQ oder g gegen die Bildebene Π_2 gefunden. Der Neigungswinkel γ_1 gegen Π_1 ist weniger einfach zu finden; man muß dazu erst die wahre Länge von $P'Q'$ durch Umlegen der Grundrißebene in die Zeichnungsfläche bestimmen und dann das im Raume liegende Trapez $PP'Q'Q$ in seiner wahren Gestalt zeichnen, vgl. den I. Abschn. § 8. — Daß man für die Längenbestimmung von PQ und für die Bestimmung der Neigungswinkel γ_1 und γ_2 auch rechtwinklige Dreiecke statt der Trapeze verwenden kann, ist dort in § 9 hinreichend besprochen.

§ 6. Darstellung einer Ebene. Die Lage einer Ebene E, die nicht durch die Projektionsachse geht, ist durch ihre beiden Spuren e_1, e_2 vollständig bestimmt (II. Abschn. § 1). Man stellt darum in Parallelperspektive eine Ebene häufig durch diese Spuren dar, oder durch das Spurendreieck, wenn Bilder von Rechtecken in den drei zueinander senkrechten Ebenen Π_1, Π_2 und Π_3 vorliegen (Fig. 132 auf Tafel X). Ebenso kann man das Spurendreieck anwenden im Anschluß an das Bild eines dreifach rechtwinkligen Achsenkreuzes, wobei die Achsen die Schnittlinien von Π_1, Π_2, Π_3 sind (Fig. 135 und 136).

Steht E zu Π_1 senkrecht, so ist e_2 zur Projektionsachse senkrecht; steht E zu Π_2 senkrecht, so ist das Bild von e_1 unter 30^0 gegen die Projektionsachse geneigt. Weiter kann der Fall eintreten, daß beide Spuren im Bilde auf eine Gerade fallen (d. h. daß das Bild von e_1 auf e_2 fällt), dann enthält diese Gerade die Bilder sämtlicher Punkte von E, und die Ebene ist parallel zur Projektionsrichtung der Parallelperspektive.

§ 7. In E liegende Geraden. Die Spurpunkte einer solchen Geraden g liegen auf den Spuren von E (Fig. 132). Ist E durch die Bilder seiner Spuren gegeben und g durch sein Bild, so kennt man die Spurpunkte von g und erhält daraus g' und g'' im Bild.

Ist die in E liegende Gerade g parallel zu e_1, eine Spurparallele erster Art von E, so sind ihr Bild und das von g' zum Bild von e_1 parallel und g'' ist zur Achse parallel. Ähnliches gilt für eine Spurparallele zweiter Art. — Ist g eine Spurnormale zweiter Art, so ist in der Zeichnung g'' senkrecht zu e_2. Ist g eine Spurnormale erster Art, so ist zwar im Raum g' senkrecht zu e_1, aber im Bild erscheint dieser rechte Winkel verzerrt, so daß sich Spurnormalen erster Art im Bilde nicht besonders kennzeichnen.

§ 8. In E liegende Punkte (Fig. 132). Ein Punkt P von E ist durch sein Bild und die Spuren von E eindeutig gegeben (sobald diese Spuren im Bild nicht zusammenfallen). Denn das Bild bestimmt den Projektionsstrahl und dieser hat mit E nur einen Punkt gemein. Man konstruiert das Bild von P' und den Punkt P'', indem man irgend eine passende Gerade, welche in E liegt und durch P hindurchgeht, benutzt; man wählt für diese Gerade g das Bild, bestimmt daraus g' und g'' nach § 7 und findet auf g' bzw. g'' die Punkte P' bzw. P''. Alles ist entsprechend wie im II. Abschn. § 5. — Ist die Ebene E parallelperspektivisch durch ihre Spuren gegeben, und ist außerdem von einem in E liegenden Punkt P das Bild von P' oder P'' gegeben, dann ist die Konstruktion der anderen Punkte wieder leicht.

§ 9. Die Schnittlinie zweier Ebenen. Von E und Φ sind die Spuren e_1, e_2 und f_1, f_2 parallelperspektivisch gegeben (Fig. 133). Die Schnittlinie geht durch die Schnittpunkte von e_1 mit f_1 und von e_2 mit f_2 und bestimmt sich daraus im Bild. Auch die besonderen Fälle von II. Abschn. § 8 sind leicht und ebenso wie dort in Parallelperspektive zu behandeln. Der

Fall vom II. Abschn. § 9 ließe sich u. a. dadurch erledigen, daß man den zur Projektionsachse senkrechten Seitenriß in die Bildebene umlegt. Es gibt aber hier ein besseres Verfahren, entsprechend dem Schluß von § 9 im II. Abschn.

§ 10. Der Schnittpunkt einer Ebene und einer Geraden. In Fig. 134 auf Tafel X sind e_1, e_2 und g, g' gegeben. Man verfährt genau wie im II. Abschn. § 10. Die Vertikalebene durch g wird betrachtet, ihre Grundrißspur ist g', ihre Aufrißspur steht senkrecht zur Projektionsachse. Damit erhält man das Bild der Schnittlinie von E und der vertikalen Hilfsebene, und diese Linie schneidet g im gesuchten Punkt P. Auch Grund- und Aufriß von P erhält man im Bild sofort. — Ist die Gerade im Bild durch g, g'' gegeben, so kann man g' suchen oder mit der durch g und g'' gelegten Hilfsebene arbeiten.

§ 11. Der Neigungswinkel von E gegen Π_2 und der Abstand eines in E liegenden Punktes von e_2. In Fig. 135 auf Tafel X[1]) ist eine Ebene durch ihr Spurendreieck gegeben im Anschluß an daß Bild des dreifach rechtwinkligen Achsenkreuzes. Weiter ist das Bild eines in E liegenden Punktes P gegeben. Man zeichnet im Bilde P' und P'' mittels einer Hilfsgeraden UV nach § 8, alles nähere zeigt die Figur. Dann betrachtet man im Raum das Dreieck, welches aus P, P'' und dem Fußpunkt F des von P auf e_2 gefällten Lotes gebildet wird. Dieses Dreieck ist rechtwinklig, sein rechter Winkel liegt bei P''; ferner ist F der Fußpunkt des von P'' auf e_2 gefällten Lotes, vgl. den II. Abschn. § 14. Daraus läßt sich F in der Figur finden, denn der rechte Winkel zwischen $P''F$ und e_2 bleibt im Bild erhalten, weil beide Linien in der Zeichnungsfläche liegen. Vom rechtwinkligen Dreieck $PP''F$ hat nun im Bilde die Kathete $P''F$ wahre Größe und die Kathete PP'' halbe wahre Größe. Daraus folgt die wahre Gestalt des Dreiecks: man zeichnet sie angehängt an $P''F$, $P^0P''F$ ist die Umlegung des Dreiecks in die Zeichnungsfläche für Drehung um die in der Zeichnungsfläche liegende Seite $P''F$.

Hiermit ist die wahre Länge von PF, P^0F, gefunden und der Neigungswinkel α_2 von E gegen Π_2, $\sphericalangle P^0FP''$. — Man braucht auch, wenn nur der Abstand des P von e_2 gesucht ist, die wahre Gestalt des Dreiecks nicht durch Umlegung zu zeichnen. Die eine Kathete ist $P''F$ — was im Bild schon wahre Länge hat — die andere Kathete ist doppelt so lang, als PP'' im Bilde erscheint. Trägt man demnach auf e_2 von F aus die Länge der Bildstrecke PP'' zweimal ab, so hat der gefundene Endpunkt gerade von P'' den gesuchten Abstand gleich der wahren Länge von PF. Das entspricht dem zweiten Verfahren von § 18 im II. Abschn.

---

1) Die Figur dient gleichzeitig für §§ 13, 14.

§ 12. Der Neigungswinkel von E gegen Π_1 und der Abstand eines in E liegenden Punktes von e_1. Diese Größen treten in dem Dreieck auf, welches im Raum durch P, P' und den Fußpunkt des von P' auf e_1 gefällten Lotes gebildet wird. Der rechte Winkel, den dieses Lot mit e_1 bildet, erscheint aber im Bild verzerrt, und man kann deshalb nicht unmittelbar den Lotfußpunkt angeben. Man muß die Umlegung der in Π_1 auftretenden Figur in die Zeichnungsfläche herstellen, indem man P' und einen Punkt von e_1, und damit e_1 selbst umlegt. Dann erhält man in dieser Grundrißumlegung das Lot von P' auf e_1, es ist die eine Kathete des genannten rechtwinkligen Dreiecks. Die andere Kathete, PP' erscheint in der Figur in wahrer Länge. Die Konstruktion ist in Fig. 135 nicht eingetragen.

§ 13. Das Errichten eines Lotes auf der Ebene E (Fig. 135). Das Lot soll in P errichtet werden und gegebene Länge haben. Die Ebene H des in § 11 betrachteten Dreiecks $PP''F$ steht senkrecht auf Π_2 und auf E, sie enthält demnach das gesuchte Lot. Man denkt sich das Lot PQ starr mit dem rechtwinkligen Dreieck verbunden und mit ihm in die Zeichnungsfläche hineingedreht, wobei $P''F$ als Drehungsachse dient. Dadurch entsteht die Lage P^0Q^0 des Lotes, senkrecht zu P^0F und von der wahren Lotlänge. Diese Strecke P^0Q^0 hat man nun zurückgedreht zu denken und das zugehörige Bild zu zeichnen. Denkt man sich in der wirklichen Stellung des Lotes PQ von Q ein Lot auf Π_2 gefällt, so endet es da, wo das in der Umlegung von Q^0 auf die Verlängerung von $P''F$ gefällte Lot endet. Damit ist Q'' gefunden, und die Gerade QQ'' im Raum hat dieselbe Länge wie ihre Umlegung Q^0Q''. So entsteht das Bild von Q, wenn man von Q'' aus die halbe Länge von Q^0Q'' unter 30^0 nach links unten abträgt. Man erkennt dann leicht die Ähnlichkeit der Dreiecke P^0PP'' und Q^0QQ'' und damit den Parallelismus von Q^0Q mit P^0P in der Figur. Dadurch kann man die Halbierung der Strecke Q^0Q'' ersparen. Diese Beziehung hat auch einen allgemeineren Grund: Die Gerade PQ im Raum und ihre Bildgerade in der Figur sind perspektivisch affin zueinander. Dabei liegt PQ selbst in der oben eingeführten Hilfsebene H. Dreht man nun PQ um die Schnittlinie $P''F$ von H und Π_2, bis es in Π_2 hineinkommt, dann ist die gedrehte Strecke P^0Q^0 in der Zeichnungsfläche perspektivisch affin zur Bildlinie PQ (nach dem IV. Abschnitt § 3). $P''F$ ist die Affinitätsachse.

Eine wichtige Probe ist noch zu beachten. Das Bild von PQ muß durch den Aufrißspurpunkt S der Lotgeraden gehen. Dieser liegt auf der Verlängerung von $P''F$, und P^0Q^0 geht durch ihn hindurch, hierdurch ist er bestimmt.

§ 14. Das Fällen eines Lotes auf eine Ebene. Diese Aufgabe wird entsprechend gelöst (Fig. 135). Die Ebene E ist wie bisher gegeben, ferner Q durch die Bilder von Q und Q'. Q'' folgt daraus. Die Senkrechte von Q auf E ist gesucht. Die Ebene durch die Senkrechte und ihre Aufrißprojektion heiße H. H ist zu Π_2 senkrecht, hat als Aufrißspur die Aufrißprojektion des Lotes, nämlich das von Q'' auf e_2 gefällte Lot. Die Grundrißpur ist senkrecht zur Projektionsachse, d. h. im Bilde verläuft sie unter 30^0 gegen die Projektionsachse nach links unten. Nun hat man auch sofort die Schnittlinie der eingeführten Hilfsebene mit E, dann wird die Hilfsebene und die in ihr enthaltene Figur umgelegt durch Drehen um ihre Aufrißspur, d. h. um $Q''F$. Man zeichnet die Umlegung Q^0 des Q und die Umlegung der Schnittlinie der Hilfsebene mit E,[1]) dann kann man in der Umlegung das Lot fällen; es ist die Umlegung des gesuchten von Q auf E gefällten Lotes. Der Lotfußpunkt in der Umlegung, P^0, liefert P'' auf der Verlängerung von $Q''F$, und dann trägt man die halbe Länge des P^0P'' von P'' aus unter 30^0 nach links unten ab und findet P. Wieder ist P^0P parallel zu Q^0Q, und so kann man auch die Halbierung von P^0P'' ersparen. Ferner ist der Spurpunkt S von QP leicht zu finden, wie am Schluß von § 13, und er dient wieder zu einer Probe.

§ 15. Der kürzeste Abstand von zwei Geraden. Die Konstruktion der gemeinsamen Senkrechten zu zwei windschiefen Geraden bietet in Parallelperspektive eine gute Übung in der Verwendung verschiedener Fundamentalaufgaben. Man verfährt wie in § 9 des III. Abschnittes und macht das Lotfällen mittels Umlegung, wie es eben besprochen ist. Dabei erhält man auch die wahre Länge des Abstandes.

§ 16. Die wahre Gestalt einer in E liegenden Figur, und verwandtes. In Figur 136 ist eine Ebene durch ihr Spurendreieck gegeben und ein in E liegendes Dreieck ABC durch sein Bild. Man verlängert im Bilde die Dreiecksseiten bis zum Schnitt mit den Spuren und erhält daraus die Aufrisse der Seiten und damit A'', B'', C''. Die wahre Gestalt des Dreiecks folgt durch Umlegung in Π_2. Man braucht dazu die Fußpunkte und die Längen der von A, B, C auf e_2 gefällten Lote. Nach § 11 sind die Fußpunkte zugleich Fußpunkte der von A'', B'', C'' auf e_2 gefällten Lote, und die Längen sind Hypotenusen rechtwinkliger Dreiecke, deren Katheten der Größe nach bekannt sind. Die einen Katheten treten in der Figur in wahrer Größe, die anderen in halber Größe auf. Man kann jedes solche Dreieck als Umlegung zeichnen, wie in § 11, oder man kann auch nur die Hypotenusenlängen abgreifen, wie am Schluß von § 11 besprochen ist. Denkt man sich nun die Ebene E selbst um e_2 gedreht, bis sie mit der Zeichnungsfläche zusammenfällt, so entsteht die Umlegung $A^0B^0C^0$. A^0 liegt auf der Verlängerung des von A'' auf e_2 gefällten Lotes und hat

1) In der Figur ist nicht alles enthalten, da sie in erster Linie für § 13 dient.

von e_2 den vorhin bestimmten Abstand, entsprechend findet man B^0 und C^0. Beim Ausziehen des Dreiecks $A^0B^0C^0$ ist die Affinität zu beachten. Die im Raum in E liegende Figur ABC und ebenso ihre Umlegung $A^0B^0C^0$ sind perspektivisch affin zum Bild von ABC für e_2 als Affinitätsachse. Deshalb hätte man sich auch darauf beschränken können, nur den von e_2 entferntesten Punkt A umzulegen und alles weitere nur aus der Affinität zu zeichnen. — Auch $A''B''C''$ und $A^0B^0C^0$ sind perspektivisch affin.

Ist nun umgekehrt eine Ebene E in parallelperspektivischem Bild durch e_1, e_2 oder durch das Spurendreieck gegeben, ferner die Umlegung $A^0B^0C^0$ eines in E liegenden Dreiecks, dann bietet die Zeichnung des Dreiecksbildes keine besonderen Schwierigkeiten, alles wesentliche ist im II. Abschn. § 21 und hier in diesem Paragraphen und in § 11 enthalten.

§ 17. Darstellung eines Kreises in einer allgemeinen Ebene E. Gegeben sind E durch das Spurendreieck und ein in E liegender Punkt M durch sein Bild. Gesucht ist das Bild eines in E liegenden Kreises vom Radius r und dem Mittelpunkt M.

Man legt E und mit ihr M in die Zeichnungsfläche um durch Drehung um e_2. Dann zeichnet man um M^0 den Kreis. Zu ihm ist das Bild des gesuchten Kreises perspektivisch affin, e_2 ist die Affinitätsachse. Die Richtung der Affinitätsstrahlen wird durch MM^0 gegeben und ist deshalb nicht senkrecht zur Affinitätsachse. Daraus folgen nach dem VIII. Abschn. § 17 die Hauptachsen des elliptischen Kreisbildes und damit dieses Bild selbst. (Hierzu ist auch die Aufgabe in § 8 des vorigen Abschnittes zu vergleichen.)

§ 18. Weitere Aufgaben; Angaben über die parallelperspektivischen Skizzen im Buch. Im vorigen sind eine Reihe ausgewählter Aufgaben über Punkte, Geraden und Ebenen in Parallelperspektive behandelt, anschließend an die Abschnitte I—IV. Es ist leicht, weitere solche Aufgaben, z. B. aus dem X. Abschnitt, wo ohne die Ebenenspuren gearbeitet wird, in Parallelperspektive durchzuführen.

Parallelperspektivische Skizzen zur Veranschaulichung räumlicher Figuren treten in diesem und im nächsten Band mehrfach auf. Die Herstellung der im I. und V. Abschnitt enthaltenen Skizzen erfordert keine Erläuterung mehr. Die Körperbilder im VI. Abschnitt — Pyramide, Dodekaeder und Ikosaeder — sind im XXII. Abschnitt behandelt. Die Figuren 30—32 im IV. Abschnitt (über Affinität) werden im nächsten Paragraphen besprochen. Dann findet sich auf Tafel III eine Figur 76 zu §§ 7, 8 im XI. Abschnitt, betr. Kollineation. Ihre Konstruktion ergibt sich aus den dort im Text gemachten Angaben und aus der Besprechung von Fig. 30—32.

Im zweiten Band kommen auch verschiedene parallelperspektivische Skizzen vor, deren Herstellung dort behandelt wird. Man findet die betreffenden Textstellen leicht mittels der Tafeln. Vertrautheit mit solchen Konstruktionen ist gerade für den künftigen Lehrer sehr wichtig.

§ 19. Über die Konstruktion der parallelperspektivischen Figuren 30 bis 32 im Affinitätsabschnitt (S. 36—38). Die Ebene E_1 ist in den verschiedenen Figuren horizontal (als Ebene Π_1) angenommen, E ist geneigt, und zwar so, daß die Achse, in welcher E und E_1 sich schneiden, als Lot zur Bildebene gewählt ist. Jede Ebene ist durch das Bild eines Rechtecks wiedergegeben, und dabei sind kongruente Rechtecke benutzt, also das Rechteck, wodurch E wiedergegeben ist, geht durch Drehung aus dem Rechteck hervor, welches E_1 darstellt. Die Kreisbogen, welche dabei zwei seiner Ecken beschreiben, liegen in Ebenen parallel zur Bildebene und stellen sich demnach als Kreisbogen dar. Für die dritte Ebene (in Fig. 31 und 32) gilt dasselbe wie für E.

Damit ist die Wiedergabe der Umrahmungen der einzelnen Flächen besprochen. Außerdem ist im einzelnen zu den Figuren noch folgendes anzugeben:

In Fig. 30 ist das Dreieck PQR beliebig gewählt, ebenso das Bild P_1 des Punktes P. Damit ist die Projektionsrichtung festgelegt. Die Schnittpunkte der Verlängerungen von PQ und PR mit s geben die noch unbegrenzten Geraden P_1Q_1 und P_1R_1. Q_1 und R_1 selbst folgen mittels der parallelen Projektionsstrahlen. Als Probe dient das Zusammentreffen von QR und Q_1R_1 auf s.

Zu Fig. 31 ist über PQ und P_1Q_1 nichts mehr zu sagen. Ferner gehen P_0 und Q_0 durch Drehung aus P und Q hervor. Dabei beschreiben im Bild die Punkte wieder Kreisbogen, ganz, wie es von Rechtecksecken galt. Man braucht also nur von P und Q die Lote auf s zu fällen. Das sind im Bilde Parallelen zu den geneigten Kanten des Randes von E. Dann sind diese Lotbilder um ihre auf s liegenden Endpunkte zu drehen, bis sie zu den geneigten Kanten der Umrahmung von E_0 parallel sind. Damit erhält man P_0 und Q_0. Alles weitere ist einfach.

Zu Fig. 32 sind Bemerkungen unnötig.

Nachdem so die mathematische Seite der Herstellung dieser Skizzen erledigt ist, sind noch einige Worte über die technische Ausführung zu sagen. Aus dem in der Anm. auf S. 35, 36 stehenden Grund sind zwar die Figuren möglichst kunstlos hergestellt, aber kennen muß man die Mittel zur Erzielung einer stärkeren Plastik. Dahin gehört einmal eine verschiedene Strichdicke der ausgezogenen Linien, hier der Rechtecksränder. Man kann die am weitesten vorn liegenden Linien am stärksten machen, oder man zeichnet die Rechtecke so, als ob es eigentlich dünne Platten wären, und gibt dabei die sichtbaren Schmalseiten der

Platten durch dickere Striche. Ein weiteres Mittel zu erhöhter Plastik des Bildes bietet sich im Schraffieren oder Antuschen der Flächen, wobei man die wirklichen Helligkeitsverhältnisse bei schräger Beleuchtung berücksichtigen kann.[1]) Ferner kann man die parallelen Projektionsstrahlen (in Fig. 30) weit mehr hervortreten lassen, indem man lange Strahlen zeichnet, die von links oben auf die Punkte P, Q, R von E zulaufen und die in der Figur vorhandenen Linien PP_1, QQ_1, RR_1 zu Verlängerungen haben. Soweit die Strahlen nicht durch die undurchsichtig gedachte Ebene E verdeckt sind, kann man sie stark ausziehen und etwa noch mit Pfeilen versehen. Ein starkes Ausziehen der Strecken $PP_1 \dots RR_1$ würde die übrige Figur stören.

XXIV. Abschnitt.

Weitere Aufgaben über Körper in Parallelperspektive.

§ 1. Der ebene Schnitt einer auf Π_1 stehenden Pyramide. In Figur 137 auf Tafel X ist eine regelmäßige sechsseitige Pyramide dargestellt, worüber §§ 4, 5 im vorletzten Abschnitt zu vergleichen sind. Außerdem ist eine Ebene E durch e_1, e_2 gegeben. Der Schnitt der Ebene mit dem Körper ist zu zeichnen.

Man kann das Flächenverfahren von § 17 im XI. Abschnitt verwenden: Man betrachtet die horizontale Hilfsebene H durch S. Sie schneidet E in einer Spurparallelen erster Art s von E. Um diese zu zeichnen, bestimmt man S'', legt durch S'' eine Parallele zur Projektionsachse; ihr Schnitt mit e_2 gibt diejenige Stelle von e_2, welche dieselbe Höhe wie S hat, und das ist der Aufrißspurpunkt der gesuchten Spurparallelen s von E. Weiter sucht man die Schnittlinien der Ebene H mit den Ebenen der einzelnen Mantelflächen der Pyramide. Das sind die durch S gehenden Parallelen zu den Basiskanten der Pyramide. Wegen der regelmäßigen Basis hat man hier nur drei Parallelen, eine davon gibt einen unzugänglichen Punkt.[2]) Ebenso bringt man die verlängerten Basiskanten zum Schnitt mit e_1.[3]) Verbindet man in der Figur den Schnittpunkt von AB und e_1 mit dem Schnittpunkt der Parallelen zu AB mit s, so ist die Schnittlinie von E mit der Ebene der Fläche SAB gefunden. Der zwischen SA und SB liegende Teil dieser Schnittlinie ist der Schnitt

1) Die Grundzüge der Beleuchtungslehre finden sich im Anhang.

2) Die Parallelen zieht man am besten als Parallelen zu den Diagonalen des Sechsecks.

3) Dabei gibt BC einen spitzen Schnitt, man kann ihn verbessern, indem man im umgelegten Grundriß den Schnittpunkt von $B_0 C_0$ mit der Umlegung von e_1 bestimmt und dazu den affinen Punkt auf dem Bild von e_1 sucht.

der Fläche SAB mit E. Ebenso bestimmt man den Schnitt von SBC mit E. Weil der dritte Hilfspunkt auf s unzugänglich ist, kann man nun für die Fläche SCD die Schnittlinie nicht unabhängig bestimmen, wohl aber wieder für SDE und SEF, und nicht für SFA. Man erhält so nur vier Seiten des Schnittsechsecks unmittelbar und hat dabei für zwei benachbarte die Probe, daß sie zusammenstoßen. Die in SCD und SFA liegenden Seiten findet man dann daraus, daß man ihre Endpunkte (als Endpunkte der benachbarten Seiten) kennt, und man benutzt natürlich auch ihre Grundrißspurpunkte, soweit sie zugänglich sind, was hier nur für die eine zutrifft.

Die drei Hauptdiagonalen des Schnittsechsecks haben einen auf der Achse des Körpers liegenden Punkt K gemein. Denn sie sind die Schnittlinien von E mit drei durch diese Achse gehenden Vertikalebenen. Das gibt Proben für das Bild des Schnittsechsecks.

Die Umlegung des Schnittsechsecks, welche in der Figur nicht wiedergegeben ist, zeichnet man am besten, indem man den eben eingeführten Punkt K umlegt und ihn mit den Aufrißspurpunkten der Hauptdiagonalen des Schnittsechsecks verbindet. Diese Aufrißspurpunkte liegen auf e_2 senkrecht über sofort angebbaren Punkten der Projektionsachse. Die Ecken des umgelegten Sechsecks erhält man dann i. w. aus der perspektivischen Affinität zu seinem Bild.

Um die Abwicklung der Pyramide und der Schnittlinie zu erhalten, sucht man zuerst die gemeinsame Länge der von S ausgehenden Kanten, als Hypotenuse eines rechtwinkligen Dreiecks, dessen Katheten die Pyramidenhöhe und der Radius des dem Basissechseck umbeschriebenen Kreises sind. Daraus folgt die Abwicklung des Mantels. Die wahre Länge der von S ausgehenden Kanten wird dann von S aus in passender Richtung abgetragen, SL in der Figur.[1]) Dann zieht man zu $AL, BL\ldots$ je eine Parallele durch die Ecken der Schnittfigur und erhält so auf SL für jede einzelne von S ausgehende Kante die wahren Längen der Strecken, in welche sie durch E zerfällt. Damit lassen sich die Eckpunkte des Schnittsechsecks in die Abwicklung eintragen. — Die Seiten des Schnittsechsecks treten jede zweimal in wahrer Größe auf, einmal in der Umlegung des Sechsecks, dann in der Abwicklung. Das bietet Proben.

Dieselbe Methode läßt sich auf den Schnitt eines parallelperspektivisch gegebenen geraden oder schiefen Prisma mit einer Ebene anwenden, falls die Prismenbasis in Π_1 liegt.

§ 2. Andere Lösung derselben Aufgabe. Man kann nach § 15 des XI. Abschnittes verfahren. Eine Parallele durch M zu e_1 ist die Grundrißspur der durch die Körperachse gehenden und zu e_1 parallelen Vertikal-

1) Man sieht hierbei gut, daß einige Kanten im Bilde kleiner, andere größer sind als die wahre Länge SL.

ebene. Die Aufrißspur folgt daraus und schneidet e_2 im Aufrißspurpunkt der in der Vertikalebene liegenden Spurparallelen erster Art von E. So findet man diese Spurparallele; ihr Schnitt K mit der Körperachse ist der Schnittpunkt dieser Achse mit E. Die drei Vertikalebenen, welche durch je zwei gegenüberliegende, von S ausgehende Kanten gehen, schneiden E in drei Geraden, welche durch K hindurchgehen und dabei die Schnittpunkte von AD, BE, CF mit e_1 zu Grundrißspurpunkten haben. Daraus lassen sich diese Geraden zeichnen, ihre Schnittpunkte mit den Körperkanten sind die Ecken des gesuchten Schnittsechsecks. Der Schnitt von BE mit e_1 ist spitz. Deshalb ist der Grundrißspurpunkt der einen Hilfsgeraden unsicher, man kann ihren Aufrißspurpunkt hinzunehmen. Er liegt senkrecht über dem Schnitt von BE und B_0E_0 mit der Projektionsachse. Beiläufig schneiden die drei durch Kantenpaare der Pyramide bestimmten Vertikalebenen die im vorigen Paragraphen eingeführte Horizontalebene H in Geraden, welche dort zu anderem Zweck gezeichnet wurden. So hat man auf s zwei zugängliche Punkte, nach denen Hauptdiagonalen des Schnittsechsecks laufen müssen.

Auch für ein auf der Grundrißebene stehendes Prisma ist dieses Verfahren anwendbar.

§ 3. **Schattenkonstruktionen im parallelperspektivischen Bild.** Bei parallelen Lichtstrahlen kann die Lichtrichtung durch die Bilder eines Lichtstrahles und seines Grundrisses gegeben sein. Ist dann für einen Punkt P der auf Π_1 oder Π_2 fallende Schatten gesucht, so ist dieser Punkt der Grundriß- oder Aufrißspurpunkt der durch P in der Lichtrichtung gezogenen Geraden. Über die Konstruktion des Schattens, den ein ebenflächiger Körper auf Π_1 oder auf Π_1 und Π_2 wirft, ebenso über den Schatten, welchen ein solcher Körper auf einen anderen wirft, ist alles Wesentliche im VII. Abschn. §§ 6—10 gesagt.

§ 4. **Der ebene Schnitt eines auf Π_1 stehenden Rotationskegels** (Fig. 138). In § 9 des vorletzten Abschnittes (S. 270) ist besprochen, wie man das Bild des Kegels erhält. Weiter kann man den umgelegten Basiskreis in $4n$ gleiche Teile teilen, diese Teilpunkte ins Bild des Basiskreises übertragen und die zugehörigen Mantelgeraden zeichnen. Dann lassen sich die Schnittpunkte dieser Mantelgeraden mit E bestimmen wie die Schnittpunkte der Pyramidenkanten in § 1 oder § 2. Die Schnittellipse wird dann näherungsweise gezeichnet. Dabei ist es wichtig, wenigstens in einigen der erhaltenen Punkte die Tangentenrichtung zu konstruieren. Eine solche Tangente ist der Schnitt der Tangentialebene des Kegels mit E, d. h. ihr Schnittpunkt mit e_1 liegt da, wo die im unteren Endpunkt der betrachteten Mantelgeraden gezogene Tangente des Basiskreises die Linie e_1 trifft. (Zur Konstruktion knüpft man am besten an den umgelegten Basiskreis an.)

§ 5. Anderes Verfahren. Auf dem bis jetzt besprochenen Weg hat man entschieden den Nachteil, daß das Bild der Schnittellipse aus einzelnen Punkten erhalten wird, und nicht aus Hauptachsen oder konjugierten Durchmessern. Es ist darum mathematisch und zeichnerisch besser, anders vorzugehen. Man muß die Bilder der vier Scheitel der Ellipse suchen. Darüber gilt das im XII. Abschn. §§ 3—5 entwickelte: Die große Ellipsenachse liegt in der Ebene Σ, welche durch die Kegelachse senkrecht zu e_1 geht. Die Grundrißspur von Σ kann man im Bilde erst zeichnen, nachdem e_1 in die Zeichnungsfläche umgelegt und daraus die Umlegung der Grundrißspur von Σ bestimmt ist. Man konstruiert den Schnitt *K* von E mit der Kegelachse wie in § 2. Weiter bestimmt man die Schnittlinie der Ebene Σ mit E, ferner die in Σ liegenden Mantelgeraden.[1]) Damit sind die Schnittpunkte dieser Mantelgeraden mit E gefunden, das sind die Scheitel der großen Achse der im Raum auftretenden Ellipse, nicht etwa die Scheitel der Bildellipse. Die Strecke zwischen den zwei Scheiteln halbiert man im Bild und findet damit das Bild des Mittelpunktes *N* der Schnittellipse und zugleich den Mittelpunkt ihres elliptischen Bildes. Die beiden Scheitel der kleinen Achse der Schnittellipse liegen auf der durch *N* gehenden Spurparallelen von E, man zeichnet deshalb deren Bild, bestimmt weiter den Schnittpunkt *R* der Geraden *SN* mit der Grundrißebene, zieht durch diesen Punkt eine Parallele zu e_1, bis sie das Bild des Basiskreises schneidet, dann enthalten die in diesen Basispunkten endenden Mantelgeraden des Kegels die Scheitel der kleinen Ellipsenachse. (Hierbei ist es häufig wichtig, den Punkt *R* aus dem Bild in die wahre Gestalt des umgelegten Basiskreises zu übertragen, dann in dieser Hilfsfigur die Kreissehne parallel zur Umlegung von e_1 zu ziehen, und schließlich die Endpunkte dieser Sehne wieder in das Bild zu übertragen. Durch diese Konstruktion mittels des umgelegten Basiskreises wird man unabhängig von Ungenauigkeiten der gezeichneten Basisellipse, und man muß die Schnittellipse im Bild sehr genau erhalten, damit nachher zu besprechende Proben stimmen.)

Die gefundenen vier Scheitel der Schnittellipse sind für deren Bild die Endpunkte konjugierter Durchmesser. Die Bildellipse wird nach dem VIII. Abschn. § 13 gezeichnet. Die Schnittkurve liegt nur z. T. auf dem in der Projektionsrichtung sichtbaren Stück des Kegelmantels. Die Kreuzungsstellen der Schnittkurve mit den beiden Mantelgeraden, welche den Umriß für die Projektionsrichtung bilden, liefern im parallelperspektivischen Bild Berührungsstellen der Ellipse mit den Umrißgeraden des Kegels. Diese Kreuzungsstellen werden genau so bestimmt, wie man die Schnittpunkte irgend einer allgemeinen Mantelgeraden des Kegels mit der Ebene E findet.

---

1) Die Schnittlinie ist in der Figur mittels *K* bestimmt. Wenn man anders verfährt, läßt sich *K* entbehren.

Will man den Kegelmantel und die Schnittkurve abwickeln, dann muß man eine Anzahl regelmäßig verteilter Mantelgeraden nehmen, darunter die beiden in der Symmetrieebene Σ liegenden. Die Konstruktion geht demnach wieder vom umgelegten Basiskreis aus; im wesentlichen verfährt man wie in § 1 und § 4, dazu ist der XI. Abschn. § 16 zu vergleichen.

Legt man die vier Scheitel der Schnittellipse durch Drehung um e_2 in die Zeichnungsfläche um, so hat man die vier Scheitel für die wahre Gestalt der Schnittkurve.

§ 6. **Die parallelperspektivische Darstellung der Kugel** hat i. w. mathematisches Interesse. Das Bild sieht nicht gut aus, sieht zu verzerrt aus; man wird es zu praktischen Zwecken wenig verwenden, sondern für Skizzen lieber eine andere Projektionsart wählen, eine Orthogonalprojektion, etwa eine axonometrische.[1])

Der Kugelmittelpunkt M liege in Π_2, und die Kugel habe den Radius r (Fig. 139 auf Taf. XI). A sei der am weitesten von Π_2 entfernte Punkt auf der vorderen Kugelhälfte, man zeichnet sein Bild $\bar{A}$. $A\bar{A}$ gibt die Projektionsrichtung, den Winkel dieser Richtung gegen Π_2 erhält man durch Umlegung des Dreiecks $AM\bar{A}$ um seine in Π_2 liegende Kathete; diese Umlegung ist $A^0M\bar{A}$, der umgelegte Winkel ist $A^0\bar{A}M$.

Weiter betrachtet man den Berührungszylinder der Kugel, dessen Achse die Projektionsrichtung hat. Der Berührungskreis ist der Umriß für die Projektionsrichtung, der elliptische Schnitt des Zylinders mit der Bildebene ist der Umriß für das Bild der Kugel. Die Ellipse hat M zum Mittelpunkt und ihre große Achse fällt auf die Gerade durch M und $\bar{A}$. Denn die Ebene Σ, welche durch die Zylinderachse senkrecht zu Π_2 geht, ist Symmetrieebene für den Zylinder und Π_2, deshalb ist ihre Bildspur Symmetrieachse für die Schnittkurve, und man sieht leicht, daß die große Ellipsenachse auf diese Gerade fällt. Die kleine Ellipsenachse geht durch M senkrecht zu $M\bar{A}$, ihre Länge ist gleich dem Durchmesser des Zylinders oder der Kugel. Die Scheitel der großen Ellipsenachse sind noch zu suchen. Dazu gibt es zwei Wege:

Das kürzeste Verfahren beruht darauf, daß die große Halbachse der Ellipse gleich $r : \sin \nu$ ist, wo ν der Winkel der Zylinderachse gegen Π_2 ist. Dieser Winkel wurde schon bestimmt, er ist $\sphericalangle A^0\bar{A}M$. Deshalb ist $A^0\bar{A}$ die Länge der großen Halbachse der Ellipse. — Beiläufig sieht man, daß $\bar{A}$ der eine Ellipsenbrennpunkt ist, denn A^0 ist Scheitel der kleinen Achse. Die beiden Brennpunkte sind demnach die Bilder der zwei Punkte, in welchen die Kugel von den beiden zur Bildebene parallelen

1) Die Fig. 81 auf Taf. IV, welche sich auf den Satz von Catalan bezieht, ist in gewöhnlicher Orthogonalprojektion entworfen. Der Kugelkreis durch A, Q_1 u. B ist in die Aufrißebene gelegt, und die ganze Figur besteht nur aus dem Aufriß.

Tangentialebenen berührt wird. Das hätte man auch leicht aus dem Satz von Quetelet-Dandelin über die Brennpunkte eines ebenen Schnittes eines Rotationskegels oder Rotationszylinders folgern können. (Beim Entwerfen des zentralperspektivischen Kugelbildes tritt dieser Satz ebenfalls auf.)

Ein anderes Verfahren ist konstruktiv kaum länger, benutzt die Raumanschauung mehr, was kein Nachteil ist und ist auch deshalb zu nennen, weil derselbe Weg beim zentralperspektivischen Kugelbild am besten zum Ziel führt. Oben wurde schon von der Ebene Σ gesprochen, welche durch die Zylinderachse senkrecht zu Π_2 geht und für den Zylinder und Π_2 Symmetrieebene ist. In dieser Ebene liegt das Dreieck $AM\bar{A}$, dessen Umlegung schon gezeichnet ist. Die Parallele durch M zu $A^0\bar{A}$ ist die umgelegte Zylinderachse. Der Kreis um M mit dem Radius r ist die Umlegung des größten Kugelkreises, welcher in Σ liegt. Seine zu $A^0\bar{A}$ parallelen Tangenten sind die Umlegungen der beiden in der Ebene enthaltenen Mantelgeraden des Zylinders. Diese Mantelgeraden treffen Π_2 in den Scheiteln der großen Ellipsenachse. So findet man mittels der Umlegung diese Scheitel; in der Figur ist nur die eine zu $A^0\bar{A}$ parallele Kreistangente gezeichnet. — Die schraffierten Dreiecke haben beide r als größere Kathete, und die entsprechenden Seiten sind senkrecht zueinander, d. h. die Dreiecke sind kongruent. Damit ist wieder die große Halbachse der Ellipse als gleich mit $A^0\bar{A}$, oder $\bar{A}$ ist als Brennpunkt erkannt.

Auf die starke Verzerrung des parallelperspektivischen Kugelbildes wurde schon hingewiesen, ähnliche Verzerrung macht sich auch sonst oft in parallelperspektivischen Bildern bemerklich, z. B. beim Dodekaeder in Figur 50 und Ikosaeder in Figur 52 (auf Taf. I).

§ 7. Darstellung der Kugel mit drei rechtwinkligen größten Kreisen. Man nimmt die Kreise parallel zu Π_1 und Π_2 und senkrecht zu beiden Ebenen. Der zu Π_2 parallele Kreis hat ein kreisförmiges Bild, die elliptischen Bilder der beiden anderen werden aus konjugierten Durchmessern gezeichnet, indem man für jeden darzustellenden Kreis seine Schnitte mit den beiden anderen Kreisen verwendet. Die Bilder der drei Kreise treten nicht aus dem Umriß des Kugelbildes heraus, sie berühren ihn jedesmal in zwei diametral gegenüberliegenden Punkten (Fig. 140). Wegen der sehr einfachen Bestimmung dieser Punkte vergleiche man Rohn-Papperitz II, S. 386 Mitte (1. Auflage) oder II, S. 29, 30 in der 3. Auflage.

§ 8. Die Lage eines Punktes auf der Kugel, welcher durch sein Bild gegeben ist. In Figur 141 ist das Bild einer Kugel gegeben, deren Mittelpunkt M in Π_2 liegt. Weiter ist ein Punkt P der in der Projektionsrichtung von vorn sichtbaren Hälfte der Kugelfläche durch sein Bild $\bar{P}$ gegeben. Gesucht ist dessen Lage im Raum, d. h. sein Aufriß P'' und sein senkrechter Abstand von der Bildebene.

Man betrachtet die Ebene E, welche durch den Projektionsstrahl von P senkrecht zu Π_2 geht. Ihre Bildspur geht durch $\overline{P}$ und ist von links unten nach rechts oben unter 30° gegen die Horizontale geneigt. (Die Ebene ist parallel zu der in § 6 viel benutzten Hilfsebene Σ.) E schneidet die Kugelfläche in einem Kleinkreis, dessen Durchmesser in der Figur vorhanden ist und dessen Umlegung man daraus erhält. Ebenso legt man den in E liegenden Projektionsstrahl von P um, seine Umlegung ist parallel zu $A^0\overline{A}$, vgl. § 6. Hiermit findet man die Umlegung P^0 von P, daraus P'' und den Abstand $PP'' = P^0P''$.

§ 9. Der größte Kugelkreis durch zwei im Bild gegebene Punkte. Gegeben sind das Kugelbild in Parallelperspektive und die Bilder zweier Punkte P und Q der Kugelfläche. Gesucht ist das Bild des größten Kreises k, welcher durch P und Q geht. Damit die Punkte eindeutig bestimmt sind, muß wieder bekannt sein, auf welcher der beiden durch den Umriß für die Projektionsrichtung geschiedenen Hälften der Kugelfläche jeder Punkt liegt.

Zuerst bestimmt man nach vorigem Paragraphen P'', Q'' und die senkrechten Abstände der Punkte P und Q von Π_2. $P''Q''$ und das Bild von PQ schneiden sich im Aufrißspurpunkt von PQ.[1]) Durch diesen Punkt und durch M geht die Bildspur s der Ebene des gesuchten größten Kreises. s schneidet den in der Bildebene liegenden Kugelkreis, welcher schon zur Konstruktion verwendet wurde, in zwei Punkten U und V. Diese sind die Endpunkte des in Π_2 liegenden Durchmessers von k. Legt man k um diesen Durchmesser in Π_2 um, dann ist die Umlegung identisch mit dem um M beschriebenen Kreis vom Radius r. Man findet auch leicht die Stellen P^{00} und Q^{00}, an welche P und Q bei dieser Umlegung gelangen, sie liegen auf den durch P'' und Q'' gelegten Senkrechten zu s. Das Bild des größten Kreises durch P, Q ist perspektivisch affin zu seiner Umlegung. s ist die Affinitätsachse und die Affinitätsrichtung ist durch $\overline{P}P^{00}$ oder $\overline{Q}Q^{00}$ bestimmt. Natürlich berührt die Ellipse wieder den Kugelumriß im Bilde in zwei diametral gegenüberliegenden Punkten.

Damit ist die Aufgabe elementar gelöst. Eine höhere Lösung mit Hilfsmitteln der synthetischen Geometrie bespricht Sturm in seiner Darstellenden Geometrie, 2. Aufl. S. 142—143. Dieses höhere Verfahren hat übrigens nur theoretisches Interesse. Auch das hier gegebene elementare Verfahren ist noch zu umständlich, als daß man es zur Konstruktion parallelperspektivischer Bilder von sphärischen Dreiecken gern benutzen möchte. Überhaupt wird man im allgemeinen davon absehen, sphärische Dreiecke parallelperspektivisch zu zeichnen, weil dabei, wie beim Kugelbild, die Verzerrung zu groß ist und weil es ziemlich mühsam ist.

---

1) P^0Q^0 geht nicht durch diesen Punkt, weil P^0 und Q^0 durch Umlegung zweier verschiedenen Ebenen entstehen.

§ 10. Weitere Angaben über die parallelperspektivische Darstellung der Kugel. Die Lichtgrenze für Parallelbeleuchtung und der auf Π_1 fallende Schatten der Kugel lassen sich im parallelperspektivischen Kugelbild ziemlich leicht konstruieren; das Nähere bieten Wiener II, S. 602, 603 und Rohn-Papperitz II, S. 386, 387 (erste Auflage) oder II, S. 30, 31 (dritte Auflage).

§ 11. Über Durchdringungen von Körpern; die Kreuzgewölbefläche. Die Übertragung der im XIV. und XV. Abschn. behandelten Methoden auf das parallelperspektivische Zeichnen bietet keine Schwierigkeiten, aber auch kein so weit gehendes Interesse, daß die Durchführung von Zeichnungen besonders zu empfehlen wäre. Nur ein Fall soll hier herausgegriffen werden, der auch im XV. Abschn. § 29 schon erwähnt ist: Das Kreuzgewölbe, die Durchdringung zweier auf Π_1 ruhender halben Rotationszylinder, deren Achsen einander rechtwinklig kreuzen (Fig. 142 a. S. 291).

Gegeben sind in Π_1 zwei zueinander rechtwinklige Geraden, die eine parallel, die andere senkrecht zu Π_2. Die Geraden sollen Achsen zweier Rotationszylinder mit gemeinsamen Radius r sein, und die Durchdringung dieser Zylinder ist gesucht. Man kann sich auf die oberhalb Π_1 liegenden Halbzylinder beschränken. Jeder Halbzylinder wird durch zwei in Π_1 liegende Mantelgeraden abgegrenzt, und diese vier Geraden liefern ein Quadrat $ABCD$. Senkrecht über der Fläche dieses Quadrats liegt die ganze Durchdringungskurve. Darum kann man statt der in der Achsenrichtung unbegrenzten Halbzylinder auch begrenzte Halbzylinder verwenden. Die Begrenzung erfolge durch die in den Quadratseiten aufstehenden Vertikalebenen, d. h. durch Halbkreise in diesen Ebenen.

Die Durchdringung der so bestimmten Halbzylinder gibt zugleich zwei verschiedene architektonisch wichtige Flächen. Nimmt man nur die Teile der Mantelflächen, welche zwischen den eben besprochenen Begrenzungshalbkreisen und der Durchdringungskurve liegen, dann hat man eine zusammenhängende Fläche, welche beim Gewölbe eines romanischen Kreuzganges auftritt.[1]) Nimmt man andererseits gerade die eben weggelassenen Teile der Mantelflächen, so bilden sie zusammen ein Kuppelgewölbe, etwa wie die Kuppel des Reichstagsgebäudes. Die erste Fläche ruht auf vier Stützpunkten oder auf vier Halbkreisen, die zweite ruht auf den vier Seiten eines Quadrats.

Hier wird nur die erste Fläche, die Kreuzgewölbefläche dargestellt. Man denkt sich irgend eine Horizontalebene H, welche die beiden Halbzylinder noch schneidet. Sie schneidet jeden in zwei Mantelgeraden, und

1) Daneben gibt es noch eine andere romanische Gewölbeform, welche sich ebenfalls zwischen vier Halbkreise einfügt, die über den Seiten eines Quadrates stehen. Dieses Gewölbe hat keine geradlinigen Flächenstücke und braucht hier nur genannt zu werden.

aus der Kongruenz der beiden Halbzylinder folgt, daß die zwei Mantelgeraden, welche aus dem zweiten Zylinder herausgeschnitten werden, denselben Abstand voneinander haben, wie die beiden aus dem ersten Zylinder herausgeschnittenen. Die beiden Paare von Mantelgeraden, welche der Ebene H angehören, bilden demnach ein Quadrat, und dessen Ecken liegen in den beiden Vertikalebenen, die durch die Diagonalen des Quadrates $ABCD$ gehen. Die vier Schnittpunkte der zwei Paare von Mantelgeraden sind aber die in der Ebene H liegenden Punkte der Durchdringungskurve, und so sieht man, daß die ganze Durchdringungskurve in den beiden durch AC und BD gelegten Vertikalebenen liegt. Sie besteht aus zwei ebenen Kurven, und da diese den Halbkreiszylindern angehören, sind sie elliptisch. Ferner sieht man leicht, daß es sich um zwei Halbellipsen handelt, daß z. B. A und C die Scheitel der großen Achse für die eine Halbellipse sind, während S der Scheitel ihrer kleinen Halbachse ist. Bei dieser Ableitung dient die Fig. 142 als Veranschaulichung, wenn sie auch nicht alle Linien enthält. Die Konstruktion der Figur wird nun besprochen.

§ 12. Fortsetzung. Die Grundzüge der Konstruktion. Um das Kreuzgewölbe für die früher angegebene Stellung zu Π_1 und Π_2 parallelperspektivisch darzustellen, beginnt man mit dem Basisquadrat und den auf seinen Seiten ruhenden vertikalen Halbkreisen. Zwei dieser Halbkreise haben halbkreisförmige Bilder, die Bilder der beiden andern sind halbe Ellipsen, die rechts liegende von ihnen hat BC zu einem Durchmesser und den über der Mitte von BC in der Höhe r liegenden Punkt zum Endpunkt des zu BC konjugierten Halbmessers. Dann bestimmt man den Scheitel S des Gewölbes, den Punkt, in dem die beiden als Durchdringungsteile auftretenden Halbellipsen sich schneiden. Er liegt senkrecht über M in der Höhe r. Die Halbellipsen haben AC bzw. BD zur großen Achse und S zum gemeinsamen Scheitel der kleinen Halbachsen, und ihre Bilder lassen sich daraus mittels konjugierter Durchmesser zeichnen.

(Dies ist der beste und einfachste Weg zur Konstruktion der Bilder beider Durchdringungslinien. Elementarer kann man das Bild der Halbellipse BSD aus den Bildern der in B zusammenstoßenden Halbkreise finden, anschließend an die frühere Überlegung, bei welcher die Mantelgeraden auftraten, in denen eine Horizontalebene H die Halbzylinder schnitt. In der Figur ist diese Konstruktion eines Punktes P des Bogens BSD genügend angedeutet; beiläufig trifft die Tangente von P die in B senkrecht ansteigende Gerade in demselben Punkt wie die Tangenten von Q oder R.)

Man kann bei der vorliegenden Aufgabe von der üblichen Projektionsrichtung abweichen. Denn das Gewölbe eines Kreuzganges ist man von unten her anzusehen gewöhnt. Deshalb läßt sich eine Projektionsrichtung wählen, bei welcher eine von vorn nach hinten laufende Senkrechte zu Π_2 sich als fallende von links nach rechts gehende Gerade darstellt, etwa in halber wahrer Größe und unter 30^0 oder 45^0 gegen die Horizontale.

§ 13. Nähere Untersuchung der Umrißgeraden beider Zylinderflächen. Jeder Halbzylinder hat eine zur Projektionsrichtung parallele Tangentialebene. Die Berührungsgerade trennt den in der Projektionsrichtung sichtbaren und den unsichtbaren Teil der Außenseite der Mantelfläche. Deshalb ist für jeden Zylinder diese Mantelgerade wichtig. Bei dem auf Π_2 senkrechten Halbzylinder erhält man sie leicht: ihr Bild ist die gemeinsame Tangente der über AB und CD stehenden Halbkreise und ist dabei parallel zu AD oder BC. Bei dem zu Π_2 parallelen Halb-

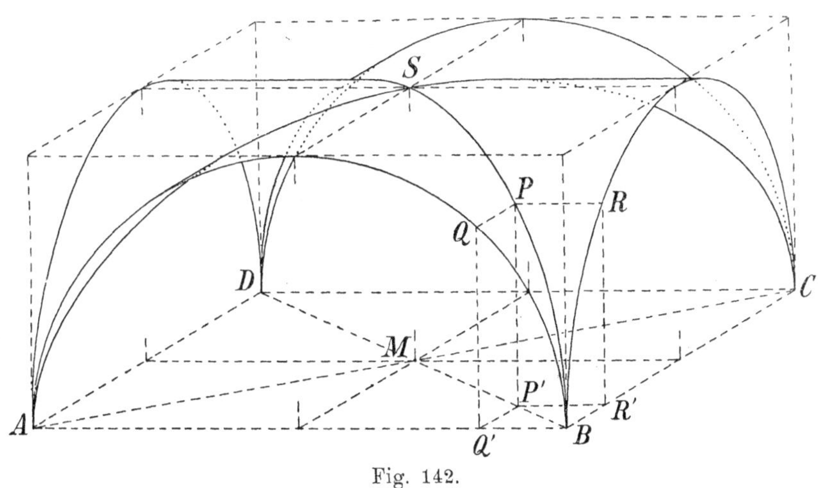

Fig. 142.

zylinder gehört die Mantelgerade ebenfalls zum Umriß in der Projektionsrichtung; ihr Bild gehört zum Umriß des Zylinderbildes und berührt demnach die Bilder der beiden über BC und AD stehenden Halbkreise und die Bilder der über AC und BD stehenden Halbellipsen. Die Gerade läßt sich zwar mit hinreichender Genauigkeit als gemeinsame und zur Projektionsachse parallele Tangente der vier obengenannten Bildellipsen zeichnen, wenn die Ellipsen recht sorgfältig gezeichnet sind. Aber es ist doch von Interesse, diese Gerade genau zu konstruieren. Sie ist u. a. die horizontale Tangente der in der Figur enthaltenen Halbellipse mit dem Durchmesser AD. Man kann nun die Ebene des über CD stehenden Halbkreises als die Bildebene der Parallelperspektive auffassen. Dann ist der Halbkreis über CD geradezu die Umlegung des Halbkreises, dessen Bild die Halbellipse über AD ist, und so ist der Halbkreis perspektivisch affin zu dieser Halbellipse, wobei als Affinitätsachse die Senkrechte durch den Punkt D auftritt und wo die Verbindungslinien entsprechender Punkte untereinander, auch zu AC parallel sind. Nun läßt sich die horizontale Tangente der über AD stehenden Halbellipse nach dem VIII. Abschn. § 17 konstruieren. Man bringt z. B. die durch A gehende horizontale Gerade AB zum Schnitt mit der Affinitätsachse, und zieht dann die Verbindungslinie des Schnittpunkts mit dem affinen Punkt des A, mit C. Zu dieser Linie zieht man die parallele Tangente an den Halbkreis über CD. Ihr Schnittpunkt mit der Affinitätsachse ist der Ausgangspunkt der gesuchten horizontalen Tangente der Halbellipse. Diese Konstruktion ist in der Figur fortgelassen.

Die beiden eben konstruierten Umrißgeraden sind wesentlich für das Bild der Gewölbefläche. An ihnen grenzen ausgezogene und punktierte Kurventeile aneinander nach den früheren Regeln. Das richtige Ausziehen der Figur setzt große Sorgfalt und gute Raumanschauung voraus. Die Umrißgerade des quer laufenden Halbzylinders ist bis auf ein kurzes mittleres Stück sichtbar, dessen Länge noch festzustellen ist. Die Umrißgerade des anderen Halbzylinders ist in der Projektionsrichtung ebenfalls nur teilweise sichtbar. Zuerst kann man feststellen, welche der beiden Geraden vor der andern liegt, in der Projektionsrichtung gesehen. Das ist die höher liegende Gerade, weil die Projektionsrichtung fällt. Den Kreuzungsstellen beider Umrißgeraden mit dem hinteren Teil der Halbellipse DSB entsprechen nun im Bilde Berührungsstellen. Die eine von ihnen liegt wesentlich näher an S. So ist die Umrißgerade des quer laufenden Zylinders höher gelegen als die Umrißgerade des anderen.[1]) Daraus entscheidet man leicht die Frage nach der Sichtbarkeit beider Umrißlinien nahe ihrer scheinbaren Kreuzung, und man findet schließlich: Die Umrißgerade des quer laufenden Zylinders ist von ihren beiden Enden an bis zu den Kreuzungen mit den Halbellipsen DSB und ASC sichtbar, und ihr zwischen den Halbellipsen liegendes Stück ist allein unsichtbar. Von der Umrißgeraden des nach hinten laufenden Halbzylinders ist das vorderste Stück, das Stück vom Halbkreis über AB bis zur Halbellipse ASC, sichtbar; dann bleibt die Gerade unsichtbar bis über die Kreuzung mit der Halbellipse DSB hinaus, erst hinter der Umrißlinie des quer liegenden Halbzylinders wird sie wieder sichtbar.

Von den beiden Umrißgeraden sind nur die sichtbaren Stücke ausgezogen, die unsichtbaren Teile sind ganz weggelassen. Das vordere Stück der von vorn nach hinten laufenden Geraden zeigt eine optische Täuschung, welche auch schon beim wesentlich größeren Orginal vorhanden war und nicht künstlich beseitigt wurde. Erst beim Abdecken der krummen Linien rechts neben der geraden Strecke sieht man diese Strecke in ihrer wahren Form.

---

1) Die genauen Höhenlagen beider Geraden hat man übrigens durch die bisher besprochenen Konstruktionen ohne weiteres, doch sind sie jetzt unnötig.

Zusatz. Die andere zur selben Durchdringung von Halbzylindern gehörige Gewölbefläche, das auf den Quadratseiten aufstehende Kuppelgewölbe, bietet ebenfalls eine gute Übungsaufgabe.

§ 14. Angaben über die parallelperspektivische Darstellung von Flächen zweiter Ordnung. Um ein dreiachsiges Ellipsoid möglichst einfach in Parallelperspektive darzustellen, nimmt man von den drei Symmetrieebenen eine senkrecht und zur Bildebene parallel, eine zweite wagrecht an. Aus den Achsengrößen folgen die Bilder der sechs Scheitel der Fläche. Je zwei Paare der Scheitel sind die Scheitel eines der drei elliptischen Hauptschnitte. Bei den Bildern zweier Hauptschnitte muß man die Scheitel erst aus den vorhandenen konjugierten Durchmessern suchen. Der Umriß des Bildes der Fläche ist eine Ellipse, welche die Bilder der drei Hauptschnitte umschließend berührt. Ihre Konstruktion aus konjugierten Durchmessern würde hier zu weit führen. (Wiener II, S. 602 unten und S. 131—133; Rohn-Papperitz, 1. Aufl., Bd. II, S. 387, 388 und 208, 209; 3. Aufl., Bd. II, S. 31—37 und zugehörige Stellen in Band III). Angenähert kommt man zur Umrißellipse, wenn man Parallelschnitte zum horizontalen Hauptschnitt oder einem anderen Hauptschnitt darstellt und die einhüllende Ellipse sucht. Die Abbildung solcher Systeme paralleler Schnitte ist oft auch sonst nötig und ist verhältnismäßig einfach, da es sich im Raum und im Bild um ähnliche Ellipsen mit parallelen Achsen handelt.

Bei einem einteiligen Hyperboloid nimmt man etwa den elliptischen Hauptschnitt horizontal, den einen hyperbolischen Hauptschnitt zur Bildebene parallel. Das Bild des elliptischen Hauptschnittes wird aus konjugierten Durchmessern konstruiert, vom Bild des eben genannten hyperbolischen Hauptschnittes kennt man die Scheitel und Asymptoten. Für die Scheitel und die Asymptoten des anderen hyperbolischen Hauptschnittes sucht man die Bilder, dann hat man die Asymptoten und zwei Punkte vom Bild dieses Hauptschnittes. Wenn man noch ein System horizontaler elliptischer Schnittkurven darstellt, wird der Flächenumriß im Bild wieder leicht angenähert erhalten, außerdem sind wieder Rohn-Papperitz und Wiener zu vergleichen. Auch die Darstellung der beiden Geradenscharen auf dem einteiligen Hyperboloid und der zugeordneten Geradenschar auf dem Asymptotenkegel ist im Anschluß an §§ 5, 6 des XIX. Abschnittes einfach und trägt zur Konstruktion der Umrißlinie bei.

Für die übrigen Flächen zweiter Ordnung gilt im wesentlichen Entsprechendes.

XXV. Abschnitt.

Axonometrie.

§ 1. Rechtwinklige Koordinaten im Raum. Koordinatenzüge. Durch einen Punkt O werden drei zueinander senkrechte Achsen gelegt. Die z-Achse stehe vertikal, die x-Achse verlaufe nach vorn, die y-Achse nach rechts. (Fig. 143 auf Tafel XI, Skizze in Parallelperspektive.) Je zwei Achsen bestimmen eine Koordinatenebene. Da man gelegentlich orthogonale Projektionen auf diese Koordinatenebenen benutzt, sollen die Ebenen mit Π_1, Π_2, Π_3 in derselben Weise wie im I. Abschnitt §§ 15, 16 bezeichnet werden.

Betrachtet man einen Punkt P im Raum und legt durch ihn Ebenen parallel zu den Koordinatenebenen, so bilden diese mit den Koordinatenebenen zusammen ein Parallelepiped, als dessen Kanten die absoluten Werte der Koordinaten von P auftreten. Aus gegebenen Koordinaten erhält man die auf den Koordinatenachsen liegenden Kanten des Parallelepideds und damit dieses Parallelepiped selbst. Die Kanten OP_x, P_xP' und $P'P$ geben durch ihre Länge und ihre Richtung die Koordinaten von P. Der aus den drei genannten Strecken gebildete Linienzug $OP_xP'P$ heißt ein Koordinatenzug für den Punkt P, er ersetzt in vieler Hinsicht das ganze vorhin betrachtete Parallelepiped, denn man kann es leicht aus ihm erhalten. Übrigens kann man auch P durch andere Koordinatenzüge darstellen (etwa durch $OP_yP'P$ oder $OP_xP'''P$), indem man auf andere Art drei verschieden gerichtete und sich aneinanderschließende Kanten des Parallelepipeds auswählt.

§ 2. Der Grundgedanke zur Herstellung der axonometrischen Orthogonalprojektion eines Punktes. Das Achsenkreuz und das Parallelepiped des Punktes P werden jetzt senkrecht projiziert auf eine Ebene Π, welche alle drei Achsen schneidet und jedesmal die positive Halbachse schneiden möge.[1]) Die Koordinatenebenen sind zu Π sämtlich geneigt. Deshalb fallen niemals zwei Achsenbilder auf eine Gerade. Ferner schließen die Bilder zweier Achsen keinen rechten Winkel ein, sondern jeder solche Winkel ist stumpf, vgl. II. Abschn. § 27. Die z-Achse wird immer vertikal dargestellt.

Die Winkel der x-, y-, z-Achse gegen Π sind α, β, γ. Wird auf der x-Achse eine Strecke angenommen, so ist deren Orthogonalprojektion auf Π im Verhältnis $\cos\alpha$ gegenüber der ursprünglichen Länge verkürzt. Entsprechend ist es für Strecken auf den anderen Achsen. Die Größen $\lambda = \cos\alpha$, $\mu = \cos\beta$, $\nu = \cos\gamma$ heißen die Verkürzungsverhältnisse für die x-, y-, z-Achse.

1) Man hält am besten an der Annahme senkrechter z-Achse fest und nimmt nicht etwa die Bildebene senkrecht an.

Hat man auf irgend eine der später zu besprechenden Arten das Bild des Achsenkreuzes in Π gezeichnet und die drei Verkürzungsverhältnisse bestimmt, dann läßt sich ein Punkt P mit gegebenen Koordinaten in das Bild auf folgende Art eintragen. Man bestimmt die Bilder der Punkte P_x, P_y, P_z, indem man die Koordinaten von P in den richtigen Verkürzungen und mit Beachtung der Vorzeichen auf den Achsenbildern abträgt. Dann lassen sich alle Kanten des Parallelepipeds im Bilde zeichnen; soweit die Kanten selbst nicht auf den Achsen liegen, sind sie zu den Achsen parallel und dieser Parallelismus bleibt in der Projektion erhalten. Das Bild der von O am weitesten entfernten Ecke des Parallelepipeds ist das Bild von P. Man hat nicht das ganze Parallelepiped nötig, sondern es genügen einzelne Teile davon, um das Bild von P zu erhalten; aus den Bildern von P_x und P_y erhält man das Bild von P', die vierte Ecke des aus den Bildern von O, P' und P_z entstehenden Parallelogramms ist das Bild von P. Auch braucht man nur — und das ist das einfachste Verfahren — einen Koordinatenzug von P im Bilde darzustellen.

Diese auf das Bild des Achsenkreuzes bezogene Orthogonalprojektion eines durch seine Koordinaten gegebenen Punktes P heißt seine axonometrische Orthogonalprojektion.

§ 3. Vorläufige Angaben zum axonometrischen Entwurf eines Körperbildes. Das Bild des Achsenkreuzes und die Werte der Verkürzungsverhältnisse λ, μ, ν werden wieder als bekannt angenommen. Ferner ist ein ebenflächiger Körper durch die Koordinaten seiner Ecken gegeben oder er liege in Grund- und Aufriß gezeichnet vor, so daß die Koordinaten leicht zu entnehmen sind. Dann ist die punktweise Konstruktion des axonometrischen Bildes des Körpers sehr einfach. Einige genauere Angaben über das wirkliche Zeichnen des Bildes folgen in § 17.

Fürs praktische Zeichnen kommen nur einzelne Stellungen des Achsenkreuzes zur Bildebene in Frage, welche bestimmten Verkürzungsverhältnissen entsprechen. Diese Verkürzungsverhältnisse haben nicht etwa selbst einfache Zahlenwerte, aber sie stehen untereinander in einem einfachen Zahlenverhältnis, z. B. im Verhältnis $5:9:10$. Die Art, wie man aus solchen Verhältniszahlen die Verkürzungsverhältnisse selbst und die Lage der Achsenbilder ableitet, wird später behandelt (§§ 10—12, 14, 15). Ebenso wird später besprochen, wie man für die durch Strecken oder Zahlen gegebenen Koordinaten der einzelnen Punkte die richtigen in die Bildebene einzutragenden Verkürzungen herstellt (§ 16).

---

§ 4. Das Spurendreieck und die Achsenbilder. Die Punkte, in denen die Achsen Π durchstoßen, heißen die Achsenspurpunkte. Sie liefern in Π das Spurendreieck der Koordinatenebenen. Weil jede Achse senkrecht auf einer Koordinatenebene steht, so steht nach dem III. Abschnitt § 1 das Bild der Achse senkrecht auf der Bildspur der betreffenden Koordinatenebene. Deshalb sind die Achsenbilder nichts anderes als die unbegrenzten Höhen im Spurendreieck der Koordinatenebenen. Dieses Spurendreieck ist immer spitzwinklig; das Bild von O fällt ins Innere. Daß die Achsenbilder miteinander stumpfe Winkel bilden, ist damit aufs neue gezeigt (vgl. § 2).

§ 5. Beweis, daß jedes spitzwinklige Dreieck als Spurendreieck auftreten kann. ABC sei das Dreieck. (Fig. 144. Taf. XI). O muß im Raume so liegen, daß OA, OB, OC miteinander rechte Winkel bilden, d. h. O liegt auf drei Kugelflächen, welche AB, BC, AC zu Durchmessern besitzen. Die ersten beiden Kugeln schneiden sich in einem Kreis k, der senkrecht auf der Ebene Π des Dreiecks ABC steht und von dieser halbiert wird. Der eine Punkt, den er mit Π gemein hat, ist B, der andere Punkt ist der Fußpunkt E der von B ausgehenden Dreieckshöhe, denn er ist Schnittpunkt der beiden in der Bildebene liegenden größten Kreise der Kugeln mit den Durchmessern AB und BC. BE ist ein Durchmesser von k. Der erhaltene Kreis k hat mit der Kugel vom Durchmesser AC zwei reelle Punkte gemein, denn B liegt außerhalb, E innerhalb dieser Kugel. Demnach gibt es wirklich zwei Punkte, welche die für O geforderten Bedingungen erfüllen. Beide Punkte liegen symmetrisch zur Ebene Π. Die gemeinsamen Punkte der drei Kugeln liegen auf dem zur Bildebene senkrechten Kreis vom Durchmesser BE, ebenso aber auf zwei anderen solchen Kreisen mit den Durchmessern AD und CF. Darum liegt der gesuchte Punkt O auf dem Lot, welches auf Π im Höhenschnittpunkt des Dreiecks ABC errichtet ist.

Ist demnach ein spitzwinkliges Dreieck irgendwie als Spurendreieck der Koordinatenebenen gegeben und soll der Mittelpunkt O des Achsenkreuzes hinter der Bildebene liegen, dann gibt es eine eindeutige Lösung.

§ 6. Konstruktion der Verkürzungsverhältnisse aus gegebenem Spurendreieck. ABC ist das Spurendreieck der Koordinatenebenen, der Höhenschnittpunkt $\bar{O}$ ist das Bild des Mittelpunktes O. (Fig. 145 auf Tafel XI.) Dann ist $A\bar{O}B$ die Orthogonalprojektion eines rechtwinkligen Dreiecks, und man findet dessen Umlegung AO_0B in die Bildebene sofort. $A\bar{O} : AO_0$ und $B\bar{O} : BO_0$ sind die Verkürzungsverhältnisse für die x- und y-Achse. Um das dritte Verkürzungsverhältnis zu finden, könnte man die wahre Gestalt des Dreiecks AOC suchen. Statt dessen braucht man auch nur das Dreieck COF umzulegen. Es ist bei O rechtwinklig, weil OF in der zu CO senkrechten Ebene liegt. Seine Umlegung durch Drehen um CF in die Bildebene folgt daraus. Die Strecken FO_0 und FO^0 sind gleich, was als Probe dienen kann.

§ 7. Die Formeln, welche zwischen den drei Verkürzungsverhältnissen bestehen. In einem rechtwinkligen Parallelepiped ist eine Hauptdiagonale die Quadratwurzel aus der Summe der Quadrate dreier verschieden gerichteter Kanten. Die Winkel, welche die Hauptdiagonale mit den drei von ihrer Ecke ausgehenden Kanten bildet, haben deshalb Kosinus, deren Quadratsumme 1 ist.[1]) Darum ist die Quadratsumme der Sinus dieser drei Winkel gleich 2, oder die Quadratsumme der Kosinus der Neigungswinkel, welche die drei Kanten des Parallelepipeds gegen eine zur Hauptdiagonale senkrechte Ebene bilden, ist gleich 2.

Damit ist gefunden, daß für beliebige Stellung der Bildebene zum Achsenkreuz die Quadratsumme der drei Verkürzungsverhältnisse λ, μ, ν gleich 2 ist. Jede einzelne der Größen λ, μ, ν ist kleines als 1, deshalb folgt aus $\lambda^2 + \mu^2 + \nu^2 = 2$, daß die Summe je zweier Quadrate > 1 ist, z. B. $\lambda^2 + \mu^2 > 1$ oder $\mu^2 > 1 - \lambda^2$. Die Summe zweier Quadrate ist dann erst recht größer als das dritte Quadrat, oder jedes Quadrat ist größer als die Differenz der beiden übrigen. Aus den Größen λ^2, μ^2, ν^2 als Strecken läßt sich ein Dreieck bilden. Dieses Dreieck tritt später wirklich auf, § 12.

Gleichwertig mit den Bedingungen, daß $\lambda^2 + \mu^2 + \nu^2 = 2$ ist und daß λ, μ, ν echte Brüche sind, sind die Bedingungen, daß $\lambda^2 + \mu^2 + \nu^2 = 2$ ist und daß jedes Quadrat kleiner als die Summe der beiden anderen ist. In dieser Form werden die Bedingungen später gebraucht, §§ 10ff.

§ 8. Beweis, daß die aufgestellten Bedingungen für die Verkürzungsverhältnisse hinreichend sind. Man betrachtet ein dreifaches rechtwinkliges Achsenkreuz und bringt seinen Mittelpunkt in die gegebene Lage zur Bildebene. Auf jeder positiven Halbachse denkt man sich die Einheitsstrecke abgetragen. Man bringt die x-Achse in eine solche Lage, daß sie mit Π den Winkel α (mit $\cos \alpha = \lambda$) bildet. Diese Stellung der x-Achse wird festgehalten, während man das Achsenkreuz um die x-Achse hin und her dreht. Dann bleiben die Orthogonalprojektionen der x-Achse und der darauf liegenden Strecke fest, während die Projektionen der auf der y- und z-Achse befindlichen Strecken bei der Drehung ihre Lagen und Größen ändern. Diese beiden Einheitsstrecken liegen beständig in einer Ebene, welche gegen die Bildebene unter dem Winkel $90^0 - \alpha$ geneigt ist. Deshalb schwanken die Längen ihrer Projektionen zwischen dem Maximum 1 und dem Minimum $\cos(90^0 - \alpha) = \sin \alpha$ hin und her. Dieser Wert ist aber $\sqrt{1 - \lambda^2}$. Die gegebene Größe μ liegt nach den gemachten Voraussetzungen zwischen 1 und $\sqrt{1 - \lambda^2}$. Man kann demnach dem Achsenkreuz bei der Drehung um die festgehaltene x-Achse eine solche Stellung

1) Hieraus folgt z. B. in der analytischen Raumgeometrie, daß die Quadratsumme der drei Richtungskosinus einer Geraden gleich 1 ist.

erteilen, daß die Einheitsstrecke der y-Achse genau die Länge μ zur Projektion hat. Damit ist das Achsenkreuz festgelegt. Zwei Achsen haben bei der Projektion die vorgeschriebenen Verkürzungsverhältnisse, für die dritte Achse muß ebenfalls das richtige Verkürzungsverhältnis vorhanden sein, weil die Verkürzungsverhältnisse dreier zueinander rechtwinkliger Strecken die Quadratsumme 2 haben und weil die gegebenen λ, μ, ν auch an diese Bedingung gebunden sind.

So ist es immer möglich, dem rechtwinkligen Achsenkreuz eine Stellung zur Bildebene zu geben, wofür die drei Verkürzungsverhältnisse gegebene echte Brüche mit der Quadratsumme 2 sind.

§ 9. **Konstruktion der Achsenbilder für gegebene Verkürzungsverhältnisse.** $\overline{O}$, das Bild von O, ist gegeben, ebenso der senkrechte Abstand des O von Π, außerdem die echten Brüche $\lambda = \cos\alpha$, $\mu = \cos\beta$, $\nu = \cos\gamma$ mit der Bedingung $\lambda^2 + \mu^2 + \nu^2 = 2$. Man nimmt die Gerade, auf welche das Bild der z-Achse fallen soll, senkrecht an. A, B, C sollen die Punkte sein, in denen die Achsen Π durchkreuzen. Dann hat man $\overline{O}A = O\overline{O} \cdot \operatorname{ctg}\alpha$, $\overline{O}B = O\overline{O} \cdot \operatorname{ctg}\beta$, $\overline{O}C = O\overline{O} \cdot \operatorname{ctg}\gamma$. Hiermit kennt man C auf der Vertikalen durch $\overline{O}$ und man kennt für A und B je einen geometrischen Ort, einen Kreis um $\overline{O}$. Ferner ist die Gerade AB der Schnitt von Π mit einer auf OC senkrechten Ebene, d. h. sie ist senkrecht zu $\overline{O}C$, oder horizontal, und sie hat von $\overline{O}$ den aus dem Neigungswinkel der Ebene folgenden Abstand $O\overline{O} \cdot \operatorname{tg}\gamma$. So hat man für A und B je zwei geometrische Orte, und die Punkte folgen daraus. Daß man auf reelle Schnittpunkte der geometrischen Orte kommt, läßt sich jedenfalls unmittelbar aus den bestehenden Bedingungen ableiten, man hat aber eine solche Begründung nicht nötig, weil in § 8 bewiesen ist, daß die gestellte Aufgabe immer eine Lösung besitzt. Hiermit ist der Gedankengang für die Konstruktion gekennzeichnet, bei der wirklichen Ausführung kann man im Anschluß an die Fig. 145 von der senkrechten Geraden durch $\overline{O}$ und von der umgelegten Strecke $O\overline{O}^0$ ausgehen, das umgelegte rechtwinklige Dreieck CO^0F herstellen und daraus den geradlinigen Ort für A und B finden; die Kreisbogen, auf denen A und B liegen, ergeben sich aus rechtwinkligen Dreiecken. Als Probe kann dienen, daß die Umlegung des Dreiecks AOB rechtwinklig ausfallen muß.

Wegen anderer Konstruktionen ist zu vergleichen: Wiener I, S. 433—435.

§ 10. **Die Verwendung von Größen, welche zu den Verkürzungsverhältnissen proportional sind.** Häufig gibt man nicht die drei Verkürzungsverhältnisse λ, μ, ν selbst, sondern man gibt an ihrer Stelle drei Zahlen l, m, n, welche dasselbe Verhältnis wie λ, μ, ν besitzen und welche wie diese an die Bedingung geknüpft sind, daß jedes Quadrat kleiner ist als die Summe der beiden anderen. Der Zusammenhang zwischen λ, μ, ν und l, m, n ist folgender:

$$\lambda = \sqrt{2} \cdot \frac{l}{\sqrt{l^2 + m^2 + n^2}}, \quad \mu = \sqrt{2} \cdot \frac{m}{\sqrt{l^2 + m^2 + n^2}}, \quad \nu = \sqrt{2} \cdot \frac{n}{\sqrt{l^2 + m^2 + n^2}}.$$

Die Verkürzungsverhältnisse λ, μ, ν und die ihnen zugehörigen Winkel α, β, γ lassen sich bei gegebenen Strecken l, m, n in folgender Art konstruieren. Aus zwei aneinandergehängten rechtwinkligen Dreiecken ergibt sich eine Strecke, deren Quadrat $l^2 + m^2 + n^2$ ist; ein gleichschenklig rechtwinkliges Dreieck mit dieser Strecke als Hypotenuse hat zur Kathete die Länge $\sqrt{\frac{1}{2}(l^2 + m^2 + n^2)}$, hieraus kommt man zu den Werten λ, μ, ν und zu den Winkeln α, β, γ mittels rechtwinkliger Dreiecke. Bei gegebenen Zahlen l, m, n werden die λ, μ, ν und geeignete goniometrischen Funktionen von α, β, γ berechnet. Zur Bestimmung der Achsenbilder dient aber nicht das Verfahren von § 9, sondern die beiden nächsten Paragraphen enthalten praktisch bessere und theoretisch wichtige Hilfsmittel.

§ 11. Die Herstellung der Achsenbilder durch Rechnung. Die Strecken OA, OB und OC sind $O\bar{O} : \sin\alpha$, $O\bar{O} : \sin\beta$ und $O\bar{O} : \sin\gamma$. Aus ihnen folgen als Hypotenusen rechtwinkliger Dreiecke die Seitenlängen des Spurendreiecks ABC in der Bildebene. Die gesuchten stumpfen Winkel zwischen den Achsenbildern sind die Supplemente der Dreieckswinkel, weil die Achsenbilder auf die unbegrenzten Höhen fallen. Auf diesem Weg wird jedoch die Berechnung der Winkel zwischen den Achsenbildern umständlich. Ganz einfach ist dagegen die Verwendung einer Formel der sphärischen Trigonometrie:

OB, OC und $O\bar{O}$ bilden ein Dreikant, dieses hat eine rechtwinklige Seite, die anderen Seiten sind $90^0 - \beta$, $90^0 - \gamma$. Der rechtwinkligen Seite gegenüber liegt der Winkel ξ, welcher in Π durch die Geraden $\bar{O}B$ und $\bar{O}C$, durch die Bilder der y- und z-Achse eingeschlossen wird. Der allgemeine Kosinussatz liefert

$$\cos 90^0 = \sin\beta \cdot \sin\gamma + \cos\beta \cdot \cos\gamma \cdot \cos\xi$$

oder

$$\cos\xi = -\operatorname{tg}\beta \cdot \operatorname{tg}\gamma.$$

Entsprechende Werte folgen für die Winkel η und ζ, welche zwischen den Bildern der x-Achse und z-Achse oder der x-Achse und y-Achse auftreten.

Nach den Formeln von § 10 hat man für $\operatorname{tg}\alpha = \sin\alpha : \cos\alpha = +\sqrt{1-\lambda^2} : \lambda$ den Wert $\dfrac{\sqrt{-l^2 + m^2 + n^2}}{\sqrt{2} \cdot l}$ usw. Daraus folgt

$$\cos\xi = -\frac{\sqrt{(l^2 - m^2 + n^2)(l^2 + m^2 - n^2)}}{2mn},$$

$$\cos\eta = -\frac{\sqrt{(-l^2 + m^2 + n^2)(l^2 + m^2 - n^2)}}{2ln},$$

$$\cos\zeta = -\frac{\sqrt{(-l^2+m^2+n^2)(l^2-m^2+n^2)}}{2lm}.$$

Damit ist bei gegebenen Zahlen l, m, n die Berechnung der Achsenwinkel im Bilde sehr einfach. Alle drei Winkel sind stumpf. Da man die z-Achse senkrecht annimmt, so hat man im wesentlichen die Winkel $\xi - 90^0$ und $\eta - 90^0$ nötig. Dafür bestehen die Ausdrücke

$$\sin(\xi - 90^0) = +\frac{\sqrt{(l^2-m^2+n^2)(l^2+m^2-n^2)}}{2mn},$$

$$\sin(\eta - 90^0) = +\frac{\sqrt{(-l^2+m^2+n^2)(l^2+m^2-n^2)}}{2ln},$$

$$\sin(\zeta - 90^0) = +\frac{\sqrt{(-l^2+m^2+n^2)(l^2-m^2+n^2)}}{2lm}.$$

Formeln für die Tangenten folgen im nächsten Paragraphen. Die Achsenrichtungen erhält man dann entweder aus den berechneten Winkeln mittels des Transporteurs oder aus rechtwinkligen Dreiecken und zwar am besten nach den Tangentenformeln. Diese Konstruktionen sind genauer als die Herstellung des im nächsten Paragraphen vorkommenden Weisbachschen Hilfsdreiecks und der Winkelhalbierenden; dieser Weisbachsche Satz hat im wesentlichen theoretisches Interesse.

§ 12. Fortsetzung, der Weisbachsche Satz. Die gefundenen Formeln erinnern sehr an bekannte Formeln der ebenen Trigonometrie. Im Dreieck mit den Seiten a, b, c hat man, falls s die halbe Summe der Seiten ist und falls die Winkel φ, ψ, χ heißen:

$$\sin\frac{\varphi}{2} = \frac{\sqrt{(s-b)(s-c)}}{bc}, \quad \sin\frac{\psi}{2} = \frac{\sqrt{(s-a)(s-c)}}{ac}, \quad \sin\frac{\chi}{2} = \frac{\sqrt{(s-a)(s-b)}}{ab}$$

oder

$$\sin\frac{\varphi}{2} = \frac{\sqrt{(a-b+c)(a+b-c)}}{2bc},$$

$$\sin\frac{\psi}{2} = \frac{\sqrt{(-a+b+c)(a+b-c)}}{2ac},$$

$$\sin\frac{\chi}{2} = \frac{\sqrt{(-a+b+c)(a-b+c)}}{2ab}.$$

Darum sind die früher berechneten Winkel $\xi - 90^0$, $\eta - 90^0$, $\zeta - 90^0$ die Hälften der Winkel im Dreieck mit den Seitenlängen l^2, m^2, n^2. Daß sich aus diesen Größen ein Dreieck bilden läßt, geht aus § 10 hervor. Zeichnet man sich schematisch dieses Dreieck und seine inneren Winkelhalbierenden, so erkennt man, daß einer der stumpfen Winkel zwischen den Halbierenden gleich $180^0 - (\eta - 90^0) - (\zeta - 90^0) = 360^0 - \eta - \zeta = \xi$ ist. Die anderen Winkel sind entsprechend η und ζ.

Die Achsenbilder der orthogonalen axonometrischen Projektion für Verkürzungsverhältnisse λ, μ, ν, die sich wie $l:m:n$ verhalten, schließen demnach dieselben Winkel miteinander ein, wie die inneren Winkelhalbierenden in einem Dreieck mit den Seitenlängen l^2, m^2, n^2.[1])

Dieser Satz wurde zuerst von Weisbach aufgestellt.[2]). Ein anderer rechnender Beweis findet sich im Anhang der Schlömilchschen Analytischen Geometrie des Raumes. Die dort stehende Konstruktion der Achsenbilder mag besonders hervorgehoben sein. Ferner sollen Wiener und die darstellende Geometrie von R. Sturm genannt sein (2. Aufl. 1900, S. 143—146), dann die Arbeiten von Böttcher und Versluys in der von Hoffmann begründeten Zeitschrift für math.-naturwiss. Unterricht. Band 25 (1894), S. 9—20 und Band 27 (1896) S. 334—338.

Weil die Winkel $\xi - 90^0$, $\eta - 90^0$, $\zeta - 90^0$ den halben Winkeln in einem Dreieck mit bekannten Seiten entsprechen, hat man nun auch für ihre Tangenten aus der ebenen Trigonometrie sofort die Formeln

$$\operatorname{tg}(\xi - 90^0) = \sqrt{\frac{(l^2 - m^2 + n^2)(l^2 + m^2 - n^2)}{(l^2 + m^2 + n^2)(-l^2 + m^2 + n^2)}},$$

$$\operatorname{tg}(\eta - 90^0) = \sqrt{\frac{(-l^2 + m^2 + n^2)\cdot(l^2 + m^2 - n^2)}{(l^2 + m^2 + n^2)\cdot(l^2 - m^2 + n^2)}},$$

$$\operatorname{tg}(\zeta - 90^0) = \sqrt{\frac{(-l^2 + m^2 + n^2)\cdot(l^2 - m^2 + n^2)}{(l^2 + m^2 + n^2)\cdot(l^2 + m^2 - n^2)}}.$$

§ 13. Der Gaußsche Satz über die orthogonale axonometrische Projektion. Neben dem Weisbachschen Satz ist noch ein Satz von Gauß zu nennen, der sich ohne Beweis in seinem Nachlaß fand. (Werke II, S. 309 unten.) Er lautet einfach: Bei orthogonaler axonometrischer Projektion sind die Projektionen von drei Einheitsstrecken, welche auf den rechtwinkligen Koordinatenachsen liegen, Vektoren mit der Quadratsumme 0. Will man das Wort Vektor und den Begriff des Vektorproduktes vermeiden, so kann man in der Bildebene der Projektion ein rechtwinkliges Koordinatensystem mit dem Mittelpunkt 0 einführen; dieEndpunkte der drei von 0 ausgehenden Bilder der Einheitsstrecken auf den Achsen im Raum geben dann drei komplexe Zahlen mit der Quadratsumme 0. In Band 17 (1886) der Hoffmannschen Zeitschrift S. 492—498 gab Holzmüller einen elementaren und interessanten Beweis dieses Satzes unter Heranziehung einer darstellend geometrischen Betrachtung. Dabei findet sich ein anderer

1) Ganz allgemein hat bei jedem spitzwinkligen Dreieck das Dreieck der Höhenfußpunkte die Höhen des ursprünglichen Dreiecks zu inneren Winkelhalbierenden. Das ist eine einfache Folge des Peripheriewinkelsatzes für die Kreise, deren Durchmesser die Seiten des ursprünglichen Dreiecks sind.

2) Polytechnische Mitteilungen von Volz und Karmarsch, Tübingen 1844, Bd. I, S. 125—136. Ein später erschienenes Buch Weisbachs ist schwer erhältlich und wenig bekannt.

Beweis aus dem Kolleg von H. A. Schwarz genannt. — Der 40. Band derselben Zeitschr. (1909) bringt a. S. 156—158 einen Beweis von W. Weber mittels Vektorenrechnung für den Gaußschen Satz, außerdem den Übergang vom Gaußschen zum Weisbachschen Satz.

---

§ 14. Der isometrische und der dimetrische Fall der axonometrischen Orthogonalprojektion. Bei der isometrischen Projektion sind die drei Verkürzungsverhältnisse λ, μ, ν einander gleich (und gleich $\sqrt{\frac{2}{3}} = 0{,}816$ [1])); auch die Achsenbilder schließen miteinander gleiche Winkel, von je 120^0, ein. Das Bild eines Würfels, dessen Kanten zu den Koordinatenachsen parallel sind, hat als Umriß ein regelmäßiges Sechseck, und die drei sichtbaren Flächen des Würfels stellen sich als kongruente Rhomben dar. In dieser Projektion sind übrigens die Bilder von Körpern, deren Hauptrichtungen den Koordinatenachsen entsprechen, ziemlich unnatürlich.

Die dimetrische Projektion ist durch die Gleichheit zweier Verkürzungsverhältnisse charakterisiert. Anwendung findet hauptsächlich der Fall $l:m:n = 1:2:2$, was $\lambda = \frac{1}{3}\sqrt{2} = 0{,}471$, $\mu = \nu = \frac{2}{3}\sqrt{2} = 0{,}943$ gibt Das Bild der x-Achse schließt mit den Bildern der y- und der z-Achse gleiche Winkel ein, bei vertikalem Bild der z-Achse geht das Bild der x-Achse nach links unten unter dem Winkel $41^0\,24\frac{1}{2}'$, und das Bild der y-Achse geht nach rechts unten unter dem Winkel $7^0\,11'$ gegen die Horizontale. Die Bilder in solcher dimetrischen Projektion sehen besser aus als isometrische, stehen aber den nachher zu betrachtenden erheblich nach. Die Figur 146a auf Tafel XI zeigt einen Würfel in dieser Projektionsart. Wesentlich ist, daß unter den beiden Achsen mit gleichem Verkürzungsverhältnis die z-Achse enthalten ist. Wollte man die Verkürzungsverhältnisse der beiden wagrechten Achsen gleich machen und das Verkürzungsverhältnis für die z-Achse doppelt so groß (was einer schwächeren Verkürzung bei der z-Achse entspricht), wollte man also $l:m:n = 1:1:2$ nehmen, so entstände ein weniger anschauliches Bild.

§ 15. Besondere Fälle der trimetrischen Projektion. Jede orthogonale axonometrische Projektion mit drei ungleichen Verkürzungsverhältnissen heißt trimetrisch. Schon in § 3 wurde ausgesprochen, daß man gern Verkürzungsverhältnisse verwendet, welche zu einfachen Zahlen l, m, n gehören. Solche Wertsysteme sind z. B.

$$\begin{matrix} 5, & 9, & 10 \\ 6, & 17, & 18 \\ 4, & 5, & 6 \\ 6, & 7, & 8. \end{matrix}$$

---

1) Bei fünfstelligem Rechnen und richtigem Beurteilen der von den abgerundeten Zahlen herrührenden Unsicherheit treten Zweifel über die Richtigkeit der letzten Stelle auf. Oft ist man eben auf größere Logarithmentafeln angewiesen.

Man überzeugt sich leicht, daß die Bedingungen erfüllt sind, das Quadrat einer jeden Zahl ist kleiner als die Summe der Quadrate der beiden anderen Zahlen. Für die z-Achse nimmt man immer die größte unter den drei Zahlen, damit ihr Verkürzungsverhältnis sich von 1 am wenigsten unterscheidet. Bei vertikaler z-Achse ist dann die Bildebene ziemlich steil gestellt, d. h. das Bild entspricht dem Anblick aus unendlich großer Entfernung mit ziemlich flach fallender Blickrichtung.

Nur das zuerst genannte Wertsystem, 5, 9, 10, soll näher besprochen werden. Für die Richtungen der Achsenbilder ergibt sich folgendes. Bei vertikalem Bild der z-Achse sind das nach links unten gehende Bild der x-Achse unter $17^0\,49'$ und das nach rechts unten gehende Bild der y-Achse unter $5^0\,11'$ gegen die Horizontale geneigt. Diese Winkel kann man daraus konstruieren, daß ihre Tangenten die Werte 0,321 und 0,091 haben, vergleiche § 12, Schluß. Die Verkürzungsverhältnisse sind $\lambda = 5:\sqrt{103} = 0{,}4927$, $\mu = 9:\sqrt{103} = 0{,}8868$, $\nu = 10:\sqrt{103} = 0{,}9853$. Als Beispiel zeigt Fig. 146 b wieder einen Würfel.

§ 16. Hülfsmittel zur Konstruktion eines axonometrischen Bildes. Sehr praktisch sind Zeichenwinkel, welche beim Anlegen an die Reißschiene unmittelbar die Richtungen der x- und y-Achse geben.[1] Damit wird die Eintragung von Koordinatenzügen in das Bild ganz einfach. Die einzutragenden Strecken sind die mit λ, μ, ν multiplizierten wahren Längen der Koordinaten. Sind die gegebenen Koordinaten in einer Zeichnung enthalten, etwa dadurch, daß der darzustellende Gegenstand in Grund- und Aufriß vorliegt, dann wird man die verjüngten Koordinaten am einfachsten graphisch herstellen, Fig. 147, Taf. XI. Die Größen λ, μ, ν sind die Kosinus der früher betrachteten Winkel α, β, γ. Für den Punkt mit den Koordinaten x, y, z hat man in der Bildebene einen Koordinatenzug mit den Seiten $x \cdot \cos\alpha$, $y \cdot \cos\beta$, $z \cdot \cos\gamma$ einzutragen. Dazu zeichnet man eine horizontale Gerade und drei von einem ihrer Punkte (M) ausgehende geneigte Geraden, welche mit der Horizontalen die Winkel $90^0 - \alpha$, $90^0 - \beta$, $90^0 - \gamma$ bilden. Wird dann mittels des Stechzirkels auf der ersten dieser geneigten Geraden von M aus die Strecke x abgetragen, dann liegt der Endpunkt N dieser Strecke um $x \cdot \sin(90^0 - \alpha) = x \cdot \cos\alpha$ über der Horizontalen. Dieser Abstand wird abgegriffen, indem man den Stechzirkel um den erhaltenen Punkt N dreht, und ihn einen Bogen beschreiben läßt, welcher die Horizontale berührt. Damit hat man die gesuchte verjüngte Abszisse, entsprechend findet man die anderen verjüngten Koordinaten.

Doch gibt es noch ein anderes Verfahren, welches bei graphisch und bei numerisch gegebenen Koordinaten anwendbar ist und sehr viel benutzt

1) Nach Mehmke, ausgeführt durch das Geschäft für Zeichenutensilien von A. Martz in Stuttgart.

wird. Meist kommt es gar nicht darauf an, ob das Bild genau im wahren Maßstab gezeichnet wird oder ob man es ähnlich umgeformt in geringer Größenänderung erhält. Die wirklichen Verkürzungsverhältnisse waren hier $\lambda = 5 : \sqrt{103}$, $\mu = 9 : \sqrt{103}$, $\nu = 10 : \sqrt{103}$; läßt man an ihre Stelle die Werte 0,5, 0,9 und 1 eintreten, dann entsteht ein ähnlich vergrößertes Bild. Das Vergrößerungsverhältnis ist $\sqrt{1{,}03} = 1{,}015$.

§ 17. Weitere Angaben über die axonometrische Darstellung von Körpern. Wenn ein ebenflächiger Körper in Grund- und Aufriß gezeichnet ist, so wird man beim Entwerfen seines axonometrischen Bildes nicht nur punktweise arbeiten, d. h. nicht nur die Bilder seiner einzelnen Ecken jedes für sich konstruieren. Man wird vielmehr bestehende Zusammenhänge, die sich leicht konstruktiv verwerten lassen, ausnutzen, z. B. den Parallelismus von Kanten oder Diagonalen des Körpers oder von anderen Hilfslinien. Beim Zeichnen des in Fig. 49 auf Tafel I durch Grund- und Aufriß dargestellten Dodekaeders wird man auch noch die Grundrißspurpunkte von Paaren geneigter Kanten und ebenso die Schnittpunkte anderer Paare dieser Kanten mit der horizontalen Ebene der obersten Körperfläche verwenden, nämlich soweit sich die Lage dieser Hilfspunkte aus den früheren Betrachtungen ohne weiteres ergibt. Bei wirklicher Durchführung der Konstruktion des axonometrischen Bildes des regelmäßigen Dodekaeders und Ikosaeders für $l : m : n = 5 : 9 : 10$ wird man finden, daß die Verzerrungen, welche sich in schiefer Parallelperspektive geltend machen und von der schiefen Projektionsrichtung herrühren, hier fehlen. Noch mehr eignet sich die axonometrische Darstellung zur Abbildung einer Kugel oder einer auf der Kugel liegenden Figur. Der Kugelumriß ist ein Kreis, dessen Radius gleich dem Kugelradius ist, die Bilder von Kreisen auf der Kugel sind i. a. Ellipsen, welche aus konjugierten Durchmessern erhalten werden, indem man von rechtwinkligen Kreisdurchmessern ausgeht.

Zum Zeichnen von Kristallfiguren wird die in § 15 besprochene axonometrische Orthogonalprojektion mit $l : m : n = 5 : 9 : 10$ vielfach verwendet. Sie gibt sehr anschauliche Bilder, entschieden bessere als die schiefe Parallelperspektive. Statt der wirklichen Werte λ, μ, ν wendet man die Werte 0,5, 0,9 und 1 an, und da hier die Koordinaten aus Rechnung folgen, so kann man die verjüngten Strecken ebenfalls berechnen oder man kann neben dem Maßstab für die wahren Größen noch zwei Maßstäbe in den Verjüngungen 0,5 und 0,9 anwenden.

Während man heute Figuren zu einem physikalischen oder technischen Buch durch Photographieren der darzustellenden Apparate herstellt, wurde früher vielfach der zeichnerische Entwurf durch trimetrische Projektion oder schiefe Parallelperspektive angewendet. Ein bekanntes Beispiel dafür bieten die alten Auflagen des Buches von Müller-Pouillet.

Johannes Müller hat die Figuren zu diesem Werk faßt ausschließlich selbst ausgeführt und war dazu besonders befähigt, war er doch selbst ursprünglich Mathematiker und Verfasser eines zwar ziemlich elementaren, aber guten und mit vorzüglichen Figuren ausgestatteten Werkes über darstellende Geometrie.[1]) — In einer Hinsicht sind übrigens die ursprünglichen gezeichneten Figuren des alten Müller-Pouillet unbedingt den heutigen auf Photographien beruhenden Figuren überlegen: es sind schematisierte Figuren, die in erster Linie die Hauptsachen hervorheben, ganz im Gegensatz zu den photographischen Figuren, bei denen z. B. nebensächliche Teile der Apparate sich oft störend aufdrängen.

---

§ 18. Unmittelbares Konstruieren im axonometrischen Bild einer räumlichen Figur. Bisher wurde nur behandelt, wie man das Bild eines Achsenkreuzes und die zugehörigen Verkürzungsverhältnisse findet und wie man das Bild eines Körpers oder einer Raumfigur aus bekannten Koordinaten der einzelnen wesentlichen Punkte herstellt. Daran würde sich nun eine ausführliche Betrachtung anschließen können über die Ausführung von Konstruktionen in einer vorliegenden axonometrischen Figur, es würde sich um das entsprechende zu dem handeln, was für die schiefe Parallelperspektive im XXIII. und XXIV. Abschnitt enthalten ist. Die größeren darstellend-geometrischen Bücher und spezielle Veröffentlichungen über Axonometrie bieten alles nähere. Trotz des theoretischen und trotz eines gewissen praktischen Interesses soll hier auf diese Fragen gar nicht eingegangen werden. Die Konstruktionen stehen, was Einfachheit betrifft, meist beträchtlich hinter den entsprechenden Konstruktionen in Parallelperspektive zurück; auch sind die Grundgedanken der Konstruktionen schwerer zu merken, was besonders ins Gewicht fällt. Tüchtige Kenntnis der Konstruktionsmethoden in Parallelperspektive ist für den Mathematiker und besonders den Oberlehrer sehr viel wichtiger als eingehende Vertrautheit mit den entsprechenden Verfahren der orthogonalen axonometrischen Projektion.

§ 19. Über die schiefe axonometrische Projektion. Das Achsenkreuz und die vorkommenden Koordinatenzüge von Punkten wurden bisher immer rechtwinklig auf die Bildebene projiziert. Man kann statt dessen auch eine schiefe Parallelprojektion anwenden. Die geometrische oder analytische Behandlung der Lage der Achsenbilder und der Verkürzungsverhältnisse wird dann wesentlich umständlicher. Damit tritt die allgemeine schiefe axonometrische Projektion für die Anwendung von selbst

---

1) Die konstruktive Zeichnungslehre oder die Lehre vom Grund- und Aufriß, der Parallelperspektive, der malerischen Perspektive und der Schattenkonstruktion. Braunschweig, 2. Aufl. 1874.

zurück. Erwähnenswert ist hierbei, daß die Bilder, welche in schiefer Parallelperspektive entworfen sind, sich als schiefe axonometrische Bilder auffassen lassen; früher wurde schon gelegentlich das Bild des Achsenkreuzes in ein parallelperspektivisches Bild eingezeichnet. Wenn man die schiefe Parallelperspektive als einen besonderen Fall der schiefen axonometrischen Projektion bezeichnen will, dann hat allerdings die schiefe axonometrische Projektion neben ihrem theoretischen Interesse hervorragende praktische Bedeutung.

Endlich ist ein fundamentaler Satz über die allgemeine schiefe axonometrische Projektion unbedingt zu nennen, der Pohlkesche Satz. Er besagt, daß drei beliebige in einer Ebene von einem Punkt ausgehende Strecken stets als schiefe Parallelprojektion der drei Einheitsstrecken auf den Achsen eines dreifach rechtwinkligen Koordinatensystems auftreten, wenn man nur das Achsenkreuz richtig stellt und der Einheit die richtige Länge gibt. Pohlkes Beweis war nicht elementar; der erste elementare Beweis wurde 1863 von H. A. Schwarz gegeben, in Band 63 des Crelleschen Journals (abgedruckt in Band II der gesammelten Abhandlungen auf Seite 1—7). Außerdem sei auf die darstellend geometrische Literatur, besonders auf S. 75, 76 im Buch von Reinhold Müller (Braunschweig 1899) und auf die Abhandlung von Friedrich Schilling im 48. Band der Zeitschrift für Mathematik und Physik verwiesen (S. 487—494; 1903). Dort ist auch der Satz scharf formuliert hinsichtlich der Mehrdeutigkeit.

Anhang.

I. Einiges aus der Zeichentechnik.

§ 1. **Angaben über Reißbrett und Zeichenpapier.** Soweit es sich nicht um kleine und wenig genaue Skizzen handelt, wird man stets auf dem Reißbrett zeichnen. Dabei laufen meist die langen Kanten des Reißbretts von links nach rechts, nur selten hat man Zeichnungen im Hochformat herzustellen. Beim Einkauf des Reißbretts kommt viel auf trocknes Holz an, außerdem achte man auf geeignete Größe, die noch handlich ist und zu welcher die käuflichen Bogen Zeichenpapier oder die aus Rollen zu schneidenden Bogengrößen gut passen. Ein halber Whatman-Bogen gibt nach dem Abschneiden vom Brett eine Blattgröße von 48×64 cm. Auch eine Blattgröße von 30×48 cm ist recht brauchbar, und der Verfasser benutzt zu kleinen Arbeiten am Schreibtisch ein Reißbrett, welches ungefähr die Größe eines ausgebreiteten Foliobogens (Reichsformat) hat.

Gutes Zeichenpapier erleichtert die Herstellung genauer Zeichnungen wesentlich, ja es ermöglicht sie eigentlich erst. Man ist aber keineswegs auf englisches Papier (Whatman) angewiesen, sondern es gibt gute deutsche Papiere ähnlicher Qualität. Der Zeichenbogen wird entweder festgesteckt oder aufgeklebt. Das Aufziehen des angefeuchteten Bogens durch Anleimen längs eines 1—2 cm breiten Randes ist nicht ganz leicht, andererseits sind die Reißnägel des aufgesteckten Bogens häufig beim Verschieben und beim sicheren Anlegen der Reißschiene und der Zeichenwinkel hinderlich. Der später wegfallende Rand des Zeichenbogens dient zum Prüfen der frisch gefüllten Reißfeder, zum Auswählen einer geeigneten Strichdicke u. dergl. Mindestens muß man die Proben auf einem Stück desselben Papiers und auf derselben Papierseite machen. — Beide Seiten des Papiers sind verschieden, man nimmt nicht immer die durch den Stempel als Oberseite gekennzeichnete, übrigens kommt da viel auf die Gewöhnung an.

§ 2. **Zeichenwinkel und Reißschiene.** Man hat zwei Zeichenwinkel nötig, einen gleichschenklig rechtwinkligen und einen mit den Winkeln 90^0, 30^0 und 60^0. Die im Handel befindlichen Winkel mit dem Kathetenverhältnis $1 : 2$ sind für viele Zwecke unbrauchbar. Die Zeichenwinkel sind meistens innen durchbrochen. Wenn dabei die inneren Kanten genau parallel zu den äußeren sind, so ist das eine Annehmlichkeit, siehe Späteres. Wesentlich kommt es auf die Geradheit der äußeren Kanten und auf die Richtigkeit der einzelnen Winkel an. Die Geradheit einer Kante prüft man dadurch, daß man an ihr zwei lange Linien dicht nebeneinander zieht, wobei der Zeichenwinkel einmal auf der einen, einmal auf der anderen Seite liegt. Dann tritt eine Konkavität oder Konvexität der Kante deutlich hervor. Entsprechend wird die Reißschiene geprüft.

Man gewöhnt sich am besten daran, den Kopf der Reißschiene immer nur an die linke Reißbrettkante anzulegen, wenn man die Schiene allein oder mit angelegtem Zeichenwinkel zum Ziehen von Linien ausgezeichneter Richtungen benutzt. Dann kommt es nur auf die Geradheit der linken Reißbrettkante an, die anderen Kanten und ihre Winkel sind gleichgültig. Ebenso braucht der Schienenkopf nicht rechtwinklig zur Schiene zu sein. Der Schienenkopf muß eine gerade Kante haben, die am Reißbrett gleitet. Konvexität dieser Kante schadet immer, Konkavität schadet, sobald ein Ende des Schienenkopfes über die .Reißbrettkante übersteht. Die Geradheit der linken Reißbrettkante prüft man dadurch, daß man an derselben Längskante der Schiene mehrere Wagrechten zieht und deren senkrechte Abstände an verschiedenen Stellen vergleicht. Senkrechte Linien auf dem Reißbrett zieht man mittels eines an die wagrechte Schiene angefügten Zeichenwinkels, ebenso stellt man geneigte Linien unter 30^0, 45^0, 60^0 gegen die Horizontale her. Indem man senkrechte Linien einmal mit links liegendem, dann mit rechts liegendem Zeichenwinkel herstellt, prüft man die Richtigkeit des rechten Winkels. Auf die Prüfung der Winkel von 30^0, 45^0 und 60^0 braucht nicht weiter eingegangen zu werden. Natürlich muß auch der Parallelismus beider Kanten der Reißschiene geprüft werden, das erfolgt, indem man mit angedrücktem Schienenkopf zwei wagrechte Linien dicht übereinander zieht, die eine an der oberen, die andere an der unteren Schienenkante.

Zeichenwinkel aus Holz verändern sich mit der Zeit, müssen demnach von Zeit zu Zeit geprüft werden. Hartgummi ist ebenfalls nicht unveränderlich und schmutzt leicht, wesentlich besser ist eine aus Hartgummi und fein verteiltem Messing bestehende Masse. Diese Heliosdreiecke haben sich im langjährigen Gebrauch sehr bewährt und sind billig. Nur sind sie wegen der Glätte etwas schwerer zu handhaben, das lernt man bald. Gutes Arbeiten erfordert sehr genaue Zeichenwinkel.

§ 3. Das Zeichnen einer Parallelen oder einer Senkrechten zu einer gegebenen Geraden. Man bringt fürs Parallelenziehen eine Kante des Zeichenwinkels an die gegebene Linie, schiebt den anderen Zeichenwinkel oder die Schiene an den ersten Zeichenwinkel heran, hält ihn fest und verschiebt nun den ersten Winkel so, daß man an ihm die Parallele ziehen kann. Beim Ziehen des Lotes zu einer gegebenen Geraden ist alles entsprechend, nur gleitet dann immer die Hypotenuse des bewegten Dreiecks an der festen Kante, die eine Kathete wird an die gegebene Gerade angelegt, an der anderen Kathete zieht man schließlich das Lot. Ob es sich um das Errichten oder das Fällen eines Lotes handelt, ist dabei gleichgültig. Einige Übung ist nötig, um den Zeichenwinkel rasch richtig anzulegen, so daß seine eine Kante durch das Schieben überhaupt in die richtige Lage kommt. Ferner werden bei einseitiger Beleuchtung die Genauigkeit des Anlegens und die Genauigkeit des Ziehens der Geraden durch den gegebenen Punkt wesentlich erhöht, wenn jedesmal das Licht auf die betreffende Kante fällt, und das erfordert wieder eine geschickte Wahl für die ursprüngliche Lage des Zeichenwinkels. Sind die Innenkanten eines durchbrochenen Zeichenwinkels zu den äußeren Kanten genau parallel, so erleichtert ihre Mitbenutzung die Konstruktionen häufig, indem man leichter in gutem Licht arbeitet.

[Ein schlechterer Weg zum Fällen oder Errichten eines Lotes beruht darauf, daß man den einen Zeichenwinkel mit seiner Hypotenuse an die gegebene Gerade anlegt, den anderen Zeichenwinkel an die eine Kathete des ersten bringt und festhält, und daß man nun den ersten Zeichenwinkel so umlegt, daß seine Hypotenuse die Lage des gesuchten Lotes erhält. Jedoch kommen hierbei leichter Erschütterungen, Verdrehungen vor. Ganz zu verwerfen ist eine Art der Lotkonstruktion, wobei man die eine Kathete des Zeichenwinkels an die gegebene Gerade und zugleich die andere Kathete in die Lage des gesuchten Lotes zu bringen sucht, das wird nicht genau.]

§ 4. **Reißzeuge.** Genaues Zeichnen erfordert ein gutes Reißzeug. Die Präzisionsreißzeuge von Riefler und Richter[1]) sind vorzüglich und etwa gleichwertig. Seit Ablauf der Patente werden diese Instrumente unter Beibehaltung ihrer Haupteigentümlichkeiten von verschiedenen Firmen mehr oder weniger gut nachgemacht. Ein Reißzeug muß mindestens folgende Teile enthalten: Einen Einsatzzirkel mit Blei- und Reißfedereinsatz, am anderen Schenkel mit fester oder eingesetzter r u n d e r Spitze, einen Stechzirkel mit zwei festen Stahlspitzen, eine oder zwei Reißfedern und einen Nullenzirkel. Erwünscht ist daneben noch ein „Teilzirkel", dessen Schenkel durch eine Mikrometerschraube verbunden sind (§ 6). Eine Verlängerungsstange für den Einsatzzirkel wird selten gebraucht. Die äußeren Stücke des Einsatzzirkels müssen durch Gelenke verstellbar sein, so daß beim Zeichnen von Kreisen mit Blei oder Tusche der Zirkeleinsatz und auch die Stahlspitze ungefähr senkrecht auf dem

1) Riefler in Nesselwang bei Kempten, Bayern, Filiale in München. Richter in Chemnitz. Riefler liefert direkt an Private.

Papier stehen. Bei schiefstehender Stahlspitze erweitert sich das Loch im Papier so, daß — besonders bei mehreren Kreisen aus demselben Zentrum — Ungenauigkeiten entstehen. Zentrumscheiben benutzt man selten.

§ 5. **Weiteres über den Gebrauch der Zirkel.** Zum Übertragen einer Strecke an eine andere Stelle der Figur dient fast ausnahmslos der Zirkel mit zwei festen Stahlspitzen, der Stechzirkel. Dies muß besonders ausgesprochen werden, weil man auch bei ziemlich geübten Zeichnern oft den Zirkel mit Bleieinsatz zu diesem Zweck verwendet findet. Das Arbeiten mit dem Stechzirkel ist wesentlich genauer. Die Schrauben am Zirkelkopf müssen aber nur schwach angezogen sein, so daß der Zirkel sich durch leichten Druck verstellen läßt. Bei erschwerter Beweglichkeit tritt häufig ein, daß man die abzugreifende Strecke unter elastischer Verbiegung der Schenkel zwischen die Spitzen bringt und dann nachher tatsächlich eine etwas andere Strecke abträgt. Freilich setzt das Arbeiten mit lockerem Zirkel eine sichere Hand und viel Übung voraus. (Auch zur Korrektur von Zeichnungen ist diese Gewöhnung an den leicht beweglichen Zirkel wertvoll).

In § 22 des II. Abschnitts, auf S. 26 unten, stehen im Anschluß an eine spezielle Aufgabe wichtige Angaben über die Verwendung des Stechzirkels an Stelle der Streckenübertragung durch Geraden und Kreisbogen. Die dort benutzten Züge von Hilfslinien geben für das Auge eine erhöhte Übersicht, sind aber zur eigentlichen Konstruktion minderwertig. Auf Ähnliches bezieht sich eine Bemerkung in § 10 des ersten Abschnitts, und derartige Angaben hätten noch an manchen Stellen des Buches stehen können.

§ 6. **Fortsetzung. Das Weitertragen und das Teilen einer Strecke.** Häufig hat man eine ziemlich kurze Strecke auf derselben Geraden wiederholt abzutragen, so daß diese einzelnen Stücke sich aneinander schließen. Hierzu ist der Zirkel, dessen federnde Schenkel durch eine Mikrometerschraube verbunden sind, genauer als der gewöhnliche Stechzirkel. Die Mikrometerschraube ermöglicht erstens eine sehr genaue Einstellung auf einen gegebenen Spitzenabstand, zweitens schützt sie vor unbeabsichtigter Verstellung des Zirkels. Auch zum Teilen einer Strecke in mehrere gleiche Teile ist der Mikrometerzirkel sehr geeignet, man stellt ihn vorläufig ein, prüft und ändert nach Bedarf ein- oder mehrmals die Einstellung. Von dieser Anwendung hat der Zirkel seinen Namen Teilzirkel. — Zum Halbieren einer Strecke wird man, selbst wenn die Strecke kurz genug ist, den Teilzirkel kaum anwenden, weil man mit dem Stechzirkel nach dem Augenmaß fast unmittelbar die richtige Strecke hat. Schlecht ist das Halbieren einer Strecke mit dem Einsatzzirkel durch Schlagen von zwei Kreisbogen, die einander nahe der Streckenmitte die konvexe Seite zukehren, und durch nachfolgendes Nehmen der Mitte nach dem Augenmaß. Schlecht ist auch das Suchen der Streckenmitte durch die Mittelsenkrechte, welche selbst durch Schnittpunkte von Kreisbogen bestimmt wird.

Zum regelmäßigen Einteilen einer Strecke kann auch der von Riefler und anderen gelieferte Reduktionszirkel dienen, der in § 7 des nächsten Abschnittes nochmals genannt wird.

§ 7. Erleichterung des Zeichnens durch besondere Wahl der Richtungen von Geraden. Wenn die Reißschiene wagrecht liegt und ihr Kopf links an die Reißbrettkante fest angedrückt ist, so kann man an einem angelegten Zeichenwinkel senkrechte Linien und nach links oder rechts steigende Linien unter 30°, 45° und 60° ziehen. Das wird sehr viel benutzt. Sobald z. B. zu einer Geraden eine Reihe von Parallelen oder von Senkrechten zu ziehen sind, wird man gern die Richtung so wählen, daß alle diese Geraden mit wagrechter Schiene und anliegendem Zeichenwinkel gezogen werden können. Das erleichtert und kürzt die Arbeit wesentlich und erhöht die Genauigkeit. Besonders braucht man dann die Parallelen oder die Lote nicht auf einmal zu machen, sondern man hat bei Bedarf sofort mit den einfachsten Handgriffen die richtige Einstellung von Schiene und Winkel, ohne jedesmal an die eine ursprünglich gegebene Gerade anknüpfen zu müssen. Der Wert hiervon ist nicht zu unterschätzen. Demnach wählt man z. B. Ebenenspuren, auch wenn man sie allgemein denkt, doch gern in der besprochenen besonderen Art; davon ist in diesem Buch häufig Gebrauch gemacht, und in den Übungen lasse ich es noch mehr tun.

§ 8. Über das Zeichnen einiger regelmäßiger Polygone. Geraden der vorhin genannten Richtungen kommen u. a. vor, wenn ein regelmäßiges Sechseck mit zwei wagrechten Seiten zu zeichnen ist. Man zieht die drei Diagonalen des Sechsecks, welche durch den Mittelpunkt des umgeschriebenen Kreises gehen. Dann hat man die Ecken des Sechsecks, seine Seiten zieht man nicht nur als Verbindungslinien der Ecken, sondern man hat wieder die bekannten Seitenrichtungen mitzubenutzen. Beim umgelegten Sechseck von §§ 3, 4 des VII. Abschnitts geht man i. w. entsprechend vor, nur ist da die feste Kante, an welche der Zeichenwinkel mehrfach angelegt wird, nicht wagrecht. Ähnlich kann man beim regelmäßigen Sehnen-Zwölfeck, von dem eine Hauptdiagonale wagrecht liegt, alle Hauptdiagonalen und die unter 45° geneigten Seiten mittels der an die wagrechte Schiene angelegten Zeichenwinkel ziehen, beim Ausziehen anderer Paare von Seiten ist der Parallelismus mit langen Diagonalen, welche aber nicht Hauptdiagonalen sind, zu berücksichtigen. — Eine Einteilung des umgeschriebenen Kreises mit dem Zirkel ist demnach nicht nötig, sie erhöht aber die Genauigkeit doch etwas. Das Zwölfeck z. B.

wird etwas genauer als auf dem vorhin genannten Weg, falls man von den Endpunkten des wagrechten und des senkrechten Kreisdurchmessers den Kreisradius als Sehne in den Kreis einträgt und so alle Ecken direkt bestimmt. Noch besser aber ist die sechsmalige Abtragung des Kreisradius als Kreissehne mittels des Stechzirkels[1]) und nachfolgendes Halbieren.

Ist ferner ein Kreis in zwölf gleiche Teile geteilt, wobei zwei Teilpunkte auf einem horizontalen Durchmesser liegen, und sollen die Tangenten an den Teilpunkten gezogen werden, so benutzt man ebenfalls die bekannten Richtungen der Tangenten und zeichnet nicht etwa die Tangenten als Lote zu den Radien.

§ 9. Das Abändern von Teilen einer Zeichnung. Wenn man Zeichnungen selbst ansetzt, so kommen oft ungünstige Lagen heraus. Der eine Fall ist dann der, daß das eigentlich Gesuchte günstig wird, während nur eine Hilfskonstruktion unschön oder undeutlich ausfällt. Z. B. geben g', g'' und h', h'' von Fig. 29 auf Seite 34 eine gute Lage für die Projektionen des gemeinsamen Lotes zu zwei Geraden. Der Hilfspunkt P auf der einen gegebenen Geraden ist ganz ohne Einfluß auf das gesuchte Lot, aber von seiner Wahl hängt die Figur doch teilweise ab. Hat man nicht das gezeichnete P benutzt, sondern eine andere Annahme für P gemacht, welche sich als ungünstig erweist, so zeichnet man die Aufgabe zu Ende, überlegt den Einfluß einer Verschiebung des P auf g, zeichnet für ein besseres P die Hilfskonstruktion nochmals und berücksichtigt beim Ausziehen nur die neue, nicht die ursprüngliche Lage des P. Gleiches gilt in vielen Fällen, wo gute gegebene Stücke vorliegen, aber in bezug auf Hilfskonstruktionen Willkürlichkeiten bleiben. So wird die Bestimmung des Neigungswinkels einer Ebene gegen Π_1 oder Π_2 häufig dadurch ungünstig, daß das umgelegte Dreieck andere, später hergestellte, wesentliche Teile der Figur stört. Dann hat man schließlich ein anderes Neigungswinkeldreieck zu zeichnen und die Figur so auszuziehen, als ob dieses von Anfang an benutzt worden wäre.

§ 10. Die Auswahl guter gegebener Stücke für eine Zeichnung. Der Änderung von Hilfsfiguren innerhalb einer ganzen Zeichnung steht der Fall gegenüber, wo aus den angenommenen Stücken das Gesuchte überhaupt nicht gut folgt, weil entweder schlechte Schnitte unvermeidlich sind oder weil die Projektionen der gesuchten Stücke ungünstig fallen. Da handelt es sich um Abänderung der ursprünglich angenommenen Stücke. Man muß möglichst lernen, den Einfluß einer Abänderung zu übersehen, ehe man weiter zeichnet. Solche planmäßige Änderung der

---

1) Hierbei hat man eine scharfe Probe und muß nötigenfalls den Zirkel nochmals neu einstellen.

gegebenen Stücke (wobei meist mehrfache Änderungen nötig sein werden) ist sehr wichtig zum Erzielen guter Figuren und trägt zur Gewandtheit und zur Schulung der Raumanschauung wesentlich bei. Man muß deshalb im Unterricht schon ziemlich früh die gegebenen Stücke vom Zeichnenden selbst wählen lassen, wenigstens im Hochschulunterricht mit wenigen Teilnehmern. An manchen Stellen des Buches, z. B. im XV. Abschnitt findet sich die Abänderung gegebener Stücke besprochen.

In vielen Fällen kommt man am schnellsten und besten zu einer guten Figur, wenn man sich vor dem eigentlichen Zeichnen Skizzen macht, in denen man gar nicht von den gegebenen Stücken ausgeht, sondern von anderen geeigneten Stücken.

§ 11. Über Proben beim Zeichnen. Die kleinen Ungenauigkeiten, welche mit jeder einzelnen Zeichnungsoperation verbunden sind, häufen sich in ihrer Gesamtheit zuweilen in unerwarteter, fühlbar störender Weise. Es genügt durchaus nicht, jede Einzelkonstruktion möglichst sorgfältig zu machen, sondern man muß Proben anwenden, wo dies durchführbar ist. Z. B. hat man einen Punkt möglichst als Schnitt von mehr als zwei Geraden zu bestimmen, eine Gerade durch mehr als zwei Punkte. Das Vernachlässigen von Proben im Anfang einer längeren Konstruktion führt im weiteren Verlauf des Arbeitens oft zu Ungenauigkeiten, die gar nicht mehr auszugleichen sind und deshalb zur Wiederholung der ganzen Arbeit zwingen. Außerdem schützen die Proben häufig vor groben Fehlern, die selbst dem einigermaßen geübten Zeichner gelegentlich bei ganz leichten Konstruktionen vorkommen.

Schon in den ersten Abschnitten und später an vielen Stellen sind Proben besprochen. Zuweilen hätte das noch mehr geschehen können und sollen. So sind in § 24 des VI. Abschn. (S. 65 oben) die Angaben über das Ausziehen der Aufrisse der Dodekaederkanten zu kurz. Bei Besprechung der parallelperspektivischen Darstellung des Dodekaeders in § 6 des XXII. Abschn. (S. 269) ist zwar eine Ergänzung hierzu gegeben. Aber in beiden Fällen hätte schärfer betont sein sollen, daß man für jede geneigte Kante des Dodekaeders die beiden Spurpunkte in Π_1 und in der Ebene des oberen horizontalen Fünfecks sofort kennt. Das beruht darauf, daß die Fünfecke, welche eine Seitenfläche des Körpers umgeben, auf einer regelmäßigen fünfseitigen Pyramide liegen; vergleiche noch Fig. 50 a. Taf. I. Diese Proben sind beim Zeichnen in Grund- und Aufriß und in Parallelperspektive unbedingt zu verwenden.

In einzelnen, geeigneten Fällen können statt konstruktiver Proben Rechnungsproben eintreten, oder es kann ein Punkt mittels Rechnung besser als durch Konstruktion gefunden werden. Beispiele bieten u. a. die Betrachtungen über stereographische Projektion, außerdem der jetzt folgende Abschnitt über Kreisrektifikation. Manche Geometer werden allerdings in solchem Hereinziehen der Rechnung eine Störung der Reinheit der graphischen Methode sehen. Aber einmal muß man gute Proben nehmen, wo sie sich bieten. Ferner wäre es geradezu ein Mangel, wenn ein Mathematiker etwa bei einem vorliegenden rechtwinkligen Dreieck die trigonometrischen Zusammenhänge nicht sehen wollte.

§ 12. Kurvenlineale und ihr Gebrauch. Zum Kurvenzeichnen dienen Kurvenlineale, dabei eignen sich für darstellend-geometrische Zeichnungen in den üblichen Größen sehr gut die von Burmester entworfenen Kurvenlineale, ein Satz von drei Stück. Nur muß man die ursprüngliche Form beim polytechnischen Arbeitsinstitut von Schröder in Darmstadt bestellen. Die Firma liefert sonst abweichende Formen, bei denen die besonders wertvollen Stellen mit starken Krümmungen durch Spitzen ersetzt sind. (Zum Zeichnen von Spitzen kann man jede Stelle eines Kurvenlineals verwenden.) Im Innern des einen Burmesterschen Kurvenlineals ist ein Bogen mit Wendepunkt, doch macht man häufig das Kurvenstück in der Nachbarschaft eines Wendepunktes an einer geraden Kante durch geschickte Neigung der Reißfeder. — Auch für Parabelbogen und für die Stücke einer Hyperbel, welche sich den Asymptoten eng anschließen, enthalten die Burmesterschen Kurven geeignete Teile.

Wenn eine Kurve zu zeichnen ist, so liegen zunächst einzelne Punkte von ihr vor, außerdem häufig die Tangenten für diese Punkte. Beim Ziehen der Kurve wird man oft etwas von den gefundenen Punkten abweichen müssen, vergleiche Seite 83 Mitte. Man übersieht dann leicht — oft ohne vorhergehende freihändige Zeichnung der Kurve mit Blei — welche Teile der Kurve man als ein Stück am Kurvenlineal ziehen kann. Dann erfolgt das Ausziehen mit Blei mittels der Kurvenlineale, nachher erst das Ausziehen mit Tusche. Dabei sind vorhandene Symmetrieverhältnisse stets zu beachten, z. B. müssen kongruente Stücke der vier Quadranten einer Ellipse mit demselben Bogen des Kurvenlineals gezeichnet werden. Dazu merkt man sich mit weichem Blei die Endpunkte dieses Bogenstücks am Kurvenlineal an, ebenso aber auch die Stellen, wo die Achsen der Ellipse die Fortsetzung des Bogens kreuzen. Diese vier Punkte hat man dann zunächst auf der einen Seite des Kurvenlineals, sie lassen sich sehr scharf auf die andere Seite übertragen, indem man vor dem Umdrehen jedesmal den Fingernagel an der betreffenden Stelle aufsetzt. Bei jedem Zusammensetzen einer Kurve aus einzelnen Stücken ist auf die Unauffälligkeit der Stellen zu achten, wo die einzelnen Teile zusammenstoßen. Ebenso dürfen keine Ecken entstehen. Aus diesem Grund und aus anderen Rücksichten ist die Verwendung der Krümmungskreise an den Scheiteln einer Ellipse sehr wichtig. Darüber ist im VIII. Abschnitt das Nötige gesagt. Dort finden sich auf Seite 82—83, 85, 87—88 verschiedene Bemerkungen zum Ellipsenzeichnen. Beim Zeichnen einer Hyperbel oder Parabel hat man ganz entsprechend die Krümmungskreise für die Scheitel zu verwenden, wegen deren sehr einfacher Konstruktion hier nur auf andere Bücher verwiesen werde.

§ 13. Über das freihändige Zeichnen einer Kurve. Einen Bogen durch gegebene Punkte zieht man freihändig mit spitzem, flach gehaltenem hartem Bleistift, indem man das Handgelenk auf der konkaven Seite des Bogens aufstützt und die Hand (nötigenfalls unter Änderung der Fingerstellung) dreht. Es genügt, einzelne ziemlich kurze Bogenstücke zu machen, die sich noch nicht gut zusammenschließen müssen. Dann überfährt man die bisher entstandene Kurvenzeichnung mit neuen Bogenstücken, bis eine mehr ausgeglichene Form entstehen wird, die nötigenfalls von den ungenau gefundenen ursprünglichen Punkten abweicht. Das Auge ist für Unregelmäßigkeiten in der Krümmung sehr empfindlich, notwendige Abweichungen von den Punkten ergeben sich deshalb bei solcher graphischer Interpolation recht gut. So entsteht schließlich statt der Kurve ein Streifen wechselnder Breite, der immer da, wo die einzeln gezeichneten Bogenstücke am dichtesten liegen, am deutlichsten, am schwärzesten ist. Hat man geschickt gearbeitet, dann bleibt bei vorsichtigem Radieren der beste Kurvenverlauf als feine Linie stehen, als Grundlage für die später mit geeigneten Kurvenlinealen auszuziehende Kurve. — Der Mathematiker wird allerdings bei seinen Kurvenzeichnungen weniger zu diesem Verfahren veranlaßt sein, als etwa der Chemiker es bei genauem graphischen Interpolieren zu tun hat. Für seine flachen Kurven benutzt der Chemiker dann z. B. biegsame (an eingesteckte Nadeln angedrückte) dünne Glasröhren oder, was recht vorteilhaft ist, ein dünnes, biegsames und mit Blei hinterlegtes, deshalb nach dem Biegen seine Form behaltendes Stahllineal.

§ 14. Das Ausziehen der Linien und die Verwendung farbiger Hilfslinien. Wenn man eine Figur ganz mit schwarzer Tusche auszieht, so werden die Hilfslinien gestrichelt. Dabei müssen die einzelnen Striche gleich lang sein und die Zwischenräume ebenfalls untereinander gleich lang, aber wesentlich kürzer als die Striche. Solche Strichelung schön und einigermaßen rasch zu machen, erfordert viele Übung. Dabei wird die Reißfeder immer noch bedeutend langsamer bewegt als beim ununterbrochenen Ausziehen einer Linie, und hierdurch fließt verhältnismäßig mehr Tusche aus. So wirkt eine gestrichelte Linie dicker als eine mit derselben Reißfederstellung gezogene ununterbrochene Linie. Die Einstellungen der Reißfeder für gestrichelte und für ausgezogene Linien sind so zu wählen, daß die gestrichelten Linien noch deutlich hervortreten und daß die ausgezogenen Linien wesentlich stärker erscheinen. Will man in einer Reihe von Figuren dieselbe Dicke der gleichartigen Linien einhalten, dann erspart man vieles Probieren durch Verwendung einer Reißfeder, deren Schraubenmutter scheibenförmig und mit Teilung und Ziffern versehen ist. Man kann dann immer rasch die gerade nötige Strichdicke einstellen. — Die Reißfeder soll immer gut gefüllt gehalten werden; unter stark abnehmender Füllung leidet die Gleichmäßigkeit der Strichdicke. Das Einfüllen der flüssigen Tusche geht recht gut mit dem im Stöpsel festsitzenden Glasstab. Sorgfältige Reinigung der Feder ist nötig und ist je nach der Konstruktion verschieden leicht.

Die Dicke der ausgezogenen Linien wird sehr verschieden gewählt. Bei ziemlich dünnen Linien hat man noch die Möglichkeit, Längen aus der Figur einigermaßen scharf zu entnehmen oder weitere Konstruktionslinien in die Figur richtig einzutragen. Andrerseits geben dicke ausgezogene Linien oft eine deutlichere, für manche Zwecke schönere Figur. Unter diesem Gesichtspunkt können z. B. bei manchen Körperdarstellungen die Kanten stärker gezeichnet werden als hier im Buch.[1]) Außerdem hängt die Strichdicke mit der Größe der Figur zusammen. Große Figuren vertragen größere Strichdicke und sind nicht bloß schöner, sondern auch weniger mühsam zu entwerfen als kleine. Besonders ist es bei kleinen Figuren oft recht schwer, das Stimmen aller wesentlichen Proben zu erreichen.

Farbige Hilfslinien haben manche Vorteile. Sie werden ununterbrochen ausgezogen und können bei leuchtenden Farben ziemlich fein gehalten werden. Mühe und Zeitaufwand werden durch farbige Hilfslinien oft sehr gekürzt. In vielen Fällen wirkt auch eine Figur mit farbigen Hilfslinien noch günstig, ja es tragen farbige Hilfslinien bei verwickelten Figuren oft zur Erhöhung der Übersichtlichkeit wesentlich bei.[2]) Übrigens entscheiden über die Anwendung von farbigen Hilfslinien überhaupt und über die Benutzung einer oder mehrerer Farben sehr stark die gerade vorliegende Aufgabe, die aufzuwendende Zeit und der persönliche Geschmack.

§ 15. Das Anlegen von Flächen mit Tusche. Besonders bei Schattenkonstruktionen und bei der Darstellung der Beleuchtung einer Fläche hat man Flächen anzutuschen. Vorher sind alle Spuren von Bleistiftlinien zu entfernen, zuweilen wird auch noch die ganze Zeichnung abgewaschen. Kleine Flächen tuscht man an, wenn sie ganz trocken sind. Dabei kann man die Tusche gleich in der richtigen Stärke auftragen oder den gewünschten Ton durch Übereinanderlegen mehrerer Schichten erreichen, wobei jedesmal ein Trocknen nötig ist. Hierdurch ist eher die Möglichkeit geboten, einmal entstandene Ungleichheiten beim Auflegen der nächsten Farbschicht auszugleichen. Das gleichmäßige Anlegen von Flächen er-

---

1) Alle Figuren im Buch sind natürlich starke Verkleinerungen der Originale.

2) Eine vollständige Figur des Gradnetzes und der Hilfslinien bei stereographischer Projektion wird nur in Schwarz schwerlich so übersichtlich wie bei farbigen Konstruktionslinien.

fordert Übung und rasches Arbeiten. Die Pinsel müssen gut sein, Doppelpinsel sind angenehm, das eine Ende dient für die Tusche oder Farbe, das andere wird mäßig feucht gehalten, um damit rasch einen Überschuß an Farbe vom Papier wegzunehmen, der beim Absetzen des Pinsels leicht entsteht. Zum Anlegen großer Flächen werden die Flächen vorher mit dem Pinsel und Wasser angefeuchtet und oberflächlich abgetrocknet, damit sie die Farbe gleichmäßiger annehmen, doch können Geübte auch auf dem trockenen Papier arbeiten. Von weiteren Angaben soll hier abgesehen werden, Anweisungen zum Aquarellieren bieten viel, können aber doch den praktischen Unterricht nicht ersetzen.

§ 16. **Schlußbemerkungen.** Enthält eine Zeichnung viele Linien und will man während des Entwerfens Punkte, die als Schnitte von Geraden auftreten, hervorheben, so umgibt man jeden sofort nach seiner Auffindung mit einem kleinen freihändigen Kreis. Das trägt in vielen Fällen recht zur Übersicht bei. Ganz falsch wäre es selbstverständlich, die Punkte mit dem Bleistift dick machen zu wollen, damit ginge jede scharfe Punktbestimmung verloren. Daß beim Entwerfen einer Zeichnung sehr dünne Striche nötig sind, braucht man kaum zu sagen. Deshalb ist man auf recht harten Bleistift, z. B. Faber Nr. 5 oder Koh-I-Noor 6 fach H angewiesen, mittelharte Bleistifte werden im Gebrauch zu rasch stumpf. Über runde oder breite Spitze sind die Ansichten geteilt.

Das Buch enthält an verschiedenen Stellen praktische Angaben zum Konstruieren. Im einzelnen nochmals genannt werde nur das häufig nötige Aufsuchen des Berührungspunktes einer Tangente, welche von einem äußeren Punkt an einen Kreis geht, nach S. 72 (Anmerkung), ferner das Abgreifen des Produktes aus einer gegebenen Strecke mit dem Kosinus oder Sinus eines Winkels. Das kommt zuerst auf S. 25 unten, 26 oben vou und dient schließlich zum Ersatz verjüngter Maßstäbe beim axonometrischen Zeichen, S. 303.

Vieles läßt sich überhaupt kaum durch ein Buch übermitteln, der gewandte Zeichner wird sich selbst nach Bedarf manchen kleinen Kunstgriff zur Erleichterung und zur Erhöhung der Genauigkeit des Konstruierens ausbilden.

II. Kreisrektifikation.

§ 1. **Bestimmung des Umfangs eines Kreises.** Mit einem guten Maßstab läßt sich bei einiger Übung der Durchmesser des Kreises auf $\frac{1}{10}$ mm ablesen mit einem mittleren Fehler von weniger als $\frac{1}{10}$ mm. Das π-fache dieses gemessenen Wertes hat demnach einen mittleren Fehler von höchstens $\frac{3}{10}$ mm, und wenn man die für den Umfang berechnete Strecke wieder abträgt, kommt noch ein kleiner Fehler hinzu. Solche Konstruktion des Kreisumfangs ist demnach etwa auf $\frac{1}{2}$ mm genau. Die Streckenmessung und die Berechnung des π-fachen Durchmessers erfolgt am besten mit dem Rechenschieber.

Zur graphischen Ermittlung des Umfangs läßt sich folgendes Verfahren anwenden. (Fig. 148.)

Man zieht eine Tangente an den Kreis, am besten in horizontaler Richtung mittels der Reißschiene, zeichnet dann mit Schiene und Zeichenwinkel den zur Tangente senkrechten Durchmesser BA und eine von M ausgehende Gerade MC, welche gegen die Tangente einen Winkel von 60^0 bildet. Trägt man dann von C aus über A hinaus den dreifachen Radius ab, wodurch man zu einem Punkt D kommt, so ist BD der halbe Kreisumfang. Die Rechnung ergibt $BD = 3{,}141533 \cdot r$; natürlich ist die Genauigkeit nicht so groß, sie entspricht etwa der Genauigkeit der vorigen Bestimmung. (AD kann Fehler bis zu $\frac{1}{2}$ mm haben, der Fehler von BD ist aber leicht als geringer — nur etwa $\frac{3}{4}$ des Fehlers von AD — zu erkennen. Dazu kommt ein neuer Fehler durch die Übertragung der gefundenen Länge von BD.) Diese Konstruktion ist von Schlömilch in seiner Geometrie des Maßes angegeben.

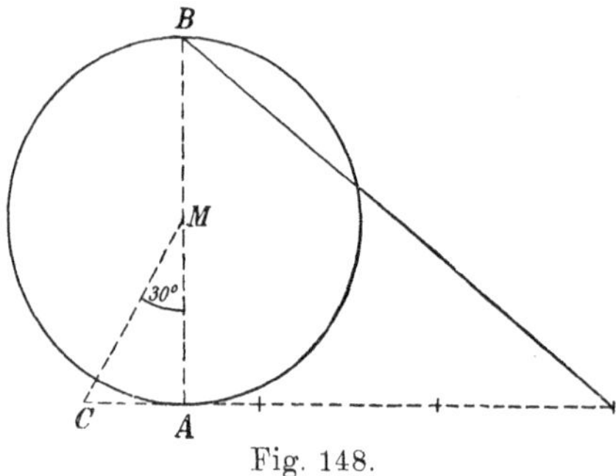

Fig. 148.

§ 2. Fortsetzung. $\frac{\pi}{4}$ ist ein echter Bruch und deshalb gleich dem Sinus eines Hilfswinkels. Liegt dieser Winkel genau gezeichnet vor, und trägt man von seinem Scheitel auf dem einen Schenkel die Länge des Kreisdurchmessers ab, so beträgt der senkrechte Abstand des gefundenen Endpunkts vom anderen Schenkel $\frac{1}{4}$ des Kreisumfangs. Die Art, wie man mit dem Stechzirkel diese Strecke abgreift, ohne das Lot zu fällen, ist bei Besprechung des axonometrischen Zeichnens in § 16 (S. 303) angegeben. Wer häufig Kreisumfänge zu rektifizieren hat, kann sich dazu den Hilfswinkel auf Karton gezeichnet bereit halten. Seine Konstruktion erfolgt aus dem numerischen Wert der Tangente.

Der Bingsche Kreiswinkel von Schleicher und Schüll in Düren (Rheinland) ist ein Zeichenwinkel, ein rechtwinkliges Dreieck, dessen kleinster Winkel α aus $\cos\alpha = \frac{1}{2} \cdot \sqrt{\pi}$ folgt. Liegt ein Kreis gezeichnet vor und zieht man an der Reißschiene den wagrechten Durchmesser, zieht man weiter vom einen Endpunkt dieses Durchmessers eine Sehne unter dem Winkel α gegen die Horizontale, so ist die Sehnenlänge $r \cdot \sqrt{\pi}$ und die Horizontalprojektion der Sehne ist $\frac{1}{2} r \cdot \pi$. Das Quadrat über der Sehne ist gleich der Kreisfläche, die genannte Projektion der Sehne ist $\frac{1}{4}$ des Kreisumfanges.[1]) — Auch bei sehr genauem Instrument wird der ganze Kreisumfang durch die Vervierfachung der gefundenen Strecke nicht besonders genau. Dasselbe gilt für die im Anfang dieses Paragraphen besprochene Umfangsbestimmung.

§ 3. **Rektifikation des Kreisumfanges durch aneinander gefügte Sehnen.** Eine andere Methode zur Bestimmung der Länge des Kreisumfanges beruht darauf, daß der Umfang eines eingeschriebenen Polygons von vielen kurzen Seiten sehr wenig vom Kreisumfang abweicht (wobei man durchaus nicht regelmäßige Polygone nötig hat).

Man nimmt eine kurze Strecke s in den Zirkel, trägt sie von einem Punkt A aus möglichst oft als Sehne in den Kreis ein und findet damit einen Punkt B, der von A um weniger als s absteht. Dann trägt man die Strecke s ebenso oft, als sie zwischen A und B als Sehne enthalten war, auf einer Geraden ab und fügt die Länge der Sehne von BA hinzu. Hiermit ist ein Näherungswert für den Kreisumfang gefunden. Am besten benutzt man einen Zirkel, dessen beide Schenkel durch eine Mikrometerschraube verbunden sind (Teilzirkel). Ein gewöhnlicher Stechzirkel könnte sich während des Arbeitens verstellen.

Dieses Verfahren gibt theoretisch eine um so bessere Annäherung, je kleiner s ist. Aber durch Häufung von Konstruktionsfehlern wird der Nutzen kurzer Sehnen schließlich aufgewogen. Christian Wiener[2]) hat auf Grund der Wahrscheinlichkeitsrechnung die am besten geeignete Sehnenlänge bestimmt und fand für Kreisradien von

3 5 10 cm

als besten Wert für s

3,3 4,5 6,8 mm.

Demnach entspricht s ungefähr einem Zentriwinkel von

4^0 5^0 $6\frac{1}{3}^0$.

1) Das Instrument ist ebenso zur Bestimmung des Kreisradius aus gegebenem Flächeninhalt oder gegebenem Kreisumfang brauchbar, das bedarf keiner Erläuterung. Die Begleitschrift gibt noch eine Menge von Anwendungen zu andern Zwecken, z. B. Rektifikation allgemeiner Kreisbogen, Zeichnung regelmäßiger Polygone. Vieles davon ist sehr gekünstelt, und z. T. sind die gegebenen Lösungen weit umständlicher als andere bekannte. Ferner ist die Besprechung in Hoffmanns Zeitschrift für mathematischen und naturwissenschaftlichen Unterricht, Bd. 29 (1898), S. 180, 181 zu vergleichen.

2) Schlömilchs Zeitschrift, Bd. 16 (1871) und „Darstellende Geometrie" I. S. 189.

§ 4. Rektifikation eines Kreisbogens durch mehrere Sehnen. Die Länge eines Kreisbogens kann entsprechend bestimmt werden wie der ganze Kreisumfang im vorigen Paragraphen. Als passendste Sehnenlänge hat man nach Wiener bei Bogen bis zu 30^0 und Kreisradien von

3	5	10 cm
$s = 5{,}6$	7,7	11,6 mm,

was ungefähr Sehnen vom Zentriwinkel

$10\frac{2}{3}^0$	9^0	$6\frac{2}{3}^0$

entspricht. Die Sehnen haben also größere Zentriwinkel, als wenn es sich um die Umfangsbestimmung des ganzen Kreises handelte.

Diese Wienerschen Zahlen gelten für sehr genaues Arbeiten. Gewöhnlich wird man etwas größere Sehnen verwenden, z. B. bei Rektifikation des Bogens von 30^0 und 5 cm Radius eine Strecke s, welche sich zwei- bis dreimal als Sehne in den Bogen eintragen läßt. Ganz wie es im vorigen Paragraphen besprochen wurde, benutzt man nur eine nach dem Augenmaß gewählte Strecke, trägt sie nacheinander möglichst oft als Sehne in den Bogen ein und dann ebenso oft auf einer Geraden ab. Dann wird die Sehne des übrig gebliebenen Bogenstückes bestimmt und auf der Geraden angefügt.

§ 5. Der Längenunterschied eines Kreisbogens und seiner Sehne. Beim Kreisradius 1 gehört zum Bogen x die Sehne

$$2\sin\frac{x}{2} = x - \frac{x^3}{4\cdot 6} + \frac{x^5}{16\cdot 120} - \cdots\cdots$$

Darum ist der Überschuß des Bogens über die Sehne $\frac{x^3}{24}$, weil die weiteren Glieder der Reihe, selbst wenn der Winkel 30^0 beträgt, erst eine Korrektion um zwei Einheiten in der fünften Dezimale ergeben.

Bei

15^0	$22\frac{1}{2}^0$	30^0

beträgt der Wert von $\frac{x^3}{24}$

$0{,}0007\overline{5}$	0,00252	0,00598.

Demnach ist bei 50 mm Radius der Bogen um

0,037 mm	0,126 mm	0,3 mm

länger als die Sehne.

Man kann darum Kreisbogen bis zu 30^0 dadurch rektifizieren, daß man die Sehne des Bogens mit dem Zirkel abgreift und diese Strecke etwas vergrößert. Daß es sich dabei nur um eine verhältnismäßig sehr geringe Vergrößerung handelt, zeigt die vorige Tabelle, die man sich für häufigeren Gebrauch vervollständigen könnte. Ein geübter Zeichner wird die Vergrößerung schätzungsweise anbringen, ohne die Tabelle jedesmal zu benutzen.

§ 6. Andere Näherungsformeln und Näherungskonstruktionen für die Länge eines Kreisbogens. Ein anderes Verfahren zur Bestimmung der Länge von Kreisbogen bis zu etwa 30° Zentriwinkel beruht auf den Reihenentwicklungen

$$\sin x = x - \frac{x^3}{6} + \frac{x^5}{120} - \cdots\cdots$$

$$\operatorname{tg} x = x + \frac{x^3}{3} + \frac{2x^5}{15} + \cdots\cdots$$

Man findet

$$\tfrac{2}{3}\sin x + \tfrac{1}{3}\operatorname{tg} x = x + \tfrac{1}{20}x^5 + \cdots\cdots$$

Darum ist in Fig. 149 der Bogen AB durch $\frac{2}{3}BD + \frac{1}{3}AE$ gegeben, d. h. die Strecke BD ist um $\frac{1}{3}$ des Unterschiedes von AE und BD zu vergrößern, um die Bogenlänge zu erhalten.[1]) Das Korrektionsglied $-\frac{x^5}{20}$ kommt bei $r = 5$ cm und einem Winkel unter 30° oder bei $r = 10$ cm und einem Winkel unter $22\frac{1}{2}$° nicht zur Geltung.

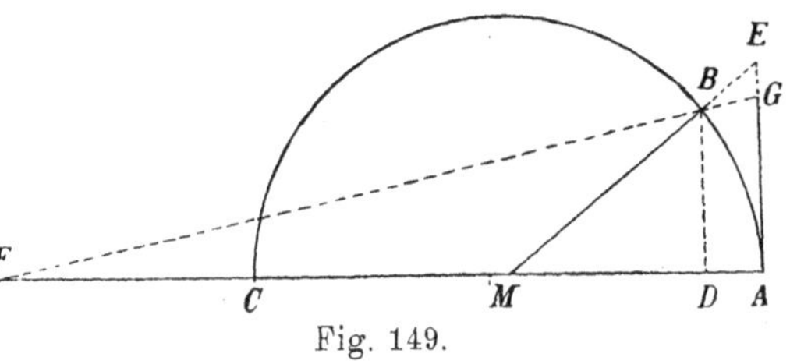

Fig. 149.

Verlängert man in der Figur MC über C hinaus, so daß CF gleich dem Kreisradius wird, dann schneidet die Gerade FB die in A an den Kreis gelegte Tangente in einem Punkt G, dessen Abstand von A jedenfalls ein Näherungswert für $BD + \frac{1}{3}(AE - BD)$ ist. Die gefundene Strecke AG hat zum genauen Wert

$$\sin x \cdot \frac{3}{2 + \cos x} = \frac{3\left(x - \frac{x^3}{6} + \frac{x^5}{120} - \cdots\right)}{3 - \frac{x^2}{2} + \frac{x^4}{24} - \cdots} = x - \frac{1}{180}x^5 + \cdots,$$

wenn wieder der Kreisradius als Einheit dient.

So ist die Strecke AG ein zu kleiner Näherungswert für den Bogen AB, während $\frac{2}{3}BD + \frac{1}{3}AE$ ein zu großer Näherungswert ist. Und der

1) Für beliebiges Winkelmaß hat man beim Kreisradius 1:

$$(\operatorname{arc}\varphi - \sin\varphi) : (\operatorname{tg}\varphi - \operatorname{arc}\varphi) = 1 : 2.$$

Weil die Differenzen zwischen $\sin\varphi$, $\operatorname{arc}\varphi$, $\operatorname{tg}\varphi$ bei kleinen Winkeln sehr klein sind, stehen auch die Differenzen zwischen den aufeinander folgenden Logarithmen dieser drei Werte im Verhältnis 1 : 2. Hiermit hängt die bekannte Maskelynesche Regel zusammen. — Stellt man aus den ersten Formeln des § oder aus den Eulerschen Produktentwicklungen die Anfänge der Potenzreihen für $\log\frac{\sin x}{x}$ und $\log\frac{\operatorname{tg} x}{x}$ auf und geht man dann zum gewöhnlichen Winkelmaß über, so hat man die Ausdrücke für die Calletschen Zahlen S und T der Logarithmentafeln.

Näherungswert AG ist noch neunmal so genau als der zuerst aufgestellte Näherungswert, er läßt sich bis zu 30° und 10 cm Radius, sogar bis zu 45° bei 5 cm Radius verwenden.[1])

Die Konstruktion bietet auch die Möglichkeit, auf einem Kreis einen Bogen von gegebener Länge abzutragen.

§ 7. **Bemerkungen zur Abwicklung eines geraden Kreiszylinders mit einer darauf liegenden Kurve.** Man hat die Länge des ganzen Kreisumfangs nötig und daneben die Länge eines Bogens, welcher einem Bruchteil des Umfangs, etwa einem Zwölftel oder Sechzehntel, entspricht.

Bestimmt man den ganzen Umfang und die Länge des Bogens unabhängig voneinander, dann wird meist eine Korrektion der gefundenen Bogenlänge nötig. Ganz auf die selbständige Bestimmung des Kreisumfangs zu verzichten, nämlich diesen nur durch wiederholte Abtragung der gefundenen Länge des Bogens zu konstruieren, empfiehlt sich nicht, der Fehler wird meist zu groß. Ein sicheres Verfahren ist die Bestimmung des halben Kreisumfanges und die Einteilung desselben in sechs oder acht gleiche Teile. Aber die Ausführung dieser Teilung mit dem Zirkel ist zeitraubend, mindestens wenn es sich um Zwölftel des Kreisumfanges handelt. Deshalb kann man die Längen $\frac{2r\pi}{3}$, $\frac{4r\pi}{3}$, $2r\pi$ mit dem Rechenschieber suchen und abtragen und dann die erhaltenen Intervalle durch zweimaliges Halbieren teilen.

Über die Eintragung eines Punktes oder einer Kurve in die Abwicklung sind S. 54 und S. 133—134 zu vergleichen.

Sehr bequem sind die Rieflerschen Reduktionszirkel für Geraden und Kreise. An der einen Skala erfolgt die Einstellung, wenn man einen Bruchteil oder ein Vielfaches einer gegebenen Strecke sucht. Die andere Skala dient dazu, aus einem gegebenen Kreisradius die Seite eines dem Kreis einbeschriebenen regelmäßigen n-Ecks zu finden oder umgekehrt aus der Seite den Radius.

§ 8. **Die Abwicklung des Mantels eines geraden Kreiskegels.** Hierüber ist in § 12 des VI. Abschnitts das Wichtigste gesagt. Die Abwicklung wird ein Kreissektor, dessen Radius man kennt und dessen Bogen gleiche Länge mit dem Umfang des Basiskreises hat. Wenn der Basiskreis in 12 gleiche Teile geteilt ist, so darf man bei kleinen Figuren (oder bei geringeren Anforderungen an Genauigkeit) die Seite des eingeschriebenen Zwölfecks als Sehne in den Kreisbogen der Abwicklungsfigur zwölfmal eintragen. Der entstehende Fehler ist nicht so groß, als wenn

1) Zu der Formel und Konstruktion sind die Angaben über Nicolaus Cusanus und Snellius bei Cantor oder in Braunmühls Geschichte der Trigonometrie zu vergleichen.

man bei der Abwicklung des geraden Kreiszylinders entsprechend vorgehn wollte.[1]) Die bessere Übereinstimmung beruht darauf, daß der Sektorbogen selbst wieder länger ist als das zu seiner Bestimmung dienende und ihm eingeschriebene Sehnenpolygon. — Größere Genauigkeit erreicht man, wenn man nicht die ganze Sehne des Zwölftelkreises in den Kreisbogen der Abwicklungsfigur einträgt, sondern wenn man das eine Zwölftel des Basiskreises wie in § 4 mittels einiger aneinander stoßender Sehnen überträgt. Dabei darf man jetzt längere Sehnen nehmen als dort. Diese Art der Konstruktion wurde schon im VI. Abschnitt angedeutet.

Sind der Radius und die Höhe des geraden Kreiskegels durch Zahlen gegeben, dann findet man den ganzen oder halben Zentriwinkel des abgewickelten Mantels leicht durch Rechnung, man kann ihn mittels eines guten Transporteurs oder auf Grund seiner Tangente mittels eines rechtwinkligen Dreiecks in die Figur eintragen. Dieses Verfahren ist recht genau, es wird in dem großen Werk von de la Gournery über darstellende Geometrie als bestes Verfahren sogar in dem Fall empfohlen, wo Radius und Höhe nicht in Zahlen gegeben sind.

III. Astronomische Anwendungen der Orthogonalprojektion.

§ 1. Der Zusammenhang zwischen Stundenwinkel, Deklination, Höhe und Azimut eines Sterns für einen Ort mit gegebener geographischer Breite. Die Himmelskugel werde so zu den Projektionsebenen gestellt daß sie ganz über Π_1 liegt, daß der Horizontkreis parallel zu Π_1 ist und daß der Meridian des Ortes in Π_2 fällt (Fig. 150 auf Tafel XI). Der Ort habe die nördliche geographische Breite φ. Z und P sind das Zenit und der Nordpol, der in Π_2 liegende Kugelradius OP ist unter dem Winkel φ gegen die Projektionsachse geneigt. Der Himmelsäquator und alle Kreise mit konstanter Deklination stehen senkrecht zu Π_2, sie haben als Aufrisse Sehnen des in Π_2 liegenden Meridiankreises, und diese Sehnen sind zu OP senkrecht. Ein Fixstern S durchläuft gleichmäßig einen solchen Kreis k von konstanter Deklination. Der Kreismittelpunkt ist M, die Stelle der oberen Kulmination ist C, die Bewegung erfolgt bei wachsendem Stundenwinkel so, daß S sich von C aus auf k nach vorn verschiebt. In der Figur ist die vordere Hälfte des Kreises k nach oben in Π_2 umgelegt. S^0 ist die Umlegung von S, $\sphericalangle CMS^0$ ist der Stundenwinkel t. S'' folgt aus S^0, S^0S'' ist der Abstand zwischen S und Π_2 und liefert deshalb S'. Zusammengehörige Lagen von S^0, S' und S'' sind in der Figur für die Stundenwinkel 0^0, 30^0, 60^0, ... 150^0, 180^0 angegeben,

1) Dort entstände statt $2r\pi$ annähernd $2r \cdot 3\frac{1}{9}$, womit dieses Verfahren beim Zylinder als ungenügende Annäherung gekennzeichnet ist.

auch der Grundriß der vorderen Hälfte des von S durchlaufenen Kreises k ist gezeichnet. Bei einem auf- und untergehenden Stern hat diese Halbellipse eine Berührungsstelle mit dem Grundriß der vorderen Hälfte des Horizontkreises und diese Stelle ist sofort angebbar, vgl. §§ 1, 2 im XIII. Abschn.

Statt eines Fixsterns S kann auch angenähert die Sonne eintreten, deren δ sich innerhalb eines Tages nur wenig ändert (vgl. S. 203). Die Figur ist für $\varphi = 51^0$ und für $\delta = 22^0 27'$ entworfen, d. h. für die Sonne am längsten Tag.

Nachdem so aus φ, δ, t die Projektionen von S gefunden sind, sollen die Höhe h und das Azimut A von S konstruiert werden. h ist der Neigungswinkel von OS gegen Π_1. Man bestimmt ihn am einfachsten, indem man den Kugelradius OS um die Zenitachse dreht, bis er in Π_2 kommt. OS^* ist seine neue Lage. (Bei dieser Drehung würde aus S' ein Punkt auf der Projektionsachse senkrecht unter S^* hervorgehen, das gibt eine Probe für die Länge von $O'S'$.)

Das Azimut A von S ist der Winkel zwischen der Meridianebene Π_2 und der Vertikalebene, welche durch die Zenitachse und S geht, d. h. A ist der Winkel zwischen der nach rechts gerichteten Projektionsachse und $O'S'$. In der Figur sind die Azimute für die einzelnen benutzten Stundenwinkel teilweise durch Bogen auf dem Grundriß der vorderen Hälfte des Horizontkreises wiedergegeben.

§ 2. Graphische Darstellung von h und A als Funktionen von t.

φ und δ sind die früheren festen Werte, für t muß man kleinere Intervalle benutzen als in der Fig. 150. t wird als Abszisse benutzt, h bzw. A als Ordinate. Man kann zwar die Ordinaten in anderem Maßstab abtragen als die Abszissen, besser aber ist gemeinsamer Maßstab, weil dann die Kurvensteigung am einfachsten mit den Differentialquotienten zusammenhängt. Vorläufig findet man folgende Eigenschaften der Kurven.

Wenn t von 0^0 bis 180^0 wächst, so nimmt h von seinem Maximalwert $90^0 - \varphi + \delta$ beständig ab bis zum Minimalwert $-(90^0 - \varphi - \delta)$. Bei $t = 0^0$ und bei $t = 180^0$ hat die Kurve für h horizontale Tangenten, dazwischen fällt sie immer. Anfangs ist sie nach unten konkav, nachher nach unten konvex. Diese beiden Kurvenstücke stoßen mit einem Wendepunkt zusammen. Der Wendepunkt liegt nicht in der Mitte, die Kurve hat nicht zwei kongruente Hälften, wenigstens wenn δ nicht 0 ist. Denn zu gleichen Elementen dt, welche zu supplementären Werten von t gehören, gehören auf dem umgelegten Halbkreis k^0 gleiche Bogenelemente und damit auf dem geradlinigen k'' gleiche Linienelemente. Werden diese wagrecht herüberprojiziert auf den in Π_2 liegenden Meridiankreis, dann gibt im Falle der Fig. 150, bei $\delta > 0^0$, das obere Element ein größeres Bogenelement als das untere. Zu $t = t_1 < 90^0$ gehört demnach ein absolut genommen größeres dh bei gleichem dt als zu $t_2 = 180^0 - t_1$, für $t = t_1$ ist die Kurve steiler als für $t = t_2$. Die Fortsetzung dieser Überlegung zeigt anschaulich, daß für $\delta > 0$ das Maximum von $\frac{dh}{dt}$, also der Wendepunkt, nicht bei $t = 90^0$ sondern bei kleinerem t eintreten wird. Die spätere Untersuchung in § 4 führt wesentlich weiter.

Das Azimut wächst zugleich mit t von 0^0 bis 180^0. Die Fig. 150 und die daraus abgeleitete graphische Darstellung lassen erkennen, daß A (bei positivem δ) anfangs am schnellsten wächst.[1]) Doch verlangsamt sich dieses Wachstum nicht etwa beständig, bis t zu 180^0 wird, die Kurve ist nicht von $t = 0^0$ bis $t = 180^0$ nach rechts unten konkav, sondern sie hat einen Wendepunkt. Nimmt man zur Kurve, welche A als Funktion von t gibt, die Gerade hinzu, für deren Punkte Ordinate und Abszisse gleich sind, so wird recht deutlich, daß A anfangs rascher wächst als t oder rascher als es dem durchschnittlichen Wachstum des A entspricht. Diese rasche Drehung des Schattens einer vertikalen Linie um die Mittagszeit, besonders im Frühsommer, macht sich zwar auch sonst dem aufmerksamen Beobachter fühlbar, doch wird ihre Größe manchen überraschen. Man sieht jetzt, wie ungenau die Orientierungsregel ist, welche gleichmäßiges Wachsen des Sonnenazimuts annimmt und daraufhin die Südrichtung festlegt mittels der wagrecht gehaltenen Uhr, deren kleiner Zeiger angeblich doppelt so rasch sich dreht als der Schatten einer senkrechten Linie. Diese sehr ungenaue Regel scheint weit verbreitet, war mir seit Jahrzehnten bekannt und wird auch heute noch oft in Büchern zur Orientierung im Gelände empfohlen. Die Fehleruntersuchung bei dieser Regel findet sich ausführlich in einem Buch von Dr. Max Möller in Wien, „Orientierung nach dem Schatten, Studien über eine Touristenregel". Wien, Alfred Hölder, 1905.

§ 3. Folgerungen aus der Figur von § 1. Bei gegebenen φ und δ sind einige besondere Fälle beachtenswert. Für den Untergang des Sternes ist $h = 0$, falls man von der Refraktion absieht; man kennt S'' und findet daraus S^0, S', t und das Azimut, d. h. die halbe Tagesdauer und die Abendweite. Beim Durchgang des Sternes durch den ersten Vertikal, bei $A = 90^0$, kennt man ebenso die Projektionen des Sterns und

1) Aus einer für Marburg ($\varphi = 50^0 48' 46,9''$) und für $\delta = 23^0 27'$ berechneten Tabelle mögen folgende Werte angegeben werden

Zeit	0^h	1^h	2^h	3^h	4^h	5^h	6^h	7^h	8^h	9^h	10^h	11^h	12^h
t	0^0	15^0	30^0	45^0	60^0	75^0	90^0	105^0	120^0	145^0	160^0	175^0	180^0
A	0	$28^0 36'$	$51^0 32'$	$68^0 49'$	$82^0 32'$	$94^0 21'$	$105^0 20'$	$116^0 10'$	$127^0 23'$	$139^0 18'$	$152^0 08'$	$165^0 48'$	180^0

mit den ersten Differenzen

$28^0 36'$	$22^0 56'$	$17^0 17'$	$13^0 43'$	$11^0 49'$	$10^0 59'$	$10^0 50'$	$11^0 13'$	$11^0 55'$	$12^0 50'$	$13^0 40'$	$14^0 12'$

findet daraus den Stundenwinkel und die Höhe. Drittens bieten A und h für $t = 90^0$ Interesse. In den drei genannten Fällen hat man es jedesmal mit besonders einfacher Figur zu tun und findet aus ebenen rechtwinkligen Dreiecken die Formeln für die gesuchten Stücke. Das soll nicht weiter ausgeführt werden. Dagegen werden jetzt aus der allgemeinen Figur von § 1 Formeln für das Azimut und die Höhe bei bekannten φ, δ, t abgeleitet.

In Fig. 150 ist für den Kugelradius als Einheit

$$OM = \sin\delta,\quad MC = \cos\delta,\quad S^0S'' = \cos\delta\cdot\sin t,\quad MS'' = \cos\delta\cdot\cos t.$$

Berechnet man noch die Orthogonalprojektionen von OM und MS'' auf eine vertikale und eine horizontale Gerade, so kennt man den Höhenunterschied und den Horizontalabstand zwischen O und S''. Daraus folgen die Formeln

$$\sin h = \sin\delta\sin\varphi + \cos\delta\cos\varphi\cdot\cos t, \tag{1}$$

$$\operatorname{ctg} A = \frac{\cos\delta\sin\varphi\cdot\cos t - \sin\delta\cos\varphi}{\cos\delta\cdot\sin t}. \tag{2}$$

Die erste Formel gibt unmittelbar t aus bekannten φ, δ und gemessenem h, während die zweite Formel für die Zeitbestimmung aus dem Azimut eine goniometrische Gleichung zwischen $\cos t$ und $\sin t$ ist. Über ihre Auflösung vergleiche man z. B. Hammer, Trigonometrie und Hammers Abhandlung über Zeitbestimmung (Uhrkontrolle) ohne Instrumente, Stuttgart, Metzler, 1893.

Nennt man die Kulminationshöhe des Sternes H, dann hat man aus der Figur die Proportionalität von $\sin H - \sin h$ mit $S''C$, d. h. mit $\cos\delta\cdot\sin\operatorname{vers} t = \cos\delta\cdot(1-\cos t)$, was für die Berechnung von t gut logarithmisch zu machen ist. — Ferner ist $O'S' = \cos h$, und $O'S'\cdot\sin A$ ergibt sich aus der Figur gleich $S''S^0$, damit hat man

$$\cos h\cdot\sin A = \cos\delta\cdot\sin t. \tag{3}$$

Die aufgestellten Formeln für $\sin h$, $\operatorname{ctg} A$ und ebenso die letzte Formel erhält man auch leicht aus dem sphärischen Dreieck Zenit, Pol, Stern, die erste Formel ist der Kosinussatz, die letzte der Sinussatz, die zweite ist die dritte Eulersche Hauptformel aus dessen elementarer Entwicklung der sphärischen Trigonometrie. Legt man der Betrachtung von §§ 1 ff. statt der Punkte Z, P, S die Ecken eines allgemeinen sphärischen Dreiecks zu Grunde, so kommt man natürlich entsprechend zu den Grundformeln der sphärischen Trigonometrie.

Wenn man statt der darstellend-geometrischen Figur ein einfaches räumliches Modell benutzt, so lassen sich daraus die früheren Formeln leicht mittels ebener rechtwinkliger Dreiecke entwickeln, am leichtesten die für den Zusammenhang zwischen h und t. Die Zeitbestimmung aus

Sonnenhöhen ist dadurch einfach genug für Schulzwecke auf die ebene Trigonometrie rechtwinkliger Dreiecke gegründet.

Historische Angaben folgen in § 7.

§ 4. Fortsetzung, Entwicklung von Differentialformeln. Dem Zeitelement dt entspricht an der Stelle S^0 in der Fig. 150 das Bogenelement $\cos\delta \cdot dt$. Daraus folgt als Verschiebung von S'' auf der Geraden MC die Größe $(\cos\delta \cdot dt) \cdot \cos(90^0 - t)$ oder $\cos\delta \cdot \sin t\, dt$. Die Vertikalverschiebung von S'' ist gleich $-(\cos\delta \sin t\, dt) \cdot \sin(90^0 - \varphi)$ oder gleich $-\cos\delta \cdot \sin t \cdot \cos\varphi\, dt$. (Das Zeichen ist so gewählt, daß eine Hebung positiv ist.) Andererseits ist diese Vertikalverschiebung gleich $dh \cdot \cos h$. Aus beiden Werten folgt

$$dh = -\frac{\cos\delta \sin t \cos\varphi}{\cos h} \cdot dt\,^{1)},$$

was sich nach der Formel (3) von § 3 beträchtlich vereinfacht:

$$dh = -\cos\varphi \sin A\, dt. \tag{4}$$

Hieraus schließt man, daß das Maximum von $\left|\frac{dh}{dt}\right|$ eintritt, wenn $\sin A$ seinen größten Wert erreicht. Sobald die Sternbahn die Zenitachse umschließt, hat $\sin A$ sein Maximum für $A = 90^0$, der andere Fall wird in § 5 erledigt. Andererseits hat $\left|\frac{dt}{dh}\right|$ ein Minimum, wenn $\sin A$ ein Maximum hat. Bei einem Stern, welcher die Zenitachse umkreist, hat man darum die günstigste Stellung für die Zeitbestimmung aus gemessener Sternhöhe für $A = 90^0$, für den Durchgang des Sterns durch den ersten Vertikal. Für einen Stern, dessen Bahn konvex gegen die Zenitachse ist, ergibt sich die günstigste Stellung für die Zeitbestimmung aus einer einzelnen Höhe ebenfalls aus dem Maximum von $\sin A$, § 5.

Für den Durchgang eines Sterns durch den ersten Vertikal gilt die Formel $\frac{dt}{dh} = \frac{-1}{\cos\varphi}$. In ihr tritt die Deklination nicht auf. Demnach ist der Einfluß, den ein Fehler in der gemessenen Sternhöhe auf die Zeitbestimmung ausübt, von der Deklination völlig unabhängig. Die aus dem Sinussatz leicht zu findende andere Formel $\frac{dt}{dh} = \frac{-1}{\cos\delta \sin\nu}$, in welcher ν der Winkel am Stern ist und welche für beliebigen Stundenwinkel, für beliebiges Azimut gilt, hat Brünnow verleitet, großes $\cos\delta$, d. h. Sterne in der Nähe des Äquators für besonders vorteilhaft zu erklären. Dieser Fehler hat sich seitdem mehrfach fortgeerbt. Kleines positives δ ist sogar besonders ungünstig, weil der Stern dann im ersten Vertikal zu tief steht.

---

1) Das entsteht ebenfalls leicht aus $\sin h = \sin\delta \sin\varphi + \cos\delta \cos\varphi \cos t$, nur darf man h nicht als arcsin nehmen, sondern man muß die linke und die rechte Seite nach t differentiieren.

In ähnlicher Weise, wie der Zusammenhang von dh und dt gefunden wurde, läßt sich auch ein Zusammenhang von dA und dt (bei festen φ und δ) aus der Figur entwickeln. Nur ist das weniger einfach, hier ist die analytische Behandlung entschieden überlegen. Aber im Augenblick der oberen Kulmination hat man aus der Figur die Größe $\frac{dA}{dt}$ so einfach, daß dies noch gebracht werden mag: An der Stelle C der Figur entspricht dem Element dt ein Bogenelement der Sternbahn k, dessen Länge $\cos\delta \cdot dt$ ist. Dieses Bogenelement gehört zugleich einem Kreis konstanter Höhe auf der Himmelskugel an, der Kreis hat den Radius $\cos(90^0 - \varphi + \delta)$. Der zugehörige Zentriwinkel ist das dem dt entsprechende dA. Hieraus folgt

$$\left(\frac{dA}{dt}\right)_{t=0} = \frac{\cos\delta}{\sin(\varphi - \delta)}. \tag{5}$$

§ 5. **Weitere Betrachtungen über Fixsterne.** Falls man die Himmelskugel zu den Projektionsebenen stellt wie in § 1, so haben die Bahnen aller Fixsterne geradlinige Aufrisse. Man erkennt darum aus einer einfachen Aufrißfigur für einen Ort mit der nördlichen Breite $\varphi > 45^0$ sofort, daß die überhaupt sichtbar werdenden Sterne in drei Gruppen zerfallen: in auf- und untergehende, in niemals untergehende, welche das Zenit umlaufen, und in niemals untergehende, deren Bahn konvex gegen das Zenit ist. Hierzu kommen noch Übergangsfälle. Für $\varphi < 45^0$ ist die Gruppierung anders, negatives φ bietet nichts neues. In allen Fällen erkennt man unmittelbar aus der Figur, welche Intervalle von δ zu den einzelnen Gruppen gehören.

Wenn die Bahn eines Sternes konvex gegen das Zenit ist, so kommt der Stern nicht in den ersten Vertikal, sein Azimut liegt immer zwischen 90^0 und 270^0 und ist für die obere und die untere Kulmination gleich 180^0. Das Azimut schwankt zwischen zwei Grenzen auf und ab, die von 180^0 gleich weit und um weniger als 90^0 abstehen. Das folgt u. a. aus der Grundrißellipse der Sternbahn, welche jetzt im Gegensatz zu Fig. 150 dem Punkt O' die konvexe Seite zukehrt und links von ihm liegt. Die größte Abweichung des Azimuts von 180^0, die größte Ausschreitung oder Digression, findet man aber am einfachsten nicht aus der von O' an die Ellipse gezogenen Tangente, sondern auf folgende Art (Fig. 151 auf Tafel XI).

Man verlängert die gerade Strecke k'' bis zum Schnitt mit der Zenitachse. Dadurch ist der Schnittpunkt der Ebene von k mit der Zenitachse gefunden. Wird von diesem Punkt eine Tangente t an die vordere Hälfte des Kreises k gelegt, so hat man eine Gerade der Vertikalebene, in welcher sich der Stern bei der einen Azimutumkehr befindet. Die Grundrißspur der Vertikalebene, oder die Grundrißprojektion der genannten Kreistangente liefert die größte Ausschreitung. Die Konstruktion mittels des umgelegten Kreises k^0 ist einfach und ist in der Figur enthalten.

Nach § 4 hat man an den Stellen größter Ausschreitung die stärkste Änderung der Sternhöhe mit der Zeit, das größte $\left|\frac{dh}{dt}\right|$, das kleinste $\left|\frac{dt}{dh}\right|$, d. h. die genaueste Zeitbestimmung aus der Sternhöhe.

Bei $0^0 < \varphi < 45^0$ gibt es unter den überhaupt sichtbar werdenden Sternen zwei Gruppen, für welche die Bahnen die Zenitachse nicht umschließen. Die Sterne der ersten Gruppe haben positive Werte von δ zwischen φ und 90^0, die der zweiten Gruppe haben negative Werte im Intervall von $-\varphi$ bis $-90^0 + \varphi$. Die Sterne beider Gruppen haben hin- und her schwankende Azimute, und zwar liegen die Stellen größter Ausschreitung bei der ersten Gruppe über dem Horizont, bei der zweiten darunter. So ändert sich bei der zweiten Gruppe das Azimut eines Sternes während der Sichtbarkeit immer in demselben Sinn.

§ 6. Angaben über den scheinbaren Sonnenlauf in den Tropen. Man kann sich auf nördliche Breite beschränken. Für einen Ort in den Tropen mit der nördlichen Breite φ geht die Sonne durch das Zenit bei $\delta = +\varphi$, durch das Nadir bei $\delta = -\varphi$. Bei $-\varphi < \delta < +\varphi$ umschließt die Sonnenbahn die Zenitachse, bei $\varphi < |\delta| \leqq 23^0 27'$ ist die Sonnenbahn konvex gegen die Zenitachse. Während der Zeiten mit $|\delta| < \varphi$ ändert sich das Sonnenazimut beständig im gleichen Sinn. Dasselbe gilt bei $\delta < -\varphi$, solange die Sonne sichtbar ist, vgl. den Schluß des vorigen Paragraphen. Demnach hat man während des größten Teiles des Jahres eine einheitliche Art der Drehung des Schattens eines senkrechten Stabes, und zwar den gleichen Drehungssinn wie bei uns. Anders ist das Verhalten für $\delta > \varphi$. Da steht die Sonne auf der Nordseite, ihr Schatten für einen senkrechten Stab dreht sich Mittags im entgegengesetzten Sinn, wie in der übrigen Zeit des Jahres, am frühen Morgen und am späten Abend aber wieder umgekehrt als Mittags. Entsprechend wie in der Figur des vorigen Paragraphen findet man diese Tatsachen, auch findet man, daß die Sonne in den Augenblicken größter Ausschreitung noch hoch stehen und daß von der größten Ausschreitung am Nachmittag bis zum Sonnenuntergang noch eine beträchtliche rückläufige Drehung des Schattens (im Vergleich zum Drehungssinn am Mittag) stattfinden kann. Für die Bestimmung der größten Ausschreitung und der eben genannten Winkelgröße hat man den Grundriß der Sonnenbahn nicht nötig, aber er trägt doch zur guten Veranschaulichung bei.

Es ist recht zu empfehlen, sich diese Verhältnisse und auch die Geschwindigkeit der Azimutänderung anschaulich zu machen durch konstruktive Behandlung in verschiedenen Fällen. Man kommt auch leicht auf darstellend-geometrischer Grundlage zu einfachen Modellen für noch elementarere Versinnlichung. Daneben ist selbstverständlich die Erläuterung am bewegten und auf geeignete Polhöhen eingestellten Himmelsglobus zu nennen.

§ 7. **Historische Bemerkungen.** Die Untersuchungen dieses Abschnitts, welche der Verfasser vor Jahren für Kollegzwecke entwarf, sind so einfacher Natur, daß man von vornherein erwarten mußte, sie seien längst veröffentlicht. Die darstellend-geometrische Literatur scheint jedoch nichts davon zu enthalten, nur in dem auf S. 325 zitierten Buch von Möller findet sich einiges.

Aber ein Teil der Betrachtungen ist geradezu uralt. Die Behandlung astronomischer Aufgaben bei Ptolemäus, die anscheinend auf Hipparch und vielleicht auf die Babylonier zurückgeht, beruht auf der Orthogonalprojektion. Sie kommt im wesentlichen auf den § 1 dieses Abschnitts heraus. Die Umlegung des vom Stern durchlaufenen Kreises k ist genau gemacht wie hier; der Kugelmittelpunkt ist auf die Projektionsache gelegt und die Grundrißfigur ist nicht in der heute üblichen Art nach unten in die Aufrißebene hineingedreht, sondern die Drehung um die Projektionsachse ist nach oben gemacht. (Damit kommt die vordere Hälfte des Horizontkreises auf die obere Hälfte des durch Z und P gehenden Meridians zu liegen.) — Im Grunde sind hier die einzelnen Teile einer räumlichen Figur der graphischen Behandlung in einer Zeichnungsebene zugänglich gemacht durch Umlegungen. Aber der Gedanke der Orthogonalprojektion tritt an einigen Stellen in deutlicher Weise auf.

Näheres findet sich in der v. Braunmühlschen Abhandlung im 71. Band der Acta Leopoldina (Halle 1897) und im Braunmühlschen Buch über Geschichte der Trigonometrie, Bd. I, S. 11 ff. Die Ergebnisse einer Zeuthenschen Arbeit im ersten Band der Bibliotheca mathematica (1900) sind in der Einleitung des 2. Bandes von Braunmühls Buch aufgeführt. Der Text der Ptolemäusschen Arbeit findet sich übersetzt im Supplement zum 40. Jahrgang der Schlömilchschen Zeitschrift für Mathematik und Physik. Braunmühls Verdienst war die Erkennung und Hervorhebung der vorkommenden Orthogonalprojektion und die Verfolgung der Rolle, welche diese Methode des Analemma (der Hilfsfigur) bis ins Mittelalter gespielt hat. Die graphische Grundlage vieler ohne Beweis überlieferter astronomischer Rechenregeln, die vorher ihrer Entstehung nach unverständlich blieben, wurde damit aufgeklärt.

§ 8. **Weitere Angaben.** Die graphische Bestimmung der Sonnenuhren, die in früherer Zeit umfangreiche Behandlung gefunden hat und manches historische Interesse bietet, soll hier nicht näher besprochen werden. Einiges darüber steht im XVI. Abschnitt §§ 15, 16, S. 197, 198.

Außerdem steht in § 7—9 des XVII. Abschnitts die Lösung einiger astronomischer Aufgaben durch den Willigschen graphischen Mechanismus, der — was allerdings bei Willig nicht hervortritt — eine einfache darstellend-geometrische Grundlage hat; Willig knüpfte an die künstliche geometrische Deutung sphärisch-trigonometrischer Formeln bei Boscovich an. Im ersten Fall von § 8 (S. 203) hat man unmittelbar aus der Figur (111 auf Tafel VII) die Formel $\sin h = \sin\varphi \sin\delta + \cos\varphi \cos\delta \cos t$ ganz wie auf S. 201 oder hier im Anhang in § 3. Auch die Herstellung einer Differentialformel zwischen t und h ist dort in § 9 genannt. Die Behandlung bietet neben der von § 4 auf S. 327 nichts neues. Zunächst erhält man $(\cos\varphi \sin t\, dt) \cdot \cos\delta = -\cos h\, dh$, also dieselbe Formel wie im Anfang von § 4. Die einfachere Formel (4) von Seite 327, welche dort ganz geometrisch entwickelt ist, folgt nicht unmittelbar aus Fig. 111, sondern aus dem Sinussatz.

IV. Beleuchtungslehre.

§ 1. Allgemeine Grundlagen. Ein ebenes Flächenstück von bestimmter Größe wird von einem um so breiteren Lichtbündel getroffen, je mehr es rechtwinklig zur Richtung der parallelen Lichtstrahlen steht. Durch einfache geometrische Betrachtungen findet man, daß die Menge des auffallenden Lichtes proportional ist zur Größe des Flächenstücks und zum Sinus des Neigungswinkels der Lichtstrahlen gegen die Ebene, oder proportional zum Kosinus des Winkels zwischen einem Lichtstrahl und einem auf der Ebene errichteten Lot. Dieser Lichtmenge entspricht die Beleuchtungsstärke, aber sie ist unabhängig von der Größe des Flächenstücks. Demnach ist für eine krumme Fläche die Beleuchtungsstärke eines unendlich kleinen Flächenelementes proportional zum Kosinus des Winkels zwischen der zugehörigen Flächennormale und einem Lichtstrahl.

Wird die Stärke der Beleuchtung bei senkrecht auffallendem Licht gleich 1 gesetzt, so ist sie für schief getroffene Flächenelemente stets ein echter Bruch. Für die Praxis wird nur eine beschränkte Anzahl von Beleuchtungsstärken unterschieden, etwa $0, \frac{1}{10}, \frac{2}{10}, \cdots \frac{9}{10}$, 1 oder $0, \frac{1}{5}, \frac{2}{5} \cdots \frac{4}{5}$, 1.

Auf einer krummen Fläche bilden alle Punkte gemeinsamer Beleuchtungsstärke eine Kurve, die aus getrennten Teilen bestehen kann. Solche Kurven heißen Isophoten oder Lichtgleichen. Es gibt unendlich viele Lichtgleichen auf einer krummen Fläche, praktisch kommen aber nur die Lichtgleichen für die einzelnen eben eingeführten Lichtstufen in Betracht.

Für Beleuchtungskonstruktionen nimmt man fast ausnahmslos eine ausgezeichnete Lichtrichtung: das Licht kommt von vorn und links herab, seine beiden Projektionen bilden mit der Projektionsachse Winkel von 45^0. Denkt man sich einen Würfel, von dem zwei Flächen in Π_1 und Π_2 liegen, so gibt die vorn, links und oben beginnende Würfeldiagonale die Lichtrichtung. Beiläufig folgt der Sinus des Winkels zwischen einem Lichtstrahl und Π_1 (oder Π_2) gleich $1 : \sqrt{3} = 0{,}58$, womit die Beleuchtungsstärke für horizontale Flächen gefunden ist.

§ 2. Über Reflexbeleuchtung. In der Natur kommt zur unmittelbaren Beleuchtung durch die Sonnenstrahlen stets eine Beleuchtung durch Licht hinzu, welches in der Atmosphäre zerstreut oder von anderen Gegenständen reflektiert wurde. Das ändert erstens die Beleuchtungsstärke der vom direkten Sonnenlicht getroffenen Flächenteile, zweitens bewirkt es, daß die Schlagschatten nicht absolut schwarz sind, und drittens bewirkt es dasselbe für die dunklen, vom Lichte abgekehrten Oberflächenteile der Körper (für die Selbstschatten oder Eigenschatten). Alle Flächen, die ohne Reflexbeleuchtung vollkommen schwarz wären, sind durch sie etwas aufgehellt, i. a. ungleichmäßig aufgehellt, also abgetönt.[1])

Beleuchtungskonstruktionen werden hauptsächlich für einen praktischen Zweck gemacht, zur Erzielung einer erhöhten plastischen Wirkung. Die Konstruktionen müssen einfach sein, und die Erreichung guten bildlichen Eindrucks ist wesentlicher als die genaue Wiedergabe der tatsächlichen Beleuchtungsverhältnisse. Hierin liegt die Rechtfertigung des folgenden Vorgehens, welches bei technischen Zeichnungen allgemein üblich ist.

Das zerstreute Licht, welches die vom Licht abgekehrten Oberflächenteile aufhellt, wird durch ein Parallelbündel von Lichtstrahlen ersetzt. Dieses gedachte Reflexlicht nimmt man entgegengesetzt gerichtet an wie das ursprüngliche Beleuchtungslicht, natürlich muß es wesentlich schwächer sein als das ursprüngliche Licht. Für die Flächen, welche von direktem Licht getroffen werden, kann man entweder von Reflexlicht ganz absehen oder man denkt sich auch hier das Reflexlicht als ein einziges Parallelbündel und gibt ihm die gleiche Richtung wie dem ursprünglichen Licht. Dann summiert es sich einfach mit ihm. Wenn die Stärke des direkten Lichtes 1 ist und wenn man die Stärken des ihm entgegengesetzt gerichteten Reflexlichtes und des ihm gleichgerichteten Reflexlichtes beide als etwa 0,3 annimmt (mit Wiener), dann hat man in der ursprünglichen Lichtrichtung die Stärke 1,3, in der entgegengesetzten Richtung die Stärke 0,3. Das kommt auf dasselbe heraus, wie die Annahme eines direkten Lichtes von der Stärke 1 und eines Reflexlichtes, welches nur entgegengesetzt zum direkten Licht gerichtet ist und die Stärke 0,3 : 1,3 oder rund 0,25 hat. Diese Annahme (wobei übrigens auch andere Zahlenwerte vorkommen) ist die übliche. Dennoch wird man gelegentlich ein Reflexlicht in der Richtung des ursprünglichen Lichtes nicht entbehren

1) Der auf den Erdboden fallende Schatten eines freistehenden Hauses ist dicht am Haus am dunkelsten, weil dorthin nur ein kleinerer Teil der Himmelskugel zerstreutes Licht werfen kann. Diese Überlegung führt dazu, daß manchmal im Unterricht — auch bei bloßen Schattenkonstruktionen ohne Beleuchtungskonstruktionen — die auf die Projektionsebenen fallenden Schatten abgetönt, dicht am schattenwerfenden Körper am dunkelsten wiedergegeben werden. Darin liegt aber i. a. eine sehr starke Übertreibung einer an sich richtigen Beobachtung. Das Verfahren ist durchaus nicht zu empfehlen.

können, nämlich dann, wenn ein Flächenteil eines Körpers an sich von direktem Licht getroffen werden würde, aber im Schlagschatten eines anderen Körpers liegt.

Die gemachten Annahmen über das Reflexlicht sind selbstverständlich sehr rohe Annahmen und die darnach konstruierte Beleuchtung ist sicher nicht naturgetreu.[1]) Aber andere mathematisch einfache Annahmen gibt es nicht, und man kommt auf diese Art zu einer ziemlich plastischen Bildwirkung. Das ist für die praktische Anwendung entscheidend.

Später wird auf die Konstruktion der Reflexbeleuchtung nur an einigen Stellen kurz eingegangen werden, da sie mathematisch nichts besonderes bietet.

Untersuchungen über das von verschiedenen Stellen des Himmels durch zerstreute Reflexion in der Atmosphäre zurückgeworfene Licht gehen bis auf Lambert zurück. Auszüge und Ergänzungen findet man in Wieners darstellender Geometrie I S. 404—406 (N 488—490). Die folgenden Seiten bei Wiener beziehen sich auf das, was der Künstler Luftperspektive nennt (das Wort selbst fehlt), ferner auf Halbschatten und Kontrastwirkungen. Luftperspektive und Halbschatten bleiben bei darstellend-geometrischen Arbeiten immer unberücksichtigt, Kontrastwirkungen im allgemeinen ebenfalls.

§ 3. Über die Helligkeit eines beleuchteten Flächenstückes. Zwei Flächenstücke können bei gleicher Beleuchtungsstärke verschieden hell erscheinen. Das hängt vom Stoff und von der Beschaffenheit der Oberfläche ab, außerdem kann die Sehrichtung einen Einfluß haben. Ein vollkommen spiegelndes Flächenelement wirft das ganze in Form eines Parallelbündels auffallende Licht nach dem Reflexionsgesetz zurück, wieder als Parallelbündel, und das Flächenelement erscheint deshalb in anderen Richtungen gesehen dunkel. Eine matte Oberfläche zerstreut das auffallende Licht nach allen Seiten, soweit sie es nicht absorbiert oder durchläßt. Bei dieser diffusen Ausstrahlung handelt es sich aber keineswegs bloß um eine Oberflächenwirkung, sondern das auffallende Licht dringt unter allmählicher Abschwächung bis zu einer gewissen Tiefe ein, und in dieser ganzen Körperschicht findet Rückstrahlung statt. Daneben hat man auch bei matten Oberflächen meist noch eine Spiegelung nach dem Reflexionsgesetz.

An grundlegenden älteren Arbeiten sind die von Bouguer (1729, 1757, 1760) und Lambert (1760) zu nennen. In Wieners darstellender Geometrie I, S. 390 ff. ist vieles davon zusammengestellt, auch stehen dort die Ergebnisse eigener Messungen Wieners[2]). Die ganze physikalische

1) Z. B. würde ein Flächenelement, in dessen Ebene Lichtstrahlen liegen, vollkommen dunkel sein, während es gewiß Reflexlicht erhält.

2) Seine gegossenen Gipsplatten spiegelten noch ziemlich stark.

Literatur (auch betr. Wärmestrahlung) bis 1899 findet sich in einer Münchener Dissertation von H. R. Wright, „Photometrische Messung diffus reflektierender Substanzen unter verschiedenen Inzidenz- und Emanationswinkeln". 1899 (Leipzig, Joh. Ambros. Barth). Ein Auszug steht in den Annalen der Physik, 4. Folge, Bd. I, 1900.

Der experimentelle Teil dieser Arbeit bezieht sich auf matte Oberflächen von Platten, welche aus pulverisierten Substanzen ohne Bindemittel durch starken hydraulischen Druck erzeugt sind. Dabei wurde das Pulver nicht gegen Metallplatten gepreßt, wodurch es spiegelnd würde, sondern gegen Zeichenkarton. Pulverteilchen pressen sich in den Karton ein, reißen von der entstehenden Platte ab, und die Platte erhält bei richtiger Wahl des Druckes eine sehr feinkörnige matte Oberfläche. Die spiegelnde Wirkung tritt dann in hohem Maße zurück, weit mehr als etwa bei Oberflächen von gegossenem Gips.

Hatte die matte Oberfläche eine feste Stellung gegen das auffallende Parallelbündel von Lichtstrahlen und wurde das zurückgestrahlte Licht für verschiedene Richtungen photometrisch gemessen, so ergab sich eine sehr gute Übereinstimmung mit dem Lambertschen Emanationsgesetz, d. h. die Stärke der ausfallenden Lichtstrahlen war proportional zum Kosinus des Winkels ε zwischen diesen Strahlen und der Flächennormale. Hierbei wurde ein ausfallendes Parallelbündel von konstantem Querschnitt beobachtet.

Ehe die weiteren Beobachtungsergebnisse besprochen werden, soll hieraus eine Folgerung entwickelt werden: Die Helligkeit der unter festem Winkel beleuchteten Oberfläche ist unabhängig von der Richtung, in welcher sie angesehen wird. Denn bei größerem Winkel zwischen dieser Richtung und der Flächennormale ist zwar die von einem bestimmten Flächenelement ausgestrahlte Lichtmenge geringer, aber in demselben Verhältnis ist auch das Netzhautbild des Flächenelementes kleiner. Dadurch kommt bei verschiedenen Sehrichtungen auf das gleiche Netzhautstück die gleiche Lichtmenge, es entsteht derselbe Helligkeitseindruck. (Lambert kam umgekehrt aus der beobachteten Unabhängigkeit der Helligkeit von der Sehrichtung auf sein Gesetz, daß die Stärke der Ausstrahlung proportional zu $\cos \varepsilon$ ist.)

Die Intensität der unter dem Winkel ε gegen die Flächennormale zurückgehenden Strahlen ist weiter abhängig vom Einfallswinkel i, welchen das Parallelbündel der beleuchtenden Strahlen mit der Flächennormale bildet. Sie hängt jedenfalls von der Beleuchtungsstärke ab und diese ergab sich in § 1 als proportional zu $\cos i$. Die naheliegende Annahme einer Proportionalität mit der Beleuchtungsstärke stimmt aber nicht, sondern die Intensität des unter dem Winkel ε zurückgeworfenen Lichtes weicht von der Proportionalität zu $\cos i$ um 5—10 % ab. Das muß mit dem vom Einfallswinkel abhängigen Eindringen des Lichtes in die Körperschichten und der dadurch verschiedenen Absorption zusammenhängen.

Das Ergebnis dieser Messungen ist demnach folgendes: Die Helligkeit eines beleuchteten vollkommen matten Flächenstückes ist mit sehr hoher Annäherung unabhängig vom Winkel ε zwischen der Sehrichtung und der Flächennormale. Ihre Abhängigkeit vom Einfallswinkel i ist aber nur in sehr roher Annäherung durch die Proportionalität mit $\cos i$ wiederzugeben. Dies weicht wesentlich von den früheren Ansichten ab. Aus älteren Versuchen mit ungenügend matten Oberflächen hatte man geschlossen, daß das Lambertsche Emanationsgesetz, was sich auf den Winkel ε bezieht, nur sehr roh sei, während man bei festem ε an der Proportionalität der Helligkeit mit $\cos i$ nicht zweifelte.

Für darstellend geometrische Helligkeitskonstruktionen hat man deshalb bei Annahme vollkommen matter Oberflächen die Helligkeit jedenfalls unabhängig von der Sehrichtung zu nehmen. (Hiervon abweichende Gesetze sind zwar früher versucht worden, haben aber jetzt keine physikalische Berechtigung mehr.) Weiter bleibt keine andere praktische Möglichkeit übrig, als die Annahme, daß die Helligkeit proportional zu $\cos i$, zur Beleuchtungsstärke sei. Denn für die Konstruktion braucht man unbedingt ein einfaches Gesetz, und die Berücksichtigung eines genaueren, aber umständlichen Gesetzes wäre schon deshalb zwecklos, weil die Reflexbeleuchtung die ganzen Beleuchtungsverhältnisse in einer Weise umgestaltet, welche man doch nicht genau berücksichtigen kann.

§ 4. Die Darstellung der Beleuchtung durch Antuschen. Nachdem die Helligkeit und die Beleuchtungsstärke als zueinander proportional anzunehmen sind, ist es gleichgültig, ob man von Kurven konstanter Helligkeit oder von Kurven konstanter Beleuchtungsstärke auf einer Fläche redet. (Die Oberfläche wird als vollkommen matt und durchaus gleichartig vorausgesetzt.) Nimmt man die Beleuchtungsstärke bei senkrecht auffallendem Licht als Einheit und ebenso die Helligkeit in diesem Fall als Einheit, so ist die Kurve für die Beleuchtungsstärke $\frac{k}{5}$ dasselbe wie die Kurve für die Helligkeit $\frac{k}{5}$ ($k = 0, 1, 2 \cdots 4, 5$, vgl. § 1). — Im Grunde ist bei Beleuchtungskonstruktionen die Wiedergabe der natürlichen Wirkung auf das Auge gefordert, also die Wiedergabe der Helligkeit, aber wegen der Gleichwertigkeit kann man sich auf Kurven gleicher Beleuchtungsstärke auf Lichtgleichen oder Isophoten beschränken.

Die Beleuchtungsstärke oder die damit gleichwertige Helligkeit wird durch Antuschen wiedergegeben. Unterscheidet man die Beleuchtungsstufen $0, \frac{1}{5}, \frac{2}{5} \cdots \frac{4}{5}, 1$, dann kann man sie durch $5, 4, 3 \cdots 1, 0$ Schichten von Tusche darstellen. Dazu erhalten alle Gebiete, deren Beleuchtungsstärke 0 bis $\frac{4}{5}$ beträgt, eine gleichmäßige Lage Tusche. Nach dem

Trocknen wird auf die Gebiete mit den Beleuchtungsstärken 0 bis $\frac{3}{5}$ eine zweite gleichmäßige und ebenso starke Schicht Tusche gebracht usw. Wie stark man die Dunkelheit der einzelnen Schicht wählt, ist ziemlich willkürlich, jedenfalls darf die Beleuchtungsstärke 0, die eigentlich volle Dunkelheit sein sollte, nicht sehr schwarz ausfallen, damit Hilfslinien, Körperkanten u. dgl. noch deutlich bleiben.

Bei einem krummflächigen Körper handelt es sich um stetige Änderung der Helligkeit. Man beschränkt sich in der Konstruktion meist auf die Lichtgleichen für $0, \frac{1}{5}, \frac{2}{5} \cdots 1$. Die Streifen zwischen den einzelnen Lichtgleichen werden dann zuerst gleichmäßig mit Tusche angelegt in der vorhin besprochenen Art und zwar so, daß jeder Streifen in dem Ton gehalten wird, welcher seinem helleren Rand zukommt. Endlich findet dann ein allmähliches Abtönen statt. Häufig verzichtet man darauf, um die Lichtgleichen deutlicher zu machen.

Die oben stillschweigend gemachte Annahme, daß n übereinandergelegte gleichstarke Schichten Tusche die n-fache Dunkelheit erzeugen, trifft nicht streng zu. Näheres darüber und über die genauere Nachahmung der Helligkeit durch Tuschlagen steht bei Wiener I, S. 408—413.

---

§ 5. Über die Konstruktion der Beleuchtung bei ebenflächigen Körpern. Das nächstliegende Verfahren besteht in der Bestimmung der Normalen für die einzelnen beleuchteten Flächen und in der Aufsuchung der Kosinus der Winkel zwischen den Normalen und der Lichtrichtung. Der X. Abschnitt enthält alles nötige. Einfachere Verfahren werden später in § 7 und § 10 besprochen.

§ 6. Die Lichtgleichen auf der Kugel. In Fig. 152 auf Tafel XI ist eine Kugel vom Mittelpunkt M und vom Radius r dargestellt. Die Lichtrichtung ist in der früher besprochenen speziellen Art gewählt (§ 1). Alle Punkte auf der beleuchteten Hälfte der Kugel, deren Flächennormalen den Winkel γ mit der Lichtrichtung bilden, liegen auf einer Kreislinie. Die Ebene E des Kreises ist zur Lichtrichtung senkrecht, und ihre Lage macht man sich am besten auf folgende Art klar. Man nimmt irgend eine Hilfsebene H, welche durch den Kugelmittelpunkt geht und zur Lichtrichtung parallel ist. H schneidet die Kugelfläche in einem größten Kreis k und schneidet E in einer zur Lichtrichtung senkrechten Sehne von k. Weil die Radien nach den Endpunkten dieser Sehne mit der Lichtrichtung den Winkel γ bilden, so steht die Sehne vom Mittelpunkt M um $r \cdot \cos \gamma$ ab.

Hiermit ist die Konstruktion der Lichtgleichen für die einzelnen Lichtstufen $\frac{1}{5}, \frac{2}{5} \cdots \frac{4}{5}$ im wesentlichen angegeben. In der Figur ist als Ebene H

die Vertikalebene durch M mit der Grundrißspur l' benutzt. Parallel zu ihr ist eine Seitenrißebene gewählt, und der Seitenriß der in H auftretenden Figur ist umgelegt. Die Lichtgrenze auf der Kugel und die Lichtgleichen für $\frac{1}{5}, \frac{2}{5} \cdots \frac{4}{5}$ sind Kreise, deren Projektionen aus dem Seitenriß leicht folgen. Dabei liegt im Seitenriß eine Fünfteilung des Radius vor. Auch die Berührungsstellen der Projektionen mit den Umrißkreisen sind genau bestimmt, vgl. den XIII. Abschnitt §§ 1—3. Zur Beleuchtungsstärke 1 gehört nur ein Punkt der Kugelfläche.

Wollte man die Vertikalebene H direkt in Π_1 umlegen, so hätte man keine nennenswerte Vereinfachung und eine weniger deutliche Figur. Dagegen ist es vorteilhaft, H zu Π_1 parallel zu drehen um die Spurparallele 1. Art, welche durch M geht. Der Grundriß der in H liegenden Figur für diese neue Lage ist kongruent zur bisherigen Seitenrißfigur und würde aus ihr durch Verschiebung hervorgehen. Er ist leicht unmittelbar zu konstruieren.

Die benutzte spezielle Lichtrichtung hat die Kongruenz der Grundrisse und Aufrisse der Lichtgleichen zur Folge.

§ 7. Die Eglesche Normalkugel und ihre Verwendung zu Beleuchtungskonstruktionen. Wenn die im vorigen Paragraphen besprochene Figur mit den Projektionen der Lichtgleichen einer Kugel in genauer Ausführung vorliegt, so kann man sie neben den Projektionen eines Körpers anbringen und zur Konstruktion der Beleuchtung dieses Körpers anwenden. Das soll an einigen Beispielen gezeigt werden.

Ein ebenflächiger Körper sei gegeben. Zu einer Fläche auf dem beleuchteten Teil desselben werde eine parallele Tangentialebene an die beleuchtete Hälfte der Kugel gelegt. Die Beleuchtungsstärke der Körperfläche ist dieselbe wie die der Tangentialebene, d. h. sie ist ebenso groß wie bei der Kugel für den Berührungspunkt der Tangentialebene. Demnach hat man eine Normale auf der betrachteten Körperfläche zu errichten und den Endpunkt eines zu dieser Normalen parallelen Kugelradius zu suchen. Die Lage des Endpunkts zu den Lichtgleichen der Kugel gibt die Beleuchtungsstärke. Die Projektionen der Normalen folgen aus dem X. Abschnitt. Damit kennt man die Projektionen des unbegrenzten Radius. Sein Endpunkt folgt i. w. nach dem XIII. Abschnitt § 4, nur liegt eine Vereinfachung vor: die erste projizierende Ebene des Radius schneidet die Kugelfläche in einem größten Kreis. Den Kreis legt man nicht um die Grundrißspur seiner Ebene in Π_1 um, sondern man dreht ihn um seinen wagerechten Durchmesser zu Π_1 parallel, dann braucht man den Grundriß seiner neuen Lage nicht erst zu zeichnen.

Weiter sei ein vertikaler gerader Kreiszylinder gegeben. Die Projektionen der Kugel mit den Lichtgleichen werden daneben gebracht, und man betrachtet den vertikalen Umhüllungszylinder der Kugel. Ein Zylinder besitzt für alle Punkte einer Mantelgeraden dieselbe Tangentialebene, seine Lichtgleichen sind deshalb Mantelgeraden. Hat man beim Umhüllungszylinder der Kugel die Lichtgleichen gefunden, so ergeben sich die Lichtgleichen des ursprünglichen Zylinders sofort, sie sind denen des Umhüllungszylinders durch parallele Tangentialebenen zugeordnet. Die Kugel wird längs ihres horizontalen größten Kreises von dem Zylinder berührt. An jedem Punkt dieses Kreises sind die unendlich kleinen Flächenelemente beider Flächen identisch. Darum kreuzen die einzelnen Lichtgleichen des Umhüllungszylinders den horizontalen Umrißkreis der Kugel in denselben Punkten, in welchen die entsprechenden Lichtgleichen der Kugel ihn kreuzen. Diese Punkte wurden früher genau bestimmt.

Für einen auf Π_1 stehenden geraden Kreiskegel ist alles ähnlich. Zu den beiden geneigten Umrißgeraden vom Aufriß des Kegels legt man parallele Tangenten an den Aufriß des zweiten Kugelumrisses. Sie begrenzen den Aufriß einer neuen Kegelfläche, welche die Kugel umhüllt und durch Translation aus der ursprünglichen Kegelfläche hervorgeht (wenigstens wenn man diese unbegrenzt denkt). Die Berührungslinie des neuen Kegels und der Kugel ist ein horizontaler Kugelkreis. Seinen Aufriß hat man ohne weiteres, der Grundriß folgt daraus, und nun kennt man die beiden Projektionen der Kreuzungspunkte dieses Kreises mit den Lichtgleichen der Kugel. Hierdurch hat man, ganz wie im vorigen Fall, von den geradlinigen Lichtgleichen des Berührungskegels die Kreuzungspunkte mit diesem Kreis. Daraus findet man schließlich die Lichtgleichen des gegebenen Kegels recht einfach.

Diese Beispiele für die Anwendung der Egleschen Methode werden genügen; weiteres könnte man im Anschluß an spätere Paragraphen ziemlich leicht selbst entwickeln. Von Lehrbüchern, welche diese Konstruktionen bringen, sei Schlotke genannt.

---

§ 8. Angaben über andere Verfahren. Der Rest des Abschnitts ist einem anderen Verfahren gewidmet, welches von Rodenberg stammt.[1]) Außerdem sei angegeben, daß man zur Beleuchtungskonstruktion für die einfacheren krummen Flächen weder auf das Eglesche noch auf das Rodenbergsche Verfahren angewiesen ist, sondern unmittelbar zu den Lichtgleichen kommen kann, was aber meist umständlicher ist. Wiener und Rohn-Papperitz bieten darüber vieles.

---

1) Das Rodenbergsche Verfahren ist bisher über den Kreis der hannöverschen Studenten wenig hinausgedrungen. Durch einen Vortrag von A. Schmid (Wiesbaden) auf einer Versammlung von Oberlehrern in Gießen wurde es dem Verfasser bekannt. Der Vortrag wurde in den Unterrichtsblättern für Math. u. Naturw. 1901, S. 85—97 erweitert abgedruckt. Die hier gegebene Darstellung ist ziemlich unabhängig von ihm und wird durch ihn in manchen Punkten noch ergänzt.

Einen historischen Überblick über die Entwicklung der Beleuchtungslehre gibt Wiener im 1. Band S. 55—59.

§ 9. Die Rodenbergschen Kegel und ihre Schnitte mit Π_1. Ein Punkt P sei über Π_1 und vor Π_2 gegeben. Die Gerade l, welche durch P geht und die ausgezeichnete Lichtrichtung hat, dient als Achse von vier Rotationskegeln. Die Kegelflächen sollen die Beleuchtungsstärken $\frac{1}{5}, \frac{2}{5}, \frac{3}{5}$ und $\frac{4}{5}$ haben; hieraus bestimmen sich die Winkel $\alpha_1 \cdots \alpha_4$ der Mantelgeraden gegen die Achse l $\left(\sin \alpha_k = \frac{k}{5}\right)$. Neben den Kegeln betrachtet man noch die Ebene, welche durch P geht und die Beleuchtungsstärke 1 hat, d. h. zu l senkrecht steht.

Die Schnittlinien der Kegel und der Ebene mit Π_1 sind nun zu konstruieren. Die Vertikalebene durch l heiße H. Sie schneidet die Kegel in Geradenpaaren, die Ebene in einer Geraden. Die Umlegung dieser in H auftretenden Schnittfigur läßt sich ohne weiteres zeichnen, Fig. 153. Die Winkel $\alpha_1 \cdots \alpha_4$ zwischen den Geraden der vier Paare und der Linie l_0 folgen aus den Sinuswerten, s. oben. Dazu nimmt man einen Kreis um P_0, benutzt eine Fünfteilung seiner beiden zu l_0 senkrechten Radien und zieht durch die Teilpunkte Parallelen zu l_0. Diese Konstruktion muß in sehr großem Maßstab gemacht werden, um die nötige Genauigkeit zu geben. Selbstverständlich nimmt man auch nicht den Kreisradius, sondern ein Fünftel desselben willkürlich an. Übrigens kann man die Winkel sehr gut mittels ihrer Tangenten aus großen rechtwinkligen Dreiecken finden.

Nachdem so die in H liegenden Geraden der vier Kegel und der zu l senkrechten Ebene in der Umlegung bestimmt sind, kennt man die Schnittlinie der Ebene mit Π_1, und ferner weiß man, welche Kegel von Π_1 elliptisch und welche hyperbolisch geschnitten werden. Ein parabolischer Schnitt kommt nicht vor. Die Grundrißspur l' von H ist die gemeinsame Symmetrieachse aller in Π_1 auftretenden Kegelschnitte. Die auf l' fallenden Scheitel hat man schon. Damit kennt man von den Ellipsen die Scheitel der großen Achsen, von den Hyperbeln die Scheitel, vergleiche den XII. Abschnitt §§ 3—5 u. 15.

Für die weitere Konstruktion der Kegelschnitte werden die folgenden Angaben genügen.

Im XIII. Abschn. § 9 und im XVIII. Abschn. § 4 wurde die Bestimmung des Schattens einer Kugel oder eines Rotationsellipsoids mit vertikaler Achse für eine punktförmige Lichtquelle eingehend behandelt. Die Aufgabe kam auf die Bestimmung des Schnittes eines Rotationskegels oder eines allgemeineren Kegels mit Π_1 heraus. Die dort entwickelten Gedanken sind auch hier anwendbar. Wenn z. B. ein Kegel mit Π_1 einen hyperbolischen Schnitt liefert, so sind die Scheitel bekannt und als wichtigste weitere Bestimmungsstücke der Hyperbeln sind die Asymptoten zu suchen. Man kann dazu dem Kegel eine Kugel einbeschreiben und weiter eine Horizontalebene durch den Kegelmittelpunkt P legen. Sie schneidet die Kugel in einem Kreis. Das Tangentenpaar von P aus an den Kreis gibt die Richtungen der Hyperbelasymptoten. — Bei einem Kegel, welcher von Π_1 in einer Ellipse geschnitten wird, kann man ebenfalls eine einbeschriebene Kugel verwenden. Ihr Berührungskreis mit dem Kegel hat einen geradlinigen Seitenriß, wenn die Ebene H als Seitenrißebene dient. Man findet nun leicht nach Seite 149 (unten) die beiden Punkte auf dem Berührungskreis, denen die Scheitel der kleinen Ellipsenachse perspektivisch zugeordnet sind (für das Zentrum P), und hieraus folgen die Scheitel selbst.

Doch ist man (wie in den früheren Fällen) nicht auf die unmittelbare Bestimmung der Scheitel der kleinen Ellipsenachse angewiesen, sondern neben den Scheiteln der großen Achse genügt ein beliebiger weiterer Ellipsenpunkt. Man kann hierzu die Ebene benutzen, welche durch l geht und zu H senkrecht ist. Ihre Grundrißspur ist bekannt. Diese Grundrißspur und l bilden mit einer der beiden in der Ebene liegenden Mantelgeraden des betrachteten Kegels ein rechtwinkliges Dreieck. Das Dreieck denkt man sich um l in H hineingedreht und dann mit H zusammen um l' in Π_1 umgelegt. Diese Umlegung ist einfach zu zeichnen, siehe die Figur. Damit ist die zu l senkrechte Kathete des Dreiecks bekannt. Diese Strecke wird in die ursprüngliche Lage gebracht, schließlich wird der elliptische Kegelschnitt nach dem VIII. Abschn. § 9 gezeichnet. — Auch bei hyperbolischem Schnitt eines Kegels mit Π_1 ist dieses Verfahren zu Proben wichtig.

Die Brennpunkte der Ellipsen und Hyperbeln würden nach dem Satz von Quetelet-Dandelin leicht auffindbar sein, sind aber konstruktiv doch ziemlich unwichtig.

Die ganzen Angaben über die Konstruktion der Schnitte, welche die Kegel mit Π_1 gemein haben, wurden hier kurz gehalten. Das konnte in Rücksicht auf die Behandlung früherer Aufgaben ähnlicher Art geschehen, die weiter oben angeführt sind und neben denen jetzt noch die allgemeine gnomonische Abbildung des Gradnetzes der Erdkugel genannt sein mag (S. 262—264). Die knappe Form der letzten Besprechungen kann gerade zur Probe des Verständnisses der früheren Konstruktionen und zur Probe für die Güte der Raumanschauung dienen. Durch Konstruktionspunkte in großen Entfernungen und durch das Auftreten schlechter Schnitte wird übrigens die Herstellung einer guten Figur recht erschwert, und gelegentlich sind besondere Kunstgriffe erwünscht.

Gesprochen wurde bisher nur von den Kegelflächen für die Beleuchtungsstärken $\frac{1}{5}, \frac{2}{5} \cdots \frac{4}{5}$. Man kann statt dessen die Beleuchtungsstärken $\frac{1}{10}, \frac{2}{10} \cdots \frac{9}{10}$ berücksichtigen.

§ 10. Fortsetzung. Die einfachsten Anwendungen des Rodenbergschen Lichtmaßstabes. Die Kegel mögen als Lichtstufenkegel oder Isophotenkegel bezeichnet werden. Das System der Kegelschnitte in Π_1 (einschließlich der Grundrißspur der Ebene von der Beleuchtungsstärke 1) ist der Rodenbergsche Lichtmaßstab. Er ist in Fig. 154 dargestellt. Seine Anwendung zu Beleuchtungskonstruktionen beruht auf folgendem:

Geht eine Ebene durch P und berührt ihre Grundrißspur einen der Kegelschnitte, so berührt die Ebene den zugehörigen Kegel und besitzt die entsprechende Beleuchtungsstärke. Ist deshalb eine allgemeine Ebene gegeben und ihre Beleuchtungsstärke gesucht, so nimmt man die Parallelebene durch P und sucht ihre Grundrißspur. Falls sie eine Kurve des Lichtmaßstabes berührt, kennt man die Beleuchtungsstärke. Im anderen Fall denkt man sich in das System der Kegelschnitte weitere Kurven für andere Beleuchtungsstärken eingeschaltet und man sucht die Beleuchtungsstärke für den Berührungsfall. Diese Interpolation erfolgt nur mittels des Augenmaßes, die Genauigkeit ist nicht besonders groß, aber für den Zweck völlig ausreichend. Sehr oft verzichtet man auf eine Interpolation und nimmt sofort den nächstgelegenen Wert unter den eingeführten Lichtstufen.

Liegt ein ebenflächiger Körper im Grund- und Aufriß gezeichnet vor und hat man auf einem besonderen Blatt den Rodenbergschen Lichtmaßstab (gezeichnet oder lithographiert), so ist die Beleuchtungskonstruktion für den Körper sehr einfach. Man bringt den Lichtmaßstab in richtiger Stellung neben den Körperprojektionen an und bestimmt in der eben besprochenen Art für die einzelnen beleuchteten Flächen die Beleuchtungsstärken. (Horizontale Flächen haben die Beleuchtungsstärke 0,58 nach dem Schluß von § 1.)

Will man bei der dunklen Seite des Körpers die Beleuchtung durch Reflexlicht berücksichtigen, so wird wie in § 2 das Reflexlicht als einziges Parallelbündel und als entgegengesetzt gerichtet zum ursprünglichen Licht angenommen. Darum hat man denselben Lichtmaßstab in derselben Stellung zu verwenden, aber die Bedeutung der einzelnen Lichtstufen und ihre Wiedergabe mit Tusche ist eine andere. Um nicht mit helleren Tuschlagen in größerer Anzahl zu arbeiten und hierdurch die geringeren Abstufungen herzustellen, kann man sich im Reflexlicht auf weniger Abstufungen beschränken, nämlich auf die gleichen aber nur z. T. auftretenden Beleuchtungsstärken wie im direkten Licht.

Künftig wird von der Beleuchtungskonstruktion für Reflexlicht meist nicht weiter gesprochen.

§ 11. Allgemeines über die Beleuchtungskonstruktion krummer Flächen mittels des Rodenbergschen Lichtmaßstabes. Bei einer krummen Fläche könnte man einzelne Punkte auswählen, ihre Tangentialebenen suchen und dann nach dem vorigen Paragraphen die Beleuchtungsstärken feststellen. Das Wesentliche ist aber die Bestimmung der Isophoten, der Lichtgleichen, für die einzelnen Lichtstufen $0, \frac{1}{5}, \frac{2}{5} \cdots \frac{4}{5}, 1$ oder $0, \frac{1}{10}, \frac{2}{10} \cdots \frac{9}{10}, 1$. In manchen einfachen Fällen lassen sich diese Lichtgleichen dadurch finden, daß man von jeder nur einen Punkt bestimmt. In vielen anderen Fällen erhält man die Lichtgleichen punktweise, indem man etwa ihre Kreuzungsstellen mit einem System von ausgewählten, einfach gestalteten Kurven der Fläche sucht. Beides wird im folgenden an einer Reihe geeigneter Beispiele besprochen. Die Angaben sind stellenweise ausführlicher, als es beim Durcharbeiten des ganzen Abschnitts nötig wäre. Das soll das Herausgreifen und Durchführen einzelner Aufgaben erleichtern. Figuren sind absichtlich nicht gegeben, sie konnten wegbleiben, da es sich nur um Übungsstoff für Vorgerückte handeln soll.

§ 12. Konstruktion der Beleuchtung für einen geraden Kreiszylinder, welcher senkrecht auf Π_1 steht. Die Projektionen des Zylinders sind gegeben, seitlich davon wird wieder der Rodenbergsche Lichtmaßstab angebracht. P ist wieder das gemeinsame Zentrum der Kegel. Alle Tangentialebenen des Zylinders sind vertikal. Die Parallelebenen zu ihnen, welche durch P gehen, enthalten demnach das Projektionslot PP'. Jede Tangente, die von P' aus an eine Kurve des Lichtmaßstabes sich ziehen läßt, gibt die Stellung einer Vertikalebene von der zur Kurve zugeordneten Lichtstufe. Zu diesen Tangenten hat man deshalb parallele Tangenten an die beleuchtete Hälfte vom Basiskreis des Zylinders zu legen. Die Berührungspunkte sind die unteren Endpunkte von Mantelgeraden, welche die Lichtgleichen für die betreffenden Beleuchtungsstufen darstellen. Nur die Berührungspunkte hat man nötig, nicht die Tangenten. Darum zieht man auch nur die Radien im Basiskreis senkrecht zu den von P' auslaufenden Tangenten (und zwar so, daß ihre Endpunkte auf der beleuchteten Hälfte vom Basiskreis liegen). Damit ist die Aufsuchung der Lichtgleichen auf dem beleuchteten Teil des Zylindermantels erledigt. Nicht alle Lichtstufen treten dabei auf. Für den unbeleuchteten Teil des Zylindermantels sind § 2 und § 10 zu vergleichen. Die wagerechte obere Endfläche des Zylinders hat nach § 1 die Beleuchtungsstärke 0,58 oder rund 0,6.

§ 13. Zusätze. Bei einem schiefen Kreiszylinder, dessen Basiskreis in Π_1 liegt, ist in der Hauptsache alles entsprechend. Zur Achse des Zylinders wird eine Parallele durch P gelegt. Ihr Grundrißspurpunkt Q tritt an die Stelle des P' im vorigen Fall, d. h. von Q aus zieht man die Tangenten an die einzelnen Kurven des Lichtmaßstabs.

Ist die Beleuchtung für einen geraden Kreiszylinder darzustellen, der auf einer geneigten Ebene senkrecht steht, so kann man die Mantelfläche erweitern und ihren Schnitt mit Π_1 konstruieren (wobei die Hauptachsen und die Scheitel benutzt werden). Dann ist der Rodenbergsche Lichtmaßstab in der vorhin besprochenen Art anwendbar.

§ 14. Die Lichtgleichen für einen geraden Kreiskegel, welcher auf Π_1 steht. Wie in § 12 sind die Lichtgleichen Mantelgeraden, da für alle Punkte einer Mantelgeraden eine gemeinsame Tangentialebene besteht. Zur Gesamtheit der Tangentialebenen des gegebenen Kegels denkt man sich die Parallelebenen durch den Mittelpunkt P der Rodenbergschen Kegel. Sie hüllen einen neuen Kegel ein, dessen Schnittkreis mit Π_1 man zunächst bestimmt. (Nimmt man die Kegel im elementaren Sinn, dann ist der neue Kegel zum ursprünglichen ähnlich; betrachtet man aber die ganzen, unbegrenzten Kegelflächen, so entsteht der zweite Kegel aus dem ersten durch Translation.) Für den neuen Kegel sucht man die Tangentialebenen, welche zugleich einen Lichtstufenkegel berühren. Die Grundrißspuren dieser Tangentialebene sind allein nötig, und sie sind die gemeinsamen Tangenten des in Π_1 liegenden Kegelkreises und der Kurven des Lichtmaßstabes. Liegt als ursprünglicher Kegel ein Elementarkegel vor und sucht man nur die Lichtgleichen auf dem beleuchteten Teil seiner Außenfläche, so hat man nur einen Teil der eben genannten gemeinsamen Tangenten nötig; die Berührungsstellen mit dem Basiskreis des transferierten Kegels müssen auf dessen beleuchteten Teil liegen.

Wie im vorletzten Paragraphen hat man nun die Berührungsmantelgeraden der parallelen Tangentialebenen des ursprünglich gegebenen Kegels zu suchen. Dazu bestimmt man wieder bei seinem Basiskreis die Radien nach den unteren Endpunkten dieser Mantelgeraden, als Lote zu früher gefundenen Geraden.

Die Übertragung der Betrachtung auf einen schiefen Kreiskegel, dessen Basis in Π_1 liegt oder auf einen geraden Kreiskegel von allgemeiner Stellung erfordert keine Besprechung mehr.

§ 15. Die Lichtgleichen für die Ringfläche oder für eine beliebige Rotationsfläche mit vertikaler Achse. Die Ringfläche liege auf Π_1 wie in §§ 19 ff. des XVIII. Abschnitts (S. 225 ff. und Fig. 118 auf Tafel VIII). Als Lichtrichtung dient die besondere Richtung, welche jetzt immer benutzt wurde, nicht die allgemeinere Richtung der genannten Figur. Das Rodenbergsche Kurvensystem wird wieder neben den Projektionen der Ringfläche angebracht. Man betrachtet irgendeinen horizontalen Kreis der Ringfläche, k. An ihm wird die Fläche von einem Rotationskegel mit vertikaler Achse berührt, vgl. S. 225 ff. Die Neigung der Mantelgeraden dieses Kegels hat man in der Aufrißfigur sofort; auf die Kegelspitze und den in Π_1 liegenden Kreis des Kegels kommt es jetzt nicht an. Man transferiert den Kegel so, daß seine Spitze in das Zentrum P der Rodenbergschen Kegel gelangt, und man zeichnet vom transferierten Kegel den in Π_1 liegenden Kreis. An diesen Kreis legt man Tangenten, welche zugleich die einzelnen Kurven des Kegelschnittsystems berühren. Hierbei hat man sofort die richtigen Tangenten auszuwählen, wenn es sich nur um die Beleuchtungsstufen des hellen Teils der Ringoberfläche handelt: Eine beliebige gemeinsame Tangente bestimmt eine gemeinsame Tangentialebene des transferierten Kegels und eines Lichtstufenkegels. Ohne weitere Konstruktion sieht man die ungefähre Lage der parallelen Tangentialebene des Ringes, deren Berührungsstelle auf der Kreislinie k liegt. Daraus erkennt man, ob die Berührungsstelle im Licht liegt; nur dann wird sie genau bestimmt. Diese Bestimmung erfolgt mittels des in der Berührungsstelle endenden Radius des Kreises k, ähnlich wie früher. Ungeschickt wäre es, den in Π_1 liegenden Kreis des zu k gehörigen Tangentialkegels des Ringes zu suchen und damit die Mantelgerade dieses Kegels zu bestimmen, welche der betrachteten Lichtstufe entspricht.

Hat man für eine Reihe von horizontalen Kreisen k der Ringfläche die Punkte gefunden, welche zu den einzelnen Lichtstufen gehören, so kennt man auf dem hellen Teil der Fläche von den Lichtgleichen der verschiedenen Lichtstufen einzelne Punkte und kann die Lichtgleichen angenähert verzeichnen. Auf Kurventangenten wird man verzichten.

Leichter und weniger umfangreich als für die Ringfläche ist die Konstruktion der Beleuchtung für einige andere Rotationsflächen mit vertikaler Achse, z. B. für ein Rotationsellipsoid oder ein Rotationshyperboloid. Beiläufig sei bemerkt, daß man in allen Fällen nicht auf die Kreuzungspunkte der Lichtstufen mit Parallelkreisen angewiesen ist, sondern auch die Kreuzungspunkte mit Meridiankurven bestimmen kann. Beim geradlinigen Rotationshyperboloid kommt dann noch eine weitere Möglichkeit hinzu, vergleiche den nächsten Paragraphen.

§ 16. Die Lichtgrenze und die Lichtgleichen auf dem allgemeinen geradlinigen Hyperboloid mit vertikaler Nebenachse. Das Hyperboloid wird in derselben Stellung genommen wie in § 5 des XIX. Abschnitts und in Fig. 120 auf Tafel VIII. Durch jeden Flächenpunkt gehen zwei Geraden der Fläche, und ihre Ebene ist die Tangentialebene des Punktes.

Die Lichtgleichen für die einzelnen Beleuchtungsstufen lassen sich punktweise bestimmen durch Aufsuchung ihrer Kreuzungsstellen mit ausgewählten Geraden der Fläche. Die Lichtgrenze kann man als Lichtgleiche für die Beleuchtungsstärke 0 betrachten und genau wie die anderen Lichtgleichen behandeln. Übrigens folgen zum Schluß noch andere Angaben über die Lichtgrenze.

g sei eine bestimmte Gerade des Hyperboloids, die Schar, der sie angehört, soll als erste Geradenschar der Fläche bezeichnet werden. Zu g

legt man durch das Zentrum der Rodenbergschen Kegel eine Parallele h. Ihr Grundrißspurpunkt ist H_1. Von H_1 zieht man die Tangenten an die einzelnen Kegelschnitte des Lichtmaßstabes, wobei auch der Punkt L_1 als Grenzfall eines Kegelschnitts, als punktförmige Kurve für die Lichtstärke 0 zu berücksichtigen ist. (Nicht immer sind an alle Kegelschnitte Tangenten möglich, dann sind längs der Geraden g nicht alle Beleuchtungsstufen auf der Fläche vertreten.)

Zu den von H_1 ausgehenden Tangenten werden in Π_1 parallele Geraden durch den Grundrißspurpunkt von g gezogen. Sie sind die Grundrißspuren derjenigen Tangentialebenen, welche die Fläche in Punkten von g berühren, und zugleich den einzelnen auftretenden Lichtstufen entsprechen. Jede solche Gerade hat mit der Schnittellipse von Π_1 und der Fläche noch einen weiteren Punkt gemein. Sie liefert dadurch die Gerade der zweiten Schar, welche der betrachteten Tangentialebene angehört. Mittels dieser Geraden der zweiten Schar findet man auf g den Berührungspunkt der Tangentialebene.

In dieser Art lassen sich für eine Reihe von Geraden g der Fläche, die übrigens keineswegs alle derselben Schar angehören müssen, die Kreuzungsstellen mit den einzelnen Lichtgleichen — einschließlich der Lichtgrenze — suchen. Die Kurven werden daraus angenähert erhalten, auf eine Tangentenkonstruktion muß man bei diesem Verfahren verzichten.

Für die Lichtgrenze ist statt dieser punktweisen Bestimmung eine genauere Konstruktion erwünscht. Die Lichtgrenze ist, wie die Theorie der Flächen zweiter Ordnung zeigt, eine ebene Kurve, ein Kegelschnitt. Ihre Ebene ist die zur Richtung der Lichtstrahlen konjugierte Diametralebene. Die Konstruktion der Ebene und die Konstruktion eines Paares konjugierter Durchmesser für ihren Schnitt mit der Fläche — falls dieser elliptisch ist — führt aber hier entschieden zu weit. Ebensowenig kann hier für den hyperbolischen Fall auf die genaue Bestimmung der Kurve mittels der Asymptoten eingegangen werden, obwohl sie unter Verwendung des Asymptotenkegels ganz leicht ist, wenn man erst die Ebene der Kurve hat.

Die Lichtgleichen sind algebraische Kurven vierter Ordnung. Näheres, z. T. auch betr. Tangentenkonstruktion, bei Wiener II, S. 332ff. und bei Rohn-Papperitz.

§ 17. Die Beleuchtung der abwickelbaren Schraubenfläche mit vertikaler Achse. Die Fläche aller Tangenten einer Schraubenlinie wurde in § 3 des XX. Abschnitts betrachtet, S. 242—244. Sie besteht aus zwei Mänteln, welche in dieser Schraubenlinie zusammenstoßen und sie zur Rückkehrkante haben. Die Fläche hat an allen Punkten einer ihrer Geraden dieselbe Tangentialebene, d. h. sie hat ebene Elementarstreifen von konstanter Beleuchtungsstärke. Ihre Lichtgleichen sind Geraden. Die gemeinsame Tangentialebene längs einer ganzen Geraden der Fläche ist die Schmiegungsebene der Rückkehrkante für den Punkt, in welchem die Rückkehrkante von der Geraden berührt wird. Hieraus folgt, daß alle Tangentialebenen der Fläche unter gleichem Winkel gegen Π_1 oder gegen die Achse der Schraubenfläche geneigt sind. Darum kann man einen Rotationskegel mit vertikaler Achse einführen, dessen Mittelpunkt im Zentrum der Rodenbergschen Kegel liegt und dessen Tangentialebenen zu den Tangentialebenen der Schraubenfläche parallel sind. Die Bestimmung dieses Kegels ist einfach und soll nicht weiter besprochen werden. Ebenso findet man leicht zu einer bestimmten Tangentialebene dieses Kegels bei jedem Gang der Schraubenfläche die zugehörige Tangentialebene, d. h. deren Berührungsmantelgerade oder zunächst den Punkt, in welchem diese Mantelgerade die Rückkehrkante berührt. Damit sind die Grundgedanken zur Aufsuchung der geradlinigen Lichtgleichen der abwickelbaren Schraubenfläche mit vertikaler Achse genügend beschrieben. — Die Lichtgrenze ist die Lichtgleiche für die Beleuchtungsstärke 0 und wird wie die übrigen Lichtgleichen behandelt. Die Grenze des auf die Fläche fallenden Schattens, des Selbstschattens läßt sich elementar, punktweise bestimmen, indem man von einzelnen Punkten der Lichtgrenze und der etwa noch eingeführten Randlinie der Fläche ausgeht.

§ 18. Die Beleuchtung der windschiefen Schraubenfläche, welche aus den Hauptnormalen einer vertikal stehenden Schraubenlinie gebildet wird. Diese Fläche ist in § 6 des XX. Abschnitts kurz erwähnt, Teile von ihr traten beim flachgängigen Schraubengewinde auf. Durch jeden Flächenpunkt geht eine in der Fläche liegende Gerade hindurch, sie ist das Lot zur Schraubenachse, zur Achse der Fläche. Diese Gerade möge nach beiden Seiten unbegrenzt sein. Weiter geht durch jeden Punkt eine bestimmte ganz in der Fläche liegende Schraubenlinie. Diese ∞^1 Schraubenlinien der Fläche haben gemeinsame Achse, verschiedene Zylinderradien, aber gleiche Ganghöhe. Deshalb haben sie verschiedene Steigungswinkel (ω von § 1 des XX. Abschn.). Aus dem Zylinderradius folgt der Steigungswinkel, umgekehrt erhält man aus dem Steigungswinkel den Zylinderradius und damit die Schraubenlinie. Doch darf man nicht übersehen, daß eine Schraubenlinie der Fläche schon nach vertikaler Translation um eine halbe Ganghöhe wieder in der Fläche liegt. Der Steigungswinkel bestimmt deshalb die Schraubenlinie in der Fläche nur zweideutig. Eine Gerade der Fläche ist durch ihre Richtung nur innerhalb jedes halben Ganges der Fläche eindeutig bestimmt. Hierbei wird unter der Ganghöhe der Fläche dasselbe verstanden wie unter der Ganghöhe ihrer Schraubenlinien.

Die Schraubenlinien und die Geraden der Fläche kreuzen einander überall rechtwinklig.

Die Tangentialebene eines Punktes Q enthält die durch Q gehende Gerade der Fläche und die zu Q gehörige Tangente der durch Q gehenden Schraubenlinie. Hierdurch ist sie bestimmt. Von einer Tangentialebene seien jetzt gegeben: der Neigungswinkel gegen Π_1, die Richtung der Grundrißspur und die Seite, nach welcher die Ebene steigt. Dann folgt die Schraubenlinie des Berührungspunktes zweideutig (s. oben), ferner folgt die Mantelgerade des Berührungspunktes für jeden Gang der Fläche zweideutig. Hieraus ergibt sich der Berührungspunkt für jeden halben Gang der Fläche nur eindeutig, weil noch die Seite gegeben ist, nach welcher die Tangentialebene steigt.

Zur Konstruktion der Lichtgleichen auf der betrachteten Fläche sind nun zwei Wege möglich. Einmal kann man auf ausgewählten Mantelgeraden die Punkte suchen, welche den einzelnen Lichtgleichen angehören. Andrerseits kann man für ausgewählte Schraubenlinien der Fläche entsprechend verfahren. Beides läßt sich im Anschluß an den letzten Absatz und an frühere Paragraphen kurz besprechen.

Eine bestimmte Gerade g der Fläche ist zugleich die Achse des Ebenenbüschels aller Tangentialebenen ihrer Punkte. Mit dem Büschel denkt man sich eine Translation vorgenommen derart, daß die Achse durch das Zentrum der Lichtstufenkegel hindurchgeht. Im verschobenen Büschel sucht man die Berührungsebenen der einzelnen Kegel. Dazu hat man einfach in Π_1 an die einzelnen Kegelschnitte Tangenten parallel zu g' zu legen.[1]) Dann kennt man im ursprünglichen Ebenenbüschel die Ebenen, welche den einzelnen Lichtstufen entsprechen, und man sucht schließlich ihre Berührungspunkte mit der Fläche.

Alle Tangentialebenen, welche die Fläche in Punkten einer Schraubenlinie s berühren, haben gleiche Neigung gegen Π_1, gleich der Steigung von s. Die Parallelebenen durch das Zentrum der Lichtstufenkegel hüllen demnach einen Rotationskegel mit vertikaler Achse ein. Man findet, wie in früheren Fällen unter ihnen die einzelnen Tangentialebenen für die Lichtstufen. Daraus bestimmen sich auf s die Berührungspunkte der gesuchten Tangentialebenen.

Die Lichtgleichen werden so aus einzelnen Punkten gefunden. Die Lichtgrenze wird als eine Lichtgleiche behandelt. Darüber und über die Schattengrenze auf der Fläche ist der Schluß von § 17 zu vergleichen.

V. Kotierte Projektion.

§ 1. Einleitung. Benutzt man eine horizontale Projektionsebene, so ist die Lage eines Punktes durch seinen Grundriß und seine Höhe be-

1) Für g' nimmt man in erster Linie ausgezeichnete Richtungen wie im § 7 des ersten Anhanges (S. 311).

stimmt, wobei man positive und negative Höhen unterscheiden muß. Wird die Höhe durch Anschreiben des Zahlenwertes an den Grundriß angegeben, so entsteht eine „kotierte Projektion". (In den Landkarten heißen die Höhenzahlen Koten.) Die Benutzung von Höhenzahlen setzt immer einen gegebenen Maßstab voraus.

§ 2. **Länge und Neigungswinkel einer Strecke.** Sind zwei Punkte P und Q durch P' und Q' und durch ihre Koten gegeben, dann bestimmen P, Q, P' und Q' ein Trapez, welches schon im I. Abschn. § 8 betrachtet wurde und aus dessen Umlegung in die Grundrißebene man nun wieder leicht die Länge und den Neigungswinkel von PQ erhält. Fig. 155, Taf. XI. Auch durch Rechnung erhält man den Neigungswinkel, seine Tangente ist die Kotendifferenz dividiert durch die Länge von $P'Q'$.

§ 3. **Spur und Neigungswinkel einer Ebene.** Eine Ebene E kann man unter anderem durch ihre Grundrißspur e[1]) und einen weiteren Punkt P geben, wobei von diesem wieder P' und die Kote vorliegen. Das von P' auf e gefällte Lot $P'F$ ist der Grundriß der durch P gehenden Falllinie der Ebene. Das rechtwinklige Dreieck $PP'F$ liefert den Neigungswinkel von E, entweder graphisch, indem man die Umlegung des Dreiecks zeichnet (Fig. 156), oder durch Rechnung.

Ist von E die Spur e und der Neigungswinkel α gegeben und kennt man von einem Punkt P der Ebene den Grundriß, so folgt die Kote von P unmittelbar. Ebenso erhält man aus gegebener Kote von P einen geometrischen Ort für P', nämlich den Grundriß einer Spurparallelen oder Niveaulinie von E.

§ 4. **Die Schnittlinie zweier Ebenen.** Sind zwei Ebenen E und Φ jede durch Spur und Neigungswinkel gegeben und ist ihre Schnittlinie gesucht, dann kann man, wie eben besprochen, für jede den Grundriß einer Spurparallelen der Höhe h suchen. Der Schnittpunkt dieser beiden Geraden ist der Grundriß eines Punktes der Schnittlinie beider Ebenen.[2]) Da man außerdem von der Schnittlinie den Grundrißspurpunkt kennt, so ist die Schnittlinie bekannt.

§ 5. **Der graduierte Grundriß einer Geraden und Verwandtes.** Statt wie bisher eine Gerade durch Grundrisse und Koten zweier beliebiger Punkte darzustellen, gibt man oft auf dem Grundriß der Geraden die Grundrisse einer Reihe von Punkten mit aufeinanderfolgenden ganzzahligen Koten an (Fig. 157, Taf. XI). Die Herstellung dieser „Graduierung"

---

1) Es hat jetzt keinen Zweck, e_1 zu schreiben.
2) vgl. den II. Abschn. § 8.

aus den ursprünglich als gegeben angenommenen Elementen ist so einfach, daß sie nicht besprochen werden muß. Der Abstand zwischen zwei Teilpunkten der Graduierung, das Intervall der Graduierung gibt den Horizontalabstand für zwei Punkte mit der Höhendifferenz 1, d. h. er gibt cotg γ, wo γ der Neigungswinkel ist. Das Intervall ist deshalb der reziproke Wert der Steigung der Geraden. (Damit ist tg γ als Steigung definiert, oft wird auch sin γ als Steigung bezeichnet.)

Parallele Geraden sind dadurch gekennzeichnet, daß sie parallele Grundrisse und gemeinsames Intervall haben und nach derselben Seite steigen. Zwei Geraden mit nicht parallelen Grundrissen können windschief sein oder sich schneiden. Sie schneiden sich, wenn bei beiden Geraden zur Kreuzungsstelle der Grundrisse eine gemeinsame Kote gehört. Dazu müssen die Verbindungslinien gleich bezifferter Punkte beider Graduierungen untereinander parallel sein. Das ist rein planimetrisch leicht als notwendig und hinreichend zu erkennen. Beiläufig sind die genannten Verbindungslinien die Grundrisse von Niveaulinien der Ebene beider Geraden. — Die Schnittpunktsbestimmung zweier Geraden mit gemeinsamer Grundrißprojektion läßt sich durch Umlegung ihrer Vertikalebene machen.

§ 6. **Die entsprechende Darstellung einer Ebene.** Die Ebene stellt man in kotierter Projektion häufig durch eine graduierte Falllinie dar. Zur Unterscheidung von der Darstellung einer Geraden werden aber zwei dicht nebeneinanderliegende Geraden graduiert. (Fig. 158, Taf. XI). Auf Grund dieser Darstellung erhält man den Grundriß einer beliebigen Niveaulinie der Ebene, siehe die Figur. Ebenso erhält man die Schnittlinie zweier Ebenen sofort: Man zeichnet die Grundrisse von den in beiden Ebenen liegenden Niveaulinien der Höhe h_1 und ebenso der Höhe h_2, wobei man natürlich ganzzahlige Höhen benutzt, um nicht erst interpolieren zu müssen. Dann kennt man die Punkte der Schnittlinie mit den Höhen h_1 und h_2 und kann die Graduierung dieser Linie leicht herstellen.

§ 7. **Der Schnitt einer Geraden mit einer Ebene.** Ist eine Ebene E wie im vorigen Paragraphen gegeben und eine Gerade g wie in § 5, dann folgt der Schnittpunkt dadurch, daß man eine Hilfsebene durch die Gerade legt und zunächst die Schnittlinie dieser Hilfsebene mit E sucht. Als Hilfsebene empfiehlt sich aber die Vertikalebene durch g gerade nicht, man hätte dann eine Umlegung zu zeichnen, und das ist ein Umweg. Man legt vielmehr durch zwei Teilpunkte auf g' parallele Geraden als Grundrisse von Niveaulinien einer durch g gehenden Hilfsebene H. Dann bestimmt man die Grundrisse der Niveaulinien derselben Höhenlagen von E. Hieraus folgt der Grundriß der Schnittlinie von E und H. Er schneidet g' im Grundriß des gesuchten Punktes, und dessen Kote folgt durch Interpolation (Fig. 159, Taf. XI).

§ 8. **Das Errichten eines Lotes auf einer Ebene.** Die Ebene E ist durch eine graduierte Doppellinie gegeben, der in E liegende Ausgangspunkt des Lotes durch seinen Grundriß P'. Der Grundriß des Lotes steht senkrecht zum Grundriß jeder Spurparallelen von E, d. h. er ist parallel zur graduierten Doppellinie. Weiter ergänzen sich die Neigungswinkel des Lotes und der Ebene zu 90^0, daraus folgt die Graduierung des Lotgrundrisses.

§ 9. **Zusätze.** Wenn von einer Ebene drei Punkte durch die Grundrisse und Koten gegeben sind, so kann man auf der Verbindungslinie des höchsten und tiefsten Punktes die Stelle suchen, welche mit dem dritten Punkt gleiche Höhe hat. Damit kennt man eine Niveaulinie der Ebene und kann senkrecht hierzu den Grundriß einer Falllinie ziehen. Die Darstellung der Ebene durch die graduierte Doppelgerade (§ 6) ist dann einfach.

Eine Ebene E sei gegeben wie in § 6, außerdem der Grundriß eines in ihr liegenden Punktes P. Gesucht ist eine durch P gehende Gerade von E mit gegebener Neigung. § 1 im XVI. Abschn. gibt die Lösung dieser Aufgabe. Dabei kann man den Basiskreis des Kegels in Π_1 annehmen oder in der Horizontalebene einer passenden Niveaulinie von E, etwa so, daß diese Niveaulinie und P einen ganzzahligen Höhenunterschied haben. — Für das Legen einer Ebene gegebener Neigung durch eine gegebene Gerade ist § 3 im XVI. Abschn. zu vergleichen.

Ebenso sind zahlreiche weitere Aufgaben über Punkte, Geraden und Ebenen in kotierter Projektion leicht zu lösen durch ähnlichen Gedankengang wie in Grund- und Aufriß.

Auf das Konstruieren von Körperaufgaben in kotierter Projektion soll nicht weiter eingegangen werden, verwiesen werde in dieser Hinsicht besonders auf das Buch von Peschka über kotierte Ebenen. Wenn auch einzelne solche Aufgaben in kotierter Projektion gut zu lösen sind, so wird man doch für Körperaufgaben i. a. weit lieber die Orthogonalprojektion mit Grund- und Aufriß wählen.

Ferner läßt sich die kotierte Projektion gelegentlich bei technischen Aufgaben verwenden, z. B. läßt sich die ganze Dachkonstruktion bei einem modernen Haus mit verwickeltem Grundriß und mit nicht einheitlichem Neigungswinkel der ebenen Dachflächen gut übersehen und im einzelnen durchführen, wenn man von den graduierten Falllinien und den Grundrissen der Horizontallinien der einzelnen Ebenen ausgeht.

Alle bisher besprochenen Anwendungen der kotierten Projektion treten aber an Bedeutung weit zurück hinter der Verwendung in der Topographie. Das ist das eigentliche Anwendungsgebiet der kotierten Projektion, §§ 12ff.

---

§ 10. Horizontalkurven (Niveaulinien) bei mathematischen Flächen. Zur Darstellung einer krummen Fläche in kotierter Projektion denkt man sich die Fläche durch eine Reihe von Horizontalebenen geschnitten, man zeichnet die Grundrisse der Schnittkurven und gibt die zugehörigen Koten an. Meist benutzt man Horizontalebenen mit gleichen Abständen. Beispiele bieten die Flächen zweiter Ordnung, bei denen man am einfachsten eine Hauptebene wagrecht nimmt.

Eine andere Fläche, für welche man aus der kotierten Projektion eine gute Vorstellung erhält, mag noch genannt werden. In einer Besprechung von Joachimsthals Anwendung der Differential- und Integralrechnung auf die allgemeine Theorie der Flächen und der Linien doppelter Krümmung hat Darboux auf einen singulären Fall bei der Durchdringung einer Fläche mit einer Tangentialebene aufmerksam gemacht.[1]) Später fand Stäckel diesen Fall selbständig wieder und gab nähere Ausführungen dazu.[2]) Dabei hat Stäckel die Fläche $z = ay^2 + bx^3$ für geeignete Werte von a und b durch ein System äquidistanter Niveaukurven dargestellt, wodurch die Durchdringung mit der singulären Tangentialebene $z = 0$ sehr anschaulich wird. — Wenn man diese Niveaulinien in vergrößertem Maßstab jede für sich auf gleich starke Pappstücke aufträgt und die Pappstücke entsprechend diesen Kurven abgrenzt, so kommt man durch richtiges Zusammenfügen zu einem guten Modell der Fläche. Auf die Dicke der Pappe kommt es wenig an, eine Änderung des Maßstabes der Ordinaten (eine Änderung des Faktors von z in der Gleichung) ist unwesentlich. Das Modell wird noch besser, wenn man statt der treppenförmigen Absätze geneigte Böschungen herstellt, durch Ausfüllen mit Wachs u. dergl. Außerdem kann man die Durchdringung der Fläche mit der Tangentialebene $z = 0$ dadurch deutlicher machen, daß man statt der einen Pappschicht eine gleich starke Glasplatte nimmt, deren obere Seite der Tangentialebene entsprechen soll. Ein dünnes aufgeklebtes Papierstück gibt durch seinen Rand die Schnittkurve der Fläche und der Tangentialebene. — Übrigens ist die Fläche als Gipsmodell im Schillingschen Verlag.[3])

§ 11. Linien größten Falles bei mathematischen Flächen. Die Orthogonaltrajektorien des Systems aller Horizontalkurven einer Fläche heißen Linien größten Falles, Linien größten Gefälles, Gefällslinien. Sie geben

---

1) Darboux, Bulletin des sciences math. et astron. Bd. IV (1873) S. 36, 37.

2) Zeitschr. f. Math. u. Phys., Bd. 51 (1904), S. 96—100.

3) Beiläufig sei bemerkt, daß die Gipsmodelle von Flächen zweiter Ordnung dieses Verlags auf Originalen im Modellkabinett der Münchner technischen Hochschule beruhen, welche in folgender Art entstanden sind. Systeme von ebenen Schnitten parallel zu den drei Hauptebenen sind in Zinkblech ausgeführt und zusammengefügt. Dieses Gerüst der Fläche ist mit Papiermaché ausgefüllt und dann ist eine glatte und regelmäßige Oberfläche hergestellt, bei welcher die Blechränder überall sichtbar sind, ohne hervorzutreten.

für jeden Flächenpunkt das in der Fläche liegende Linienelement stärkster Neigung. Ein auf der Fläche herabgleitender schwerer Punkt bewegt sich nicht auf einer solchen Linie, deshalb kann das häufig gebrauchte Wort Falllinie zu Mißverständnissen führen. — Die Grundrisse der Linien größten Falles sind nach § 27 im II. Abschnitt die Orthogonaltrajektorien der Grundrisse der Horizontallinien.

Wegen näherer Untersuchung der Linien größten Falles muß auf Bücher über Infinitesimalrechnung und Flächentheorie verwiesen werden. Hier sollen nur in Rücksicht auf spätere Anwendungen einige Angaben über diese Kurven beim Ellipsoid und den Paraboloiden folgen. Die Flächen seien:

$$\frac{x^2}{a^2}+\frac{y^2}{b^2}+\frac{z^2}{c^2}=1,\qquad \frac{x^2}{a^2}+\frac{y^2}{b^2}=z,\qquad \frac{x^2}{a^2}-\frac{y^2}{b^2}=z$$

(bei vertikaler z-Achse). Die Grundrisse der Horizontalkurven bei der ersten und zweiten Fläche bilden je ein System konzentrischer und ähnlicher Ellipsen mit gemeinsamen Symmetrieachsen; beim Ellipsoid ist die Kurvenschar begrenzt, beim elliptischen Paraboloid unbegrenzt. Die einzelnen Kurven für gleiche Höhenintervalle sind in beiden Fällen natürlich verschieden, aber die ganzen Kurvenscharen sind (bei denselben Werten von a und b) identisch, abgesehen von der Begrenzung. Die Grundrisse der Linien größten Falles sind demnach ebenfalls identisch, bis auf die Begrenzung. Die Fig. 160, Taf. XI, zeigt den Verlauf der Grundrisse für die Horizontalkurven und für die Linien größten Falles von $z=\frac{x^2}{a^2}+\frac{y^2}{b^2}$ bei $a>b$. Zu beachten ist besonders, daß die Grundrisse der Fallinien aus der y-Achse und aus einem Kurvensystem bestehen, dessen einzelne Kurven alle im Koordinatenanfang die x-Achse berühren.[1]) — Fig. 161 gibt die entsprechenden Kurvensysteme für die Fläche $z=\frac{x^2}{a^2}-\frac{y^2}{b^2}$. Jede Gefällslinie außer den beiden parabolischen Hauptschnitten bleibt ganz in einem Quadranten der Fläche.

Die Grundrisse der Horizontalkurven beim betrachteten Ellipsoid oder bei jedem der beiden Paraboloide gehen durch Ähnlichkeitstransformation ineinander über, wobei das Ähnlichkeitszentrum im Koordinatenanfang liegt. Daraus folgt, daß auch die Grundrisse der Linien größten Falles durch solche Ähnlichkeitstransformation ineinander übergehen. Dasselbe

1) Durch den Punkt x_0, y_0 geht eine Ellipse der Schar $\frac{x^2}{a^2}+\frac{y^2}{b^2}=\lambda^2$. Für die zugehörige Tangente findet man den Richtungskoeffizienten $-\frac{b^2\cdot x_0}{a^2\cdot y_0}$. Damit hat man für die Orthogonaltrajektorien die Bedingung $\frac{dy}{dx}=+\frac{a^2\cdot y}{b^2\cdot x}$ oder $\frac{dy}{y}=\frac{a^2}{b^2}\cdot\frac{dx}{x}$. Integration liefert $y=C\cdot x^k$, wobei $k=a^2:b^2$. — Beim hyperbolischen Paraboloid kommt man auf demselben Weg zur Kurvenschar $y=C\cdot x^{-k}$, $k=a^2:b^2$.

erkennt man aus den in der Anmerkung stehenden Gleichungen. — Weitere geometrische Betrachtungen über die Grundrisse der Gefällslinien stehen bei Rohn-Papperitz. Die Sätze sind leicht analytisch zu begründen.

Die behandelten Beispiele von Liniensystemen stärksten Falles sind für § 15 wichtig.

---

§ 12. Die Verwendung von Niveaukurven (Isohypsen) in der Topographie. In topographischen Karten, d. h. in Karten größeren Maßstabes (meist 1:25 000 bis 1:200 000) werden die Geländeformen häufig in kotierter Projektion durch Niveaulinien dargestellt. Z. B. enthalten die Meßtischblätter der verschiedenen deutschen Staaten (1:25 000) die Grundrißprojektionen der Horizontalkurven für äquidistante Höhen, i. a. für alle ganzzahligen Höhen in Metern. Sobald bergiges oder stark hügeliges Terrain vorliegt, ist hierdurch eine gute Übersicht über die Bodenformen gegeben. Die Gefällslinien sind die Orthogonaltrajektorien der Niveaulinien und sind nicht gezeichnet, aber für das Auge doch mit gegeben. Je kürzer das Stück einer Gefällslinie zwischen zwei Niveaulinien ist, um so steiler ist dort der Abhang. Die Größe des Böschungswinkels läßt sich unter der Annahme eines ungefähr gleichmäßigen Gefälles leicht aus dem Abstand der Niveaulinien finden, und zwar genau so, wie in § 5 der Steigungswinkel einer Geraden mit der Graduierung zusammenhängt. Zeichnet man im Maßstab der Karte für graduierte Geraden von 5°, 10°, 15°, 20°... Steigung die Intervalle, von demselben Anfangspunkt aus aufeinander liegend, so hat man einen Böschungsmaßstab für die Karte.

Neben den Höhenkurven kommen in den Meßtischblättern zur Darstellung von Terrainformen übrigens gelegentlich noch Signaturen vor. So dient für den Sattel oft ein Zeichen wie eine kleine Astroide. Wer dieses Zeichen nicht als Signatur kennt, wird versucht sein es als eine verzeichnete Höhenkurve anzusehen.

Älter als in Landkarten ist die Verwendung von Niveaukurven in Seekarten.

Liegt eine Karte mit Horizontalkurven für kleine und gleiche Höhenintervalle vor, so ist es leicht, den Schnitt durch die Terrainfläche für eine bestimmte Vertikalebene zu konstruieren. Man erhält so das Profil in der genannten Ebene entweder in gemeinsamem Maßstab für die Horizontalerstreckung und die Höhe, oder man stellt die Höhen in größerem Maßstab dar. Auf den letzten Fall, auf ein überhöhtes Profil ist man bei flachen Geländeformen oft angewiesen.

Übersicht. Die nächsten beiden Paragraphen bringen weiteres über die kartographische Darstellung von Terrainformen, dann folgen in §§ 15 bis 17 Untersuchungen über topographische Flächen mit vorwiegend mathematischem Interesse. Zum Schluß stehen in §§ 18, 19 einige Betrachtungen, welche sich unmittelbar an das eben Behandelte anschließen könnten, welche aber jetzt den Zusammenhang mit dem Folgenden stören würden.

§ 13. Die Darstellung des Geländes durch Schraffen. Die Schraffen sind kurze Linien in der Stellung von Linien stärksten Gefälles. Ihre Dicke und ihre Anzahl für eine bestimmte Breite stehen im Zusammenhang mit der Neigung des Hanges. Das dem Norddeutschen bekannteste Beispiel bieten die Karten 1 : 100 000 der preußischen Landesaufnahme. Der Begründer des Verfahrens, Lehmann, ging gegen Ende des 18. Jahrhunderts von senkrechter Beleuchtung aus. Je steiler ein Abhang ist, um so weniger Licht fällt bei senkrechter Beleuchtung auf die Einheitsfläche desselben, und um so dunkler wird die betreffende Stelle in der Karte dargestellt, indem man die Schraffenbreite im Vergleich zur Breite des Zwischenraums wachsen läßt. Es werden natürlich nur einzelne Gefällsstufen unterschieden (in der genannten preußischen Karte: 0—1°, 2—5°, 6—10°, ... 41—45°) und das Verhältnis von Schraffenbreite zu Zwischenraumbreite ist nicht proportional zum Sinus des Böschungswinkels, welcher bei dem Beleuchtungsgesetz auftritt, sondern es ist in anderer Weise festgelegt, sodaß die senkrechte Beleuchtung sachlich recht zurücktritt. Die nähere Besprechung dieser Skala, welche die Art der Schraffen mit dem Böschungsgrad in Beziehung setzt, gehört nicht in die darstellende Geometrie. Übrigens ist die Gefällsskala in den einzelnen Ländern verschieden. Einige topographische Literatur steht in der Anmerkung.[1])

Als Grundlage zur Herstellung der Schraffen dienen immer die Horizontalkurven. In der fertigen Karte fehlen sie meist (vgl. § 14). Die beiden Endpunkte einer Schraffe sollen auf den eingeführten Horizontalkurven liegen. Dadurch sieht man in einer guten Karte den Verlauf der Niveaulinien. Doch ist es oft schwer, hiernach die Höhenkote eines Punktes zu interpolieren, besonders weil bei flachen Hängen geteilte Schraffen vorkommen (was auf eingeschaltete Höhenkurven zwischen den ursprünglichen äquidistanten Höhenkurven herauskommt).

Oben wurde gesagt, daß die Schraffen die Richtungen von Linien größten Gefälles haben. Das ist nur im allgemeinen richtig. Ein an einem Berghang verlaufender und langsam ansteigender Weg muß durch das spitze Auftreffen der Schraffen deutlich als steigend gekennzeichnet sein. Dazu muß der spitze Winkel oft mehr von 90° abweichen, als es

---

1) Zöppritz, Kartenentwurfslehre. 2. Auflage von Bludau, Teil II, Leipzig 1908. — Gelcich-Sauter, Kartenkunde (Samml. Göschen). — Zondervan, Allgemeine Kartenkunde. Leipzig 1900. — Joseph Röger, Die Geländedarstellung auf Karten, eine entwicklungsgeschichtliche Studie. München 1908 (Th. Riedel). — Kahle, Landesaufnahme und Generalstabskarten.

Weiter gibt es verschiedene kleine Bücher über das Kartenlesen, und auch geodätische Werke enthalten oft hierher Gehöriges.

mathematisch richtig ist. Auch gegen den Boden einer Talmulde hin kann man den Schraffen gar nicht die genauen Richtungen geben, vgl. § 16. Weiter ist zu beachten, daß die Schraffen nur kurze Linien sind. Zwar folgen in der nächsten Höhenschicht andere Schraffen. Aber die Abstände nebeneinander liegender Schraffen sind durch die Steilheit des Hanges bedingt. Deshalb schließen sich nicht etwa einzelne Schraffen zum genauen Verlauf einer Linie größten Falles zusammen. Dafür würde auch keinerlei topographisches Bedürfnis vorliegen, man vermeidet sogar ineinander fortlaufende Schraffen, um die Horizontalkurven recht deutlich werden zu lassen.

§ 14. Weitere Angaben über die Darstellung der Bodenformen in Karten. Gleichzeitige Anwendung von Niveaulinien und Schraffen findet sich u. a. in der österreichischen Spezialkarte 1 : 75 000 des k. und k. militärgeogr. Instituts (der sogenannten österr. Generalstabskarte), dann in einem Teil der Reichskarte 1 : 100 000, nämlich in den neuen bayrischen Mehrfarbendruckblättern des Alpengebietes. Da sind die Höhenkurven und Schraffen braun, wodurch sich das Bild des Geländes gut vom übrigen Karteninhalt abhebt.[1])

Statt einer Geländedarstellung in Schraffen tritt in manchen Karten eine Abtönung der Flächen ein, derart, daß mit der Steilheit der Hänge die Dunkelheit wächst. Man spricht dann von Schummerung für senkrechte Beleuchtung (ohne daß wieder das Sinusgesetz der Beleuchtung eingehalten werden müßte). Dann ist noch die von manchen Seiten bekämpfte, oft falsche Eindrücke erzeugende und dennoch oft wertvolle Terraindarstellung in schiefer Beleuchtung zu nennen. Sie trägt bei bestimmten Geländeformen, z. B. im alpinen Hochgebirge, wesentlich zu einer plastischen Wirkung des Kartenbildes bei, und bei gleichzeitiger Anwendung von zahlreichen Isohypsen treten die sonst schwerwiegenden Bedenken zurück.[2]) Darüber und über Farbenplastik muß ganz auf die Literatur der Anm. a. v. S. verwiesen werden.

Vertrautheit mit dem Kartenlesen ist nur durch große Übung zu erreichen. Das Wandern nach einer Karte, zunächst in bekanntem, dann in unbekanntem Gebiete ist dabei eine sehr gute Schulung und ist für

---

1) Nur so war es möglich, den an sich für alpines Terrain (und schon fürs Alpenvorland) zu kleinen Maßstab der Reichskarte für diese Gebiete noch recht brauchbar zu machen. Allerdings hat man häufig die Lupe nötig, um den Inhalt der Karte vollständig herauszulesen. Die ursprünglichen bayrischen Kartenblätter haben den besseren Maßstab 1 : 50 000. Die jetzt erscheinende Neuausgabe des alpinen Teils dieser Karte in Mehrfarbendruck ist den bayrischen Mehrfarbendruckblättern der Reichskarte 1 : 100 000 weit überlegen.

2) Die am Schluß der letzten Anmerkung genannten bayrischen Alpenblätter sind als Beispiel zu nennen, ebenso die neueren Hochgebirgskarten des Alpenvereins. In der Schweizer Dufourkarte fehlen die Isohypsen.

Reisen sehr wichtig. Übrigens sollte der Mathematiker, besonders der Lehrer, schon aus anderen Gründen das Kartenlesen verstehen.

§ 15. Einige mathematische Betrachtungen über topographische Flächen. Topographische Flächen sind die in der Natur durch die Formen der Erdoberfläche gegebenen Flächen. Für mathematische Betrachtungen nimmt man sie in angemessener Verkleinerung. Ferner muß man natürlich manche Einschränkungen bezüglich des Funktionscharakters der Ordinaten machen, genau wie z. B. in der Krümmungstheorie. Dort wird auch nicht an Flächen höchster Allgemeinheit gedacht, sondern es liegen, wenn man etwa von $z = f(x,y)$ ausgeht, eine Reihe einschränkender Voraussetzungen über diese Funktion und ihre Differentialquotienten vor.

Besonders wichtig ist der Verlauf der Niveaulinien (Isohypsen) und der Linien stärksten Gefälles in den topographischen Flächen. Es handelt sich um zwei i. a. zueinander orthogonale Kurvensysteme. Aber die Niveaulinien sind ihrer Natur nach in sich zurückkehrende, geschlossene Kurven, die Gefällslinien haben anderen Charakter.

Zunächst sollen einige ausgezeichnete Punkte und Linien betrachtet werden.

Zu den Punkten mit horizontalen Tangentialebenen gehören die Gipfelpunkte. Dort ist die Fläche elliptisch gekrümmt und nach unten konkav. Die entsprechenden Punkte mit horizontaler Tangentialebene, mit elliptischer Krümmung und mit Konkavität nach oben kommen als tiefste Stellen von Mulden vor und treten demnach seltener auf. Drittens gibt es horizontale Tangentialebenen bei Sattelpunkten. Höhere singuläre Fälle mögen von der Betrachtung ausgeschlossen bleiben. Das Flächenstück in der Umgebung eines Gipfelpunktes oder Muldenpunktes läßt sich im wesentlichen durch ein Stück eines oskulierenden elliptischen Paraboloids ersetzen. Ebenso kann die Nachbarschaft eines Sattelpunktes der topographischen Fläche als kleines Stück eines hyperbolischen Paraboloids betrachtet werden. Demnach enthält der § 11 alle wesentlichen Angaben über den Verlauf der Horizontalkurven und der Linien größten Falles in der nächsten Umgebung von Gipfelpunkten, Muldenpunkten und Sattelpunkten. Besonders ist hervorzuheben, daß eine Niveaulinie nahe unterhalb eines Gipfelpunktes ellipsenartig ist und in allen ihren Punkten rechtwinklig von Gefällslinien durchkreuzt wird, und daß dennoch in den Gipfelpunkt die Gefällslinien nicht in allen möglichen Richtungen einlaufen.[1])

§ 16. Fortsetzung. Kammlinie und Tallinie (Talweg) in den einfachsten Fällen. Von einem Gipfel ziehe ein Bergrücken nach einem Sattel

---

1) Wiener II, S. 391 Mitte hat in dieser Beziehung eine falsche Angabe. Dadurch wird seine spätere Behauptung von der eindeutigen Fortsetzung einer Gefällslinie über einen Gipfelpunkt hinweg hinfällig. Auch sonst sind dort einige Fehler.

herab. Eine der im Gipfelpunkt beginnenden Linien größten Falles läuft dann in den Sattelpunkt hinein. Sie wird als Kammlinie oder Rückenlinie, auch als Wasserscheide definiert. Sie teilt den Bergrücken in zwei Hänge. Jeder Hang hat seine eigenen Gefällslinien, welche nicht über die Kammlinie hinübergreifen und auch nicht etwa unterhalb des Gipfels in die Kammlinie einmünden. Die Gefällslinien nähern sich im Steigen mehr und mehr der Kammlinie an, erreichen sie jedoch erst im Gipfelpunkt, wenigstens wenn die Kammlinie nicht den Charakter einer Kante, eines Grates hat.

Die folgende Überlegung ist sehr wichtig.[1]) Der Rücken senke sich quer vor dem Beschauer herab. Die Form seines oberen Teils (bis zu einer bestimmten Niveaulinie) werde starr festgehalten. Der untere Teil werde so deformiert, daß der Sattelpunkt seine Höhenlage beibehält und sich nach vorn schiebt. Eine dieser stetigen Formänderung entsprechende Umformung des unteren Teils der Horizontalkurven ist ziemlich leicht vorstellbar. Sie läßt erkennen, daß jetzt eine ganz andere vom Gipfel ausgehende Gefällslinie nach dem neuen Sattelpunkt läuft. (Nimmt man von der früheren Kammlinie den Teil im oberen, starr gebliebenen Stück des Rückens, und setzt man diese Linie im deformierten unteren Stück des Rückens als Gefällslinie fort, so geht sie hinter dem Sattelpunkt vorbei.) Das zeigt deutlich die Notwendigkeit der Annahmen, welche bei der Definition der Rückenlinie gemacht wurden. Ein Rücken, über dessen Einmündung in einen Sattel — oder über dessen sonstiges Auslaufen nach unten — man nichts weiß, hat keine eindeutig definierte Kammlinie oder Wasserscheide. Man kann die Kammlinie nicht vom Gipfel aus definieren. Ebenso ist die in einem Teil der älteren Literatur sich findende Angabe unhaltbar: die Kammlinie sei dadurch charakterisiert, daß sich an ihr die übrigen Gefällslinien besonders eng zusammendrängen.

Die Oberfläche eines muldenförmigen, nach der einen Seite sich senkenden Tales entspricht dem Spiegelbild der Oberfläche eines Bergrückens für eine horizontale spiegelnde Ebene. Dadurch übertragen sich die beim Bergrücken angestellten Betrachtungen. Zieht das Tal von einem Sattel herab, so gibt es eine bestimmte im Sattelpunkt beginnende Gefällslinie. Man kann sie als Tallinie bezeichnen. Das in der Literatur vorkommende Wort Talweg, was sogar im Französischen als Fremdwort auftritt, ist schlecht gewählt.[2]) Die Tallinie ist das Gegenstück zur Kammlinie eines Bergrückens. Sie teilt die Oberfläche des Tals in zwei Hänge. Die von den Hängen herabziehenden Gefällslinien biegen mehr

1) Die nächsten Seiten erfordern z. T. ein gründliches Durchdenken und eine Unterstützung durch selbst gezeichnete Figuren und durch gute Karten großen Maßstabs.

2) Wo man in der Natur stark ausgeprägte Bodenformen studieren kann, wird man finden, daß die wirklichen Talwege nichts mit den hier eingeführten Tallinien zu tun haben.

und mehr in die Längsrichtung des Tales, in die Richtung der Tallinie um.[1]) Sie drängen sich dabei im Fallen immer dichter an die Tallinie heran, ohne sie je zu erreichen, solange das Tal noch fällt. Doch ist diese Zusammendrängung längs der Tallinie wieder nichts für die Tallinie Charakteristisches.

§ 17. Weitere Untersuchungen über Kammlinien und Tallinien. Ein Tal braucht nicht von einem Sattel herabzukommen, sondern kann sich von einem Berghang loslösen. Oberhalb der Stelle, wo das Tal beginnt, sind die Niveaulinien des Abhanges nach außen konvex (oder geradlinig), unterhalb der Stelle zeigen sie Einbuchtungen. Betrachtet man demnach eine Horizontalebene, welche anfangs das Tal schneidet und dann mehr und mehr gehoben wird, so formt sich die in der Ebene liegende Niveaulinie stetig um, indem die beiden Wendepunkte zusammenrücken und dann fortgefallen sind. Die Stelle, wo die Wendepunkte zusammengefallen sind, kann man als Anfangspunkt des Tales bezeichnen. Durch sie geht eine bestimmte Gefällslinie der Fläche. Diese Linie schneidet weiter unterhalb die Niveaulinien zwischen den Wendepunkten. Sie wird als Tallinie definiert, soweit sie dem Tal angehört. Damit sind zugleich die beiden Hänge des Tales eindeutig festgelegt. Verfolgt man dicht benachbarte Gefällslinien dieser ausgezeichneten Linie in ihrem Verlauf nach abwärts, so findet man, daß sie oberhalb des Talanfanges sich im Fallen von der ausgezeichneten Linie entfernen, unterhalb aber sich ihr annähern, natürlich ohne sie zu erreichen.

Die Vereinigung zweier Täler bietet noch Interesse. Jedes Tal soll die bisher betrachteten Eigenschaften haben, d. h. entweder von einem Sattel oder von einem Berghang herabziehen. Dann sind für jedes Tal durch die früheren Festsetzungen eine Tallinie und damit die zwei Talgehänge definiert. Die Niveaukurven in der Gegend der Vereinigung beider Täler haben folgende Formen: Oberhalb der Vereinigung hat jede Niveaukurve zwei gegen das Erdinnere konvexe Bogen (in den Tälern) und dazwischen einen nach der anderen Seite konvexen Bogen (auf dem Scheiderücken der Täler). Unterhalb der Vereinigung sind die Wendepunkte weggefallen. Oberhalb hat die Niveaukurve eine Doppeltangente mit getrennten Berührungspunkten, bei stetiger Herabsenkung der Horizontalebene rücken diese Berührungspunkte und die Wendepunkte schließlich zusammen und die Niveaukurve hat in diesem Augenblick einen Punkt mit vierpunktig berührender Tangente. Durch diesen ausgezeichneten Punkt — den Endpunkt des Rückens — geht eine bestimmte Gefällslinie in der Fläche. Nach oben zu definiert man sie als Kammlinie des Rückens, der beide Täler scheidet, nach unten zu definiert man

1) Das ist einer der Fälle, wo der Topograph mit den Bergstrichen nicht die Richtungen der Gefällslinien einhalten kann, siehe § 13.

sie als Tallinie des durch die Vereinigung der beiden oberen Täler entstandenen Tales.

Oberhalb vom Endpunkt des Rückens hat jedes dieser Täler seine bestimmte Tallinie. Diese beiden münden nicht etwa in die Tallinie des unteren Tales ein, sondern sie setzen sich als gewöhnliche Gefällslinien der Fläche in das untere Tal weiter fort, indem sie sich der Tallinie des unteren Tals immer mehr annähern. Der Streifen, den sie zwischen sich enthalten, ist die Fortsetzung der am Scheidekamm liegenden Hänge der oberen Täler. Nun liegt offenbar kein Bedürfnis vor, im unteren Tal zwei Hänge und einen mittleren Streifen zu unterscheiden, sondern man wird dessen Hänge in der Tallinie zusammenstoßen lassen. Die Tallinie des einen oberen Tals mündet demnach in der Höhenlage, wo der Scheiderücken aufhört, in den einen Hang des unteren Tales so ein, daß sie in ihrem weiteren Verlauf als gewöhnliche Gefällslinie dem Innern dieses Hanges angehört. Das wirkt beinahe wie eine Unstetigkeit. Die eingeführten Begriffe der Tallinie und der durch die Tallinie getrennten beiden Talhänge entsprechen eben wenig der wirklichen Anschauung.

Was im vorhergehenden als Kammlinie eingeführt wurde (beim Bergrücken, der in einem Sattel endet oder bei der Vereinigung zweier Täler aufhört), entspricht genau dem topographischen Begriff der Kammlinie oder Wasserscheide. Dagegen ist der mathematische Begriff der Tallinie eigentlich nur analog zum Begriff der Kammlinie gebildet. Er liefert dann eine Definition der Talhänge. Für den Topographen sind die Talhänge anders erklärt, sie stoßen in der Linie des Wasserlaufes zusammen, und diese ist schließlich nicht durch eine ausgezeichnete Gefällslinie wiederzugeben. Darum kann es auch nicht befremden, daß die mathematischen Tallinien zweier Täler bei Vereinigung nicht ebenfalls ineinander münden. Allerdings läßt sich dann auch sagen, die mathematische Tallinie sei ein topographisch ziemlich unwichtiger Begriff.

Die betrachtete Vereinigung zweier Täler ist natürlich der analoge Fall zu dem im Anfang des Paragraphen behandelten Fall, wo zwei Bergrücken sich oben vereinigen und das zwischen ihnen liegende Tal verschwindet.

Hiermit sind nur die wesentlichsten Betrachtungen über topographische Flächen gegeben. Wiener und Rohn-Papperitz können zur Ergänzung dienen. Peschka bringt nichts über diese Fragen.

§ 18. Über Reliefdarstellung von Terrainformen. Wenn ein Gelände durch Niveaukurven gegeben ist, kommt man leicht zu einem Reliefmodell. Das Nähere ist schon in § 10 besprochen. Man kann die Höhen in demselben Maßstab wiedergeben, wie die Horizontalentfernungen. Oft wird aber der Höhenmaßstab anders gewählt, nämlich es werden die Höhen zu groß gemacht, um eine stärkere plastische Wirkung zu erzielen. Dafür läßt sich wohl geltend machen, daß ein nicht überhöhtes Reliefmodell für den ungeübten Beschauer zu flach wirkt, weil wir bei Hügeln und Bergen die Neigungswinkel der Abhänge meist überschätzen. Dennoch kommt man mit Recht bei wissenschaftlichen geoplastischen Darstellungen mehr und mehr zu unüberhöhten Reliefs, zur ähnlichen Verkleinerung der Geländefläche. Z. B. sieht ein stark überhöhtes Relief des Harzes im Münchener Deutschen Museum durchaus unnatürlich aus. Selbst für ein Hochgebirge wären die Hänge zu steil.

§ 19. Einige Aufgaben der kotierten Projektion im Zusammenhang mit der Terraindarstellung durch Isohypsen. Von einem Stück der Erdoberfläche liege ein Plan in großem Maßstab vor, in welchem die Bodenformen durch äquidistante Horizontalkurven für kleine Höhenintervalle gegeben sind (vgl. § 12).[1]) Weiter seien die beiden Ränder der oberen Fläche eines Bahndammes gegeben durch Grundrisse und Koten einer ausreichenden Anzahl von Punkten. Ist dann noch der Böschungswinkel des Dammes bekannt, so lassen sich für die Böschungsflächen graduierte Falllinien und Horizontalkurven zeichnen, und man kommt so zu den Schnittlinien der unbegrenzt gedachten Böschungsflächen mit der ursprünglichen Terrainfläche, d. h. zu den Linien, in welchen die Böschungen auf der ursprünglichen Bodenfläche enden. Für einen Bahneinschnitt ist alles entsprechend, auch Wegrampen für Bahnüberführungen und die zugehörigen Böschungen bieten keine Schwierigkeiten. [Profilkonstruktionen und Volumbestimmungen zur Berechnung der bewegten Erdmassen können sich anschließen. Das sind graphische und Rechnungsarbeiten, welche nicht mehr in die darstellende Geometrie gehören aber doch noch einiges Interesse für den Mathematiker haben dürfen.] Weitere hierher gehörige Aufgaben findet man bei Rohn-Papperitz, Wiener und auf S. 59 ff. des Schillingschen Buches „Über die Anwendungen der darstellenden Geometrie insbesondere über die Photogrammetrie". Dieses Buch bildet die zweite Hälfte der Veröffentlichung, welche aus dem Göttinger Oberlehrerkurs von Ostern 1904 hervorging. Am ausführlichsten ist das Buch von Peschka (§ 9). Vieles hat mehr technische als mathematische Wichtigkeit.

---

1) Ein solcher Plan entsteht meist durch tachymetrische Aufnahme oder durch ein Flächennivellement. Man erhält die Horizontalprojektionen und die Koten einer größeren Anzahl von Geländepunkten. Diese werden am besten längs einzelner Profillinien ausgewählt und die charakteristischen Stellen der Profile (z. B. die sogenannten Brechungspunkte) werden berücksichtigt. Schon während der Aufnahme macht man am besten eine Skizze der Niveaulinien, während die Aufsuchung von Punkten der Niveaulinien auf den Profilgrundrissen und die Zeichnung der Niveaulinien Hausarbeit ist.

Sachregister.

(Aus den Abschnitten I—V und X ist nur Vereinzeltes ausgezogen.)

Berichtigungen und Ergänzungen.

S. 103 Z. 2: Das Wort „teilweise“ ist zu streichen.

S. 124 Anm.: Statt § 3 ist § 4 zu setzen.

S. 182 Z. 9: Statt §§ 11, 12 ist §§ 11—13 zu setzen.

S. 194: In der 7. Zeile von § 11 ist statt *PQR* *POQ* zu setzen.

S. 204: Am Schluß von § 8 ist statt $22\frac{1}{2}^0$ $23\frac{1}{2}^0$ zu setzen.

S. 102: In der Anm. ist zuzufügen, daß der ungenaue Punkt sich durch Rechnung mittels einer Proportion etwas besser ergibt, was aber aus dem angegebenen Grund schließlich unwesentlich ist.

S. 128 Anm.: Die Figur konnte vollständiger gegeben werden.

S. 157 Z. 20, 21: In der neu entworfenen Figur gibt es noch mehrere Proben dieser Art mit teils gut zugänglichen Punkten.

S. 264 obere Hälfte: Die Nebenfigur wird vorteilhaft in wesentlich größerem Maßstab entworfen.

S. 340 Z. 4 v. u.: Bei zwei Kurven ist man z. T. auf Rechnung angewiesen.

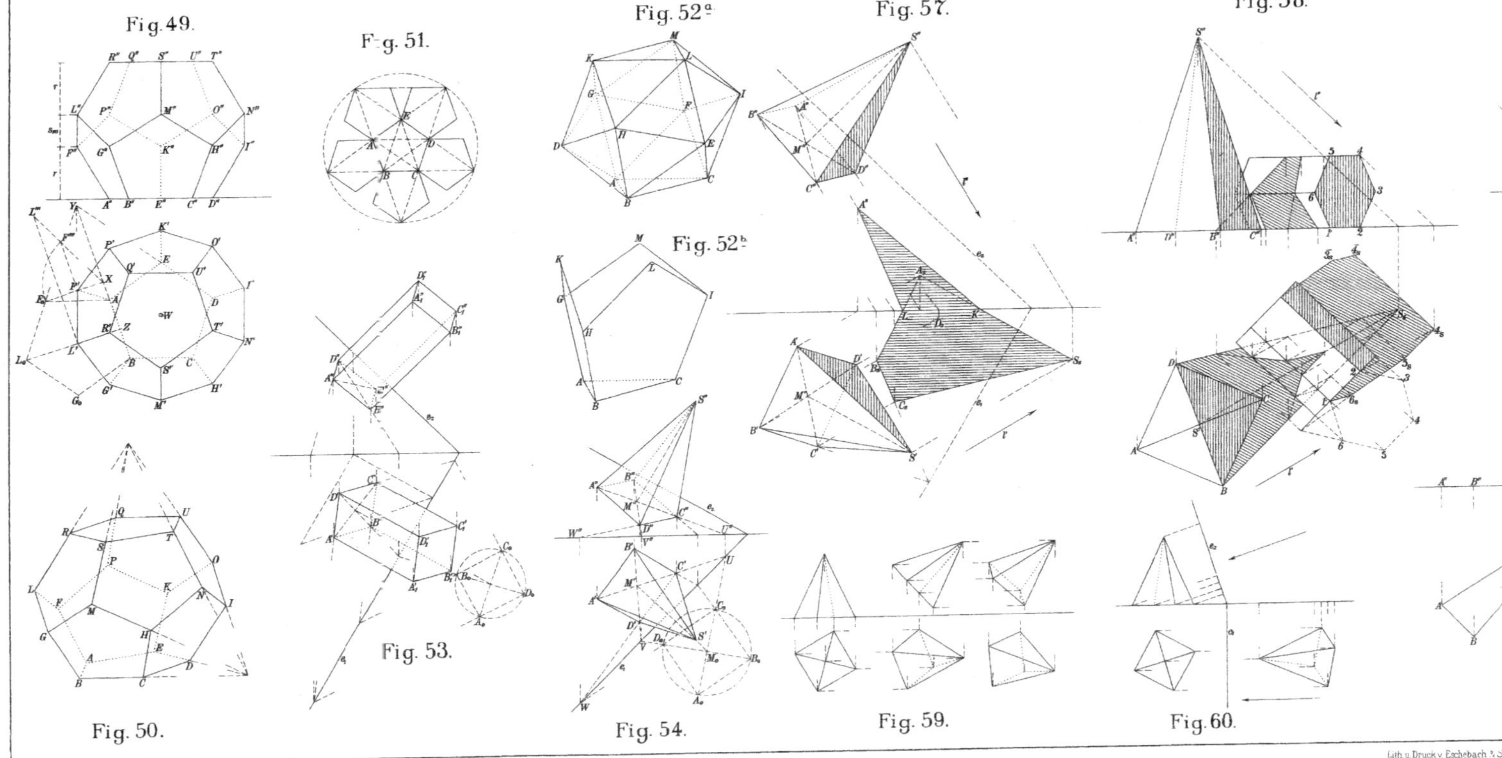

Fig. 49. Fig. 50. Fig. 51. Fig. 52a. Fig. 52b. Fig. 53. Fig. 54. Fig. 55. Fig. 56. Fig. 57. Fig. 58. Fig. 59. Fig. 60.

Verlag v. B. G. Teubner, Leipzig u. Berlin.
Lith. u. Druck v. Eschebach & Schaefer, Leipzig-Stötteritz.

Fig. 68.

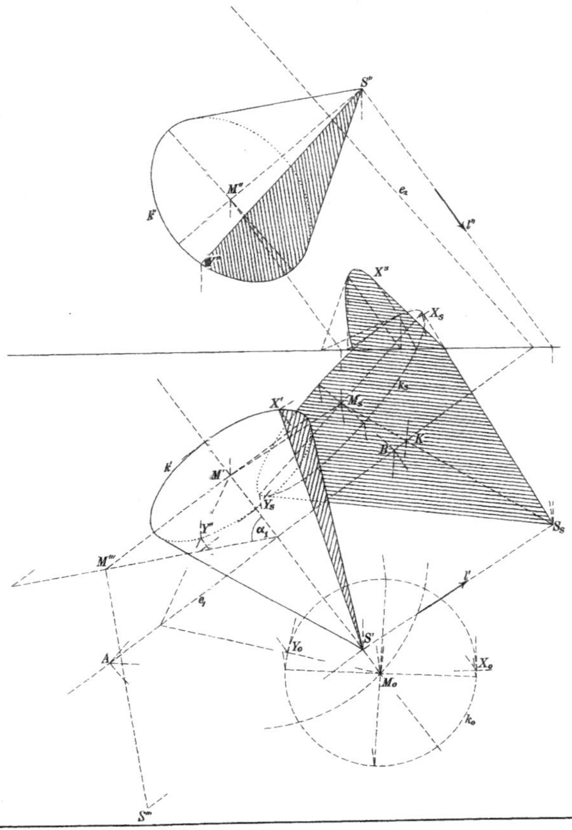

Fig. 69

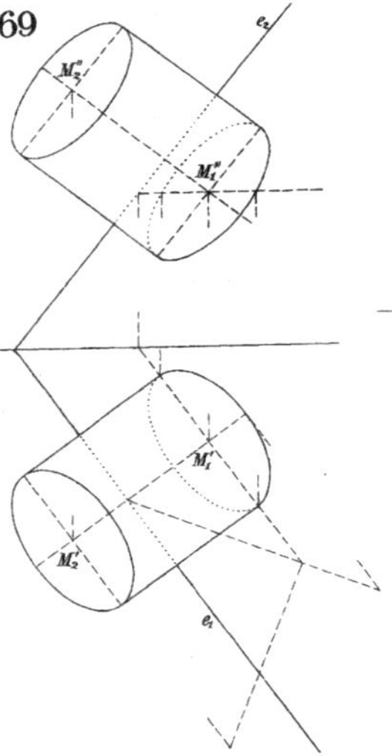

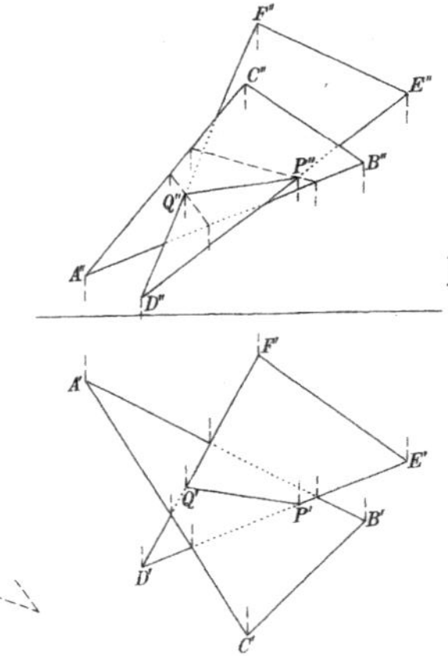

Fig. 71.

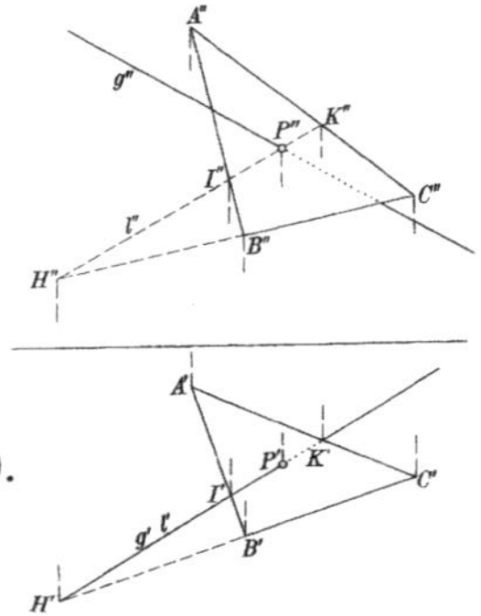

Fig. 72.

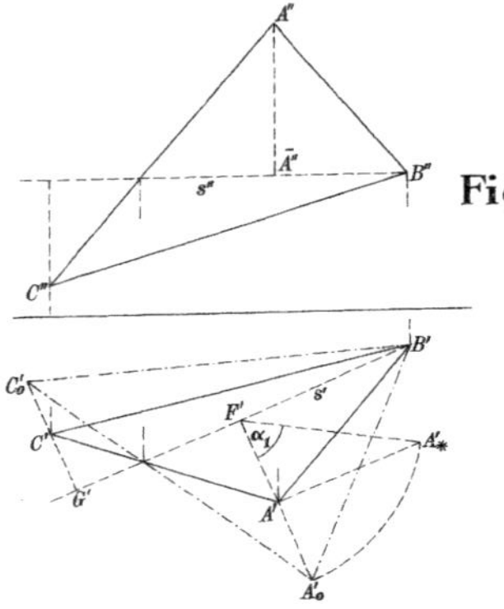

Fig. 70.

Verlag v. B. G. Teubner, Leipzig u. Berlin.

Lith. u. Druck v. Eschebach & Schaefer, Leipzig-Stötteritz.

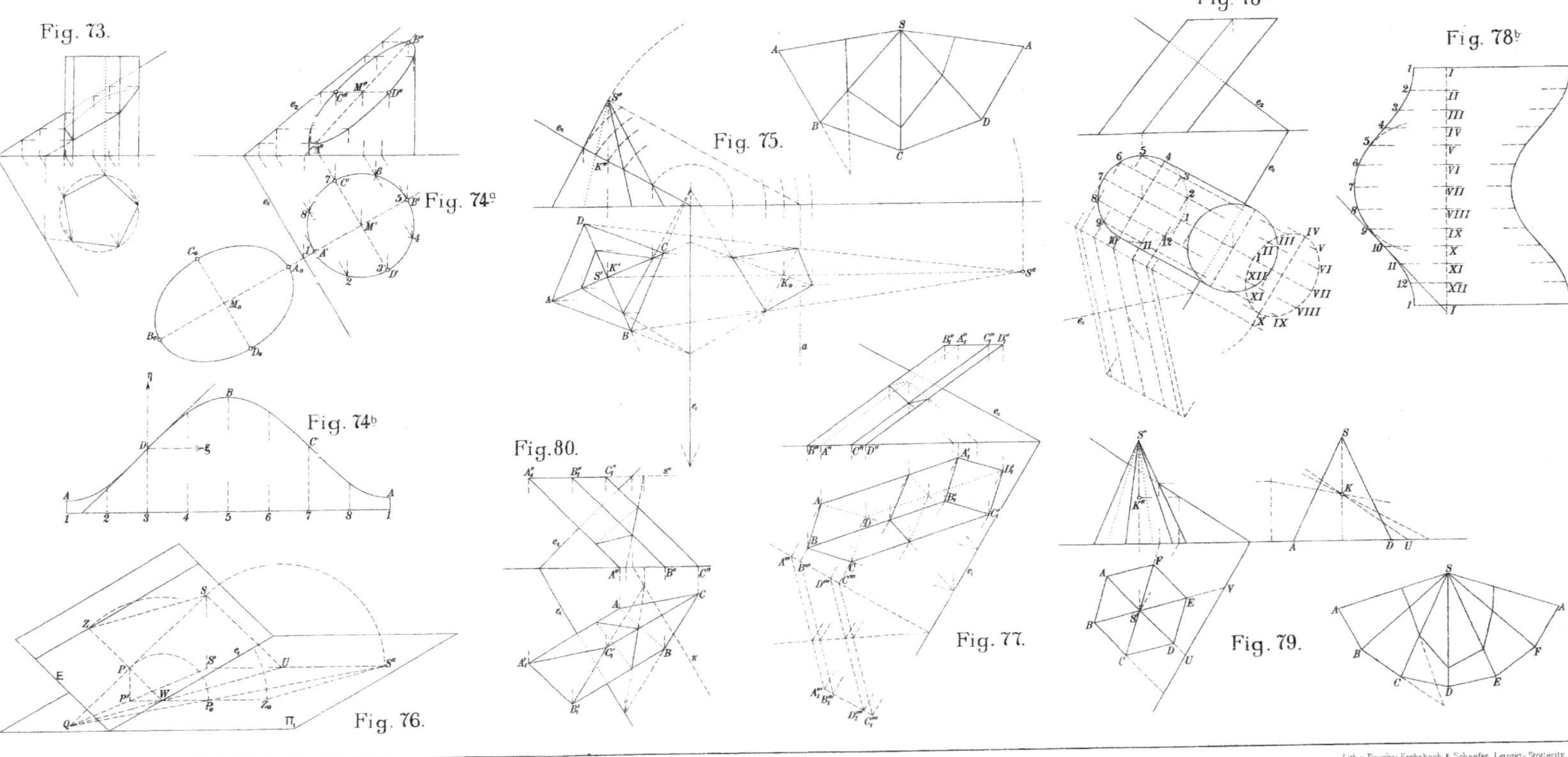

Verlag v. B. G. Teubner, Leipzig u. Berlin

Lith. u. Druck v. Eschebach & Schaefer, Leipzig-Stötteritz.

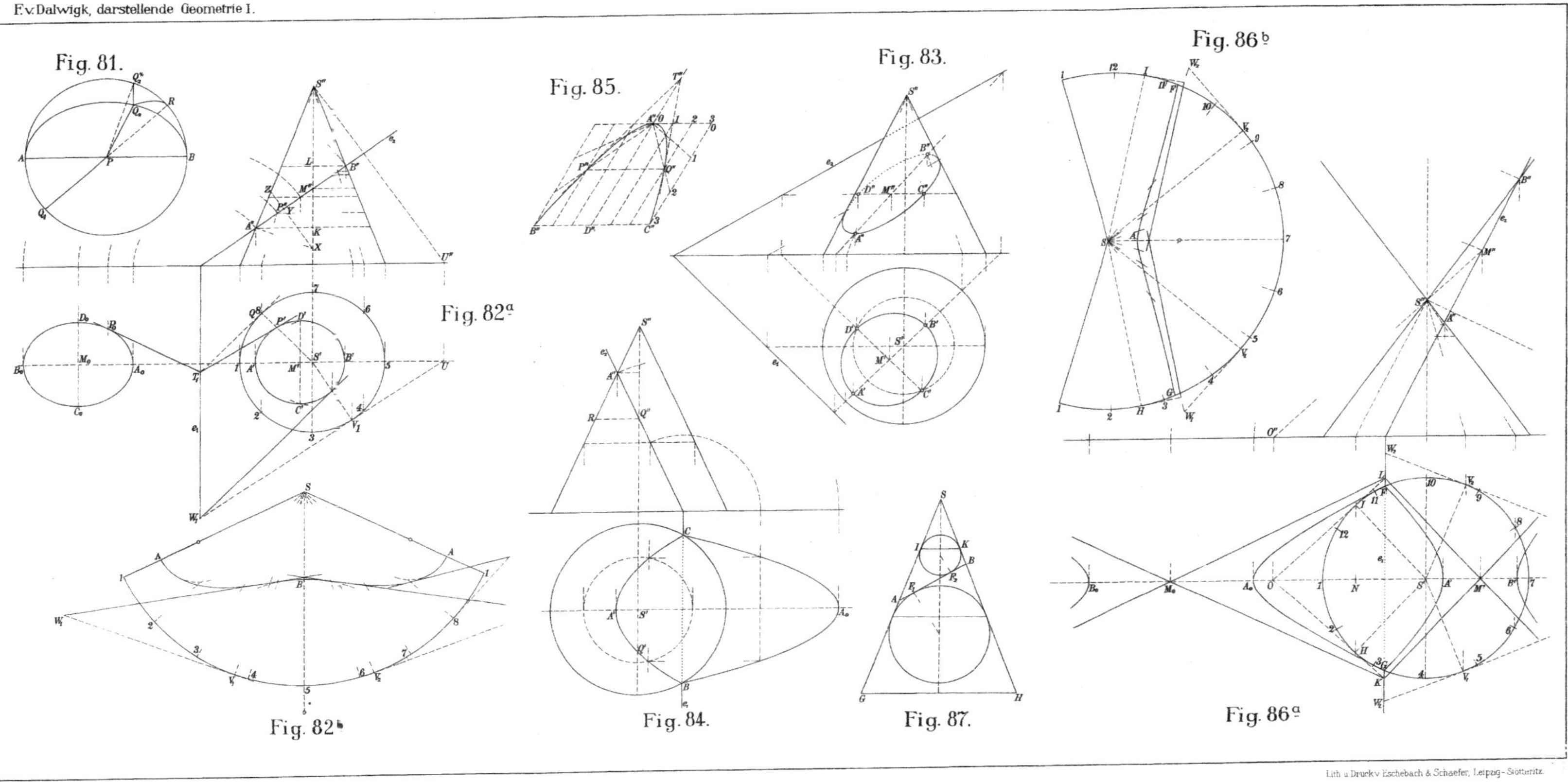

Verlag v. B. G. Teubner, Leipzig u. Berlin

Lith. u. Druck v. Eschebach & Schaefer, Leipzig-Stötteritz.

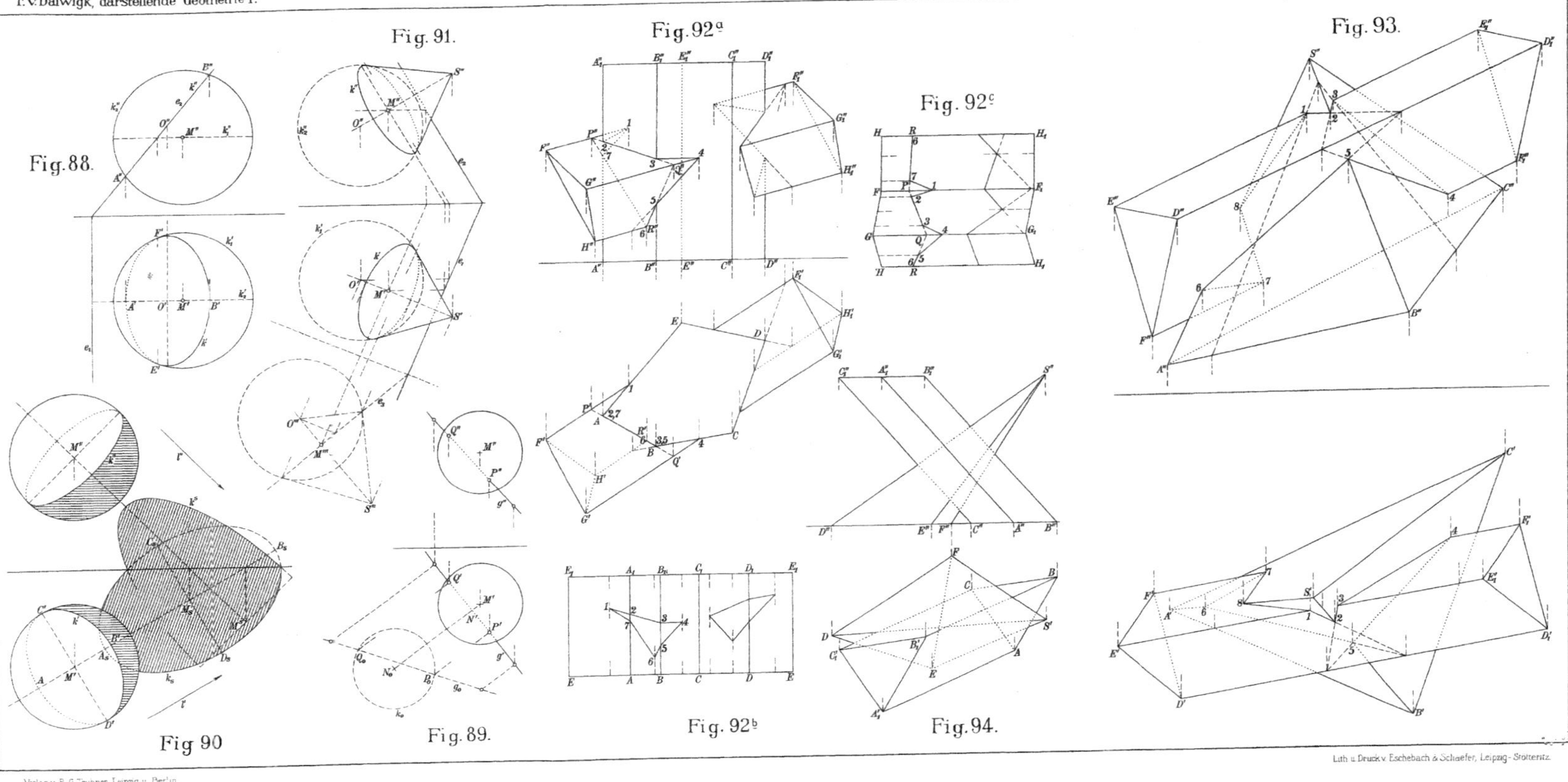

Fig. 88. Fig. 89. Fig. 90 Fig. 91. Fig. 92a Fig. 92b Fig. 92c Fig. 93. Fig. 94.

Verlag v. B. G. Teubner, Leipzig u. Berlin

Lith. u. Druck v. Eschebach & Schaefer, Leipzig-Stötteritz.

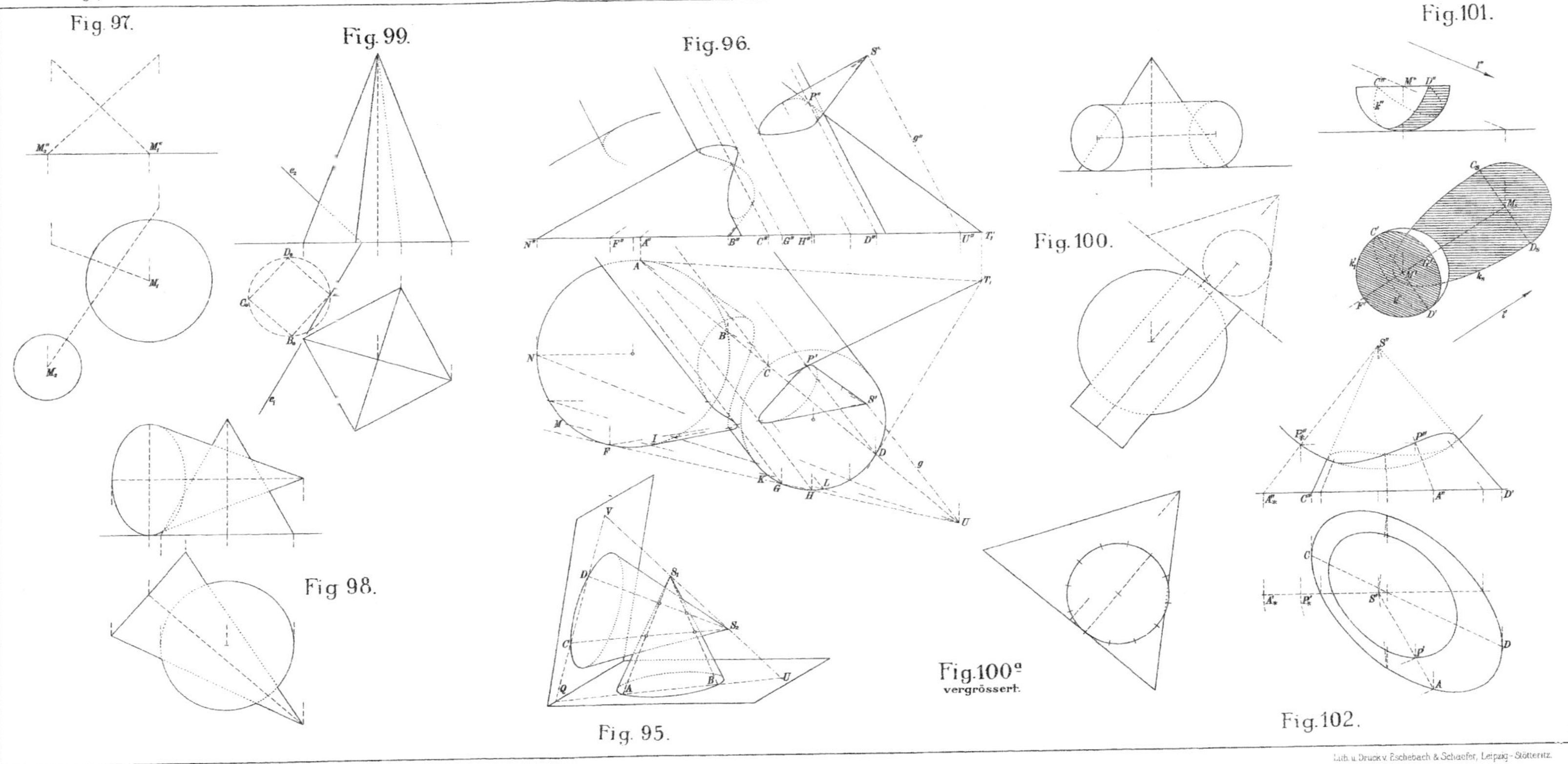

Verlag v. B. G. Teubner, Leipzig u. Berlin.

Lith. u. Druck v. Eschebach & Schaefer, Leipzig-Stötteritz.

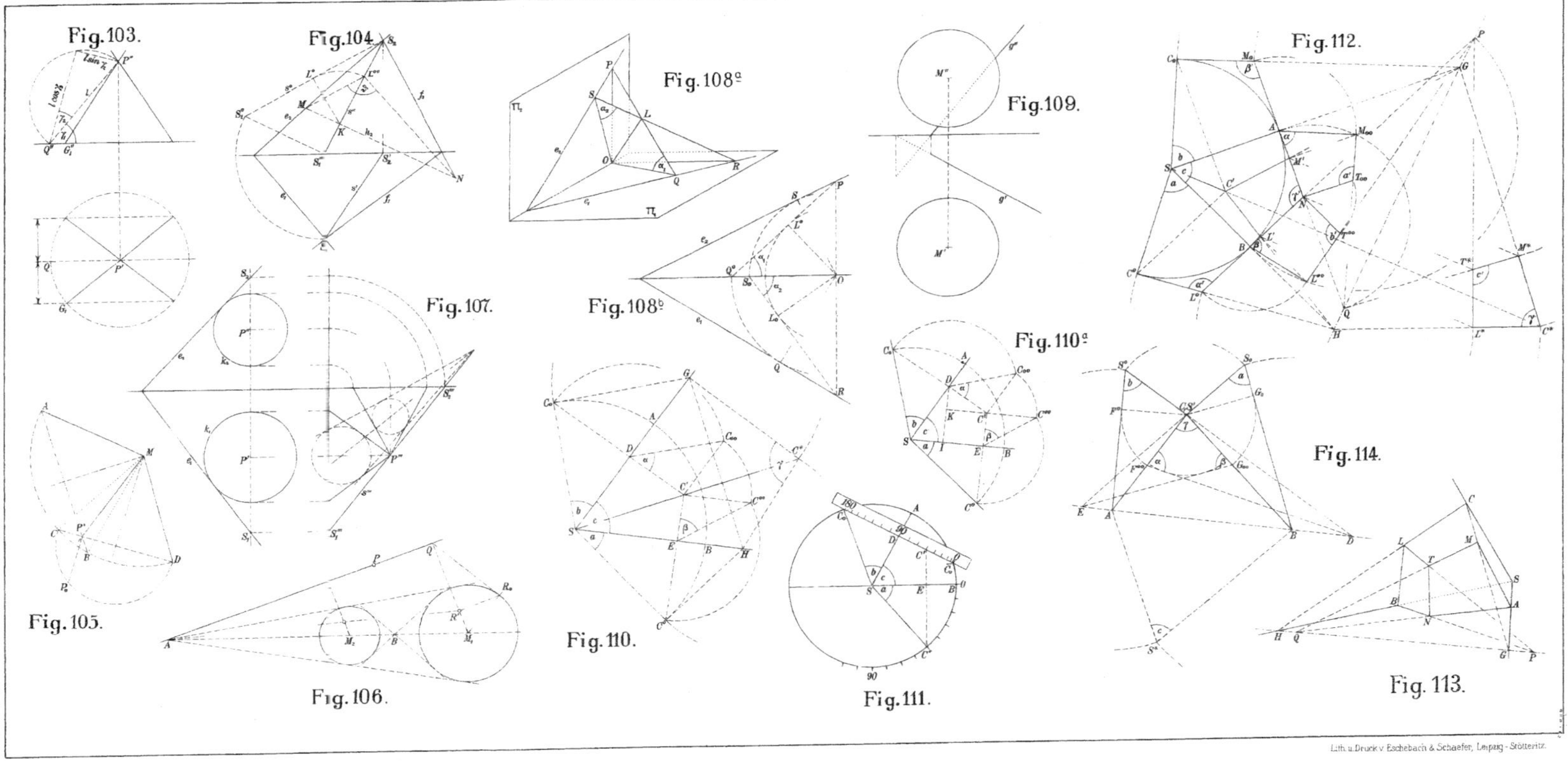

Fig. 103.

Fig. 104.

Fig. 105.

Fig. 106.

Fig. 107.

Fig. 108ª.

Fig. 108ᵇ.

Fig. 109.

Fig. 110.

Fig. 110ª.

Fig. 111.

Fig. 112.

Fig. 113.

Fig. 114.

Lith. u. Druck v. Eschebach & Schaefer, Leipzig - Stötteritz.

Verlag v. B. G. Teubner, Leipzig u. Berlin.

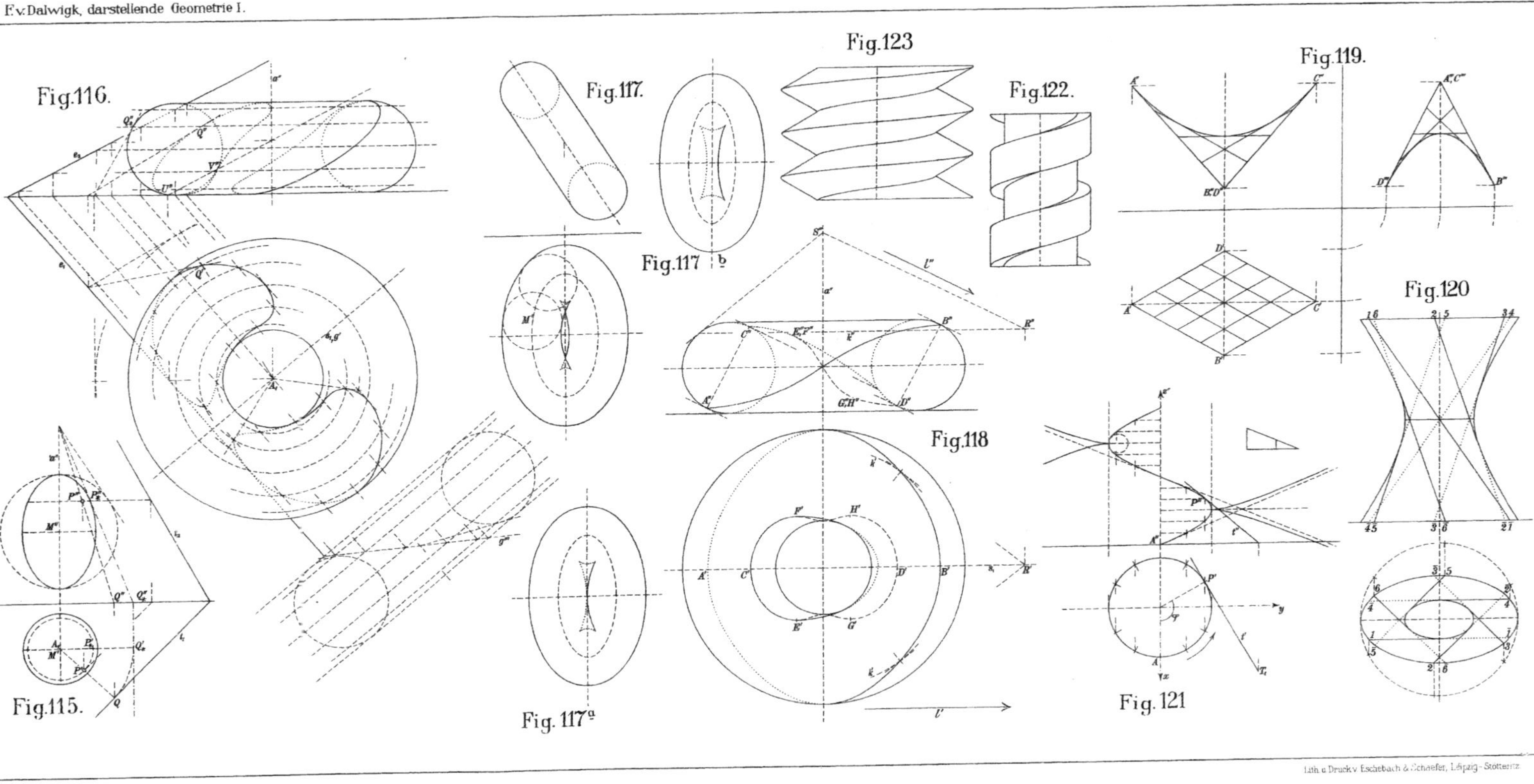

Verlag v. B. G. Teubner, Leipzig u. Berlin

Lith. u. Druck v. Eschebach & Schaefer, Leipzig-Stötteritz.

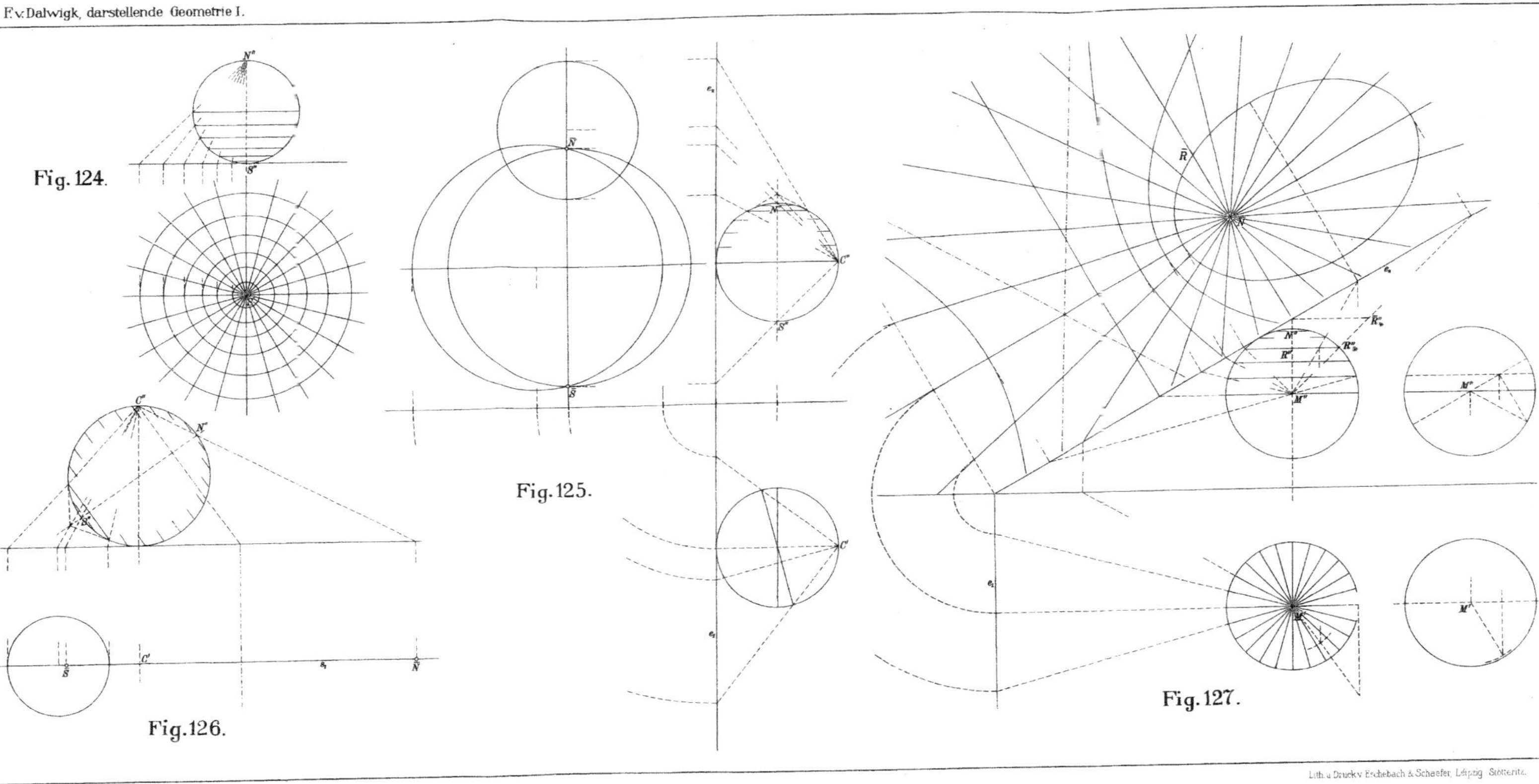

Verlag v. B. G. Teubner, Leipzig u. Berlin.
Lith. u. Druck v. Eschebach & Schaefer, Leipzig-Stötteritz.

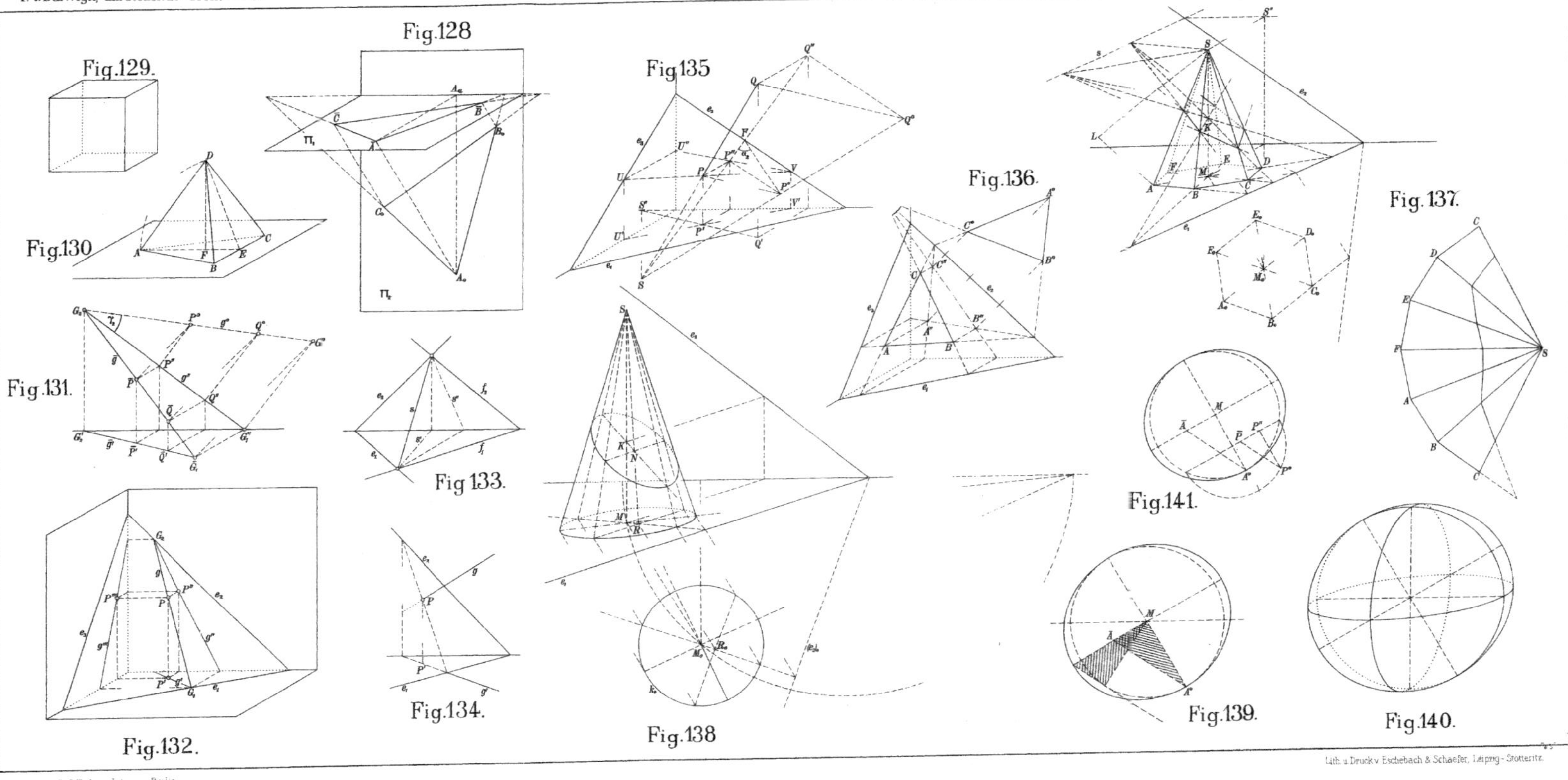

Verlag v. B. G. Teubner, Leipzig u. Berlin.

Lith. u. Druck v. Eschebach & Schaefer, Leipzig-Stötteritz.

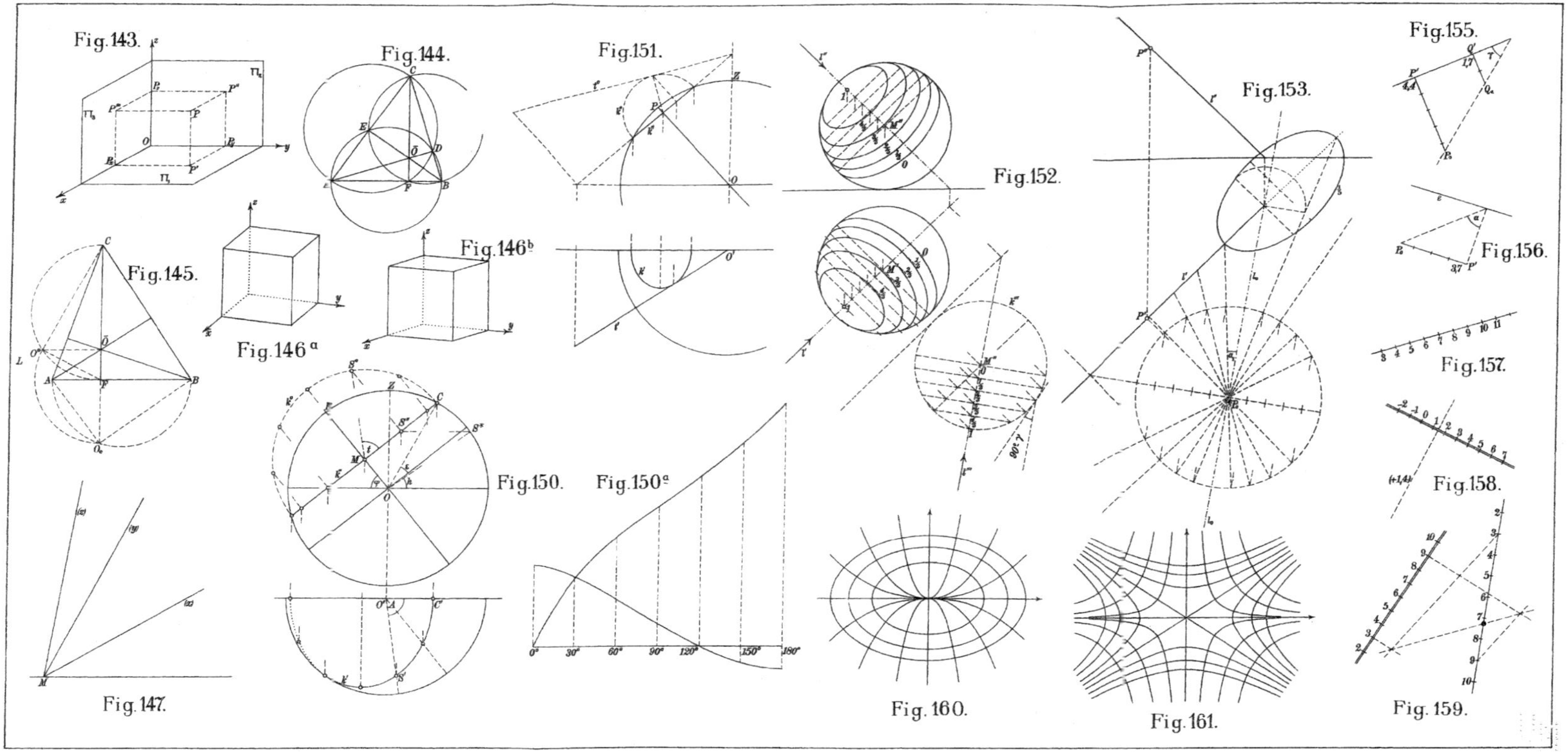

Fig. 143.

Fig. 144.

Fig. 151.

Fig. 152.

Fig. 153.

Fig. 155.

Fig. 156.

Fig. 145.

Fig. 146ª

Fig. 146ᵇ

Fig. 157.

Fig. 158.

Fig. 150.

Fig. 150ª

Fig. 147.

Fig. 160.

Fig. 161.

Fig. 159.

Verlag v. B. G. Teubner, Leipzig u. Berlin

Lith. u. Druck v. Eschebach & Schaefer, Leipzig-Stötteritz.

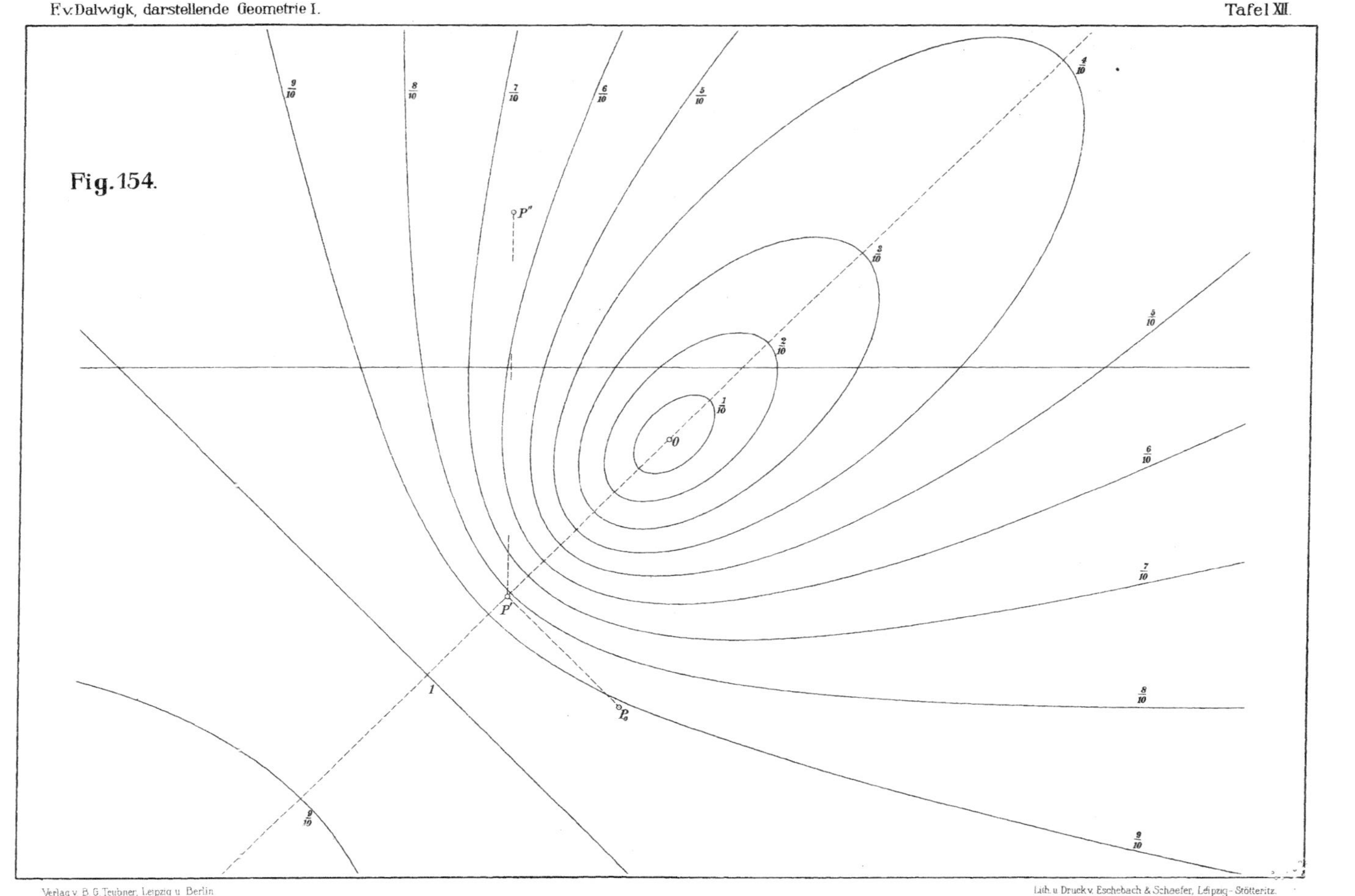

Verlag v. B. G. Teubner, Leipzig u. Berlin

Lith. u. Druck v. Eschebach & Schaefer, Leipzig-Stötteritz.

Kräftiges räumliches Anschauungsvermögen und räumliche Gestaltungskraft gehören jetzt unbestritten zu den wichtigsten Zielen des geometrischen Unterrichts. Um sie zu möglichster Höhe zu entwickeln, ist dem Lehrenden, abgesehen von Modellen, nichts so nötig, wie die Kunst, die Auffassung des Lernenden durch gute, körperlich wirkende Zeichnungen zu unterstützen. Es erschien als ein Hauptererfordernis, die Auswahl so zu treffen, daß sie so knapp als möglich ist, und doch alles berücksichtigt, was dem Lehrer der höheren Schulen naheliegt. Ihn soll das Buch in erster Linie befähigen, den Zielen und Bedürfnissen seines geometrischen Unterrichts in vollem Maße zeichnerisch genügen zu können. Deshalb ist fast alles beiseite gelassen worden, was zwar bei der breiteren Darstellung eines Lehrganges der darstellenden Geometrie nicht fehlen darf, aber für den angegebenen Zweck entbehrlich erscheint. Der Verfasser hielt es auch für notwendig, nur die elementaren geometrischen Kenntnisse vorauszusetzen, und er beruft sich deshalb nirgends auf allgemeine Gesetze projektiver Natur, und hofft, daß es ihm trotzdem gelungen ist, dem Leser in exakter Weise die Kunst der richtigen zeichnerischen Darstellung und das volle Bewußtsein ihrer Richtigkeit zu vermitteln. Eine größere Zahl von Figuren, die die Anwendung der zeichnerischen Gesetze erkennen lassen, ist beigefügt worden.

Schulze, Bruno, Generalmajor und Chef der Topographischen Abteilung der Landesaufnahme, Gr.-Lichterfelde, das militärische Aufnehmen. Unter besonderer Berücksichtigung der Arbeiten der Kgl. Preußischen Landesaufnahme nebst einigen Notizen über Photogrammetrie und über die topographischen Arbeiten Deutschland benachbarter Staaten. Nach den auf der Kgl. Kriegsakademie gehaltenen Vorträgen bearbeitet. Mit 129 Abbildungen. [XIII u. 305 S.] gr. 8. 1903. Geb. *M.* 8.—

Im Gegensatz zu den vorhandenen einschlägigen Werken, die nur einzelne Teile des militärischen Aufnehmens zum Gegenstand haben und entweder die rein wissenschaftliche Seite des Vermessungs-Wesens oder nur einzelne Zweige des praktischen Gebietes umfassen, behandelt das vorliegende Buch das ganze Gebiet des militärischen Aufnehmens, mit besonderer Betonung der praktischen Seite des Gegenstandes, so daß das Buch auch für diejenigen verständlich und brauchbar ist, denen mathematische Erörterungen nicht besonders geläufig sind. In erster Linie für die Armee und die hier zunächst interessierten Kreise bestimmt, wie Landesaufnahme, Kriegsakademie, Kriegsschulen, Kadettenkorps, Oberfeuerwerkerschule usw., dürfte das Buch auch dort sich überall Freunde erwerben, wo man der Meßtisch-Topographie die ihr auch heute noch gebührende Beachtung schenkt, die ihr z. B. auch bei Behandlung der Geodäsie an technischen Hochschulen und ähnlichen Anstalten zukommt.

Schur, Geh. Hofrat Dr. **F.,** Professor an der Universität Straßburg i. E., Lehrbuch der darstellenden Geometrie. Mit zahlreichen Figuren. gr. 8. In Leinwand geb. [In Vorbereitung.]

Schüßler, Dr. **Rudolf,** Professor an der Technischen Hochschule zu Graz, orthonale Axonometrie. Ein Lehrbuch zum Selbststudium. Mit 29 Figurentafeln. [VIII u. 170 S.] gr. 8. 1905. In Leinw. geb. *M.* 7.—

In diesem Buche wird die orthogonale Axonometrie als selbständige Darstellungsmethode behandelt, indem alle Konstruktionen mit Benutzung der axonometrischen Achsenbilder durchgeführt werden. Um das Buch möglichst vielen zugänglich zu machen und so dieser zu selten angewandten Projektionsmethode eine größere Verbreitung zu verschaffen, wurden bei den Entwicklungen keine besonderen Vorkenntnisse vorausgesetzt; insbesondere sind bei der ausführlichen Behandlung der Kegelschnitte alle erwähnten Eigenschaften entweder abgeleitet, oder es ist wenigstens der Beweis angedeutet. Großes Gewicht ist auf die Schattenkonstruktionen gelegt; diese sind an vielen praktischen Objekten, sowie bei den Kugel-, Kegel-, Zylinder- und Rotationsflächen eingehend besprochen, ungefähr in dem Umfange, als seit Jahren die Anwendungen der orthogonalen Axonometrie in den Vorlesungen an der Technischen Hochschule in Graz gezeigt werden. Durch eine Reihe von Aufgaben, bei welchen meistens auch die Lösung angedeutet ist, soll die Möglichkeit geboten werden, den ganzen Lehrstoff selbständig durchzuarbeiten und so volle Vertrautheit mit dieser Projektionsmethode zu gewinnen. Die in 29 Tafeln beigegebenen Figuren zeigen alle im Texte erwähnten Konstruktionen, so daß an der Hand der Tafeln allein eine Wiederholung des ganzen Lehrstoffes möglich ist.

Schütte, Fr., Oberlehrer am Gymnasium zu Düren, Anfangsgründe der darstellenden Geometrie für Gymnasien. Mit 54 Figuren. [42 S.] gr. 8. 1905. Steif. geh. *M.* —.80.

Das Schriftchen — zunächst als Programmbeilage erschienen — verdankt seine Entstehung dem Umstande, daß sehr viele der eingeführten Schulbücher noch keine eingehendere Behandlung der darstellenden Geometrie enthalten und die besonders für dies Gebiet herausgegebenen Werke für Gymnasien meist viel zu umfangreich sind. Es enthält kurz und bündig das für unsere Schüler Wichtigste und Notwendigste über Orthogonalprojektion, die ausführlicher behandelt wird (20 Seiten), über schräge Parallelprojektion (9 Seiten) und über Zentralprojektion (7 Seiten). Zur Erleichterung des Verständnisses sind vielfach den Projektionen entsprechende perspektivische Zeichnungen beigefügt. Die zahlreichen Beispiele sind dem üblichen stereometrischen Lehrstoffe entnommen, insbesondere sind die regulären Körper behandelt. Auch sind weitere Zeichenaufgaben und Umkehrungen — aus der Projektion der Körper anzugeben — beigefügt.

Sturm, Geheimer Regierungsrat Dr. **Rudolf,** Professor an der Universität Breslau, Elemente der darstellenden Geometrie. 2., umgearbeitete und erweiterte Auflage. Mit 61 Figuren und 7 lithogr. Tafeln. [V u. 157 S.] gr. 8. 1900. In Leinwand geb. ℳ 5.60.

Die zweite Auflage der Elemente der darstellenden Geometrie ist in erster Linie für die Studierenden an den Universitäten bestimmt. Es sind daher auch gegenüber der ersten Auflage, die die Bedürfnisse der Studierenden an den technischen Hochschulen im Auge hatte, diejenigen Gegenstände ausführlicher behandelt, die für das weitere geometrische Studium von Bedeutung sind (die in der darstellenden Geometrie auftretenden Verwandtschaften, Affinität, Homologie usw.); hinzugekommen ist in den letzten 4 Abschnitten die Behandlung der Zentralprojektion oder Perspektive, der schrägen Parallelprojektion, Axonometrie und der Schattenkonstruktionen.

Wiener, Geheimer Hofrat Dr. **Christian,** weiland Professor an der Großherzogl. Polytechnischen Schule zu Karlsruhe, Lehrbuch der darstellenden Geometrie. In 2 Bänden. gr. 8. Geh. ℳ 30.—

Einzeln:

I. Band. Geschichte der darstellenden Geometrie, ebenflächige Gebilde, krumme Linien (I. Teil), projektive Geometrie. Mit Fig. [XX u. 477 S.] (1884.) Unveränderter anastatischer Abdruck 1906 mit hinzugefügtem Register ℳ 12.—

II. — Krumme Linien (II. Teil) und krumme Flächen. Beleuchtungslehre, Perspektive. Mit Figuren und 4 Tafeln. [XXX u. 649 S.] 1887. ℳ 18.—

Der Verfasser hat sich die Aufgabe gestellt, die darstellende Geometrie in ihrem ganzen Umfang zu bearbeiten und dabei soviel zu ihrer Weiterführung und Vervollkommnung beizutragen, als es ihm unter Benutzung der in der Literatur vorliegenden Veröffentlichungen anderer Schriftsteller und seiner eigenen Untersuchungen möglich war. Neben wissenschaftlicher Strenge richtete er sein Streben besonders auf Vereinfachung und suchte ebensowohl die Herleitungen bündig, als die Konstruktionen kurz zu gestalten. Ein wichtiges Hilfsmittel bildet hier die projektive Geometrie, die in der darstellenden Geometrie nicht zu entbehren ist, und die der Verfasser daher, da sie bei dem Studium der letzteren Wissenschaft nicht als bekannt vorausgesetzt werden kann, soweit ihre Anwendung reicht, mit in das Gebiet seiner Bearbeitung hineingezogen hat. Dem anastatischen Neudruck des seit langem vergriffen gewesenen 1. Bandes ist ein ausführliches Sachregister beigegeben.

Zöppritz, Dr. **K.,** weil. Professor an der Universität Königsberg i. Pr., Leitfaden der Kartenentwurfslehre. Für Studierende der Erdkunde und deren Lehrer. In 2., neubearbeiteter und erweiterter Auflage herausgegeben von Dr. A. Bludau, Professor am Gymnasium zu Coesfeld. In 2 Teilen. Teil I: Die Kartenprojektionslehre. Mit 100 Figuren und zahlreichen Tabellen [X u. 178 S.] gr. 8. 1899. Geh. ℳ 4.80, in Leinwand geb. ℳ 5.80.

Teil II. Kartographie und Kartometrie. Mit 12 Figuren, 2 Tabellen und 2 Tafeln. [VIII u. 109 S.] gr. 8. 1908. Geh. ℳ 3.60, in Leinwand geb. ℳ 4.40.

In der Neubearbeitung enthält der Leitfaden in erster Linie eine Erweiterung des Inhalts, die die gegenwärtigen Verhältnisse berücksichtigt. Daneben ist auch die methodische Behandlung einfacher geworden. Endlich erschien es geboten, den Verzerrungsverhältnissen der einzelnen Projektionen mehr Aufmerksamkeit zu schenken, als es allgemein bisher geschehen ist. Der erste Teil behandelt die Projektionslehre auf ausschließlich elementarer Grundlage, wie es für Geographen erforderlich und ausreichend ist, so daß der Leitfaden auch weiterhin für weiteste Kreise verständlich und benutzbar bleibt. Der zweite Teil enthält außer der Topographie auch ein Kapitel über Kartometrie.

www.ingramcontent.com/pod-product-compliance
Lightning Source LLC
LaVergne TN
LVHW020601110826
845149LV00002B/334

9781418183738